Annette L. Dernick
Prof. Dr. Uwe Gail
Priv.-Doz. Dr. Dieter Hesberg
Christian-Horst Musiol
Wolfgang Schwarzer
Eva-Bettina Ullrich

Steuerung und Führung im Unternehmen

Fach- und Führungskompetenz für die Assekuranz

3. Auflage

Annette L. Dernick
Prof. Dr. Uwe Gail
Priv.-Doz. Dr. Dieter Hesberg
Christian-Horst Musiol
Wolfgang Schwarzer
Eva-Bettina Ullrich

Steuerung und Führung im Unternehmen

Fach- und Führungskompetenz für die Assekuranz

Geprüfter Fachwirt für Versicherungen und Finanzen
Geprüfte Fachwirtin für Versicherungen und Finanzen

Herausgegeben vom Berufsbildungswerk
der Deutschen Versicherungswirtschaft (BWV) e.V.

3. Auflage

vvw.de

Bibliografische Information der Deutschen Nationalbibliothek

Die Deutsche Nationalbibliothek verzeichnet diese Publikation
in der Deutschen Nationalbibliografie;
detaillierte bibliografische Daten sind im Internet über
http://dnb.d-nb.de abrufbar.

Herausgeber:

Berufsbildungswerk der Deutschen Versicherungswirtschaft (BWV) e.V.
Arabellastraße 29
81925 München

Tel 089 922001-848
Fax 089 922001-844
info-bb@bwv.de
www.bwv.de

Bandkoordinator:
Manfred Neumeier Nürnberg

Leider ist es kaum vermeidbar, dass Buchinhalte aufgrund von Gesetzesänderungen in immer kürzer werdenden Abständen schon bald nach Drucklegung nicht mehr dem neuesten Stand entsprechen.

Beachten Sie bitte daher stets unseren Aktualisierungsservice auf unserer Homepage unter **vvw.de→Service→Ergänzungen/Aktualisierungen** Dort halten wir für Sie wichtige und relevante Änderungen und Ergänzungen zum Download bereit.

Gleichstellungshinweis:
Zur besseren Lesbarkeit wird auf geschlechtsspezifische Doppelnennungen verzichtet.

ISBN 978-3-89952-892-3

Vorwort

Die Rahmenbedingungen der Versicherungswirtschaft werden sich auch in den nächsten Jahren grundlegend ändern. Mit der 2009 in Kraft getretenen Verordnung zum anerkannten Abschluss „Geprüfter Fachwirt / Geprüfte Fachwirtin für Versicherungen und Finanzen" hat die Versicherungsbranche ein innovatives Bildungskonzept für die Zukunft des Wirtschaftszweigs erarbeitet und rüstet ihre Mitarbeiterinnen und Mitarbeiter für den gestalterischen Umgang mit dem Wandel.

Wissenschaft und Berufspraxis haben bei diesem Bildungskonzept wieder Hand in Hand gearbeitet und die Verordnung auf den Nachweis der Kompetenzen abgestellt, die die Branche heute und morgen benötigt, um erfolgreich zu sein. Vorstände und Führungskräfte der Assekuranz haben im Vorfeld Tätigkeitsfelder definiert, in denen Fachwirte für Versicherungen und Finanzen schwerpunktmäßig arbeiten werden:

- Produktmanagement
- Vertriebsmanagement
- Risikomanagement
- Schaden- und Leistungsmanagement

Aufbauend auf den Kenntnissen, Fertigkeiten und Fähigkeiten der Ausbildung zum Kaufmann / zur Kauffrau für Versicherungen und Finanzen werden die Studierenden in den grundlegenden Qualifikationen *Steuerung und Führung im Unternehmen, Marketing und Vertrieb von Versicherungs- und Finanzprodukten für Privatkunden* sowie *Personalführung, Qualifizierung und Kommunikation* ihr Know-how erheblich erweitern. In der anschließenden Spezialisierung auf einen aus sechs Produktmanagementbereichen und einen aus drei betrieblichen Kernprozessen können die Studierenden ihre Kompetenzen in den Feldern ausbauen, die ihrem beruflichen Werdegang und ihren Potenzialen entsprechen.

Der vorliegende Band *Steuerung und Führung im Unternehmen* begleitet die Fortbildung und kann darüber hinaus auch allen anderen an der Materie Interessierten als Fachliteratur empfohlen werden.

Die Fortbildung wie auch die zugehörige Literatur orientieren sich an betrieblichen Praxisfällen. In der Fachwirtliteratur wird deshalb Bezug genommen auf Handlungssituationen der fiktiven Versicherungsgesellschaft Proximus Versicherung AG. Aus diesem Grund ist ein Profil der Proximus Versicherung AG vorangestellt.

Mit dem vorliegenden Band bedanken sich Herausgeber und Redaktion sehr herzlich bei den Autoren und wünschen allen Studierenden viel Erfolg!

München, im Mai 2016

Profil Proximus Versicherung AG – über 125 Jahre Erfahrung

Historie

1885 Gründung der Dresdner Feuerversicherung AG mit den Geschäftszweigen: Feuer-, Transport- und Haftpflichtversicherung

1924 Übernahme der Chemnitzer Lebensversicherung AG (gegründet 1910)

1945 Verlegung des Gesellschaftssitzes nach München

1951 Fusion der Chemnitzer Lebensversicherung AG mit der Düsseldorfer Lebensversicherung AG, neuer Name: Proximus Lebensversicherung AG

1951 Umfirmierung der Dresdner Feuerversicherung AG in Proximus Versicherung AG

1965 Bestandsübernahme der Amboss Lebensversicherung a. G. (gegründet 1930)

1970 Gründung der Proximus Krankenversicherung AG als Tochter der Proximus Versicherung AG und der Proximus Lebensversicherung AG

1985 Gründung der Allgemeinen Deutschen Rechtsschutzversicherung AG gemeinsam mit fünf anderen Versicherern

1988 Kauf der Süddeutschen Handelsbank AG

1988 Gründung der Proximus Bausparkasse AG

1990 Gründung der Proximus Assicurazioni S.p.A., Italien

1991 Übernahme der Mehrheitsanteile der Allgemeinen Deutschen Rechtsschutzversicherung AG und Umbenennung zur Proximus Rechtsschutz Versicherung AG

1992 Gründung weiterer Gesellschaften in Belgien, Dänemark, Frankreich, Großbritannien, Niederlande und Polen

1998 Gründung der Proximus Invest GmbH

2008 Gründung der Proximus Kreditversicherung AG und Umbenennung der Proximus Bausparkasse AG in Proximus Bauspar AG

2014 Gründung der Proximus Vertriebs-GmbH

Ergebnisse der Proximus Gruppe (Gesamt)

Ergebnisse (in Mio. €)

Versicherungsdienstleistungen	**2015**	**2014**	**2013**
Gebuchte Beiträge, brutto, selbst abgeschlossenes Geschäft	8.068	7.818	7.613
Aufwendungen für Versicherungsfälle, brutto	6.978	6.911	6.813
Kapitalanlagen	54.112	53.267	52.159
Verträge in Mio. Stück	9,03	8,79	8,17
Finanzdienstleistungen			
Proximus Bauspar AG			
Bausparsumme	4.665	4.534	4.528
Bauspareinlage	758	753	747
Bilanzsumme	899	895	895
Süddeutsche Handelsbank AG Bilanzsumme	3.386	3.284	3.319
Proximus Invest GmbH Fondsvermögen	7.234	7.024	6.812
Vermögensanlagen der Proximus Gruppe (in Mrd. €)	69,8	68,5	66,2

Konzernstruktur

Proximus Versicherung AG

100 %	Anteil an der Proximus Lebensversicherung AG
100 %	Anteil an der Proximus Kreditversicherung AG
100 %	Anteil an allen Auslandsgesellschaften
100 %	Anteil an der Proximus Vertriebs-GmbH
70 %	Anteil an der Proximus Rechtsschutzversicherung AG
70 %	Anteil an der Proximus Invest GmbH
50 %	Anteil an der Proximus Krankenversicherung AG
10 %	Anteil an der Proximus Bauspar AG
10 %	Anteil an der Süddeutschen Handelsbank AG

Proximus Lebensversicherung AG

80 %	Anteil an der Proximus Bauspar AG
60 %	Anteil an der Süddeutschen Handelsbank AG
50 %	Anteil an der Proximus Krankenversicherung AG
25 %	Anteil an der Proximus Invest GmbH

Proximus Krankenversicherung AG

30 %	Anteil an der Süddeutschen Handelsbank
10 %	Anteil an der Proximus Bauspar AG

Süddeutsche Handelsbank AG

5 %	Anteil an der Proximus Invest GmbH

Konzernstruktur Proximus Versicherung AG

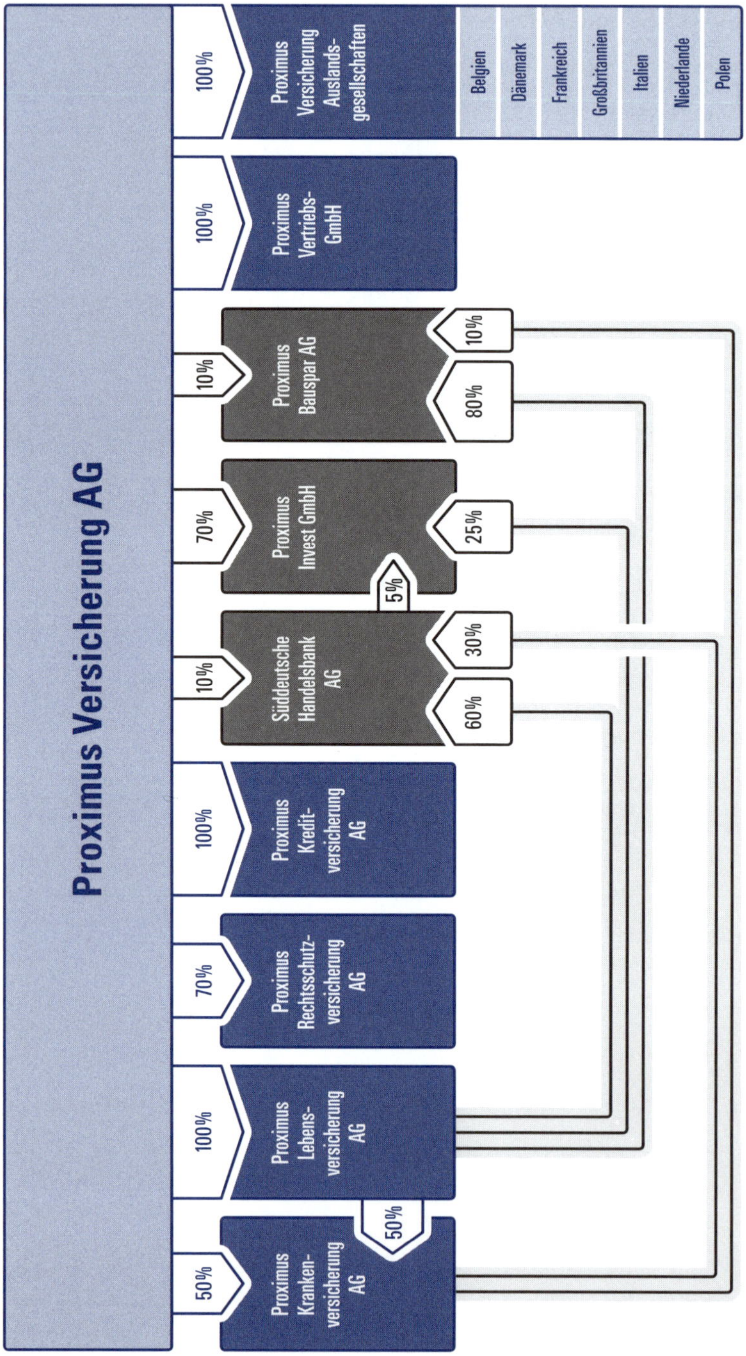

Adressen der Konzerngesellschaften

Proximus Versicherung AG, Proximus-Platz 1, 80333 München

Proximus Lebensversicherung AG, Proximus-Platz 1, 80333 München

Proximus Krankenversicherung AG, Proximus-Allee 6–8, 80333 München

Proximus Rechtsschutzversicherung AG, Proximus-Platz 1, 80333 München

Proximus Kreditversicherung AG, Proximus-Allee 7a, 80333 München

Süddeutsche Handelsbank AG, Proximus-Allee 7–9, 80333 München

Proximus Bauspar AG, Proximus-Allee 3–5, 80333 München

Proximus Invest GmbH, Proximus-Allee 4, 80333 München

Proximus Vertriebs-GmbH, Proximus-Allee 2, 80333 München

Filialnetz

Landesdirektion Nord, 22297 Hamburg

Landesdirektion Ost, 10333 Berlin

Landesdirektion Süd, 70583 Stuttgart

Landesdirektion West, 50117 Köln

30 Bezirksdirektionen

Weitere Betriebsstätten

Kunden-Service-Center Hannover, 30625 Hannover

Abrechnungszentrum für die Krankenversicherung, 44139 Dortmund

Proximus Akademie, 34117 Kassel

Weitere Angaben

Sitz: München, 3 HR B 62384711 AG, München

Gerichtsstand: München

USt-IdNr.: DE 199998888333

VersSt-Nr.: 1234/110/00011

Zum 31.12.2015 waren 8.410 Mitarbeiterinnen und Mitarbeiter bei der Proximus Gruppe beschäftigt, davon waren 578 Auszubildende.

Hinzu kommen 2.913 selbstständige Handelsvertreter, die ausschließlich für die Proximus Versicherungsgesellschaften vermitteln.

Es bestehen zu 270 Maklern und Mehrfachvermittlern Geschäftsbeziehungen.

Darüber hinaus unterhält die Süddeutsche Handelsbank AG einen eigenen Versicherungsvermittlungsdienst in der Rechtsform einer GmbH, welcher ausschließlich für die Gesellschaften der Proximus Gruppe vermittelt.

Die Süddeutsche Handelsbank AG fungiert als Verwahrstelle der Proximus Invest GmbH.

Die Hauptgeschäftsfelder der Proximus Gruppe sind die Lebens-, Kranken-, Kraftfahrt- und Haftpflichtversicherung. Die Lebensversicherung erzielt 50 % des gesamten Beitragsvolumens.

Die Versicherungsgesellschaften der Proximus Gruppe sind u. a. Mitglied

- des Gesamtverbandes der Deutschen Versicherungswirtschaft e. V. (GDV)
- des Verbandes der privaten Krankenversicherung e. V. (PKV-Verband, auch Ombudsmann für die Private Kranken- und Pflegeversicherung)
- des Arbeitgeberverbandes der Versicherungsunternehmen in Deutschland e. V.
- des Berufsbildungswerks der Deutschen Versicherungswirtschaft (BWV) e. V.
- der Versicherungsombudsmann e. V.
- der Verkehrsopferhilfe e. V.
- der Deutschen Gesellschaft für Versicherungs- und Finanzmathematik e. V.
- der Deutschen Kernreaktor-Versicherungsgemeinschaft (DKVG)
- der Pharma-Rückversicherungs-Gemeinschaft

Die Versicherungsgesellschaften sind dem

- Regressverzichtsabkommen der Deutschen Feuerversicherer,
- Teilungsabkommen Mieterregress,
- Code of Conduct und
- Verhaltenscodex für den Vertrieb beigetreten.

Legende

Auf der **Einstiegsseite** zu jedem Kapitel sind aufgeschlüsselt:

- Nachzuweisende Befähigung
(Kompetenzen, die in den Prüfungen nachzuweisen sind)
- Qualifikationsinhalte des Kapitels
(Inhalte des DIHK-Rahmenplans, die in den „Erläuterungen zur Fortbildung" abgebildet sind)

Verwendete Elemente und Symbole:

Handlungssituationen
Eine anschauliche Situation aus der Praxis versetzt den Lerner gedanklich direkt in das Geschehen und baut einen Bezug zu typischen Herausforderungen im Versicherungsalltag auf.

Beispiele
Bildhafte Vergleiche machen den Text interessant und erleichtern das Verständnis einer Thematik.

Definitionen und Merksätze
Kurze und präzise Definitionen erläutern wichtige Begriffe. Merksätze erleichtern das Einprägen relevanter Sachverhalte.

Exkurse
Weiterführende Informationen, die über den Lernstoff hinausgehen, regen zum Denken über den Tellerrand hinaus an.

Zusammenfassungen
Die Zusammenfassungen bündeln grundlegende Begriffe und Aussagen und wiederholen zentrale Inhalte des Kapitels.

Aufgaben zur Selbstüberprüfung
Die Übungsaufgaben am Ende jedes Kapitels vertiefen den Lernstoff und prüfen die Lernziele ab.

Lösungen zu den Aufgaben zur Selbstüberprüfung sind abrufbar unter:
www.bwv.de/fachwirtliteratur_loesungen
www.vvw.de → Service → Ergänzungen/Aktualisierungen

Inhaltsverzeichnis

Abkürzungsverzeichnis

AC	Assessment-Center
AGG	Allgemeines Gleichbehandlungsgesetz
AGV	Arbeitgeberverband der Versicherungsunternehmen in Deutschland
AO	Ausbildungsordnung für die Berufsausbildung zum/zur Kaufmann/Kauffrau für Versicherungen und Finanzen
ArbG	Arbeitsgesetze
ArbZG	Arbeitszeitgesetz
AVmG	Altersvermögensgesetz
bAV	betriebliche Altersversorgung
BBiG	Berufsbildungsgesetz
BetrVG	Betriebsverfassungsgesetz
BGB	Bürgerliches Gesetzbuch
BSC	Balanced Scorecard
CBT	Computer-based-training
CD	Compact Disc
EDV	Elektronische Datenverarbeitung
EU	Europäische Union
GdWZ	Grundlagen der Weiterbildung (Zeitschrift)
IHK	Industrie- und Handelskammer
JArbSchG	Jugendarbeitsschutzgesetz
KVF	Kaufmann/Kauffrau für Versicherungen und Finanzen
MbD	Management by Delegation
MbE	Management by Exception
MbO	Management by Objectives
MuSchG	Mutterschutzgesetz
SFU	Fachwirt-Literatur „Steuerung und Führung im Unternehmen"
SGB	Sozialgesetzbuch
VN	Versicherungsnehmer
VNR	Visionen. Nutzen. Rat. Verlag für die deutsche Wirtschaft
VU	Versicherungsunternehmen
WBT	Web-based-training

Abbildungsverzeichnis

Kapitel 1

Kapitel 2

Kapitel 3

Kapitel 4

Kapitel 5

Kapitel 6

Kapitel 7

Kapitel 1

Grundzüge der Unternehmenssteuerung und Auswirkungen strategischer Entscheidungen

Nachzuweisende Befähigung

Die angehenden Fachwirte/Fachwirtinnen für Versicherungen und Finanzen sollen Grundzüge der Unternehmenssteuerung verstehen und Auswirkungen strategischer Entscheidungen erkennen können (gemäß Erläuterungsbroschüre*, Bestandteile der Qualifikationsinhalte und Anwendungstaxonomie 1.1).

Qualifikationsinhalte des Kapitels

Die Absolventen können im Einzelnen:

- Zielüberlegungen bei Gründung und Expansion verstehen (1.1.1)
- Entscheidungssituationen, Entscheidungskriterien und Entscheidungsmodelle erfassen, unterscheiden und erläutern (1.1.2 bis 1.1.4)
- Funktionsbereiche im Versicherungsunternehmen strukturieren (1.1.5)
- Risiko und Solvabilitätsbedarf analysieren (1.1.6)
- versicherungstechnische Grundlagen der Angebotspolitik darstellen (1.1.7)
- Risiko und Rückversicherung anwenden (1.1.8)
- Kapitalbedarf und Finanzierungsquellen einordnen (1.1.9)
- Rahmenbedingungen und Beurteilungskriterien der Vermögensanlage beurteilen (1.1.10)
- Kosten- und Leistungsrechnung erläutern (1.1.11)

* Berufsbildungswerk der Deutschen Versicherungswirtschaft (Hrsg.): Erläuterungen zur Fortbildung Geprüfter Fachwirt für Versicherungen und Finanzen, Verlag Versicherungswirtschaft, Karlsruhe 2016

1

1. Gründung, Expansion

Handlungssituation

Die Proximus Versicherung AG plant die Gründung eines Direktversicherungsunternehmens. Bevor vertiefende Überlegungen zur Gründung dieses Unternehmens mit einem neuen Vertriebsweg angestellt werden, müssen die Ziele des neuen Geschäftsmodells durchdacht und formuliert werden.

1.1 Formalziele (Rentabilität)

Das Wort „Ziel" wird mit verschiedenen Bedeutungen gebraucht. Auch in Unternehmen sind Ziele wesentlich, ohne sie kann nicht gesteuert werden und es ist kein wirtschaftliches und effizientes Handeln möglich. Was sind aber Ziele?

Definition

Unter **Ziel** versteht man ein gewünschtes Ergebnis, welches durch Handeln erreicht wird.

monetäre Ziele

Innerhalb des Unternehmens gibt es Formalziele, welche das Wesen des Unternehmens, also den Grund für seine Existenz oder seine Gründung beschreiben und die sich in Erfolgskenngrößen zeigen. Beispiele für solche Formalziele sind monetäre Ziele, z. B.:

- *Produktivität:*
  Die Antwort auf die Frage: Was bekomme ich für meinen Einsatz (z. B. eine Arbeitsstunde) heraus (z. B. drei regulierte Schäden)?
- *Umsatz:*
  Die Summe aller Einnahmen
- *Kostendeckung:*
  Das positive Verhältnis von Einnahmen zu Ausgaben
- *Gewinnerzielung:*
  Erreichung eines positiven Betriebsergebnisses
- *Return on Investment (RoI):*
  Mit diesem Begriff wird das Verhältnis bezeichnet, in dem der Gewinn zum eingesetzten Kapital steht.

Aufgabe zur Handlungssituation

Die Geschäftsleitung der Proximus Versicherung AG wird vor der Entscheidung, ob ein Direktversicherer gegründet wird, folgende Fragen an die Projektgruppe stellen:

- Zum Gewinn: Welcher Gewinn wird wann angestrebt? (Gewinnziel)
- Zum Umsatz: Wie entwickelt sich der Gesamtumsatz der Proximus Versicherung AG durch den neuen Vertriebsweg? (Umsatzziel)
- Zur Kostendeckung: Welche Auswirkungen hat die Neugründung für die Kostenentwicklung? (Kostenziel)

nichtmonetäre Ziele

Es gibt auch nichtmonetäre Formalziele, wie z. B. Marktmacht, Zahlungsfähigkeit, Umweltschutz oder ein gutes Betriebsklima.

Formalziele müssen sehr konkret formuliert werden, um eine effektive Erfolgskontrolle zu ermöglichen. Die Formulierung von sowohl realistischen als auch anspruchsvollen Zielen erfordert jedoch einen hohen Aufwand.

Konkret könnte eine solche Zielformulierung wie folgt aufgebaut sein:

Beispiel

Das Ziel der Proximus Versicherung AG ist die Steigerung ihres Gewinns im 1. Halbjahr aus dem versicherungstechnischen Geschäft um 5 % gegenüber dem Vorjahreszeitraum.

Elemente	Zielformulierung
Wer	Das Ziel der Proximus Versicherung AG ist die
macht Was	Steigerung ihres Gewinns
Wann	im 1. Halbjahr
Woraus	aus dem versicherungstechnischen Geschäft
in welcher Höhe	um 5 % gegenüber dem Vorjahreszeitraum.

1.2 Sachziele (Angebot von Versicherungsschutz/Finanzdienstleistungen)

Sachziele beschäftigen sich mit der Frage, wie die Formalziele erreicht werden können. Sachziele sind konkreter und beziehen sich auf das wirtschaftliche Agieren eines Unternehmens (Art, Qualität, Menge, Ort und Zeit des Angebots). In der Versicherungswirtschaft besteht dieses Handeln im Kern aus dem Angebot von Versicherungsschutz und Finanzdienstleistungen.

- Versicherungs- und Bankgeschäfte unterscheidet man nach *Sparten*.
- Die *Qualität* des Produkts kann z. B. nach Variationen eingeteilt werden (Basis- und Komfortpolice).
- Die *Menge* kann z. B. nach der Kategorie Massenprodukt (Hausratversicherung) oder Spezialprodukt (Versicherung hochwertiger Kunstgegenstände im Haushalt) bemessen werden.
- Beim *Ort* unterscheidet man z. B. die Direktversicherung von anderen Absatzkanälen (Agentur-, Banken-, Maklervertrieb etc.).
- Die Zeit bzw. die *Zeitgebundenheit* wird z. B. durch die Schaffung spezieller Zusatzangebote bei besonderen Ereignissen (die Bereitstellung eines Austauschfernsehers zur Fußball-WM, Spezialtarife für Schüler etc.) erfasst.

Zusammenfassung

Die Ziele eines Unternehmens lassen sich in Formal- und Sachziele einteilen. Formalziele sind dabei die übergeordneten Ziele, die Sachziele sind konkreter und detaillierter.

2. Entscheidungssituationen

Handlungssituation

Nachdem grundsätzliche Vorfragen geklärt wurden, hat die Geschäftsleitung der Proximus Versicherung AG nun über den neuen Vertriebsweg der Direktversicherung zu entscheiden.

„Entscheiden" bedeutet, eine Auswahl zwischen mehreren Alternativen zu treffen. Jeder trifft täglich eine Vielzahl von Entscheidungen, von denen zahlreiche auch wirtschaftlich relevant sind. Letztere gilt es genauer zu analysieren, wobei von den wirtschaftlich relevanten Entscheidungen hier wiederum nur die betriebswirtschaftlichen von Interesse sind, nicht aber z. B. persönliche oder volkswirtschaftliche.

Betriebswirtschaftlich lassen sich die Entscheidungssituationen unterteilen in:

- grundlegende (konstitutive Entscheidungen)
- solche des täglichen Geschäftsbetriebs (laufende Entscheidungen)

konstitutive Entscheidungen

Konstitutive Entscheidungen sollten im Vorfeld geschäftlicher oder unternehmerischer Aktivitäten sorgfältig geplant werden. Sie bilden die Grundlage für zahlreiche darauf aufbauende Entscheidungen und Prozesse. Es handelt sich also um Entscheidungen von großer Tragweite, die mit erheblichen finanziellen Auswirkungen verbunden sind und nur schwer korrigiert werden können.

Situationen für konstitutive Entscheidungen sind z. B.:

- Unternehmensgründung
- Unternehmensumstrukturierung
- Unternehmensneuausrichtung
- Unternehmensschließung

Handlungssituation

Im Rahmen Ihrer Tätigkeit im Projektteam der Proximus Versicherung AG sollen Sie die Entscheidung der Geschäftsleitung für die Neugründung des Direktversicherungsunternehmens vorbereiten. Zur Präsentation fassen Sie die vier konstitutiven Entscheidungen für die Unternehmensgründung in folgendem Schaubild zusammen:

Beispiel Unternehmensgründung

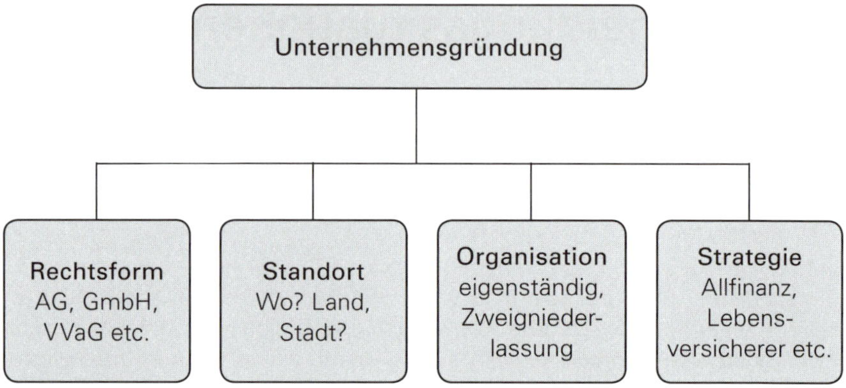

Abbildung 1: Fragenkomplexe für eine Unternehmensgründung

Handlungssituation

Neben diesen Entscheidungen wird die Neugründung aber auch möglicherweise bei der Proximus Versicherung AG als Muttergesellschaft Auswirkungen haben. Daher formulieren Sie auch hier Denkansätze für:

- *Umstrukturierung*

  Dieser Fragenkomplex betrifft die Teilung der Betriebs- und Schadenabteilungen in Service- und Direktversicherer, die Zentralisierung von Tätigkeiten, die Aufstellung der Proximus Versicherung AG als Holding (Dachgesellschaft), welche die verschiedenen Vertriebsgesellschaften zusammenfasst.

- *Neuausrichtung*

  Je nach Strategieentscheidung der neuen Gesellschaft ist u. U. eine gesamte Neuausrichtung erforderlich. Für einen Erfolg auf dem Direktversicherungsmarkt ist z. B. das Angebot von schlanken Produkten und günstigen Tarifen erforderlich. Sofern die Marktbedingungen ähnlich sind, böte sich an, die Direktprodukte ins gesamte Produktportfolio aufzunehmen. Diese werden in der neuen Gesellschaft ohnehin angeboten, kalkuliert, verwaltet und bearbeitet. Daher könnte ein übergreifendes Gesellschaftsangebot ohne großen Mehraufwand darstellbar sein (Nutzung von Synergien). Dies würde aber u. U. zu einer Neuausrichtung des Unternehmens führen (z. B. vom Premium-Versicherer zum Low-Cost-Versicherer).

- *Schließung*

  Wenn Unternehmen auf neuen Märkten tätig werden wollen, übernehmen sie häufig ein bereits etabliertes Unternehmen auf diesem Markt. Ziel ist es dabei, vorhandene Ressourcen zu nutzen (z. B. bestehende Vertriebskanäle, Gebäude und Genehmigungen für den Markteintritt).

Beinahe immer ist aber damit auch die Schließung von Teilen oder auch ganzen Unternehmen verbunden.

In Ihrer Präsentation behandeln Sie auch exemplarisch folgende Themen:

- (Teil-)Übernahme eines bereits am Markt etablierten Direktversicherungsunternehmens
- Schließung oder Verkauf von Unternehmensteilen der übernommenen Gesellschaft, die nicht zum Kerngeschäft (Direktversicherung) gehören (z. B. IT-Gesellschaft, Leasinggesellschaft, Bankgeschäft etc.)

laufende Entscheidungen

Neben diesen grundlegenden betriebswirtschaftlichen Fragen sind auch laufende Entscheidungssituationen von Interesse. Diese sind z. B. gekennzeichnet durch häufiges Auftreten, geringere wirtschaftliche Auswirkungen, Variabilität (Einzelfallgesichtspunkte geben häufig den Ausschlag) und größeren zeitlichen Entscheidungsdruck.

Beispiel

Exemplarisch sind als Entscheidungssituationen zu nennen:

Regulierung oder Ablehnung eines Schadens, Annahme eines Versicherungsantrags, Aufnahme eines Prozesses gegen einen Geschädigten, Einleitung eines Regresses gegen den Versicherungsnehmer, Abmahnung eines Mitarbeiters, Beförderung eines Mitarbeiters oder Benennung von Produktschwerpunkten im Vertrieb.

Tipp

Informieren Sie sich in Ihrem Unternehmen über wesentliche Entscheidungssituationen in der Vergangenheit. Welche Entscheidungen stehen in der Zukunft an oder wurden bereits getroffen? Entwickeln Sie zu getroffenen Entscheidungen mögliche Handlungsalternativen und wägen Sie die Vor- und Nachteile ab.

Zusammenfassung

Entscheiden bedeutet, die Wahl zwischen mehreren Alternativen zu haben und eine davon auszuwählen. Dabei ist aus betriebswirtschaftlicher Sicht zwischen konstitutiven Entscheidungen und solchen des laufenden Geschäftsbetriebs zu unterscheiden. Es gibt bestimmte Situationen in der Geschichte jedes Unternehmens, in denen konstitutive Entscheidungen zu treffen sind. Davon lassen sich durch bestimmte Merkmale die laufenden Entscheidungen abgrenzen.

3. Entscheidungskriterien

Handlungssituation

Die Geschäftsleitung der Proximus Versicherung AG beachtet bei ihrer Entscheidung zur Neugründung des Direktversicherungsunternehmens verschiedene grundlegende Entscheidungskriterien.

3.1 Ökonomisches Prinzip

Das ökonomische Prinzip unterteilt sich in das Minimal- und das Maximalprinzip. Beide beschäftigen sich mit der Problemstellung der Kombination von Mitteleinsatz und Produktionsergebnis. Einerseits haben die Menschen unbegrenzte Bedürfnisse, andererseits sind aber die Güter knapp bemessen. Daher müssen die Mittel so kombiniert werden, dass das erzielte Ergebnis wirtschaftlich ist. Dabei ist immer ein Faktor fix, der andere variabel.

Definition

Nach dem **Minimalprinzip** ist ein vorgegebenes Ziel mit möglichst geringem Mitteleinsatz zu erreichen. Hierbei ist das Ziel fix und die Aufgabe besteht darin, dieses möglichst ressourcenschonend zu erreichen.

Nach Maßgabe des Minimalprinzips müsste die neue Gesellschaft am Direktversicherungsmarkt mit möglichst geringem Mitteleinsatz etabliert und zum Erfolg geführt werden. Dabei ist zu definieren, wann eine Etablierung und ein Erfolg erreicht sind (z. B. Absatz von 100.000 Vertragsstücken im ersten Jahr).

Definition

Das **Maximalprinzip** besagt, dass mit vorgegebenem Mitteleinsatz das größtmögliche Ziel erreicht wird. Fix ist dabei der Mitteleinsatz, variabel das Ergebnis des Mitteleinsatzes.

Mit einem vorgegebenen Mittelaufwand von 100 Mio. € sollte das neue Direktversicherungsunternehmen nach dem Maximalprinzip einen möglichst großen Umsatz (Prämieneinnahme) und Gewinn erzielen.

Beide Prinzipien begegnen uns alltäglich in unterschiedlicher Ausprägung, sowohl im privat-unternehmerischen als auch im staatlichen und karitativen Bereich und sogar in privaten Haushalten. In allen Bereichen ist vor der Entscheidung für ein Prinzip zunächst zu klären, welcher Faktor veränderlich und welcher unveränderlich ist.

Exkurs: Bedürfnispyramide nach Maslow

Dieses Modell besagt, dass das Bedürfnis einer höheren Ebene erst dann befriedigt werden kann, sobald das Bedürfnis der jeweils darunter liegenden Ebene befriedigt ist.

Die fünf Ebenen

Von unten nach oben aufsteigend, werden folgende Stufen in der Bedürfnispyramide benannt:

1. Physiologische Grundbedürfnisse (z. B. Nahrung und Schlaf)
2. Sicherheitsbedürfnisse (z. B. sicherer Wohnraum, Regeln, Arbeitsplatz)
3. Soziale Bedürfnisse (z. B. Kommunikation, Familie, Zugehörigkeit, Liebe)
4. Bedürfnisse nach Wertschätzung (z. B. Achtung und Anerkennung)
5. Bedürfnisse nach Selbstverwirklichung (z. B. Kunst, Religion, Philosophie usw.)

Die ersten drei Stufen zählt Maslow zu den *Defizit-Bedürfnissen*, die obersten zwei Stufen zu den *Wachstums-Bedürfnissen.*

3.2 Gewinn/Rentabilität

Definition

!

Gewinn ist das positive finanzielle Ergebnis wirtschaftlicher Tätigkeit.

Gewinn kann als finanzwirtschaftlicher Begriff definiert werden – als Ertrag minus Aufwand in einem Geschäftsjahr.

Definition

!

Rentabilität ist das Ergebnis einer wirtschaftlichen Maßnahme im Verhältnis zum eingesetzten Kapital.

Hier lassen sich z. B. unterscheiden:

- Eigenkapitalrentabilität $= \frac{\text{Gewinn}}{\text{EK}} \times 100$
- Gesamtkapitalrentabilität $= \frac{\text{(Gewinn + FK-Zinsen)}}{\text{Gesamtkapital (GK = EK + FK)}} \times 100$
- Betriebskapitalrentabilität $= \frac{\text{Betriebsergebnis}}{\text{Betriebsnotwendiges Kapital}} \times 100$
- Projektrentabilität $= \frac{\text{Erträge aus dem Projekt}}{\text{Kapitaleinsatz für dieses Projekt}} \times 100$

3.3 Sicherheit/Risiko

Definition

Sicherheit ist das Gegenteil von Risiko. Sicherheit bedeutet Kapitalerhaltung. Es wird reale Kapitalerhaltung angestrebt (nicht nur nominale), da Eigenkapital- und Fremdkapitalgeber daran interessiert sind, mindestens das eingesetzte Kapital wieder zu bekommen.

Das Ziel ist nicht mit Sicherheit zu erreichen. Es besteht Unsicherheit, wie der Zielwert erreicht wird. Dabei werden die Abweichungen vom Zielwert und die Wahrscheinlichkeit von bestimmten Abweichungen gemessen.

Definition

Risiko ist das Informationsdefizit der Zielerreichung gemessen in Wahrscheinlichkeitsverteilungen. Risiko ist damit die Abweichung vom Zielwert. Das Risiko ist unterschiedlich, je nachdem welchen Zielwert man sich vornimmt.

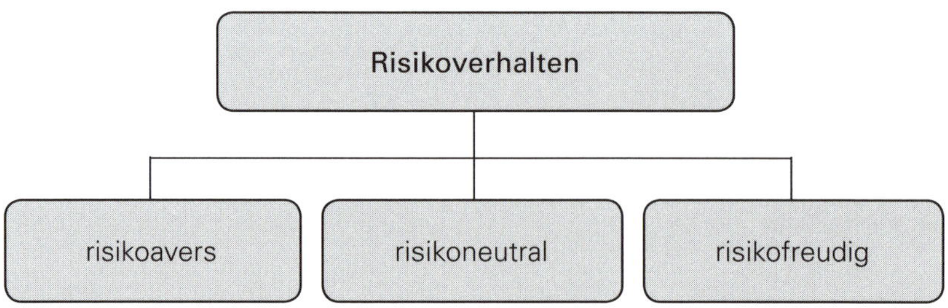

Abbildung 2: Risikoverhalten

Die Abbildung zeigt, dass es drei Typen von Risikoverhalten gibt:

- Risikoavers bedeutet die Umgehung oder Meidung des Risikos (Risikoscheu).
- Risikoneutral ist die gleichgültige Grundhaltung gegenüber dem Risiko.
- Risikofreudig ist das bewusste Eingehen und Wollen (Wünschen) des Risikos.

Handlungssituation

Bezogen auf die zu treffende Vorstandsentscheidung ist

- risikoavers die Ablehnung der Neugründung des Direktversicherers.
- risikoneutral der Beschluss zur Neugründung ohne weitere Vorgaben.
- risikofreudig die Lenkung aller verfügbaren Unternehmensressourcen in die Neugründung des Direktversicherers.

Zielerreichung

Das Risikoverhalten ist abhängig von der Risikovorstellung und dem Wissen über die mögliche Zielerreichung. Am besten lassen sich diese beiden Begriffe durch zwei Fragen erklären:

Risikovorstellung

- Was passiert, wenn sich das Risiko verwirklicht?
- Was passiert, wenn alles gut geht?

Zusammenfassung

In Unternehmen sind laufend zahlreiche Entscheidungen zu treffen. Diese haben unterschiedliche Tragweite, folgen jedoch i. d. R. dem ökonomischen Prinzip. Dabei lassen sich das Minimal- und das Maximalprinzip unterscheiden. Welche Entscheidung zu treffen ist, wird von Gewinn- und Rentabilitätsgedanken bestimmt. Nicht zuletzt spielt auch das jeweilige Risiko der Entscheidungsalternative eine wichtige Rolle. Unterschieden werden drei Kategorien von Risikoverhalten: risikoaverses, risikoneutrales und risikofreudiges Verhalten.

1

4. Entscheidungsmodelle

Handlungssituation

Bevor der Vorstand der Proximus Versicherung AG endgültig über die Neugründung des Direktversicherungsunternehmens entscheidet, sind verschiedene Modelle zu durchdenken.

Entscheidungsmodelle

Entscheidungsmodelle dienen der theoretischen Erfassung und Darstellung von Handlungsalternativen und Handlungskonsequenzen. Sie helfen bei der Prognose und Auswahl der für den Entscheidungsträger günstigsten Alternative. Folgende Komponenten sind dabei wesentlich:

- *Entscheidungsfeld*

  Vor der Entscheidungsfindung muss zunächst das Entscheidungsfeld definiert werden, das nach drei Kategorien mit verschiedenen Ausgangsfragen unterschieden wird:
  - Aktionenraum (Welche Aktionen stehen zur Verfügung?)
  - Zustandsraum (Welche Umweltzustände können herrschen?)
  - Ergebnisfunktion (Welche möglichen Ergebnisse können erzielt werden?)

Nach Abwägung der verschiedenen Alternativen muss eine Entscheidung für eins der genannten Entscheidungsfelder getroffen werden:

- *Aktionenraum*

  Er umfasst die Menge aller möglichen Aktionen, d. h. das Bündel der getätigten oder nicht getätigten Maßnahmen, die vom Entscheidungsträger beeinflussbar sind.

  Für die Proximus Versicherung AG umfasst der Aktionenraum die Annahme oder Ablehnung des Beschlusses zur Neugründung der Direktversicherungssparte.

- *Zustandsraum*

  Er definiert sich durch die Menge aller möglichen Umweltzustände, die nicht vom Entscheidungsträger beeinflussbar sind.

Nicht beeinflussbar durch den Vorstand der Proximus Versicherung AG sind die Konjunkturentwicklung, der Fremdkapitalzins, das Verhalten der Konkurrenz und sonstige Marktbedingungen.

- *Ergebnisfunktion*

  Die Ergebnisfunktion ergibt sich aus der kombinierten Betrachtung von Aktionen- und Zustandsraum, die auf ein Ergebnis bzw. eine Handlungskonsequenz hinausläuft. Aus ihr lässt sich eine Ergebnismatrix bilden.

Exkurs

Mathematische Darstellung einer Ergebnisfunktion in Tabellenform:

Ergebnismatrix

Aktionen	Zustände		
	Z1	Z2	Zn
Q1	X11	...	X1n
Q2			
Qm	Xm1		Xmn

Die Kombination der Aktionen Q1 bis Qm mit den Zuständen Z1 bis Zn führt zu den verschiedenen Ergebnissen X11 bis Xmn.

- *Zielsystem*

  Das Zielsystem setzt sich zusammen aus einer bestimmten Menge von Zielen. Die Zielgröße dient der Bewertung der Konsequenzen und setzt sich zusammen aus: Zielinhalt, Zielbezug und Zielausmaß. Diese heißen auch Determinanten des Ziels.

Beispiel

- **Ziel:** erfolgreiche Etablierung des Direktversicherungsunternehmens am Markt
- **Aktion:** Auftrag an erfahrene Werbeagentur.
- **Zielgröße:** Abschluss von 20.000 Versicherungsverträgen im ersten Jahr

Ziele können sich wechselseitig beeinflussen (Zielinterdependenzen).

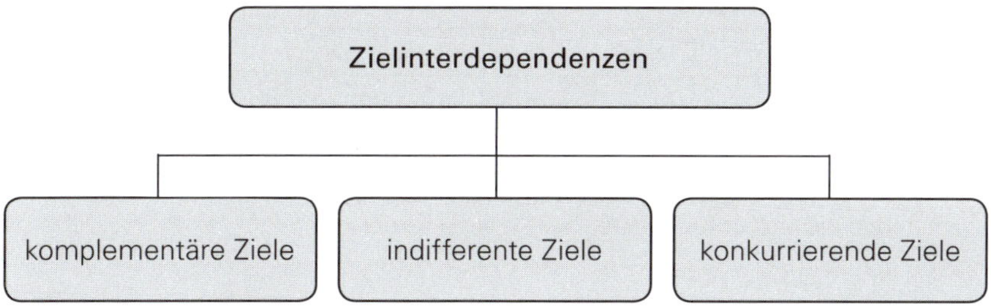

Abbildung 3: Zielinterdependenzen

- *Komplementäre Ziele* fördern sich gegenseitig. Eine erfolgreiche Marktstellung der Proximus Versicherung AG hilft auch dem Direktversicherungsunternehmen, sich schnell am Markt zu etablieren.
- *Indifferente Ziele* beeinflussen sich nicht. Die verstärkte vertriebliche Zusammenarbeit mit Banken in den USA beeinflusst den Markteintritt des Direktversicherungsunternehmens in Europa nicht.
- *Konkurrierende Ziele* stehen zueinander im Widerspruch. Die Neugründung des Direktversicherungsunternehmens kann nicht bei gleichzeitiger Lenkung aller Ressourcen auf die Vertriebswege Makler und Banken durchgeführt werden.

1

Kausal-zusammenhänge

Außerdem bestehen zwischen den Zielen Kausalzusammenhänge, d. h. Ursache-Wirkungs-Beziehungen.

- *Messtheoretische Grundlagen*

  Ziel eines Entscheidungsmodells ist es, die Handlungsalternativen des Aktionenraums zu ordnen (Präferenzordnung). Dies geschieht durch die Suche nach der optimalen Ergebniszeile in der Ergebnismatrix:
  1. Zunächst werden die zugehörigen Ergebnisse einer Aktion einzeln bewertet. Ein bewertetes Ergebnis heißt Nutzen des Ergebnisses.
  2. Kennt man für jede Zielgröße die entscheiderspezifische Nutzenfunktion, so erhält man aus der Ergebnismatrix die Entscheidungsmatrix. Die Nutzenfunktion ist von der Person des Entscheiders abhängig, da jeder Mensch verschiedene Entscheidungsvorlieben (Entscheidungspräferenzen) hat.

Die Ergebnismatrix wird im Zuge der Ergebnisbewertung durch die Nutzenfunktion zur Entscheidungsmatrix.

Exkurs

Mathematische Darstellung einer Ergebnisbewertung in Tabellenform (Entscheidungsmatrix):

Entscheidungsmatrix

Aktionen	**Zustände**		
	Z1	**Z2**	**Zn**
Q1	U (X11)	...	U (X1n)
Q2			
Qm	U (Xm1)		U (Xmn)

Bei der Entscheidungsmatrix führt wie bei der Ergebnismatrix die Kombination der Aktionen Q1 bis Qm mit den Zuständen Z1 bis Zn zu den verschiedenen Ergebnissen X11 bis Xmn. Hinzu kommt die Bewertung dieser Ergebnisse mit dem Nutzen U. So entstehen die Nutzenfunktionen U (X11) bis U (Xmn).

Man unterscheidet drei Entscheidungsmodelle:
- deterministische Modelle
- stochastische Modelle
- spieltheoretische Modelle

Ziel ist immer eine maximale Zielerreichung.

Definition

Deterministische Modelle: Determinanten sind Daten und Fakten, die betriebliche Handlungsalternativen bestimmen, z. B. Daten und Fakten der Technik, der Rechtsordnung und des Wirtschaftssystems.

Definition

Stochastische Modelle sind Wahrscheinlichkeitsberechnungen. Das Ergebnis drückt aus, mit welcher prozentualen Wahrscheinlichkeit ein bestimmtes Ereignis eintritt.

Rückversicherungsunternehmen zeichnen zur Beurteilung des Risikos u. a. globale Wetterdaten auf und erfassen diese in Datenbanken. Mithilfe der Aufzeichnungen können Berechnungen zur Wahrscheinlichkeit des Auftretens von Naturkatastrophen erfolgen. Diese Berechnungen bilden wiederum das Risiko des Rückversicherungsunternehmens ab und haben daher direkten Einfluss auf die Prämienkalkulation (s. Abschnitt 7.2).

Definition

Spieltheoretische Modelle sind Modelle auf der Grundlage mathematischer Verfahren. Aufgabe ist die Bestimmung der günstigsten Verhaltensweise eines Teilnehmers an einem Spiel. Das Ergebnis ist sowohl abhängig von seinem eigenen Verhalten, wie auch von dem seiner Mit- bzw. Gegenspieler und meist auch von einer Zufallskomponente.

Bei der Gründung des Direktversicherungsunternehmens kann im Rahmen von spieltheoretischen Modellen das günstigste eigene Verhalten ermittelt werden. Dabei sind die Mitbewerber sowie Kunden und sonstige Marktbedingungen einzubeziehen. Es können dabei verschiedene Szenarien abgebildet werden, z. B. das Verhalten bei besonders aggressiver Beitragsgestaltung oder bei besonders penetrierender Werbung.

Zusammenfassung

Um Entscheidungsalternativen darstellbar und übersichtlich zu machen, werden Entscheidungsmodelle erstellt. Diese Modelle bestehen aus Entscheidungsfeldern, dem Aktionen- und Zustandsraum sowie der Ergebnisfunktion. Am Ende der Erfassung und Ordnung steht eine Entscheidungsmatrix. Trotz der mathematischen Zusammenstellung beinhaltet jede Entscheidungsmatrix auch subjektive Komponenten des Entscheidungsträgers. Das Bestreben ist immer eine maximale Zielerreichung.

1

5. Funktionsbereiche im Versicherungsunternehmen

Handlungssituation

Bei der Neugründung eines Direktversicherungsunternehmens gilt es zu überlegen, welche Funktionsbereiche im neuen Unternehmen vorhanden sein müssen und welche Funktionsbereiche der Proximus Versicherung AG von der Neugründung betroffen sind.

Alle Bereiche eines Versicherungsunternehmens lassen sich nach ihren Aufgabengebieten in betriebliche Funktionsbereiche unterteilen, diese wiederum in Teilaufgaben und Tätigkeitsgruppen. Die Funktionsbereiche eines Versicherungsunternehmens stellen die einzelnen Abteilungen dar wie den Führungsstab, Verwaltungsabteilungen, Informationsverarbeitung, Marketing, Controlling und Finanzwirtschaft.

Tipp

Zur Vorbereitung auf die folgenden Ausführungen sollten Sie im VAG nach Vorschriften suchen, die bei der Neugründung im Hinblick auf die zu installierenden Funktionsbereiche zu beachten sind. Prüfen Sie dabei auch, welche Funktionsbereiche besondere Vorbereitungsaufgaben bei der Neugründung haben (vgl. Sie dazu die Ausführungen zu den Vorschriften nach Solvency II in Kapitel 2, Abschnitt 3).

5.1 Finanzierung – Solvabilität

Definition

Die **Finanzierung** beschreibt die Form der Kapitalzuführung in ein Unternehmen.

§§ 74 ff. VAG

Solvabilität begründet die Sicherheit des Unternehmens und die Garantie, den Leistungsversprechen gegenüber den Versicherungsnehmern jederzeit nachkommen zu können.

Die Gründung eines Versicherungsunternehmens beginnt mit der Gründungsfinanzierung. Bei einer Aktiengesellschaft wird das gezeichnete Kapital von den Gründungsaktionären eingebracht. Den Mindesteigenkapitalbetrag bildet nach Solvabilitätsvorschriften der Mindestgarantiefonds.

Exkurs: Gründungsstock und Stammkapital

Bei der Rechtsform des VVaG wird der Gründungsstock von den Garanten eingebracht, um die Anlaufphase des Versicherungsvereins zu finanzieren.

Öffentlich-rechtliche Versicherungsunternehmen werden von ihren Gewährsträgern (Landesregierungen) mit Stammkapital ausgestattet.

Organisationsfonds, § 9 Abs. 2 Nr. 5 VAG

Zusätzlich zur Gründungsfinanzierung besitzen Versicherungsunternehmen zur Gründungs- und Erweiterungsfinanzierung einen Organisationsfonds. Dieser ist gesetzlich vorgeschrieben.

Formen der Finanzierung

Die Formen der Finanzierung lassen sich unterscheiden nach

- der Art des Vermögensrechts, das der Kapitalgeber im Verhältnis zum Versicherungsunternehmen erwirbt,
- der Überlassungsdauer des Kapitals und
- der Haftung des Kapitals für Verluste des Versicherungsunternehmens.

Handlungssituation

Bei der Finanzierung des neuen Direktversicherungsunternehmens sind besonders die Art des Vermögensrechts und die Haftung zu beachten. Das Unternehmen soll in der Rechtsform der Aktiengesellschaft gegründet werden. Demnach erwirbt die Proximus Versicherung AG als Kapitalgeber Aktien der neuen Gesellschaft (zu 100 %). Aus der Rechtsform der Aktiengesellschaft und der Stellung als Aktieninhaber ergibt sich auch die Haftung der Proximus Versicherung AG, welche sich auf das bei Erwerb der Aktien einbezahlte Kapital beschränkt.

Eigenkapital

Das Eigenkapital kann aus Beteiligungsfinanzierung (v. a. bei der AG in Form der Aktienfinanzierung) oder aus Eigenfinanzierung (Einbehaltung von Gewinnen aus dem Versicherungsgeschäft) stammen.

Fremdkapital

Die wichtigste Finanzierungsquelle eines Versicherungsunternehmens ist die versicherungstechnische Fremdfinanzierung aus den Prämienvorauszahlungen der Versicherten. Diese Fremdfinanzierung mit Innenfinanzierungscharakter erfolgt aus der zeitlichen Verschiebung von Prämieneinzahlung und Auszahlung aus dem Versicherungsversprechen. Hintergrund ist, dass die Prämien im Voraus gezahlt werden, während die Auszahlungen für versicherte Schäden erst im Laufe der Versicherungsperioden anfallen.

Das Solvabilitätssystem dient sicherheitspolitischen Zielen. Es ist ein Instrument der Finanzaufsicht bei Versicherungsunternehmen.

Die Risikolage des Versicherungsunternehmens wird aus bestimmten Indikatoren des Jahresabschlusses abgeleitet. Abhängig von Art und Umfang des betriebenen Versicherungsgeschäfts wird eine Mindestausstattung mit Eigenmitteln errechnet. Wird die Mindestausstattung an Solvabilität unterschritten, so löst dies aufsichtsrechtliche Sanktionen aus.

Solvabilitätsspanne

So ist bei der Gründung eine Mindestausstattung an Eigenmitteln erforderlich. Während des laufenden Geschäftsbetriebs muss das Unternehmen mindestens über eine Sollgröße des Sicherheitspolsters verfügen, der geforderten Solvabilitätsspanne.

1

Tipp

Schlagen Sie die Richtlinien zur Berechnung der verfügbaren Solvabilitätsspanne im VAG nach.

5.2 Versicherungstechnische Produktgestaltung – Leistungsabläufe

Handlungssituation

Mit der Direktversicherung wird die Proximus Versicherung AG im Bereich eines neuen Vertriebskanals tätig. Dies ist mit Auswirkungen auf die Versicherungsprodukte verbunden, denn nicht jedes Produkt ist über jeden Vertriebskanal gleich gut abzusetzen. Daher sind bereits vorhandene Produkte auf ihre Eignung für den Direktversicherungsmarkt zu untersuchen und u. U. entsprechend anzupassen (s. hierzu auch die Ausführungen in dem Band „Marketing und Vertrieb von Versicherungs- und Finanzprodukten für Privatkunden").

Wesentliches Merkmal der Produktgestaltung ist die Kundenorientierung und die Einbeziehung der gesamten Leistungsabläufe. Gleichzeitig muss sich die Produktgestaltung aber auch an (veränderten) rechtlichen Rahmenbedingungen, den Konkurrenzprodukten und den bestehenden Marktpotenzialen ausrichten.

Definition

Es wird zwischen materieller und formaler Produktgestaltung unterschieden.

Zur **materiellen Produktgestaltung** gehören:

- Entwicklung neuer Produkte (Produktinnovation)
- Verbesserung bereits bestehender Produkte (Produktvariation)
- Ausgestaltung der Produkte entsprechend den Kundenbedürfnissen (Produktindividualisierung)

Die **formale Produktgestaltung** beinhaltet die Verständlichkeit der Anträge und Bedingungen, die Ausgestaltung der Formulare und die Bezeichnung des Angebots.

Bei der kundenbezogenen Betrachtungsweise liegt das Interesse in der Außenwirkung mit dem Ziel der Kundenorientierung.

Die Produktgestaltung beginnt bei der Bezeichnung des Produkts. Durch einen Markennamen lässt sich das Produkt standardisieren und im Markt etablieren.

Tipp

Suchen Sie nach bekannten Markennamen von Versicherungsprodukten. Die Fernsehwerbung bietet dafür eine geeignete Grundlage.

Kundenorientierung

Um dem Ziel der Kundenorientierung Rechnung zu tragen, soll das Versicherungsprodukt dem Kunden ermöglichen, die einzelnen Produktbestandteile individuell festzulegen.

Die folgende Graphik stellt die Möglichkeiten der individuellen Produktgestaltung dar:

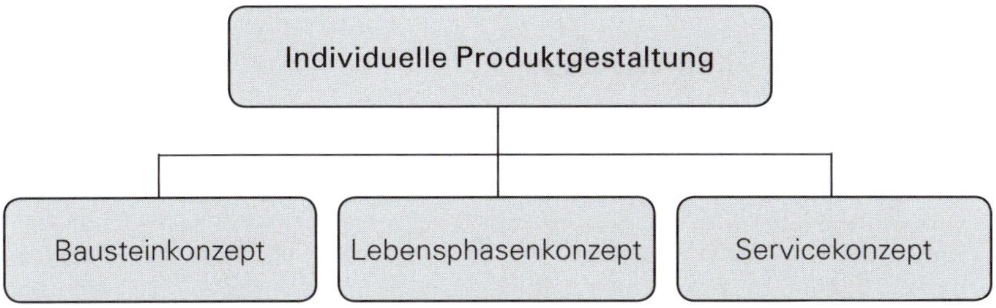

Abbildung 4: Individuelle Produktgestaltung

Bausteinkonzept

Beim Bausteinkonzept stehen die Individualität des Kunden und damit die Möglichkeit der modularen Zusammensetzung des Produkts nach den Bedürfnissen des Versicherungsnehmers im Vordergrund.

Definition

Das **Lebensphasenkonzept** hat zum Ziel, den Kunden in den unterschiedlichen Situationen seines Lebens flexibel zu begleiten. Der Bedarf des Kunden soll während der gesamten Laufzeit so gut wie möglich abgedeckt sein und das Produkt soll sich jederzeit anpassen können.

Das **Servicekonzept** stellt die Bedarfsgerechtigkeit in den Vordergrund. Es befasst sich mit der Betreuung über die gesamte Laufzeit des Vertrages hinweg, begonnen vom Verkauf mit Beratung, über die Bestandspflege bis zur Abwicklung des Leistungsfalls.

Für die Direktversicherung bieten sich als individuelle Produktgestaltung an:

Produktgestaltung für Proximus Versicherung AG

- *Bausteinkonzept:* Um günstige Einstiegsbeiträge zu erhalten, sollten Produkte nur als Basisprodukt mit Grundabsicherung angeboten werden (z. B. Autohaftpflicht mit gesetzlicher Deckung). Der Kunde sollte aber die Möglichkeit haben, durch Auswahl verschiedener Zusatzbausteine den Versicherungsschutz seinen persönlichen Bedürfnissen anzupassen (Erweiterung des Deckungsumfangs der Autohaftpflicht sowie Einschluss von Teil- oder Vollkasko).

- *Lebensphasenkonzept:* Der Kunde sollte mit diesem Konzept während aller Lebensphasen begleitet werden, also vom Status „Junge Leute" über „Single" zu „Familie" und „Senioren".

- *Servicekonzept:* Anspruchsvolle Kunden sollten die Möglichkeit bekommen, gegen Beitragszuschlag bestimmte Leistungen einzuschließen, welche das Grundprodukt zum Komfortprodukt machen. Hierzu zählen Assistance- und Schutzbriefleistungen (Haushaltsführung bei Krankheit, Werkstattservice etc.).

1

Tipp

Suchen Sie zur Vertiefung nach aktuellen Beispielen zu den Komponenten der individuellen Produktgestaltung.

Die Produktgestaltung wird erst dann zu einem erfolgreichen absatzpolitischen Instrument, wenn weitere Maßnahmen wie z. B. Werbung eingesetzt werden.

5.3 Investition – Kapitalanlage

Definition

Kapitalanlage bedeutet, in Vermögensgegenstände aller Art zu investieren und ist eine der wichtigsten Aufgaben eines Versicherers. Für die Investition und Kapitalanlage eines Versicherungsunternehmens bestehen zum Schutz der Versicherungsnehmer strenge gesetzliche Vorschriften. Gleichzeitig bilden diese Vorschriften eine rechtliche Grundlage für die Beziehungen zwischen der BaFin als Aufsichtsbehörde und dem Versicherungsunternehmen.

Das Investitions- und Kapitalanlagegeschäft eines Versicherers gründet auf der Vorauszahlung der Prämie und dem mit dem Versicherungsgeschäft verbundenen Spar- und Entspargeschäft.

Definition

Aufgabe des Bereichs Investitionen ist die Steuerung und Verwaltung der Kapitalanlagen. Dabei ist eine Vielzahl von gesetzlichen Vorschriften und Vorgaben der BaFin zu beachten. Diese Regeln wurden geschaffen, um möglichst große Sicherheit für die Erfüllung des Leistungsversprechens gegenüber dem Versicherungsnehmer zu gewährleisten.

§ 125 VAG
§ 124 VAG

Die Anlagevorschriften beziehen sich auf das gebundene Vermögen des Versicherungsunternehmens. Dieses ergibt sich aus dem Sicherungsvermögen (§ 125 VAG) und dem sonstigen gebundenen Vermögen (§ 124 VAG). Das gebundene Vermögen ist so anzulegen, dass möglichst große Sicherheit und Rentabilität bei jederzeitiger Liquidität des Versicherungsunternehmens unter Wahrung angemessener Mischung und Streuung erreicht werden.

Das restliche Vermögen eines Versicherungsunternehmens gilt als freies Vermögen. Es fällt nicht unter die Kapitalanlagevorschriften und kann daher ohne Vorgaben angelegt werden. Freies Vermögen ist z. B. der Gewinnvortrag, die gesetzliche und freie Rücklage sowie das Grundkapital.

Gründe für die Vorschriften zur Kapitalanlage des gebundenen Vermögens:

- Sicherheitsbedürfnis der Versicherungsnehmer
- volle Risikotragung des VU bei Anlagen (anders als z. B. bei Banken, bei denen der Kapitalgeber, also der Kunde, das Risiko der Anlage trägt).

Definitionen

Nach dem Grundsatz der **Rentabilität** muss jede Kapitalanlage einen marktgerechten Zins erwirtschaften. Die Untergrenze in der Lebensversicherung ist der technische Rechnungszins.

Liquidität bezieht sich auf die ständige Zahlungsbereitschaft des Versicherers. Er muss jederzeit termingerecht und betragsgenau den entstandenen Schadenzahlungen nachkommen können.

Mischung bezieht sich auf die Kapitalanlagearten. Eine einseitige Beschränkung auf bestimmte Kapitalanlagen soll vermieden werden. Das Prinzip der **Streuung** besagt, dass höchstens 5 % des gebundenen Vermögens bei einer Adresse angelegt werden dürfen.

§ 1 Abs. 2 AnlV

Systematisch sind im VAG nur noch die Grundzüge der Kapitalanlage geregelt. Die Details ergeben sich aus der Anlagenverordnung (AnlV). Neben den Details schreibt die AnlV in § 1 Abs. 2 vor, dass die Anlage des gebundenen Vermögens mit der gebotenen Sachkenntnis und Sorgfalt zu erfolgen hat. Ferner ist die Einhaltung der Anlageregeln durch ein qualifiziertes Anlagemanagement, geeignete interne Kapitalanlagegrundsätze und Kontrollverfahren sowie eine strategische und taktische Anlagepolitik sicherzustellen. Schließlich ist im Rahmen der Kapitalanlagen sicherzustellen, dass auf besondere Veränderungen der Märkte und Großschäden angemessen reagiert werden kann.

Untermauert und im Detail beschrieben werden diese allgemeinen Grundsätze durch die Regelungen der §§ 3 ff. AnlV. Ferner wird der BaFin die Möglichkeit eingeräumt, durch Rundschreiben insbesondere zur Darlegungs- und Anzeigepflicht weitere Regelungen zu treffen. Bei Verstößen des Versicherungsunternehmens können durch die BaFin Sanktionen eingeleitet werden (s. hierzu Kapitel 2).

Tipp

AnlV im VAG

Schlagen Sie in der AnlV nach, in welchen Kapitalanlagearten ein Versicherungsunternehmen sein Kapital anlegen darf und welche Bedeutung die Investition in Grundbesitz hat. Welche Rolle spielen Finanzderivate?

5.4 Absatz – Vertrieb

Der Vertrieb zählt zu den wichtigsten Abteilungen eines Versicherungsunternehmens und zum Kerngeschäft (das Thema wird ausführlich behandelt in dem Band „Marketing und Vertrieb von Versicherungs- und Finanzprodukten für Privatkunden").

Zur Behandlung der Absatz- und Vertriebspolitik im Dienstleistungssektor Versicherung ist es zunächst sinnvoll, die Ware Versicherung näher zu betrachten.

Versicherungsprodukt

Das Versicherungsprodukt ist als Ware unsichtbar, sein Nutzen ist sehr abstrakt und es verspricht keinen Prestigegewinn. Der Bedarf nach Versicherungsschutz wird in Verbraucherkreisen oft nicht erkannt und teilweise sogar verdrängt. Der Vertrieb von Versicherungen als Produktangebot richtet sich somit nicht wie bei einer materiellen Ware an einem vorhandenen Bedarf aus. Das Versicherungsbedürfnis muss erst beim Kunden geweckt werden, bevor es befriedigt werden kann.

Absatzkomponenten

Folgendes Schaubild verdeutlicht die Absatzkomponenten im Versicherungsunternehmen:

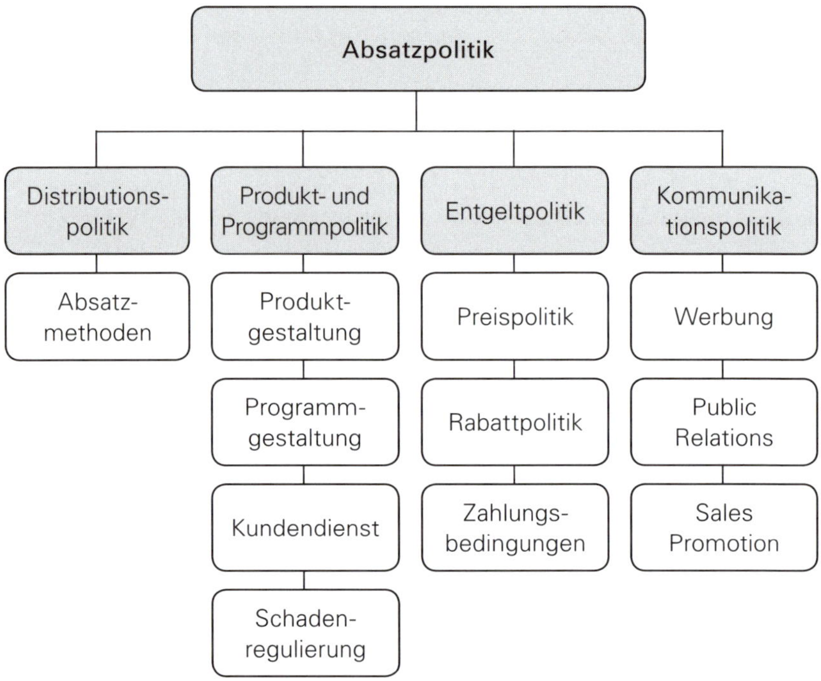

Abbildung 5: Absatzkomponenten

Absatzvorgang

Der Absatzvorgang eines Versicherungsunternehmens teilt sich wie folgt auf:

- Gewinnung von Neukunden (Neugeschäft entspricht der Produktion)
- Veränderung im bestehenden Versicherungsschutz (Bestandsgeschäft/Veränderungsgeschäft), z. B. Einschluss eines Risikos
- Erhaltung des Versicherungsschutzes durch Bestandspflege und Stornoverhütung

Der Verkauf einer Versicherung zeigt den Vertragsbeginn zwischen Kunde und Unternehmen an, der bis zum Ende der Vertragslaufzeit bzw. bis zur Leistungsfallerfüllung andauert. *Verkauf*

Die Absatzorgane eines Versicherungsunternehmens lassen sich wie folgt einteilen: *Absatzorgane*

- unternehmenseigene Absatzorgane (Absatzstellen in der Zentrale und in den Filialen)
- unternehmensgebundene Absatzorgane (Einfirmenvertreter oder Konzern-/Gruppenversicherungsvertreter)
- unternehmensfremde Absatzorgane (Mehrfirmenvertreter, Versicherungsmakler, Unternehmen anderer Wirtschaftszweige)
- Sonderformen (Strukturvertriebe, stille Vermittler, nebenberufliche Vertreter)

Folgendes Schaubild veranschaulicht die Methoden des Vertriebs:

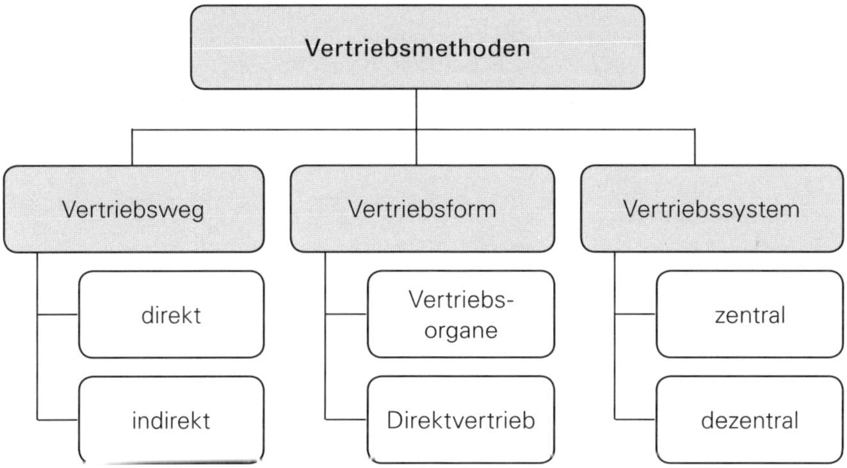

Abbildung 6: Vertriebsmethoden

Der direkte Vertriebsweg läuft über die unmittelbaren Absatzorgane des Versicherungsunternehmens (Ausschließlichkeitsvertreter). Hier ist der Kunde richtig, der eine gute Beratung und laufende Betreuung sucht. *direkter Vertriebsweg*

Beim indirekten Vertriebsweg läuft die Vermittlung über andere Finanzdienstleister wie Banken, Versandhandel, Kreditkartenfirmen. Diese Dienstleister vertreiben i. d. R. einfache Standardprodukte mit kurzer Laufzeit, für deren Verkauf keine hohe fachliche Kompetenz und Identifikation mit dem Produkt notwendig ist. *indirekter Vertriebsweg*

1

Direktvertrieb

Der Direktvertrieb richtet sich an Personen, die ihren Versicherungsbedarf bereits erkannt haben. Die Produkte, die über diesen Weg vertrieben werden, zeichnen sich durch einen niedrigen Erklärungsbedarf aus.

zentrales und dezentrales Vertriebssystem

Unter dem zentralen Vertriebssystem versteht man den Vertrieb direkt aus der Zentrale des Versicherungsunternehmens heraus. Außer einer eventuellen Beratung im Foyer besteht kaum Kundennähe. Demgegenüber steht das dezentrale Vertriebssystem, das über die Außendienstorganisation abgewickelt wird und hohe Kundennähe verspricht.

5.5. Controlling – Steuerung und Rechnungswesen

!

Definition

Controlling ist ein funktionsübergreifendes Steuerungsinstrument, das den unternehmerischen Entscheidungs- und Steuerungsprozess durch zielgerichtete Informationserarbeitung und -verarbeitung unterstützt.

Controlling ist ein Instrument, welches sowohl im privaten wie im betrieblichen Umfeld eingesetzt wird. Dabei ist Controlling viel mehr als nur Kontrolle. Es bildet die Grundlage jeder Entscheidungsfindung. Das allgemeine Vorgehen dabei ist der Controllingprozess:

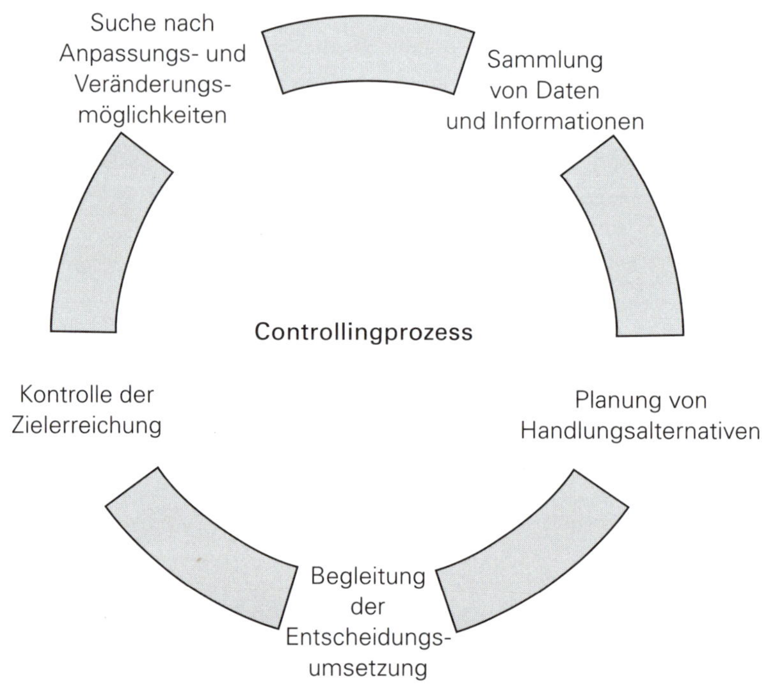

Abbildung 7: Controllingprozess

Man unterscheidet zwischen operativem und strategischem Controlling.

Definition

Das **operative Controlling** orientiert sich vor allem an gegenwarts- oder vergangenheitsorientierten Zahlen und Ergebnissen. Der Zukunftsaspekt ist durch Definition des Planungshorizontes auf kurz- und mittelfristige Zahlen begrenzt. Meist werden interne Informationsquellen, vor allem aus dem Rechnungswesen, genutzt. Gegenstand des operativen Controllings ist die Realisation kurz- und mittelfristiger Ziele.

Das **strategische Controlling** ist stark zukunftsorientiert und in zeitlicher Hinsicht nicht sehr eingeengt. Zukünftige Perioden stehen im Mittelpunkt. Hierzu werden Ist-Werte interpretiert und externe Einflussfaktoren berücksichtigt. Ziel ist eine langfristige und nachhaltige Existenzsicherung durch strategische Zielsetzung.

Handlungssituation

Das Ziel des neuen Direktversicherers der Proximus Versicherung AG ist die Absicherung der Berufsunfähigkeit bei Hausfrauen bzw. -männern. Das operative Controlling unterstützt dieses Ziel durch die Aufbereitung von Daten zu potenziellen Kunden und zur derzeitigen Absicherung dieser Kundengruppe. Aufgabe des strategischen Controllings ist es, aus diesen Daten zukünftig mögliche Abschlüsse (das Geschäftspotenzial) zu errechnen und Ziele für die Zukunft zu definieren. Ein solches Ziel kann die Erhöhung der Anzahl der Versicherten in dieser Kundengruppe von 5 % auf 35 % sein.

Versicherungsunternehmen weisen einige Besonderheiten auf, die Auswirkungen auf die Aufgaben und Instrumente des Controllings haben:

- Der Versicherer muss permanent leistungsbereit für ein eventuelles Schadenereignis sein;
- er verfügt über versicherungstypische Produktionsfaktoren;
- er erzielt vor der Produktion bereits Beitragseinnahmen (umgekehrter Umsatzprozess: erst die Beitragszahlung erzeugt Versicherungsschutz);
- er hat eine Gefahrengemeinschaft zu organisieren und
- muss wegen der geringen Konsumneigung der Verbraucher und der starken Erklärungsbedürftigkeit der Produkte eine hohe Gewichtung auf den Außendienst legen;
- es besteht für den Versicherer eine zeitliche Differenz zwischen Kostenanfall und Erlöserzielung,
- eine Unsicherheit der Versicherungsleistung sowie die
- gesetzliche Spartentrennung im Hinblick auf die zwischenbetriebliche Leistungsverrechnung.

Die Funktionen des Controllings lassen sich unterteilen in Planungs-, Prognose- und Beratungsfunktion, Kontroll-, Informations- und Steuerungsfunktion.

operative und strategische Steuerung

Das Versicherungsgeschäft ist wegen aufsichtsrechtlicher, gesetzlicher und wettbewerbsrechtlicher Rahmenbedingungen sehr komplex. Es gilt, die verschiedenen Funktionsbereiche, Aufgaben und Prozesse aufeinander abzustimmen. Hierzu ist eine operative und strategische Steuerung notwendig.

1

Zu den wichtigen Anforderungen an die operative und strategische Steuerung zählen die Berichterstattung nach den International Financial Reporting Standards (IFRS), die Eigenkapitalregulierungen (Solvency I und II), die Kapitalanlageregulierungen sowie das Risikomanagement (KonTraG und MaRisk).

Tipp

Suchen Sie Beispiele für operative und strategische Steuerung. Suchen Sie nach den Begriffen „Advanced Budgeting" und „Investitionsplanung".

Rechnungswesen

Das Rechnungswesen, die Kostenrechnung und das Konzernrechnungswesen sind die Quellen für die Informationen, die für die Steuerung benötigt werden.

Tipp

Erläutern Sie, wie diese Informationssysteme ausgestaltet sein sollten. Beschreiben Sie, welche rechtlichen Anforderungen bestehen und welche Grundsätze maßgeblich sind (etwa nach HGB, US GAAP oder IFRS).

Zusammenfassung

Das Produkt „Versicherung" ist immateriell und weist weitere Besonderheiten auf, welche beim Vertrieb zu beachten sind. Die Komponenten der Absatzpolitik eines Versicherungsunternehmens sind die Distributionspolitik, die Produkt- und Programmpolitik, die Entgeltpolitik sowie die Kommunikationspolitik. Ferner kann man nach Vertriebsmethoden unterscheiden (Vertriebsweg, Vertriebsform und Vertriebssystem).

Funktionsübergreifend hilft das Controlling als wichtiges Steuerungsinstrument. Dabei unterteilt man die Aufgaben nach aktueller bzw. vergangenheitsbezogener (operatives Controlling) und zukunftsorientierter (strategisches Controlling) Datenaufbereitung.

Die Informationsquelle der für die Steuerung benötigten Daten ist das Rechnungswesen.

6. Risiko und Solvabilitätsbedarf

Versicherungsunternehmen sichern Versicherungsnehmer gegen Risiken ab. Dabei geht das Versicherungsunternehmen im Grundsatz davon aus, dass Schäden nicht zufällig passieren. Vielmehr ist es möglich, schadenträchtige Ursachen zu bestimmen und so Gewissheit über den Schadeneintritt und damit das Risiko zu haben. Dieses Wissen wirkt sich wiederum unmittelbar auf den Solvabilitätsbedarf des Versicherungsunternehmens aus. Wenn die Höhe der Schadenzahlungen bekannt ist, kann man darauf mit entsprechender Liquidität reagieren oder aber Prämie, Bestandszusammensetzung, Selbstbeteiligung und Versicherungsbedingungen anpassen.

Wahrscheinlichkeitsrechnung

Es ist aufwändig und problematisch, schadenträchtige Ursachen zu bestimmen. Hierzu dienen verschiedene Modelle der Versicherungstechnik und der Wahrscheinlichkeitsrechnung.

6.1 Risikomaße

Zum Verständnis des Begriffs Risiko dient die Risikopyramide:

Abbildung 8: Risikopyramide

6.1.1 Absolute und relative Streuung

Mittelwert

Jedes Versicherungsunternehmen versucht auf unterschiedliche Weise zukünftige Ereignisse zu prognostizieren (z. B. Schadenverläufe). Dies kann durch Beobachtung bzw. Auswertung von Daten erfolgen. Mithilfe der Daten lässt sich ein Mittel- oder Durchschnittswert berechnen. Von diesem weichen die tatsächlichen Werte in gewissem Umfang ab. Diese Abweichung nennt man Streuung.

Die absolute Streuung (Varianz, Standardabweichung) charakterisiert die Verteilung der Werte um das Arithmetische Mittel (d. h., wie viele Werte „neben" dem errechneten Durchschnitt liegen). Die relative Streuung (Variationskoeffizient) gibt an, welcher Wert in Relation zur Gesamtzahl neben dem Mittelwert liegt.

Der Unterschied zwischen absoluter und relativer Streuung lässt sich am besten an einem Beispiel erklären:

Beispiel

Führt man ein Experiment zur Ermittlung einer Wahrscheinlichkeit 200-mal hintereinander aus und tritt dabei ein Ereignis 15-mal ein, so ist 15 die (absolute) Häufigkeit des Ereignisses. Die absolute Streuung um dieses Ereignis beträgt 185, die relative Streuung 185 : 200 = 0,925.

Tipp

Vertiefen Sie das Thema mathematisch und suchen Sie geeignete Experimente und Beispielrechnungen aus der Stochastik. Im Internet finden Sie zahlreiche Beispiele dazu.

6.1.2 Ruinwahrscheinlichkeit

Definition

Die **Ruinwahrscheinlichkeit** drückt bei Versicherungsunternehmen die Wahrscheinlichkeit aus, dass der Gesamtschaden eines Kollektivs die Kapitalausstattung (Sicherheitskapital) sowie die Prämieneinnahmen übersteigt. Mathematisch versucht man im Rahmen der Ruintheorie die Wahrscheinlichkeit des Ruineintritts zu berechnen. Zu einem Ruin eines Versicherungsunternehmens können beispielsweise Kumulschäden führen.

Um sich vor Kumulschäden zu schützen, kann das Versicherungsunternehmen sein Risiko durch den Abschluss von Rückversicherungsdeckungen begrenzen (diese Thematik wird genauer im Abschnitt 8, Rückversicherung, behandelt).

Jedes Versicherungsunternehmen ist bestrebt, die Ruinwahrscheinlichkeit möglichst gering zu halten. Dies ist steuerbar durch Tarife und Prämien aber auch durch Eigenabsicherung, die Rückversicherung. Gänzlich ausgeschlossen werden kann der Ruin aber nicht.

6.2 Einzel-, Bestands- und Unternehmensrisiko

Das Einzelrisiko bezeichnet den einzelnen Vertrag bzw. die Gefahr, welche sich hieraus ergibt. Bündelt man diese Verträge zu einer Gesamtheit, so erhält man den Bestand an Risiken. Alle Risiken eines Unternehmens bilden wiederum das Unternehmensrisiko.

Beispiele für die Gesamtheit aller Einzelrisiken in Bezug auf das Unternehmen sind Feuer-, Unfall-, Einbruch-, Diebstahl- und Kaskorisiko.

6.3 Versicherungstechnisches Risiko

Das versicherungstechnische Risiko eines Versicherungsunternehmens besteht in der Unklarheit über den tatsächlichen Schadenverlauf des Versicherungsbestands in der Zukunft.

Unklarheit über tatsächlichen Schadenverlauf

Diese Problematik macht die Berechnung des versicherungstechnischen Risikos zu einer der schwersten Aufgaben in der Beitragskalkulation.

Schadenaufwendungen wirken sich unmittelbar auf das Geschäftsergebnis des Versicherungsunternehmens aus. Somit führt das versicherungstechnische Risiko unmittelbar zu Zielrisiken beim Versicherungsunternehmen, da die Erreichung des Ziels von ungewissen Ereignissen abhängig ist.

6.3.1 Zufalls-, Änderungs-, Irrtumsrisiko

Die Begriffe Zufalls-, Änderungs- und Irrtumsrisiko dienen dazu, die theoretisch ermittelte Gesamtschadenverteilung auf ihren Wahrheitsgehalt für das versicherungstechnische Risiko zu überprüfen.

Definition

Gesamtschadenverteilung bedeutet dabei die Summe aller Schäden eines Versicherungsnehmers bzw. des gesamten Bestandes innerhalb einer Versicherungsperiode.

- *Zufallsrisiko*

  Das Zufallsrisiko bezeichnet das Problem, dass bei der Errechnung von Wahrscheinlichkeiten „zufällige" Fehler zur Wirklichkeit auftreten. Dies bedeutet etwa, dass Anzahl und Höhe der Schäden aufgrund zufälliger Ereignisse in der Vergangenheit oder Zukunft abweichen. Ein bestimmter, rein zufällig eingetretener Schaden, wurde bei der Errechnung der Gesamtschadenverteilung z. B. mit berücksichtigt. Die hieraus resultierenden, fehlerhaften Berechnungen führen zu falschen Annahmen für die Zukunft und sind daher risikobehaftet

Beispiel

Für die Kalkulation eines Krankenversicherungstarifs werden Daten von Kundengruppen zugrunde gelegt, bei denen aufgrund zufällig auftretender, widriger Umstände eine zu große Anzahl von Erkrankungen auftritt. Die Hochrechnung dieser Daten führt zu einem zu hoch kalkulierten Beitrag. Die reale Gruppe der Versicherten ist gesünder und verursacht daher geringere Schadenzahlungen.

- *Änderungsrisiko*

  Unter Änderungsrisiko versteht man, dass die Wahrscheinlichkeitsannahmen der Gesamtschadenverteilung innerhalb der Versicherungsperiode variieren und zu einer Abweichung des tatsächlichen Gesamtwertes vom erwarteten Wert führen. Dabei ist nicht der Grund entscheidend, warum eine solche Änderung eintritt. Wesentlich ist vielmehr, dass die Änderung zu einer anderen Schadenverteilung führt und damit für den Versicherer unmittelbar Auswirkungen hat. Zum Beispiel kann sich der

Schadenbedarf unerwartet und auf Dauer verändern, infolge neuer technischer Entwicklungen, aber auch durch Rechtsprechung oder aufgrund eines gesellschaftlichen Wertewandels.

Beispiel

Bei der Kalkulation des preisgünstigen Kfz-Tarifs der neuen Proximus-Direktversicherung wird eine bestimmte Anzahl von in Kaskoschäden verwickelten Neufahrzeugen einbezogen. Tatsächlich sind aber wesentlich mehr Neufahrzeuge in Totalschäden verwickelt, dies führt zu einer höheren Neupreisentschädigung und damit zu nicht kalkulierten Schadenaufwendungen.

- *Irrtumsrisiko*

  Das Irrtumsrisiko hat seine Ursache in einer unvollständigen oder fehlerhaften Datengrundlage, auf deren Basis die Hochrechnung durchgeführt wurde. Das Irrtumsrisiko bezeichnet also den Fehler in der Berechnung und lässt sich in Prognose- und Diagnoserisiko aufteilen.

Beispiel

Das im Rahmen der Teilkaskoversicherung abgedeckte Risiko der Hagelschäden an Kraftfahrzeugen basiert auf einer Hochrechnung gesammelter Wetterdaten. Diese Daten sind fehlerhaft bzw. aufgrund der erst kurzen Datensammlung unvollständig. Daher führen die tatsächlich häufiger und heftiger auftretenden Hagelschauer zu einer Schadenmehrbelastung.

6.3.2 Prognose-, Diagnoserisiko

In der mathematischen Wahrscheinlichkeitsrechnung gibt es zwei Arten von möglichen Schlüssen: den direkten Schluss und den Rückschluss.

Beim Rückschluss wird ein Zufallsexperiment durchgeführt und anhand der gewonnenen Ergebnisse auf die Gesetzmäßigkeit geschlossen. Indes bedeutet der direkte Schluss, dass von einer bekannten Ausgangslage auf eine Verteilung in der Zukunft geschlossen wird.

- *Prognoserisiko*

  Der Schadenverlauf der kommenden Versicherungsperiode kann nur näherungsweise und damit mehr oder weniger ungenau berechnet werden. Dabei ist die Annahme, dass sich zukünftige Schadenverläufe so wie vergangene verhalten. Diese Fortschreibung in die Zukunft stellt eine Prognose dar, welche mit Risiken behaftet ist. Für das Versicherungsunternehmen besteht damit eine Gewinnchance (bei günstigerem tatsächlichen Schadenverlauf), aber auch ein Verlustrisiko (bei ungünstigerem Schadenverlauf). Diese Ungewissheit wird als Prognoserisiko bezeichnet.

- *Diagnoserisiko*

  Das Diagnoserisiko dagegen schreibt einen Fehler in der Analyse des Schadenverlaufs vergangener Versicherungsperioden in die Zukunft fort. Dabei treten bei der Berechnung von Schadenwahrscheinlichkeiten aus der Vergangenheit Fehler auf, welche z. B. aus unvollständigen Schadendaten stammen. Der Versicherer kann diese Fehler aber nicht erkennen, er weiß nur, dass Fehler auftreten. Daher besteht das Risiko, dass sich solche Fehler zu seinen Ungunsten auswirken, also einen ungünstigeren als den berechneten Schadenverlauf bewirken und so zu Verlusten führen. Das Diagnoserisiko drückt die Unzulänglichkeit der Datenanalyse aus der Vergangenheit aus.

6.3.3 Störgrößen (Kumul, Ansteckung)

Im Rahmen der Risikenberechnung haben wir oben schon eine Reihe von Problemfällen erörtert, welche zu fehlerhaften Ergebnissen führen. Ferner gibt es auch sog. Störgrößen.

Kumul

Eine dieser Störgrößen ist das Kumul (lateinisch: cumulare = anhäufen). In der Versicherungswirtschaft spricht man von einem Kumul, wenn mehrere Verträge von gleichen Schadenereignissen betroffen sind.

Beispiel

Beispiel: Die Proximus Versicherung AG hat in einer deutschen Stadt einen überproportional hohen Anteil an Gebäudeversicherungen. Aufgrund eines Jahrhunderthochwassers werden die meisten Häuser in der Stadt beschädigt. Der hohe Marktanteil in der betroffenen Region führt zu einer Häufung von Schadenereignissen bei der Proximus Versicherung AG. Dies war in der Risikoberechnung so nicht vorgesehen, dort ging man von einer räumlichen Gleichverteilung der Risiken über ganz Deutschland aus. Dieser Kumulschaden beeinflusst als Störgröße die Rentabilität der Wohngebäudeversicherung erheblich.

Ansteckung

Ansteckung dagegen tritt auf, wenn sich der Risikoeintritt durch Lerneffekte verändert. Zum Beispiel ist aufgrund des Lerneffekts der nochmalige Schadeneintritt bei ähnlicher Situation geringer. Der Versicherungsnehmer und u. U. das ganze Kollektiv haben aus dem Schadeneintritt gelernt, es besteht also negative Ansteckung. Positive Ansteckung bezeichnet dagegen den Lerneffekt in umgekehrter Richtung, wenn sich Schäden aufgrund von Erfahrungen häufen. Dies kann z. B. eintreten, wenn Versicherungsnehmer, die gute Erfahrungen mit der Schadenregulierung eines Versicherers gemacht haben, nun auch kleinere Schäden mit einem nur geringen Regulierungsaufwand melden. Ein anderer Fall: Wird ein Versicherer durch ein Gerichtsurteil zur Regulierung eines Schadenfalls verurteilt, so wird er ähnliche Fälle ebenfalls regulieren, um eine Klagewelle zu vermeiden.

Sowohl negative als auch positive Ansteckung bedeutet für das Versicherungsunternehmen eine Störgröße.

Tipp

Machen Sie sich die Ansteckung bewusst, indem Sie sich überlegen, welche Art sich im Ergebnis für das Versicherungsunternehmen positiv und welche sich negativ auswirkt.

1

6.4 Solvabilitätsbedarf

Mit den Ergebnissen der Wahrscheinlichkeitsrechnungen zur Schadenhäufung kann der Finanzbedarf zur Deckung der vermutlichen Schadenzahlungen errechnet werden. Die Soll-Solvabilität drückt dabei das erforderliche Kapital des Versicherungsunternehmens aus. Die Solvabilität ist aufsichtsrechtlich in der Kapitalausstattungsverordnung (KapAusstV) geregelt und die Berechnung vorgeschrieben, womit die Vorschriften von wesentlicher Bedeutung für die Kontrolle durch die BaFin sind.

KapAusstV

Der Solvabilitätsbedarf ist Ausdruck des erforderlichen Kapitals. Dieser dient der Auszahlung von Leistungen an Versicherungsnehmer und Geschädigte. Damit ist die Festlegung des Solvabilitätsbedarfs auch eine Schutzvorschrift für Kunden und sonstige Anspruchsteller gegenüber dem Versicherungsunternehmen.

Zusammenfassung

Wahrscheinlichkeitsrechnungen dienen Versicherungsunternehmen zur Abschätzung des Risikos. Dabei bezeichnet das versicherungstechnische Risiko das generelle Problem der Fehlerhaftigkeit solcher Berechnungen. Im Einzelnen lassen sich die Fehler einteilen in Zufalls-, Änderungs-, Irrtums-, Diagnose- und Prognoserisiko.

Ferner können Kumulschäden und Ansteckung als Störgrößen auftreten und das Ergebnis beeinflussen.

1

7. Versicherungstechnische Grundlagen der Angebotspolitik

7.1 Versicherungstechnische Produktgestaltung

Versicherungsunternehmen wollen Produkte anbieten, die den unterschiedlichen Bedürfnissen ihrer Kunden entsprechen und zuverlässigen Schutz gegen vielfältige Risiken bieten. Der Versicherer hat daher die Aufgabe, eine breite Produktpalette zur Verfügung zu stellen.

Ebenfalls ist dabei zu berücksichtigen, dass die Produktgestaltung auch vertrieblichen Aspekten unterliegt. Der Nutzen des Produkts muss für den Vertrieb eindeutig erkennbar und zum Kunden transportierbar gemacht werden.

7.1.1 Versicherungsformen

Seit der Erstfassung des Versicherungsvertragsgesetzes wird zwischen verschiedenen Versicherungsformen unterschieden. Das heute gültige VVG unterscheidet sechs Kategorien: *VVG*

- *Summenversicherung*

  Die Versicherungssumme ist hierbei zwischen Versicherungsnehmer und Versicherungsgeber frei vereinbar. Der Versicherungsgeber verpflichtet sich bei Summenversicherungen, im Versicherungsfall exakt die vereinbarte Leistung zu erbringen. Beispiel: Lebens-, Krankenhaustagegeldversicherung etc.

- *Schadenversicherung*

  Der Versicherungsgeber verpflichtet sich zum Ersatz des jeweils entstandenen Schadens. Der Schaden ist die Obergrenze der Ersatzpflicht. Beispiel: Feuerversicherung.

- *Unbegrenzte Interessenversicherung*

  Der Schaden wird unbegrenzt bezahlt, in der Realität aber besteht eine Obergrenze. Beispiel: Kfz-Haftpflichtversicherung, die Deckungssumme bei Personen- und Sachschäden ist begrenzt auf 100 Mio. €.

- *Erstrisikoversicherung*

  Hier wird eine Versicherungssumme festgelegt. Das Risiko bis zur Versicherungssumme (erstes Risiko) trägt der Versicherer. Das darüber hinausgehende Risiko (zweites Risiko) trägt der Versicherungsnehmer. Ein Unterversicherungsverzicht ist bei dieser Versicherungsform nicht erforderlich, da eine konkrete Versicherungssumme vereinbart wird. Beispiele hierfür sind weniger im Privatbereich sondern vielmehr im Gewerbe- und Industriebereich zu finden (Maschinenversicherung).

- *Zeitwertversicherung*

  Ersetzt wird der aktuelle Wert der versicherten Sache im Schadenzeitpunkt. Da Gegenstände einem Wertverlust z. B. durch Abnutzung unterliegen, wird der Zeitwert in aller Regel unter dem Anschaffungspreis liegen und häufig über sog. AfA-Tabellen ermittelt. In besonderen Konstellationen, z. B. bei einem seltenen Sammlerfahrzeug, kann der Zeitwert auch die Anschaffungskosten übersteigen.

- *Vollwertversicherung*

  Hier wird der tatsächlich vorhandene Wert des versicherten Gegenstandes als Versicherungssumme festgelegt. Verändert sich dieser im Laufe der Zeit, so muss der Versicherungswert angepasst werden, da sonst Unterversicherung besteht. Die vereinbarte Versicherungssumme dient als maximale Höchstentschädigung.

- *Neuwertversicherung*

  Wenn der aktuelle Neuwert einer versicherten Sache ersetzt wird, spricht man von Neuwertversicherung. In der Hausratversicherung wird z. B. ein verbrannter oder gestohlener Kühlschrank ersetzt, indem der Versicherte das Geld für einen gleichwertigen neuen Kühlschrank erhält. Dabei spielt es keine Rolle, wie alt der Kühlschrank war.

7.1.2 Selbstbeteiligungen/Franchisen

Die Vereinbarung von Selbstbeteiligungen bzw. Franchisen ist eine Form der Risikoteilung zwischen Versicherungsnehmer und Versicherungsunternehmen.

Ein bestimmter Teil des Schadens wird vom Versicherungsnehmer selbst getragen. Er gibt nur Teile seines Risikos an den Versicherer ab, er zahlt daher auch weniger Prämie. Diese Form der Risikoteilung wirkt auch dem moralischen Risiko entgegen, da sich der Versicherungsnehmer vorsichtiger verhalten wird, wenn er sich am Schaden beteiligen muss.

Formen von Selbstbeteiligungen:

- *Erstrisikoversicherung*

  Der Versicherer beteiligt sich im Schadenfall nur bis zu einer Höchstgrenze. Ist der Schaden höher, so zahlt der VN den darüber liegenden Teil.

- *Abzugsfranchise*

  Die Abzugsfranchise ist ein Selbstbehalt am Schadenaufwand, den der Versicherungsnehmer bei jedem Schaden selbst trägt. Der Versicherer tritt nach Abzug des vereinbarten Selbstbehaltes ein. Der Selbstbehalt kann sowohl als fester Betrag als auch als prozentuale Beteiligung vereinbart werden. Somit werden vom Versicherten bestimmte Risiken nicht zur Anzeige gebracht. Dies wirkt sich beim Versicherer positiv auf die Regulierungskosten und damit auch auf die Versicherungsbeiträge aus (z. B. Selbstbeteiligung bei der Kfz-Teilkasko).

- *Integralfranchise*

  Bei Vereinbarung einer Integralfranchise leistet der Versicherer erst (dann aber in voller Höhe) Ersatz, wenn ein Schaden den vertraglich vereinbarten Freiteil (Prozentsatz vom Wert oder fester Betrag) übersteigt. Höhere Schadensummen werden vom Versicherer dann vollständig übernommen, der Versicherte bekommt den Schaden in voller Höhe erstattet (z. B. Transportversicherung).

- *Verschwindende Abzugsfranchise*

  Darunter versteht man eine Kombination aus Abzugs- und Integralfranchise. Mit wachsendem Schadenbetrag reduziert sich der Selbstbehalt, bis er bei einem Großschaden irgendwann völlig verschwindet.

- *Zeitfranchise*

  Hier trägt der Versicherungsnehmer bis zu einem bestimmten Zeitpunkt die Kosten selbst in voller Höhe. Erst ab diesem vereinbarten Zeitpunkt tritt die Entschädigungsverpflichtung des Versicherers ein.

Beispiel

Beispiel Krankentagegeldversicherung ab dem 10. Tag:

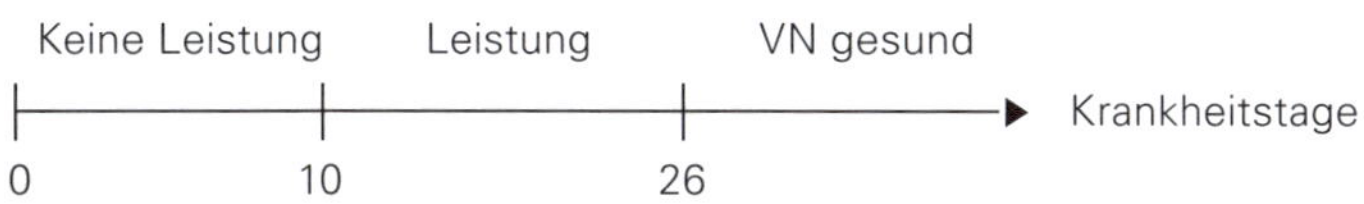

- *Quotenfranchise*

  Hierunter versteht man eine prozentuale Selbstbeteiligung. Von jedem Schaden trägt der Versicherungsnehmer einen bestimmten Prozentsatz selbst. Diese Vereinbarung findet man häufig im Bereich der Krankenversicherung. So können z. B. im Rahmen der Zahn-Zusatzversicherung 80 % der Kosten durch das Versicherungsunternehmen übernommen werden, 20 % hat der Versicherungsnehmer dann selbst zu tragen.

7.2 Beitragskalkulation

Im Versicherungswesen muss der Beitrag risikoadäquat kalkuliert werden.

Beitragsbestandteile

Bestandteile des Beitrags sind:

Nettorisikobeitrag
\+ Sicherheitszuschlag
} ist schadenabhängig und damit dem Zufall unterworfen

= **Bruttorisikobeitrag**
\+ Versicherungssteuer
\+ Gewinnzuschlag
\+ Kostenzuschlag
} dies sind deterministische Größen

= **Bruttobeitrag**

1

7.2.1 Berechnungsgrundlagen

Eine risikoadäquate Beitragskalkulation geschieht immer über das Äquivalenzprinzip. Man unterscheidet zwischen kollektivem und individuellem Äquivalenzprinzip:

Definition

Kollektives Äquivalenzprinzip bedeutet, dass die Leistung des Kollektivs der Leistung des Versicherers entspricht. Bei der Berechnung wird der kollektive Erwartungswert ins Verhältnis zur Anzahl der Versicherungsnehmer gesetzt. Zuzüglich der Kosten ergibt es die Prämie.

Eine Beitragsdifferenzierung kann hier durch Tarifbildung geschehen.

Beim **Individuellen Äquivalenzprinzip** wird der Beitrag anhand des individuellen Schadenverlaufs bestimmt.

Der Nettorisikobeitrag wird auf Grundlage der individuellen Gesamtschadenverteilung berechnet (über die sog. Beitragsprinzipien).

Tipp

Schlagen Sie nach, was die Beitragsprinzipien besagen.

Zum Nettorisikobeitrag kommt der Sicherheitszuschlag. Er hat die Funktion, zufällige Schwankungen des Gesamtschadenverlaufs zu finanzieren, die über dem Erwartungswert der Gesamtschadenverteilung des Kollektivs liegen. Der Sicherheitszuschlag wird in Abhängigkeit von einem Streuungsmaß berechnet. Ein Gewinnzuschlag ist nötig, um Dividenden ausschütten zu können.

7.2.2 Beitragsdifferenzierung

Tarifbildung

Die wohl bekannteste Möglichkeit der Beitragsdifferenzierung ist die Tarifbildung. Dabei werden die Schadenursachen (Tarifvariablen) ausgewählt, die den Schaden signifikant charakterisieren. Das Ziel ist die Bestimmung eines risikogerechten Beitrags.

Über das Tarifsystem wird versucht, möglichst alle Risikofaktoren zu berücksichtigen. Innerhalb einer Tarifklasse zahlen alle Mitglieder denselben Beitrag.

Beispiel

In der Kfz-Versicherung gibt es „harte" und „weiche" Tarifmerkmale. Zu den harten zählen z. B. Fahrzeugart, Wohnort, Alter des Fahrers etc. Zu den weichen Merkmalen gehören z. B. das fahrerische Können (Sicherheitstraining) oder die Berufsgruppe.

Beitragsdifferenzierung

Weitere Verfahren zur Beitragsdifferenzierung sind:

- einfache und multiple Regressionsanalyse
- Diskriminanzanalyse
- Faktorenanalyse
- mehrdimensionale Klassifikation
- Erfahrungstarifierung

Die individuell risikogerechte Prämienermittlung gerät an ihre Grenzen in der Beeinflussbarkeit durch den Versicherungsnehmer, der Eignung der Risikofaktoren für die Tarifbildung und der potenziellen Stabilität im Zeitverlauf. Auch rechtlich sind der Differenzierung Grenzen gesetzt.

Tipp

Klären Sie den Inhalt der Erfahrungstarifierung am Beispiel der Kfz-Haftpflichtversicherung unter Berücksichtigung der Bonus-Malus-Klassen.

7.2.3 Variabler Beitrag

Ziel eines variablen Beitrags ist die Anpassung an verändertes Risikoverhalten oder an technologische und wirtschaftliche Veränderungen.

Anlässe der Beitragsanpassung

Anlässe einer Beitragsanpassung können sein:

- steigende Schadenzahl (z. B. mehr Unfälle im Straßenverkehr)
- steigendes Risiko mit steigendem Alter (bei der Krankenversicherung das Risiko des Oberschenkelhalsbruchs)
- Veränderung des Risikos
- allgemeine Kostensteigerung

Varianten der Beitragsanpassung

Varianten der Beitragsanpassung sind:

- Summenanpassung (z. B. Hausratversicherung)
- Indexgebundene Anpassung (z. B. Baupreisindex)
- Anpassung ohne Index (z. B. Dynamik in der Lebensversicherung)

Bei einer Beitragssteigerung ohne Änderung des Versicherungsumfangs hat der Versicherungsnehmer gemäß § 40 VVG ein außerordentliches Kündigungsrecht.

Zusammenfassung

Man unterscheidet sechs Formen von Versicherungen: Summenversicherung, Schadenversicherung, unbegrenzte Interessenversicherung, Erstrisikoversicherung, Vollwertversicherung und Neuwertversicherung. Ferner ist eine Risikoteilung zwischen Versicherungsunternehmen und Versicherungsnehmer möglich; die sog. Selbstbeteiligung in verschiedenen Formen.

Bei der Beitragsberechnung unterscheidet man zwischen kollektivem und individuellem Äquivalenzprinzip. Auch gibt es zahlreiche Möglichkeiten zur Beitragsdifferenzierung. Der variable Beitrag bietet bei bestimmten Anlässen die Gelegenheit zur Beitragsanpassung. Die Varianten dabei sind die Summenanpassung, die indexgebundene Anpassung sowie die Anpassung ohne Index.

1

8. Risiko und Rückversicherung

Handlungssituation

Die Risiko- und Rückversicherungsthematik ist für die Proximus Versicherung AG deswegen von besonderer Bedeutung, da hierdurch der Schadenaufwand positiv beeinflusst werden kann. Ferner wirkt sich die Rückdeckung von Risiken direkt auf den Solvabilitätsbedarf aus. Im Zuge der Neugründung einer Direktversicherungsgesellschaft ist auch neu zu überdenken, ob die bisherige Rückdeckung von Risiken auch in der Zukunft in gleicher Weise Bestand haben kann.

Die Rückversicherung ist ein eigener Versicherungszweig und stets eine Schadenversicherung. Sie ist die Versicherung der vom Erstversicherer übernommenen Gefahr und dient der Erhöhung der Zeichnungskapazität für Risiken des Erstversicherers (Zedent).

Im Jahresabschluss von Versicherungsunternehmen ist die Rückversicherung an verschiedenen Stellen erkennbar.

Beispiel

Beispiel aus der Gewinn- und Verlustrechnung. Unter der versicherungstechnischen Rechnung finden sich folgende Positionen, die Rückversicherung betreffen:

- abgegebene Rückversicherungsbeiträge
- Veränderung des Anteils der Rückversicherer an den Bruttobeitragsüberträgen
- Anteil der Rückversicherer an Zahlungen für Versicherungsfälle
- Anteil der Rückversicherer an der Veränderung der Rückstellung für noch nicht abgewickelte Versicherungsfälle
- erhaltene Provisionen und Gewinnbeteiligungen aus dem in Rückdeckung gegebenen Versicherungsgeschäft

8.1 Rückversicherungsformen

Die Rückversicherungsformen können wie folgt dargestellt werden:

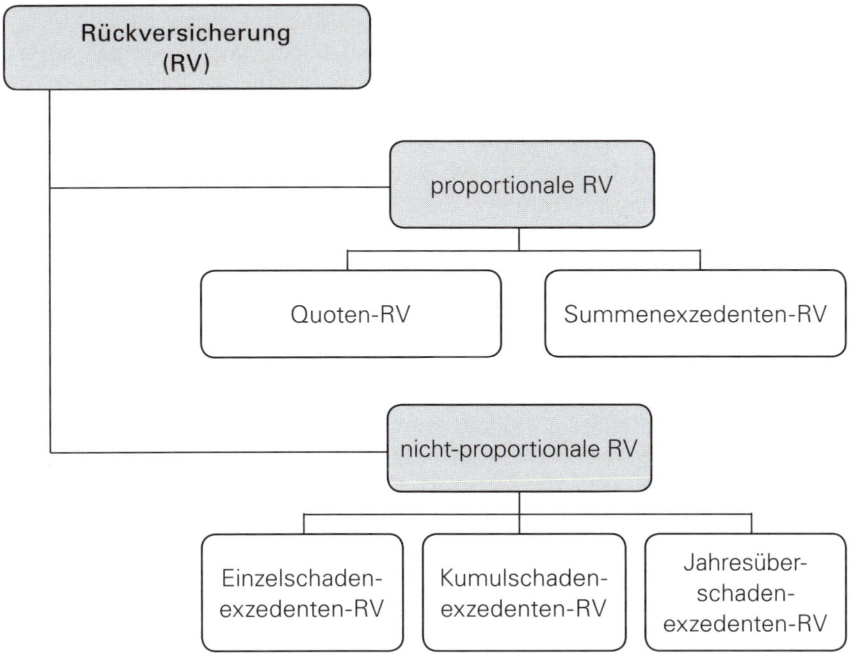

Abbildung 9: Rückversicherungsformen

Erläutern Sie die einzelnen Formen anhand folgenden Beispiels:

Die Proximus Versicherung AG hat als Sachversicherer das Maschinenausfallrisiko mit einer Versicherungssumme von 10 Mio. € bei einem Automobilzulieferer für eine Jahresprämie von 100.000 € gezeichnet. Die Risiken sind dabei gemessen am Gesamtprämienaufkommen der Proximus Versicherung AG extrem hoch, da im Schadenfall hohe Kosten für Produktionsausfälle bei den Automobilherstellern drohen.

8.1.1 Proportionale Rückversicherung

Bei der proportionalen Rückversicherung wird das Maschinenausfallrisiko zu einem festen Prozentsatz zwischen Zedent (Erstversicherer, Proximus Versicherung AG) und Zessionar (Rückversicherer) aufgeteilt. Dieser Prozentsatz drückt zum einen den Anteil des Rückversicherers an den Teil- oder Totalschäden aus und zum anderen den Anteil des Rückversicherers am Originalbeitrag.

Die proportionale Rückversicherung gibt es mit und ohne Selbstbeteiligung des Erstversicherers. Diejenige ohne Selbstbeteiligung nennt man Quoten-Rückversicherung, diejenige mit Selbstbeteiligung Summenexzedenten-Rückversicherung.

Im Rahmen der Prüfung der Rückversicherungsmöglichkeiten für das Maschinenausfallrisiko ergeben sich folgende Möglichkeiten:

- Der Abschluss eines Rückversicherungsvertrages mit einer Rückversicherungsquote von z. B. 40 % mit einem Rückversicherungsunternehmen ohne Selbstbeteiligung (Quoten-Rückversicherung). Im Schadenfall mit einem Gesamtschaden von 5 Mio. € bedeutet dies für die Proximus Versicherung AG eine Schadenbelastung von 3 Mio. € (60 %), für den Rückversicherer 2 Mio. € (40 %). Die Prämie von 100.000 € wird im gleichen Verhältnis wie die Schäden verteilt, die Proximus Versicherung AG erhält demnach 60.000 €, die Prämie für die Rückversicherung beträgt 40.000 €.
- Alternativ ist auch der Abschluss einer Summenexzedenten-Rückversicherung möglich. Sie dient vor allem dem Ausgleich des Bestandes bei stark schwankenden Versicherungssummen (z. B. Feuerversicherung).

Die Verteilung zwischen Erstversicherer und Rückversicherer wird in Maxima gerechnet, wobei der Selbstbehalt das Maximum ist und der übersteigende Teil (genannt Exzedent) als Vielfaches dieses Maximums ausgedrückt wird. So kennt der Rückversicherer die Höhe seiner Risikoübernahmeverpflichtung. Wird also beispielsweise ein Selbstbehalt des Erstversicherers in Höhe von 1 Mio. € (Maximum) vereinbart, ergibt sich in obigem Schadenbeispiel für die Proximus Versicherung AG eine Quote in Höhe von 10 % und 90 % für den Rückversicherer. Von der Prämie bekommt der Erstversicherer 10.000 € und der Rückversicherer 90.000 €. Ein Schaden in Höhe von 5 Mio. € wird ebenfalls in diesem Verhältnis aufgeteilt: Die Proximus Versicherung AG trägt 500.000 € (10 %) und der Rückversicherer 4,5 Mio. € (90 %).

8.1.2 Nicht-proportionale Rückversicherung

Priorität *Haftung* *Plafond*

Die nicht-proportionale Rückversicherung ist dadurch gekennzeichnet, dass sich die Höhe der Leistung des Rückversicherers ausschließlich durch die Höhe des Schadens bestimmt. Es sind folgende Begriffe wichtig: Die Priorität ist eine Art Selbstbehalt, nämlich der Betrag, den der Erstversicherer bei jedem Schaden selbst tragen muss. Die Haftung bezeichnet den maximal zu leistenden Betrag des Rückversicherers. Der Plafond ist die Summe aus Priorität und Haftung, wobei Schäden oberhalb des Plafonds wiederum der Erstversicherer zu tragen hat.

Grafisch lässt sich dies für obiges Beispiel wie folgt darstellen:

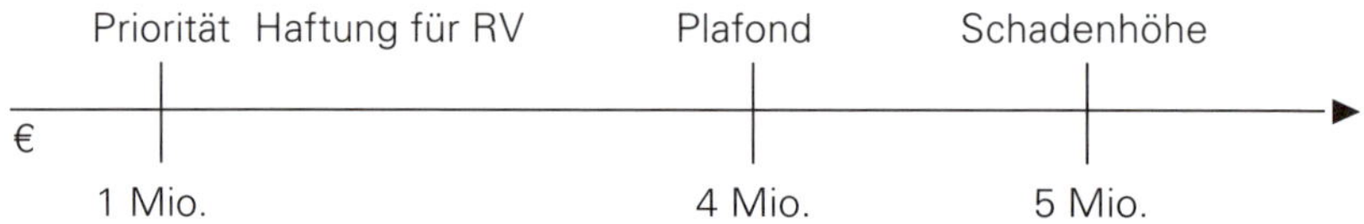

Aufwand Proximus Versicherung AG:

1 Mio. Priorität + 1 Mio. Übersteigen des Plafonds = 2 Mio. €

Aufwand Rückversicherer (RV):

3 Mio. € (4 Millionen Haftung abzüglich SB)

Layering

Es besteht für den Erstversicherer die Möglichkeit, das den Plafond übersteigende Risiko rückzuversichern, dies nennt man Layering.

Die Prämie bemisst sich als Anteil der Jahresprämie des Erstversicherers aus dem rückversicherten Bestand. Dabei wird nicht auf Einzelrisiken abgestellt.

Im Bereich der nicht-proportionalen Rückversicherung gibt es drei Unterarten:

- *Einzelschadenexzedenten-Rückversicherung:*

  Hier werden Einzelrisiken nicht-proportional rückversichert (z. B. Brand); vor allem in Branchen mit hoher Groß- oder Totalschadenwahrscheinlichkeit (ein Risiko).

- *Kumulschadenexzedenten-Rückversicherung:*

  Rückversichert wird der Fall, dass durch ein Schadenereignis (z. B. Jahrhunderthochwasser 2002 oder Sturm Kyrill 2007) sich mehrere Risiken zusammen (kumuliert) verwirklichen (wenn z. B. viele Gebäude betroffen sind) und dadurch einen außergewöhnlich großen Gesamtschaden ergeben (ein Schadenereignis).

- *Jahresüberschadenexzedenten-Rückversicherung:*

  Es wird das Risiko rückversichert, dass die Schadenaufwendungen für alle Risiken innerhalb eines Jahres höher sind als die eingenommene Prämie des Erstversicherers. Auslöser der Schäden können dabei mehrere Schadenereignisse innerhalb eines Betrachtungszeitraums sein (z. B. Schäden in der Privathaftpflichtversicherung und der Kfz-Kaskoversicherung). Ebenfalls möglich ist die Absicherung eines prozentualen Anteils am Prämienaufkommen. Dies ist eine variable, sich an Bestandsveränderungen anpassende Form.

8.2 Risiko- und Solvabilitätswirkungen

Bei der Darstellung der Auswirkungen der Rückversicherung lassen sich Risiko- und Solvabilitätswirkungen unterscheiden.

Sie tragen folgende Risikowirkungen zusammen:

- Risikominimierung und somit Erhöhung der Zeichnungskapazität des Erstversicherers
- Erhöhung der Planungssicherheit des Erstversicherers
- Nutzung des Serviceangebots des Rückversicherers (z. B. Fachspezialisten und breite Datenbasis über Großrisiken)
- Zugang zu internationalen Märkten und Großrisiken

Solvabilitätswirkungen

- Verbesserung der Relation von Eigenkapital zu Beitrag für eigene Rechnung
- Betriebskostenteilung zwischen Rückversicherer und Erstversicherer (erfolgt auch über die Rückversicherungsprovision vom Rückversicherer an den Erstversicherer)
- mögliche Verbesserung des versicherungstechnischen Ergebnisses
- Verlustteilung mit dem Rückversicherer und Glättung von außergewöhnlichen Schadenschwankungen
- Einhaltung der Solvabilitätsspanne
- Erreichung hoher Solvabilität und damit Erlangung eines Wettbewerbsvorteils, da dies Maß für die Zahlungsfähigkeit ist
- Möglichkeit der Beitragsreduzierung durch Reduzierung des Risikos

8.3 Abgrenzungen

8.3.1 Mitversicherung

Um große Risiken abdecken zu können, schließen sich mehrere Versicherungsunternehmen zusammen. Jeder trägt dabei einen bestimmten Prozentsatz des Risikos und erhält den entsprechenden Anteil am Beitrag. Es wird mit jedem Versicherungsunternehmen ein rechtlich selbstständiger Versicherungsvertrag geschlossen. Zur Vereinfachung wird i. d. R. ein Versicherungsunternehmen als „Führender" bestimmt und erledigt den gesamten Schriftwechsel, reguliert Schäden und zieht den Beitrag ein.

Beispiel

Der Proximus Versicherung AG wird als führendem Industrieversicherer die Maschinenausfall- und Inhaltversicherung für ein Automobilwerk angetragen. Aufgrund der extrem hohen Versicherungssummen und des damit verbundenen Risikos muss sich die Proximus Versicherung AG mit anderen Erstversicherungsunternehmen zusammenschließen. Die Vertragsabwicklung, also die Vertragspolicierung, der Beitragseinzug und die Schadenabwicklung erfolgen aber ausschließlich über die Proximus Versicherung AG.

8.3.2 Pool

Auch hier schließen sich mehrere Versicherer zusammen, um schwerste Risiken abzudecken (z. B. Luftfahrtpool oder Pharmapool). Im Unterschied zur Mitversicherung werden über den Pool alle Risiken abgedeckt, die unter die Poolvereinbarung fallen. Diese werden bei Abschluss des Poolvertrages nicht im Einzelnen endgültig festgelegt und können im Vertragsverlauf an die Bedürfnisse der beteiligten Versicherer angepasst werden. Dabei zeichnet jedes am Pool teilnehmende Versicherungsunternehmen Risiken und bringt diese in den Pool ein. Die Poolmitglieder haften nach festen, vereinbarten Quoten.

Beispiel

Die Proximus Versicherung AG hat in den Pharmapool Risiken eingebracht und haftet insgesamt mit einer Quote von 10 %, die Südstern Versicherungs AG ist mit einer Quote von 3,8 % beteiligt. Bei einem Schadenvolumen von 1 Mio. € treffen demnach die Proximus Versicherung AG 100.000 €, die Südstern Versicherungs AG 38.000 €.

8.3.3 Alternativer Risikotransfer

Neben den oben beschriebenen klassischen Rückversicherungsformen gibt es auch noch andere Möglichkeiten des Schutzes vor hohen Schadenaufwendungen. Diese alternativen Formen sind z. B. die Eigenversicherung, durch welche eigene Risiken bis zu einer bestimmten Höhe vom Versicherungsnehmer selbst getragen werden, darüber hinaus aber von einem Dritten. Ferner ist es möglich, Risiken am Kapitalmarkt zu emittieren oder aber über Bankprodukte (etwa nach dem Muster von Ansparplänen) in Rückdeckung zu bringen. Als Abgrenzung zu den klassischen Formen dient immer die Rückdeckung von Risiken über Nichtversicherungsunternehmen (z. B. über Banken, eine eigene Gesellschaft oder auch über den Kapitalmarkt).

Zusammenfassung

Die Rückversicherung (RV) ist die Versicherung der Versicherung. Man unterscheidet die proportionale und die nicht-proportionale Rückversicherung. Während die proportionale RV Schaden und Beitrag in einem festen Verhältnis zwischen Erst- und Rückversicherer aufteilt, wird bei der nicht-proportionalen RV die Höhe der Leistung des RV durch Priorität, Haftung und Plafond bestimmt.

Mithilfe der RV kann der Erstversicherer sein Risiko minimieren, Planungssicherheit erlangen und ein erweitertes Serviceangebot des RV nutzen. Des Weiteren wirkt sich die RV positiv auf die Solvabilität des Erstversicherers aus. Von der RV sind Mitversicherung, Pool und alternativer Risikotransfer abzugrenzen.

1

9. Kapitalbedarf und Finanzierungsquellen

Handlungssituation

Zur Vorbereitung der Gründung eines Direktversicherungsunternehmens gehört die Aufstellung des erforderlichen Kapitalbedarfs. Dabei ist von der aktuellen Rechtslage auszugehen, obwohl der Proximus Versicherung AG aufgrund zahlreicher Meldungen in der Fachpresse und in einschlägigen Wirtschaftszeitungen bekannt ist, dass auf europäischer Ebene eine Neuregelung der Kapitalausstattung geplant ist (s. hierzu Kapitel 3).

9.1 Kapitalbedarf für Sicherheitskapital

Kapitalausstattung, §§ 74 ff. VAG

Die Kapitalausstattung des Versicherungsunternehmens wird in den §§ 74 ff. VAG geregelt. Ziel dieser Regelung ist die Sicherstellung der Liquidität. Um dies auch in ungünstigen Situationen zu gewährleisten, also wenn sich das versicherte Risiko realisiert und ein übermäßig hoher Schaden eingetreten ist, bilden Versicherungsunternehmen Sicherheitskapital. Somit ist auch bei ungünstigsten Bedingungen eine Zahlungsfähigkeit vorhanden (Garantiefunktion).

9.2 Finanzierungsarten/-formen

9.2.1 Unterscheidung nach Kapitalherkunft

Bei den Arten der Finanzierung im Unternehmen ist eine Möglichkeit der Unterscheidung die Kapitalherkunft. Grundsätzlich unterscheidet man Eigenkapital und Fremdkapital.

!

Definition

Das **Eigenkapital** kann von außen ins Unternehmen gelangen, entweder durch eine Kapitalerhöhung der bisherigen Gesellschafter oder aber durch die Aufnahme neuer Gesellschafter. Viele große Versicherungsunternehmen agieren in der Rechtsform der Aktiengesellschaft. Eigenkapital kann daher durch Ausgabe neuer Aktien ins Unternehmen gelangen (sog. Kapitalerhöhung). Die weiteren, nach § 8 Abs. 2 VAG zulässigen Rechtsformen für Versicherungsunternehmen sind der Versicherungsverein auf Gegenseitigkeit (VVaG) sowie Körperschaften und Anstalten des öffentlichen Rechts. Bei diesen Formen wird i. d. R. nur bei Gründung oder besonderen Anlässen Eigenkapital von außen ins Unternehmen gebracht, beim VVaG nennt man dies Gründungsstock.

Eigenfinanzierung

Außerdem kann Eigenkapital auch durch eine sog. Eigenfinanzierung des Unternehmens zufließen. Hierbei werden Gewinne des Unternehmens (oder stille Reserven) nicht an die Teilhaber ausgeschüttet, sondern verbleiben zu Finanzierungszwecken im Unternehmen. Diese Form ist für VVaG sowie Anstalten und Körperschaften des öffentlichen Rechts die gängige Eigenkapitalfinanzierung.

Definition

Fremdkapital kann dem Unternehmen auf zwei Arten zufließen: Zunächst können Unternehmen Kredite am Markt aufnehmen, man spricht in diesem Fall von Kreditfinanzierung. Aufgrund des Verbots für Versicherungsunternehmen in § 15 Abs. 1 VAG, versicherungsfremde Geschäfte zu betreiben, ist (Lebens-)Versicherungsunternehmen die Kreditfinanzierung jedoch untersagt (s. hierzu Abschnitt 9.3).

Verbot der Kreditfinanzierung

Ferner ist es möglich, Rückstellungen aufzulösen, welche in der Vergangenheit aus Einnahmen gebildet wurden (Rückstellungsfinanzierung). In der Versicherungswirtschaft häufig angewandt wird die versicherungstechnische Fremdfinanzierung. Diese erfolgt aus laufenden Prämienvorauszahlungen oder Sparbeiträgen von Versicherten.

9.2.2 Unterscheidung nach Rechtstellung der Kapitalgeber

Ferner kann man die Finanzierungsarten nach der Rechtstellung der Kapitalgeber unterscheiden.

Eigenkapitalgeber

Bei Eigenkapital wird ein Beteiligungsverhältnis begründet, das bedeutet, dass der Kapitalgeber mitentscheiden darf bzw. an „Wohl (Gewinn) und Wehe (Verlust)“ des Unternehmens partizipiert. Je nach Rechtsform der Gesellschaft haftet der Kapitalgeber mindestens in Höhe seiner Einlage, möglich ist auch eine größere Haftung. Bei Auflösung oder Liquidation des Unternehmens hat der Eigenkapitalgeber einen Vermögensanspruch, welcher seinem Anteil am Unternehmen entspricht.

In der Regel ist der Eigenkapitalgeber am Fortbestand des Unternehmens interessiert und stellt das Kapital für einen langen (unbegrenzten) Zeitraum zur Verfügung.

Fremdkapitalgeber

Fremdkapital dagegen wird i. d. R. für einen bestimmten Zweck zugeführt, wobei der Fremdkapitalgeber kein Interesse am Unternehmen hat. Für ihn entscheidend ist, ob das Unternehmen, also der Schuldner, den vereinbarten Zins bezahlen und den Kredit tilgen kann. Zwischen Unternehmen und Fremdkapitalgeber wird ein Schuldverhältnis begründet, welches, unabhängig vom geschäftlichen Erfolg des Unternehmens, ohne Mitbestimmungsrechte und Haftung des Kapitalgebers ausgestaltet ist. Im Gegensatz zum Eigenkapital ist bei Fremdkapital auch häufig ein Rückzahlungszeitpunkt vereinbart, es steht also nur begrenzt zur Verfügung.

1

9.3 Aufsichtsrechtliches Verbot traditioneller Kreditfinanzierung für Versicherungsunternehmen

Aufsichtsrechtliche Verbote im Rahmen der Finanzierung von Versicherungsunternehmen beziehen sich nicht generell auf die Vergabe von Krediten durch Versicherungsunternehmen. Dieser Geschäftsbereich trägt zum Funktionieren des Geldkreislaufs in der Volkswirtschaft bei und ist daher sogar wünschenswert.

§ 15 Abs. 1 VAG

Definition

§ 15 Abs. 1 VAG ist geregelt, dass Versicherungsunternehmen nur solche Geschäfte betreiben dürfen, welche mit Versicherungsgeschäften in unmittelbarem Zusammenhang stehen. Da sich damit die geschäftliche Tätigkeit stark einengt, wird diese Norm auch als **Singularitätsprinzip** bezeichnet.

Die Finanzierung des Versicherungsunternehmens mit Fremdkrediten wird durch diese Regelung untersagt, da es sich bei § 15 Abs. 1 VAG um eine Verbotsnorm handelt, welche nicht nur im Zulassungsverfahren eines Versicherungsunternehmens gilt, sondern sich auch auf die Geschäftstätigkeit erstreckt. Es besteht demnach ein Kreditaufnahmeverbot.

Es wird in der Lehre aber diskutiert, ob die Kreditaufnahme wirklich hierunter fällt. Auslöser der Diskussion ist, dass die Beschaffung von Kapital noch keine unmittelbaren Auswirkungen auf das mit dem Kapital folgende Geschäft hat und daher ein Bezug zu versicherungsfremden Geschäften zu verneinen ist. Trotz dieser durchaus schlüssigen Argumente hält die BaFin dennoch am Verbot der Kreditaufnahme fest.

§ 15 Abs. 1 VAG schließt dennoch nicht alle versicherungsfremden Geschäfte aus. Die Verbotsregelung ist aus Gründen der Verhältnismäßigkeit auf Geschäfte beschränkt, welche die erforderliche finanzielle Ausstattung der Versicherungsunternehmen gefährden können.

Definition

Als **versicherungsfremde Geschäfte** kann man alle Aktivitäten definieren, welche keine Versicherungsgeschäfte sind und mit diesen auch nicht üblicherweise verbunden werden und die zudem nicht der zweckmäßigen und rationellen Durchführung von Versicherungsgeschäften dienen.

Erlaubt sind also Geschäfte mit direktem sachlichem Zusammenhang zum Versicherungsgeschäft (z. B. der Abschluss einer betrieblichen Altersversorgung und Beratungstätigkeit im Bereich der bAV). Dazu gehört die Wahrnehmung von Aufgaben, welche dem Versicherungsbetrieb dienen (z. B. Wachdienst, Verwaltung und der Betrieb einer Kantine). Selbstverständlich zulässig sind auch die Schadenbearbeitung und Regulierung.

Das schon zitierte Verbot der Kreditaufnahme gemäß § 15 Abs. 1 VAG überwacht die Aufsichtsbehörde mit dem Argument, dass Finanzgeschäfte nur durch Eigenmittel betrieben werden dürfen. Dies soll den Bestand des Versicherungsunternehmens sichern und Risiken minimieren. In der Praxis wird dieses Verbot heftig diskutiert und die Ansicht vertreten, dass sich ein solches Verbot nur auf Geschäfte beziehen kann, welche den Bestand des Unternehmens auch tatsächlich gefährden. Könnten die Risiken hingegen mit freien Mitteln des Versicherungsunternehmens abgefangen werden, so wäre das Verbot unverhältnismäßig. Dennoch beharrt die Versicherungsaufsicht auf dem Standpunkt eines Fremdfinanzierungsverbots. Für die Versicherungsunternehmen in ihrer Funktion als „Kapitalsammelbecken" bedeutet dies, dass die Finanzierung ausschließlich aus Eigenmitteln zu erfolgen hat, gleichzeitig aber auch, dass eine gewisse Unabhängigkeit vom Kapitalmarkt besteht.

Leverage-Effekt

Dennoch lässt sich auch für Versicherungsunternehmen aufgrund der verhältnismäßig niedrigen Fremdkapitalkosten ein positiver Leverage-Effekt (Hebeleffekt) feststellen. Dabei ist zu beachten, dass die Bildung von versicherungstechnischem Fremdkapital keinen unmittelbaren Zusammenhang mit der Kapitalmarktentwicklung aufweist.

Der Leverage-Effekt ist in der Lebens- und Krankenversicherung wegen der Gewinnanteilsrechte der Versicherungsnehmer eher gering, in den übrigen Versicherungszweigen aber höher.

Tipp

Schauen Sie in die Bilanz eines Versicherungsunternehmens und suchen Sie auf der Passivseite die entsprechenden, oben ausgeführten Positionen.

Zusammenfassung

Die Sicherstellung der Liquidität von Versicherungsunternehmen ist in §§ 74 ff. VAG geregelt. Bei den Finanzierungsarten unterscheidet man bei der Kapitalherkunft zwischen Eigenkapital und Fremdkapital. Weiterhin kann man nach der Rechtstellung der Kapitalgeber trennen.

§ 15 Abs. 1 VAG verbietet Versicherungsunternehmen den Betrieb versicherungsfremder Geschäfte. Die Regelung beinhaltet zudem ein aufsichtsrechtliches Verbot der Kreditfinanzierung für Versicherungsunternehmen.

1

10. Rahmenbedingungen und Beurteilungskriterien der Vermögensanlage

Handlungssituation

Nach der Klärung der Herkunft der finanziellen Mittel auf der Passivseite der Bilanz ist nun die Verwendung der finanziellen Mittel zu analysieren. Die Proximus Versicherung AG steht vor der Aufgabe, durch gezielten Kapitaleinsatz ihre gesetzten Finanzziele zu erreichen.

Kapitalanlagepolitik

Die Kapitalanlagepolitik eines Versicherungsunternehmens kann nicht völlig frei erfolgen. Sie unterliegt verschiedenen Einflussfaktoren. Der Rahmen der individuellen Kapitalanlagepolitik der Versicherungsunternehmen ist vor allem im Versicherungsaufsichtsgesetz (VAG) sowie in den Anordnungen und Verwaltungsgrundsätzen der Bundesanstalt für Finanzdienstleistungsaufsicht (BaFin) festgeschrieben.

Verstöße

Mit diesen Anlagevorschriften soll sichergestellt werden, dass das Versicherungsunternehmen seine eingegangenen Verpflichtungen jederzeit erfüllen kann. Verstöße gegen die Anlagevorschriften werden von der BaFin mit Sanktionen geahndet (s. hierzu Kapitel 3).

10.1 Zielvorgaben

§ 124 Abs. 1 VAG

§ 124 Abs. 1 VAG regelt die Zielvorgaben der Vermögensanlage:

„Das Vermögen einer Versicherungsunternehmung ist unter Berücksichtigung der Art der betriebenen Versicherungsgeschäfte sowie der Unternehmensstruktur so anzulegen, dass möglichst große Sicherheit und Rentabilität bei jederzeitiger Liquidität der Versicherungsunternehmung unter Wahrung angemessener Mischung und Streuung erreicht wird."

Dieser allgemeine Anlagegrundsatz bezieht sich nur auf die Kapitalanlagen, die zur Deckung des gebundenen Vermögens dienen. Für die Anlage des freien Vermögens gibt es keinerlei Beschränkungen.

- *Grundsatz der Sicherheit*

Sicherheit

Im Hinblick auf die Erfüllbarkeit der Versicherungsverträge ist dem Gebot der möglichst großen Sicherheit unbedingt Vorrang einzuräumen. Gegenwärtige und erkennbare zukünftige Risiken sind bei der Kapitalanlage auszuschließen. Diese möglichst risikofreie Vermögensverwaltung erfordert eine permanente Überwachung und schließt spekulative Anlagen aus.

- *Grundsatz der Rentabilität*

  Rentabilität

  Vermögensanlagen müssen unter Berücksichtigung der Rahmenbedingungen einen nachhaltigen Ertrag erzielen. Eine Mindestrendite ist nicht vorgeschrieben. Eine Verzinsung, die unterhalb der rechnungsmäßigen Verzinsung der Deckungsrückstellung liegt, ist nicht gestattet. Dies würde zu einem Fehlbetrag führen.

- *Grundsatz der Liquidität*

  Liquidität

  Ein Versicherungsunternehmen muss seine fälligen Zahlungsverpflichtungen jederzeit erfüllen können. Im Rahmen einer umfassenden Finanz- und Liquiditätsplanung müssen die Vermögensanlagen deshalb so strukturiert sein, dass zu jeder Zeit ein geschäftsnotwendiger Betrag an liquiden oder problemlos liquidierbaren Anlagen verfügbar ist.

- *Grundsatz der Mischung und Streuung*

  Mischung und Streuung

  Dieses Prinzip soll dazu beitragen, eine einseitige Anlagepolitik zu vermeiden und einen Risikoausgleich zwischen den Anlagen insgesamt herzustellen. Der Risikoausgleich erfolgt dabei durch Verteilung der Anlagen auf verschiedene Anlageformen (Mischung) und auf verschiedene Schuldner (Streuung), so dass eine einseitige Anlagepolitik vermieden wird.

10.2 Bedeckungsregeln (gebundenes – freies Vermögen)

Das Kapital eines Versicherungsunternehmens besteht aus den großen Blöcken des gebundenen und des freien Kapitals (Vermögens). Beim gebundenen Kapital kann man wiederum zwischen sonstigem gebundenen Kapital und Sicherheitskapital unterscheiden.

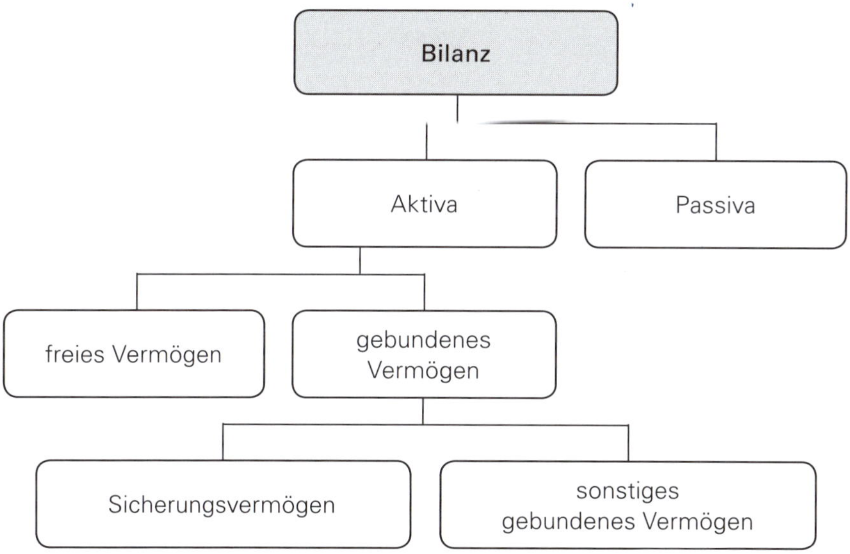

Abbildung 10: Vermögen in der Bilanz

1

Sicherungsvermögen

Das Sicherungsvermögen nimmt einen großen Anteil der Aktivseite der Bilanz eines Versicherungsunternehmens ein. Es dient dem Versicherungsnehmer und soll dessen Ansprüche im Insolvenzfall des Versicherers schützen. Für dieses Vermögen hat der Gesetzgeber besondere Schutzvorschriften erlassen (§ 125 VAG), denn dieses Kapital soll nicht für langfristige Finanzierungen dienen, da die Auszahlung feststeht. Dies ist auch der Grund, warum das Sicherungsvermögen besonders sicher und getrennt vom restlichen Vermögen angelegt und in einem gesonderten Verzeichnis aufgeführt werden muss. Die Aufsichtsbehörden überwachen dies (§§ 128 VAG).

§ 125 VAG

§ 128 VAG

- *Freies Vermögen*

  Zum freien Vermögen gehören die Gegenwerte der Passiva, die nicht versicherungstechnischer Natur sind. Es sind hauptsächlich die Eigenmittel und alle nichtversicherungstechnischen Passiva.

- *Gebundenes Vermögen*

  Das Sicherungsvermögen und das sonstige gebundene Vermögen ergeben das gebundene Vermögen. Im VAG sind die Soll-Werte des Sicherungsvermögens und die des sonstigen gebundenen Vermögens festgelegt (§ 125 VAG). Jede Veränderung des gebundenen Vermögens erfordert die Genehmigung der BaFin.

Beispiel

Ein vom Versicherungsunternehmen erworbenes Grundstück kann sowohl dem freien wie auch dem gebundenen Vermögen unterfallen. Dies ist abhängig davon, ob das Grundstück vorwiegend dem Geschäftsbetrieb dienen soll oder nicht. Dient das Grundstück vorwiegend nicht dem Geschäftsbetrieb, so kann es ohne Genehmigung der BaFin dem freien Vermögen zugeführt werden. Dient es dagegen vorwiegend dem Geschäftsbetrieb, so handelt es sich um gebundenes Vermögen und es ist eine Genehmigung der BaFin erforderlich.

- *Sicherungsvermögen*

  Das Sicherungsvermögen ist geregelt in § 125 VAG. Es dient der Sicherung der Versicherungsunternehmen und ihrer Ansprüche aus dem Versicherungsvertrag.

- *Sonstiges gebundenes Vermögen*

  Hierzu gehören Vermögenswerte außerhalb des Sicherungsvermögens in Höhe der sonstigen versicherungstechnischen Verpflichtungen. Dazu gehören versicherungstechnische Rückstellungen und die aus dem Versicherungsgeschäft entstehenden Verbindlichkeiten und Rechnungsabgrenzungsposten.

Exkurs: Bedeutung des Sicherungsvermögens

Die Höhe des Sicherungsvermögens richtet sich nach der Deckungsrückstellung. Diese wird aus der verzinslichen Ansammlung der jährlich vereinnahmten Beiträge und Zinsen nach Deckung der Verwaltungskosten und Versicherungsleistungen gebildet und nach versicherungsmathematischen Grundsätzen ermittelt. Die Deckungsrückstellung hat die Aufgabe, den Zeitraum zwischen der Beitragszahlung und der Fälligkeit der Leistung bilanzmäßig auszugleichen.

1

10.3 Zugelassene Anlagen

besondere Anlagevorschriften

Für die Bestände des Sicherungsvermögens und das übrige gebundene Vermögen sind über die allgemeinen Anlagegrundsätze des VAG hinaus besondere Anlagevorschriften vorgesehen. Diese sind in der „Verordnung über die Anlage des gebundenen Vermögens von Versicherungsunternehmen (Anlageverordnung – AnlV)" der BaFin festgelegt. Folgende Anforderungen stellen die besonderen Anlagevorschriften an das gebundene Vermögen:

- *Beschränkung auf die zulässigen Anlagearten*

  Das VAG enthält eine Aufstellung über die zulässigen Anlagearten, die ohne besondere Genehmigung der Aufsichtsbehörde möglich sind.

- *Beachtung der speziellen Mischungsquoten und Streuungsvorschriften*

  Neben dem allgemeinen Grundsatz der Mischung und Streuung sind im VAG besondere Quoten für die Verteilung des Vermögens auf die zulässigen Anlagearten und verschiedene Schuldner aufgeführt.

- *Beachtung der währungskongruenten Bedeckung*

  Das Prinzip der Währungskongruenz besagt, dass Kapitalanlagen zum größten Teil in der Währung zu erfolgen haben, in der die Verpflichtungen eingegangen worden sind. Die Erfüllbarkeit der Verpflichtungen bei nicht kongruenter Bedeckung aus einer gegenläufigen Entwicklung von Anlage- und Verpflichtungswährung darf nicht gefährdet werden.

- *Beachtung des Belegenheitsprinzips*

  Das Belegenheitsprinzip besagt, dass die Anlage des versicherungstechnischen Fremdkapitals grundsätzlich nur in der Wirtschaftszone besteuert werden kann, in der die entsprechenden Versicherungsgeschäfte getätigt wurden.

Tipp

Die zugelassenen Anlagearten sind in § 124 VAG geregelt. Suchen Sie diese heraus und beschreiben Sie sie kurz. Wie ist das Vermögen von Versicherungsunternehmen auf der Aktivseite der Bilanz gegliedert?

!

§ 124 VAG
§ 2 RechVersV

10.4 Strukturvorgaben (Mischung und Streuung)

Risikoausgleich

Wie im Abschnitt 10.1 beschrieben, trägt das Prinzip der Mischung und Streuung dazu bei, dass eine einseitige Anlagepolitik vermieden und ein Risikoausgleich zwischen den Anlagen insgesamt hergestellt wird. Der Risikoausgleich erfolgt dabei durch eine Verteilung der Anlagen auf verschiedene Anlageformen (Mischung) und auf verschiedene Schuldner (Streuung).

Magisches Dreieck der Vermögensanlage

Die Grundsätze Sicherheit, Liquidität und Rentabilität sind nicht ohne Kompromisse miteinander vereinbar. Es kann keiner der Kapitalanlagegrundsätze voll verwirklicht werden, ohne dass es zu Konflikten mit den anderen kommt („Magisches Dreieck" der Vermögensanlage). Die Gründe dafür sind:

- Zum einen muss zur Erzielung eines möglichst hohen Grades an Sicherheit eine tendenziell niedrigere Rendite in Kauf genommen werden.
- Zum anderen entsteht ein Konflikt zwischen Liquidität und Rentabilität, da liquidere Anlagen oft mit Renditenachteilen verbunden sind.

Der Grundsatz der Mischung und Streuung berücksichtigt diese in Konflikt stehenden Kapitalanlagegrundsätze und führt damit zu einem Kompromiss.

10.5 Beurteilungskriterien aus den Grundlagen der Investitionsrechnung (Kapitalwertmethode, Annuitätenmethode, interner Zinsfuß, Amortisationsdauer)

Investitionsrechnung

Mit der Investitionsrechnung sollen die finanziellen Konsequenzen einer Investition quantifiziert und verdichtet werden, um darauf aufbauend eine Entscheidungsempfehlung zu bieten. Die Investitionsrechnung ist die Hauptentscheidungshilfe bei Investitionsentscheidungen.

Man kann zwischen dynamischen und statischen Verfahren der Investitionsrechnung unterscheiden. Bei den dynamischen Verfahren werden mehrere Perioden unter dem Gesichtspunkt der Wirtschaftlichkeit betrachtet.

Statische Verfahren verwenden periodisierte Erfolgsgrößen der Kosten- und Erlösrechnung. Es werden Durchschnittswerte gebildet. Der Datenerhebungsaufwand soll auf diese Weise gering gehalten werden.

Bis auf die Amortisationsrechnung gehören die nachfolgend beschriebenen Verfahren zu den dynamischen Verfahren der Investitionsrechnung.

- *Kapitalwertmethode*

  Durch Abzinsung auf den Beginn der Investition werden Zahlungen, die zu beliebigen Zeitpunkten anfallen, vergleichbar gemacht. Der Kapitalwert einer Investition ist die Summe der Barwerte aller durch diese Investition verursachten Zahlungen (Ein- und Auszahlungen).

  Eine Investition ist vorteilhaft, wenn ihr Kapitalwert größer als Null ist. Werden mehrere sich gegenseitig ausschließende Investitionsalternativen verglichen, so wird die mit dem größten Kapitalwert gewählt.

  Diese Methode kann zu Fehlentscheidungen führen, da sie die Annahme des vollkommenen Kapitalmarkts voraussetzt, damit insbesondere die Annahme der Gleichheit von Soll- und Habenzinssatz.

- *Annuitätenmethode*

  Hier wird der Kapitalwert einer Investition auf die Nutzungsdauer verteilt. Die Zahlungsfolge aus Einzahlungen und Auszahlungen wird so in die sog. Annuität umgewandelt. Im Gegensatz zum Kapitalwert wird also nicht der Gesamtzielwert ermittelt, sondern der Zielwert pro Periode. Eine Investition ist dann positiv zu beurteilen, wenn die Annuität größer oder gleich Null ist. In diesem Fall erhält man mindestens das eingesetzte Kapital, verzinst mit dem Kalkulationszinsfuß, zurück.

- *Interner Zinsfuß*

  Bei der Internen-Zinsfuß-Methode stellt der interne Zinssatz die effektive Rendite eines Investitionsprojekts oder Finanztitels dar. Als Entscheidungsregel gilt: Das Projekt mit dem höchsten internen Zinssatz wird gewählt.

  Der interne Zinsfuß stellt den Abzinsungsfaktor dar, bei dessen Verwendung die diskontierten künftigen Zahlungen dem heutigen Preis entsprechen. Ist dieser Zinsfuß größer als der Kalkulationszinsfuß, ist die Investition wirtschaftlich. Die Methode des internen Zinssatzes eignet sich in der Praxis gut zur Beurteilung von Einzelinvestitionen in unvollständig definierten Szenarien.

- *Amortisationsdauer*

  Die Amortisationsrechnung (auch Pay-off-Methode) ist ein Verfahren der statischen Investitionsrechnung und dient der Ermittlung der Kapitalbindungsdauer einer Investition. Das eingesetzte Kapital und die jährlichen Rückflüsse eines Investitionsobjekts müssen bekannt sein.

Es können zwei Methoden unterscheiden werden:

- *Durchschnittsmethode (statische Amortisationsrechnung)*

  Diese Methode findet Anwendung, wenn der jährliche finanzielle Rückfluss in gleicher Höhe anfällt.

- *Kumulative Methode (dynamische Amortisationsrechnung)*

  Dieses Verfahren wird angewendet, wenn die jährlichen Rückflüsse aus der Investition verschieden hoch sind. Dabei werden die jährlichen Rückflüsse nach Jahren differenziert betrachtet und jährlich schrittweise aufaddiert, bis ihre Gesamtsumme der Investitionssumme entspricht (Amortisationszeitpunkt).

Die Amortisationsmethode sollte höchstens ein ergänzendes, aber kein alleiniges Kriterium einer Investitionsentscheidung sein. Der Grund dafür ist, dass der Zeitwert des Geldes und somit auch die Risikobetrachtung und alle Zahlungswirkungen des Investitionsobjekts nach Ablauf der Amortisationszeit unberücksichtigt bleiben.

Zusammenfassung

Versicherungsunternehmen sind bei der Kapitalanlage an gesetzliche Vorgaben gebunden. Ziel dieser Vorgaben ist es, die Liquidität bei gleichzeitiger Rentabilität und Sicherheit sicherzustellen. Im „magischen Dreieck" zeigt sich die Schwierigkeit, in der Praxis allen drei Anforderungen gleichermaßen gerecht zu werden.

Die Investitionsrechnung liefert mit verschiedenen Berechnungsarten Ergebnisse zur Bestimmung der Rentabilität von Investitionen.

11. Kosten- und Leistungsrechnung

Handlungssituation

Im Rahmen der Neugründung des Direktversicherungsunternehmens werden bei der Proximus Versicherung AG auch Budget- und Kostenverteilungen vorgenommen. Es wird eine Arbeitsgruppe gebildet, die sich mit diesem Themenkreis auseinandersetzt.

Sowohl in der betriebswirtschaftlichen Lehre wie auch in der Praxis der Versicherungsunternehmen ist der Kostenbegriff von zentraler Bedeutung. Man könnte diesen dabei als die ungewollte Auswirkung bei der Erreichung des gesteckten Unternehmensziels umschreiben.

Das Ziel der Kostenrechnung ist es dabei, reale Vorgänge möglichst genau zu erfassen und in Zahlen abzubilden.

Definition

Für den Begriff **Kosten** gibt es eine Reihe gängiger Definitionsversuche. Zusammenfassend könnte man sagen, dass sich Kosten im Unternehmen durch den bei der Leistungserstellung in Geldeinheiten umgerechneten Verbrauch von Gütern und Produktionsfaktoren definieren.

Tipp

Suchen Sie sich zur Vertiefung die in der Literatur gängigen Definitionen zum Kostenbegriff nach dem wertmäßigen, entscheidungsorientierten und pagatorischen Ansatz heraus und vergleichen Sie diese.

Aufsichtsrechtlich gibt es wenige Vorschriften, welche die Kostenrechnung beeinflussen. Wesentlich ist aber das Prinzip der Spartentrennung.

Leistungsrechnung

Kennt man die angefallenen Kosten, so stellt sich danach die Frage, wem diese Kosten zuzuordnen sind und welche Leistung die Kosten verursacht hat. Diese Zurechnung ist die Leistungsrechnung.

Kosten- und Leistungsrechnung sind eng miteinander verbunden und in den meisten Versicherungsunternehmen Teil des Rechnungswesens.

Tipp

Erforschen Sie, wo in Ihrem Unternehmen die Kosten- und Leistungsrechnung durchgeführt wird.

Für den geordneten Geschäftsbetrieb und insbesondere zur Erreichung der gesetzten Unternehmensziele liefert die Kosten- und Leistungsrechnung einen wertvollen Beitrag. Durch sie erhält das Management Informationen über die Rentabilität einzelner Produkte. Ferner wird eine aufwandsseitige Vergleichsgrundlage einzelner Funktionsbereiche innerhalb des Unternehmens und zu Konkurrenzunternehmen geschaffen. Für das Management lässt sich so die Frage beantworten: „Können wir kostengünstiger arbeiten als die Mitbewerber?"

11.1 Entscheidungsrelevanz der Rechnungen

Die Frage, welchen Einfluss die Kosten- und Leistungsrechnung auf unternehmerische Entscheidungen hat (Entscheidungsrelevanz) ist abhängig von der Art der Entscheidung und dem hierfür erforderlichen Informationsbedarf. Nachfolgende Übersicht zeigt den Kreislauf des Entscheidungsprozesses mit den in der jeweiligen Stufe erforderlichen Informationen.

Entscheidungsprozess	Informationsbedarf
Entscheidungsvorbereitung	Anregungs-, Alternativen-, Beschränkungs-, Prognoseinformation
Entscheidung	Entscheidungskriterien
Realisation	Vorgabeinformation
Kontrolle	Kontrollinformation

(Vgl. Neugebauer 1995, S. 122)

Beispiel

Beispiel zum Entscheidungsprozess und Informationsbedarf

Die Proximus Versicherung AG erkennt Probleme im Bereich ihrer Kfz-Versicherungssparte. Um diesen Problemen zu begegnen, wird das Projekt „Kraft 2020" ins Leben gerufen, dessen Aufgabe es ist, die Sparte für das nächste Jahrzehnt fit zu machen und eine Entscheidungsgrundlage für den Vorstand zu erarbeiten. Die Projektgruppe beginnt, mit einem umfassenden „Brainstorming" die Entscheidung vorzubereiten. Dabei werden zunächst alle Ideen gesammelt, die die Teilnehmer erarbeiten (Anregungsinformationen). Dies reicht von der Kfz-Versicherung mit umfassenden Assistance-Leistungen bis hin zur Kfz-Versicherung Light mit unschlagbar günstigen Prämien und einem Direktvertrieb. Sodann werden die Ideen nach ihrer Umsetzbarkeit geordnet und weiter entwickelt (Beschränkungs- und Prognoseinformationen). Die Vorstandsentscheidung wird danach anhand der Kriterien Umsatz- und Renditeerwartungen sowie unter der Berücksichtigung der anfallenden Kosten für die Realisation getroffen (Entscheidungskriterien), wobei ein Ableger in Form eines Direktversicherers gegründet werden soll. Anhand der Vorgaben innerhalb des Vorstandsbeschlusses zu Zeitplan, Kostenrahmen und Organisation (Vorgabeinformation) wird das Projekt realisiert, wobei laufend der Erfolg zu kontrollieren ist. Hierfür stellt das Rechnungswesen umfassende Kostenauswertungen als Kontrollinformationen zur Verfügung.

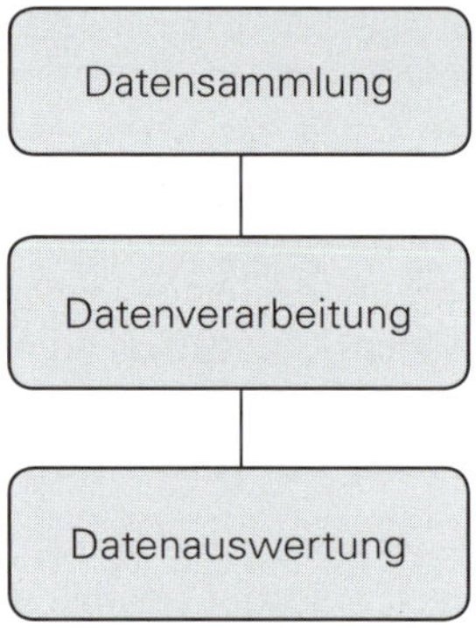

Abbildung 11: Grundaufbau der Kostenrechnung

Ein großes Problem der Kosten- und Leistungsrechnung ist, dass es eine exakte Abbildung und Verteilung der Kosten nicht gibt. Bestimmte Kosten lassen sich nur begrenzt messen und zudem nicht oder nur schwer einzelnen Leistungen zuordnen. Es sollte daher das Ziel sein, die Wirklichkeit möglichst nah und objektiv abzubilden, um eine weitgehend verlässliche Arbeitsgrundlage zu erhalten.

+

Beispiel

Ein Beispiel für Kosten, die schwer messbar oder zuzuordnen sind, wären die Kosten für die Imagekampagne des Unternehmens. Die Fragen lauten hier: Wie viel Zeit wird in die Tätigkeit in einer Projektgruppe neben den normalen Tagesaufgaben investiert? Welcher Lohnkostenanteil entfällt auf das Projekt?

11.2 Kostenabhängigkeiten und Kostenverläufe

Die Höhe der einzelnen Kosten und damit die Kostenabhängigkeit wird in Unternehmen durch Kosteneinflussgrößen gemessen. Folgende fünf Parameter sind auch in Versicherungsunternehmen als grundlegende Stellhebel für die Kostenbeeinflussung von Bedeutung:

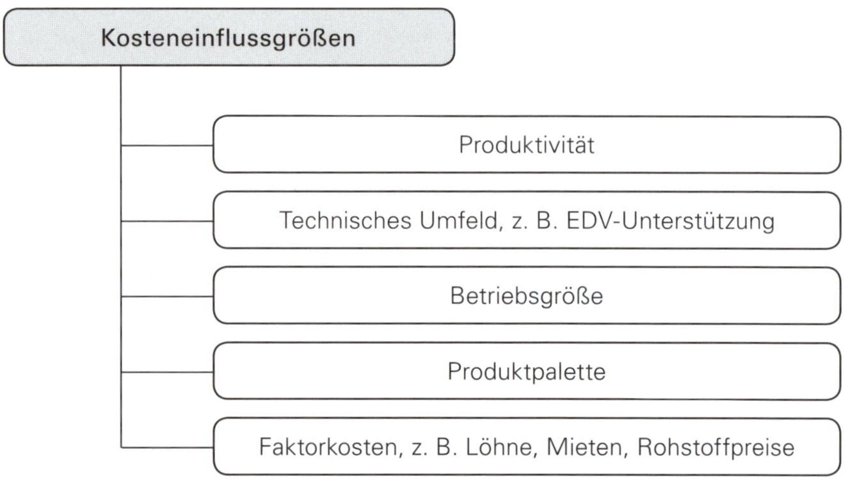

Abbildung 12: Kosteneinflussgrößen

Tipp

Versuchen Sie aus zwei Ihnen vorliegenden Bilanzen von Versicherungsunternehmen eine Kostenveränderung im Jahresvergleich festzustellen und ordnen Sie diese den fünf Bereichen zu.

- *Kostenverläufe*

  Die Höhe der Kosten ist veränderlich, beispielsweise in Abhängigkeit von der Anzahl der Produkte. Dabei zeigen die Kosten einen bestimmten Verlauf, welcher sich grafisch z. B. als Relation aus Stückzahl und absoluten Kosten darstellen lässt. Das Ergebnis dieser Darstellung nennt man Kostenverlauf.

  Mithilfe des Kostenverlaufs lässt sich erkennen, wo kritische Mengen erreicht sind bzw. in welchem Bereich eine Produktion besonders rentabel ist. Dies gilt in gleichem Umfang für Versicherungsunternehmen.

Die Kostenverläufe lassen sich wie folgt unterteilen:

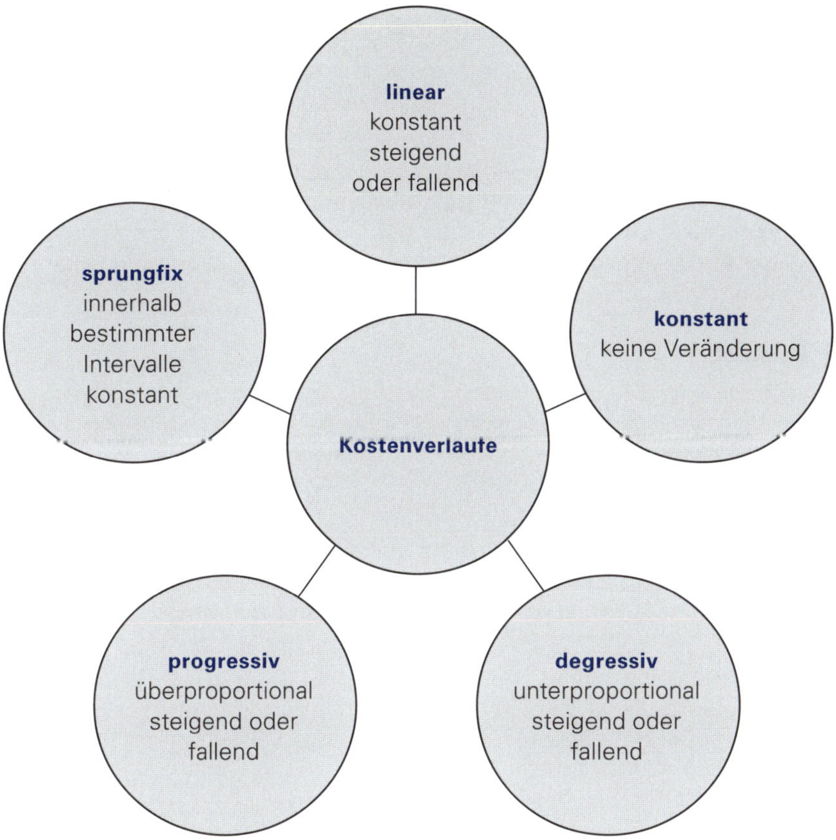

Abbildung 13: Kostenverläufe

Tipp

Stellen Sie den jeweiligen Kostenverlauf grafisch dar, indem Sie die Gesamtkosten und die Menge in ein Diagramm zeichnen.

11.3 Vollkostenrechnung (Kostenarten-, Kostenstellen-, Kostenträgerrechnung)

Vollkostenrechnung

Unter Vollkostenrechnung ist die Verteilung aller anfallenden Kosten im Unternehmen zu verstehen. Diese Verteilung ist nicht immer einfach, da sich – wie schon bemerkt – bestimmte Kosten nur schwer eindeutig zuordnen lassen. Ein Beispiel hierfür wäre das Facility-Management oder der Unterhalt der Betriebskantine, an dem alle Funktionen im Unternehmen teilhaben. Um diese Probleme zu lösen, gilt es, Kostenschlüssel zu entwickeln, die möglichst nachvollziehbar die Kosten anhand bestimmter Parameter verteilen. Möglich wäre z. B. eine Verteilung nach Bürofläche oder nach Mitarbeiteranzahl.

- *Kostenartenrechnung*

  Ein wichtiges Ziel der Kostenartenrechnung ist die Aufschlüsselung der angefallenen Aufwendungen in Gruppen. Die dadurch erreichte Transparenz soll dem Management unterstützend dienen. Hieraus lässt sich z. B. die Gesamtaufwandsverteilung etwa in Personal- und Sachkosten ablesen oder aber auch die Verschiebung zu Vorperioden ableiten. Das Management kann durch eine übersichtliche Erfassung und Darstellung der Kosten gezielt steuern und eingreifen. Dafür ist eine Festlegung erforderlich, welche die steuerungsrelevanten Informationen sind. Sind diese festgestellt, gilt es, die Kosten danach zu erfassen und auszugliedern. Bei der Aufteilung kann man die Kostenarten noch in Haupt- und Unterkostengruppen unterteilen.

Beispiel

Ein Beispiel für die Kostenartenrechnung ist die Erfassung der Personalkosten mit den Unterkostengruppen Innendienstpersonalkosten und Außendienstpersonalkosten, welche dann jeweils weiter unterteilt werden können.

- *Kostenstellenrechnung*

  Mit der Kostenstellenrechnung wird das Ziel verfolgt, einzelne Unternehmensbereiche im Hinblick auf die Kosten zu strukturieren. Ziel ist dabei, den jeweiligen Aufwand einem Verantwortlichen zuzuordnen.

Beispiel

Ein Beispiel für die Kostenstellenrechnung ist die Zuordnung der Kosten für den Umzug der Geschäftsstelle Musterstadt nach Maxdorf. Diese sind der Kostenstelle „Geschäftsstelle Maxdorf" zuzuordnen.

Die Zuordnung der Kosten zu einzelnen Stellen im Unternehmen hat den Zweck, dass Aufwand und Ertrag einzelner Bereiche gegenübergestellt werden können. Zudem werden im Unternehmen Verantwortlichkeiten für Kosten geschaffen (Kostenstellenverantwortliche). Auch lässt sich durch eine solche

Verteilung der Kosten eine Planung durch die Vergabe von Kostenbudgets erzielen. Dabei wird ein bestimmter Geldbetrag (Budget) an einen Kostenstellenverantwortlichen zur Verwendung im Rahmen seiner Aufgaben bzw. Kostenstelle vergeben. Ebenso lassen sich durch Kostenstellen auf einfache Weise Aufwendungen für besondere Fälle erfassen und zuordnen, so z. B. für Projekte oder Incentive-Veranstaltungen.

Die Kostenstellenrechnung bildet die Grundlage für die Kostenträgerrechnung.

- *Kostenträgerrechnung*
  Die Kostenträgerrechnung ordnet den Aufwand den im Betrieb erbrachten Leistungen bzw. Produkten zu. Die Unterscheidung zwischen Kostenstellen und Kostenträgern ist in Dienstleistungsunternehmen, also Versicherungsunternehmen, nicht immer einfach. Eine Hilfestellung bietet hierbei die Frage, ob eine bestimmte Einheit auch Einnahmen zu verzeichnen hat. Ist dies der Fall, so handelt es sich um einen Kostenträger, ist dies nicht der Fall, um eine Kostenstelle.

Beispiel

Ein Kostenträger in einem Versicherungsunternehmen ist z. B. der Unfallversicherungsbereich. Die Einnahmen bestehen aus den Beiträgen zu den Unfallversicherungen, die Aufwendungen (oder Kostenträgerkosten) aus den Produkterstellungs-, Schaden- und Vertriebskosten.

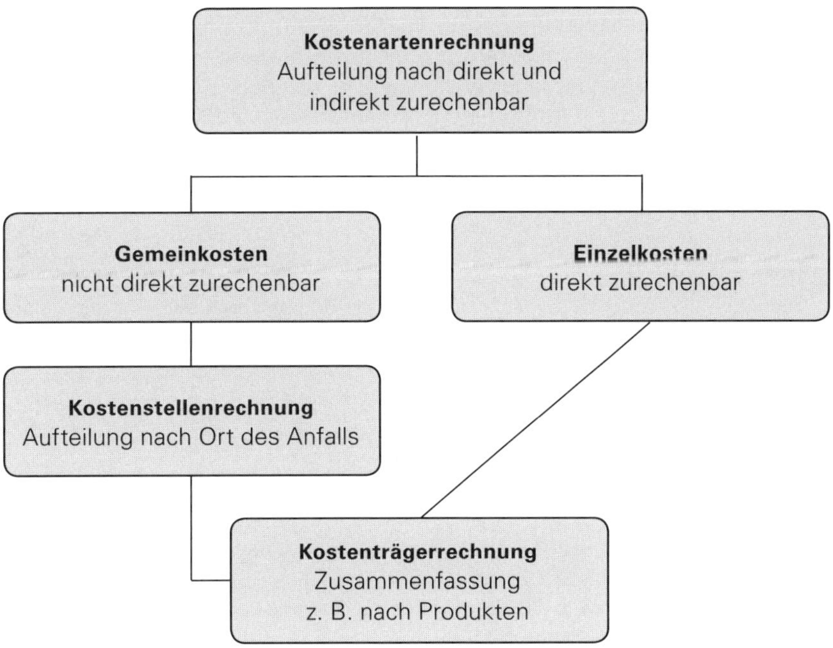

Abbildung 14: Kostenartenrechnung

1

11.4 Gemeinkostenproblematik

Wie oben ausgeführt bildet die Kosten- und Leistungsrechnung die Wirklichkeit nur näherungsweise ab. Ein Grund hierfür liegt auch in der sog. Gemeinkostenproblematik.

!

Definition

Gemeinkosten sind Kosten im Unternehmen, welche nicht genau einer Leistung zurechenbar sind, sondern sich auf mehrere Leistungen verteilen.

Das Besondere der Gemeinkosten ist also, dass sie übergeordnet oder zentral anfallen. Sie entfallen auch nicht sofort oder vollständig, wenn man ein Produkt aus dem Leistungsangebot streicht. Oft werden Gemeinkosten auch als „Overheadkosten" bezeichnet, sie bilden das Gegenstück zu den Einzelkosten. Beispiele für Gemeinkosten sind: Vorstandsbezüge, Kosten der gemeinsamen Kantine, Fuhrparkkosten, Personalkosten von übergreifenden Abteilungen (Personal, Controlling, Rechnungswesen) etc.

„gerechte" Kostenverteilung

Die Problematik dieser Kosten besteht darin, sie möglichst „gerecht" auf die Leistungen zu verteilen. Gerecht meint dabei, dass unter vielen möglichen Verteilungsansätzen derjenige gewählt wird, der die Realität am besten abbildet, also am nächsten an die korrekte Aufteilung heranreicht. Bei der Lösung des Problems spielen auch die anfallenden Kosten für die Verteilung eine wesentliche Rolle. Es kann z. B. sein, dass die Kantinenkosten je nach Umfang des Essensabrufs jedes Mitarbeiters auf die einzelne Abteilung verteilt werden. Um dies zu ermöglichen, ist eine umfangreiche Datensammlung erforderlich, die aufzeigt, welcher Mitarbeiter wie oft und in welchem Umfang die Kantine nutzt. Die Sammlung und Aufbereitung dieser Daten ist jedoch sehr aufwändig und damit kostenintensiv. Aus diesem Grund werden oft einfachere und ungenauere Verfahren bevorzugt, so z. B. die Verteilung der Kantinenkosten nach Anzahl der Mitarbeiter pro Abteilung.

!

Tipp

Überlegen Sie, welche Gemeinkosten in Ihrem Unternehmen anfallen, und versuchen Sie herauszufinden, welche Verteilungsschlüssel angewandt werden.

11.5 Deckungsbeitragsrechnung als Form der Teilkostenrechnung

fixe und variable Kosten

Die Deckungsbeitragsrechnung dient der Ermittlung des Betriebsergebnisses und ist Ausfluss einer in den USA gewonnenen Erkenntnis, dass der Unternehmenserfolg nicht nur vom Verkaufserfolg, sondern auch von der Produktionsmenge abhängig ist.

11.5.1 Grundzüge

Die Deckungsbeitragsrechnung beruht auf folgenden Überlegungen:

Bei der Produktion eines Gutes entstehen fixe und variable Kosten. Wie der Name schon sagt, zeichnen sich fixe Kosten dadurch aus, dass sie konstant sind. Variable Kosten dagegen sind veränderlich und von der Produktionsmenge abhängig.

Verteilt man nun die fixen Kosten auf die produzierten Stücke, so ist klar, dass der Kostenanteil pro Stück geringer wird, wenn mehr Stücke produziert werden.

Beispiel

Die Anschaffungskosten für die Druckmaschine zur Erstellung der neuen, mehrfarbigen Unfallpolicen kostet 100.000 € (= fixe Kosten). Die Maschine hat unabhängig von der Nutzung eine Lebensdauer von zehn Jahren. Pro Jahr fallen also fixe Kosten von 10.000 € an. Werden nun 10.000 Policen pro Jahr gedruckt, so entfällt auf jede Police ein Kostenanteil von 1 € an fixen Kosten. Werden hingegen 100.000 Policen gedruckt, so ist der Fixkostenanteil nur 0,10 €.

Deckungsbeitrag

Umgekehrt gilt: Man erhält einen Betrag zur Deckung der fixen Kosten, wenn von den Umsätzen eines Produkts die variablen Kosten abgezogen werden. Dies ist der sog. Deckungsbeitrag.

Die Berechnung sieht wie folgt aus:

Prämieneinnahme Unfallversicherung

./. Schadenzahlungen

./. variable Kosten (z. B. Vertriebs- und Verwaltungskosten)

= Deckungsbeitrag

./. Gemeinkosten (z. B. Raumkosten, Kantine, nicht direkt zurechenbare Kosten)

= Betriebsergebnis

einstufige, mehrstufige Deckungsbeitragsrechnung

Bei der Deckungsbeitragsrechnung ist zwischen einstufiger (s. obiges Beispiel) und mehrstufiger Rechnung zu unterscheiden. Die mehrstufige Deckungsbeitragsrechnung zeichnet sich dadurch aus, dass in mehreren Schritten einzelne Fixkostenblöcke abgezogen und jeweils Deckungsbeiträge ermittelt werden. Dieses Verfahren dient dazu, Fixkosten übersichtlicher zu gestalten und die Deckungsbeiträge transparenter zu berechnen.

Die Deckungsbeitragsrechnung stellt für ein Versicherungsunternehmen eins der wichtigsten Bewertungs- und Führungsinstrumente dar. Sie dient nicht nur der Analyse und Bewertung von Zielgruppen und Produkten, sondern auch der Bewertung des Verkaufserfolgs.

11.5.2 Zuordnung der Kapitalanlageerträge

Im Zusammenhang mit der Problematik von Gemeinkosten und Deckungsbeitrag stellt sich speziell in der Versicherungswirtschaft die Frage der Zuordnung der erwirtschafteten Kapitalerträge.

Hintergrund der Problematik ist, dass Kapitalanlagen der Versicherungsunternehmen i. d. R. zentral, also spartenübergreifend getätigt werden. Die Folge dieser Anlagepolitik ist eine erschwerte Zuordnung von Kapitalerträgen zu den einzelnen Produkten.

Beispiel

Es wird Kapital in Höhe von 1.000.000 € am Markt zu 5 % Zins angelegt. Dieses stammt zu 70 % aus der Beitragseinnahme der Kfz-Sparte, zu 10 % aus der Hausratsparte und zu 20 % aus der Unfallversicherung. Bei der Zuordnung der anfallenden Kapitalerträge könnte man nun das Verhältnis 70:10:20 zugrunde legen. Dabei berücksichtigt man aber nicht, dass bei Einzelanlagen die Hausratsparte aufgrund der geringen Kapitalhöhe am Markt nur 3,5 % Zins und die Unfallversicherung nur 3,8 % Zins erzielt hätten. Die Zinsen in Höhe von 5 % fielen also nur an, da das Anlagevolumen mit den 700.000 € aus der Kfz-Sparte stark vergrößert wurde. Ähnlich wie bei der Gemeinkostenverteilung wäre also eine objektivere Zuordnung der Kapitalerträge möglich, die nicht nur die reinen Kapitalanteile berücksichtigt. Man könnte der Kfz-Sparte einen höheren Ertragsanteil zuweisen, also z. B. 75 %.

11.6 Bestimmung von Preisuntergrenzen

Eine weitere im Rahmen der Kosten- und Leistungsrechnung zu lösende Problematik ist die Bestimmung der Preis- oder Beitragsuntergrenzen.

Die Ermittlung der Preisuntergrenzen gibt Unternehmen Informationen darüber, welche Grenzen beim Absatz der Produkte nicht unterschritten werden dürfen bzw. was eine Unterschreitung bedeutet. Gerade in der Versicherungswirtschaft hat sich die Beitragspolitik in den letzten Jahren stark verändert. Waren noch vor kurzem die Beiträge einer strikten Berechnung unterworfen, so werden nunmehr immer häufiger Einzelprämien errechnet bzw. spezielle Rabatte oder Boni vergeben. Um im Preis zur Konkurrenz zu bestehen, wird dabei oftmals die Preisuntergrenze erreicht, womit deren Berechnung erhebliche Bedeutung zukommt.

Zur Berechnung von Preisuntergrenzen gibt es eine Vielzahl von Methoden:

Preisuntergrenzen

strategische Preisuntergrenze	finanzwirtschaftliche Preisuntergrenze	erfolgswirtschaftliche Preisuntergrenze
Einstiegsprodukt Privathaftpflichtversicherung für junge Leute mit günstigem Beitrag; keine Kostendeckung; dient Neukundengewinnung; Verlustbringer	Beitrag deckt alle anfallenden Kosten und Schadenaufwendungen für die Privathaftpflichtversicherung	Vorgegebene Gewinnmarge muss mit Beitrag zusätzlich zu Kosten und Schadenaufwendungen erwirtschaftet werden

Einstiegsbeitrag:		
5,00 € / Monat		
Kosten u. Schäden (z. B. 110 % des Einstiegsbeitrags):		
nicht berücksichtigt	5,50 € / Monat	5,50 € / Monat
Gewinnmarge (30 % Zuschlag auf Kosten und Schäden):		
nicht berücksichtigt	nicht berücksichtigt	1,65 € / Monat
Preisuntergrenzen:		
5,00 € / Monat	5,50 € / Monat	7,15 € / Monat

Tipp

Schlagen Sie ergänzend die entsprechenden Erklärungen zu den Preisuntergrenzen in Online-Lexika nach.

11.7 Zuordnung von Gemeinkosten bei Beitragsforderungen (Preispolitik)

Abschließend soll nochmals die Verbindung der oben erläuterten Gemeinkosten zu der ermittelten Preis- bzw. Beitragsuntergrenze erläutert werden.

Wenn nach einer der oben aufgeführten Methoden eine Beitragsuntergrenze für ein Versicherungsprodukt ermittelt wird, so kann diese erheblich von der Zuordnung der anfallenden Gemeinkosten beeinflusst sein. Demzufolge hängt die Preisuntergrenze mehr oder weniger stark von der Verteilung der Gemeinkosten ab. Hier sind meist geschäftpolitische Erwägungen ausschlaggebend. So wird man bei der Einführung eines neuen Produktes, bei umkämpften Märkten oder bei großen Kundenverbindungen in der Hoffnung auf Cross-Selling-Geschäft eher zurückhaltend bei der Zuordnung von Gemeinkosten sein.

Ferner ist in diesem Zusammenhang eine Unterscheidung in langfristige und kurzfristige Preisuntergrenzen erforderlich. Erscheint es kurzfristig aufgrund geschäftspolitischer Entscheidungen auch betriebswirtschaftlich vertretbar, Gemeinkosten nicht oder nur teilweise zuzuordnen, so wird dies langfristig zu großen Problemen führen, da die Gemeinkosten dann überproportional von anderen Produkten getragen werden müssen. Dies würde zu einer Verzerrung der Produktlinien führen.

Zusammenfassung

Die Kosten- und Leistungsrechnung im Unternehmen dient der Sammlung, Verarbeitung und Auswertung von Kostendaten. Dabei kann nie ein vollständiges, sondern immer nur ein möglichst genaues Abbild der Wirklichkeit erstellt werden. Mithilfe der Kostenauswertung lassen sich Kostenverläufe darstellen und verschiedenen Kategorien zuordnen. Ebenfalls wird mithilfe der Kostenrechnung das Problem der nicht direkt zuzuordnenden Kosten (Gemeinkosten) gelöst. Wichtig ist dabei die Unterteilung in Kostenarten-, Kostenstellen- und Kostenträgerrechnung. Schließlich dienen die ermittelten Daten auch der Bestimmung von Preisuntergrenzen.

Aufgaben zur Selbstüberprüfung

1. Jedes Unternehmen legt sowohl formale als auch nicht formale Ziele fest. Stellen Sie jeweils drei formale und drei nicht formale Ziele anhand je eines Beispiels dar.

2. Das ökonomische Prinzip beschäftigt sich mit der Problemstellung der Kombination vom Mitteleinsatz und Produktionsergebnis. Stellen Sie anhand eines Beispiels das Minimal- und Maximalprinzip dar.

3. Entscheidungsmodelle helfen dem Entscheider in Bezug auf Handlungskriterien und die Prognose von Handlungskonsequenzen, die eventuell günstigere Alternative herauszufinden. Definieren Sie die drei Kategorien mit den Ausgangsfragen vor einer Entscheidungsfindung.

4. Viele Unternehmen richten ihre Entscheidungen sehr häufig nach den Kriterien Gewinn und Rentabilität aus. Begründen Sie, warum diese Zielsetzung zu Fehlentscheidungen führen kann.

5. Definieren Sie den Begriff „Solvabilität" und begründen Sie die Bedeutung für die Versicherungswirtschaft.

6. Versicherungsunternehmen bedienen sich verschiedener Modelle der Versicherungstechnik und der Wahrscheinlichkeitsrechnung. Jedes Versicherungsunternehmen versucht auf unterschiedliche Weise, zukünftige Ereignisse zu prognostizieren. Erläutern Sie in diesem Zusammenhang das versicherungstechnische Risiko und die Auswirkungen für die Beitragskalkulation.

7. Versicherungsunternehmen bieten Produkte an, die unterschiedlichen Bedürfnissen entsprechen. Das Versicherungsvertragsgesetz unterscheidet verschiedene Versicherungsformen. Vergleichen Sie anhand je eines Beispiels die:
   a) Summenversicherung
   b) Schadenversicherung
   c) unbegrenzte Interessenversicherung
   d) Erstrisikoversicherung
   e) Vollwertversicherung
   f) Neuwertversicherung

8. Die Risikobewältigung des Erstversicherers ist ohne Rückversicherung nicht möglich. Arbeiten Sie die wesentlichen Unterschiede der proportionalen und nicht-proportionalen Rückversicherung heraus und stellen Sie dann die unterschiedlichen Rückversicherungsverträge dar.

9. Die Bundesanstalt für Finanzdienstleistungsaufsicht (BaFin) achtet auf die Einhaltung der Anlagevorschriften, die laut Versicherungsaufsichtsgesetz für den Erstversicherer maßgebend sind. Erläutern Sie die allgemeinen Anlagegrundsätze gemäß § 124 VAG und führen Sie je ein Beispiel an.

10. Kosten- und Leistungsrechnung sind Teil des betrieblichen Rechnungswesens in einem Versicherungsunternehmen. Stellen Sie Vollkostenrechnung und Teilkostenrechnung gegenüber und erläutern Sie die Auswirkungen der unterschiedlichen Kostenrechnungskonzepte für die Preisuntergrenze.

Kapitel 2

Auswirkungen rechtlicher Vorschriften auf Finanzdienstleistungsunternehmen

Nachzuweisende Befähigung

Die angehenden Fachwirte/Fachwirtinnen für Versicherungen und Finanzen sollen, den aufsichtsrechtlichen Rahmen der Versicherungsunternehmen erläutern, die Vorschriften zur Kapitalausstattung einordnen und das Aufsichtssystem der EU überblicken können (gemäß Erläuterungsbroschüre, Bestandteile der Qualifikationsinhalte und Anwendungstaxonomie 1.2).

Qualifikationsinhalte des Kapitels

Die Absolventen können im Einzelnen:

- den aufsichtsrechtlichen Rahmen für den Aufbau und die Entwicklung von Versicherungsunternehmen erläutern (1.2.1)
- die Kapitalausstattung von Versicherungsunternehmen einordnen (1.2.2)
- das Aufsichtssystem in der EU (Solvency-Regelungen) überblicken (1.2.3)

Handlungssituation

Sie sind Mitarbeiter der Proximus Versicherung AG. Soeben wurden die aktuellen Geschäftszahlen veröffentlicht. Der Vorstand kommentierte diese wie folgt:

„Das geschäftliche Umfeld im Versicherungsbereich hat sich aufgrund starken Verdrängungswettbewerbs eingetrübt. Ferner ist eine Veränderung des Kundenverhaltens festzustellen. Immer mehr Versicherungsnehmer wollen weniger Service, dafür günstigere Prämien. Aus diesem Grund wachsen die Attraktivität und das Geschäftsfeld für Direktversicherer. Auch die Proximus Versicherung AG wird diesem Trend folgen und bereitet daher die Gründung einer Direktversicherungsgesellschaft vor. Durch dieses neue und wachsende Geschäftsfeld wird der Konzern zukunftsweisend ausgerichtet."

Für Sie ist dieser Schritt von besonderem Interesse, da sich dadurch interne Veränderungschancen bieten. Daher verfolgen Sie die Schritte der Neugründung genau, nicht zuletzt, um nicht den richtigen Zeitpunkt für eine interne Bewerbung zu verpassen.

1. Aufsichtsrechtlicher Rahmen für Aufbau und Entwicklung von Versicherungskonzernen und Finanzkonglomeraten

Handlungssituation

Der Vorstand der Proximus Versicherung AG hat für die Gründung des Direktversicherers einen groben Ablaufplan im Intranet veröffentlicht. Dieser sieht wie folgt aus:

1. Behördliche Zuständigkeit ermitteln
2. Geschäftsplan aufstellen:
   a) Zweck des Direktversicherers definieren
   b) Versicherungssparten festlegen
   c) Unternehmensverträge erstellen
   d) Funktionsausgliederung Proximus Versicherung AG und Direktversicherer regeln
   e) Finanzausstattung sicherstellen
   f) Rückversicherungsbedarf ermitteln
   g) Geschäftsleitungsmitglieder bestimmen
3. Zulassungsantrag stellen

2

zuständige Aufsichtsbehörden

Seit April 2002 ist in Deutschland ein System der integrierten Finanzdienstleistungsaufsicht geschaffen worden. Innerhalb dieses Systems wurden die Wertpapierhandels-, Banken- und Versicherungsaufsicht unter dem Dach der Bundesanstalt für Finanzdienstleistungsaufsicht, kurz BaFin, zusammengefasst (zu weiteren Informationen siehe: www.bafin.de).

!

Tipp

§§ 294 ff. VAG, FinDAG

Näheres zur Organisation der Finanzdienstleistungsaufsicht entnehmen Sie den §§ 294 ff. VAG und dem Finanzdienstleistungs-Aufsichtsgesetz (FinDAG).

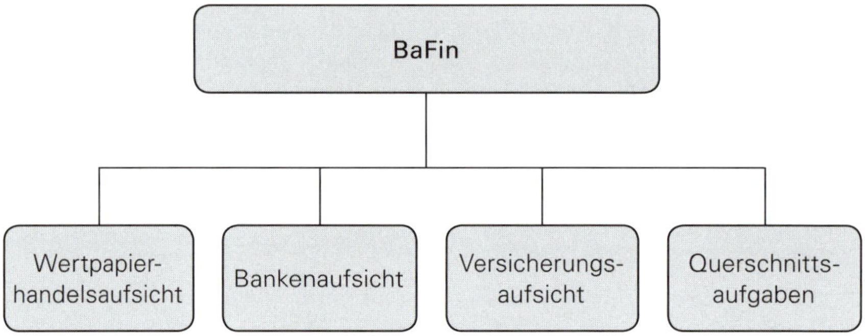

Abbildung 1: Die Aufgaben der BaFin

Die BaFin hat ihren Sitz in Bonn. Ebenfalls aufsichtsrechtliche Aufgaben nehmen das Bundesministerium der Finanzen sowie weitere aufsichtsführende Landesbehörden und die Deutsche Bundesbank wahr.

Unterschied Bankenaufsicht – Versicherungsaufsicht

Trotz gemeinsamer Aufsichtsbehörde unterscheiden sich die Regeln der Aufsicht für Banken (nach dem Gesetz über das Kreditwesen KWG), den Wertpapierhandel (Wertpapierhandelsgesetz WpHG) und Versicherungen (nach dem Versicherungsaufsichtsgesetz VAG). Diese Unterschiede kommen aus den verschiedenen Zielrichtungen der jeweiligen Aufsicht.

KWG

Vereinfacht kann man sagen, dass bei der Bankenaufsicht das Ziel ein funktionsfähiges Zahlungs-, Banken- und Kreditsystem ist (kein Schutz einzelner Banken oder Kunden, sondern Schutz des Systems). Das KWG enthält alle relevanten Regelungen. Zur Vertiefung und zum Vergleich empfiehlt es sich, die relevanten Paragraphen im KWG nachzuschlagen.

WpHG

Bei der Aufsicht über den Wertpapierhandel stehen einzelne Wertpapiergeschäfte im Fokus.

!

Tipp

Auch hier sollten Sie das WpHG zur Hand nehmen. Durch eine detaillierte Kenntnis der unterschiedlichen Zielrichtung wird es Ihnen leicht fallen, die Hintergründe der Regelungen im VAG nachzuvollziehen.

Hingegen stehen bei der Versicherungsaufsicht der Schutz des einzelnen Versicherungsnehmers und die Erfüllung der konkreten vertraglichen Verpflichtungen aus dem Versicherungsvertrag im Vordergrund.

Querschnittsaufgaben

Bei den Querschnittsaufgaben handelt es sich um alle Aufsichtsbereiche betreffenden Aufgaben:

- Risiko- und Finanzmarktanalyse
- Verbraucher- und Anlegerschutz
- Integrität des Finanzsystems
- Prävention von Geldwäsche und Terrorismusfinanzierung

Entsprechend der jeweiligen Zielrichtung sind die aufsichtsrechtlichen Regelungen unterschiedlich ausgestaltet. Die folgenden Ausführungen beschäftigen sich mit der Versicherungsaufsicht.

Zunächst ist für den Betrieb eines Versicherungsunternehmens eine Zulassung erforderlich. Diese ist an Zulassungsbedingungen geknüpft.

Tipp

Sie sollten sich an dieser Stelle einen Überblick über das VAG verschaffen. Anhand des Inhaltsverzeichnisses können Sie rasch feststellen, ob es Spezialregelungen für Direktversicherungsunternehmen gibt, oder ob diese wie „normale" Versicherungsunternehmen behandelt werden.

1.1 Zulassungsbedingungen

§ 8 ff. VAG

Unter Zulassung versteht man die formelle Erlaubnis für den Betrieb von Versicherungsgeschäften nach §§ 8 ff. VAG. Eine solche ist zwingend vor der Aufnahme des Geschäftsbetriebs erforderlich. Nachträglich kann die Erlaubnis nicht erteilt werden.

Anders formuliert könnte man sagen, es handelt sich um ein „Verbot mit Erlaubnisvorbehalt". Gemeint ist damit, dass der Betrieb von Versicherungsgeschäften grundsätzlich verboten ist – es sei denn, es liegt eine Erlaubnis dafür vor. In den meisten anderen Bereichen der Wirtschaft und des täglichen Lebens ist es anders, dort gilt der Grundsatz: Es ist alles erlaubt, solange es nicht verboten ist.

Nicht zur Zulassung nach VAG gehören eventuell erforderliche handels-, gewerbe- oder gesellschaftsrechtliche Genehmigungen für den Geschäftsbetrieb, welche u. a. von der gewählten Rechtsform abhängig sind.

Tipp

Um sich für die Neugründung umfassend zu informieren, sollten Sie unbedingt einen Überblick über die erforderlichen Genehmigungen nach Handels-, Gewerbe- bzw. Gesellschaftsrecht gewinnen. Schauen Sie in den entsprechenden rechtlichen Regelungen nach. Eine gute Hilfe bieten auch Gründungsforen im Internet oder Seiten der IHK. Suchen Sie dort nach entsprechenden Checklisten.

Erfordernis der Zulassung

Die Zulassung ist in § 8 ff. VAG geregelt. Sie ist erforderlich, sofern

- Versicherungsgeschäfte abgeschlossen werden,
- die Versicherungsverträge privatrechtlicher Natur sind und
- das Unternehmen nach § 1 VAG der Versicherungsaufsicht unterworfen ist.

direktes Versicherungsgeschäft

Versicherungsgeschäfte werden immer dann abgeschlossen, wenn das Rechtsgeschäft formal als Versicherung bezeichnet wird. Versicherungsverträge werden dabei im eigenen Namen abgeschlossen. Dies nennt man direktes Versicherungsgeschäft.

Definition

Der Begriff **Versicherung** ist gesetzlich nicht definiert. Daher haben sich in Rechtsprechung und Lehre zahlreiche Definitionsversuche herausgebildet. Eine kurze und sehr prägnante Beschreibung liefert Dieter Farny in seiner Versicherungsbetriebslehre: „Versicherungsgeschäft ist Risikotransfer gegen Entgelt." (Farny 2006, S. 8)

Tipp

Suchen Sie nach weiteren Definitionen des Begriffs „Versicherung" in Lexika, Lehrbüchern und dem Internet. Achten Sie dabei auf die Unterschiede der Ansätze und bedenken Sie jeweils die Auswirkungen auf die Praxis.

Ausnahmen von der Zulassungspflicht

Ein Versicherungsbetrieb bedarf grundsätzlich der Zulassung. Ausgenommen hiervon sind lediglich z. B.:

- kleine, regional begrenzt und speziell tätige Versicherungsvereine (fallen unter die sog. Erheblichkeitsschwelle)
- Korrespondenzversicherungen
- Träger der Sozialversicherung
- ausländische Versicherungen bei sog. Versicherungsnotstand

Definition

Unter **Versicherungsnotstand** versteht man all die Fälle, in denen Risiken nicht auf dem jeweiligen Versicherungsmarkt eingedeckt werden können und daher auf ausländischen Märkten in Deckung gebracht werden müssen.

Verdrängungswettbewerb

Betrachten wir nun die Entwicklung der Versicherungsbranche, konkret die Anzahl der am Markt tätigen Unternehmen für den Zeitraum 1990 bis 2011. Es wird deutlich, dass die Entwicklung auf dem Versicherungsmarkt durch einen zunehmenden Verdrängungswettbewerb gekennzeichnet ist. Dies bedeutet, dass Geschäft mit Kunden geschrieben wird, die bereits eine entsprechende Versicherung bei einem anderen Anbieter haben. Diese wird also gekündigt. Verdrängungswettbewerb bedeutet aber auch, dass ganze Versicherungsunternehmen aus dem Markt gedrängt bzw. übernommen werden. Zu erkennen ist dies am Rückgang der Anzahl von Versicherern in allen Segmenten. Für die Zukunft kann ein weiterer Rückgang der Unternehmen am Markt prognostiziert werden.

Jahr	Lebens-VU	Kranken-VU	Schaden-/ Unfall-VU	Rück-VU
1990	109	55	322	28
1995	121	58	268	32
2000	119	55	254	41
2001	116	55	249	41
2002	110	55	238	43
2003	106	54	235	45
2004	105	54	231	44
2005	104	53	227	47
2006	100	52	222	45
2007	100	51	224	41
2008	99	51	222	41
2009	96	51	217	38
2010	95	48	211	36
2011	94	48	215	34
2012	93	49	211	32
2013	90	48	210	29
2014	87	47	206	30

Abbildung 2: Statistisches Taschenbuch der Versicherungswirtschaft 2015, Versicherungsunternehmen nach Sparten (GDV 2015, Statistik Nr. 2)

An dieser Stelle sollten Sie sich Gedanken machen, ob diese Entwicklung nicht eventuell neue Chancen für die Proximus Versicherung AG bietet. Welche Alternativen gibt es zur Neugründung einer Direktversicherung?

Alternativen zur Neugründung?

Für den Geschäftsbetrieb ist zunächst zu beachten, dass die Versicherungsverträge privatrechtlicher Natur sein müssen. Hiervon zu unterscheiden sind z. B. die Verträge mit Sozialversicherungsträgern. Ferner ist ein der Aufsicht unterworfenes Versicherungsunternehmen durch planmäßiges Vorgehen gekennzeichnet.

Definition

!

Planmäßig bedeutet, dass regelmäßig zum Zweck der geschäftlichen Tätigkeit zahlreiche Gefahren durch Versicherungsverträge übernommen werden.

2

Für die Erteilung der Erlaubnis ist der BaFin ein Antrag mit diversen Anlagen vorzulegen:

ANTRAG

Anlagen zum Antrag:

- Geschäftsplan
- Angaben zur Rückversicherung
- Aufwandsschätzung für Aufbau
- Mittelnachweis
- Angaben zu den Geschäftsleitungsmitgliedern

Im Folgenden werden die Anlagen zum Antrag genauer beleuchtet:

- *Geschäftsplan*

!

Definition

Der **Geschäftsplan** „hat den Zweck und die Einrichtung des Unternehmens, das Gebiet des beabsichtigten Geschäftsbetriebs sowie namentlich auch die Verhältnisse klarzulegen, woraus sich die künftigen Verpflichtungen des Unternehmens als dauernd erfüllbar ergeben sollen." (§ 9 Abs. 2 VAG)

Zweck des VU

Unter „Zweck des Unternehmens" ist dabei nicht das Streben nach Gewinn gemeint. Vielmehr ist der Gegenstand der wirtschaftlichen Betätigung zu beschreiben.

Die Einrichtung des Unternehmens beinhaltet Mitteilungen zu Unternehmensstrukturen, also zur Organisation des Betriebs.

Das Gebiet des Geschäftsbetriebs ist räumlich gemeint. Die Angabe, an welchen Orten das Unternehmen tätig wird, ist für die Zulassung von Bedeutung, da hierdurch die Größe des Unternehmens eingeschätzt werden kann. Hieraus wiederum kann die Aufsicht Rückschlüsse ziehen, ob die gewählte Organisation der Größe angemessen ist.

Ferner wird erkennbar, ob auf zukünftige Versicherungsverträge ausländisches Recht anwendbar ist, da dies das Vorhandensein spezieller Kenntnisse im Unternehmen und damit die Schaffung spezieller Einrichtungen erfordert.

Aufgabe zur Handlungssituation

Welches ist der Zweck der Proximus Versicherung AG? Welchen Zweck verfolgt die neu zu gründende Direktversicherung und wo ist eine Direktversicherung räumlich tätig?

Der Geschäftsplan hat ferner folgende Bestandteile:

- Satzung des Unternehmens
- Angaben, welche Versicherungssparten betrieben werden sollen
- Unternehmensverträge
- Funktionsausgliederungs- und Dienstleitungsverträge
- Finanzausstattung/Eigenmittel

Satzung

Die Satzung eines Unternehmens ist seine Verfassung. In ihr sind Angaben z. B. über die Gründer, den Sitz des Unternehmens, die Art der Aktien, deren Nennwert oder auch die Höhe des Grundkapitals enthalten.

Speziell enthält die Satzung eines Versicherungsunternehmens Angaben zu den betriebenen Versicherungssparten. Möglich ist auch eine grundsätzliche Beschreibung der Risiken, die innerhalb der jeweiligen Sparte abgedeckt werden. Schließlich sind in der Satzung Angaben zur Finanz- und Vermögensverwaltung einschließlich eventueller Nachschusspflichten sowie eine mögliche Auflösung der Gesellschaft enthalten.

Tipp

Suchen Sie im Internet nach Satzungen von Versicherungsunternehmen, damit Sie sich ein konkretes, anschauliches Bild dieses wichtigen Bestandteils eines Geschäftsplans machen können.

Unternehmensverträge

Des Weiteren gehören zum Geschäftsplan die Unternehmensverträge. Diese speziellen Vereinbarungen ergeben sich aus §§ 291 und 292 AktG. Es sind:

- Beherrschungs-
- Gewinnabführungs-
- Gewinngemeinschafts-
- Teilgewinnabführungs-
- Betriebspacht-
- Betriebsüberlassungs-

} verträge

Funktionsausgliederungsverträge

Schließlich sind Funktionsausgliederungs- und Dienstleistungsverträge Bestandteile des Geschäftsplans. Für eine funktionierende Aufsicht ist es wichtig, dass nach Möglichkeit alle Unternehmensfunktionen der Aufsicht unterworfen sind. Dieses Erfordernis könnte durch die Versicherungsunternehmen dadurch unterlaufen werden, dass bestimmte und wesentliche Unternehmensteile (z. B. Schadenregulierung, Anlagemanagement, Rechnungswesen etc.) auf andere Unternehmen übertragen werden. Unterfallen diese Unternehmen nicht ihrerseits der Versicherungsaufsicht, so wären diese Bereiche dem Einflussbereich der BaFin entzogen. Damit wäre eine wirksame Aufsicht nicht mehr möglich. Dieser Gefahr beugt der Gesetzgeber u. a. dadurch vor, dass derartige Ausgliederungsverträge im Rahmen des Geschäftsplans vorzulegen sind.

Finanzausstattung

Ferner muss im Geschäftsplan das Vorhandensein der erforderlichen Eigenmittel (Mindestgarantiefonds) nachgewiesen werden. Zudem sind Schätzungen für die ersten drei Geschäftsjahre im Hinblick auf die Liquidität abzugeben.

Berücksichtigung finden dabei Provisions- und Betriebskosten sowie Schadenaufwendungen. Demgegenüber stehen die zur Verfügung stehenden finanziellen Mittel wie beispielsweise die eingenommenen Beiträge.

Ziel dieser Regelungen ist es, einen wirtschaftlich geordneten Geschäftsbetrieb in der Gründungsphase sicherzustellen. Versicherungsunternehmen sollen möglichst lange und nachhaltig am Markt agieren, kurzfristige unternehmerische Tätigkeiten sollen vermieden und dadurch auch das Vertrauen in die Versicherungsbranche gestärkt werden.

- *Angaben über beabsichtigte Rückversicherungen*

  Zum geordneten Geschäftsbetrieb eines Erstversicherers gehört auch die Verlagerung von in Deckung genommenen Risiken auf Dritte (Rückversicherer). Nur durch derartige Rückdeckungsgeschäfte ist eine dauerhafte Erfüllbarkeit der Verpflichtungen des Erstversicherers auch in Krisenzeiten gewährleistet. Die Angaben der geplanten Rückversicherungen dienen der Einschätzung, inwieweit solche Risiken bedacht und abgesichert wurden.

- *Schätzung der Aufwendungen für den Aufbau des Versicherungsvertriebs und der Verwaltung (Finanzplan)*

  In der Gründungsphase eines Versicherungsunternehmens ist mit erheblichen Kosten für den Aufbau der Strukturen zu rechnen. Ohne geordneten Vertrieb und eine geordnete Verwaltung ist eine ordnungsgemäße Abwicklung der Geschäftsvorfälle nicht möglich. Da i. d. R. in Gründung befindliche Versicherungsunternehmen keine Versicherungsbestände und damit Beitragseinnahmen haben, ist besonders in der Anfangsphase die Finanzierung der Aufbaukosten von großer Bedeutung. Um diese sicherzustellen, bedarf es einer möglichst soliden Schätzung der anfallenden Aufwendungen. Nur so ist eine Einschätzung möglich, ob die im Organisationsfonds zur Verfügung stehenden Mittel auch ausreichend sind.

- *Organisationsfonds*

  Der Organisationsfonds bildet neben dem Eigenkapital das finanzielle Fundament des neu gegründeten Versicherungsunternehmens. Er muss so ausgestattet sein, dass den entstehenden Kosten in der Anfangsphase entsprechende finanzielle Mittel gegenüberstehen. So soll sichergestellt werden, dass die Liquidität des Versicherungsunternehmens nicht unter die vorgeschriebenen Mindestanforderungen absinkt. Die BaFin geht von Mindestbeträgen in Höhe von 500.000 bis 1,5 Mio. € aus.

- *Angaben zu den Geschäftsleitungsmitgliedern und zum verantwortlichen Aktuar*

  Hierdurch werden die fachliche Eignung und die persönliche Zuverlässigkeit geprüft und festgestellt. Näher konkretisiert werden die Erfordernisse in § 24 VAG, welche die erforderlichen Qualifikationen näher beschreiben. Dieses Erfordernis drückt das Bestreben aus, neben Vertrauen zum Unternehmen auch Vertrauen zu den verantwortlich handelnden Personen aufzubauen. Der besonderen Bedeutung der Versicherungswirtschaft wird Rechnung getragen durch die Auswahl fachlich geeigneter Geschäftsleiter.

Aufgabe zur Handlungssituation

Welche handelnden Personen kämen als Geschäftsleitungsmitglieder für den neuen Direktversicherer in Betracht? Immer hilfreich ist ein Blick zur Konkurrenz. Durch eine Internetrecherche können Sie versuchen, deutsche Direktversicherer den „Standardversicherern" zuzuordnen. Achten Sie dabei auf die Geschäftsleitungsmitglieder der Holding und der jeweiligen Holdinggesellschaften. Was fällt Ihnen auf?

weitere Zulassungsvoraussetzungen

Für bestimmte Sparten und in Sonderfällen sind weitere Zulassungsvoraussetzungen erforderlich. Exemplarisch sind dies z. B. für die Krankenversicherungen:

- Vorlage der allgemeinen Versicherungsbedingungen
- Vorlage der Grundsätze der Prämienberechnung
- Vorlage der mathematischen Rückstellungen

Tipp

Schlagen Sie im VAG nach: Welche Sonderfälle gibt es noch?

§ 7 Abs. 1 VAG

zulässige Rechtsformen

Eine Erlaubnis zum Betrieb des Versicherungsgeschäfts wird nur Gesellschaften in bestimmten Rechtsformen erteilt:

- Aktiengesellschaften, einschließlich SE (Societas Europaea)
- Versicherungsvereinen auf Gegenseitigkeit
- Körperschaften und Anstalten des öffentlichen Rechts

Niederlassungsgebot

Ferner muss der Ort der Hauptverwaltung im Inland liegen (§ 68 VAG).

Dieses Erfordernis soll sicherstellen, dass nationales deutsches Recht Anwendung findet. Versicherungsunternehmen soll so die „Flucht" ins Ausland und damit eventuell die Umgehung der strengeren Rechtsvorschriften verwehrt werden.

§ 10 VAG

Die Erlaubnis wird grundsätzlich für jede Versicherungssparte gesondert und ohne zeitliche Beschränkung erteilt. Räumlich erstreckt sie sich auf das gesamte Gebiet der Europäischen Union.

Auch dies trägt zur Vertrauensbildung bei und unterstreicht die gewünschte nachhaltige Marktbetätigung der Versicherungsunternehmen.

Aufgabe zur Handlungssituation

Verschaffen Sie sich auch an dieser Stelle einen Überblick über den deutschen Versicherungsmarkt. Suchen Sie zu jeder Rechtsform mindestens ein Unternehmen und stellen Sie auch den Ort der Hauptverwaltung fest. Parallel dazu überlegen Sie sich, welcher Ort sich als kostengünstiger Standort der Hauptverwaltung für das Direktversicherungsunternehmen der Proximus Versicherung AG anbietet. Dort könnte Ihr zukünftiger Arbeitsplatz sein.

2

1.2 Konzernbildung

Handlungssituation

Die Gründung des Direktversicherungsunternehmens erfordert eine neue Struktur der Proximus Versicherung AG. Einen Vorschlag für die neue Struktur zeigt nachfolgendes Konzernorganigramm. Da Ihr zukünftiger Arbeitsplatz eventuell im Bereich des Direktversicherers liegt, beschäftigen Sie sich mit den Gründen für den Aufbau dieser Struktur, als auch mit deren Auswirkungen.

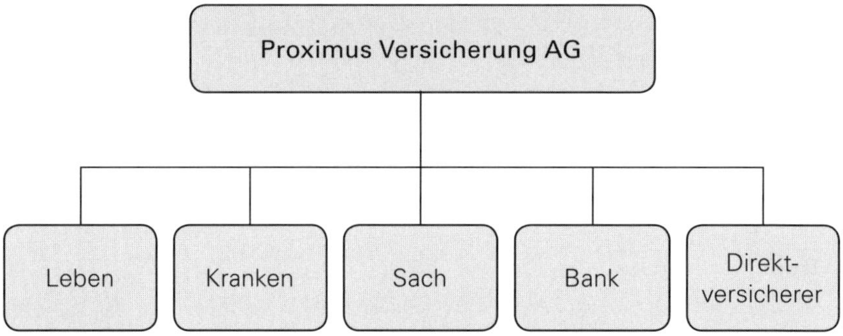

Abbildung 3: Struktur der Proximus Versicherung AG

1.2.1 Spartentrennung

§ 8 Abs. 4 VAG

Die Spartentrennung im Bereich der Versicherungsunternehmen ist in § 8 Abs. 4 VAG geregelt, die einzelnen Sparten sind in Anlage A zum VAG aufgeführt. Zweck der Norm ist es, eine Vermischung der Geschäftstätigkeiten zu verhindern, um eine Kollision unterschiedlicher Interessenlagen einzelner Sparten zu vermeiden. Dadurch sollen Risiken für die Versicherten und auch für die Unternehmen minimiert und dem besonderen Schutz auf Kapitalerhalt Rechnung getragen werden.

Die Begriffe „Versicherungssparte" und „Versicherungszweig" werden synonym verwendet.

Beispiel

Denkbar wäre, dass ein Versicherungsunternehmen in der Kraftfahrtsparte als sog. Einstiegssparte auf den Abschluss möglichst vieler Verträge abzielt. Um dies zu erreichen, werden die Prämien möglichst knapp kalkuliert und die in Deckung genommenen Risiken weitgehend ungeprüft angenommen. Dies könnte zu einem wirtschaftlichen Verlust in diesem Segment führen.

Dem stünde in erheblichem Maße das Interesse der Lebensversicherungssparte entgegen, welches auf Kapitalerhalt, Erwirtschaftung des Rechnungszinses und eine möglichst hohe Überschussbeteiligung abzielt.

Sparten

Es wird in Anlage A zum VAG zwischen 25 Sparten unterschieden, diese kann man in folgende Überbegriffe einteilen:

- Lebensversicherung
- Krankenversicherung
- Schaden- und Unfallversicherung (Sach- bzw. Kompositbereich)

Betreiben Konzerne mehrere dieser Sparten, so muss dies in unterschiedlichen Konzernunternehmen erfolgen. Wesentlich ist dabei die getrennte Rechnungslegung und Buchhaltung jeder Sparte. Zudem muss sichergestellt werden, dass keine Quersubventionierung der Bereiche erfolgt.

In obigem Beispiel wäre eine verbotene Quersubventionierung die Überschussverwendung aus dem Lebensbereich zur Verlustdeckung aus dem Kraftfahrtbereich. Auch mit dieser Regelung soll den Interessen der Versicherten Rechnung getragen und Transparenz geschaffen werden.

Dieses Prinzip nennt man Prinzip der versicherungstechnisch gerechten Prämie und es besagt, dass ein Versicherungskollektiv nur mit den wirtschaftlichen Einflüssen seiner eigenen Sparte belastet werden darf.

Sonderfall Rechtsschutzversicherung

Früher wurde im Bereich der Kompositversicherungen auch das Rechtsschutzversicherungsgeschäft abgetrennt. Befürchtet wurde ein Interessenkonflikt zulasten der Versicherten bei Verfahren gegen die eigene Versicherungsgesellschaft. Dieses Prinzip wurde jedoch gelockert und es dürfen mittlerweile Rechtsschutzverträge im sonstigen Kompositbereich mit verwaltet werden. Lediglich bei der Schadenabwicklung schreibt § 164 VAG noch eine gesonderte Spartentrennung vor.

kleine Spartentrennung

Ferner wird unter der sog. „kleinen Spartentrennung oder Spartenautarkie" das Prinzip verstanden, dass sich grundsätzlich jedes Versicherungsprodukt auf Dauer wirtschaftlich selbst tragen soll. Dies bedeutet, dass auch jedes Produkt innerhalb einer Sparte bei Prämienfestsetzung und Prämienpolitik isoliert zu betrachten ist. Auch hier ist grundsätzlich keine dauerhafte Quersubventionierung erlaubt, eine vorübergehende wird jedoch geduldet.

Beispiel

Häufig ist das Produkt der Kraftfahrtversicherung defizitär. Nach dem Prinzip der kleinen Spartentrennung würde dies zu einer Beitragserhöhung führen. Allerdings wird die Kraftfahrtversicherung als klassische Ein- und Ausstiegssparte für ganze Kundenverbindungen gesehen, welche anderen Kompositprodukten das Geschäftsfeld eröffnet. Es wird daher eine Beitragsunterdeckung geduldet.

Hieraus lässt sich die enge Verbindung mit dem Prinzip der versicherungstechnisch gerechten Prämie ableiten.

2

Tipp

Sie haben sich schon eine Auflistung von Versicherungsgesellschaften nach Rechtsform und Ort der Hauptverwaltung erarbeitet. Nutzen Sie Ihre Vorarbeit und erweitern Sie die Liste der Unternehmen um die Sparten, in welchen diese aktives Geschäft betreiben.

1.2.2 Ausschluss versicherungsfremder Geschäfte

§ 15 VAG

In Deutschland gibt es seit ca. 1930 ein Verbot versicherungsfremder Geschäfte. Dieses ist in § 15 VAG normiert und besagt, dass Versicherungsunternehmen nur solche Geschäfte betreiben dürfen, die mit Versicherungsgeschäften in unmittelbarem Zusammenhang stehen.

Hintergrund dieser Regelung ist, dass Versicherungsunternehmen nicht mit zusätzlichen Risiken anderer Geschäfte und Branchen belastet werden dürfen. Diese wirtschaftliche Konzentration soll den Erhalt und das Vertrauen in die Versicherungswirtschaft steigern und die Branche von Einflüssen anderer Branchen weitgehend fernhalten.

Für viele Versicherungsunternehmen ist es in den letzten Jahren wesentlich geworden, sich bei der Gestaltung ihrer Produkte von Konkurrenzprodukten leistungsmäßig abzugrenzen. Dies erfolgte z. B. durch ein breites Angebot sog. Assistance-Leistungen oder sonstiger Produktzusatzleistungen. Damit wurde die Diskussion um das Verbot versicherungsfremder Geschäfte bzw. den unmittelbaren Zusammenhang von Geschäften mit dem Versicherungsgeschäft neu entflammt. Gelöst wurde das Problem praktisch dadurch, dass Assistance-Leistungen oftmals durch Tochter- oder Beteiligungsunternehmen erbracht wurden und damit nicht unmittelbar durch das Versicherungsunternehmen. In der Lehre hat dies den Streit dahingehend verlagert, dass die Frage diskutiert wurde, inwiefern sich Versicherungsunternehmen an versicherungsfremden Unternehmen beteiligen dürfen.

Zusammenfassung

Zur Teilnahme am Versicherungsmarkt ist für Unternehmen eine Erlaubnis der BaFin erforderlich. Um diese zu erlangen, muss eine Reihe von Erfordernissen erfüllt werden, durch die sowohl eine langfristige Teilnahme der Unternehmen am Markt als auch ein hoher Schutz und das Vertrauen der Versicherungsnehmer in die Branche sichergestellt werden sollen. Zur Erreichung dieser Ziele haben die Teilnehmer am Versicherungsmarkt zudem das Gebot der Spartentrennung und das Verbot versicherungsfremder Geschäfte zu beachten.

2. Kapitalausstattung – Solvabilität (Solvency I)

Handlungssituation

In regelmäßigen Abständen prüft die BaFin im Rahmen der routinemäßigen Aufsichtstätigkeit die Einhaltung der Vorschriften zur Kapitalausstattung. Sie beschäftigen sich mit diesem Thema, weil in diesem Jahr eine Prüfung der Proximus Versicherung AG stattfindet.

Solvency I

Anfang 2004 wurden mit der Einführung der europaweiten Regelungen nach Solvency I (engl. für Liquidität) verbindliche Standards für Versicherungsunternehmen im Bereich der Mindestkapitalausstattung geschaffen.

Dabei wurde versucht, anhand grenzübergreifend gültiger Anforderungen mehr Markttransparenz zu erreichen. Versicherungsunternehmen waren gezwungen, gewisse finanzielle Mindeststandards einzuhalten. Dadurch wurden die Unternehmen finanziell stabiler und vergleichbarer. Die Versicherungsnehmer können sich seit Einführung auf die Einhaltung der Regelungen verlassen, was zu mehr Vertrauen in die Solvenz der Versicherungsunternehmen geführt hat.

Die Strukturen der Versicherungsaufsicht waren von dieser Einführung nicht betroffen.

Nach Solvency I werden die erforderlichen Kapitalindikatoren vergangenheitsbezogen betrachtet. Dies bedeutet, dass Kennzahlen der Vergangenheit zur Berechnung der zu erfüllenden Standards herangezogen werden.

Gerade dies zeigt bereits einen großen Kritikpunkt an den Regelungen nach Solvency I: Vergangenheitsbezogene Kennzahlen treffen nicht unbedingt auch auf die Zukunft zu. Dies bedeutet, dass Unternehmen zwar u. U. in der Vergangenheit die richtige Kapitalausstattung aufweisen, diese aber für die Zukunft unzureichend ist.

Dennoch ist die kapitalmäßige Mindestausstattung mit Solvabilitätsmitteln ein richtiger Schritt.

Tipp

!

Nehmen Sie die Bilanz eines Versicherungsunternehmens zur Hand und vergleichen Sie diese mit den Vorjahren. Bilanzen finden Sie einfach im Internet auf der Homepage des jeweiligen Versicherers. Was stellen Sie im Vergleich zu den Vorjahren fest? Erkennen Sie, inwiefern eine vergangenheitsorientierte Betrachtung zu Problemen führen kann? Suchen Sie nach Pressemitteilungen und Adhoc-Meldungen des Versicherers und stellen Sie diese zum Vergleich der Bilanz des letzten Geschäftsjahres gegenüber.

2

2.1 Solvabilitätsspanne, Garantiefonds, Mindestgarantiefonds (Soll-Solvabilität)

§§ 74 ff. VAG

Die wesentlichen Regelungen zur Kapitalausstattung von Versicherungsunternehmen finden sich in §§ 74 ff. VAG.

§ 125 VAG besagt, dass Versicherungsunternehmen dazu verpflichtet sind, zur Sicherstellung der dauernden Erfüllbarkeit der Verträge über freie unbelastete Eigenmittel mindestens in Höhe der geforderten Solvabilitätsspanne zu verfügen. Die Höhe der Solvabilitätsspanne bemisst sich nach dem gesamten Geschäftsumfang.

Sicherheitskapital

Dieses Sicherheitskapital dient zur Abdeckung

- des versicherungstechnischen Risikos,
- des Kapitalanlagerisikos sowie
- sonstiger Risiken.

- *Solvabilitätsspanne*

  Mit Solvabilitätsspanne werden die freien, unbelasteten Eigenmittel bezeichnet. Wie sich die Eigenmittel berechnen, ist in § 89 VAG geregelt.

Die erforderliche Höhe für alle Versicherungssparten, mit Ausnahme der Lebensversicherung, bemisst sich auf zwei Arten:

1. *Beitragsindex:* Hierunter fallen gebuchte oder verdiente Bruttobeiträge abzüglich Steuern, Gebühren und stornierter Beiträge aus dem vorangegangenen Geschäftsjahr. Vom Ergebnis werden bis 57,5 Mio. € 18 %, darüber 16 % als Wert ermittelt. Das Ergebnis wird mit der Selbstbehaltsquote, aber mindestens mit 50 % multipliziert.
2. *Schadenindex:* Hierunter fallen durchschnittliche Aufwendungen für Versicherungsfälle in den letzten 3 Jahren. Maßgeblich sind die Bruttoaufwendungen für Versicherungsfälle (Zahlungen und Veränderungen der Rückstellungen für noch nicht abgewickelte Schadenfälle). Vom Ergebnis werden bis 40,3 Mio. € 26 %, vom darüber liegenden Betrag 23 % als Wert ermittelt. Das Ergebnis wird wiederum mit der Selbstbehaltsquote, aber mindestens mit 50 % multipliziert.

Maßgeblich ist jeweils der höhere Index.

Selbstbehaltsquote

Die Selbstbehaltsquote in Prozent errechnet sich wie folgt:

$$\left(\frac{\text{Aufwendungen für Versicherungsfälle für eigene Rechnung der letzten 3 Gj.}}{\text{Bruttoaufwendungen für Versicherungsfälle der letzten 3 Gj.}} \times 100\right)$$

Tipp

Sie haben bereits die Bilanz eines Versicherers recherchiert. Nehmen Sie diese wieder zur Hand und versuchen Sie den Beitrags- und den Schadenindex zu berechnen.

Bei der Lebensversicherung beträgt die Solvabilitätsspanne 4 % der Deckungsrückstellungen und der Beitragsüberträge ohne Kostenanteile plus maximal 0,3 % des Risikokapitals.

Ausnahme: Lebensversicherung

Exkurs

Unter Beitragsüberträgen versteht man Beiträge, welche durch Versicherungsnehmer aufgrund der Zahlungsweise im aktuellen Geschäftsjahr bezahlt wurden, aber für Versicherungszeiten im Folgegeschäftsjahr bestimmt sind.

Beispiel

10.000 € werden einmalig in eine Unfallversicherung mit Beitragsrückgewähr einbezahlt. Dafür erhält der Versicherungsnehmer zwölf Jahre Unfallversicherungsschutz und bei Ablauf die einbezahlten Beiträge zuzüglich Überschussbeteiligungen zurück. Die Einmalzahlung zu Beginn ist auf zwölf Jahre zu verteilen und enthält somit Bruttobeitragsüberträge.

Tipp

Viele Versicherer machen sehr detaillierte und übersichtliche Angaben bei Abschluss von Unfallversicherungen gegen Einmalbeitrag. Zur Veranschaulichung können Sie sich z. B. auf der Homepage eines Versicherers nach Ihren Vorgaben ein Angebot erstellen lassen. Schauen Sie sich dabei alle Verbraucherinformationen genau an.

- *Garantiefonds*

  Die Höhe des Garantiefonds beträgt ein Drittel der Solvabilitätsspanne.

- *Mindestgarantiefonds*

  Der Mindestgarantiefonds stellt die kapitalmäßige absolute Untergrenze für den Garantiefonds dar. Würde das Kapital unter diese Grenze fallen, so wäre ein ordnungsgemäßer Geschäftsbetrieb nicht mehr möglich, da das Versicherungsunternehmen seinen Zahlungsverpflichtungen z. B. aus Schadenzahlungen oder ablaufenden Verträgen nicht mehr nachkommen kann.

Die Höhe des Mindestgarantiefonds ist je nach Versicherungszweig unterschiedlich und in europäischen Richtlinien geregelt. Durch die unterschiedlichen Höhen wird der Tatsache der verschiedenen Erfordernisse der einzelnen Versicherungszweige Rechnung getragen:

kapitalmäßige Untergrenzen

€	Versicherungszweig
2.500.000	für alle Sparten bzw.
3.400.000	bei Rückversicherungsgeschäft bzw.
3.700.000	bei Sparten gem. Nr. 10 – 15 der Anlage A zum VAG: Haftpflicht für Landfahrzeuge mit eigenem Antrieb Luftfahrzeughaftpflicht See-, Binnensee- und Flussschifffahrtshaftpflicht allg. Haftpflicht Kredit Kaution

Betreibt ein Unternehmen mehrere Zweige der Schadenversicherung, so ist der höchste Betrag maßgebend und auch ausreichend.

Bei Versicherungsvereinen auf Gegenseitigkeit ermäßigen sich die Beträge des Garantiefonds um 1/4.

Ziel des Mindestgarantiefonds ist es auch, bereits bei Unternehmensgründung sicherzustellen, dass ausreichende Mittel für den geordneten Geschäftsbetrieb vorhanden sind.

2.2 Eigenmittel (Ist-Solvabilität)

Die freien, unbelasteten Eigenmittel eines Versicherers setzen sich im Wesentlichen zusammen aus dem vorhandenen Eigenkapital und den freien Teilen der Rückstellungen für Beitragsrückerstattungen und ergeben die Ist-Solvabilität.

Beispiel

Unter Eigenkapital ist zu verstehen: bei Aktiengesellschaften das eingezahlte Grundkapital abzüglich eigener Aktien, beim VVaG der eingezahlte Gründungsstock, bei öffentlich-rechtlichen Versicherungsunternehmen die dem Grundkapital bei Aktiengesellschaften entsprechenden Posten, darüber hinaus die Kapital- und Gewinnrücklagen und der Gewinnvortrag (nach Abzug der Dividenden).

§ 89 VAG

Sie dienen dem Ausgleich von Ertragsschwankungen oder zur Stabilisierung der wirtschaftlichen Unternehmenslage. Eigenmittel stellen eine Sicherheit für die dauernde Erfüllbarkeit der eingegangenen Vertragsverpflichtungen gegenüber den Versicherten dar. Nach § 89 VAG hat jeder Versicherer angemessene Eigenmittel aufzuweisen, um seinen Verpflichtungen gegenüber den Versicherungsnehmern nachkommen zu können.

Das Versicherungsunternehmen muss mindestens in Höhe der Solvabilitätsspanne Eigenmittel bilden.

Exkurs zur Begriffsklärung

Grundkapital

Das Grundkapital entspricht dem Wert aller ausgegebenen Aktien einer Aktiengesellschaft. Es wird in der Bilanz als Teil des Eigenkapitals ausgewiesen.

Gründungsstock

Der Gründungsstock soll die Kosten der Vereinserrichtung eines Versicherungsunternehmens mit der Rechtsform eines VVaG decken.

Kapitalrücklage

Die Kapitalrücklage ist bei Kapitalgesellschaften als Teil des Eigenkapitals auf der Passivseite der Bilanz ausgewiesen. Zur Kapitalrücklage gehört beispielsweise das Agio bei Anteilsausgabe und bei Wandel- und Optionsanleihen.

Gewinnrücklage

Unter die Gewinnrücklage fallen thesaurierte Gewinne, d. h. Gewinne, die in vergangenen Perioden erwirtschaftet und versteuert, aber nicht ausgeschüttet wurden. Die Gewinnrücklage ist Teil des Eigenkapitals in der Bilanz.

Gewinnvortrag

Unter Gewinnvortrag versteht man den Rest des Bilanzgewinns nach Abzug von Dividenden, Einstellung in andere Rücklagen und zusätzlichen Aufwänden. Er wird in das folgende Jahr vorgetragen und muss zum Erfolg des nächsten Jahres zugerechnet werden.

Bei einem Kreditinstitut sind Eigenmittel wie folgt definiert:

Nach § 10 Abs. 1 Kreditwesengesetz (KWG) muss jedes Kreditinstitut angemessene Eigenmittel aufweisen, um seinen Verpflichtungen gegenüber den Gläubigern nachkommen zu können. Eigenmittel in diesem Sinne sind formell als Eigenkapital in der Bilanz ausgewiesen. *§ 10 Abs. 1 KWG*

Sie setzen sich zusammen aus dem Kernkapital, dem Ergänzungskapital und den Drittrangmitteln. Kern- und Ergänzungskapital bilden zusammen das haftende Eigenkapital.

Exkurs zur Begriffsklärung

Kernkapital

Das Kernkapital zeichnet sich dadurch aus, dass es dem Unternehmen dauerhaft zur Verfügung steht. Es ist Bestandteil des Eigenkapitals und weist höchste Haftungsqualität auf.

Ergänzungskapital

Ergänzungskapital hat eine geringere Haftungsqualität als das Kernkapital. Es ist Bestandteil des Eigenkapitals. Hierzu gehören insbesondere Genussrechtskapital, nachrangige Verbindlichkeiten und stille Reserven.

Drittrangmittel

Sie sind Bestandteil des Eigenkapitals und weisen eine geringere Haftungsqualität als das Kern- und Ergänzungskapital auf. Hierzu gehören kurzfristige nachrangige Verbindlichkeiten und der Nettogewinn aus dem Wertpapierhandel.

2.3 Sanktionen der Aufsicht

§§ 294 ff. VAG

Die Aufsichtsbehörde achtet auf eine ausreichende Wahrung der Interessen der Versicherten und die Einhaltung der Gesetze für den Betrieb des Versicherungsunternehmens. Die aufsichtsrechtlichen Möglichkeiten sind in den §§ 294 ff. VAG geregelt. Es können alle Anordnungen getroffen werden, damit der Geschäftsbetrieb entsprechend der rechtlichen Vorschriften geführt wird.

Dabei gilt für jede getroffene Maßnahme folgender Grundsatz:

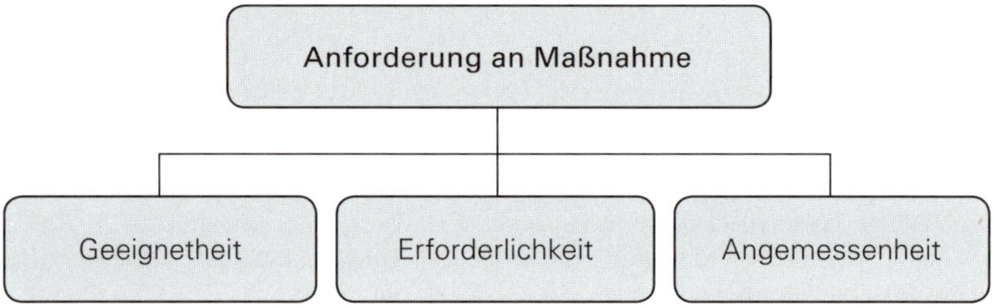

Abbildung 4: Anforderungen an aufsichtsrechtliche Maßnahmen

- *Geeignetheit*

  Eine getroffene Maßnahme ist immer dann geeignet, wenn die Erreichung des von ihr angestrebten Ziels gefördert wird. Nicht notwendig ist, dass das Ziel auch tatsächlich mit der Maßnahme erreicht wird. Eine solche Anforderung wäre zu hoch, da man das konkrete Ergebnis immer erst im Nachhinein erfährt.

  Kurz formuliert: Mach das Richtige!

- *Erforderlichkeit*

  Erforderlich ist eine Maßnahme immer dann, wenn es kein weniger strenges Mittel gibt, mit welchem der gleiche Erfolg erreicht werden kann. Die Aufsichtsbehörde muss bei der Verhängung einer Maßnahme gegen ein Versicherungsunternehmen also prüfen, ob nicht durch andere, das Unternehmen weniger belastende Auflagen der gleiche Nutzen erzielt werden kann.

  Kurz formuliert: Mach nur das Nötigste!

- *Angemessenheit*

  Angemessenheit oder Zumutbarkeit liegt dann vor, wenn die Maßnahme und das mit ihr verfolgte Ziel in einer angemessenen Relation zueinander stehen.

  Kurz formuliert: Schieß nicht mit Kanonen auf Spatzen!

Beispiel

Eine Rückzahlung zu viel abgebuchter Versicherungsbeiträge in Höhe von 10 € wurde vom Rechnungswesen des Versicherungsunternehmens versehentlich nicht durchgeführt. Der Versicherungsnehmer beschwert sich hierüber bei der BaFin.

Eine nicht angemessene Maßnahme wäre es, wenn die BaFin daraufhin ein generelles Zahlungsverbot gegen das Versicherungsunternehmen verhängen würde, das faktisch eine Einstellung des Geschäftsbetriebs (es dürften keinerlei Auszahlungen mehr erfolgen) zur Folge hätte.

Ein weniger strenges Mittel (z. B. ein kurzes Schreiben an das Versicherungsunternehmen über den Beschwerdegrund mit der Aufforderung zur Erledigung der Beschwerde) würde ausreichen, um das Ziel der Vermögenssicherung zu erreichen und dem Versicherungsnehmer zu seinem Geld zu verhelfen. Die Maßnahme wäre also auch nicht erforderlich (wohl aber geeignet).

Konkrete Maßnahmen der Aufsichtsbehörde können sein:

- *Untersagung*

  Im Rahmen der Aufsicht kann die BaFin z. B. die Vornahme einzelner Rechtsgeschäfte untersagen. Möglich erscheint dies in Fällen einer unzulässigen Koppelung von Verträgen oder auch bei der Übernahme unüberschaubarer Risiken.

- *Änderungsanordnung*

  Es kann verlangt werden, dass bestimmte Planungen angepasst bzw. abgeändert werden. Denkbar ist dies für den Geschäftsplan, sofern die Kostenschätzung nicht plausibel ist.

- *Vorlageverpflichtung, Informations- bzw. Auskunftsersuchen*

  Im Rahmen der Informationspflicht kann die Vorlage bestimmter Unterlagen oder Planungen (z. B. eines Solvabilitätsplans) verlangt werden. Daneben kann aber auch die Information bzw. Auskunft über bestimmte Vorgänge verlangt werden. Im ersten Fall ist die direkte Vorlage von Unterlagen gefordert, im anderen Fall die bloße Mitteilung.

- *Genehmigungsanordnung*

  Die BaFin kann verlangen, dass bestimmte Geschäfte vor Abschluss zur Genehmigung vorzulegen sind. Denkbar ist dies z. B. bei der Übernahme von Großrisiken, welche hohe finanzielle Risiken für das Versicherungsunternehmen bergen.

- *Untersagung oder Einschränkung der Verfügungsbefugnis über das Unternehmensvermögen bzw. der Erlass eines Zahlungsverbots*

  Eine der einschneidendsten Maßnahmen ist die Untersagung oder Einschränkung der Verfügungsbefugnis über das Unternehmensvermögen, da damit faktisch zumindest eine Teilübernahme der Geschäfte durch die BaFin erfolgt. Dem Versicherungsunternehmen wird dadurch die Möglichkeit, unternehmerisch zu handeln, ganz oder teilweise entzogen. Aufgrund der Schwere der Maßnahme kommt diese auch nur in besonderen Einzelfällen zum Tragen, etwa bei drohender Insolvenz des Versicherungsunternehmens.

- *Abwertungsanordnung (z. B. von Vermögenswerten, deren Wert sich verändert hat)*

  Um die finanzielle Lage des Versicherungsunternehmens realistisch einschätzen zu können, kann die BaFin verlangen, dass der Wert bestimmter Vermögensgegenstände entsprechend der tatsächlichen Marktlage ausgewiesen wird. Im Einzelfall kann eine Abwertung angeordnet werden, sofern sich die Marktlage verschlechtert hat.

- *Einstellung des Geschäftsbetriebs*

  Das schwerste zur Verfügung stehende Mittel der Aufsicht ist die Einstellung des Geschäftsbetriebs, z. B. bei der Vornahme unerlaubter Geschäfte.

- *Rückabwicklungsanordnung*

  Einzelne Geschäfte können mit dieser Maßnahme zwangsweise rückabgewickelt werden, d. h. die empfangenen Leistungen sind zurückzuerstatten (z. B. in Fällen mangelnder Aufklärung des Versicherungsvermittlers und bei einer Beschwerde des Versicherungsnehmers bei der BaFin).

- *Veröffentlichung von getroffenen Maßnahmen*

  Die BaFin hat die Möglichkeit, u. a. über den „Bundesanzeiger", die gegen Versicherungsunternehmen getroffenen Maßnahmen zu publizieren. Dadurch wird das betroffene Unternehmen aufgrund der Öffentlichkeitswirkung in Zugzwang gebracht, gleichzeitig können Verbraucher und andere Versicherer auf den Vorfall reagieren.

- *Untersagung der Beteiligung an anderen Unternehmen oder Setzung von Auflagen*

  Unter bestimmten Bedingungen besteht die Möglichkeit, die Beteiligung oder Verschmelzung von Unternehmen mit Auflagen zu belegen oder gänzlich zu untersagen (z. B. bei einer befürchteten Kumulation von gleichartigen Risiken).

- *Vorort-Prüfung des Geschäftsbetriebs, Teilnahme an Bilanzprüfungen mit eigenen Feststellungen sowie die Beschlagnahme von Gegenständen und Unterlagen*

  Mitarbeiter der BaFin haben das Recht, vor Ort im Versicherungsunternehmen die Geschäftsräume zu betreten und die Abwicklung des Geschäftsbetriebs zu begutachten. Ferner kann zu einer effektiven Feststellung der finanziellen Verhältnisse des Unternehmens an der Bilanzprüfung teilgenommen oder auch zur Prüfung oder Sicherstellung Unterlagen und Gegenstände beschlagnahmt werden.

- *Teilnahme oder Einberufung von Aufsichtsratssitzungen bzw. der Hauptversammlungen und die Ankündigung von Gegenständen zur Beschlussfassung*

  Unmittelbar und mit Öffentlichkeitswirkung kann die BaFin durch ihre Mitarbeiter an Sitzungen teilnehmen. Ferner steht ein aktives Recht zur Einbringung von Beschlussvorlagen zur Verfügung. Dies schafft die Möglichkeit der unmittelbaren Einwirkung auf den Geschäftsbetrieb und der dauerhaften Änderung der Geschäftspolitik.

- *Widerruf der Erlaubnis des Betriebs einzelner Sparten oder der gesamten Geschäftstätigkeit*

  Die auf Antrag erteilte Erlaubnis zum Geschäftsbetrieb kann zurückgenommen (widerrufen) werden. Dies kann für den gesamten Geschäftsbetrieb oder für einzelne Sparten erfolgen. Diese Maßnahme führt aufgrund des Verbots mit Erlaubnisvorbehalt (s. o.) dazu, dass die Geschäftstätigkeit ganz oder in der betroffenen Sparte untersagt ist.

- *Verlangen der Abberufung von Geschäftsleitern und Untersagung der Tätigkeit*

  In Fällen persönlichen Verschuldens der Geschäftsführung kann die Abberufung und der Ersatz der handelnden Personen verlangt werden. Sollte es sich bei dem Fehlverhalten nicht um einen Einzelfall gehandelt haben und dies eine erhebliche Schwere aufweisen, so kann der betroffenen Person sogar die weitere Tätigkeit als Geschäftsleitungsmitglied auch in anderen Unternehmen untersagt werden.

- *Einleitung des Insolvenzverfahrens*

  Die BaFin ist selbst berechtigt, einen Antrag auf Eröffnung des Insolvenzverfahrens bei Vorliegen der Insolvenzgründe zu stellen. Ziel dieser Maßnahme ist ein möglichst frühzeitiger Schutz der Gläubiger, i. d. R. der Versicherungsnehmer, vor einer drohenden Zahlungsunfähigkeit des Versicherungsunternehmens.

- *Erlass von Bußgeldern*

  Bei Vorliegen von Verstößen oder Nichtbeachtung getroffener Maßnahmen ist die BaFin berechtigt, Bußgelder bis zu 100.000 € gegen das Versicherungsunternehmen zu verhängen.

Tipp

Suchen Sie im Internet nach neueren Maßnahmen der BaFin. Berücksichtigen Sie dabei auch die Veröffentlichungen der BaFin im Bundesanzeiger (www.bundesanzeiger.de).

Zusammenfassung

Versicherungsunternehmen müssen bestimmte finanzielle Standards erfüllen, damit sie einen ordnungsgemäßen Geschäftsbetrieb sicherstellen und insbesondere auch die Ansprüche der Versicherten befriedigen können. Die vorgeschriebenen finanziellen Mindestanforderungen werden durch die Solvabilitätsspanne, den Garantiefonds und den Mindestgarantiefonds definiert.

Die Einhaltung der Standards wird durch die BaFin kontrolliert. Zur Umsetzung der gesetzlichen Aufsichtsrechte verfügt die BaFin über zahlreiche Maßnahmemöglichkeiten. Diese reichen vom bloßen Informationsersuchen bis zum Widerruf der Erlaubnis für den Geschäftsbetrieb.

Bei der Anordnung von Maßnahmen ist stets zu beachten, dass die jeweilige Maßnahme geeignet, erforderlich und verhältnismäßig ist.

2

3. Aufsichtssystem in der EU (Solvency II)

Alle nachfolgenden Ausführungen zu Solvency II beruhen auf Veröffentlichungen, welche vor Inkrafttreten der eigentlichen Regelungen erfolgten. Der zeitliche Fahrplan sieht eine Verabschiedung der Regelungen für das Jahr 2016 vor.

Handlungssituation

Die Proximus Versicherung AG ist bereits in zahlreichen Ländern der EU grenzüberschreitend tätig und mit Niederlassungen vertreten. Das Unternehmen plant, in den nächsten Jahren auch auf dem spanischen Markt aktiv zu werden. Sie möchten sich deshalb über die europaweite Aufsicht von Versicherungsunternehmen informieren. Insbesondere interessiert Sie das andauernde Projekt der Europäischen Union zur Anpassung der Aufsichtsregeln an die veränderten Rahmenbedingungen (Solvency II).

Globalisierung, IFRS

Stichwort „Globalisierung" – die zunehmende Verflechtung der Weltwirtschaft und die Veränderungen am Kapitalmarkt werden auch in der Versicherungsbranche weitreichende Veränderungen nach sich ziehen. Neben einer Umstellung der Rechnungslegung auf IFRS (International Financial Reporting Standards) wird sich nun auch durch die Einführung der Regelungen nach Solvency II der Kapitalbereich und der Aufsichtsbereich deutlich verändern.

Das Projekt „Solvency II" auf europäischer Ebene ist eine Entsprechung der Regelungen für Banken im Rahmen der Regelungen von „Basel II". Die neuen Regelungen betreffen alle Versicherungen, unabhängig davon, ob diese nur lokal oder international tätig sind. Der große Unterschied der Regelungen für Banken und Versicherungen besteht in der Zielrichtung.

Basel II

Basel III

Basel II hat die Beurteilung und damit Verhinderung des Ausfalls einzelner Kreditrisiken zum Schwerpunkt. Da dies im Zuge der Finanzkrise für zu wenig erachtet wurde, gab es Ergänzungen zu den Eigenkapitalvorschriften in den Regelungen „Basel III".

!

Tipp

Recherchieren Sie eine Zusammenfassung der wichtigsten Regelungen nach Basel II und Basel III. Berücksichtigen Sie dabei auch Stellungnahmen von Fachleuten.

Solvency II dagegen stellt auf das Risikoportfolio ganzer Versicherungsunternehmen ab. Aufgrund dieser komplexen Beurteilung ganzer Unternehmen sind durch die Einführung der Solvency II-Vorschriften folgende Bereiche betroffen:

- Eigenmittelausstattung
- Kapitalanlagen
- Rückstellungen

- Rechnungslegung
- Rückversicherung
- Risikomanagement

Im Gegensatz zum bisherigen Aufsichtssystem setzt Solvency II nicht mehr nur auf eine rein quantitative Aufsicht (1. Säule) und Publizitätsvorschriften (3. Säule). Zusätzlich ist eine qualitative Risikobewertung (2. Säule) erforderlich.

Definition

Quantitative Versicherungsaufsicht bedeutet eine mengen- bzw. zahlenmäßige Betrachtung einer Gesamtheit von Risiken.

Qualitative Versicherungsaufsicht bedeutet eine Einschätzung der Beschaffenheit einzelner Risiken.

integrierter Finanzdienstleister

Gleichzeitig wird die Versicherungsaufsicht an die Regelungen der Bankaufsicht nach Basel II angeglichen und weiterentwickelt. Dies erfolgt vor dem Hintergrund, dass sich auch die Produkte beider Bereiche angeglichen haben. Am Markt ist ferner eine immer engere Zusammenarbeit beider Branchen zu beobachten. Beschrieben wird dieses Zusammenwachsen durch den Begriff des „integrierten Finanzdienstleisters". Dieser drückt aus, dass angestrebt wird, den Kunden in allen finanztechnischen Fragen (also Bank- und Versicherungsthemen) aus einer Hand zu beraten.

Aufgabe zur Handlungssituation

Inwiefern ist die Proximus Versicherung AG ein integrierter Finanzdienstleister? Ändert sich dies durch die Gründung der Direktversicherung?

Eine vollständige europaweite Implementierung des Systems ist bis 2014 geplant. Dabei wird versucht, bei Solvency II die große Schwachstelle der bisherigen Regelungen nach Solvency I zu beseitigen sowie die Aufsicht europaweit zu harmonisieren. Kritisiert wurde an den bisherigen Solvenzregeln vor allem:

- mangelnde Transparenz (jederzeitige Erfüllung der Solvenzregeln war durch stichtagsbezogene Bilanzerstellung nicht überprüfbar, Ergebnisse von Prüfungen der Aufsicht wurden nicht veröffentlicht)
- keine stochastische Modellrechnung für das Insolvenzrisiko
- Ist-Solvabilität kann aufgrund von Bewertungsregeln vom tatsächlichen Wert der Eigenmittel abweichen
- unzureichende Berücksichtigung von Großschäden
- keine spartenspezifisch angemessenen Vorgaben (z. B. für Lebensversicherer oder Berufsunfähigkeitsversicherer)
- teilweise ungeeignete Parameter zur Berechnung der Solvenzanforderungen
- unzutreffende Berücksichtigung von Rückversicherungen

Diesen Kritikpunkten soll mit der Einführung der Vorschriften nach Solvency II weitgehend Rechnung getragen werden, wobei das heutige System unter dem Gesichtspunkt der unternehmensspezifischen Risikoorientierung weiterentwickelt werden soll. Dabei soll das Risikokapital eines Versicherungsunternehmens nicht mehr nur anhand der Beitragseinnahmen sowie des bisherigen Schadenaufwands berechnet werden. Vielmehr soll das Risikokapital unter separater Berücksichtigung der unternehmensspezifischen Risikoarten betrachtet und bewertet werden.

Gleichzeitig werden mit der Einführung von Solvency II den Versicherungsunternehmen die Verbesserung und der Ausbau ihres Risikomanagements auferlegt.

Ziel dabei ist eine transparentere Gestaltung der Risikostruktur unter Berücksichtigung der Gesamtsolvabilität, welche auf einem Drei-Säulensystem basiert:

Drei-Säulensystem „Solvency II"

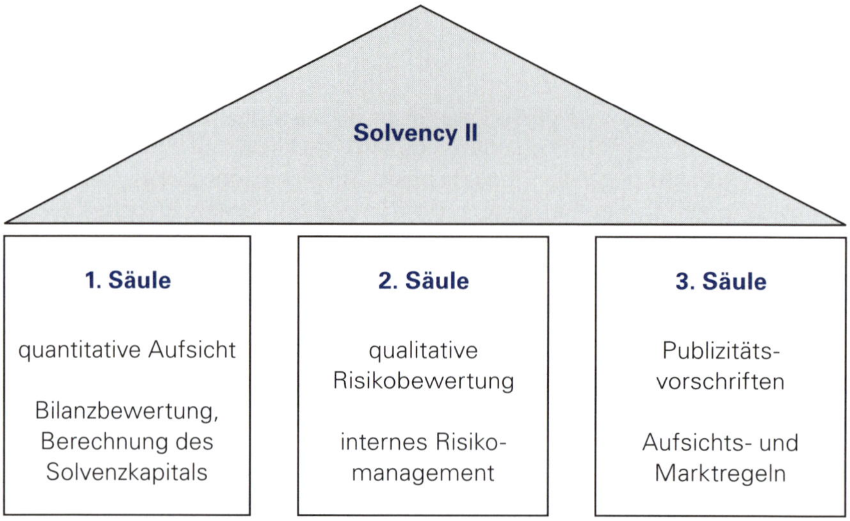

Abbildung 5: Die drei Säulen von Solvency II

Im Rahmen des europäischen Binnenmarktes wird das Projekt Solvency II durch eine Arbeitsgruppe der EU namens EIOPA (= European Insurance and Occupational Pensions Authority) begleitet. Entstanden sind mehrere europaweite Richtlinien mit einheitlichen Mindeststandards. An den Beratungen zur Umsetzung nahmen auch Verbände, Sachverständige und Unternehmensvertreter der Mitgliedsstaaten teil.

!

Tipp

Recherchieren Sie auf der offiziellen Internetseite der Europäischen Union (EU) (www.europa.eu) relevante Dokumente zu Solvency II. Dort finden Sie auch Stellungnahmen von Versicherungsverbänden der einzelnen Mitgliedsstaaten. Berücksichtigen Sie auch die Stellungnahmen des Gesamtverbands der Deutschen Versicherungswirtschaft (GDV) e. V. (www.gdv.de).

Wie im Europarecht üblich, bleibt in der Folge die Umsetzung der Richtlinie in nationales Recht den einzelnen Mitgliedsstaaten vorbehalten, wodurch sich oberhalb der Mindestanforderung Länderbesonderheiten ergeben können.

Tipp

Überprüfen Sie den Prozess der Transformation von europäischen Richtlinien in nationales Recht. Recherchieren Sie auf der Internetseite der EU andere Richtlinien aus der jüngsten Vergangenheit. Versuchen Sie, die deutschen Regelungen zu einer EU-Richtlinie zu finden. Fällt Ihnen dabei auf, inwieweit der Gesetzgeber seinen Handlungsspielraum bei der Umsetzung genutzt hat?

3.1 Erste Säule: Standardmodell – internes Modell zur Bestimmung der Kapitalanforderungen nach Risikokomponenten (IAA-Risikoklassifizierung)

Das gesamte System Solvency II zielt auf den Schutz von Versicherungsnehmern und sonstigen Anspruchsberechtigten. Ausgangspunkt ist dabei die Risikoeinschätzung nach IAA (International Association of Actuaries). Gleichzeitig soll die Wettbewerbsfähigkeit der Versicherungsunternehmen durch Kapitalsicherheit gestärkt werden, ohne die Entwicklung innovativer Versicherungsprodukte über die Maßen zu behindern.

Die erste Säule von Solvency II beinhaltet Regelungen zur Ermittlung der Eigenmittel sowie des zur Berechnung übernommenen Risikos und ist damit quantitativer Art. Es gilt der Grundsatz, dass die Eigenmittel das Risiko „bedecken" sollen. Dies bedeutet, dass die Eigenmittel so hoch sein müssen, dass Verluste aus den gezeichneten Risiken getragen werden können, ohne, dass dabei Ansprüche der Versicherten geschmälert werden.

Die Regelung zu den erforderlichen Eigenmitteln enthält zwei Stufen:

- Solvenzkapitalanforderung (Solvency Capital Reqirement (SCR))
- Mindestkapitalanforderung (Minimum Capital Reqirement (MCR))

- *Solvenzkapitalanforderung (SCR)*

  Das SCR entspricht dem Kapital, mit welchem ein Versicherungsunternehmen mit einer relativ geringen Ausfallwahrscheinlichkeit über den Zeitraum eines Jahres hinaus fortbestehen kann. Die Berechnung soll einmal jährlich erfolgen und die Ruinwahrscheinlichkeit des Unternehmens darf maximal 0,5 % betragen. Dies bedeutet, dass sich im Durchschnitt der Ausfall eines Versicherungsunternehmens durch unerwartete Verluste nur einmal in 200 Jahren ereignet.

- *Mindestkapitalanforderung (MCR)*

  Das MCR dagegen bildet die absolute Kapitaluntergrenze für einen Versicherer, bei deren Unterschreiten i. d. R. aufsichtsrechtliche Maßnahmen getroffen werden. Ist ein Versicherungsunternehmen bei Unterschreitung der Solvenzkapitalanforderungen noch selbst in der Lage, „lebensrettende Maßnahmen" zur Wiederherstellung einer ausreichenden Solvabilität einzuleiten, so geht man bei Unterschreiten der MCR davon aus, dass das Unternehmen hierzu selbst nicht mehr in der Lage ist. Daher würde ein Unterschreiten dieser Sicherheitsgrenze ein sofortiges Einschreiten der Aufsichtsbehörde erforderlich machen. Diese einschneidende Maßnahme für das Unternehmen soll nach möglichst objektiven Kriterien getroffen werden. Daher wird das MCR einfach, nachvollziehbar und ohne große Interpretationsspielräume vierteljährlich berechnet. Zielmarge ist dabei ein Ausfallrisiko von 15 %. Um dem Ziel maximaler finanzieller Sicherheit gerecht zu werden, gelten ferner für das MCR absolute Untergrenzen, welche je nach Sparte zwischen 1.000.000 € und 3.200.000 € liegen.

Wesentlicher Bestandteil der Solvency II-Vorschriften der ersten Säule ist die Berechnung der Eigenmittel. Dabei sollten die Begriffe Eigenkapital (zu berechnen und bestimmen nach bilanztechnischen Regelungen) sowie Eigenmittel unterschieden werden.

Eigenmittel stellen Vermögensteile dar, welche geeignet sind, Verluste aufzufangen. Sie sind daher weitreichender definiert.

- *Einteilung der Eigenmittel nach Solvency II*

  Die Eigenmittel werden entsprechend ihrer unterschiedlichen Verwendung und anhand von sechs elementaren Kriterien in drei Klassen unterschieden:

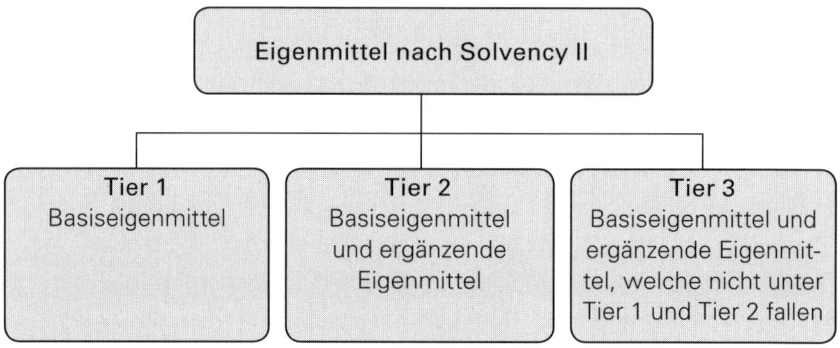

Abbildung 6: Klassen der Eigenmittel nach Solvency II

- *Kriterien für die Einteilung der Eigenmittel*

  Die sechs elementaren Kriterien für die Einteilung der Eigenmittel in Tier 1, Tier 2 und Tier 3 lauten (vgl. Handbuch Solvency II, Schäffer-Poeschel 2011):
  - ständige Verfügbarkeit
  - Nachrangigkeit des kompletten Betrages im Falle der Liquidation
  - Verlustausgleichsfähigkeit
  - keine Rückzahlungsanreize
  - keine obligatorischen finanziell festen Kosten
  - frei von sonstigen Belastungen

- *Bedeckungsregeln*

  Die Bedeckungsregeln besagen, dass die Eigenmittel zu mehr als 50 % Tier 1 zuzuordnen sein müssen. Ferner muss das MCR vollständig durch Basiseigenmittel (Tier 1 + Tier 2) gedeckt sein. Das SCR muss zu mehr als 1/3 mit Tier 1-Kapital bedeckt sein.

- *Durch das SCR abzudeckende Risiken*

  Das SCR soll so bemessen sein, dass Risiken aus dem Bestand sowie aus dem Neugeschäft abgedeckt werden können. Die dabei zu berücksichtigenden Risikoarten sind:
  - Marktrisiko
  - Ausfallrisiko
  - Nichtlebensversicherungstechnisches Risiko
  - Lebensversicherungstechnisches Risiko
  - Krankenversicherungstechnisches Risiko
  - Weitere Risiken

3.1.1 Grundsätzliches Risikomanagement

Risikomanagement im Versicherungsunternehmen hat nach folgendem Risikomanagementkreislauf zu erfolgen:

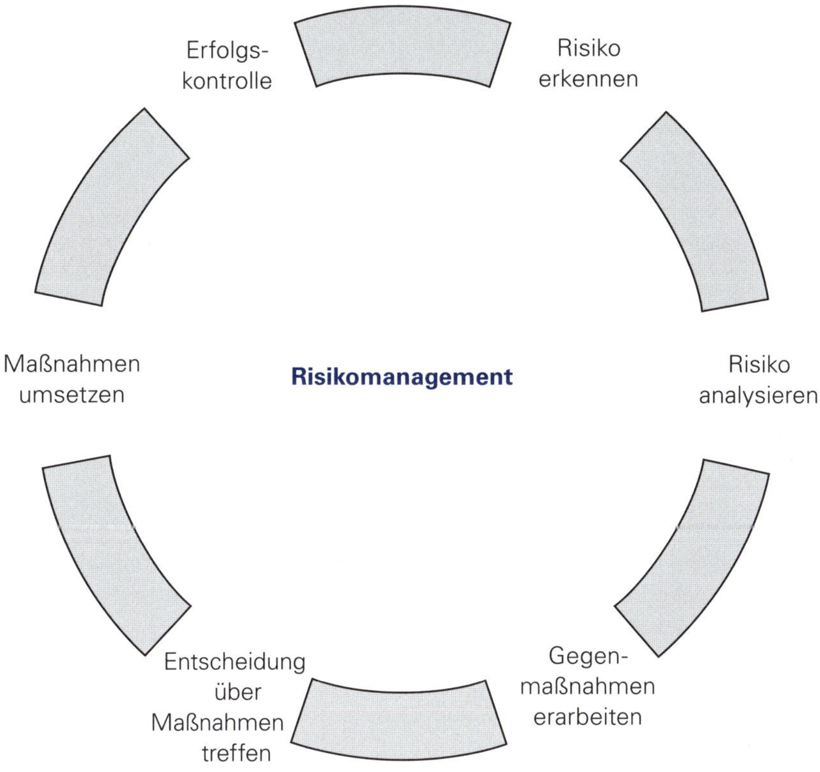

Abbildung 7: Risikomanagement

Dies gilt auch für die Risikobewältigung im Rahmen der Solvency II-Vorgaben. Welche Risikoarten dabei zu berücksichtigen sind, wird im Folgenden näher ausgeführt.

3.1.2 Risikomodule nach Solvency II

Für die Regelungen nach Solvency II wurden spezielle Risikomodule gebildet (aggregiert). Ziel ist die Ermittlung der Basissolvenzkapitalanforderung an das Versicherungsunternehmen auf Basis einer Solvency-spezifischen Bilanz, welche von der Bilanz nach HGB oder IFRS abweichen kann.

Im Rahmen der Einführung von Solvency II soll es den Unternehmen freigestellt werden, das Standardmodell oder aber ein durch die Aufsichtsbehörden zu zertifizierendes unternehmensspezifisches Berechnungsmodell anzuwenden.

Stets gilt es, die für ein Versicherungsunternehmen speziellen Risiken zu erfassen und deren Auswirkungen in Extremsituationen (Stresstest) zu berücksichtigen. Im Kapitel 6.4 werden Risikoarten allgemeiner Art dargestellt. Die im Rahmen der Solvency II-Regelungen relevanten Risiken sind:

Marktrisiko

Das Marktrisikomodul umfasst die nachfolgenden Einzelrisiken, welche alle auf der Kapitalanlagetätigkeit des Versicherungsunternehmens beruhen und durch die Volatilität der Märkte hervorgerufen werden.

Zinsänderungsrisiko

Hierunter versteht man das Risiko des Kursverlusts bei Zinsänderung. Alle zinssensitiven Vermögenswerte und Rückstellungen werden dabei betrachtet.

Aktienrisiko

Das Risiko des Wertverlusts von Aktien. Es kann durch Diversifikation von Anlagen im Rahmen gehalten werden.

Währungsrisiko

Erfolgt eine Investition auf Anlagegüter in ausländischer Währung, so unterliegt der Anleger einem Währungsrisiko. Die Investition ist dabei sowohl von der Preisentwicklung der Anlagegüter (Investitionsgut) als auch von der Wertentwicklung der ausländischen Währung abhängig. So kann ein positiver Ertrag aus dem Investitionsgut durch Währungskursverluste verringert werden oder sogar in einen Verlust übergehen.

Dem gegenüber steht die Chance einer größeren Rendite, wenn die entsprechende Währung sich in Relation zum Euro verfestigt und somit an Wert gewinnt.

Immobilienrisiko

Hiervon sind alle Risiken umfasst, welche sich auf direkt oder indirekt gehaltene, eigene oder fremdgenutzte Grundstücke oder Gebäude beziehen.

Konzentrationsrisiko

Im Rahmen des Marktrisikos bezieht sich das Konzentrationsrisiko auf die Marktgesamtheit. Hier kann eine Sogwirkung entstehen, wenn einzelne Märkte in Schwierigkeiten geraten und dadurch eine Vielzahl von Geldanlagen oder Risiken auch auf anderen Märkten gleichzeitig betroffen ist.

Spreadrisiko

Als Spreadrisiko wird der Auf- oder Abschlag auf einen Referenzzinssatz (z. B. EURIBOR oder LIBOR) definiert. Dieses Risiko richtet sich nach der Bonität und der Marktstellung des Schuldners.

Illiquiditätsprämienrisiko

Beim Illiquiditätsprämienrisiko handelt es sich um das Risiko, dass sich Vermögensgegenstände am Markt nicht mehr oder nur noch sehr schwer verkaufen lassen (der Markt für diese Gegenstände ist illiquide). Um dieses Risiko abzudecken, ist ein Aufschlag in Form einer höheren Rendite zu veranschlagen bzw. zusätzliches Kapital vorzuhalten. Die Höhe hängt von verschiedenen Faktoren wie etwa Laufzeit oder Währung ab.

Gegenparteiausfallrisiko

Als Gegenparteiausfallrisiko bezeichnet man das Risiko, dass Forderungen einer Vertragspartei gegenüber der anderen Vertragspartei vollständig oder teilweise ausfallen können. Das bedeutet, dass der Schuldner nicht in der Lage ist, die gegen ihn bestehenden Forderungen zu begleichen. Grund dafür ist i. d. R. die Zahlungsunfähigkeit des Schuldners. Dieses Risiko ist ein Sammelbecken für Kreditrisiken.

Es wird im Rahmen der Solvency II-Vorgaben nach einem Ausfallrisiko Typ 1 (Risiken gegenüber Institutionen) und Typ 2 (Risiko gegenüber Einzelpersonen) unterschieden.

Das Risiko des Typs 1 wird berechnet aus der Ausfallwahrscheinlichkeit und der Forderungshöhe. Bei Typ 2 wird für den Zeitraum, für welchen eine Forderung bereits fällig ist, ein pauschaler Abschlag als Kapitalanforderung in Ansatz gebracht.

Nichtlebensversicherungstechnisches Risiko

Das versicherungstechnische Risiko Nicht-Leben (Schaden- und Unfallversicherung) umfasst alle Risiken und die damit verbundenen Unsicherheiten aus Verträgen, welche nicht dem Lebensversicherungsbereich zuzurechnen sind. Dabei wird auch die Gefahr der Ausübung von Vertragsoptionen sowie der Vertragsverlängerung und -kündigung durch den Versicherungsnehmer mit umfasst.

Prämien- und Reserverisiko

Dieses Risiko stellt die Gefahr dar, dass eigenommene Prämien und vorhandene Reserven nicht ausreichen, um die Verpflichtungen des Versicherers aus dem Versicherungsvertrag zu erfüllen.

Das Prämienrisiko drückt dabei das Risiko aus, dass die eingenommene Prämie nicht ausreichend für die Deckung der zukünftigen Schaden- und sonstigen Kosten aus dem Vertrag ist.

Das Reserverisiko berücksichtigt dagegen Gefahren aus der Vergangenheit, nämlich, dass gebildete versicherungstechnische Rückstellungen für sich bereits ereignete Schadenfälle nicht ausreichend sind.

Stornorisiko

Auch die vorzeitige Stornierungsmöglichkeit von Verträgen durch den Versicherungsnehmer hat Auswirkungen auf das Solvenzkapital und ist damit im Rahmen von Solvency II eine zu berücksichtigende Gefahr. Dabei werden nur Verträge betrachtet, welche vor dem regulären Vertragsablauf beendet werden könnten (z. B. durch Schadenkündigung). Insgesamt hat dieser Punkt bei der Betrachtung der Schaden- und Unfallversicherung einen geringeren Stellenwert als im Bereich der Lebensversicherung.

Katastrophenrisiko

Das Katastrophenrisiko wird auch Kumulrisiko genannt. Es ist das Risiko, dass ein einziges auslösendes Ereignis (beispielsweise ein Erdbeben oder ein Wirbelsturm) zu einer Häufung von Schadenfällen führt, wobei zwischen Naturkatastrophen und sog. Man-made-Szenarien unterschieden wird. Bei solch gravierenden Schadenereignissen lassen sich Eintritt, Häufigkeit und Umfang zwar nicht kalkulieren, jedoch gilt es, dieses Risiko im Rahmen der Solvenzanforderungen adäquat zu berücksichtigen.

Als Methode wurde im Wesentlichen der standardisierte Szenarioansatz gewählt und lediglich im Bereich der nicht-proportionalen Rückversicherung ein faktorbasiertes Verfahren angewandt.

standardisierter Szenarioansatz

Der standardisierte Szenarioansatz bedeutet, dass anhand einer Formel der Kapitalbedarf pro Gefahr auf Länderebene errechnet wird. Dabei wird die Bruttoschadenquote pro Land, die gewichteten Versicherungssummen sowie die Eintrittswahrscheinlichkeit der Gefahr berücksichtigt.

Lebensversicherungstechnisches Risiko

Bei diesem Risikomodul werden alle Gefahren aus der Zeichnung und Verwaltung von Lebensrisiken erfasst, wobei der Schwerpunkt auf biometrischen sowie Storno-, Kosten- und Katastrophenrisiken liegt.

Sterblichkeitsrisiko

Bei diesem Risiko wird eine erhöhte Auszahlung von Todesfallleistungen an Hinterbliebene aufgrund gesteigerter Sterblichkeit betrachtet. Als Szenariowert wird eine Steigerungsrate von 15 % diskutiert. In Abzug gebracht werden können durch den Eintritt des Todesfalles ersparte Rentenzahlungen.

Langlebigkeitsrisiko

Im Gegensatz zum Sterblichkeitsrisiko wird vom Langlebigkeitsrisiko ein dauerhafter Anstieg der Lebenserwartung erfasst, welche zu einer längeren Rentenzahlungsdauer führt. Auch hier dürfen ersparte Todesfallleistungen in Abzug gebracht werden.

Auch wenn es sich beim Langlebigkeitsrisiko scheinbar um das Gegenstück zum Sterblichkeitsrisiko handelt, so sind doch beide Risiken im Hinblick auf die Kapitalanforderungen getrennt zu betrachten. Dies deswegen, da die Bestandszusammensetzung z. B. im Hinblick auf die eingeschlossenen Leistungen oder die Altersstruktur der Versicherungsnehmer höchst unterschiedlich ist und damit zu unterschiedlichen Ergebnissen beider Risiken führen kann.

Invaliditätsrisiko

Es wird eine Erhöhung des Eintritts von Invalidität erfasst, welche einen erhöhten Kapitalbedarf bei Versicherungen mit Invaliditäts-, Berufsunfähigkeits- und Erwerbsunfähigkeitsschutz auslösen kann.

Stornorisiko

Die Stornierung von Verträgen führt für den Versicherer immer dann zu Risiken, wenn der Rückkaufswert einer Police höher ist, als die Rückstellung, oder wenn die zu erwartenden, zukünftigen Zinserträge die Auszahlungen aus der Police übersteigen und damit kein positiver Ertrag in der Zukunft mehr anfällt.

Kostenrisiko

Beim Kostenrisiko wird ein Anstieg der Kosten resultierend z. B. aus vermehrtem Aufwand für Leistungsbearbeitungen oder für den Erwerb von Rückversicherungsschutz berücksichtigt.

Revisionsrisiko

Erhöhte Rentenzahlungen aufgrund von rechtlichen Änderungen oder aber auch aufgrund des Gesundheitszustands der Versicherten werden unter dem Revisionsrisiko erfasst. Diese Risikoart kommt auch bei der Nichtlebensversicherung, z. B. bei Rentenzahlungen aus Haftpflichtschäden, in Betracht.

Katastrophenrisiko

Im Grundsatz gilt das Gleiche wie oben bei der Nicht-Lebensversicherung, wobei als Katastrophenfall z. B. Pandemien in Betracht kommen, welche zu einem Leistungsanstieg führen.

Krankenversicherungstechnisches Risiko

Krankenkostenrisiko

Für das krankenversicherungstechnische Risiko ist eine Behandlung nach Art der Lebensversicherung vorgesehen, daher wird auf das obige zum lebensversicherungstechnischen Risiko Gesagte Bezug genommen. Ergänzend ist lediglich auf das Krankenkostenrisiko hinzuweisen, unter welchem ein Anstieg der Kosten für die Heilbehandlung zu berücksichtigen ist.

Weitere Risiken

Operationelles Risiko

Es werden Risiken erfasst, welche sich aus dem Betrieb des Versicherungsunternehmens ergeben können, z. B. durch Fehler der Mitarbeiter, Rechtsrisiken oder fehlerhafte, interne Prozesse. Nicht davon umfasst werden falsche strategische Entscheidungen sowie Reputationsrisiken und deren Folgen.

Risiko aus immateriellen Vermögensgegenständen

Gemeint sind damit alle Risiken, welche sich aus sinkenden Kapitalmarktpreisen oder aus Liquiditätsengpässen des Marktes ergeben. Ferner fällt hierunter das Reputationsrisiko.

Risikoaggregation

Obige Risiken werden im Rahmen der Risikoaggregation miteinander verknüpft. Im Rahmen der Standardformel erfolgt dies mittels linearer Korrelationen, d. h., es werden feste Werte vorgegeben, wie sich die Risiken gegenseitig beeinflussen bzw. wie sie in Wechselwirkung stehen.

Dieses Verfahren birgt zwei Schwachstellen: 1. dass festgelegte Abhängigkeiten sich an den Rändern der Verteilung anders verhalten; 2. dass sich die Parameter in Stresssituationen verändern und im schlimmsten Fall verschärfen können.

3.2 Zweite Säule: Qualitative Kontrolle des Risikomanagementsystems

Als Ergänzung der quantitativen Regelungen der ersten Säule werden in der zweiten Säule von Solvency II qualitative Kontrollen normiert. Inhaltlich geht es dabei sowohl um Grundsätze des Handelns der Aufsichtsbehörde als auch um das unternehmensinterne Risikomanagement und die unternehmensinternen Kontrollfunktionen.

Gleichbehandlung

Die Regelungen zu den Aufsichtsbehörden zielen auf eine Harmonisierung der grenzüberschreitenden Zusammenarbeit innerhalb Europas ab. Ferner wird auf die Gleichbehandlung aller Versicherungsunternehmen innerhalb des EU-Binnenmarktes Wert gelegt. Schließlich soll im Hinblick auf aufsichtsrechtliche Maßnahmen in Krisenzeiten ein prozyklisches Verhalten verhindert werden. Nur so kann ein „Aufschaukeln“ der vernetzten Märkte verhindert werden.

Riskomanagement

Für Versicherungsunternehmen wesentlich interessanter, weil diese direkt betreffend, sind jedoch die Regelungen zum Risikomanagement und der internen Kontrolle.

In Deutschland wurden bereits im Rahmen der Regelungen der „Aufsichtsrechtlichen Mindestanforderungen an das Risikomanagement“ MaRisk VA sowie in § 26 VAG diverse Regelungen zum qualitativen Risikomanagement geschaffen.

Grundprinzip der Risikobewertung ist dabei die systematische Erfassung von Risiken und deren aktive Steuerung. Gleichzeitig gewinnen „weiche" Faktoren wie

„weiche" Faktoren

- Prozessabläufe
- Berichtswesen
- Kontrollfunktionen
- Unternehmensstrukturen

an Bedeutung. Im Rahmen der Vorschriften zu Solvency II wird dieser Bereich als Governance-System bezeichnet und soll die Regelungen der Säule 1 flankierend unterstützen.

Ziel ist die Installierung eines lückenlosen Kontrollsystems.

Die Vorgaben von Solvency II beinhalten u. a.:

- transparente Organisationsstruktur des Versicherungsunternehmens
- schriftliche Leitlinien zu wesentlichen Unternehmensfunktionen
- Erstellung von Notfallplänen
- Anforderungen an die Fachlichkeit von Personen mit Leitungsfunktion
- Regelungen zur Zuverlässigkeit
- Installation eines Risikomanagementsystems
- laufende unternehmensinterne Risiko- und Solvabilitätsbeurteilungen
- interne Revisions- sowie Compliance-Funktionen
- Anforderungen an versicherungsmathematische Funktionen
- Regelungen zum Outsourcing

3.3 Dritte Säule: Marktdisziplin der Versicherungsunternehmen und Markttransparenz

Mit der Schaffung der dritten Säule von Solvency II wird versucht, den Markt für Versicherungen durchschaubarer und übersichtlicher zu gestalten (Markttransparenz). Das zentrale Interesse ist hier nicht – wie bei den ersten beiden Säulen – das Bestreben, ein Versicherungsunternehmen fit für Krisen zu machen. Vielmehr werden die Unternehmen zu Veröffentlichungen verpflichtet (Publizitätsanforderungen) und zur Marktdisziplin angehalten.

Grundsätzlich orientieren sich die Informationen an den Erfordernissen für Investoren und Versicherungsnehmer. Gleichzeitig dienen sie aber auch Konkurrenzunternehmen, Gläubigern und den Aufsichtsbehörden als verlässliche Quelle von Unternehmensdaten. Die dadurch gegebene Vergleichbarkeit führt zur gewünschten Marktdisziplin der Versicherungsunternehmen.

Um die Versicherungsunternehmen vor erhöhtem Verwaltungsaufwand zu schützen, orientieren sich die Publizitätsanforderungen dabei eng an den Regelungen der internationalen Rechnungslegung (IFRS).

IFRS

2

Zusammenfassung

Die EU möchte im Rahmen des Projektes „Solvency II" neue Regeln für den Versicherungsmarkt in einer globalisierten Weltwirtschaft definieren.

Solvency II beruht auf einem Drei-Säulen-System, in dem Anforderungen an die Versicherungsunternehmen, die Versicherungsaufsicht sowie Offenlegungspflichten beschrieben werden.

Durch gesetzliche Regelungen sollen die vorhandenen Risiken überschaubar gehalten und die Versicherungsunternehmen präventiv vor krisenhaften Entwicklungen geschützt werden.

Schließlich sollen Markttransparenz und Marktdisziplin durch Offenlegungspflichten geschaffen werden.

Aufgaben zur Selbstüberprüfung

1. In der Bundesrepublik Deutschland besteht ein System der integrierten Finanzdienstleistungsaufsicht. Trotz einer gemeinsamen Aufsichtsbehörde unterscheiden sich die Regeln der Aufsicht für Banken und Versicherungen. Arbeiten Sie die Zielsetzungen der Aufsicht für Banken und Versicherungen heraus.
2. Versicherungsunternehmen bedürfen zum Geschäftsbetrieb der Erlaubnis der Aufsichtsbehörde. Mit dem Antrag auf Erlaubnis ist der Geschäftsplan einzureichen. Erläutern Sie die Bestandteile des Geschäftsplans.
3. Die Spartentrennung hat zur Bildung von Versicherungskonzernen geführt, weil die Versicherer Wert darauf legen, dem Kunden die gesamte Palette des Versicherungsschutzes aus einer Hand anbieten zu können. Erklären Sie im Zusammenhang mit der Gründung einer Holding den Begriff „kleine Spartentrennung" und das Prinzip der versicherungstechnisch gerechten Prämie.
4. Mit der Einführung von europaweiten Regelungen nach Solvency I wurden verbindliche Standards für Versicherungsunternehmen im Bereich der Mindestkapitalausstattung geschaffen. Erläutern Sie die gesetzlichen Regelungen für folgende Begriffe:
   a) Solvabilitätsspanne
   b) Garantiefonds
   c) Mindestgarantiefonds
   d) Eigenmittel
5. Die Aufsichtsbehörde achtet auf eine ausreichende Wahrung der Interessen der Versicherten und auf die Einhaltung der Gesetze für den Betrieb des Versicherungsunternehmens. Das VAG gibt der BaFin konkrete Maßnahmen an die Hand. Unterscheiden Sie drei Maßnahmen der Aufsichtsbehörde nach §§ 294 ff. VAG und erläutern Sie die Auswirkungen für das Versicherungsunternehmen.
6. Durch die Einführung der Regelungen nach Solvency II werden sich der Kapitalbereich und der Aufsichtsbereich verändern. Skizzieren Sie die drei Säulen nach Solvency II und erläutern Sie die Bestandteile dieser drei Säulen.
7. Die erste Säule von Solvency II stellt darauf ab, die einzelnen Risiken von Versicherungsunternehmen genauer zu berücksichtigen. Stellen Sie dar, um welche Risiken es sich dabei handelt und erläutern Sie diese.
8. Erläutern Sie den Begriff „Risikomanagement" anhand eines selbst gewählten Beispiels.
9. Mit den Regelungen der dritten Säule von Solvency II soll der Markt für Versicherungen transparenter gestaltet werden. Erläutern Sie zwei Maßnahmen, die zur Realisierung dieser Zielvorstellung in Frage kommen können.

Kapitel 3

Auswirkungen volkswirtschaftlicher Zusammenhänge und Entwicklungen auf Finanzdienstleistungsunternehmen

Nachzuweisende Befähigung

Die angehenden Fachwirte/Fachwirtinnen für Versicherungen und Finanzen sollen Auswirkungen volkswirtschaftlicher Zusammenhänge und Entwicklungen auf Finanzdienstleistungsunternehmen erläutern können. Des Weiteren sollen Schlussfolgerungen und Vorschläge für Maßnahmen abgeleitet werden, die eine ökonomische Entscheidung fundamentieren können (gemäß Erläuterungsbroschüre, Qualifikationsinhalte und Handlungssituationen, 1.3).

Qualifikationsinhalte des Kapitels

Die Absolventen können im Einzelnen:

- Kennzeichen von Versicherungsmärkten analysieren (1.3.2)
- allgemeine mikroökonomische Grundlagen der Preistheorie/-politik erläutern (1.3.1)
- Aufgaben und Organisation der EZB erklären (1.3.6.1)
- Wirkung und Grenzen der Wirtschaftspolitik/Fiskalpolitik verstehen (1.3.5)
- Außenwirtschaftspolitik erläutern (1.3.7)

Handlungssituation für das gesamte Kapitel

Ausgangssituation: Der Vorstand der Proximus Lebensversicherung AG beschäftigt sich im Frühjahr 2008 mit der Fragestellung: Wie muss eine Rentenversicherung als überzeugendes Produkt für die betriebliche Altersvorsorge gestaltet sein?

Der Vorstand entscheidet sich bei der Portfoliostrategie für die Einbindung von Aktienfonds. Alternativ sollen für die betriebliche Rentenversicherung auch Fondsprodukte angeboten werden, bei denen eine Abbildung auf den EURO STOXX mit einer Sicherungsstrategie durch Festgeldanlagen verbunden wird.

Der Vorstand nennt sein Projekt *„Intelligente Altersvorsorgeprodukte für den Zukunftsmarkt"* und sieht gerade im Bereich der betrieblichen Altersvorsorge einen zweistelligen Wachstumsmarkt. Der Vorstand begründet seine optimistische Prognose mit der Einschätzung, dass die Unternehmen in Zeiten wachsenden Fachkräftemangels Angebote zusätzlicher betrieblicher Leistungen entwickeln müssen, um Personal an sich zu binden, die Fluktuation zu minimieren oder auch aktiv Personal an- und abzuwerben.

Der Vorstand der Proximus Lebensversicherung AG ist zudem der Meinung, dass die neuen Produkte für die betriebliche Altersvorsorge besonders für den Vertrieb interessant sind, da sie mit ihrer Kapitalerhaltungsfunktion auch in lang anhaltenden Zeiten niedriger Aktienkurse den Wertbestand der eingezahlten Beiträge garantieren.

Da sich aufgrund der Eurokrise die Informationen über die instabilen Geld- und Kapitalmärkte überschlugen und viele Anleger stark verunsichert sind, hat sich der Vorstand entschieden, die Strategie der intelligenten betrieblichen Rentenversicherungsprodukte nur weiterzuverfolgen, wenn im Jahr 2013 für die Einführung der neuen Produkte auf dem betrieblichen Altersvorsorgemarkt gute Voraussetzungen bestehen. Die Marktsituation muss es zum einen erlauben, den Kunden renditestarke Produkte anbieten zu können, auf der anderen Seite ist ein nachfrageinduziertes Verhalten der Marktteilnehmer erforderlich.

Der Vorstand der Proximus Versicherung AG veranlasst als weiteren Schritt die Bildung einer Expertengruppe aus mehreren Abteilungen des Unternehmens, der Chef-Volkswirt der Proximus Versicherung AG übernimmt den Vorsitz. Die Gruppe besteht aus Aktienanalysten, dem Aktuar, Marketing- und Vertriebsexperten, dem Produktentwickler und dem Fachleiter Antragswesen und Bestandsverwaltung.

Die Expertengruppe ist sich schnell einig, dass für die Abwägung der Entscheidung für oder gegen die Produkteinführung auch die volkswirtschaftlichen Zusammenhänge des Versicherungsmarktes für die betriebliche Altersvorsorge untersucht werden müssen.

Die Aufgabe der Expertengruppe besteht konkret darin, im Umfeld der neuen Versicherungsprodukte die volkswirtschaftlichen Rahmenbedingungen in Bezug auf Marktgegebenheiten, Preisgestaltung, Inflation, das Verhalten der EZB sowie in Bezug auf die allgemeine Wirtschaftspolitik zu untersuchen und ihre Einschätzung mit fundierten Indikatoren und wissenschaftlichen Analysen abzusichern.

Kommt es zu einer positiven Gesamteinschätzung der Marktchancen für die neuen Altersvorsorgeprodukte, ist die Entscheidung zur Einführung der Produkte im Sommer 2013 zu fällen und die Umsetzung des Projekts bis zum Dezember 2014 abzuschließen. Die neuen Produkte werden dann im Januar 2015 auf dem Markt der betrieblichen Altersvorsorge eingeführt.

Kommt es nicht zu einer positiven Einschätzung der Marktchancen, werden die klassischen betrieblichen Altersvorsorgeprodukte modifiziert und der Fondsfokus wird für das Jahr 2013 bis 2015 nicht mehr verfolgt.

Die Produktentwickler liefern der Expertenrunde zunächst die Grundidee des zu entwickelnden Produktes. Aus der nachfolgenden Beschreibung leiten sich dann volkswirtschaftliche Grundfragen ab, die zur Klärung der Marktchancen der neuen Produkte beantwortet werden müssen.

Produktbeschreibung „Intelligente Proximus-Betriebsrente“:

Die „Intelligente Proximus-Betriebsrente“ ist eine innovative Rentenversicherung für den langfristigen, renditestarken Vermögensaufbau zur Altersvorsorge. Während der Laufzeit partizipieren Sie standardmäßig ohne Risiko eines Kapitalverlustes über eine Beteiligung am EURO STOXX 50® an den Aktienmarktchancen führender Unternehmen des Euro-Raums. Ein Absicherungsmechanismus verhindert, dass Kursverluste des Index für Sie zu einer negativen Jahresrendite führen. Darüber hinaus besteht jährlich die Möglichkeit, die Indexbeteiligung für sechs Monate auszusetzen und sich stattdessen für eine halbjährlich im Voraus festgelegte sichere Verzinsung von Proximus Leben zu entscheiden.

- *Wie funktioniert die Beteiligung?*

  Die Erträge der „Intelligenten Proximus-Betriebsrente“ basieren bei der Indexbeteiligung auf der Wertentwicklung des EURO STOXX 50®. Dieser Kursindex umfasst die Aktien der 50 führenden Unternehmen des Euro-Raums. Die für die Wertsteigerung der „Intelligenten Proximus-Betriebsrente maßgebliche Jahresrendite wird durch die Addition der vom Index erzielten monatlichen Wertveränderungen unter Berücksichtigung eines monatlichen „Stopp“ ermittelt. Stichtag für die Ermittlung der maßgeblichen Jahresrendite ist, je nach Datum des Vertragsabschlusses, der 1. Mai oder der 1. November eines jeden Jahres.

  Ergibt sich aus der Addition eine positive Jahresrendite, wird diese sofort gesichert und kann nicht mehr verloren gehen (Haltefunktion). Ist die Summe negativ, wird sie auf Null gesetzt. Kapitalverluste aus der Indexbeteiligung sind zum Rentenbeginn somit für Sie ausgeschlossen. Finanziert wird diese Sicherheit durch die monatliche Renditeobergrenze „Stopp“.

- *Wie funktioniert der monatliche Stopp?*

  Der „Stopp“ gibt an, bis zu welcher Höhe Sie an den monatlichen Kurssteigerungen des Index teilhaben können. Erzielt zum Beispiel der Index eine Monatsrendite von 6 Prozent und der „Stopp“ beträgt 5 Prozent, dann fließen 5 Prozent in die Ermittlung Ihres Jahresertrags ein.

  Das lässt viel Potenzial für starke Erträge! Der „Stopp“ wird von Proximus Leben jährlich neu festgelegt.

Die Höhe des „Stopps" hängt von der aktuellen Gesamtverzinsung von Proximus Leben, der Volatilität der Kapitalmärkte und der Dividendenrendite ab. Diese Gesamtverzinsung lag in der Vergangenheit dank der Finanzkraft und Erfahrung der Proximus Leben regelmäßig über dem Marktdurchschnitt.

- *Wie funktioniert die Wahlmöglichkeit?*

  Rechtzeitig vor Beginn des Indexjahres am 1. Mai bzw. 1. November erhalten Sie von Proximus Leben eine Information über die bisherige Entwicklung der laufenden Indexbeteiligung, den monatlichen „Stopp" für die Folgebeteiligung sowie über die Höhe der sicheren Verzinsung für das neue Halbjahr. Sie können dann anhand dieser Daten und aufgrund Ihrer eigenen Markteinschätzung entscheiden, ob Sie die standardmäßige Indexbeteiligung beibehalten wollen oder für das Folgehalbjahr eine sichere Verzinsung bevorzugen. Die Stopp-Information erhalten Sie halbjährlich ab dem zweiten Indexjahr.

3

1. Finanzdienstleistungen in der volkswirtschaftlichen Gesamtrechnung

Handlungssituation

Die erste Überlegung der Expertengruppe gilt dem Grad des Einflusses der privaten Versicherungswirtschaft auf die gesamte Volkswirtschaft der Bundesrepublik Deutschland.

Die Analyse beschäftigt sich mit dem Bruttoinlandseinkommen und der Betrachtung der Sektoren privater Haushalt und Unternehmen sowie dem Einfluss von Investition und Konsum.

Private Haushalte haben eine Sparquote und Unternehmen eine Investitionsquote. Beide Quoten könnten ein Indikator für die Auswirkung von Finanzkrisen und Wirtschaftskrisen und ihre Ausprägung sein.

Des Weiteren wird das Verhalten der Konsumenten für die Inanspruchnahme von langfristigen Sparverträgen ableitbar sein.

2. Einführung

Die ökonomischen Zusammenhänge sind komplex und die Auswirkungen hängen von vielen unterschiedlichen Faktoren ab. Um die komplexen Zusammenhänge und ihre Wechselwirkungen auf die Unternehmen, Haushalte und Vermögensbeteiligungen (i. d. R. Banken) zu verstehen, ist es notwendig, sich mit der Volkswirtschaftslehre zu befassen.

Die Volkswirtschaftslehre befasst sich allgemein mit dem Einsatz knapper Ressourcen durch die Gesellschaft zur Produktion von Gütern und Dienstleistungen und mit der Verteilung der produzierten Güter.

Die Wechselwirkung, in der die verschiedenen nationalen Volkswirtschaften in der Weltwirtschaft interagieren, wird durch die nachfolgenden Definitionen komprimiert dargestellt:

- Jeder ihrer Gesamthandlung weist den Charakter einer Volkswirtschaft auf. Die einzelnen nationalen Volkswirtschaften verbinden sich durch Im- und Export und die supranationale Rechts- und Handelsbeziehung untereinander. Es entsteht ein weltwirtschaftliches Zusammenwirken, das durch emotionale und rationale sowie irrationale Handlungen ihrer Teilnehmer einen eigenständigen Charakter bekommt.

Um rationale ökonomische Entscheidungen bewerten und treffen zu können, entstand zuerst die Nationalökonomie. Daraus wurde die Volkswirtschaft als wissenschaftliche Disziplin weiterentwickelt. Die moderne Volkswirtschaftslehre unterscheidet zwischen Makroökonomie und Mikroökonomie.

„Die Makroökonomik betrachtet die Volkswirtschaft als Ganzes, indem sie gleichartige Wirtschaftssubjekte zu Sektoren (wie Haushaltssektor, Unternehmenssektor) zusammenfasst und ihre ökonomischen Aktivitäten in Form von Aggregatvariablen (wie gesamtwirtschaftlicher Konsum oder gesamtwirtschaftliches Güterangebot) darstellt." (wirtschaftslexikon.gabler.de)

„Die Mikroökonomik analysiert die Entscheidungsprobleme und Koordinationsvorgänge, die aufgrund der Arbeitsteiligkeit des Produktionsprozesses notwendig werden. Sie setzt grundsätzlich an den *Individualitäten* des Wirtschaftsprozesses an, nämlich den Wirtschaftssubjekten (Haushalte, Unternehmen, Staat) einerseits und den einzelnen Gütern andererseits." (wirtschaftslexikon.gabler.de)

- Der Einzelne trägt mit seiner Handlung oder Nichthandlung zum ökonomischen Erscheinungsbild einer Volkswirtschaft bei.
- Die ökonomische Nationalvolkswirtschaft bestimmt der Staat, da er Gesetze, Regeln und Verbote definiert. Der Staat ist auch Handelnder der Volkswirtschaft.
- Jede nationale Volkswirtschaft lebt im Gesamtkosmos aller nationalen Volkswirtschaften auf der Erde, somit entstehen unweigerlich Handlungsbeziehungen und Wechselwirkungen zu anderen nationalen Volkswirtschaften.
- Die nationalen Teilnehmer (Bürger) im privaten und staatlichen Haushalt und die Unternehmen mit ihren Unternehmensleitern und Mitarbeitern zeigen mit ihren Handlungen eine eigenständige kollektive Gesamtentwicklung auf, die sich im Bruttoinlandsprodukt widerspiegelt.

Ökonomische Entscheidungen sind stark durch politisch motivierte Handlungen und Entscheidungen gesteuert. Die Legislative entwickelt die Gesetze, die einen starken Einfluss auf die ökonomischen Entscheidungen haben können. Die Volkswirtschaftspolitik untersucht und bewertet die Zusammenhänge von Politik und ihren ökonomischen Entscheidungen.

2.1 Volkswirtschaftliche Gesamtrechnungen (VGR)

VGR – Teilgebiet der Volkswirtschaftslehre

Die Volkswirtschaftlichen Gesamtrechnungen (VGR) sind ein analytisches Gebiet der Makroökonomie innerhalb der Volkswirtschaft und stellen eine statistische Gesamtanalyse mehrerer Teilrechnungen dar. Den Hauptteil bildet dabei die Entstehungs-, Verteilungs- und Verwendungsseite des Bruttoinlandsproduktes.

Die oben genannten Berechnungsmethoden führen zum gleichen Ergebnis.

Kern der VGR ist die Kreislauftheorie, bei der alle Tauschvorgänge zwischen Haushalten und Unternehmen erfasst werden. Alle hergestellten Dienstleistungen und Güter entwickeln dabei die Wertschöpfung, sofern es nicht um eine Vorleistung aus dem Ausland geht. Die Veränderung der Wertschöpfung zum Vorjahr dient als Indikator der Entwicklung einer VGR. Nachfolgend ist sie im Modell des einfachen Wirtschaftskreislaufs dargestellt.

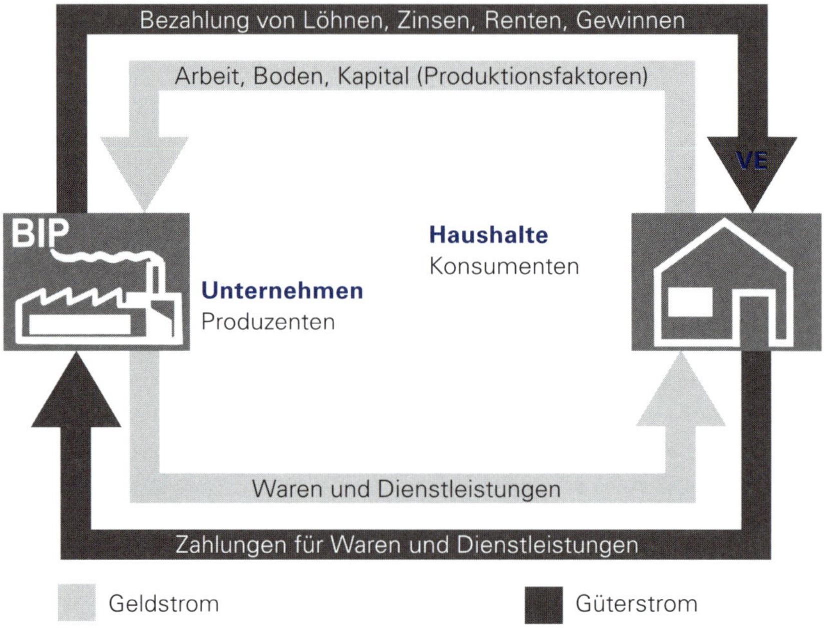

Abbildung 1: Der einfache Wirtschaftskreislauf

Die VGR dient als Informationsgrundlage für ökonomische Entscheidungen von Konjunktur- und Wachstumsprogrammen. Mit ihr erfasst man die Wirtschaftskraft von Volkswirtschaften bzw. einzelner Sektoren. Die VGR beschreibt qualitativ und quantitativ die Verflechtung zwischen den einzelnen Sektoren einer Volkswirtschaft.

2.2 Berechnung des Bruttoinlandsproduktes

Definition

Bruttowertschöpfung = Produktionswert – Vorleistungen

Nettowertschöpfung = Bruttowertschöpfung – Abschreibung

Jede Volkswirtschaft benötigt sog. Indikatoren um

- Wirtschaftswachstum festzustellen,
- Vergleiche mit anderen Volkswirtschaften anzustellen,
- die wirtschaftliche Tätigkeit in verschiedenen Sektoren festzustellen.

Das Bruttoinlandsprodukt (BIP) ist ein Indikator für das Wirtschaftswachstum. Es beschreibt alle wirtschaftlichen Leistungen (Güter, Dienstleistungen und Rechte), die in Produktionsstätten des Inlandes erbracht wurden (= alle im Inland entstandenen Einkommen).

Das Ziel der volkswirtschaftlichen Lenkungsprozesse ist das stetige und angemessene Wachstum des Bruttoinlandsproduktes. Der Indikator zeigt die Veränderungsrate des preisbereinigten BIP als Maß für die wirtschaftliche Leistung einer Volkswirtschaft in einem bestimmten Zeitraum.

Entstehungsseite	Verwendungsseite	Verteilungsseite
Landwirtschaft Produzierendes Gewerbe Baugewerbe Handel und Verkehr Finanzierung Vermietung Dienstleister	Konsum der privaten Haushalte Konsum des Staates Investition der Unternehmen Außenbeitrag = Export – Import	Arbeitnehmereinkommen Unternehmerlohn Vermögenseinkommen + Produktionsabgaben + Importabgaben + Abschreibungen – Primäreinkommen aus aller Welt

Entstehungsseite

Die wirtschaftliche Leistungsfähigkeit wird von der Produktionsseite aus dargestellt. Mittelpunkt bildet dabei die Bruttowertschöpfung. Die Bruttowertschöpfung ermittelt sich aus der Summe sämtlicher Produktionen abzüglich Vorleistungen. Versicherungsschutz in Form von Betriebsunterbrechungsversicherung, Betriebshaftpflicht und weiteren Formen des Unternehmensversicherungsschutzes stabilisiert die Investitionskraft von Unternehmen und lässt den Fremdkapitalgeber einer Investition schnellere Kreditentscheidungen treffen, da Risikoauslagerungen auf den Versicherer erfolgt sind.

BIP = PW – V Produktionswert – Vorleistung

Verwendungsseite

Bei der Verwendungsseite erfolgt die Berechnung durch die Nachfrageseite. Dabei wird die Verwendung für Waren und Dienstleistungen bestimmt.

Der private Haushalt kann nur konsumieren; oder einen Konsumverzicht üben, der einen Konsum für die Zukunft ermöglicht. Konsumverzicht kann nur geübt werden, wenn die Grundversorgung in der Volkswirtschaft gewährleistet werden kann und erhöhte Risiken auf ein Kollektiv, also den Versicherer, abgeleitet werden können – beispielsweise bei einem Wohnungsbrand oder durch einen Schadenersatzanspruch, der gegen den Verursacher gerichtet wird. Kapitalverschiebungsrisiken werden so durch den Versicherer genommen. Die Sparquote wird durch das Versicherungskollektiv stabil gehalten.

Verteilungsseite

Das Volkseinkommen, bestehend aus Arbeitnehmerlohn, Unternehmer- und Vermögenseinkommen, bewertet die Entlohnung der Produktionsfaktoren Kapital und Arbeit und spiegelt damit die pragmatische Einkommensverteilung einer Volkswirtschaft. Es besteht aus den von Inländern empfangenen Arbeitnehmerentgelten sowie aus Unternehmens- und Vermögenseinkommen. Dabei setzt sich das Arbeitnehmerentgelt aus den Bruttolöhnen und -gehältern der Arbeitnehmer sowie der Sozialbeiträge der Arbeitgeber zusammen. Zu den Unternehmens- und Vermögenseinkommen gehören neben den Unternehmensgewinnen – einschließlich eines kalkulatorischen Unternehmerlohns der Selbstständigen – auch die Zins- und Mieteinkünfte aller Sektoren.

Betrachtung der Finanzdienstleistung im VGR

Von wichtiger Bedeutung für eine komplexe Volkswirtschaft ist der Kapitalmarkt. Der Kapitalmarkt ist der Ort, an dem zum Handel zugelassene Wertpapiere gehandelt werden. Wertpapiere manifestieren entweder eine Forderung des Geldgebers gegenüber dem Emittenten (Wertpapierausgeber) auf Zinszahlungen und eine Rückzahlung des geliehenen Geldbetrages. Sie zeigen auch das Recht als Inhaber und einen Anteil am zukünftigen Gewinn des Emittenten auf.

Das wichtigste gehandelte Beteiligungspapier ist die Aktie (Aktienmarkt). Der Markt, auf dem Forderungspapiere gehandelt werden, wird auch als Rentenmarkt bzw. Anleihenmarkt bezeichnet.

Die handelnden Akteure beeinflussen in komplexer Weise den Wertpapiermarkt. Für die Unternehmen stellt der Wertpapiermarkt eine wichtige Vermögensbeteiligungsinstitution dar, aus der das Unternehmen sich mit Eigen- und Fremdkapital versorgen kann. Das Auf und Ab der Unternehmensaktienkurse spiegelt die gegenwärtige und erwartete Entwicklung ihrer Geschäftspolitik wider. Um das Vertrauen ihrer Anleger nicht zu verlieren, sind die Unternehmen gezwungen, ihre Unternehmensentwicklung und strategischen Entscheidungen auf den Gütermarkt, Arbeitsmarkt, Wertpapier- und Geldmarkt ständig anzupassen.

Der Aktienkurs ist der Gradmesser der zukünftig erwarteten Unternehmenserfolge und Gewinne. Durch das Zusammenspiel von Angebot und Nachfrage werden die Kapitalströme der Anleger in die Anlagen gelenkt, die die höchste Ertragslage für das Geld erwarten lassen. Auch die Abwägung der Risikobereitschaft und der Investitionslaufzeit spielt bei der Gesamtentscheidung eine wichtige Rolle.

Der private und öffentliche Haushalt hat einen starken Einfluss auf den Kapitalmarkt. Durch die Konsumentscheidung oder den Konsumverzicht übt der Haushalt Einfluss auf die Unternehmen aus. Die Produkte oder Dienstleistungen, die gekauft werden, fördern den Umsatz und den Gewinn des Unternehmens; der Wert des Unternehmens steigt.

Durch den Konsumverzicht nimmt der Haushalt auch aktiven Einfluss auf dem Kapitalmarkt. Je höher die Sparquote ist, desto mehr Kapital steht für Anlagen in Aktien- und oder festverzinsliche Wertpapiere zur Verfügung. Je höher der Zins der festverzinslichen Wertpapiere ist, desto weniger Kapital fließt in die Aktienmärkte. In der heutigen Zeit betrachtet der Analyst die Bonität des Emittenten der festverzinslichen Wertpapiere. Eine griechische Staatsanleihe hat ein mittlerweile sichtbares Ausfallrisiko und erhält dadurch ein Risikozinsaufschlag. Somit lässt sich auch der hohe Zins für die Anleihe rechtfertigen, den die Griechen zahlen müssen.

Ein weiterer Einflussfaktor ist die staatliche Geldpolitik. Erhöht die Zentralbank die Zinsen, so steigt die Verzinsung von festverzinslichen Wertpapieren. Somit sind die gebotenen Verzinsungen der Anleihen abhängig von der Menge und dem Vertrauen in die Währung, aber auch vom Ausfallrisiko des Emittenten.

Um die Sparquote in der Volkswirtschaft zu ermitteln, ist es notwendig, sich den Produktions- und Dienstleistungsprozess zur Erstellung einer Kapitalanlage anzusehen. Neben den Erstellungskosten sind auch Leistungsversprechen, Verwaltungskosten und weitere aus dem Produkt geschuldete Kosten erkennbar.

Betrachtet man fokussiert die Berechnung der Produktionsleistung in der VGR, die aus der Finanzdienstleistung stammt, ist die Problematik der Trennschärfe einer genauen Zuordnung der Transaktionen bezüglich der Geldkapitalbildung sowie Einkommensverteilung und -umverteilung erkennbar.

Spar-, Kapital- und Prämieneinnahmen beinhalten nicht nur Gelder für Dienstleistungen der Versicherungs- und Bankunternehmen, sondern dienen z. B. auch für Leistungsversprechen bei kapitalbildenden Versorgungen sowie Spar- und Kapitalleistungen mit komplexen Kapitalbildungssystemen, z. B. Fonds- bzw. Dachfondskonzepte.

Bei Rentenleistungen z. B. in Form von Riesterverträgen muss das Bank- und/ oder Versicherungsunternehmen bis zum Tod der versicherten Person Kapital verwalten und eine Kapitalanlage bzw. eine Kollektivsicherung durchführen.

Der Dienstleistungsanteil zur Erstellung des Produktes ist die vergütete Leistung des Finanzdienstleisters und geht in die Berechnung des Bruttoproduktionswertes der Finanzdienstleister ein. Entsteht durch die Risikoübernahme eine Kapitalansammlung (z. B. Rückstellung für das Langlebigkeitsrisiko oder für ungewisse Schadenzahlungen), ist diese Kapitalrückstellung eine Veränderung der Kreditbeziehungen in der VGR. Eine Umverteilung in der VGR ist die Schadenzahlung durch den Versicherer.

Das Kontensystem wird so dargestellt, dass die Kursgewinne und Vermögensanteile, die neben den Risiko- und Kapitalansammlungsanteilen der Beitragseinnahmen der Deckung der Leistungen dienen, den Versicherungsnehmern als Verzinsung ihrer Ansprüche an die Versicherungsunternehmen zufließen.

Die Nettoprämie in der VGR-Betrachtung entsteht durch Risiko- und Kapitalansammlungsanteile der Beitragseinnahmen. Bei Spar- und Anlageverträgen sind Kapitalerhaltverfahren den Risikoversicherungen gleichzustellen. Hohe Schwankungen von Kapitalansammlungen in Bankprodukten werden nach dem Niederstwertprinzip in der VGR bewertet.

Bei Versicherungsprodukten werden Nettoprämien als Einlagen (Forderungen) der Versicherungsnehmer bei den Versicherungsunternehmen auf den Finanzierungskonten gebucht.

Als Gläubiger erscheinen ausschließlich die privaten Haushalte. Versicherung ist nur der Nutzen einer von den Versicherten aus Beiträgen gebildeten Vermögensreserve.

2.2.1 Berechnung des Volkseinkommens

Produktionswert (Herstellkosten, PW)

Der Produktionswert gibt die Summe des Wertes aller in einer Volkswirtschaft (von In- und Ausländern) produzierten Güter und Dienstleistungen an. Er setzt sich aus dem Wert der Verkäufe von Waren, Dienstleistungen und Rechten aus eigener Produktion, aus dem Wert der Bestandsveränderungen an Halb- und Fertigwaren aus eigener Produktion und aus dem Wert der selbst erstellten Anlagen zusammen.

– Vorleistungen (ohne importierte Vorleistungen)

Die Vorleistungen unterscheiden sich von den Investitionen dadurch, dass ein Investitionsgut über mehrere Abrechnungsperioden hinweg im Produktionsprozess eingesetzt und nach und nach gemäß der Abnutzung abgeschrieben wird (z. B. die Drehmaschine bei der Metallteilproduktion), während die Vorleistung voll in das im Produktionsprozess nachgelagerte Produkt eingeht (z. B. die Erzgewinnung für die Stahlherstellung bei der Metallteilproduktion).

– Importe

Import ist im internationalen Handel die Bezeichnung für die Einfuhr von Waren und Dienstleistungen (Wirtschaftseinheiten), die ihren ständigen Sitz außerhalb des jeweiligen Landes haben.

= Bruttowertschöpfung (unbereinigt)

Die Bruttowertschöpfung ist eine Kennzahl der Entstehungsrechnung der Volkswirtschaftlichen Gesamtrechnung (siehe 2.1). Sie ergibt sich aus dem Gesamtwert der im Produktionsprozess erzeugten Waren, Dienstleistungen und Rechte (Produktionswert), abzüglich des Werts der Vorleistungen abzüglich unterstellten Bankgebühren.

Die Bruttowertschöpfung der Kreditinstitute und Versicherungsunternehmen berücksichtigt neben den Verkäufen von Dienstleistungen, Provisionen und Gebühren auch eine unterstellte Bankgebühr, da die Zinsen und Versicherungsprämien nicht als Verkäufe von Dienstleistungen angesehen werden.

= Bruttowertschöpfung (bereinigt)

\+ Gütersteuern

Gütersteuern sind alle Steuern und vergleichbaren steuerähnlichen Abgaben, die pro Einheit eines gehandelten Gutes, einer Dienstleistung und eines Recht zu entrichten sind. Sie umfassen die nichtabziehbare Umsatzsteuer-Mehrwertsteuer, Importabgaben (u. a. Zölle, Verbrauchsteuern und Abschöpfungsbeträge auf eingeführte Güter) und sonstige Gütersteuern (Verbrauchsabgaben, Vergnügungssteuern, Versicherungssteuer usw.).

– **Gütersubventionen (Z)**

Eine Subvention ist eine Leistung aus öffentlichen Mitteln an Unternehmen. Subventionen sind wirtschaftspolitische Eingriffe in die Preisbildung und in die ökonomische Entscheidungsbildung einer Unternehmensführung, mit denen theoretisch ein bestimmtes Verhalten der Marktteilnehmer gefördert werden soll.

= **Bruttoinlandsprodukt (BIP) (Inlandseinkommen)**

Das Bruttoinlandsprodukt ist ein Indikator für das Wirtschaftswachstum. Es beschreibt alle wirtschaftlichen Leistungen (Güter, Dienstleistungen und Rechte), die in Produktionsstätten des Inlandes erbracht wurden (= alle im Inland entstandenen Einkommen).

– an die übrige Welt gezahlte Einkommen

\+ aus der übrigen Welt empfangene Einkommen

= **Bruttonationaleinkommen (Inländereinkommen)**

Das Bruttonationaleinkommen gleicht dem Bruttoinlandsprodukt, unterscheidet sich jedoch dadurch, dass für das Bruttoinlandsprodukt das Inlandskonzept greift, während für das Bruttonationaleinkommen das Inländerkonzept gilt.

Dieser Unterschied lässt sich erklären, wenn ausschließlich der Produktfaktor Arbeit untersucht wird. Das Bruttonationaleinkommen berechnet dann den Wert aller Güter, Dienstleistungen und Rechte, die von Personen hergestellt werden, die im betrachteten Staatsgebiet wohnen, unabhängig davon, wo die Arbeitsleistung erbracht worden ist.

Das Bruttoinlandsprodukt berechnet den Wert aller Güter, Dienstleistungen und Rechte, die im betrachteten Staat hergestellt wurden, unabhängig davon, wo die Arbeitnehmer wohnen. Die Leistung eines Arbeitnehmers, der in Frankreich arbeitet, aber in Deutschland lebt, erscheint so im französischen Bruttoinlandsprodukt, aber im deutschen Bruttonationaleinkommen.

Für große Volkswirtschaften sind Bruttoinlandsprodukt und Bruttonationaleinkommen fast identisch, während es für kleine Volkswirtschaften erhebliche Differenzen geben kann.

Zu beachten ist, dass das Inländerkonzept auf die Lebenssituation (Wo wohnt die Person?) abstellt, nicht auf die Staatsbürgerschaft. So werden auch Personen ohne deutsche Staatsbürgerschaft, die in Deutschland leben, dem deutschen Bruttonationaleinkommen zugerechnet, wenn sie im Ausland arbeiten.

– **Abschreibungen**

Abschreibungen sind Minderungen des Buchwerts eines Aktivums in der Bilanz. In der zugehörigen Gewinn- und Verlustrechnung sinkt das Periodenergebnis um denselben Betrag. Abschreibungen werden sowohl im internen wie

3

auch im externen Rechnungswesen und sowohl in der handelsrechtlichen wie auch der steuerlichen Rechnungslegung vorgenommen.

= Nettonationaleinkommen (Primäreinkommen)

– Produktions- und Importabgaben an die Staatskasse

+ Subventionen aus der Staatskasse

Das Nettonationaleinkommen zu Faktorkosten errechnet sich aus dem Nettonationaleinkommen zu Marktpreisen durch Subtraktion der Gütersteuern (Produktions- und Importabgaben) und Addition der Subventionen.

= Volkseinkommen

Das Volkseinkommen basiert also auf dem Nettonationaleinkommen, der in Geld ausgedrückten Summe aller produzierten Waren und Dienstleistungen einer Volkswirtschaft, die verbraucht, investiert oder gegen ausländische Güter eingetauscht worden sind unter Abzug des Werts der Abschreibungen.

Somit ergibt sich:

Produktionswert (Summe der Produktionswerte der Unternehmen)
– Vorleistungen
= Bruttowertschöpfung
+ Steuern
– Subventionen
= Bruttoinlandsprodukt (BIP) (Inlandskonzept)
+ Saldo der Primäreinkommen mit der übrigen Welt
= Bruttonationaleinkommen (Inländerkonzept)
– Abschreibungen
= Nettonationaleinkommen (Primäreinkommen)
– Produktions- und Importabgaben an die Staatskasse
+ Subventionen aus der Staatskasse
= Volkseinkommen inkl. Unternehmereinkommen
– Direkte Steuern
– Sozialversicherungsbeiträge
+ Transfereinkommen
= verfügbares Einkommen der privaten Haushalte

2.3 Sparen als Finanzdienstleistungskomponente der VGR

Das Volkseinkommen (auch Nettonationaleinkommen zu Faktorkosten oder Nettoinländereinkommen) ist die Summe aller von Inländern im Laufe eines jeden Jahres aus dem In- und Ausland erhaltenen Vermögens- und Erwerbseinkommen, wie Gehälter, Zinsen und Gewinne usw. der Unternehmen.

Das Volkseinkommen ist die in der Landeswährung ausgedrückte Summe aller produzierten Waren und Dienstleistungen einer Volkswirtschaft, die gebraucht, investiert oder gegen Güter der Ausländer eingetauscht worden sind. Abgezogen von dem Wert werden Abschreibungen und indirekte Steuern.

Betrachtet man den privaten Sektor und unterstellt, dass das Einkommen marginal erhöht wird, kann festgestellt werden, wie viel Einkommen **Y** in den Sparanteil **S** und nicht in den Konsum **C** fließt.

$$Y = C + S$$

Sowohl der Konsum als auch das Sparen können somit als abhängig vom Volkseinkommen angenommen werden, d. h. dass mit steigendem Einkommen auch der Konsum steigt.

Sparen oder Konsum

Unter der nationalen bzw. gesamtwirtschaftlichen Ersparnis **S** versteht man in der Makroökonomik das Gesamteinkommen **Y** einer Volkswirtschaft, dem die Ausgaben für Konsum **C** und Staatsverbrauch **G** abgezogen wurden, kurz

$$S = Y - C - G$$

Die *gesamtwirtschaftliche Ersparnis* lässt sich in die private und öffentliche Ersparnis zerlegen:

$$S = Y - C - G = (Y - T - C) + (T - G)$$

wobei **T** = Steuern – Transferleistungen (z. B. Hartz IV) bezeichnet.

Unter *privater Ersparnis*

$$(Y - T - C)$$

versteht man das Gesamteinkommen einer Volkswirtschaft, dem die Steuern **T** und der Konsum **C** abgezogen wurden. Private Ersparnis hat zwei Triebfedern – entweder das Angstsparen aufgrund einer ungewissen Zukunft oder das ökonomische Zielsparen für einen größeren Konsum in der Zukunft.

Unter *öffentlicher Ersparnis*

$$(T - G)$$

versteht man die Steuereinnahmen **T** einer Volkswirtschaft, denen der Staatsverbrauch **G** abgezogen wurde.

Private Ersparnis

Private Ersparnis **Sp** ist der Teil des verfügbaren Einkommens, der nicht für Konsum C zur Verfügung steht, sondern zurückgelegt wird. Dabei ist das verfügbare Einkommen das Nationaleinkommen Y abzüglich der Nettosteuern **T**. Somit ergibt sich die private Ersparnis aus:

$$Sp = Y - T - C$$

Öffentliche Ersparnis

Die staatliche (öffentliche) Ersparnis **Sg** definiert sich hingegen aus der Differenz der Staatseinnahmen über die Staatsausgaben. Dabei bilden die Nettosteuern **T** die Staatseinnahmen und der Konsum der öffentlichen Haushalte die Staatsausgaben **G**. Somit gilt für die staatliche Ersparnis

$$Sg = T - G$$

In einer geschlossenen Volkswirtschaft gibt es zwischen der gesamtwirtschaftlichen Ersparnis und Investitionen einen direkten Zusammenhang. Dieser ergibt sich aus der Definition der gesamtwirtschaftlichen Nachfragefunktion:

$$Y = C + I + G$$

Nach Umstellung der Nachfragefunktion erhält man:

$$I = Y - C - G$$

Setzt man diese mit der nationalen Ersparnis gleich, dann ergibt sich daraus:

$$I = Y - C - G = (Y - C - T) + (T - G) = Sp + Sg = S$$
$$I = S$$

Sparen und Ausland

Betrachtet man nunmehr eine offene Volkswirtschaft, so muss neben dem schon gültigen Zusammenhang **I = S** noch der Außenhandel einer Volkswirtschaft berücksichtigt werden. Daraus ergibt sich dann **S = I + NX**. Hierin begründet sich der wesentliche Unterschied zwischen offenen und geschlossenen Volkswirtschaften. Während geschlossene volkswirtschaftliche Systeme lediglich durch Sparen ihren Kapitalstock erhöhen, kann in einer offenen Volkswirtschaft durch den Erwerb von Auslandsvermögen zuzüglich des eigenen Sparens der Kapitalstock erhöht und dadurch Investitionsmöglichkeiten früher genutzt werden (Krugman 2006). Durch Kreditaufnahme im Ausland kann man die Investitionen im Inland erhöhen, ohne die Ersparnis zu verändern.

Sparen bzw. die Änderung des Sparverhaltens hat mehrere Auswirkungen auf die Volkswirtschaft, die unter den verschiedenen Wachstumstheorien umstritten sind. Im neoklassischen Modell, nach dem der Staat kaum in die Volkswirtschaft eingreift, führt ein Anstieg der Ersparnis zu niedrigeren Kapitalmarktzinsen und damit zu einem Anstieg der Investitionen. Die optimale Ersparnis ist demnach durch die sog. Zeitpräferenzrate gegeben. Im Keynesianismus unterstützt der Staat durch nachfragewirksame Politik die Konjunktur. Vermehrtes Sparen führt demnach zu Nachfrageausfall: Dadurch würden die Gewinne aus den bereits getätigten Investitionen sinken und somit weniger unternehmensinterne Finanzierungsquellen (Eigenkapital) zur Verfügung stehen (was nebenbei auch noch die Bereitschaft der Banken zur Kreditvergabe schmälern würde). Außerdem ist es wenig wahrscheinlich, dass Unternehmen bei sinkender Nachfrage noch Erweiterungsinvestitionen tätigen (Krugman 2006).

3

Die staatliche Verschuldung und ihre Grenzen

In der Konjunkturphase einer Rezession ist eine Kreditaufnahme nicht problematisch, würde der Staat im Boom das aufgenommene Geld wieder zurückführen.

Da in einer Rezession die Steuereinnahmen, Gebühren, Zölle und Sozialausgaben (Arbeitslosenbeiträge, Rentenbeiträge) zurückgehen und die Ausgaben für mehr Arbeitslose steigen, ist die Finanzierung der „Sozialtransferleistungen" vertretbar.

In einer Rezession ist die Kreditaufnahme auch i. d. R. zinsgünstig, da Unternehmen eine geringe Investitionsbereitschaft besitzen und private Haushalte bei ihrem Konsum eher zurückhaltend sind. Die Nachfrage nach Krediten fällt und der Markt reagiert mit Zinssenkungen.

In der Historie der Bundesrepublik Deutschland wurden die in der Rezession aufgenommenen Kredite nicht wieder zurückgeführt, das Sparen im Boom war politisch nicht durchsetzbar. Weitere Rezessionen folgten und Konjunkturbelebungsmaßnahmen wurden beschlossen. Die Verschuldung des Staates wuchs. Die Verschuldensquote bei Gründung der Bundesrepublik war nicht existent. Im Jahr 2008 betrug die Verschuldensquote schon 64 % des Bruttoinlandsproduktes.

Der Staat als öffentlicher Haushalt kann seinen Verpflichtungen immer weniger nachkommen, da ein immer größerer Teil seiner Einnahmen für die Zinszahlungen verwenden werden muss. Die Bonität der Bundesrepublik ist noch sehr gut, dies ist aber den hohen Arbeits- und Innovationsproduktivitäten, der breit aufgestellten Industrialisierung und einer guten Infrastruktur geschuldet, die dafür sorgen, dass die Produkte, Rechte und Dienstleistungen im Ausland sehr begehrt sind.

Würde der Export längerfristig einbrechen und die Binnennachfrage durch konjunkturbelebende und schuldenfinanzierte Maßnahmen nicht in Gang kommen, sänke die Bonität und eine Verteuerung der Zinsen als negative Spiralwirkung würde die Volkswirtschaft immer mehr lähmen. Die Staatsausgaben müssten weiter reduziert werden, wodurch langfristig die Zahlungsunfähigkeit droht.

Gegen diesen Trend läuft die Inflation, die eine Entschuldung durch Geldentwertung mit sich führt. Die Inflation löst aber nicht das strukturelle Problem der Neuverschuldung.

3

Definition

Die **Sparquote** der privaten Haushalte ist eine Konsumsicherung in Krisenzeiten.

Finanzdienstleistung ist das Fundament

Im Blick auf die Finanz- und Wirtschaftskrise 2008 erkennt man die „Achillesferse" einer Volkswirtschaft: die Sparquote der privaten Haushalte. In den USA betrug die Sparquote der privaten Haushalte im Jahr 2008 unter 0,5 % des BIP. In der Bundesrepublik Deutschland beträgt die Sparquote 12 % des BIP. Sparen ist der Konsumverzicht für die Zukunft. Sparformen, die eine reale Substanz haben, z. B. Festgelder innerhalb der Einlagensicherung, ermöglichen einen Konsum auch in schwierigen wirtschaftlichen Situationen. Ist aber keine Sparsubstanz in den privaten Haushalten vorhanden, kommt es in einer großen Krise wie 2008 zu einem größeren Einbruch in der Binnennachfrage. Die Instabilität einer Volkswirtschaft ohne eine nennenswerte Sparquote wächst somit schneller – mit all den verheerenden Folgen hoher Arbeitslosigkeit, massiver Staatsverschuldung und einer stärkeren Perspektivlosigkeit.

Zusammenfassung

Die Volkswirtschaftliche Gesamtrechnung (VGR) ist die Kreislauftheorie, bei der alle Tauschvorgänge zwischen Haushalten und Unternehmen erfasst werden.

Die VGR stellt eine statistische Gesamtanalyse mehrerer Teilrechnungen dar. Enthalten in der Analyse ist das Bruttoinlandsprodukt, welches Aufschluss gibt über die Entwicklung der Produktion. Wichtig ist außerdem die Frage nach dem Nicht-Konsumieren einer Volkswirtschaft. Der Konsumverzicht bedeutet generell eine Verlagerung des Konsums in die Zukunft. Den Hauptteil der Berechnung bildet dabei die Entstehungs-, Verteilungs- und Verwendungsseite des Bruttoinlandsproduktes.

3. Kennzeichen von Versicherungsmärkten

Handlungssituation

Für die Beurteilung von Marktchancen eines neuen Versicherungsproduktes ist es von großer Bedeutung, die Geschwindigkeit der Marktdurchdringung und die Besonderheiten auf dem deutschen Versicherungsmarkt zu analysieren.

Die Marktform zeigt den Charakter eines Marktes auf und ist ein Indikator für Absatzchancen der neuen Altersvorsorgeprodukte der Proximus Lebensversicherung AG.

Zur weiteren Charakterisierung des Versicherungsmarktes sollten die Kommunikationsformen im Markt und deren von außen wirkenden Regeln untersucht werden.

3.1 Versicherungen in der modernen Volkswirtschaft

Die Versicherungswirtschaft hat in Deutschland einen großen Anteil an der Entstehung der Finanzdienstleistungseinnahme des Bruttoinlandsproduktes (BIP). Laut Aussage des GDV (Gesamtverband der Deutschen Versicherungswirtschaft) werden 2014 ca. 427 Millionen Versicherungsverträge von den Versicherungsunternehmen in Deutschland verwaltet. In allen Sektoren, ob private Haushalte, öffentliche Haushalte, Unternehmen und in der Beziehung mit dem Ausland, sind Versicherungsverträge vorhanden. Als Risikoträger und bedeutender Kapitalgeber (Kapitalanlagebestand 1,45 Billionen € im Jahr 2014 gemäß Aussage GDV) haben die privaten Versicherungsunternehmen auch eine hervorgehobene Bedeutung für Investitionen, Wachstum und Beschäftigung in der deutschen Volkswirtschaft. Der Arbeitsmarkt in Deutschland hat ca. 533.000 Menschen eine Erwerbstätigkeit in der Versicherungswirtschaft ermöglicht.

Es sind Angestellte im Innen- und Außendienst sowie gewerbetreibende Unternehmer als Makler, Mehrfachagenten oder Ausschließlichkeitsagenten tätig. Des Weiteren kommen noch eine Vielzahl von Vertriebswegen im Annexvertrieb, Bankenvertrieb oder nebenberuflichen Tätigkeiten in der Versicherungswirtschaft dazu.

Eine wichtige Aufgabenstellung der Versicherungswirtschaft besteht darin, das Grundbedürfnis der Menschen nach mehr Sicherheit in ihrer Lebensplanung zu erfüllen. Versicherungsverträge schützen die privaten Haushalte vor Haftungs- und Sachschäden, die ihre Kaufkraft oder Sparrücklagen für den Konsum der Zukunft übersteigen oder sogar zur Überschuldung bzw. Handlungsunfähigkeit führen würden.

Der private Haushalt kann finanzielle Risiken durch kollektive Auslagerung planbar und beherrschbar gestalten. Eine weitere Säule der Absicherungen sind personenbezogene Risiken beginnend mit einer Unfallversicherung und der Einkommensabsicherung durch eine Berufsunfähigkeitsversicherung. Ebenso wichtig sind eine Hinterbliebenenabsicherung oder eine Kranken- und Pflegeversicherung.

Mit der Entwicklung dieser Produkte und der Beratung und Verwaltung übernimmt die Versicherungswirtschaft eine wichtige Aufgabe in der Volkswirtschaft, sie dient als Geldverteiler und sichert eine optimale Allokation der Geldmenge innerhalb einer Risiko- und Gefahrengemeinschaft.

Die Entwicklung von kollektiven Haftungsgemeinschaften, die ihre Rücklagen für Risiken bewerten und verwalten lassen, ist gleichzeitig auch eine Vorbedingung dafür, dass eine Gesellschaft im Bereich der Produktion oder der Erbringung von Dienstleistungen mehr Risiken eingehen kann.

Einer der ersten industrialisierten Prozesse war im 15. Jahrhundert die Handelsschifffahrt mit ihrer notwendigen Logistik – noch vor der Dampfmaschine oder der Arbeitsteilung um 1850. Ein Handel mit Risikoübernahmen in der damaligen Zeit wurde durch Lloyd's in London getätigt.

Der Anfang von Lloyd's war ein Kaffeehaus, welches von Edward Lloyd um 1685 in der Lombard Street geführt wurde. Wie andere Kaffeehäuser der damaligen Zeit wurde Lloyd's Kaffeehaus zum Treffpunkt von Geschäftsleuten, die bereit waren, Risiken im Bereich der aufblühenden Handelsschifffahrt einzugehen.

Dabei standen auf der einen Seite die Schiffseigner, die Geld in eine Risikoanleihe (Name des Schiffes) inkl. der Besatzung und der Ladung investierten. Auf der anderen Seite standen die „Names", i. d. R. adlige Großgrundbesitzer, also die Versicherungsunternehmer. Trat der vertraglich definierte Schadensfall ein, sank beispielsweise ein über Lloyd's gehandeltes Schiff, wurden die Versicherungsunternehmer aus dem Privatvermögen der Names bis zur vertraglichen Höhe entschädigt. Das führte schon mal zum Bankrott eines Adligen, der Schloss und Reputation verlor.

Lloyd's trat als Börsenplatz auf, der Angebot und Nachfrage zusammenbrachte und die vertraglichen Vereinbarungen überwachte.

Dieses Handeln mit Risiken führte zu einer intensiveren Investition in die Handelsschifffahrt und zu einer kulturellen Vielfalt im 16. bis 19. Jahrhundert in Europa. Tabak, Kartoffeln, Kakao, Pfeffer sowie eine große Menge Gold und Edelsteine wurden nach Europa gebracht. Wäre die kollektive Absicherung nicht gewesen, wäre so manches Gut viel später in Europa aufgetaucht.

Ein moderneres Beispiel: Denken wir an die Diskussion im Jahr 2014. Hebammen müssen ihren Berufsstand aufgeben; nicht weil zu wenige Kinder geboren werden, sondern weil ihre Berufshaftpflichtversicherungen die Beiträge so nach oben angepasst haben, dass sich der Beruf finanziell nicht mehr rechnet.

Viele Versicherer wollen keine Berufshaftpflichtversicherung für Hebammen mehr anbieten. Daran erkennt auch der Laie, dass eine Auslagerung von Haftungsrisiken auf ein Kollektiv notwendig ist. Ohne Berufshaftpflichtversicherung würden zahlreiche Unternehmen ihre Güter, Dienstleistungen und Rechte nicht mehr auf dem Markt anbieten.

Eine Vielzahl von Versicherungsprodukten erhält die Arbeits- und Leistungsfähigkeit von Unternehmen, z. B. Inhalts-, Betriebsunterbrechungs- oder Maschinenbruchversicherung, Forderungsausfall- und Kreditversicherung.

Eine Vielzahl weiterer Versicherungsprodukte könnte noch aufgeführt werden, die verdeutlichen, dass eine moderne Wirtschaft ohne Absicherung nicht so funktionieren würde, wie sie es in einer modernen Volkswirtschaft täglich unter Beweis stellt.

Da versicherbare Risiken an die Kollektive der Versicherungswirtschaft übertragen werden, erschließen sich für Unternehmen neue finanzielle Freiräume und Perspektiven. Ihre Solvabilität für unternehmerische Risiken und damit die Verfügbarkeit des freien unbelasteten Kapitals wird erhöht. Start-up-Unternehmen haben eine größere Chance, wirtschaftlich riskante oder innovative Produkte, Dienstleistungen und Rechte zu entwickeln.

Erst die private Versicherung bereitet die Grundlage für Wirtschaftswachstum und Innovationen. Durch Weiterentwicklung der Versicherungsprodukte und die Beratung sowie das Erkennen von Versicherungslösungen für neue Risiken sind Versicherer ständige Unterstützer von Entwicklungen des technischen Fortschritts und gesellschaftlicher Handlungen.

These: Die heutigen leistungsfähigen Pkws mit all ihren Assistenten und Sicherheitsmaßnahmen kosten ein Vielfaches eines Pkws aus den 60er Jahren.

Inflation und technischer Fortschritt haben zu einer überproportionalen Preisentwicklung eines Pkws gegenüber der Einkommensentwicklung eines durchschnittlichen Privathaushalts geführt. Ein durchschnittlicher Haushalt in Deutschland wäre ohne eine moderne Vollkasko- oder Teilkaskoversicherung nicht bereit, einen Kredit für dieses Konsumgut aufzunehmen. Somit wäre auch die produzierte Stückzahl der Pkws und in Folge davon Investitionen in die Technik des Fahrzeuges zum größten Teil unterlassen worden.

Unsere Pkws würden sich nur gering im technischen Fortschritt von den Fahrzeugen der 60 Jahre unterscheiden und wir hätten die gleich hohe Zahl der Unfalltoten wie in den 1960er und 70er Jahren.

1960 gab es 14.406 Tote bei 8 Millionen motorisierten Fahrzeugen. 2014 gab es 3.377 Tote bei 52,9 Millionen motorisierten Fahrzeugen (Quelle: Statistisches Bundesamt 2015).

3

3.2 Die Marktform des Versicherungsmarktes

Sachgüter und Dienstleistungsmärkte

Auf dem europäischen Versicherungsmarkt lässt sich auch mit einem ungeübten Auge für die Wirtschaft feststellen, dass zwischen Anbietern (Versicherungsunternehmen) von Versicherungsschutz und Nachfragern (Versicherungsnehmern) ein großes Ungleichgewicht herrscht.

Betrachtet man zunächst nur die Marktform, ohne konkret auf den Teilmarkt Versicherung einzugehen, lässt sich volkswirtschaftlich folgern:

Märkte lassen sich je nach der Zahl der Anbieter und Nachfrager in verschiedene Marktformen unterteilen. Die gebräuchlichste Einteilung des Marktes geht auf Heinrich Freiherr von Stackelberg zurück (siehe Schaubild in Abschnitt 3.3).

Marktformen und deren Charakter

Nach dieser Theorie wird das Verhältnis von Anbietern und Nachfragern betrachtet. Die bekanntesten Marktformen sind ein Anbieter und viele Nachfrager (Monopol). Viele Anbieter gegenüber vielen Nachfragern werden als Polypol bezeichnet. Die Marktform ist ein wichtiger Bestimmungsfaktor dafür, ob und welche Art von Wettbewerb unter den Anbietern herrscht, und damit auch Bestimmungsfaktor des Preises, des Marktvolumens und der Qualität der gehandelten Güter und Dienstleistungen.

!

Definition

Der **Versicherungsmarkt** ist von seiner Gesamtbetrachtung ein oligopolistischer Markt.

Reaktionsverbundenheit

Schaut man sich das Oligopol genauer an, ist die wichtigste Unterscheidung zum Polypol die Reaktionsverbundenheit zwischen der Preis- oder Absatzmenge verschiedener Anbieter. Unter Reaktionsverbundenheit versteht man, dass die Handlung eines Marktteilnehmers die Marktsituation der anderen Teilnehmer verändert. Diese Reaktionsverbundenheit gibt es nicht bei einem Polypol.

Typisch für ein Oligopol sind wenige Anbieter mit erkennbarer Markt-Mitgestaltung, die mit ihren Mengen- oder Preisentscheidungen Einfluss auf das Marktgeschehen nehmen.

Interdependenzen

Die Nachfrage eines Produktes oder einer Dienstleistung hängt von dem Verhalten der anderen Anbieter des gleichen Produktes oder der gleichen Dienstleistung ab.

Daraus läst sich eine strategische Interdependenz zwischen den Anbietern ableiten. Die Annahme, dass die Änderung des Verhaltens eines Marktteilnehmers die anderen Marktteilnehmer zu einer Reaktion bewegt, lässt sie ihr Verhalten strategisch ausrichten und zeigt Interdependenzen auf.

Der Anbieter ist sich der Tatsache bewusst, dass sein Verhalten eine Reaktion auf dem Markt auslöst. Der Kunde des Produktes oder der Dienstleistung ist der Willkür des handelnden Anbieters ausgesetzt. Der Nachfrager kann, je kleiner die Anbieterzahl ist, immer weniger auf andere Anbieter ausweichen, die eine konforme Strategie der strategischen Interdependenzen nicht mitmachen.

Der anbietende Oligopolist, der die strategische Interdependenz auslebt, fokussiert sein Verhalten nicht auf den Nachfrager, sondern konzentriert seine Entscheidung auf das zukünftige Verhalten seiner Mitbewerber. Im Mittelpunkt steht die Frage, wie stark der Einfluss der eigenen Entscheidungen auf den Mitbewerber wirkt und wie der Mitbewerber reagieren wird.

Oligopole können trotz strategischer Interdependenzen und starker Reaktionsverbundenheit zu einem ausgeprägten Wettbewerb führen und damit zu Wachstum auf dem Markt.

Ein zu untersuchendes Szenario, das die Reaktionsverbundenheit aufzeigt, kann eine Preissenkung sein.

Senkt ein Anbieter des Oligopolmarktes den Preis, so werden die Konkurrenten schnell reagieren und ihre Preise auch schnell nach unten anpassen, um keine Kunden zu verlieren.

Diese Szenariosituation lässt folgende Ableitungen zu:

- Szenario *ruinöser Wettbewerb*: Lässt der Markt nur große Teilnehmer überleben, versuchen größere Marktteilnehmer mit Preisdumping die kleineren vom Markt zu drängen. Der Nachfrager bekommt sein Produkt oder seine Dienstleistung zu einem attraktiven Preis.
- Szenario *Preisstarrheit*: Eine Pattsituation entsteht bei gleich großen Konkurrenten, die keine Entscheidung treffen wollen, weil sie befürchten, dass die Konkurrenz die eigene Aktivität aushebelt.
- Szenario *technische Innovation*: Dieses Szenario ist stark ausgeprägt bei Anbietern mit einer ähnlichen Anbieterstruktur im Oligopolen Markt, die ein gleiches technisches Vertrauen bei den Nachfragern auf dem Markt haben.

  Der Zwang, innovative Produkte einem Nachfrager schnell zukommen zu lassen, ist hoch und die Preisaffinität ist Bestandteil einer schnellen Marktdurchdringung.
- Szenario *Abgestimmte Verhaltensweisen und Kartellbildung*: In kleinen Oligopolen lassen sich Mengen- und Preisabsprachen leicht durchführen. Diese nicht gebilligte Verhaltensweise ist dann für die Anbieter besonders attraktiv, wenn die Absprache zu einem ertragssteigernden Ergebnis führt.

  Es hebelt den Wettbewerb aus und wird durch die Kartellbehörde bekämpft.
- Szenario *Preisführerschaft*: Ein Anbieter wird von den anderen als Preisführer anerkannt. Alle Marktteilnehmer verändern ihre Preise erst dann, wenn der Preisführer den Preis verändert hat. Im statischen Fall führt dieses Verhalten zu einem sog. Stackelberg-Gleichgewicht (Steckelbach 2000).

3

Der Versicherungsmarkt hat sich in den letzten Jahren mehr und mehr angebotsseitig konzentriert. Eine Vielzahl von Anbietern ist durch Aufkäufe bzw. Fusionen aus dem Versicherungsmarkt gegangen.

Durch die Anbieterkonzentration wird dem Kunden mehr und mehr die Möglichkeit der Anbieterauswahl genommen. Durch die zukünftige Einführung von Solvency II wird eine weitere Reduzierung der Anbieterseite erwartet.

Eine weitere Entwicklung zu einem Oligopolen Markt ist die Transparenzoffensive der Kosten bei Versicherungsprodukten. Das intensivere Bewusstsein, dass die Erstellung von Versicherungsschutz einen Kostenanteil auslöst, führt zu einem wettbewerbsintensiveren Umgang der Nachfrager und die Angebotsseite reduziert ihre Kosten, um einen Wettbewerbsvorteil zu erlangen.

Diese Entwicklung führt die Anbieterseite zu einer Reduzierung der angebotenen Versicherungsprodukte oder der Kopie von Mitbewerberangeboten.

Ein weiterer Trend ist die Komplexität von Angeboten bei Industrie- und Gewerbeversicherungen. Aufgrund der Globalisierung, des technischen Fortschritts, Zertifizierungsvorgaben der Industrie und der Rechtsbeziehungen National bzw. Supranational innerhalb Europas ist das Know-how zur Erstellung von Angeboten für bestimmte Risiken einem immer kleineren Angebotskreis vorbehalten, der diese Risiken zeichnen kann.

Der demografische Wandel führt weiterhin zu Reduzierungen von Beständen im Privatkundenmarkt und somit zu geringeren Einnahmen, die sich die Anbieter teilen müssen. Kostendeckungsbringer schmelzen und führen dazu, dass es weitere Fusionen oder Teilaufgaben geben wird.

Durch diese aufgezeigten Szenaren, aber auch durch weitere hier nicht betrachtete Ereignisse wie z. B. Klimawandel, Eurokrise, Wertewandel usw. kommt es weiter zu einer Konzentration von Kapital- und Risikoauslese und somit zur Angebotsreduzierung (Luhmann 1988).

- *Konkretisierung Versicherungsmärkte*

keine Produktidentifikation

Eines der wichtigsten Unterscheidungskriterien von Versicherungsmärkten gegenüber Güter- oder Dienstleistungsmärkten liegt in der psychologischen Tatsache, dass die Marktteilnehmer die Notwendigkeit, sich gegen Unfälle und Schicksalsschläge abzusichern, oft verdrängen. Niemand möchte gerne einen schweren Personen- oder Sachschaden erleiden. Die Versuchung, zu glauben, dass Unglücke immer nur andere treffen, ist deshalb sehr groß.

Bedarfserkennung problematisch

Erschwerend kommt dazu, dass der Prozess der Bedarfserkennung nach Versicherungsschutz eine fachliche Kompetenz des Nachfragers voraussetzt. Auch die Bedürfnisdeckung (Schließung der Versorgungslücke) ist ein höchst individueller Prozess zwischen den Marktteilnehmern und kann nur in wenigen Sparten mit Standardprodukten abgedeckt werden.

Ein Beispiel für diese Produkte ist die Kfz-Haftpflichtversicherung, ohne die in Deutschland kein Pkw für den Straßenverkehr zugelassen werden kann.

Komplexität der Produkte

Ein weiteres besonderes Kennzeichen von Versicherungsmärkten liegt in der Komplexität ihrer Produkte, die auch die Komplexität des Produktentstehungsprozesses in der Kooperation der Disziplinen Recht, Mathematik, Medizin, Verhaltensforschung etc. widerspiegelt.

verändertes Informationsverhalten

Betrachtet man die Kommunikation der Marktteilnehmer unter dem Aspekt des technischen Fortschritts, stellt man fest, dass sich die Informationsaufnahme verändert hat. Die neuen Medien (Internet etc.) verändern nicht nur die Kommunikation zwischen Versicherer und Versicherungsnehmer; der Computereinsatz im Betrieb des Versicherers ermöglicht und fordert zudem komplexere Produkte und umfangreichere Leistungen. Das lässt auch den Entscheidungsprozess für den Erwerb des Produktes komplexer werden.

Als weiteres Marktkennzeichen ist die Bundesanstalt für Finanzdienstleistungsaufsicht (BaFin) mit ihrer speziellen Rolle als Hüterin des Marktes zu nennen.

Mit der einheitlichen Aufsicht sollen die Verflechtungen auf den nationalen und internationalen Kapitalmärkten und die damit verbundenen Risiken besser erfasst und gesteuert werden. Damit trägt die BaFin zur Stabilität und Wettbewerbsfähigkeit Deutschlands als Finanz- und Versicherungsplatz bei.

Solvabilitätsvorschriften

Die Aufsicht umfasst insbesondere die Überwachung der Bedeckung des Sicherungsvermögens und der Solvabilität, um die Erfüllbarkeit der abgeschlossenen Verträge zu gewährleisten. Darüber hinaus überwacht die BaFin ganz allgemein die Einhaltung aller Gesetze, die für den Betrieb von Versicherungsgeschäften gelten.

Deregulierung

Die Deregulierung des deutschen Versicherungsmarktes seit Juli 1994 dient nicht primär der Transparenz der Versicherungsprodukte. Mit der Liberalisierung der Märkte sollten

- Innovationen durch Konkurrenz,
- Investitionen und der
- Wettbewerb innerhalb und außerhalb der Landesgrenzen

gefördert werden. Durch die Deregulierung sollte also vor allem der Wettbewerb optimiert werden. Aus diesem Grund wurden z. B. auch die Feuermonopole sowie die Genehmigungspflicht für Versicherungstarife abgeschafft. Volkswirtschaftlich betrachtet ist der Versicherungsmarkt insgesamt somit ein höchst dynamischer oligopolistischer Markt, der einer staatlichen Aufsicht unterstellt wurde.

3.3 Versicherungsschutz als komplementäres Produkt auf Sachgüter- und Dienstleistungsmärkten

Handlungssituation

Führt die Proximus Lebensversicherung AG die „Intelligente Proximus-Betriebsrente" ein, dann ist zu berücksichtigen, dass es eine gesetzliche Rentenversicherung gibt und aus dem eigenen Haus eine Produktreihe mit klassischen betrieblichen Rentenversicherungen angeboten wird.

Es ist zu untersuchen, inwieweit Effekte auftreten, die Abhängigkeiten der neuen Produkte von Faktormärkten mit komplementären Produkten oder Dienstleistungen sichtbar werden lassen. Diese Produkte oder Dienstleistungen unterscheidet man nach dem Grad der Komplementarität in vollkommen komplementäre oder unvollständig komplementäre Güter oder Dienstleistungen.

komplementär

Sind Güter oder Dienstleistungen vollkommen komplementär (sich ergänzend), so verlaufen ihre Nutzenlinien rechtwinkelig in einem Graph der Funktion von:

$$f(X1,X2) = \min(X1,X2)$$

Praxisbeispiel hierfür ist der linke (X1) und rechte Handschuh (X2). Besäße eine Person mehr linke als rechte Handschuhe, so würde das ihren Nutzen nicht erhöhen, da man Handschuhe nur paarweise tragen kann.

Surrogat

Der Gegensatz zum vollkommenen Komplementär ist das vollkommene Substitut. Es ersetzt das Alternativprodukt ohne Vorbehalte. Hier spricht man auch von einem Surrogat. Der Grad der Substituierbarkeit ist die Mischung von Produkten, die zum gleichen Gesamtergebnis führen. Wird ein Produkt gänzlich von dem anderen Produkt ohne Vorbehalte ausgetauscht, spricht man von einem Surrogat.

Unvollständig komplementäre Güter, die sich zwar ergänzen, aber auch einzeln am Markt nachgefragt werden, sind die am häufigsten auftretenden Phänomene.

Das vollkommene komplementäre Versicherungsprodukt

Ein Vergleich aus dem Bereich der Pflichtversicherung: Ohne Kfz-Haftpflichtversicherung ist die Nutzung von Pkw auf deutschen Straßen nicht erlaubt. Vergleicht man die Anzahl der Pkw in Deutschland mit der Anzahl der bestehenden Kfz-Haftpflichtversicherungen, so ist der Vergleich nicht vollkommen komplementär, da nicht alle Pkw in Deutschland zugelassen sind.

Für das zu Beginn des Kapitels genannte Beispielprodukt ist eine vollkommene Komplementarität gegeben, wenn zur Einrichtung einer betrieblichen Altersvorsorge ein Arbeitsplatz notwendig sein muss. Der Arbeitgeber muss Versicherungsnehmer sein.

Es entsteht also ein Zusammenhang zwischen dem Faktormarkt Arbeit und dem Abschluss einer betrieblichen Altersvorsorge. Ist die Arbeitslosigkeit durch eine Finanz- und Wirtschaftskrise hoch, wird der Markt der betrieblichen Altersvorsorgeprodukte kleiner.

Am 22.11.2007 ist die Vermittlerrichtlinie in Deutschland in Kraft getreten. Für die Zulassung von selbstständigen Mehrfachagenten und Maklern wird seitdem eine Vermögenshaftpflichtversicherung verlangt. Ausschließlichkeitsagenten können unter der Vermögensdeckung ihres Versicherungsunternehmens in den Vermittlerstatus treten.

In diesem Fall entsteht eine direkte Verknüpfung der unternehmerischen Dienstleistung mit dem Produkt der Vermögenshaftpflichtversicherung. Ein lineares Verhältnis zwischen den verpflichteten Kunden und dem Versicherungsprodukt entsteht. Bei einem gesetzlich regulierten Versicherungsprodukt ist für den Nachfrager nur noch der Preis und der Service entscheidend.

Das unvollständige komplementäre Versicherungsprodukt

Bedarfsverbund

Im Gegensatz dazu sind unvollständige Komplemente solche Güter, die sich zwar ergänzen, aber auch einzeln am Markt nachgefragt werden. Diese Definition trifft auf das breite Spektrum der Versicherungsprodukte zu. Der sog. „Bedarfsverbund" umfasst Güter, die im Hinblick auf einen bestimmten Verwendungszweck (Pkw-Nutzung, Baufinanzierung, Altersversorgung) unvollständig komplementär sind. Das Geldrisiko wird an den Versicherer, also an das Kollektiv Gleichgesinnter, ausgelagert. Dem Nachfrager nach Versicherungsschutz kann das Risiko des Personen-, Sach- oder Vermögensschadens nicht abgenommen werden, aber seine finanziellen Folgen können von dem Versicherer übernommen werden. Daraus leitet sich der Begriff „Risikoableitungsmarkt" ab.

Risikoableitungsmarkt

Die Vorstellung von Versicherungsmärkten als komplementären Risikoableitungsmärkten ist vom Verhältnis der Begriffe Risiko und Ableitung geprägt.

Dies soll verdeutlichen, dass auch das Geschäft mit „Versicherungsschutz" von diesem Verhältnis, dass als komplementär bezeichnet werden kann, bestimmt wird. Vor dem Hintergrund dieser Einschätzung ergeben sich Anknüpfungspunkte für ein mögliches Potenzial struktureller Risikokapitalableitung, das von Versicherungsunternehmen als Marktteilnehmer des Geschäfts mit Sicherheit bzw. „Versicherungsschutz" geschaffen wird (Varian 2003).

Wenn ein Kreditkartenkunde einen Reiseschutz bekommt, der sich bei Bezahlung einer konkreten Reise mit Kreditkarte noch weiter erhöht, zeigt sich die Doppelfunktion eines Produkts, mit dem nicht nur eine Reise bezahlt, sondern auch ein Reise-Zusatzrisiko abgedeckt werden kann. Dies wird besonders wichtig, wenn die Rückholung erkrankter Reisender unter Einsatz aufwändiger Ressourcen (z. B. eines Ambulanzjets) aus Regionen mit geringer medizinischer Grundversorgung notwendig wird.

3

Mehrwerterkennung bei Komplementarität

An diesem Beispiel ist besonders bedeutsam, dass die Wirkung des Zusammenspiels der einzelnen Komplemente erkannt wird: der Zusammenhang zwischen der Buchung der Reise und dem Abwägen an Zusatzkosten, die den Nachfrager aufgrund seiner persönlichen Erfahrungspotenziale möglicherweise abschrecken könnten, diese Reise zu buchen.
Wenn ein Reise-Krankenversicherungsschutz in den Kreditkartenvertrag integriert ist, so wird durch diese Form der Versicherung de facto eine private Pflichtversicherung für Kreditkartenzahler geschaffen.

Auf der anderen Seite kann das Angebot einer Reiseversicherung bei einigen Nachfragern gerade entscheidend für die Annahme des Kreditkartenangebots sein, um nicht kalkulierbare Zusatzkosten für den Fall einer Erkrankung auf einer Auslandsreise auszuschließen.

3.4 Komplementäre und substitutive Finanzprodukte

Handlungssituation

Die Konkurrenzsituation der neuen „Intelligenten Proximus-Betriebsrente" muss in zwei Richtungen geklärt werden: einerseits in Bezug auf die schon bestehenden betrieblichen Altersvorsorgeprodukte der klassischen Variante mit Rechnungszins der Proximus Lebensversicherung AG und andererseits in Bezug auf andere im Markt erhältliche Produkte von anderen Lebensversicherern.

Konsumieren oder Konsumverzicht

Private und öffentliche Haushalte können konsumieren oder sparen, also einen Konsumverzicht ausüben. Der Konsumverzicht führt automatisch zum Sparen und Anhäufen von Geld und/oder zu dessen Verteilung. Die Anlage von Geld des Konsumenten bei einer Bank wird mit Zinsen abgegolten. Für diese Geld- oder Kapitalanlagen werden spezielle Finanzprodukte geschaffen. Im Konsum wird Geld gegen Güter, Dienstleistungen oder Rechte getauscht. Der Verteilung von Geld dienen Instrumente der Transaktion, wie Girokonten. Übersteigt der Geldbedarf die angesparten Summen, werden Finanzprodukte gebraucht, die den Verleih von Geld an Konsumenten regeln – also Kredite.

Finanzprodukte können allgemein als am Markt absetzbare Geschäftseinheiten einer Bank, Versicherung oder eines anderen Finanzdienstleistungsinstituts beschrieben werden. Ihnen liegt eine vertragliche Vereinbarung zwischen Unternehmen und Kunde zugrunde, in der Umfang und Merkmale der im Zusammenhang mit dem Produkt zu erbringenden Leistungen beschrieben werden.

Finanzprodukte, z. B. ein Girokonto, umfassen dabei üblicherweise mehrere Einzelleistungen, wie die Durchführung von Überweisungen oder die Weitergabe von Kontostandsinformationen anhand von Kontoauszügen. Im Kontext einer zunehmend markt- und kundenorientierten Ausrichtung der Vertriebsstrategien von Finanzdienstleistern werden dabei auch verstärkt unterschiedliche Finanzprodukte, wie Bank- und Versicherungsprodukte, zu kunden- und bedürfnisgerechten Angebotsbündeln kombiniert.

Komplementäre Finanzprodukte

Banken, Versicherungen, Finanzdienstleister aller Art oder elektronische Marktplätze für Immobilien oder Automobile bieten heute schon kontext-spezifisch zum jeweils angebotenen Gut komplementäre Finanzprodukte (z. B. Darlehen, Leasing- oder Garantieverträge, Bausparverträge). Wird eine Lebens- und/oder Rentenversicherung zur Tilgung von Darlehen benutzt, wird dieses Finanzprodukt auch als komplementär angesehen.

Substitutive Finanzprodukte

austauschbare Güter

Die Substituierbarkeit, also der Austausch von Produkten untereinander, ist nur möglich, wenn der Nutzen für das ausgetauschte Produkt nicht verloren geht. Ein Beispiel dafür ist das Kuchenbacken – entweder mit der teuren Butter oder der günstigen Margarine. Die Erstellung des Produktes Kuchen darf durch den Austausch des Produktes Butter durch Margarine nicht in Frage gestellt werden. Das Ziel ist es, kostengünstigen Kuchen herzustellen. Das weitere Ziel ist, dass die Qualität des Kuchens nicht leidet. Die Frage lautet also: Wie viel Anteil Margarine gegenüber der Butter kann ich nutzen, damit der Buttergeschmack des Kuchens nicht leidet und die Konsistenz erhalten bleibt?

Auf dem Finanzproduktmarkt ist die Fragestellung diffiziler. Sie wird durch drei Vorgaben differenziert. Rendite, Liquidität und Sicherheit sind die ersten Kategorien für Wahlentscheidungen, die nicht alle im gleichen Maße berücksichtigt werden können (Pindyck/Rubinfeld 2003).

Die Konkretisierung der Substitution von Finanzprodukten

Finanzprodukte von privaten Unternehmen werden unter dem Ansatz der Austauschbarkeit betrachtet. Aber auch gesetzliche Kranken- und Rentenversicherungsträger konkurrieren untereinander um die Gunst der Kunden und mit privaten Anbietern, hier in Bezug auf die für Kunden gesetzlich vorgegebene Wechselmöglichkeit von einer gesetzlichen in eine private Versicherung.

Wettbewerb zwischen Finanzdienstleistungsprodukten

Hat ein Nachfrager von Lebens-, Renten- oder Krankenversicherungen die Möglichkeit, anstatt der gesetzlichen Absicherung eine private Absicherung abzuschließen, entsteht kaum Wettbewerb innerhalb der zu substituierenden Produkte. Der Wettbewerb findet hier nicht zwischen Produkten, sondern zwischen Systemen statt. Bei privaten Lebens-, Kranken- und Rentenversicherungen wird das Kapitaldeckungsverfahren angewendet, bei der Sozialversicherung das Umlageverfahren.

In der letzten Zeit sind sehr stark die Probleme umlagefinanzierter Sozialversicherungen (z. B. in Bezug auf ihre starke Abhängigkeit von demografischen Entwicklungen) diskutiert worden. Ein Wettbewerb und somit eine fließende Substituierbarkeit der Produkte untereinander kann nicht entstehen, weil die skizzierten Probleme systemimmanent sind.

Die Gesundheitsreform 2009 hat für die Produktwahl im Bereich der substitutiven Krankenversicherung und für das Verhältnis umlagefinanzierter und kapitalgedeckter Produkte neue und komplexe Vorgaben geschaffen.

Betrachtet man allein die Substituierbarkeit innerhalb der privaten kapitalgedeckten Finanzprodukte, werden die Konkurrenzsituation und der mögliche Austausch von Produkten schnell sichtbar.

Wer in den 70er und 80er Jahren für seine Altersvorsorge renditeorientiert Kapital ansparen wollte, hatte nur wenig Produktalternativen und griff zumeist auf Lebensversicherungen, Sparbriefe, Bundesschatzpapiere und Aktien zurück.

In den 90er Jahren kamen vermehrt neue Sparformen auf den Markt: Fonds und Volksaktien (z. B. Telekom-Aktien), Dachfonds, Zertifikate etc. Diese Produkte standen im direkten Wettbewerb um die zu sparenden Beiträge der privaten und öffentlichen Haushalte. Auch Investitionsrücklagen der Unternehmen wurden so vermehrt. Der Vergleich von Sparformen wird seit geraumer Zeit durch Ranking- und Ratingagenturen für den Nachfrager dieser Produkte aufbereitet. Der Nachfrager verfügt nun über mehr Hintergrundinformationen zu den einzelnen Produkten und Unternehmen, um seine Kaufentscheidung zu treffen. Als Ende der 90er Jahre die „New-Economy-Blase" platzte, wurde ein Trend zum Kauf relativ sicherer Produkte erkennbar.

Die jüngsten Entwicklungen und die Eurokrise werfen neue Fragen auf. Im Fokus der Nachfrager steht nun weniger die Substituierbarkeit der Produkte, sondern die Seriosität und Verlässlichkeit der Produktgeber. Auch das Vertrauen zu den Ranking- und Ratingagenturen hat seit dem Beginn der Finanzkrise stark gelitten. Die Substituierbarkeit von Produkten wird insgesamt durch das fehlende Vertrauen in Banken, Produkte und Vertriebspartner erschwert.

3.5 Angebots- und Nachfragestruktur auf Versicherungsmärkten

Handlungssituation

Die Expertengruppe ist sich einig, dass für eine schnelle Marktdurchdringung untersucht werden muss, unter welchen Umständen Anbieter und Nachfrager auf dem Markt zusammenkommen.

Es ist zudem zu berücksichtigen, dass nicht jedes Produkt für alle Vertriebswege geeignet ist. Die Komplexität und die Körperlichkeit – also die Form der Produkte – sind ausschlaggebend für die Wahl des Vertriebswegs.

immaterielles Produkt

Der Versicherungsmarkt ist geprägt von der Unsichtbarkeit und Erklärungsbedürftigkeit der Produkte, für die der Bedarfswunsch beim Kunden erst geweckt werden muss. Von hoher Bedeutung sind zudem Erfahrungen, die die Nachfrager in ihrem Umfeld mit Versicherungsunternehmen und Vermittlern gesammelt haben. Wichtig für den Kontakt der Marktteilnehmer ist auch die persönliche oder die kommunizierte Erfahrung bei der Regulierung von Sach-, Vermögens- und Personenschäden.

Heute besteht eine Vielzahl von Marktplätzen, auf denen sich Anbieter und Nachfrager treffen können. Ob es der Onlinemarkt im Internet ist, der mehr von dem Nachfrager – für Produkte mit geringer Komplexität – initialisiert wird

– die Preisaffinität der Kunden ist groß. Daneben bestehen z. B. Annexmarktplätze, auf denen der Kunde Autos- und Reiseversicherungen abschließt, weil er gerade das Hauptprodukt gekauft hat – ein Markt für sehr zweckorientiert konstruierte Produkte. Hier ist die Initialisierung eher angebotsorientiert und abhängig von dem Hauptprodukt. Der Service für das mitvermittelte Produkt steht nicht im Fokus. Fazit: Preise stehen nicht immer im Zentrum der Entscheidung (Kreuter 2006).

Direktvertrieb

Der Direktvertrieb aus einer Ausschließlichkeitsorganisation entwickelt sich in letzter Zeit verstärkt von einem angebotsorientierten zu einem nachfrageorientierten Markt. Die Nachfrageorientierung wird hier zwar durch viele mediale Quellen unterstützt, die Aufklärung des Kunden allerdings oft durch den „Information Overflow" gebremst, der auch wegen der Komplexität der Produkte entsteht. Die Folge ist dann oft sogar eine Abnahme des Nachfrageprozesses, da der Nachfrager die Wichtigkeit der Komplexität der Produktinformationen einordnen können muss. Der Direktvertrieb mit seiner Preisaffinität muss sich somit einer geringeren Nachfrage stellen. Eine große Rolle spielt beim Direktvertrieb die Servicepolitik der Angebotsseite. Der Nachfrager ist bereit, einen höheren Preis zu zahlen, wenn er den Service für das Produkt als weitere Leistung zum Produkt erkennen kann.

Vertrieb über Mehrfach- oder Makleragenturen

Der Vertrieb über Mehrfach- oder Makleragenturen führt zu einer Kanalisierung der Informationen durch einen Fachmann. Der Makler unterstützt als Bundesgenosse des Versicherungsnehmers gezielt die Nachfragerseite. Der Service für das Produkt spielt für die Initialisierung der Nachfrageseite eine wichtige Rolle, die persönliche Entscheidung für bestimmte Produkte und Preise ist damit für den Nachfrager nicht allein ausschlaggebend.

Strukturvertriebe

Strukturvertriebe sind stringent angebotsorientiert. Die Vertriebsstruktur folgt der Struktur einer Kette, bei der ein Abschluss einen weiteren Verkauf anregen soll. Dem Angebot des Produktes folgt das Angebot zur Mitverbreitung des Produktes. Somit wird aus dem angebotsorientierten Nachfrager ein weiterer Angebotsverteiler. Produkt, Preis, Service und weitere Kriterien stehen hier nicht im Fokus des Vertriebsweges.

Versandhäuser

Versandhäuser nutzen eine Angebotsinitialisierung über den Cross-Selling-Ansatz. Ihre Kunden bekommen spezielle Produkte angeboten, die unter dem Gesichtspunkt „breite Streuung" und „einfache Produktwelt" kombiniert werden. Der Service ist hier eher von geringerer Bedeutung. Die Initialisierung wird eher vom Nachfrager gesteuert. Die Preisaffinität ist ausgeprägt.

Bankenvertrieb

Bankenvertrieb ist auch ein typisches Modell des „Cross-Selling". Der Kunde ist durch seinen bisherigen Kontakt mit Banken schon im Umgang mit komplexen und immateriellen Produkten geübt und weiß, dass der Service ein Bestandteil der Angebotsorientierung ist. Somit bietet sich der Vertriebskanal Bank besonders für Produkte mit einer engen Kombination von Vertrieb und Service an (Limbeck 2007).

3

Zusammenfassung

Bei der Marktanalyse wird das Verhalten der Marktteilnehmer betrachtet, das Zusammenspiel von Angebot und Nachfrage und der Austausch von Waren, Dienstleistungen und Rechten gegen Geld.

Der Versicherungsmarkt ist ein Teilmarkt und in der Gesamtbetrachtung ein oligopolistischer Markt. Er ist geprägt von der Unsichtbarkeit und Erklärungsbedürftigkeit der Produkte, für die der Bedarfswunsch beim Kunden erst geweckt werden muss. Die Finanzdienstleistungsprodukte oder Dienstleistungen unterscheidet man nach dem Grad der Komplementarität in vollkommen komplementäre oder unvollständig komplementäre Güter oder Dienstleistungen.

Ein weiterer Gesichtspunkt der Produktanalyse ist die Betrachtung nach der Substitutionalität und somit nach der Bereitschaft der Risikoauslagerung auf ein Finanzdienstleistungsunternehmen.

4. Allgemeine mikroökonomische Grundlagen der Preistheorie und Preispolitik

Handlungssituation

Die Kostenanalyse ist für Fondsprodukte von großer Bedeutung, da Kosten die Rendite und damit die Attraktivität des Produkts minimieren. Jedes Produkt hat einen Herstellungspreis. Dieser Herstellungspreis kann über dem vergleichbaren Marktpreis liegen und damit eine geringe Marktdurchdringung erzielen. Im schlimmsten Szenario ist das Produkt nicht mehr verkäuflich.

absatzpolitische Ziele

Die *Preispolitik* verfolgt hauptsächlich das absatzpolitische Ziel, mithilfe der Verkaufspreisgestaltung Nachfrageimpulse zu setzen. Eine wichtige Vorgabe ist die Preisuntergrenze. Die Preisobergrenze dagegen wird durch die Nachfrage festgelegt. Sie liegt grundsätzlich dort, wo der vom Kunden akzeptable Preis mit seiner Wertschätzung des Produktes übereinstimmt. Die kostenorientierte Preispolitik setzt die Grenzen (Todeszonen).

Preisuntergrenze

Mit der kostenorientierten Preispolitik wird nicht die Höhe des zu verlangenden Preises festgelegt. Sie liefert die Grundlage für die Entscheidung, ob sich die Produktion und/oder der Vertrieb des Gutes überhaupt lohnt. Die Preisuntergrenze wird durch eine Teilkosten- oder Vollkostenrechnung des Unternehmens berechnet, indem die Produktions- und Materialkosten berücksichtigt werden. Zu beachten ist, dass zumindest die variablen Kosten für das Produkt, wie z. B. Materialkosten, Stundenlohn und Energieverbrauch, gedeckt werden. Dies ist die kurzfristige Preisuntergrenze. In diesem Fall ist der Deckungsbeitrag gleich null. Werden sowohl die variablen als auch die festen Kosten (z. B. Raummiete, Abschreibungen für Maschinen, Lagerräume) durch den Preis gedeckt, ist von der langfristigen Preisuntergrenze die Rede (Todeszone). Die langfristige Preisuntergrenze kennzeichnet den „break even point", bei der die Gesamtkosten gedeckt sind und der Gewinn „Null" beträgt. Mit der kostenorientierten Preispolitik wird also nicht etwa die Höhe des zu verlangenden Preises festgelegt, sondern sie liefert die Grundlage für die Entscheidung, ob sich die Produktion und/oder der Vertrieb des Gutes überhaupt lohnt (wirtschaftliche Wahlentscheidung) (Pies 2003).

wirtschaftliche Wahlentscheidung

Signalfunktion von Preisen

Bei unverändertem Angebot bewirkt eine Erhöhung der Nachfrage einen Preisanstieg. Umgekehrt würde ein Rückgang der Nachfrage eine Preissenkung hervorrufen. Preise, und zwar insbesondere die relativen Preise, die Wert- und Knappheitsveränderungen im Gefüge der volkswirtschaftlichen Produktion signalisieren, sind die wichtigste Informationsquelle aller Handlungsträger (daher Signal- oder Informationsfunktion).

3

Mindestpreise

Durch Staatseingriff lassen sich auch Mindestpreise festlegen, mit denen im Regelfall die Produzenten, meist zum Nachteil der Verbraucher, geschützt werden sollen. Derartige Preise sind daher wirtschaftlich nur dann sinnvoll, wenn sie oberhalb der ursprünglichen Marktpreise liegen.

Politische Preise

Freie Preisbildung kann zu Ergebnissen führen, die politischen Interessen widerstreiten. Diese können u. a. soziale Schutzinteressen sein (Wohnungsmiete), gewerbliche Belange berühren (landwirtschaftliche Produktion) oder die Versicherungsaufsicht betreffen (Prämienkontrolle).

Sanktion und Auslesefunktion

In dem Anpassungsprozess des Produktes auf dem Markt entstehen positive oder negative Sanktionen, die die Auslesefunktion der Preise ausmachen. Preisunterschiede belohnen die schnell reagierenden und innovativen Wirtschaftssubjekte mit höheren Gewinnen, sicheren Arbeitsplätzen und steigenden Löhnen.

4.1 Vollkommener Markt

Handlungssituation

Um den Preis für die „Intelligente Proximus-Betriebsrente" optimal zu platzieren, ist neben den gesamten Kosten auch die Ertragslage zu diskutieren. Die Kriterien für eine Optimierung der Ertragslage sind immer abhängig von der Unterscheidung zu anderen vergleichbaren Produkten. Um eine Referenz zu bilden, ist ein vollkommener Referenzmarkt notwendig.

Modellvorgaben des vollkommenen Marktes

Die Frage nach der Vollkommenheit von Märkten ist die nach der größten Allokationseffizienz: Wie müssen Märkte beschaffen sein, damit sie ihre gesamtwirtschaftliche Steuerungsfunktion bestmöglich wahrnehmen können? Die Faktoren sind:

1. Es besteht eine Homogenität der Güter. Alle Güter sind sachlich gleich in Bezug auf die Qualität, Aufmachung und Verpackung. Die Nachfrager können damit ihre Kaufentscheidung nach dem Preis ausrichten.
2. Es wird rationales Verhalten der Marktteilnehmer vorausgesetzt, d. h. es existieren keine räumlichen, persönlichen oder zeitlichen Präferenzen für Marktteilnehmer. Das bedeutet, dass es keine Standortvorteile bzw. Vorteile durch den Bekanntheitsgrad oder durch unterschiedliche Lieferfristen gibt. Die Wettbewerbsbedingungen sind für alle Anbieter und Nachfrager gleich. Den Marktpartnern ist es egal, mit wem sie Geschäftsbeziehungen eingehen.
3. Es besteht vollständige Markttransparenz. Alle Marktteilnehmer haben eine vollständige Übersicht zu Preisen, Rabatten, Qualitäten, Liefer- und Zahlungsbedingungen. Das ermöglicht ihnen, sachlich begründet das günstigste Angebot zu nutzen.

4. Es reagieren alle Anbieter und Nachfrager unverzüglich auf Marktänderungen.
5. Im vollkommenen Markt ist der Zutritt bzw. der Marktaustritt frei, d. h. es existieren keine Markteintritts- bzw. -austrittsbarrieren.

Der vollkommene Markt ist ein volkswirtschaftliches Modell und somit abstrakt. Volkswirtschaftliche Modelle zeichnen eine optimale Fremdrealität. Gerade das vollkommene Modell zeigt und beschreibt z. B. idealtypisch die Markträumungsfunktion. In den realen unvollkommenen Märkten kann dieser Zustand ohne weiteres eintreffen, ist aber schwer zu beobachten und zu analysieren. Mit einem Denkmodell, das die oben genannten Vorgaben als eigenständiger Kosmos erfüllt, kann die Markträumungsfunktion dagegen gut simuliert werden.

- *Preisbildung vollkommener Markt*

  Auf einem vollkommenen Markt gibt es keine freie Wahl, so dass Angebot und Nachfrage in einem gemeinsamen Punkt, dem Marktgleichgewicht, aufeinandertreffen. Der Gleichgewichtspreis entspricht den Grenzkosten. Die Anbieter auf dem vollkommenen Markt erzielen keine Gewinne. Es gibt nur einen Preis, zu dem die Nachfrage dem Angebot entspricht und der Markt geräumt wird. Anbieter können keinen höheren Preis als den Gleichgewichtspreis durchsetzen, weil sie aufgrund der Markttransparenz keine Abnehmer finden werden. Nachfrager, die weniger als den Gleichgewichtspreis bezahlen wollen, werden keine Anbieter am Markt finden (Varian 2003).

Bei der vollständigen Konkurrenz handelt es sich um eine Marktform, die entsteht, wenn ein Polypol und ein vollkommener Markt zusammenkommen.

Dabei bedeutet Polypol, dass:
- viele Anbieter ihr Produkt auf dem Markt anbieten
- viele Käufer das Produkt nachfragen (Käufermarkt)

Der einzelne Marktteilnehmer verfügt daher nicht über nennenswerte Marktmacht und kann das Marktgeschehen nicht beeinflussen.

Ein vollkommener Markt liegt vor, wenn:
- die Anbieter identische Produkte anbieten (homogene Produkte)
- der Markt nicht von der Regierung reguliert wird und freier Markzu- und -austritt möglich ist
- Kunden keine feste Bindung zu den Anbietern haben
- Firmen und Käufer über alle marktrelevanten Informationen verfügen, d. h. insbesondere über die Preise informiert sind

Da die angebotenen Güter bei vollständiger Konkurrenz homogen sind und die Kunden ihre Kaufentscheidung allein nach dem Preis treffen, kann es im Marktgleichgewicht nur einen einheitlichen Preis geben. Da die Anbieter über keine Marktmacht verfügen, betrachten sie den einheitlichen Marktpreis als gege-

3

ben und passen lediglich ihre Angebotsmenge an (*Mengenanpasser*-Verhalten). Das Modell der vollständigen Konkurrenz erklärt das Zustandekommen von Preisen durch das Wirken eines fiktiven *Auktionators,* welcher denjenigen Preis ermittelt, bei dem die Summe der nachgefragten Mengen der Summe der angebotenen Mengen entspricht. Erst bei diesem *Gleichgewichtspreis* werden die Markttransaktionen durchgeführt.

In der Realität ist diese Marktform selten bzw. gar nicht anzutreffen. Der Aktienhandel an der Börse gilt als ein Beispiel, das der vollständigen Konkurrenz am nächsten kommt.

Vollständige Konkurrenz wird als Modell angenommen, um Gesetzmäßigkeiten bei der Preisbildung mathematisch zu untersuchen.

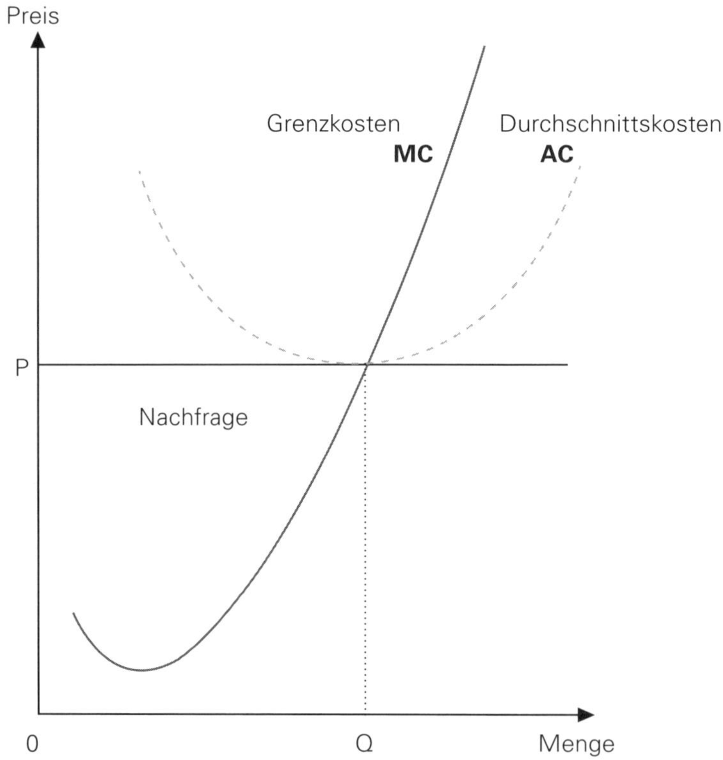

Abbildung 2: Preisbildung auf dem vollkommenen Markt

4.2 Preiselastizität

Handlungssituation

Ist ein Preis für das Produkt „Intelligente Proximus-Betriebsrente" gefunden, kommt eine weitere Komponente der Betrachtung dazu. Die Elastizität untersucht die Wechselwirkung zwischen Einkommen, Alternativprodukten und Preisveränderungen gegenüber dem einzuführenden Produkt. Es bestimmt die Verhaltensmuster eines Unternehmens auf dem Markt und dessen Taktieren mit dem Preis.

Angebot und Nachfragedynamik auf den Märkten

Man versteht unter der direkten Preiselastizität der Nachfrage das Verhältnis der relativen prozentualen Änderung der nachgefragten Menge eines Gutes zu der sie bewirkenden relativen prozentualen Änderung des Preises dieses Gutes.

$$E = \frac{\text{Relative Änderung der Wirkung}}{\text{Relative Änderung der Ursache}}$$

Preiselastizität

Die Preiselastizität ist ein Maß dafür, welche relative Änderung sich bei der Angebots- bzw. Nachfragemenge ergibt, wenn eine relative Preisänderung eintritt.

Je höher die Preiselastizität ist, desto stärker reagiert die Menge auf den geänderten Preis. Die Preiselastizität eines Gesamtmarktes tendiert dazu, geringer als die Elastizität eines einzelnen Gutes zu sein, das bei einer Preisänderung gegen ein anderes ausgetauscht (substituiert) werden kann.

Die Elastizitäten bemessen die Änderungen der Nachfrage- und der Angebotsmenge, weshalb man in der Gesamtheit fünf Elastizitäten definiert. Wird die Preiselastizität ohne nähere Präzisierung genannt, ist i. d. R. die direkte Preiselastizität der Nachfrage gemeint.

Anbei die fünf Elastizitäten:

- Preiselastizität der Nachfrage
- Preiselastizität des Angebots
- Kreuzpreiselastizität der Nachfrage
- Kreuzpreiselastizität des Angebots
- Einkommenselastizität der Nachfrage

Fallbeispiel für die Preiselastizität der Nachfrage

Der Schokoladenunternehmer verkauft Meybona-Schokolade für 5 € pro 300 g und hat bei diesem Preis 110.000 Tafeln verkauft.

Er erhält einen Umsatz von 550.000 €.

Jetzt kann er sich überlegen, ob er den Preis um 1 € anhebt.

Er wird wissen, dass die Nachfrage zurückgeht, z. B. um 10.000 Tafeln.

Er verkauft noch 100.000 Tafeln, aber zu 6 €, und hat einen Umsatz von 600.000 €.

Insgesamt wäre dies ein Gewinn für den Unternehmer von 50.000 € mehr, wenn die Gemein- und Produktionskosten nicht weiter gestiegen sind.

Würde die Nachfragerseite stärker reagieren und nur 90.000 Tafeln kaufen, würde die Entscheidung, die Preise zu erhöhen, einen Umsatzverlust von 10.000 € beinhalten.

Eine alternative Überlegung ist natürlich auch hinsichtlich einer Preissenkung möglich.

Daraus ergibt sich die Frage, ob die Mengenänderung durch die Preisänderung kompensiert wird.

Dies kann uns die Elastizität der Nachfrage beantworten. Sie gibt an, wie die Nachfrage auf eine Änderung des Preises reagiert.

Nachfragekurve und Elastizitäten

Die Elasitzität ist im Lauf der Nachfragekurve nicht konstant, auch wenn die Steigung der Kurve fortlaufend konstant wäre. Daraus lässt sich ableiten, dass ein hoher Preis, der etwas gesenkt wird, die prozentuale Änderung sehr klein ausfallen lässt. Die Mengenänderung von dieser Preissenkung wird prozentual sehr groß sein. Teilen wir nun eine große Zahl durch eine kleine Zahl, erhalten wir eine noch größere Zahl. Deshalb sind die Werte der Elastizität bei hohen Preisen größer Null.

Ist auf der anderen Seite der Preis bereits sehr gering, wird eine weitere Preissenkung prozentual sehr groß sein, dagegen ist die Mengenänderung nun in Prozent klein. Dies führt zu kleinen Werten, wenn eine kleine Zahl durch eine große geteilt wird.

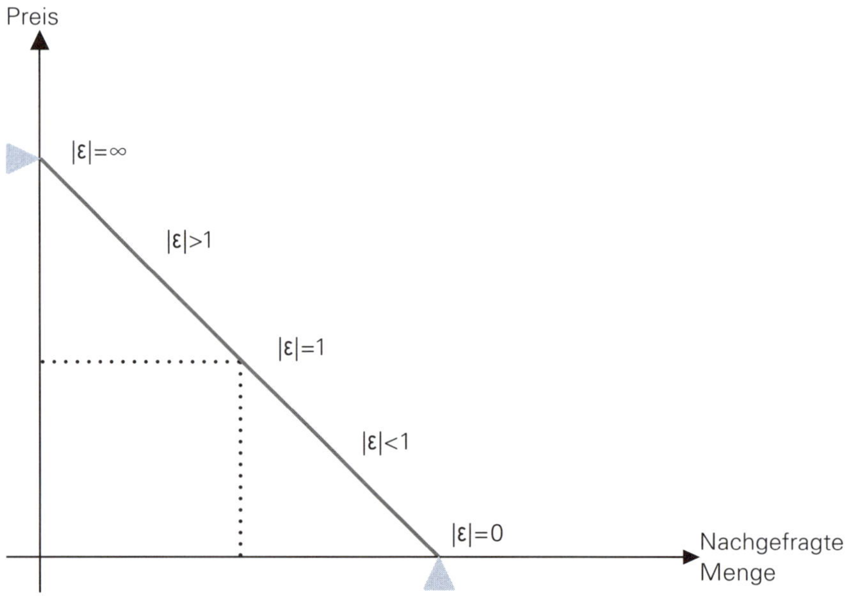

Abbildung 3: Elastizität entlang der Nachfragekurve

Bei $|\varepsilon| > 1$ spricht man von einer elastischen Nachfrage. Hier reagiert die Nachfrage überproportional auf eine Änderung des Preises. Bei $|\varepsilon| < 1$ hingegen reagiert die Nachfrage unterproportional auf eine Änderung des Preises. Bei $|\varepsilon| = 1$ schließlich folgt auf eine Preisänderung eine proportionale Änderung der Nachfrage.

Der Schokoladenunternehmer kann seine Einnahmen steigern, wenn $|\varepsilon| < 1$ gilt und er sein Angebot verringert oder den Preis erhöht. Die Preissteigung überkompensiert seine geringeren Einnahmen aufgrund des geringeren Absatzes.

Ist die Nachfrage elastisch ($|\varepsilon| > 1$), kann eine Preissenkung die Einnahmen erhöhen. Hier ersetzt der höhere Absatz den Preisunterschied.

Einkommenselastizität

Die Einkommenselastizität der Nachfrage gibt an, wie stark sich die Nachfrage nach einem Gut relativ ändert, wenn sich das Einkommen eines Haushaltes ändert.

Sie ist definiert als prozentuale Änderung der Nachfragemenge pro prozentuale Änderung des Einkommens. Ist die Einkommenselastizität positiv, spricht man von einem normalen Gut; ist die Einkommenselastizität negativ, von einem inferioren Gut. Bisweilen wird davon ausgehend zwischen verschiedenen Typen von normalen Gütern unterschieden: Ein Gut, dessen Nachfrage bei einem Einkommensanstieg überproportional zum Einkommen steigt und das somit eine Einkommenselastizität von über 1 aufweist, bezeichnet man als Luxusgut; steigt die Nachfrage unterproportional zum Einkommen und liegt die Einkommenselastizität also zwischen 0 und 1, spricht man von einem notwendigen Gut (Jehle/Reny 2011).

4.3 Marktformen

Handlungssituation

Die Teilnahme auf einem Markt ist zu vergleichen mit einer Segeltour auf dem Meer. Kennt der Kapitän nicht die Wassertiefe, Strömung und den Landverlauf, wird er seine Fahrroute nicht optimal treffen. Eine nicht-optimale Verhaltensweise auf dem Markt führt zu erhöhten Kosten, da z. B. mehr Marketingmaßnahmen notwendig sind.

Nachfrage / Angebot	Einer	Wenige	Viele
Einer	Bilaterales Monopol (Panzerhersteller)	Beschränktes Angebotsmonopol (med. Spezialgeräte)	Angebotsmonopol (Post mit Briefmarken)
Wenige	Beschränktes Nachfragemonopol (EZB) → Münzpräger	Bilaterales Oligopol (Pelzmäntel)	Angebotsoligopol (Tourismus, Benzin, Auto)
Viele	Nachfragemonopol (staatl. Ausschreibung) Starker Einfluss auf Lieferanten, wenn wir als Nachfrager auftreten	Nachfrage-oligopol (Arbeitsmarkt)	Polypol (Apotheke, Bäckerei, Kleidung)

Abbildung 4: Marktformenschema von Heinrich Freiherr von Stackelberg

Die wichtigsten Marktformen im Überblick

- *Polypol*

Marktcharakter

Bei einem geringen Marktanteil der einzelnen Anbieter spricht man von einer „atomisierten Marktstruktur". Polypolistische Märkte bezeichnet man auch als Konkurrenz- oder Wettbewerbsmärkte. Man kann zwischen dem homogenen Polypol im vollkommenen Markt und dem heterogenen Polypol, der monopolistischen Konkurrenz, unterscheiden. Beim heterogenen Polypol ist die Homogenitätsbedingung für den vollkommenen Markt nicht erfüllt, die angebotenen Produkte sind ähnlich, aber nicht übereinstimmend.

Hinsichtlich seiner Kosten kann der Polypolist von der Limitationalität des Faktoreinsatzes ausgehen. Eine Ausdehnung der Produktionsmenge erfordert die proportionale Mehrbeschäftigung von Faktoren. Da er seinerseits nur Promillebruchteile des gesamtwirtschaftlichen Kapitals und Arbeit beschäftigt, haben seine Mehr- und Minderbeschäftigung keine Lohn- oder Zinsänderung zur Folge. Die Kostenzuwächse (Grenzkosten) sind somit über den gesamten Verlauf seines individuellen Angebotes identisch. Damit ist das Angebotswesen des Polypolisten eindeutig bestimmt: Er erzielt das Gewinnmaximum, wenn er seine Kapazität voll ausnutzt. Die Zusatzmenge bei Volllast ist normalerweise zu gering, um Marktreaktionen auszulösen. Die Konsequenz: Der Zusatzerlös einer weiteren Angebotseinheit entspricht ihrem Preis. Der Gesamtansatz entwickelt sich proportional zur Angebotsmenge (Steckelbach 2002).

- *Monopol*

Bei einem Markt mit einem Anbieter kommt es häufig dazu, dass dieser (der Monopolist) bei seiner Preisgestaltung nur auf die Nachfrage bzw. das Angebot Rücksicht nehmen muss, nicht auf den Wettbewerb. Unter der Annahme des Ziels einer Gewinnmaximierung muss ein Monopolist berücksichtigen, dass höhere Preise zu einem Rückgang der Nachfrage am Markt führen (je höher der Preis ist, desto weniger Kunden sind bereit und in der Lage, diesen Preis zu zahlen).

Die Entscheidungssituation des gewinnmaximierenden Monopolisten ist damit aufgehoben: Er wird die Mengen am Markt unterbringen, bei denen die Erlöszuwächse so groß wie seine Grenzkosten sind. Auch wenn die Kapazitäten weitere Produktion ermöglichten, würde er sie nicht nutzen, weil zusätzliche Angebote die Grenzerlöse unter die Kostenzuwächse fallen ließen. Gewinnsteigerung durch Verknappung des Angebots ist damit eine der unerwünschten Marktstrategien von Alleinanbietern (Steckelbach 2002).

- *Arten von Oligopolen:*
  - heterogenes bzw. inhomogenes Oligopol: Die angebotenen Güter sind nur in begrenztem Maß austauschbar.
  - homogenes Oligopol: Die Güter sind aus Sicht der Nachfrager austauschbar, es bestehen folglich keine Vorurteile für Güter unterschiedlicher Anbieter.

Merkmal eines Oligopols ist die Interaktion zwischen der Preis- oder Mengensetzung der verschiedenen Anbieter. Es gibt nur wenige Anbieter, jeder hat eine gewisse Marktmacht und kann durch seine Volumen- oder Preisentscheidung die Marktbewegung beeinflussen. Danach hängt die Nachfrage nach dem Gut eines Anbieters davon ab, wie sich dessen Konkurrenten verhalten, d. h., es besteht eine ökonomische Wechselwirkung zwischen den Anbietern. Diese Interdependenz basiert darauf, dass ein Oligopol bereits dann vorliegt, wenn einer der Konkurrenten glaubt, dass das Ergebnis einer von ihm getroffenen Entscheidung signifikant von den Entscheidungen eines oder mehrerer anderer Wettbewerber abhängig ist. Im Oligopol leben die Verkäufer damit, dass ihre wirtschaftlichen Wahlentscheidungen sich auf jene der anderen Verkäufer auswirken, die Käufer nehmen die Marktkonditionen als gegeben an. Beim Oligopolisten hängt die Qualität seiner Entscheidung davon ab, wie gut er seinen Markt kennt, um auf die Entscheidungen anderer im Vorfeld reagieren zu können. Oligopole können zu einem sehr starken Marktvolumen und damit zu Wachstum führen. Die Möglichkeit der schnellen Preisanpassung werden die Mitbewerber genauso nutzen (Pfähler/Wiese 2006).

Reaktionsmöglichkeiten des Marktes

Reaktionsmechanismus

- *Preisführerschaft*

  Ein Oligopolist wird von den anderen als Preisführer anerkannt. Alle Marktteilnehmer verändern ihre Preise erst dann, wenn der Preisführer den Preis verändert hat. Im statischen Fall führt dieses Verhalten zu einem sog. Stackelberg-Gleichgewicht.

- *Abgestimmte Verhaltensweisen und Kartellbildung*

  In engen Oligopolen lassen sich Preis- und Mengenabsprachen leicht organisieren. Diese Verhaltensweise ist dann für die Anbieter besonders attraktiv, wenn andere Formen des Wettbewerbs (Qualität, Service) ausscheiden, was vor allem bei homogenen Oligopolen der Fall ist (Beispiele: Zucker-, Zement- und Stromindustrie).

- *Ruinöser Wettbewerb*

  Wenn ein Unternehmen nur überleben kann, wenn es eine gewisse Größe erreicht, besteht die Tendenz, Konkurrenten durch ein besonders aggressives Preisverhalten aus dem Markt zu drängen, worauf andere mit weiteren Preissenkungen reagieren.

- *Preisstarrheit*

  Bei mehreren gleich starken oder schwachen Konkurrenten wagt es keiner, sein Verhalten zu ändern, weil er fürchtet, dass die Konkurrenz seine Strategie durchkreuzt.

  Intensiver, dem technischen Fortschritt und dem Kunden dienender Wettbewerb ist insbesondere in weiten, heterogenen Oligopolen gegeben.

4.4 Preisbildung bei vollständiger Konkurrenz

Preisbildung auf dem vollkommenen Markt

Markträumungsfunktion

Auf einem vollkommenen Markt gibt es keine freie Wahl, so dass Angebot und Nachfrage in einem gemeinsamen Punkt, dem Marktgleichgewicht, aufeinandertreffen. Der Gleichgewichtspreis entspricht dann den Grenzkosten. Die Anbieter auf dem vollkommenen Markt erzielen keine Gewinne. Es gibt nur einen Preis, zu dem die Nachfrage dem Angebot entspricht und der Markt geräumt wird. Für Anbieter gibt es nur den Gleichgewichtspreis, weil sie aufgrund der Markttransparenzen keine Abnehmer mit unterschiedlichen Informationen und Vorgaben vorfinden. Es gibt keine Nachfrager, die weniger als den Gleichgewichtspreis bezahlen wollen, und keine Anbieter, die unter der Markträumungsfunktion verkaufen wollen (vgl. hierzu auch die Abbildung 2: Preisbildung auf dem vollkommenen Markt, Abschnitt 4.1)

4.5 Preissetzung bei unvollständiger Konkurrenz

Preisbildung durch Anbieter- und Nachfragerseite

Sie zeigt den Ablauf, wie Angebot und Nachfrage zusammenkommen und wie aus den unterschiedlichen Standpunkten des Angebots und der Nachfrage ein stabiler Gleichgewichtspreis (Marktverkaufspunkt) entstehen kann.

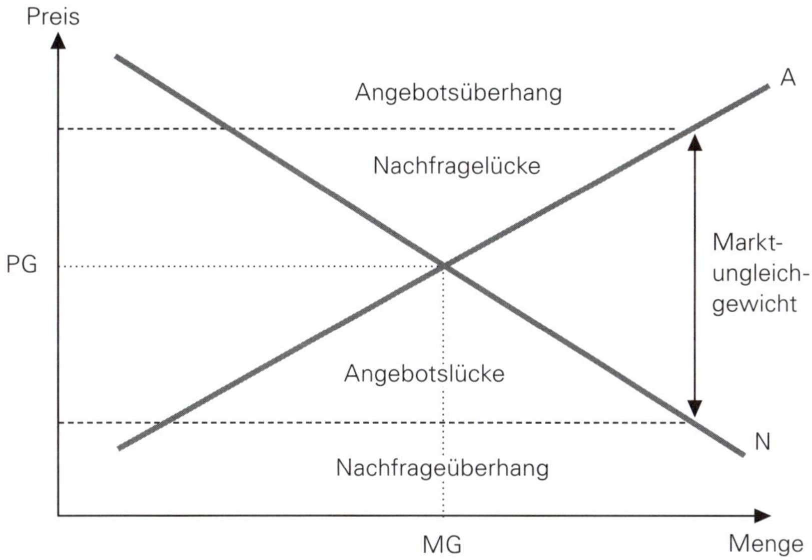

Abbildung 5: Marktangebot und Marktnachfrage

Angebot

Als Angebot bezeichnet man die herzustellende Menge, die zu einem bestimmten Preis zu produzieren ist. Je höher der Marktpreis eines Gutes ist, desto höher sind die Nachfrage und das Gesamtangebot aller Anbieter.

Ist ein bestimmtes Gut besonders nachgefragt, wird sich die nachgefragte Menge zu allen Preisen erhöhen. Infolge der höheren Nachfrage steigen der Gleichgewichtspreis und die verkaufte Menge. Eine sinkende Nachfrage führt zu einem niedrigeren Preis und einer geringeren Umsatzmenge.

Wird eine bestimmte Menge besonders nachgefragt, werden die Anbieter zunächst den Preis erhöhen, da mehr Nachfrage als Angebot vorhanden ist. Als Folge der Preiserhöhung werden weitere Anbieter hinzukommen oder bestehende Anbieter ihr Angebot vergrößern, da es sich bei dem höheren Preis nun für sie lohnt. Durch diese Reaktion des Marktes entsteht ein neues Marktgleichgewicht mit neuem Gleichgewichtspreis und neuer Umsatzmenge. Wenn umgekehrt die Nachfrage sinkt, geschieht das Gegenteil. Der Gleichgewichtspreis sinkt, und als Folge davon wird auch das Angebot sinken.

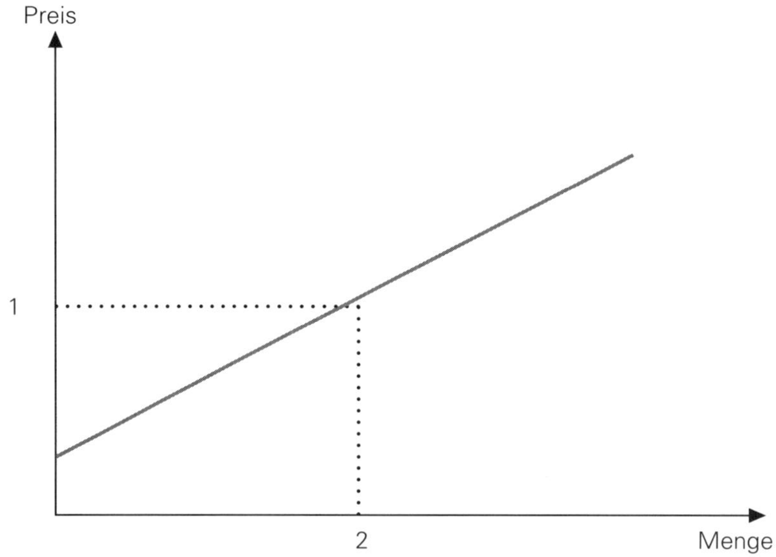

Abbildung 6: Gleichgewichtspreis [KW6]

Angebotsänderung

angebotsinduzierte Preise

Die Auswirkung eines steigenden Angebots drückt den Preis und die umgesetzte Menge erhöht sich. Ein sinkendes Angebot lässt den Preis steigen und die Menge sinkt.

Beispiel

Wird z. B. eine optimierte Verfahrenstechnik im Maschinenbau eingeführt, könnten mehr Anbieter für den gebotenen Preis Druckmaschinen verkaufen. Dies führt u. U. zu einem Überangebot an Druckmaschinen. Um ihre Druckmaschinen verkaufen zu können, müssen die Anbieter den Preis reduzieren. Dies führt dazu, dass die Nachfrage sich ausweitet. In der Folge bildet sich ein neues Gleichgewicht im Druckmaschinenmarkt mit einem niedrigeren Gleichgewichtspreis und einem größeren Marktvolumen.

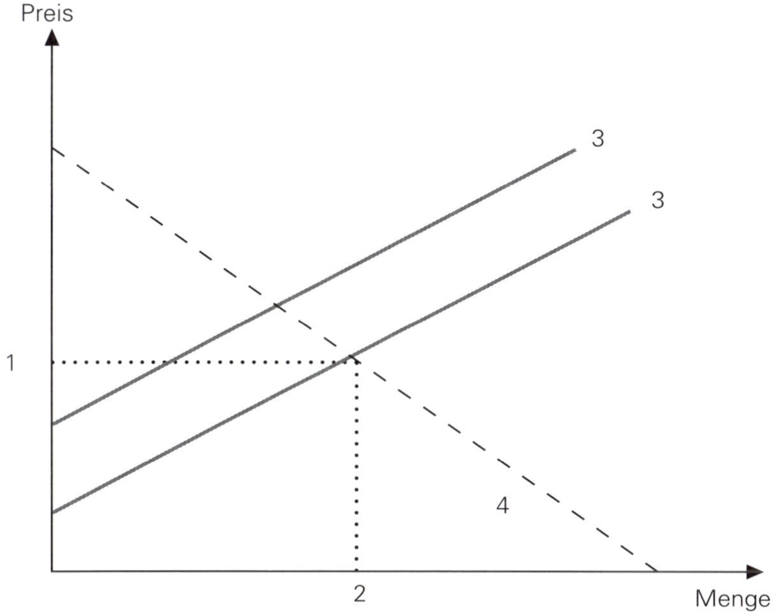

1. Gleichgewichtspreis
2. umgesetzte nachgefragte Menge
3. Angebot steigt
4. Nachfrage

Abbildung 7: Gleichgewichtspreis – Angebotsänderung [KW7]

Nachfrage

Nachfrage ist die Menge an Gütern, die die Nachfrager zu einem bestimmten Preis kaufen wollen. Die Hauptkriterien des Preises, der bezahlt wird, sind typischerweise die Menge des Gutes, die Höhe des eigenen Einkommens, persönlicher Geschmack sowie der Preis von Substitutionsgütern und komplementären Gütern.

3

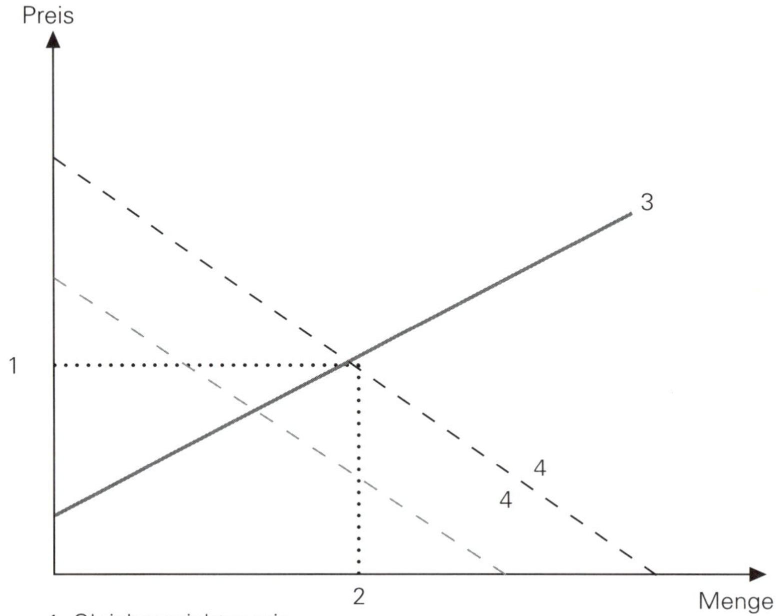

1. Gleichgewichtspreis
2. umgesetzte nachgefragte Menge
3. Angebot
4. Nachfrage steigt

Abbildung 8: Gleichgewichtspreis – Nachfrageänderung

Nachfrageänderung

nachfrageinduzierte Preise

Die Auswirkungen einer steigenden Nachfrage: Steigt das Interesse nach einem bestimmten Gut, wird sich die nachgefragte Menge zu allen Preisen erhöhen. Wenn die Nachfrage nach Strom steigt, werden die Anbieter zunächst den Preis erhöhen können, da mehr Nachfrage als Angebot vorhanden ist. Als Folge der Preiserhöhung werden weitere Anbieter hinzukommen oder bestehende Anbieter ihr Angebot vergrößern, da es sich bei dem höheren Preis nun für sie lohnt. Durch diese Reaktion des Marktes entsteht ein neues Marktgleichgewicht mit neuem Gleichgewichtspreis und neuer Umsatzmenge. Wenn umgekehrt die Nachfrage sinkt, geschieht das Gegenteil.

Zusammenfassung

Die Preisbildung ist kein willkürlicher Akt, sondern eine Entwicklung aus der Beziehung von Angebots- und Nachfrageverhalten auf dem Teilmarkt.

Die Preispolitik verfolgt hauptsächlich das absatzpolitische Ziel, mithilfe der Verkaufspreisgestaltung Nachfrageimpulse zu setzen. Die Elastizität untersucht die Wechselwirkung zwischen Einkommen, Alternativprodukten und Preisveränderungen gegenüber dem einzuführenden Produkt.

5. Gesetzlich ausgehandelte Preise (Prämien) in der Assekuranz

Handlungssituation

Neben den standardisierten volkswirtschaftlichen Marktbetrachtungen ist bei dem Versicherungsmarkt die Komponente der staatlichen Einflussnahme zu betrachten. Da der Versicherungsmarkt eine Grundkomponente jeder Volkswirtschaft ist, hat der Staat marktregulierende Maßnahmen ergriffen, die eine Schutzfunktion entwickeln und die andauernde Erfüllbarkeit langfristiger Verträge gewährleisten sollen. Des Weiteren sollen die Anbieter vor ihrer eigenen wettbewerblichen Risikobereitschaft geschützt werden, damit es nicht zu unkontrollierbaren Risikoübernahmen kommen kann. Eine Risikoübernahme bedeutet auch eine Einbringung von Eigenkapital des Versicherers. Dies führt zu einer stärkeren Eigendisziplinierung der Anbieter. Dadurch stößt die Preisgestaltung des Versicherers auf andere untere Grenzen als bei einem normalen Unternehmen.

Gesetzlicher Rahmen zur Prämiengestaltung

Solvabilitätsspanne
§ 53c Abs. 1 VAG

Die Solvabilität für Versicherer ist gesetzlich in § 53c Abs. 1 Versicherungsaufsichtsgesetz (VAG) geregelt. Danach sind Versicherer zur Sicherstellung der dauernden Erfüllbarkeit der Verpflichtungen aus den Versicherungsverträgen verpflichtet, freie unbelastete Eigenmittel in Höhe der sog. Solvabilitätsspanne zu bilden, die sich nach dem gesamten Geschäftsumfang bemisst. (Die Solvabilitätsspanne ist ein Baustein der Solvabilität. Diese wiederum ist – vereinfacht dargestellt – ein *Kapital-Puffer*, der sicherstellen soll, dass die Versicherungen zu jeder Zeit ihren Zahlungsverpflichtungen, z. B. aus Schadensfällen bzw. den Todes- oder Erlebensfällen, in der Lebensversicherung nachkommen können. Die Solvabilitätsspanne ist genau genommen keine Spanne, sondern ein Betrag.)

Kapitalpuffer

Hierbei ist zu beachten, dass die Bestimmung der Solvabilitätsspanne heute nicht direkt auf die Risikolage des Versicherers abstellt, sondern sich überwiegend auf rein bilanzielle Größen bezieht. Damit wird die tatsächliche Risikolage nicht immer richtig berücksichtigt.

Prämiendifferenzierung

vorrangige und nachrangige Umverteilung des Risikos

Versicherung ist dem Wesen nach Umverteilung zwischen den Versicherungsnehmern. Aus den Prämienzahlungen aller Versicherungsnehmer erhalten diejenigen Versicherungsnehmer, die von einem Schaden betroffen sind, eine Entschädigung. Das stellt eine Umverteilung von den schadenfrei gebliebenen Versicherungsnehmern zu den Versicherungsnehmern, die einen Schaden erlitten haben, dar. Diese Umverteilung ist gewollt; sie ist Sinn und Zweck von Versicherung. Diese Umverteilung erfolgt immer erst nachrangig; Erst nach Ablauf einer Versicherungsperiode lässt sich feststellen, welche Versicherungsnehmer auf der Empfängerseite der Umverteilung stehen, weil sie einen Versiche-

3

rungsschaden erlitten haben, und welche Versicherungsnehmer auf der Geberseite stehen. Diese Umverteilung soll daher hier als nachrangige Umverteilung bezeichnet werden. Bei einer vorrangigen Umverteilung – also aus der Sicht zu Beginn einer Versicherungsperiode – kennt man die Richtung der nachrangigen Umverteilung noch nicht; man weiß noch nicht, welcher Versicherungsnehmer einen Schaden erleiden wird. Man weiß nur, dass jeder Versicherungsnehmer mit gewissen Wahrscheinlichkeiten von Schäden in unterschiedlicher Höhe betroffen sein kann. Aus diesen Wahrscheinlichkeiten und Schadenhöhen lässt sich der sog. Erwartungswert des Schadens berechnen.

Preisgestaltung

Der Versicherungsbeitrag, also der Preis für eine Versicherungsleistung, beinhaltet neben der Umverteilung von Risikoausgleichen auch die kostenmäßige Erfassung für die Bereitstellung dieser Umverteilung des finanziellen Risikos. Eine kalkulierte Reserve für die erhöhten Risiken wird ebenfalls Bestandteil einer Preispolitik sein. Dies ist dann der Preis der Versicherungsgesellschaft auf dem Markt. Ob dieser Preis marktgerecht ist, ist abhängig von der Kalkulationsleistung der anderen Marktteilnehmer. Eine Preisdifferenzierung ergibt sich neben den Kosten für die Erstellung des Produktes auch aus dem vom Versicherer verwalteten kollektiven Risiko.

Das kollektive Risiko nähert sich zwar im Oligopolistischen Versicherungsmarkt statistisch an, kann aber durch Individualereignisse, extrovertierte Zielgruppen, verändertes Verhalten des Gesamtkollektives verfälscht werden und damit zu einer anderen Kalkulation führen als bei den Mitbewerbern auf dem Markt.

Zusammenfassung

Versicherer müssen die dauernde Erfüllbarkeit ihrer Verpflichtungen aus den Versicherungsverträgen sicherstellen. Der Schutz des vom Versicherer verwalteten Versicherungsbestandes hat oberste Priorität.

Der Versicherungsbeitrag bzw. die Prämie, also der Preis für eine Versicherungsleistung, beinhaltet neben der Umverteilung von Risikoausgleichen auch die kostenmäßige Erfassung für die Bereitstellung dieser Umverteilung des finanziellen Risikos. Eine kalkulierte Reserve für die erhöhten Risiken wird ebenfalls Bestandteil einer Preispolitik sein.

6. Wirkungen und Grenzen der Wirtschaftspolitik und der Fiskalpolitik

Handlungssituation

Die wirtschaftliche Wahlentscheidung, ob und wie das Produkt „Intelligente Proximus-Betriebsrente" auf den Markt eingeführt wird, wäre einfacher zu treffen, wenn es sich um eine ausschließlich ökonomische Entscheidung handeln würde. Für die Beurteilung dieser Frage müssen jedoch auch politische und gesetzgeberische Faktoren und Einflüsse berücksichtigt werden.

Die Wirtschaft wird auch von der Politik gestaltet und Politiker wollen in gewissen Abständen wiedergewählt werden. Somit haben die Politiker durch Gesetze die Möglichkeit, den Markt zu beeinflussen. Durch Subventionen, Steuererhöhungen, Abgabenerhöhungen oder -senkungen sowie durch Verbote und Handelsbeschränkungen erhält der Staat durch die Politik eine Marktlenkungsfunktion.

Die Unternehmen müssen daher die Mechanismen der politischen Lenkungsfunktionen genau kennen, um eine realistische Markteinschätzung für das neue Produkt formulieren zu können.

Wirtschaftspolitik

interdisziplinäre Einstufung

Wirtschaftspolitik ist ein Maßnahmenbündel, mit denen der Staat regelnd und gestaltend in der Wirtschaft agiert. Wirtschaftspolitik legt den Rahmen fest, in dem sich die weitgehend privat organisierte Wirtschaft mit ihren verschiedenen Anbietern und Nachfragern entfalten kann.

Wirtschaftspolitik ist eine Wissenschaft und Teilgebiet der Volkswirtschaftslehre. Sie beschäftigt sich mit den Organisationsprinzipien von Wirtschaftssystemen und den wirtschaftlichen Ablaufallokationen.

Ausrichtungen der Wirtschaftspolitik

Struktur-, Ordnungs- und Prozesspolitik

Wirtschaftspolitik wird in Strukturpolitik, Ordnungspolitik und Prozesspolitik eingeteilt. Strukturpolitik führt zu Eingriffen auf die Regional- und Branchenstruktur eines Landes.

Zur Strukturpolitik gehören die Infrastrukturpolitik mit dem Ausbau von Straßen und Gewerbegebieten, regionale und die sektorale Strukturpolitik mit der Förderung strukturschwacher Regionen (wie die neuen Bundesländer). Strukturpolitik will mit sektoralen und regionalen Maßnahmen den Strukturwandel beeinflussen und steuern, um die Wirtschaftlichkeit zu verbessern.

Ordnungspolitik definiert die langfristigen Rahmenbedingungen, inwieweit der Staat in wirtschaftliche Prozesse eingreift (Wirtschaftsordnungen). Zur Ordnungspolitik zählt insbesondere die Wettbewerbspolitik.

Bei der Prozesspolitik greift der Staat aktiv in die Marktprozesse ein. Zur Prozesspolitik gehört die Arbeitsmarktpolitik, ein Beispiel dafür sind die Hartz-IV-Gesetze. In der Finanzpolitik sorgt der Staat z. B. für die Umsetzung der Stabilitätskriterien von Maastricht, in der Fiskal- und Geldpolitik stellt der Staat z. B. in Zeiten der Finanzkrise Bürgschaften bereit, in der Handelspolitik erlässt er z. B. Zollbeschränkungen für Produkte aus Fernost, in der Konjunkturpolitik veranlasst der Staat z. B. Ausgaben für Straßen und Schulen. Zur Wirtschaftspolitik gehören ebenso die Gebiete der Sozialpolitik mit z. B. der Aufgabe der Integration von Fachkräften aus dem Ausland und der Währungspolitik mit den Bemühungen zur Wahrung der Stabilität des Euro zum US-Dollar.

Die staatliche Wirtschaftspolitik kann generell zwischen den Polen der reinen Angebotspolitik, die Wirtschaftspolitik weitgehend auf Ordnungspolitik beschränken will, und der reinen Nachfragepolitik, die eine aktive Prozesspolitik vertritt, gestaltet werden.

Grenzen der Wirtschaftspolitik

Ziele können konkludent, indifferent, substituierend sein oder in Konkurrenz zueinander liegen, wenn ein Maßnahmenmanagement einem wirtschaftspolitischen Ziel dient, jedoch ein anderes benachteiligt oder ihm schädlich ist.

Indifferente Ziele beeinflussen sich nicht. Als Beispiel dafür ist das Konjunkturprogramm der Bundesrepublik Deutschland im Jahr 2009 zu nennen, das z. B. keine Zielbetrachtung im Bereich der Hochseefischereiförderung notwendig macht.

Ein austauschbares, also substituierbares Ziel ist z. B. die direkte Konsumförderung durch eine Abwrackprämie (Umweltprämie) oder einen direkten Konsumgutschein, der für einen Kauf eines neuen Fortbewegungsmittels (Auto, Motorrad, Roller, Fahrrad etc.) ausgegeben wird.

Zielkonkludenz entsteht, wenn eine bestimmte wirtschaftspolitische Maßnahme zwei oder mehreren Zielen gleichzeitig dient.

Ob ein Zielkonflikt oder eine Zielkonkludenz vorliegt, hängt u. a. auch von der zeitlichen Perspektive ab. So scheint das Nachhaltigkeitsziel kurzfristig einen Konflikt auszulösen, da erhöhte Steuern auf Benzin und Diesel Geld kosten. Langfristig ergibt sich jedoch ein Umdenken in der Autoindustrie und bei deren Abnehmern.

Fiskalpolitik

Fiskalpolitik ist ein wirtschaftspolitisches Instrument des Staates. Sie ist ein Teilbereich der Finanzpolitik und nicht mit ihr gleichzusetzen. Fiskalpolitik ist wichtigster Bestandteil der Konjunkturpolitik. Unter Fiskalpolitik versteht man sämtliche finanzpolitischen Maßnahmen des Staates, mit denen er den Ablauf gesamtwirtschaftlicher Prozesse steuert bzw. Einfluss nimmt.

antizyklische Politik in Deutschland ist i. d. R. keynesianisch

Um die Ziele des deutschen Stabilitätsgesetzes zu erreichen, muss der Staat Konjunkturschwankungen ausgleichen. In Phasen der Hochkonjunktur wird versucht, die Konjunktur zu bremsen, um z. B. eine Inflation zu vermeiden. In Phasen der Rezession und der Depression wird der Staat alles tun, um die Konjunktur zu beleben. Da somit dem Konjunkturzyklus entgegengewirkt wird, spricht man von einer antizyklischen Fiskalpolitik.

In Zeiten der Rezession sinken die Staatseinnahmen. Der Staat muss die Ausgaben erhöhen, um die gesamtwirtschaftliche Nachfrage anzukurbeln. Die staatlichen Maßnahmen werden entweder aus der – wenn vorhandenen – Konjunkturausgleichsrücklage oder durch Staatsverschuldung finanziert. In Zeiten der Hochkonjunktur steigen die Staatseinnahmen wieder, der Staat drosselt seine staatlichen Maßnahmen und sollte wieder Rücklagen bilden. Die Finanzkrise 2008 hat aber gezeigt, dass die Neuverschuldung trotz einer konjunkturellen Hochphase extrem wachsen kann (vgl. z. B. das Konjunkturprogramm 2 mit 50 Mrd. €).

Die Konjunkturpolitik beabsichtigt mittels der Beeinflussung von Steuern und Staatsausgaben, die konjunkturellen Schwankungen auszugleichen und damit ein stabiles wirtschaftliches Wachstum zu erhalten, wobei auch ein hoher Beschäftigungsstand und eine gleichmäßig geringe Inflation Ziel sind (Samuelson/Nordhaus: 1998, S. 857).

Die wichtigste Zielstellung der Fiskalpolitik ist die langfristige Stabilisierung der ökonomischen Entwicklung. Für eine aktive kurzfristige Fiskalpolitik als Stabilisierungspolitik liefert der keynesianische Ansatz die Grundlage.

Die Neoklassik, die langfristig orientiert ist und die Bedeutung der Angebotsseite für die Entwicklung der Wirtschaft betont, sieht die Grundlage in der Schaffung von optimalen Rahmenbedingungen.

Der erste Ansatz ist die Kürzung von Steuern, um den Unternehmen Freiraum für weitere Investitionen zu geben. Diese bleiben im Unternehmen und können effektiv zur Angebotserweiterung genutzt werden.

Die angebotsorientierte Fiskalpolitik strebt als zweites einen Abbau der Subventionen an, die zur Erhaltung des Angebotes auf dem Markt dienen. Sie entzerrt damit den Wettbewerb und unterstützt einen freien, ungeregelten Markt. Subventionierte Güter, die ohne Subventionen über dem Marktpreis liegen, können durch die Marktdisziplin vom Markt verschwinden.

Eine dritte Forderung einer angebotsorientierten Fiskalpolitik ist der Abbau von Staatsschulden. Erhöhte Defizite führen zur Zinssteigerung und zu höheren Steuerbelastungen, die negative Impulse für die Investitions- und Konsumbereitschaft setzen.

Als Letztes ist die Deregulierung zu nennen. Ob staatliche Monopole oder Regulierungsvorgaben wie die der Versicherungsmärkte in Deutschland vor dem 1.7.1994 führen zu einer angebotseinschränkenden Aktivität.

Die nachfrageorientierte Fiskalpolitik fördert den Konsum der privaten und öffentlichen Haushalte. Unternehmen haben mit Subventionen im Bereich von Boden, Arbeit und/oder Kapital die Stärkung der angebotsorientierten Seite unterstützt, da die Produktionsmittel gekauft werden müssen.

Ein höherer Anreiz zu produzieren und zu konsumieren wird durch die keynesianische Nachfrageorientierung angestrebt. Unternehmen erhalten Subventionen und können somit Angebote auf den Markt bringen, die ohne die Subvention nicht auf den Markt gekommen wären oder deren Preis die Nachfrager nicht zum Kaufen animiert hätte. Desweiteren konsumiert der Staat in einer Krise mehr, als er durch Steuern, Gebühren, Zölle einnimmt (Neuverschuldung).

Durch direkte Zuschüsse (z. B. Abwrackprämie) oder mit zinsgünstigen Krediten über die KfW-Bank (Kreditanstalt für Wiederaufbau) unterstützt der Staat Infrastrukturmaßnahmen zur Förderung von Konsum und Wettbewerbsfähigkeit.

Als Beispiel dafür sind Hausdämmungen, Geothermie, Windenergie usw. zu nennen.

Neben der Infrastruktur werden auch politische Ziele verfolgt, z. B. die Energiewende und Abschaltung sämtlicher Atomkraftwerke in Deutschland bis zum Jahr 2022. Die Unabhängigkeit von Fossilen-Brennstoffen soll zeitgleich angestrebt werden.

Aus diesem Beispiel ist erkennbar, dass die Politik neben einem keynesianischen Ansatz (Nachfrageförderung bei der Wärmedämmung) auch einen monetaristischen Ansatz (Angebotsorientierung – Abschreibungsmodelle bei Windparks) verfolgt.

Investition zur Konjunkturbelebung

Akzelerator

Die sich aus dem Multiplikator ergebende erhöhte Nachfrage führt zu Kapazitätsauslastungen in den Unternehmen. Der Unternehmer kann nun zum einen die Preise erhöhen, da es sich um eine kurze Erhöhung der Kapazitäten handelt. Bei langfristigen Kapazitätsauslastungen an 100 % sind die Unternehmen „gezwungen", Investitionen zu tätigen. Dieser Effekt – erhöhtes Volkseinkommen führt zu erhöhten Investitionen – wird als Akzeleratoreffekt bezeichnet. Im Vergleich zum Multiplikatoreffekt stellt er eine langfristige Verbesserung dar.

Nachfrageinduzierung

Multiplikator

Durch Staatsausgaben erhöht sich das Volkseinkommen. Die Zahlungen des Staates gehen entweder direkt an die privaten Haushalte (z. B. als Kindergeld, Arbeitnehmersparzulage) oder indirekt über die Unternehmen, die durch ihre Auslastungen weitere Arbeitsplätze schaffen bzw. halten können. Der Ansatz, dass nur der konsumiert, der auch eine sichere Zukunft hat, ist auch Bestandteil dieses Effektes. Dadurch wird eine zusätzliche Nachfrage ausgelöst, die um ein Vielfaches höher ist als die Summe der eigentlichen zusätzlichen Staatsausgaben.

Grenzen antizyklischer Fiskalpolitik

Die antizyklische Fiskalpolitik hat die Aufgabe, durch die Steuerung der gesamtwirtschaftlichen Nachfrage die Konjunktur und somit die Wirtschaftsschwankungen zu regeln. Konjunkturschwankungen entstehen vor allem aus der Unter- oder Überdeckung von Nachfrage und Angebot. Der Staat versucht in der Aufschwungphase durch Sparmaßnahmen, Rücklagen für die später erwartete Rezession zu schaffen, um Engpässe auszugleichen. Aufgrund dieses Sachverhalts wird sie auch als nachfrageorientierte Wirtschaftspolitik bezeichnet. Die Ökonomen gingen lange Zeit davon aus, mit diesen Mitteln konjunkturpolitische Schwankungen weitgehend vermeiden zu können.

Die Analyse von Wirtschaftskrisen der Vergangenheit lässt jedoch einen starken Verpuffungseffekt erkennen, da mit staatlichen Investitionen oft kein dauerndes Vertrauen in die schwankende Wirtschaft geschaffen werden konnte.

Weitere Grenzen der antizyklischen Fiskalpolitik

- *Ungewissheit künftiger Entwicklung*

  Eine Analyse des momentanen Ist-Standes und eine Prognose einer volkswirtschaftlichen Entwicklung lässt sich durch Indikatoren feststellen. Frühindikatoren werden monatlich veröffentlicht und sind situationsnah.

  Aus dem Ist-Stand lässt sich eine Prognose ableiten. Sie unterscheidet Status-Quo-Prognose und Alternativ-Prognosen. In der Status-Quo-Prognose wird abgeleitet, wie sich die Wirtschaft verändert. Der Mitteleinsatz wird nicht verändert.

  Als zweiter Schritt wird die Alternativ-Prognose erstellt. Es stellt sich hier die Frage, welcher Mitteleinsatz die Wirtschaft verändert. Die Unsicherheiten in der Prognose entstehen, da niemand sicher wissen kann, was sich in Zukunft ereignen wird. Aufgrund der Unsicherheiten in der Konjunkturdiagnose und -prognose müssen viele Maßnahmen nach dem „gesunden Menschenverstand" getroffen werden. Dadurch entsteht die Gefahr einer Über- oder Untersteuerung (Dosierungsproblem).

- *Verzögerungen (Time-Lags)*

  Es entsteht ein Zeitraum zwischen der Entscheidung und Umsetzung einer fiskalpolitischen Maßnahme und seiner Wirkung. Auch das Erkennen einer Fehlentwicklung und ihrer Korrektur ist eine Zeitverzögerung.

  Es gibt zwei Time-Lags, die sich nach ihren Wirkungen auf die Umsetzung der Entscheidungsträger definieren.

  Inside Lag – innere Wirkungsverzögerung: Verzögerung innerhalb der Einflusssphäre der wirtschaftspolitischen Entscheidungsträger, d. h. sie sind im politisch-administrativen Prozess begründet.

  Outside Lag – äußere Wirkungsverzögerung: Verzögerung außerhalb der Einflusssphäre des wirtschaftspolitischen Entscheidungsträgers (wirtschaftslexikon.gabler.de).

Diese Zeitverzögerungen führen relativ schnell, gerade unter politischem Druck, zu Über- oder Unterdosierung von ökonomischen Maßnahmen.

Schrumpft die Wirtschaft, erhöht sich der politische Druck zu handeln und sichtbare Erfolge zu erzielen, extrem; somit entsteht in der Politik ein erhöhter und somit auch finanziell belastender Maßnahmendruck. Als Beispiel ist das schnelle Entscheiden der Konjunkturpakete eins und zwei in Deutschland im Jahr 2008 und 2009 in Milliardenhöhe, trotz einer beachtlichen Staatsverschuldung.

- *Politische Interessen (Wahlkampf)*

  Die Menschen in einem Staat verfolgen unterschiedliche Interessen, die durch Arbeitgeberverbände, Gewerkschaften und Lobbyisten vertreten werden.

  Der Lobbyismus sieht nur den Vorteil für seine Interessengemeinschaft.

  Ein massives Wirken der Interessensverbände möchte die Politik in ihrem Sinne beeinflussen. Eine ganzheitliche Wirkung wird nicht angestrebt und kann dadurch kontraproduktiv auf die Fiskalpolitik wirken.

  Aber nicht nur Interessenunterschiede beeinflussen die Politik. Auch innerhalb von Parteien und Koalitionen können unterschiedliche Interessen vorliegen. Die meisten Politiker sind hauptsächlich auf ihre Wiederwahl bedacht und verfolgen daher meist medienwirksame Ziele, welche ihnen die Wiederwahl sichern. Diese Ziele stimmen aber nicht zwangsweise mit denen überein, welche erforderlich wären, um die nötigen Veränderungen zu bewirken. Treffen unterschiedliche Interessen aufeinander, kommt es zu langwierigen Verhandlungen oder gegenseitigen Blockaden. Das Problem tritt vor allem dann auf, wenn eine Reform verteilungswirksam wäre, d. h. wenn eine der Gruppen hinterher möglicherweise schlechter gestellt wäre als vorher.

- *Transmissionsprobleme (Mitnahmeeffekte von Haushalten)*

  Die Politik versucht durch Maßnahmen (Subventionen, Steuererleichterungen, direkte Geldzahlungen) das langfristige ökonomische Verhalten der privaten Haushalte zu steuern und zu verändern.

  Die Entscheidungsträger der privaten Haushalte erkennen für sich den ökonomischen Vorteil und konsumieren diesen Vorteil.

  Wird die Maßnahme reduziert oder aufgehoben, bleibt der Haushalt nicht bei seiner veränderten Konsumhaltung, sondern fällt in die alten Verhaltensmuster zurück.

6.1 Gesamtwirtschaftliche Ziele

Handlungssituation

§ 1 des Stabilitätsgesetzes vom 08.07.1967 fordert Bund und Länder auf, bei ihren wirtschafts- und finanzpolitischen Maßnahmen die Erfordernisse eines gesamtwirtschaftlichen Gleichgewichts zu beachten:

- Stabilität des Preisniveaus
- hoher Beschäftigungsgrad (Vollbeschäftigung)
- Außenwirtschaftliches Gleichgewicht
- stetiges und angemessenes Wirtschaftswachstum

Die vier Ziele des Magischen Vierecks können nicht gleichzeitig erreicht werden. Das Viereck hilft jedoch bei der Beurteilung der Frage, inwieweit Ziele substituierend, komplementär, indifferent oder im schlechtesten Fall konträr zu einander stehen.

Eine Zielerreichung beider Ziele ist nicht möglich. Eine Strategie kann nur erfolgreich sein, wenn Ziele sich nicht gegeneinander ausschließen.

Die Proximus Lebensversicherung AG muss ihre Kosten senken, da die Umsätze durch die Finanzkrise gesunken sind. Um aber das neue Betriebliche Altersvorsorgeprodukt auf den Markt zu bringen, ist eine Aufstockung von Personal notwendig. Kostensenkung und Wachstum in der Abhängigkeit von Beschäftigungsgrad und Preisniveau ist zu untersuchen.

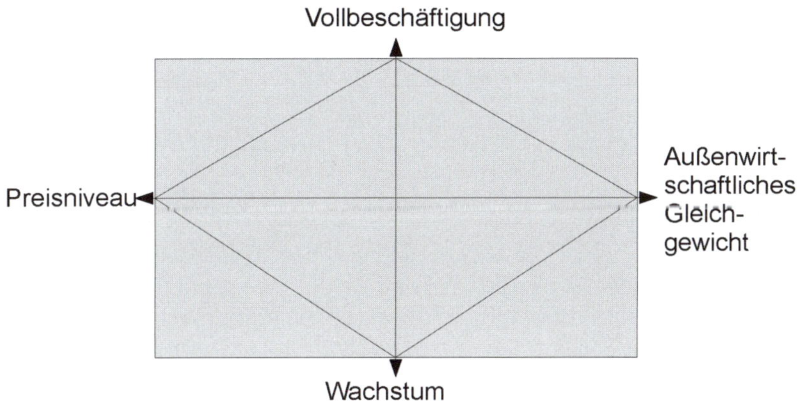

Abbildung 9: Magisches Viereck

Das Magische Viereck

Die vier gesamtwirtschaftlichen Ziele der Makroökonomie, hoher Beschäftigungsgrad, Stabilität des Preisniveaus, außenwirtschaftliches Gleichgewicht sowie stetiges und angemessenes Wirtschaftswachstum, werden allgemein hin als Magisches Viereck bezeichnet. Dieser Name wurde geprägt, nachdem festgestellt wurde, dass ein Erreichen sämtlicher Ziele so gut wie ausgeschlossen ist. Hauptgrund dieser Tatsache ist der Konflikt zwischen dem hohen Beschäftigungsgrad und der Stabilität des Preisniveaus. Eine höhere Beschäftigung ist ausschließlich durch eine inflationäre Entwicklung zur erreichen. Dieses Dilemma wird als Phillips-Kurve bezeichnet. Durch eine geringere Arbeitslosigkeit bekommen die Gewerkschaften Auftrieb. Diesen nutzen sie, um höhere Löhne durchzusetzen. Diese finanziellen Einbußen holen die Firmen wieder rein, indem sie die Kosten auf die Preise ihrer Waren und Dienstleistungen aufschlagen. Dadurch entsteht die inflationäre Entwicklung im Bereich der Makroökonomie.

Die Umkehrung mit dem Beginn niedrigerer Löhne werden mit einer höheren Beschäftigung belohnt. Höhere Löhne bedeuten also einen niedrigeren Reallohn für die Arbeiter. Zieht die steigende Beschäftigung nun steigende Preise nach sich, oder umgekehrt? Diese Fragestellung wird nicht wirklich aufzulösen sein. Auch wenn sich nicht alle Ziele des Magischen Vierecks realisieren lassen, so gibt es zumindest zwei, die sich hervorragend ergänzen. Der hohe Beschäftigungsstand und das angemessene und stetige Wirtschaftswachstum können in Harmonie miteinander gedeihen. Durch eine höhere Anzahl an arbeitenden Menschen wird mehr produziert. Durch die erhöhte Produktion kann mehr abgesetzt werden, was wiederum das Wirtschaftswachstum steigert.

Das außenwirtschaftliche Gleichgewicht steht mit keinem Ziel in einer eindeutig zuzuordnenden Verbindung. Je nach Ausgangssituation ist es mit dem Wirtschaftswachstum auf positive oder negative Art verknüpft. Bei der Zielerreichung wird allgemein zwischen konkurrierenden Zielen (Ziele, die eine gemeinsame Erreichung erschweren) und komplementären Zielen (Ziele, die sich gegenseitig ergänzen) unterschieden. Weiterhin können noch die neutralen Ziele genannt werden, die in keinem Zusammenhang zueinander stehen, und die antinomen Ziele, die niemals zusammen erreicht werden können.

! **Definition**

Preisniveaustabilität wird mit Preisstabilität und Geldwertstabilität gleichgesetzt.

Preisniveaustabilität

Es ist notwendig, zwischen den Einzelpreisen von Dienstleistungen und Gütern und dem generellen Preisniveau zu differenzieren. Geringe Veränderungen einzelner Preise sind marktkonform, auch bei einer momentanen Preisstabilität. Nachhaltig im Fokus sollte Preisniveaustabilität anstelle von Preisstabilität stehen. Würde man Preisstabilität erreichen wollen, dann müssten festgelegte Marktgegebenheiten beseitigt werden. Fallende und steigende Preise einzelner Dienstleistungen und Güter sind Indikatoren für eine Ab- oder Zunahme der Nachfrage und des Angebots als auch Folge struktureller Neuordnungen. Einzelpreisveränderungen sind für solche Anpassungsabläufe notwendig. Preisniveaustabilität zielt dagegen auf die Gleichmäßigkeit der Einzelpreise im Durchschnitt ab.

Zur Bestimmung der Preisniveaustabilität wird ein Warenkorb mit den üblicherweise konsumierten Gütern zusammengestellt, deren Preise monatlich erhoben werden. Vergleicht man das Preisniveau des Warenkorbs mit dem des Vorjahres, so erhält man die Veränderung, die bei positivem Vorzeichen als Inflation und bei negativem Vorzeichen als Deflation bezeichnet wird. Eine Inflationsrate von unter 2 % pro Jahr wird beispielsweise von der Europäischen Zentralbank als Preisniveaustabilität interpretiert.

Berechnung der Arbeitslosenquote

Die Berechnung der registrierten Arbeitslosigkeit wird von der Bundesagentur für Arbeit durchgeführt. Die Definition der Zählkriterien für die Erfassung der Arbeitslosenstatistik bestimmt das Bundesministerium für Arbeit und Soziales. Unter registrierter Arbeitslosigkeit wird in Deutschland allgemein die Zahl der Arbeitslosen verstanden, die bei der Bundesagentur für Arbeit nach dem SGB III bzw. bei einer Arbeitsgemeinschaft oder Optionskommune (zugelassener Kommunaler Träger) nach dem SGB II (Sozialgesetzbuch) arbeitslos gemeldet sind. Arbeitslos ist, wer weniger als 15 Stunden in der Woche arbeitet, aber mehr als 15 Stunden arbeiten will, und dessen Alter unter dem jeweils gültigen Rentenalter liegt. Darüber hinaus muss die Person dem Arbeitsmarkt zur Verfügung stehen und bereit sein, jede zumutbare Arbeit anzunehmen. Mit Verweis auf die Verfügbarkeit zählt nach § 16 Absatz 2 SGB III nicht als arbeitslos, wer an Maßnahmen der Bundesagentur für Arbeit teilnimmt (z. B. Trainingsmaßnahmen, Arbeitsgelegenheiten). Ebenfalls nicht berücksichtigt werden Personen, die arbeitsunfähig erkrankt sind.

Zur Berechnung der Arbeitslosenquote (ALQ) teilt man die Anzahl der registrierten Arbeitslosen durch die Summe der abhängigen Erwerbstätigen und der registrierten Arbeitslosen. Der anzustrebende Zielwert für die Arbeitslosenquote beträgt (ohne selbstständige Erwerbspersonen) 0,7 bis 3 %. Beträgt die statistisch erfasste Arbeitslosigkeit weniger als 3,0 %, so spricht man von Vollbeschäftigung.

Grundsätzlich werden verschiedene Arten der Arbeitslosigkeit unterschieden:

- *Konjunkturelle Arbeitslosigkeit*

  In einer Rezession ist die Arbeitslosigkeit hoch, da viele Unternehmen ihre Arbeitsplätze abgebaut haben, um Kosten zu sparen. In einer konjunkturellen Hochphase ist die Arbeitslosigkeit gering, da die Mitarbeiter für Auftragsbearbeitung dringend gebraucht werden.

- *Strukturelle Arbeitslosigkeit*

  Alle Regionen in Deutschland sind bezüglich der Infrastruktur nicht gleich entwickelt. Strukturschwache Regionen mit geringer Industrie und Gewerbeeinheiten bieten nur wenige Möglichkeiten, sich beruflich zu entfalten. Verlässt der Arbeitnehmer die Region nicht, muss er sich auf Kompromisse in der Wahl seiner auszuübenden Tätigkeit einstellen und bei der Suche nach einer weiteren Tätigkeit eine längere Arbeitslosigkeit hinnehmen.

- *Saisonale Arbeitslosigkeit*

  Gerade in der Landwirtschaft oder in der Tourismusbranche wird im Jahr nicht gleichmäßig intensiv gearbeitet. Schlechtes Wetter oder Urlaubszeiten definieren die Intensivität der Arbeitsangebote. Arbeitnehmer melden sich oft zwischen ihren Tätigkeitsintervallen arbeitslos.

- *Friktionelle Arbeitslosigkeit (Sucharbeitslosigkeit)*

  Die Zeit zwischen dem Wechsel von einem Arbeitgeber zum anderen Arbeitgeber wird durch den Wissensstand des Arbeitnehmers, die Praxis des Arbeitnehmers und die konjunkturelle Nachfrage der Arbeitgeber definiert.

  Der stark nachgefragte Arbeitnehmer kann es sich leisten, einige Monate ohne Tätigkeit zu sein, da er jederzeit in den Arbeitsmarkt zurückkehren kann.

  Ein gering qualifizierter Arbeitnehmer hat kaum die Möglichkeit, eine Arbeit auszuschlagen, da er stark konjunkturabhängig ist.

Berechnung des außenwirtschaftlichen Gleichgewichts

Als außenwirtschaftliches Gleichgewicht bezeichnet man einen Zustand, in dem von den wirtschaftlichen Beziehungen des Inlandes mit dem Ausland keine negativen Wirkungen auf die binnenwirtschaftliche Entwicklung des Landes ausgehen. Außenwirtschaftliches Gleichgewicht wird erreicht, wenn vom Ausland weder Arbeitslosigkeit, Inflation noch eine Wirtschaftskrise in die Binnenwirtschaft hereingetragen werden und umgekehrt heimische Fehlentwicklungen nicht zulasten des Auslands gelöst werden. Es sollten weder heimische Inflation, heimische Beschäftigungsprobleme noch eine Wachstumsschwäche ins Ausland „exportiert" werden.

$$\text{Außenbeitrag} = \frac{\text{(Exporte – Importe von Waren und Dienstleistungen)}}{\text{Nominales Bruttoinlandsprodukt}}$$

Der Indikator hierfür ist die Außenbeitragsquote. Sie errechnet sich aus dem

Berechnung des Wirtschaftswachstums

Wirtschaftswachstum liegt vor bei einer realen Zunahme des Bruttonationaleinkommens bzw. des Bruttoinlandprodukts. Die prozentuale Veränderung im Wachstum der Volkswirtschaft wird rückwirkend jeweils einmal pro Quartal erfasst. In Deutschland gelten die Werte von zwei aufeinanderfolgenden Quartalen als Signalgeber. Es wird zwischen nominalem und realem Wirtschaftswachstum unterschieden. Beim realen Wirtschaftswachstum wird die Preissteigerung herausgerechnet. Im nominalen Wirtschaftswachstum wird das Wachstum als monetäre Änderung des BIP bzw. des Bruttonationaleinkommens definiert. Gemessen wird nach diesem Konzept die eigentliche reale Leistungssteigerung der Gesamtwirtschaft. Unter dem Bruttonationaleinkommen (siehe auch Abschnitt 2.2) versteht man den Gesamtwert der Güter, die während eines Jahres in einer Volkswirtschaft konsumiert, (brutto) investiert oder exportiert worden sind, abzüglich der Importe.

6.2 Entwicklung von Wachstum und Konjunktur

Handlungssituation

Der optimale Zeitpunkt einer Markteinführung hängt von Konjunkturzyklen ab. Somit ist die Markteinführung auch durch die taktische Überlegung bestimmt, zu welchem Zeitpunkt ein Produkt auf dem Markt mit den besten Absatzchancen eingeführt werden sollte.

Wird z. B. in einer Depressionsphase ein langfristiges Sparprodukt eingeführt, könnten die Bindungsängste wegen drohender Arbeitslosigkeit die Sparwilligkeit unterlaufen, die Einführung des Produkts und die Marktdurchdringung werden wesentlich langsamer verlaufen.

Definition

Konjunkturen sind gesamtwirtschaftliche Wechsellagen, die durch zyklische Schwankungen wichtiger makroökonomischer Größen wie Produktion, Beschäftigung, Kapazitätsauslastung, Preise, Zinsen und Gewinne gekennzeichnet sind.

Grundlage für Konjunkturschwankungen und Konjunkturzyklen sind:

- *Exogene Schwankungen*

  Exogene Ursachen lassen sich i. d. R. nicht direkt beeinflussen. Klimaprobleme können die Wirkung einer Konjunktur beeinflussen. Gerade in der Landwirtschaft wirkt sich eine Klimaveränderung aus. Zu den exogenen Konjunkturschwankungen zählen beispielsweise Naturkatastrophen wie Fukushima, aber auch außergewöhnliche jahreszeitliche Schwankungen.

  exogene Größen wie Klimaänderung

  Ein Beispiel für einen „Weltmarktschock" ist die künstliche Verknappung von Öl in den 70er Jahren des vorherigen Jahrhunderts. Exogene Schwankungen können auch durch Kriege wie den Golfkrieg oder Naturkatastrophen wie Erdbeben oder „Tsunamis" ausgelöst werden.

- *Endogene Schwankungen*

  Endogene Schwankungen haben meist monetäre Ursachen, so kann man beispielsweise Zyklen monetär erklären, wenn man von einer Diskontsatzsenkung der Zentralbank als erstem Auslöser ausgeht. Eine Überinvestition als Auslöser für endogene Schwankungen liegt in der Struktur des Unternehmenssektors, der sich in die Investitions- und in Konsumgüterbranche aufteilen lässt. Ein weiteres Beispiel für endogene Schwankungen liegt in der unterschiedlichen Erfassung von Branchen durch die Konjunktur.

  endogene Größen wie Diskontsatzsenkung

  Des Weiteren kann geringer Konsum – fast spiegelbildlich zur Überinvestition – Ursache endogener Konjunkturschwankungen sein. Die Nachfrage wird dann schon meist durch die unterproportional gewachsenen Masseneinkommen zurückbleiben. Die Sparquote wächst. Auch die Aussicht auf eine unsichere Zukunft bremst den Konsum und/oder die Investition. Somit können auch psychologische Phänomene wie das Vorherrschen optimistischer oder pessimistischer Stimmungen konjunkturelle Auswirkungen haben (Maußner 1994).

3

- *Indikatoren*

  Indikatoren sind die Sensoren der Wirtschaft. Sie werden unterteilt in Früh-, Ist- und Spätindikatoren. Nicht alle Indikatoren besitzen die gleiche Aussagequalität.

  - Kapazitätsauslastung (Ist-Indikator): Die Kapazitätsauslastung bezeichnet den gegenwärtigen Stand der Produktionsauslastung. Dieser Indikator spiegelt als Gegenwartsindikator den einen aktuellen Stand der Lage wider.
  - Auftragseingänge (Frühindikator): Auftragseingänge können Indikatoren für die bevorstehende Konjunkturentwicklung sein.
  - Preise/Beschäftigung (Spätindikator): Preise laufen tendenziell der Konjunkturentwicklung hinterher. Auch die Arbeitslosigkeit gilt als Spätindikator.

Konjunkturzyklus

Konjunkturphasen

1. *Aufschwung, Expansion*

   Die Investitionstätigkeit wächst, der Beschäftigungsgrad erhöht sich, die Löhne sind stabil, es herrscht eine positive Stimmung, die Nachfrage zeigt eine langsame Erholung, die Zinsen sind niedrig stabil.

   Als expansive Phase bezeichnet man die Phase des wirtschaftlichen Aufschwungs. Sie ist geprägt durch steigende Auftragsbestände und Produktionen, das Sinken der Arbeitslosenquoten, eine tendenziell wahrnehmbare, jedoch noch geringe Preissteigerung (Inflation), niedrige Zinsen mit steigender Tendenz sowie optimistische Prognosen zur wirtschaftlichen Entwicklung.

2. *Hochphase, Boom*

   Investitionen werden zurückgefahren, es herrscht Vollbeschäftigung, die Löhne werden leicht erhöht, es herrscht Hochstimmung, die Nachfrage steigt steil an, die Zinsen steigen stärker.

   In der Phase der Hochkonjunktur (obere Wendepunktphase, Boom) sind aufgrund von starker Nachfrage die Kapazitäten einer Wirtschaft voll ausgelastet. Es herrscht Vollbeschäftigung. Das Lohnniveau steigt, die Preise und die Zinsen ziehen weiter an, eine Erhöhung des realen Volkseinkommens ist nicht mehr möglich.

3. *Abschwung, Rezession*

   Die Investitionstätigkeit ist gering, Stellen werden abgebaut, die Löhne sinken, die Stimmung fällt, die Zinsen sind hoch.

   Die Rezession bezeichnet die Konjunkturphase, in welcher eine Stagnation bis hin zum Abschwung der Wirtschaft auftritt. Die in der Boomphase bei überhöhtem Zinsniveau durchgeführten Investitionen erweisen sich bei relativer Preisstabilität als unrentabel, daraus ergeben sich ein Rückgang der privaten Investitionen sowie eine Stagnation des privaten Konsums. Weiterhin sinken Gewinne und Lohnsummen mit der Folge, dass immer mehr Unternehmen in Schwierigkeiten geraten.

4. *Krise/Depression*
   Die Investitionstätigkeit ist fast zum Stillstand gekommen, es herrscht hohe Arbeitslosigkeit, die Löhne stagnieren, die Stimmung sinkt auf den Nullpunkt, die Zinsen fallen (Blanchard/Illing 2006).

Ein Konjunkturtief ist der Tiefstand nach dem Abschwung einer Volkswirtschaft. Verstärkt wird sie durch Strukturkrisen, in denen über einen längeren Zeitraum die wirtschaftliche Tätigkeit, wie sie etwa das Bruttoinlandsprodukt anzeigt, zurückgeht, die Börsenkurse fallen, die Arbeitslosigkeit stark ansteigt und Deflation aufkommt.

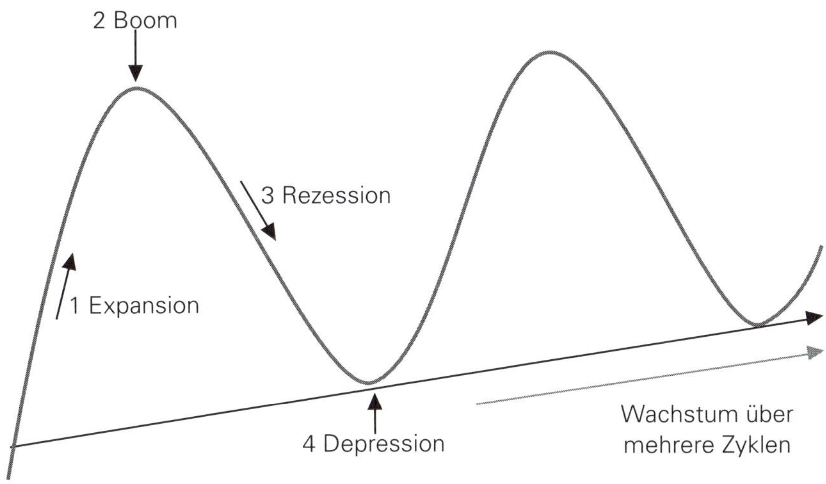

Abbildung 10: Konjunkturphasen

- *Wachstum*
  Bei der Ermittlung von realen Wachstumsraten wird vom unmittelbar gemessenen Wachstum des Bruttoinlandsprodukts die Veränderungsrate des durchschnittlichen Preisniveaus, die Veränderungsrate des allgemeinen Preisindexes, abgezogen. Das Wachstum soll nicht steigende Preise widerspiegeln, sondern nur das Wachstum der realen Produktion. Damit hängt das statistisch ausgewiesene reale Wachstum auch davon ab, wie der Durchschnittspreis des Bruttoinlandsprodukts oder des privaten Konsums, wenn man diesen Preisindex für die Berechnung des realen Wachstums verwenden möchte, berechnet wird (Altmann 2000).

3

6.3 Preisstabilität/Inflation/Stagflation

Handlungssituation

Das neue Produkt fördert das Sparen. Sparen ist Konsumverzicht. Langfristig auf Konsum verzichten wird nur derjenige, der erkennt, dass die Kaufkraft des Geldes langfristig nicht verloren geht. Somit ist die Analyse der langfristigen Kaufkrafterhalte gerade in Finanzkrisen ein wichtiger Faktor für die Klärung der Frage, ob ein neues Produkt mit einem langfristigen Sparanteil auf dem Markt eine Chance hat, oder ob die Sparer aufgrund starker Inflationsgefahr keine langfristigen Sparverträge mehr abschließen.

Definition

Zum **Geld** zählen solche Vermögensteile, die im Rahmen des nationalen Zahlungsverkehrs generell zur Erfüllung von Verbindlichkeiten akzeptiert werden. In einem gesunden Geldwesen erfüllt das Geld die genannten Funktionen als Recheneinheit, Tauschmittel und Wertaufbewahrungsmittel gleichzeitig.

Ordnet man die historische Vielfalt des Geldes nach seiner Stoffwertigkeit, so lassen sich zwei große Gruppen bilden.

- stoffwertiges Geld = Geldwert ist gleich Warenwert (Warengeld, Edelmetallgeld)
- stoffwertloses unterwertiges Geld = Geldwert nicht gleich Warenwert (Metallgeld, Papiergeld, Giralgeld)

Geldfunktionen

Geld ist Wertmesser, Wertübertragungsmittel, Wertaufbewahrungsmittel und gesetzliches Zahlungsmittel:

- *Tauschmittel*

  Hochgradig arbeitsteilige Volkswirtschaften mit starken spezialisierten Produzenten entwickeln einen großen Bedarf an Koordination am Markt, auf dem ungezählte Tauschvorgänge stattfinden.

- *Wertmaßstab/Rechenmittel*

  Als Wertmaßstab können grundsätzlich alle möglichen Güter dienen. So wäre es denkbar, dass eine landwirtschaftlich geprägte Volkswirtschaft einen Doppelzentner Weizen als Wertmaßstab definiert.

- *Wertaufbewahrungsmittel*

  Die Wertaufbewahrungsfunktion ist daher keine wesentliche Voraussetzung für die Geldeigenschaft, denn dann wären Goldringe und ein Grundstück als Sachwerte auch Geld.

- *Zahlungsmittel*

  Dazu wird im Regelfall eine staatliche Zentral- bzw. Notenbank eingerichtet, die das alleinige Recht und die Aufgabe hat, die Geldversorgung sicherzustellen und zu regulieren.

- *Wertübertragungsmittel*

  Geld ist ein Wertübertragungsmittel. Mithilfe von Geld lassen sich Werte von einer Person auf andere übertragen.

Geldschöpfung

Unter Geldschöpfung versteht man die Zuführung von Geld in den Wirtschaftskreislauf. Dabei unterscheidet man die primäre Geldschöpfung und die sekundäre Geldschöpfung.

- Primäre Geldschöpfung: Geldschöpfung durch die Zentralbanken (Geldnotenmonopol liegt bei der EZB.)
- Sekundäre Geldschöpfung: Giralgeldschöpfung durch die Geschäftsbanken

Obwohl die staatliche Notenbank das alleinige Recht der Banknotenemission hat, können zusätzliche Geldmengen in den Wirtschaftskreislauf gelangen (Geldschöpfung) bzw. ihn wieder verlassen (Geldvernichtung).

Inflation

Geld ist ein Wertaufbewahrungsmittel, das nicht dem Materialwert entspricht. Somit ist das Vertrauen auf das Wertaufbewahrungsmittel dafür entscheidend, ob Inflation entstehen kann. Fühlt bzw. sieht der Inhaber von Geld, dass für das Geld immer weniger Waren im Tausch zu bekommen sind, verliert der Nutzer das Vertrauen. Es werden mehr Waren gekauft und somit gelangt das Geld stärker in den Umlauf. Der Abnehmer des Geldes gegen Ware erkennt recht schnell den Vertrauensverlust, den die Nutzer des Geldes haben und möchte mehr von dem Geld gegen seine Waren eintauschen.

Inflationseffekte

- Monetäre Inflation betrifft generell alle Preise, die nur eine Entwicklungsrichtung, den Anstieg, zeigen. Je nachdem, wie kräftig dieser allgemeine Preisanstieg, üblicherweise gemessen als Prozentsatz gegenüber dem Vorjahr, ausfällt, kann man zwischen schleichender, trabender oder galoppierender Inflation unterscheiden.
- Rückgestaute Inflation entsteht, wenn eine strenge staatliche Preiskontrolle die Inflation verdeckt. Die Inflation kumuliert und dem Preisdruck kann der Staat in absehbarer Zeit nicht mehr standhalten.

Wirkung von monetären Inflationen

- *Cost Push Inflation*

  Verbreitete Marktmacht als Folge andauernder Konzentrationsvorgänge kann zu angebotsinduzierender Inflation führen.

- *Demand Pull Inflation*

  Nachfrageindizierte Inflation entsteht, wenn gesamtwirtschaftliche Nachfrage z. B. während eines Konjunkturaufschwungs das Angebotspotenzial übersteigt.

- *Demand Shift Inflation*

  Nachfrageumschichtungen können Inflationen hervorrufen. Auf Märkten mit zunehmender Nachfrage steigen die Preise, während die Unternehmer auf den schrumpfenden Märkten nicht mit Preissteigerungen reagieren, was sie wegen ihrer Marktmacht durchhalten können. Es entsteht eine schleichende Inflation.

- *Importierte Inflation*

  Sie kann Folge weltweiten Inflationsdrucks sein, der über die Wechselkurse auf die Binnenwirtschaft übertragen wird, oder Resultat eines übergroßen Handelsüberschusses sein (Hülsmann 2007).

- *Deflation*

  Darunter wird ein anhaltender Rückgang des allgemeinen Preisniveaus in einer Volkswirtschaft verstanden. Der Preisrückgang ist anhaltend und allgemein.

  Nicht nur Teilmärkte sondern die gesamte Volkswirtschaft müssen einen Preisrückgang verzeichnen.

  Die Deflation kann durch die Realwirtschaft, aber auch durch monetäre Faktoren ausgelöst werden.

  Auf der monetären Seite kann eine zu hohe Zinspolitik deflationäre Tendenzen hervorrufen. Die Rate des Geldmengenwachstums bleibt hinter der des gesamtwirtschaftlichen Angebotes an Waren und Dienstleistungen zurück. Das Preisniveau sinkt langfristig.

  Die realwirtschaftlichen Deflationen können durch nachfrageverursachte Deflation z. B. Exportnachfrage verursacht werden; möglich ist aber auch, dass ein langfristiger Angebotsüberschuss die Preise flächendeckend sinken lässt. Zu der angebotsseitigen Deflation kommt es i. d. R., wenn die Lohnstückkosten sinken und ein harter Wettbewerb eine Reduzierung der Preise notwendig macht.

- *Stagflation*

  Ein wichtiger Auslöser der Stagnation war die künstliche Verknappung des Erdöls.

  Die Fördermengen wurden aus politischen Gründen von der Opec (Organization of the Petroleum Exporting Countries) verknappt. Grund für das politische Verhalten waren die Kriege im Nahen Osten.

  Dieser Angebotsschock löst ein verändertes Verhalten der Bevölkerung aus. Bilder von autofreien Sonntagen in Deutschland gingen um die Welt. Der stark gestiegene Ölpreis erhöht die Produktionskosten. Die Unternehmen reagieren darauf, indem sie die Produktion verringern. Bei gleichbleibender gesamtwirtschaftlicher Nachfrage steigen die Preise. Es kommt zu der Situation, dass das Wirtschaftswachstum sinkt, während Arbeitslosigkeit und Inflation steigen. Wenn sich eine Inflationserwartung herausbildet, kann dies zudem zu einer Lohn-Preis-Spirale führen, welche die Stagflation noch verschärft.

6.4 Instrumente der Wirtschafts- und Fiskalpolitik

Handlungssituation

Der Staat beeinflusst die Verhaltensstrukturen der privaten Haushalte, indem er entweder seine Gestaltungsmacht zurücknimmt und nur dann eingreift, wenn Einflüsse und Verhalten der Teilnehmer den Wettbewerb aufheben, oder indem er reglementierend zur Beeinflussung und Lenkung der Marktteilnehmer eingreift.

Um eine Strategie für das Marketing und den Vertrieb des neuen Produktes aufzubauen, ist es notwendig, die staatlichen Verhaltensweisen zu untersuchen. Im besonderen Fokus stehen Vor- und Nachteile der steuerlichen Förderung im Bereich der Altersvorsorge und die Gestaltung der Sozialversicherungsbeiträge.

Restriktive Fiskalpolitik

fiskalpolitische Betrachtungen

Die restriktive Fiskalpolitik beinhaltet die Festlegung von Staatseinnahmen sowie Staatsausgaben. Ihre Alternative ist die expansive Fiskalpolitik. Die restriktive Fiskalpolitik hat geringere Wirkungsgrade auf die Volkswirtschaft. Ihre Gestaltungsmittel sind entweder eine Steuererhöhung oder eine Verringerung der Staatsausgaben.

Restriktive Fiskalpolitik wird angewandt, wenn sich die Differenz aus Staatsausgaben und Steuersumme im Vergleich zur letzten Periode verringert oder gar negativ wird (Klump 2006).

Expansive Fiskalpolitik

Die expansive Fiskalpolitik ist eine staatinduzierte Maßnahme. Sie führt entweder zu einer Erhöhung der Staatsausgaben oder zu einer Senkung der Steuern. Diese bewirkt eine Zunahme des Kalkulationsdefizits. Die Veränderungen der Steuern und Staatsausgaben haben Auswirkungen auf das Gleichgewichtseinkommen und den Zinssatz. Die expansive Fiskalpolitik wird meist im Zusammenhang mit der expansiven Geldpolitik betrachtet, die Kombination von Einkommen und Zinssatz beeinflusst.

Keynesianismus

nachfrageinduziert

Von den Ideen des Ökonomen John Maynard Keynes wird meistens das Konzept einer antizyklischen Nachfragepolitik zitiert. Daraus folgt, dass der Staat, über Rücklagen oder durch Kreditaufnahme finanziert (s. das Konjunkturprogramm 2, Januar 2009) fiskalpolitische Maßnahmen zur Belebung der Nachfrage ergreift. Die Zentralbank flankiert diese Maßnahmen geldpolitisch mit niedrigen Zinsen. Das Zusammenspiel soll der Abschwächung der Auswirkungen von Rezessionen (Finanzkrise 2008) dienen und die Rückführung zum Boom schneller ermöglichen. Wenn der Staat zur Finanzierung kurzfristig Schulden aufnimmt, liegt ein sog. „deficit spending" vor. Dieser Begriff wurde von Abba P. Lerner geprägt. Idealerweise sollten diese Schulden bei einem Wirtschaftsaufschwung durch Steuermehreinnahmen beglichen werden. Keynes sah die inhärente Unsicherheit der Zukunft als Ursache von stark schwankenden privaten Investitionen. Verstärkt über den Multiplikator führt dies seiner Meinung nach zu schwankender Nachfrage und Arbeitslosigkeit. Die gesamtwirtschaftliche Nachfrage kann aber auch dauerhaft zu schwach sein. In diesem Fall wird eine Stabilisierung durch langfristige und permanente staatliche Investitionen, etwa in Infrastruktur und Wohnungsbau, erforderlich.

Monetarismus

angebotsinduziert

Der Begriff Monetarismus steht für eine wirtschaftstheoretische und wirtschaftspolitische Konzeption einer angebotsorientierten Wirtschaftspolitik ohne Eingriffe des Staates. Monetaristen sehen in der Regulierung der Geldmenge die wichtigste Stellgröße zur Steuerung des Wirtschaftsablaufes und knüpfen an die langfristige Betrachtung der neoklassischen Vorstellung eines grundsätzlich stabilen Wirtschaftsablaufs an. Eine zu starke Ausdehnung der Geldmenge führt demnach zu Inflation, eine zu starke Bremsung des Geldmengenwachstums zu Deflation. Kurzfristige Eingriffe des Staates zur punktuellen Steuerung der Wirtschaft werden abgelehnt. Alle, oft widersprüchlichen, Monetarismusdefinitionen gehen von einer relativ stabilen Geldnachfrage aus (Cagan 2008).

Neoliberalismus

neumonetär

Der Neoliberalismus betont die wechselseitigen Zusammenhänge von politischer und wirtschaftlicher Freiheit sowie die Notwendigkeit einer Rechtsordnung, die den Wettbewerb fördert und das Entstehen von privaten Machtpositionen zu verhindern sucht. Die Vertreter des Neoliberalismus grenzen sich insbesondere von dem Keynesianismus ab.

Zusammenfassung

Die staatliche Wirtschaftspolitik legt den Rahmen fest, in dem sich die weitgehend privat organisierte Wirtschaft mit ihren verschiedenen Anbietern und Nachfragern entfalten kann. Die Betrachtung von wirtschaftspolitischen Zielstellungen zeigt, dass mehrere Ziele innerhalb einer Entscheidungsperiode substituierend, komplementär, indifferent oder im schlechtesten Fall konträr zueinander stehen können.

Fiskalpolitische Instrumente regeln den Markt durch die Lenkung von Geldströmen, die finanzielle Anreize für das Verhalten der Marktteilnehmer geben sollen. Die Marktteilnehmer entscheiden dann, ob investiert, konsumiert oder ein Konsumverzicht ausgeübt wird.

7. Geldpolitik

Handlungssituation

Komplexe Produkte wie die „Intelligente Proximus-Betriebsrente" brauchen einen Leitfaden, aufgrund dessen der Kunde entscheiden kann, ob er für seine jährliche Anlage Fonds oder Festgeld als Anspargrundlage wählt.

Vor diesem Hintergrund müssen die geldpolitischen Maßnahmen des Staates und der Europäischen Zentralbank (EZB) genau analysiert und interpretiert werden.

Die Beobachtung des Geldmarkts ist auch für die Produkterstellung wichtig, da die Proximus Lebensversicherung AG eine Geldmarktstrategie für das Festgeld braucht und anhand der Maßnahmen der EZB eine eigene Anlagestrategie ableiten kann.

Geldpolitik ist abhängig von der politischen Ausrichtung

Geldpolitik ist prinzipiell die Geldmengenpolitik. Das Geldangebot sollte das Gleichgewicht zwischen Geldumlauf und Warenangebot halten und auf diese Weise Geldstabilität sichern. In Ländern, in denen eine eher keynesianische Politik vorherrscht, verfolgt die Notenbank vorwiegend Wachstums- und Beschäftigungsziele. In Ländern mit monetaristischer Ausrichtung der Wirtschaftspolitik steht eher die Preisniveaustabilität im Mittelpunkt. Konjunkturpolitisch wird Geldpolitik an ihrem Beitrag gemessen werden, zyklische Schwankungen des Geldwertes, gemessen an Inflations- und Deflationsraten, zu verhindern.

Geldmengenbegriffe M1 bis M3

Unter der Geldmenge oder dem Geldmengenaggregat versteht man in der Ökonomie den gesamten Bestand an Geld, der in einer Volkswirtschaft zur Verfügung steht. Die Summe aus Bargeld und Sichteinlagen wird auch reale Geldmenge genannt. Sie deckt sich mit der Geldmenge M1. Die Geldmenge kann durch Geldschöpfung erhöht und durch Geldvernichtung gesenkt werden.

M1 = Bargeldumlauf + Täglich fällige Einlagen

M2 = M1 + Einlagen bis 2 Jahre und Einlagen mit Kündigungsfrist bis 3 Monate

M3 = M2 + Reprogeschäfte + Geldmarktpapiere + Schuldverschreibung bis 2 Jahre

Geldpolitische Instrumente der EZB

Die Europäische Zentralbank ist eine eigenständige und von keinem Staat Europas anhängige Notenbank.

Der Sitz der EZB ist in Frankfurt. Anders als in früheren Zeiten dürfen Regierungen und Parlamente europäischer Staaten der EZB keine Anweisungen geben. Auch die europäische Kommission, der Ministerrat und das Europaparlament haben keine Weisungsbefugnis gegenüber der EZB.

Die nationalen Zentralbanken der europäischen Staaten, in denen der Euro ab 1.1.2002 die bis dahin gültigen Landeswährungen ersetzt hat, waren bereits seit dem 1.1.1999 nicht mehr selbstständig. Sie wurden der EZB als Filialen unterstellt. Zu den ehemals unabhängigen nationalen Zentralbanken gehört auch die Deutsche Bundesbank, bei der das Münzprägemonopol liegt.

Die Finanzkrise mit Beginn 2008 und auch die jüngste Eurokrise haben der EZB bezüglich ihrer Eigenständigkeit viel abverlangt, da die Politiker der führenden Staaten starken Druck auf die Entscheidungen der EZB ausgeübt haben. In erster Linie war die Übernahme von fast insolventen griechischen, spanischen und portugiesischen Staatsanleihen usw. kein ganz logisches ökonomisches Ergebnis. Durch den Aufkauf gefährdet die EZB ihre Stabilität, weil sie wie eine BAD-Bank toxische Papiere aufnimmt und indirekt in die Haushalte und politischen Entscheidungen der Länder eingreift. Eine Haushaltsdisziplinierung der einzelnen hochverschuldeten und fast zahlungsunfähigen Länder ist dringend umzusetzen. Hätte die EZB keine Staatsanleihen aufgekauft, müssten die betroffenen Länder auf dem Kapitalmarkt extrem hohe Zinsen zahlen, die eine weitere Neuverschuldung unmöglich machen würden. Die Zahlungsunfähigkeit würde sofort ausgelöst.

Die Bürger der betroffenen Länder müssen extreme Einschnitte hinnehmen. Ein über Jahre aufgebauter nichtangemessener Lebensstil und ein gebilligtes und gefördertes Strukturproblem bzgl. Steuereinnahmen, Rente mit 55 Jahren usw. lässt die Bevölkerung der Länder in eine Verweigerungshaltung gehen, weil sie ihre Privilegien nicht verlieren wollen. So wird die Euroaufgabe wahrscheinlicher und führt wohl dazu, dass die aufgekauften Staatsanleihen von der EZB wertlos werden. Das schwächt die restliche Eurozone und führt unweigerlich zu einer verstärkten Inflationstendenz in der Eurozone. Letztendlich muss die Harmonisierung von einheitlichen Gesetzen und Strukturen in den Euroländern vorangetrieben werden. Eine einheitliche Wirtschaftspolitik wäre der optimale Weg, um das Problem zu lösen. Es wird aber durch die über Jahrhunderte historisch gewachsene Eigenständigkeit der europäischen Länder schwierig umzusetzen sein.

Die Arbeitsweise der EZB

Das oberste Ziel ist die Geldwertstabilität der Eurozone. Die EZB muss dafür sorgen, dass in der Eurozone genügend Liquidität an Euro-Geld vorhanden ist, damit die wirtschaftlichen Prozesse durchgeführt werden können. Ohne Geld kein Handel, da Geld ein Wertaufbewahrungsmittel ist. Die Geldmengensteuerung ist ein Arbeitsfeld der EZB. Es darf aber nie zuviel oder zu wenig Euros im Umlauf sein, weil sonst die Gefahr besteht, dass die Preise übermäßig steigen bzw. der Handel nicht mehr stattfindet und der Euro dadurch an Wert verliert oder eine Parallelwährung im Euroraum von den Eurogeldnutzern eingeführt wird.

Des Weiteren wickelt die EZB den Zahlungsverkehr zwischen den Geschäftsbanken im Euro-Raum ab, steuert die Wechselkurs-Geschäfte mit Fremdwährungsländern und hält dazu genügend Fremdwährungsreserven. Die EZB arbeitet dabei über ihre Filialen in den verschiedenen Mitgliedsländern eng mit den Geschäftsbanken zusammen. Die in Deutschland zuständige EZB-Filiale ist die Deutsche Bundesbank.

Die EZB mit ihren Filialen darf keine normalen Bankgeschäfte mit Privatkunden oder Wirtschaftsunternehmen betreiben. Das bleibt auch weiterhin die Aufgabe der Geschäftsbanken.

Geldpolitische Instrumente

Die geldpolitischen Instrumente werden in drei Hauptgruppen unterteilt:

- Offenmarktgeschäfte
- Mindestreservepolitik
- Zinspolitik

- *Offenmarktgeschäfte*

  Im Rahmen der Offenmarktpolitik tritt die EZB als Akteur am offenen Markt auf. Hierbei gibt die EZB den Geschäftsbanken mal mehr, mal weniger Kredite mit einer Laufzeit von zwei Wochen gegen Hinterlegung von Sicherheiten (z. B. Wertpapiere). Die Zentralbank ist dadurch in der Lage, Zentralbankgeld aus dem Geldkreislauf zu nehmen bzw. Geld zuzuführen.

  Längerfristige Refinanzierungsgeschäfte:

  Die EZB gibt den Geschäftsbanken Kredite, jedoch mit einer Laufzeit von drei Monaten.

  Mit beiden Formen der Offenmarktgeschäfte steuert die EZB aktiv den Refinanzierungsspielraum der Geschäftsbanken, indem sie die entsprechenden Zinssätze hinauf- oder herabsetzt und das Volumen kontingentiert. Die Steuerung der Geldmenge steht im Vordergrund.

- *Mindestreservepolitik*

  Mindestreservepolitik ist die Beeinflussung der Geldmenge durch Steuerung der Giralgeldschöpfung der privaten Banken. Kreditinstitute werden verpflichtet, Guthaben bei der Zentralbank als Reserve zu hinterlegen. Je höher der Reservesatz desto geringer sind die Spielräume der Banken bei der Vergabe neuer Kredite.

  Die Pflicht der Geschäftsbanken, bei der Zentralbank einen bestimmten Prozentsatz der Kundeneinlagen zu hinterlegen, ist für die Geschäftsbanken in Deutschland nicht neu. Die Mindestreservepflicht für Geschäftsbanken gilt seit dem 1.1.1999 aber jetzt in allen Euro-Staaten. Um mögliche Wettbewerbsnachteile gegenüber Banken außerhalb des Euro-Raumes zu mildern, wird diese Zwangsrücklage der Geschäftsbanken im Gegensatz zu früher jetzt von der EZB verzinst. Der Zinssatz orientiert sich dabei an dem der Hauptrefinanzierungsinstrumente. Dadurch dass die EZB den Mindestreservesatz je nach Inflationsgefahr hinauf- oder herabsetzt, beeinflusst sie die Möglichkeit der Banken, Kredite zu gewähren und damit zusätzliches Geld in den Umlauf zu bringen.

- *Zinspolitik*

  Zinspolitik ist ein Mittel zur Lenkung der Geldversorgung. Seit dem Jahr 2000 gibt die EZB den Leitzins vor.

3

Ständige Fazilitäten:

Ständige Fazilitäten sind von der EZB angebotene Kreditlinien. Bei den ständigen Fazilitäten wird das Verhalten der Geschäftsbanken lediglich über einen Soll-Zinssatz bei den Spitzenrefinanzierungsfazilitäten und über einen Haben-Zinssatz bei den Einlagenfazilitäten gesteuert, eine Kontingentierung (d. h. Mengenbegrenzung) wie bei den Offenmarktgeschäften gibt es hier nicht.

1. Spitzenrefinanzierungsfazilitäten

   Die Geschäftsbanken erhalten jeweils mit der Laufzeit von einem Geschäftstag zu einem vorgegebenen Zinssatz Liquidität in gewünschter Höhe. (Bei der deutschen Bundesbank spricht man in diesem Zusammenhang auch von „Übernachtkrediten".) Auch hier müssen Sicherheiten wie Wertpapiere, Wechsel oder Lagerscheine hinterlegt werden.

2. Einlagenfazilitäten

   Hierbei bietet die EZB den Geschäftsbanken die Möglichkeit, überschüssige Liquidität ganz kurzfristig („über Nacht") zinsbringend anzulegen.

7.1 Aufgaben und Organisation der EZB

Handlungssituation

Die Proximus-Expertengruppe untersucht die Ziele und Aufgaben der EZB, um daraus Konsequenzen für ihre eigene Geldmarktstrategie zu entwickeln.

Grundlage der EZB

Die Ziele und Aufgaben des Europäischen Systems der Zentralbanken (ESZB) und dessen Hauptorgans, der Europäischen Zentralbank (EZB), wurden im Vertrag zur Gründung der Europäischen Gemeinschaft festgeschrieben. In der Satzung des Europäischen Systems der Zentralbanken (ESZB) und der Europäischen Zentralbank (EZB), die dem EG-Vertrag als Protokoll beigefügt ist, werden sie im Einzelnen erläutert. Das vorrangige Ziel ist die Gewährleistung der Preisniveaustabilität in der Eurozone; spezifiziert ist diese als Anstieg des harmonisierten Verbraucherpreisindexes (HVPI) für das Euro-Währungsgebiet von unter bis nahe 2 % gegenüber dem Vorjahr. Weiteres Ziel ist die Unterstützung der Wirtschaftspolitik in der Europäischen Gemeinschaft mit dem Ziel eines hohen Beschäftigungsniveaus und dauerhaften Wachstums, soweit dies ohne Gefährdung der Preisniveaustabilität möglich ist.

Ziel ist Preisniveaustabilität

Art. 105 Abs. 2 EG-Vertrag

Die Vorgaben für die EZB finden sich in Art. 105 Abs. 2 des Vertrages: In dem Artikel wird die Festlegung und Durchführung der Geldpolitik, die Verwaltung der offiziellen Währungsreserven der Mitgliedstaaten, die Durchführung von Devisengeschäften sowie die Versorgung der Volkswirtschaft mit Geld, insbesondere die Förderung eines reibungslosen Zahlungsverkehrs, geregelt.

- *Weitere EZB-Umsetzungen*

Finanzmarktstabilität

Die EZB erfüllt folgende Aufgaben: Aufsicht über die Kreditinstitute, Kontrolle der Finanzmarktstabilität, Beratung der Gemeinschaft und nationaler Behörden, Genehmigung der Ausgabe des Euro-Papiergeldes, Zusammenarbeit mit anderen internationalen und europäischen Organen, Sammlung der für die Erfüllung ihrer Aufgaben notwendigen statistischen Daten, Erstellung einer Zentralbankbilanz.

- *EZB-Direktorium*

  Das Direktorium wirkt wie der Vorstand einer Bank, führt die Geschäfte der EZB und setzt die Beschlüsse des EZB-Rats um. Die Durchführung der Beschlüsse des EZB-Rates wird begleitet und es werden nötige Anweisungen an die Nationalen Zentralbanken weitergegeben, die die Beschlüsse umsetzen müssen. Die Zusammensetzung des Gremiums ist wie folgt geregelt: Sie besteht aus dem Präsidenten, einem Vizepräsidenten und vier weiteren Mitgliedern. Ein Direktoriumsmitglied wird vom Gremium selbst zum Chefvolkswirt bestimmt. Die Amtszeit eines Direktoriumsmitglieds beträgt acht Jahre; eine Wiederwahl ist ausgeschlossen. Die Länge der ersten Amtszeiten war gestaffelt, um zu vermeiden, dass alle Mitglieder gleichzeitig ausscheiden. Neue Mitglieder werden von den Finanz- und Wirtschaftsministern der Teilnehmerstaaten empfohlen. Nach nichtbindenden Abstimmungen im Wirtschaftsausschuss des Europäischen Parlaments und dem Plenum des Parlaments werden sie von den Staats- und Regierungschefs der Teilnehmerstaaten gewählt. Aus der Zahl der Mitglieder resultiert, dass nicht alle EU-Staaten im Direktorium vertreten sein können. Die großen Euroländer Deutschland, Italien, Spanien und Frankreich besetzten bisher immer vier der sechs Sitze im Direktorium, die restlichen beiden Sitze wurden abwechselnd von kleineren Ländern belegt. Zwar versuchen die großen Länder, ihr Anrecht auf einen Sitz dauerhaft zu untermauern, allerdings gibt es keine rechtliche Regelung, die ihnen ein solches Vorrecht auf einen Direktoriumssitz gewährt.

Das Direktorium setzt die Beschlüsse des Rates um

- *Der EZB-Rat*

  Alle Mitglieder des Direktoriums und zusätzlich alle Präsidenten der nationalen Zentralbanken, die am Eurowährungsraum beteiligt sind, gehören dem EZB-Rat an. Er ist das oberste Beschlussorgan der EZB und trifft die meisten Entscheidungen mit einfacher Mehrheit, wobei jedes Mitglied eine Stimme hat. Er legt die Richtlinien der Geldpolitik und die Leitzinssätze fest und stellt Zentralbankgeld bereit. Die Aussprachen sind vertraulich, wobei der Rat die Veröffentlichung beschließen kann. Er tagt i. d. R. alle 14 Tage. Bei Entscheidungen über das Kapital und Einnahmen der EZB entscheidet der Rat mit gewichteten Stimmen. Die Gewichtung richtet sich nach dem Anteil am gezeichneten Kapital; die Mitglieder des Direktoriums haben keine Stimme. Für die qualifizierte Mehrheit sind zwei Drittel des Kapitals und die Mehrheit der nationalen Zentralbanken notwendig (zu Aufgaben und Organen der EZB siehe die offizielle Internetseite: www.ecb.int).

3

7.2 Strategien und Instrumentarium der EZB

Handlungssituation

Die Finanzmarktkrise von 2008 hat gezeigt, dass auch für den Geschäftsverkehr der Banken untereinander Vertrauen notwendig ist. Sie müssen darauf vertrauen können, verliehenes Geld ohne Ausfallrisiko mit den verhandelten Zinsen zurückzuerhalten.

Die Betrachtung des wirtschaftlichen Gesamtkontextes und die ersten Analysen nach Beginn haben zudem die Notwendigkeit der Unabhängigkeit der EZB von der EU-Staatengemeinschaft deutlich gemacht. Regierungen neigen zu wahltaktischen Entscheidungen, die auch für Entscheidungsträger in der Wirtschaft nur schwer vorausberechenbar sind.

Gerade Banken und Versicherungen brauchen jedoch für den Vertrieb von langfristigen Sparprodukten ein Klima des Vertrauens in die Stabilität der Währung. Eine unabhängige Zentralbank ist ein wichtiger Garant gegen die Gefahr einer Inflation, wenn Regierungen versucht sind, ihre Überschuldungsprobleme mit dem Anwerfen der Banknotenpresse zu lösen.

- *Die Zwei-Säulen-Strategie*

wirtschaftliche Analyse

Um das Ziel der Inflationsstabilität zu erreichen, verfolgt die EZB ein sog. Zwei-Säulen-Konzept.

Als Erste Säule (wirtschaftliche Analyse) beobachtet sie die Entwicklung von Inflationstendenzen und die Größen, die Einfluss auf die Inflation haben wie z. B. Löhne und Gehälter, langfristige Zinssätze, Wechselkursentwicklungen, Messgrößen für Wirtschaftstätigkeit, fiskalpolitische Indikatoren, Preis- und Kostenindizes und Unternehmens- wie Verbraucherumfragen.

monetäre Analyse

Die Zweite Säule (monetäre Analyse) betrachtet und publiziert einen Referenzwert (M3 unter Annahme einer Inflation von 2 bis 2,5 % und der Abnahme der Geldumlaufgeschwindigkeit um 0,5 bis 1 %) für die wünschenswerte M3 Geldmengenentwicklung, der aber keine Zielgröße ist, sondern Informationscharakter hat und Abweichungen zeigt und projiziert. Ziel ist es, mittelfristige Gefahren für die Preisniveaustabilität zu erkennen. Die Kritik an diesem Verfahren lautet, dass die Annahme der rückläufigen Geldumlaufgeschwindigkeit hierdurch nicht vollends gesichert ist. Vorteil dieser Strategie ist jedoch, dass die EZB flexibel auf die Marktanforderungen reagieren kann. In einer schlechten wirtschaftlichen Lage kann sie beispielsweise die Zinsen senken und mehr Geld an die Geschäftsbanken vergeben, also eine expansive Geldpolitik betreiben, da aufgrund des geringen Wirtschaftswachstums auch die Inflationsgefahren gering sind. Dann können Banken sich leichter refinanzieren, deshalb werden mehr Kredite vergeben und die Zinsen gesenkt, was Investitionen und Konsum stimuliert. Dies ist so bei der Finanzkrise 2008 geschehen. Dieses Vorgehen zeigt aber nur Wirkung bei Vertrauen auf die Zahlungsfähigkeit der Banken untereinander. Ist nicht bekannt, ob eine Bank hohe abzuschreibende Kredite besitzt, ist der Geldfluss im Inter-

Vertrauen der Banken untereinander

bankenhandel massiv gestört. Die Maßnahmen der EZB bringen nicht den gewünschten Effekt.

In einer Hochkonjunktur besteht hingegen die Gefahr, dass es zu einer stärkeren Inflation kommt. Dann betreibt die EZB eine kontraktive (restriktive) Geldpolitik, d. h., sie vergibt weniger Geld und erhöht ihre Zinsen, erschwert damit die Kreditvergabe und verteuert Investitionen. Dies alles gilt immer unter der Voraussetzung, dass die aktuelle Inflation keine andere Politik nahelegt: Ist in einer wirtschaftlichen Schwächephase die Inflation hoch, so dürfte die EZB ihre Zinsen dennoch nicht senken. Dies führt zu einem Investitionshemmnis.

- *Kontrolle und Transparenz*

  Prüfungsinstanzen

  Die EZB hat Berichte abzugeben – vierteljährlich einen Bericht über die Tätigkeit des Eurosystems, jede Woche einen konsolidierten Ausweis und zudem einen Jahresbericht über ihre Tätigkeit und die Geld- und Währungspolitik des aktuellen und des abgelaufenen Jahres. Den Jahresbericht erhalten das Europäische Parlament, die Europäische Kommission, der Europäische Rat und der Rat der Europäischen Union. Neben dieser Kontrolle unterliegt die Arbeit der EZB auch der Aufsicht von externen Rechnungsprüfern, die den Jahresabschluss prüfen, dem Europäischen Rechnungshof, der die Effizienz der Verwaltung prüft, und internen Kontrollinstanzen. Hierzu zählen eine interne Revision, die direkt dem Direktorium unterstellt ist und die nach branchenüblichen, vom Direktorium festgelegten Richtlinien arbeitet, sowie eine interne Kontrollstruktur, für die jede Organisationseinheit wie eine Abteilung oder Direktion selbst verantwortlich ist. Um die Nutzung von Insiderinformationen zu verhindern, gibt es sog. „Chinese Walls", z. B. zwischen den Geschäftsbereichen für die Durchführung der Währungspolitik und den Bereichen für die Währungsreserven- und Eigenmittelverwaltung (Bochud 1970, S. 1 ff.).

  Europäische Kommission

  Rechnungshof

Zusammenfassung

Geld ist ein Wertaufbewahrungsmittel. Das Geldangebot wird deshalb im Gleichgewicht zwischen Geldumlauf und Warenangebot gehalten, so dass auf diese Weise die Geldstabilität gesichert wird. Die Europäische Zentralbank beobachtet einerseits die Entwicklung von Inflationstendenzen und die Größen, die Einfluss auf die Inflation haben, anderseits betrachtet und publiziert sie einen Referenzwert für die wünschenswerte M3-Geldmengenentwicklung. Dieser ist keine Zielgröße, sondern hat Informationscharakter und zeigt und projiziert Abweichungen.

Die EZB ist in der Euro-Geldzone verantwortlich für die Stabilität der Währung und hat folgende Aufgaben und Pflichten: die Aufsicht über die Kreditinstitute, die Kontrolle der Finanzmarktstabilität, die Beratung der Staatengemeinschaft und nationaler Behörden, die Genehmigung der Ausgabe des Euro-Papiergeldes, die Zusammenarbeit mit anderen internationalen und europäischen Organen, die Sammlung der für die Erfüllung ihrer Aufgaben notwendigen statistischen Daten und die Erstellung einer Zentralbankbilanz.

3

8. Entwicklungsorgane für die Außenwirtschaftspolitik und europäische Wirtschaftspolitik

Handlungssituation

Der europäische Binnenmarkt basiert einerseits auf der Vergrößerung der einzelnen nationalen Märkte, die durch die Vereinfachung des grenzüberschreitenden Handels in der EU möglich geworden ist. Andererseits ist die Integration der nationalen Märkte auch abhängig von der Anpassung nationaler Gesetze an die supranationale Rechtsprechung in der EU.

Generell gilt auch für Versicherungsprodukte: Produkte, die die Grenzen eines Landes überschreiten sollen, haben auch auf dem Binnenmarkt größere Absatzchancen.

Drei-Säulen-Modell

Die politische Struktur und das System der Europäischen Union unterscheiden sich deutlich von einzelstaatlichen politischen Systemen in Europa. Als staatenübergreifender Zusammenschluss von derzeit 27 souveränen Staaten besitzt die EU, anders als ein Staatenbund, eigene Souveränitätsrechte; andererseits haben die EU-Institutionen keine Kompetenz; anders als ein Bundesstaat kann die EU also die Verteilung der Zuständigkeiten innerhalb ihres Systems nicht selbst gestalten. Das deutsche Bundesverfassungsgericht hat daher in einem Urteil aus dem Jahr 1993 den neuen Begriff Staatenverbund geprägt, um die EU staatsrechtlich zu charakterisieren.

völkerrechtliche Verträge

Die wichtigsten Verträge, auf denen die EU derzeit gründet, sind der EG-Vertrag von 1957 und der EU-Vertrag von 1992. Mit diesen völkerrechtlichen Verträgen vereinbarten die Mitgliedsstaaten, die Institutionen der EU zu schaffen und ihnen bestimmte Souveränitätsrechte und Kompetenzen für Gesetzgebung zu übertragen. Man bezeichnet sie deshalb als europäisches Hauptrecht. Das gesamte nachrangige Recht, dass die EU selbst gemäß ihren eigenen Rechtsetzungsverfahren erlässt, ist aus diesen Verträgen und den darin genannten Kompetenzen abgeleitet. Dabei hat die EU in den Politikfeldern, die im EG-Vertrag geregelt sind, eigene supranationale (staatenübergreifende) Kompetenzen. Die Rechtsakte, die gemäß den Rechtsetzungsverfahren der EG von den europäischen Institutionen – Kommission, Rat und Parlament – beschlossen werden, werden durch die in den Verträgen festgelegte Rechtsetzungskompetenz der Europäischen Gemeinschaften bindend (Brusis 2003, S. 255–272).

staatsübergreifende Kompetenzen

Andere Bereiche, die nur im EU-Vertrag genannt sind, sind dagegen von zwischenstaatlichen Entscheidungsstrukturen gekennzeichnet. Das betrifft zum einen die gemeinsame Außen- und Sicherheitspolitik (GASP), zum anderen die polizeiliche und justizielle Zusammenarbeit in Strafsachen (PJZS). Hier handelt es sich um eine reine Zusammenarbeit zwischen den Regierungen der Mitgliedstaaten, wobei alle Entscheidungen einstimmig zu treffen sind und auch nicht unmittelbar Rechtsgültigkeit haben (Oppermann 2005).

Aufgrund dieser Dreiteilung in EG, GASP und PJZS spricht man auch vom Drei-Säulen-Modell der EU. Es wurde 1992 durch den EU-Vertrag von Maastricht eingeführt. Zuvor hatte es lediglich die EG gegeben; die Bereiche Außen- und Sicherheitspolitik bzw. Inneres und Justiz waren allein der nationalstaatlichen Souveränität unterstellt.

Wurzeln der EU

Geschichte von EWG und EU

Die Geschichte der europäischen Einigung ist geprägt von der überragenden Bedeutung wirtschaftlicher Integrationsschritte. Angestoßen durch die Vergemeinschaftung des Kohle- und Stahlsektors 1952 (EGKS) und fortgeführt mit der Schaffung von EWG und EURATOM 1957 sowie mit der Verwirklichung des Binnenmarkts 1993 führten sie bis zur Einführung der Euro-Münzen 2002. Insgesamt erwirtschaften die Mitgliedstaaten der EU heute zusammen rund ein Viertel des weltweiten Bruttosozialprodukts. Damit ist die Europäische Union der größte Wirtschaftsraum der Erde und erwirtschaftet rund 1/4 des weltweiten BIP. Die Institutionen der EU spielen dabei gleich in mehreren Bereichen eine wichtige Rolle für die europäische Wirtschaftspolitik: Während der Agrarsektor von einer EU-weiten Marktordnung mit hohen Subventionen geprägt ist, zeigt sich im Industrie- und Gewerbebereich der Einfluss der Gemeinschaft vor allem bei der Vorgabe von Normen und Wettbewerbsregeln, über deren Einhaltung die Kommission wacht. Die Kernkompetenz zur Gewährleistung eines fairen Wettbewerbs auf dem Binnenmarkt liegt beim Wettbewerbskommissar der Europäischen Kommission, der die jeweiligen Kartellbehörden der einzelnen Staaten als supranationales Organ ergänzt. Neben der Kontrolle der Wirtschaft ist er auch für die Genehmigung von Subventionen in den Mitgliedstaaten zuständig. Damit soll verhindert werden, dass einzelne Staaten bestimmte Firmen wettbewerbswidrig unterstützen. Außerdem fördert die EU u. a. die Kooperation vor allem kleiner und mittlerer Unternehmen bei der Forschung und Entwicklung innovativer Produkte für Wachstumsmärkte. Auch nach außen hin treten die EU-Länder als einheitlicher Wirtschaftsblock auf und werden etwa in der Welthandelsorganisation vom EU-Handelskommissar vertreten.

Finanzhaushalt

Zur Finanzierung ihrer Ausgaben verfügt die Europäische Union über sog. Eigenmittel, die sich aus Beiträgen der Mitgliedstaaten sowie zum geringeren Teil aus den Importzöllen an den Außengrenzen zusammensetzen. Die Beiträge der Mitgliedstaaten resultieren zum einen aus einem Anteil der Umsatzsteuer, der an die EU abzuführen ist, zum anderen aus Beiträgen, die sich proportional aus dem Bruttoinlandsprodukt der Staaten ergeben. Eine Ausnahme stellt dabei der sog. Britenrabatt dar: Da ein sehr großer Anteil der EU-Mittel für die gemeinsame Agrarpolitik ausgegeben wird, von der das Vereinigte Königreich durch seinen vergleichsweise geringen Agrarsektor nur wenig profitiert, erhält es seit 1984 zwei Drittel seiner Nettobeiträge zurückerstattet.

3

Hauptorgane der EU

- *Europäischer Rat*

  Der Europäische Rat ist das wichtigste Gremium der EU. Da er keinen Teil am Gesetzgebungsverfahren der Europäischen Gemeinschaften hat, ist er das einzige Organ, dessen Statut nicht im EG-, sondern im EU-Vertrag (Art. 4) festgehalten ist. Er setzt sich aus den Staats- und Regierungschefs der Mitgliedsländer, deren Außenministern sowie dem Präsidenten der Europäischen Kommission zusammen, wobei die Außenminister und der Kommissionspräsident nur beratende Funktion haben. Innerhalb des politischen Systems der EU hat der Europäische Rat die Richtlinienkompetenz: Er legt Leitlinien und Ziele der europäischen Politik fest, ist jedoch nicht in die alltäglichen Verfahren eingebunden. Der Vorsitz im Europäischen Rat wechselt derzeit halbjährlich zwischen den Mitgliedsländern. Abstimmungen im Europäischen Rat erfolgen grundsätzlich „im Konsens", also einstimmig.

- *Ministerrat*

  Der Rat der Europäischen Union (auch Ministerrat genannt) ist eines der zwei Legislativorgane der EU. Er setzt sich – je nach Politikfeld – aus den jeweiligen Fachministern der nationalen Regierungen der Mitgliedstaaten zusammen und beschließt gemeinsam mit dem Europäischen Parlament die entscheidenden Rechtsakte. Je nach Politikfeld ist hierfür entweder eine einstimmige Entscheidung oder eine qualifizierte Mehrheit notwendig (Kohler-Koch/Woyke 1996).

- *Europäisches Parlament*

  Das Europäische Parlament (EP) ist der zweite Teil der Legislative der Europäischen Gemeinschaften. Es wird seit 1979 alle fünf Jahre direkt von den Bürgern der Mitgliedstaaten gewählt und repräsentiert daher innerhalb der Legislative die europäische Bevölkerung.

- *Europäische Kommission*

  Die Europäische Kommission hat im institutionellen Gefüge der Europäischen Union vornehmlich exekutive Funktionen. Allerdings ist sie auch an der Legislative beteiligt: Sie hat das alleinige Initiativrecht in der EG-Rechtsetzung und schlägt demnach Rechtsakte (Richtlinien, Verordnungen, Entscheidungen) vor. Parlament und Rat können diese Vorschläge hinterher jedoch frei abändern, ohne dass die Kommission noch in den Legislativprozess eingreifen kann (Lambach/Schieble 2007).

- *Entstehung der Außenwirtschaftspolitik*

  Die entstehende supranationale Rechtsordnung mit gemeinsamen Gesetzen und Richtlinien schafft die Basis für außenwirtschaftliche Handlungen im gemeinsamen Interesse. Die Außengrenzen dieser Gesetze sind zugleich die Nahtstelle außenwirtschaftspolitischer Maßnahmen. In der Volkswirtschaftstheorie spricht man hier vom Verhältnis des erweiterten Inlands zum Ausland.

8.1 Internationale Wirtschaftsbeziehungen und internationale Handelshemmnisse

Wirtschaftsintegration durch Markt und Wettbewerb

Reale und monetäre Außenwirtschaftslehren werden über die sog. Integrationstheorie zusammengeführt. Sie ist das Ergebnis der derzeit zu beobachtenden zunehmenden wirtschaftlichen Integration, welche wiederum die direkte Folge vermehrter güterwirtschaftlicher und monetärer Interaktion zwischen den Staaten ist. Das Phänomen der wirtschaftlichen Integration hat sich in den letzten Jahren zu einer dritten Säule der Außenwirtschaftslehre entwickelt, da es in der Öffentlichkeit eine besonders starke Beachtung findet. Im Zentrum der Diskussion stehen in letzter Zeit die Themen Globalisierung und Globalisierungskritik. Von der Wirtschaftsintegration durch Markt und Wettbewerb zu unterscheiden ist die von Staaten durch Völkerrechtsverträge betriebene institutionalisierte Wirtschaftsintegration durch Gründung verschiedenartiger internationaler Organisationen wie Freihandelszonen, so dass man jeweils sowohl von parallelen Integrations- als auch von Institutionalisierungsprozessen sprechen muss.

- *Darstellung des Außenhandels in der Zahlungsbilanz*

  Ausgleich der Devisenreserven

  Fundamentaler Rahmen für die Abbildung der grenzüberschreitenden Geld- und Kapitalströme ist die Zahlungsbilanz. Diese ist insgesamt gesehen stets ausgeglichen, da alle Ungleichgewichte letztlich durch die Zentralbank ausgeglichen werden, deren Devisenreserven sich entsprechend verändern. Von einer ausgeglichenen Zahlungsbilanz spricht man, wenn sich die Devisenreserven nicht ändern, also die Devisenbilanz ausgeglichen ist. Instrumente zum Zahlungsbilanzausgleich sind der Wechselkurs und der Zins.

- *Wechselkurs und Außenhandel*

  Angebot und Nachfrage aus den Devisenmärkten

  Die klassische Annahme der monetären Außenwirtschaftslehre ist, dass sich das Angebot und die Nachfrage auf den Devisenmärkten allein aus dem Außenhandel ergibt: Exporteure erlösen Devisen und bieten sie an, Importeure benötigen zur Bezahlung ihrer Rechnungen Devisen und fragen sie nach. Bildet sich der Wechselkurs frei nach Angebot und Nachfrage, dann beeinflussen Ungleichgewichte in der Zahlungsbilanz den Wechselkurs, und der Wechselkurs beeinflusst wiederum die Zahlungsbilanz (bei festen Wechselkursen erfolgt die Anpassung über die Inflationsraten). Hat ein Land einen Überschuss in der Zahlungsbilanz, übersteigt das Angebot auf dem Devisenmarkt die Nachfrage, der Kurs der ausländischen Währung gerät unter Druck bzw. die inländische Währung wertet auf.

- *Handelshemmnisse*

  tarifliche und nichttarifliche Handelshemmnisse

  Ein Handelshemmnis ist eine Maßnahme, die sich hemmend auf den Austausch von Waren und Dienstleistungen auswirkt. Unterschieden werden solche protektionistischen Maßnahmen in tarifäre und nichttarifäre Handelshemmnisse (Borchert 1990).

  Unter tariflichen Handelshemmnissen werden Importzoll und auch Einfuhrzoll gezählt, man versteht darunter die Zölle, die auf Waren, Kapital und Dienstleistungen erhoben werden. Zu zahlen sind diese Abgaben von inländischen Konsumenten und Unternehmen, sobald die Waren die Grenzen des Zollgebietes überqueren. So könnte man auch sagen: „Dienstleistungen werden z. B. dann importiert, wenn Deutsche im Ausland Urlaub machen."

Nichttarifäre (Non-Tariff-Barriers, NTBs) oder zollfremde Handelshemmnisse sind handelspolitische Maßnahmen, die vorwiegend auf die Behinderung von Importen oder die Förderung von Exporten inländischer Unternehmer zielen. Darunter fallen z. B. Einfuhrquoten, technische Vorschriften, rechtliche Vorschriften, Exportbeschränkungen, Einfuhrsteuern, Einfuhrverbote, Ausfuhrverbote, spezielle Importabgaben, Steuervorteile, finanzielle Förderungen inländischer Unternehmen, Qualitätsstandards, Verpackungs- und Bezeichnungsvorschriften und Herkunftsangaben (Koch 2006).

NTBs können (wie Zölle auch) den internationalen Handel stark beeinträchtigen. Der Abbau dieser Handelsbarrieren und damit die Förderung des internationalen Handels erfordert den internationalen Konsens bei der Definition und Quantifizierung von NTBs.

Ziel der EU ist die Förderung des internationalen Handels und damit der Abbau von Handelshemmnissen.

8.2 Währungspolitik

Währungsunionen schaffen die Möglichkeit flexibler Wechselkurse als Anpassungsmechanismus ab. Dadurch kann ein Ausgleich nur noch über die Bewegungen der Produktionsfaktoren (flexible Arbeitsplätze und flexibles Kapital) erfolgen. Ein Vorteil der Währungsunion ist die Reduktion der Transaktionskosten, welche sich sowohl für Unternehmen als auch für Haushalte durch die einheitliche Währung ergeben. Beide Wirtschaftssubjekte profitieren dabei einerseits von den wegfallenden Gebühren für den Devisenumtausch und andererseits auch von der Beschränkung der Wechselkursunsicherheit. Ein weiterer Vorteil ist in der Erhöhung der Markttransparenz zu sehen. Diese führt zu einer Senkung der Informationskosten für die Individuen, welche nun die Preise innerhalb des Währungsgebietes unmittelbar miteinander vergleichen können. Die Währungspolitik in der Union trifft kumuliert und partiell die Gesetzmäßigkeiten des Kapitalmarktes und nachfolgend beschriebener Mechanismen.

- *Kapitalmarkt*

  keine Wechselkursunsicherheit

  Insbesondere für Schwellen- und Entwicklungsländer ist es von fundamentaler Bedeutung, Zugang zu internationalen Krediten zu bekommen. Ausländische Anleger werden dann am ehesten bereit sein, einem Land Kapital zur Verfügung zu stellen, wenn sie sicher sind, dass sie das Geld (plus eine Rendite) zurückbekommen. Ist der Wechselkurs zur Währung der Geldgeber fix, so steigen demnach die Chancen auf eine rentable Investition, da sich das Wechselkursrisiko verringert. Ist der Wechselkurs variabel, so besteht seitens der Anleger u. U. Angst vor einer Abwertung (Görgens/Ruckriegel/Seitz 2004).

- *Preisstabilität*

  Inflationsrate relativiert Kredite

  Manche Volkswirtschaften (vor allem Entwicklungs- und Schwellenländer) versuchen durch eine Wechselkursbindung Preisstabilität zu erreichen. Hierbei wird versucht, durch das Fixieren des Wechselkurses die Inflationsrate bei Importgütern an die Inflationsrate eines preisstabilen Ankerwährungslandes anzugleichen und somit sowohl direkt (über inflationsfrei importierte Konsumgüter) als auch indirekt (über inflationsfrei importierte Vorprodukte) die Verbraucherpreisentwicklung zu stabilisieren.

- *Außenwirtschaftliches Gleichgewicht*

  Darunter versteht man beispielsweise einen ausgeglichenen Leistungsbilanzsaldo. Eine ausgeglichene Leistungsbilanz kann deswegen u. U. ein Ziel der Währungspolitik darstellen, weil ein Leistungsbilanzüberschuss u. U. davon zeugt, dass eine Volkswirtschaft im Inland nicht mehr genügend attraktive Anlagemöglichkeiten findet, während ein Leistungsbilanzdefizit durch Auslandsverschuldung finanziert werden muss.

- *Binnenkaufkraft*

  Während eine abwertende Währung ausländische Güter teurer macht, werden diese durch eine Aufwertung billiger, da man sich so zu einem bestehenden Vermögen mehr ausländische Güter kaufen kann. Dies kann vor allem für solche Länder von Bedeutung sein, die wichtige Güter importieren müssen (beispielsweise Rohstoffe oder Investitionsgüter).

- *Wettbewerbsfähigkeit*

  erweiterte Wettbewerbsfähigkeit der EU-Inländer zu Ausländern

  Während der Nutzen stabiler Wechselkurse in einer Senkung der Inflation besteht, können auch Auf- oder Abwertungen einen Nutzen für die Volkswirtschaft generieren. Wertet eine Währung ab, so macht dies inländische Produkte im Ausland billiger (kompetitive Abwertung). Man spricht in einem solchen Fall von einer höheren Wettbewerbsfähigkeit der Volkswirtschaft. Der Vorteil einer solchen Politik: Man geht davon aus, dass durch eine Abwertung der Inlandswährung die Wettbewerbsfähigkeit der Volkswirtschaft als Ganzes zunimmt – es wird mehr exportiert, die Produktion steigt, die Arbeitslosigkeit sinkt etc. Der Nachteil einer solchen Politik: Ein Vertrauen auf die positiven Effekte einer Abwertung kaschiert oft nur darüber hinaus gehende Ineffizienzen. Eine solche Politik der schwachen Inlandswährung wird zumeist von Ländern mit Produktivitätsrückständen betrieben – also häufig von Schwellen- und Entwicklungsländern (Wagner 1998).

8.3 Entscheidungsstrukturen und Richtlinien der Wirtschaftspolitik in der EU

- *Zoll- und Handelsgebiet*

  Der EWG-Vertrag hat die Vorgabe, Handelshemmnisse zwischen den Mitgliedstaaten abzubauen, und dafür die schrittweise Einführung der vier sog. Grundfreiheiten, nämlich des freien Verkehrs von Waren, Kapital, Dienstleistungen und Arbeitskräften im Gebiet der Gemeinschaft zu ermöglichen.

  Mit der einheitlichen Europäischen Akte 1986 wurde das Ziel eines gemeinsamen Binnenmarkts auch vertraglich festgehalten. Um zu verhindern, dass das Prinzip, wonach Produkte, die in einem EU-Mitgliedstaat hergestellt und verkauft werden können, auch in der übrigen Union nicht verboten werden dürfen, zu einem Unterbietungswettlauf bei den Produktionsstandards führt, glichen die Mitgliedstaaten zahlreiche ihrer Rechts- und Verwaltungsvorschriften an und schufen im Rat der Europäischen Union eine Vielzahl EU-weiter Normen – trotz der Kritik an der damit verbundenen Zentralisierung (Lambach/Schieble 2007, Niess 2001).

- *Dienstleistungen*

grenzüberschreitende Dienstleistung

Ziel der Richtlinie ist die Förderung des grenzüberschreitenden Handels mit Dienstleistungen. Dafür sieht sie bestimmte Erleichterungen für niedergelassene Dienstleister vor, u. a. die Schaffung einheitlicher Ansprechpartner und einer elektronischen Verfahrensabwicklung. Ihr Anwendungsbereich umfasst nicht nur klassische Dienstleister wie Frisöre, IT-Spezialisten, Dienstleister im Baubereich und Handwerker, sondern zum Teil auch Daseinsvorsorgeleistungen wie Altenpflege, Kinderbetreuung, Behinderteneinrichtungen, Heimerziehung, Müllabfuhr, Verkehrssysteme etc., soweit diese im betreffenden Mitgliedstaat bereits unter Marktbedingungen erbracht werden. Auch die EU-Versicherungsvermittlerrichtlinie soll dazu beitragen, den grenzüberschreitenden Handel mit Dienstleistungen zu fördern (Jachtenfuchs, Kohler-Koch 2003).

- *Währungsunion*

Art. 105 ff. EGV

Die Einführung einer gemeinsamen europäischen Währung (Art. 105 ff. EGV) war bereits früh ein Diskussionsthema in der Gemeinschaft. Nachdem erste Versuche in diese Richtung, etwa der Werner-Plan von 1970, gescheitert waren, wurde schließlich auf der Grundlage des Vertrags von Maastricht der Euro als gemeinsame Währung eingeführt. Damit ein Land an der Währungsunion teilnehmen kann, muss es bestimmte wirtschaftliche Kriterien (Konvergenzkriterien) erfüllen, durch die die Stabilität der gemeinsamen Währung gesichert werden soll. Die Konvergenzkriterien beziehen sich auf die Bereiche Finanzpolitik, Preisniveau, Zinsen und Wechselkurse, wobei das finanzpolitische Kriterium (Defizitquote < 3 % und Schuldenstandsquote < 60 % des BIP) als dauerhaftes Kriterium ausgelegt wurde, die anderen Kriterien galten nur im Referenzjahr 1997.

Konvergenzkriterien

- *Wettbewerbspolitik*

Subventionspolitik

Um Wirtschaftskartelle und -monopole in der EU zu verhindern und einen fairen Wettbewerb auf dem Binnenmarkt sicherzustellen, werden die Kartellbehörden der einzelnen Staaten durch den Wettbewerbskommissar der Europäischen Kommission unterstützt. Neben der Kontrolle der Wirtschaft ist er auch für die Genehmigung von Subventionen in den Mitgliedstaaten zuständig. Damit soll verhindert werden, dass einzelne Staaten bestimmte Firmen wettbewerbswidrig unterstützen. Subventionen sind nur für wirtschaftlich schwache Regionen zulässig (z. B. Ostdeutschland).

- *Landwirtschaft und Fischerei*

  stabile Versorgungslage

  Angestrebt waren eine Erhöhung der landwirtschaftlichen Produktivität und die Vermeidung von Preisschwankungen, was den Produzenten eine gut auskömmliche Lebenshaltung und den Verbrauchern eine stabile Versorgung zu angemessenen Preisen sichern sollte.

  Aufgabe der gemeinsamen Fischereipolitik ist es, die Fischwirtschaft im Sinne des Nachhaltigkeitsprinzips zu fördern. Um der Überfischung und dem Rückgang der Fischbestände zu begegnen, setzt die Gemeinschaft Fangquoten für die verschiedenen Mitgliedstaaten und bestimmte Fischarten fest.

- *Handelspolitik*

  Schutzinstrument

  Grundsätzlich ist die gemeinsame Handelspolitik der EG dem Gedanken des weltweiten Freihandels verpflichtet, sie kann jedoch zur Abwehr wirtschaftlicher Gefahren auf ein umfangreiches Regelwerk von Schutzinstrumenten tarifärer wie nicht-tarifärer Art zurückgreifen. Neben den autonomen Maßnahmen kommt auch internationalen Handelsverträgen, an denen die EG beteiligt ist, große Bedeutung zu, insbesondere den Abkommen im Rahmen der Welthandelsorganisation (WTO). Zwar sind alle Mitgliedstaaten auch eigenständige Mitglieder der WTO, doch Sprecherin für sie ist die Europäische Gemeinschaft, die durch den Handelskommissar der Europäischen Kommission vertreten wird.

- *Gesellschaftspolitik*

  Subsidiaritätsprinzip

  Im Bereich der Gesellschaftspolitik sind die einzelstaatlichen Souveränitätsvorbehalte und die Einforderung des Subsidiaritätsprinzips im Allgemeinen stärker ausgeprägt als in der Wirtschaftspolitik. Daher gilt in bestimmten Fragen dieses Politikfelds, etwa im Bereich der sozialen Sicherheit, im Rat der EU das Einstimmigkeitsprinzip; das Europäische Parlament muss lediglich angehört werden und hat keine Mitbestimmungsrechte.

- *Strukturförderung*

  Ausgleich wirtschaftsgeographischer Standortfaktoren

  Innerhalb der EU gibt es eine Reihe von Regionen, deren wirtschaftliche Leistungsfähigkeit weit unter dem EU-Durchschnitt liegt, meist als Folge nachteiliger wirtschaftsgeographischer Standortfaktoren. Zu diesem Zweck wurden drei sog. Strukturfonds eingerichtet, die für den wirtschaftlichen Aufholprozess der ärmeren Regionen sorgen sollen. Der erste der drei Strukturfonds ist der Europäische Fonds für regionale Entwicklung (EFRE). Er unterstützt u. a. mittelständische Unternehmen, damit dauerhafte Arbeitsplätze geschaffen werden. Der zweite Fonds ist der Europäische Sozialfonds (ESF), der wie der EFRE in allen Mitgliedstaaten zur Anwendung kommt. Er hat die Verbesserung der Bildungssysteme und des Zugangs zum Arbeitsmarkt zum Ziel. Der dritte Fonds, der Kohäsionsfonds schließlich soll dazu dienen, wirtschaftliche und soziale Disparitäten unter den Mitgliedstaaten zu verringern. Förderfähig im Rahmen dieses Fonds sind Vorhaben im Zusammenhang mit Umwelt- und Verkehrsinfrastrukturen in Mitgliedstaaten der EU, deren Bruttoinlandsprodukt pro Kopf unter 90 % des EU-Durchschnitts liegt (Weidenfeld 2004).

3

- *Verkehr-Raumfahrt-Transeuropäisches Netz*

  Die Verkehrspolitik der EU (Art. 70 ff. EGV) ist in erster Linie auf die Verbesserung der grenzüberschreitenden Mobilität von Personen und Gütern im Binnenmarkt gerichtet. Ein wesentlicher Bestandteil ist dabei der Auf- und Ausbau Transeuropäischer Netze (TEN, Art. 154 ff. EGV), die bis 2020 die verschiedenen europäischen Regionen miteinander verbinden sollen. Dieses TEN-Projekt umfasst Straßen, Eisenbahnstrecken, Binnenwasserstraßen, den kombinierten Verkehr (Verbindung verschiedener Verkehrsträger), Häfen, Flughäfen und Umschlaganlagen für den Güterfernverkehr, aber auch Informations-, Navigations- und Verkehrsmanagementsysteme.

- *Umwelt und Energiepolitik*

  Seit dem Vertrag von Amsterdam sind bei sämtlichen Maßnahmen der Gemeinschaft Umweltbelange zu berücksichtigen, ein Querschnittsprinzip wie das der Subsidiarität. So muss etwa bei der Planung von Wirtschafts- und Infrastrukturprojekten nun grundsätzlich eine Umweltverträglichkeitsprüfung durchgeführt werden, die als einheitliches Verwaltungsverfahren der Genehmigung baulicher Maßnahmen vorausgeht (Oppermann 2005).

- *Verbraucherschutz*

  Als vorrangige Ziele werden nicht nur einheitliche Qualitätsstandards in Produktion und Handel angestrebt, sondern auch Gesundheitsschutz sowie Aufklärung und Information der Verbraucher.

- *Sozial- und Beschäftigungspolitik*

  Entwicklung von Arbeitsmarktflexibilität

  Angestrebt wird eine zwischen der EU und den Mitgliedstaaten koordinierte Strategie, die vor allem auf bessere Qualifizierung der Arbeitsuchenden und auf Arbeitsmarktflexibilität gerichtet ist. Auch eine arbeitsmarktpolitische Koordination der Mitgliedstaaten untereinander wird von der EU gefördert. Das zeigt sich u. a. in einer akzentuierten Gleichstellungspolitik zugunsten von Frauen, in Antidiskriminierungsvorgaben und in Vorgaben zur Vereinbarkeit von Familie und Beruf (Thiele 2006).

Zusammenfassung

Die Geschichte der europäischen Einigung zeigt die überragende Bedeutung wirtschaftlicher Integrationsschritte. Der EWG-Vertrag hatte die Vorgabe, Handelshemmnisse zwischen den Mitgliedstaaten abzubauen, und dafür die schrittweise Einführung der vier sog. Grundfreiheiten, nämlich des freien Verkehrs von Waren, Kapital, Dienstleistungen und Arbeitskräften im Gebiet der Gemeinschaft zu ermöglichen. Die derzeit zu beobachtende zunehmende wirtschaftliche Integration ist die direkte Folge vermehrter güterwirtschaftlicher und monetärer Interaktion zwischen den Staaten.

Währungsunionen schaffen die Möglichkeit flexibler Wechselkurse als Anpassungsmechanismus ab. Dadurch kann ein wirtschaftlicher Ausgleich nur noch über die Bewegungen der Produktionsfaktoren (flexible Arbeitsplätze und flexibles Kapital) erfolgen.

Aufgaben zur Selbstüberprüfung

1. Erläutern Sie kurz die Folgen, die entstehen, wenn der Staat durch eine Aufkaufgarantie einen Mindestpreis für ein Gut garantiert. Welche Motive könnten dieser Entscheidung zugrunde liegen.
2. Was versteht man unter den Begriffen „Preis-Elastizität der Nachfrage" und „Kreuzpreiselastizität"?
3. Ein Marktforschungsinstitut untersucht im Auftrag eines Unternehmens die Nachfrage nach einem Gut A. Es stellt fest, dass sich innerhalb eines halben Jahres die nachgefragte Menge um 9 % vermindert hat. Gleichzeitig ist der Preis auf dem untersuchten Markt von 10 € auf 10,30 € gestiegen. Wie groß ist die Preiselastizität der Nachfrage?
4. Beschreiben Sie kurz, was man unter „Minimalkostenkombination" versteht.
5. Beschreiben Sie kurz den Inhalt des Ertragsgesetzes.
6. Beschreiben Sie kurz den Preisbildungsmechanismus bei vollständiger Konkurrenz?
7. Beschreiben Sie kurz das für polypolistische Konkurrenz typische Marktverhalten und gehen Sie auf die Änderungen ein, die sich durch Konzentrationsprozesse ergeben.
8. Wann spricht man davon, dass „Monopole volkswirtschaftlich sinnvoll" sein können?
9. Erläutern Sie den Unterschied zwischen „Bruttonationaleinkommen" und „Bruttoinlandsprodukt".
10. Erläutern Sie aus volkswirtschaftlicher Sicht den Zusammenhang zwischen Sparen und Investieren.
11. Erläutern Sie den Inhalt und Funktion der Leitzinsen.
12. Erklären Sie kurz die Begriffe „Geld-" und „Fiskalpolitik" und gehen Sie dabei auf die Unterschiede und die Zusammenhänge zwischen beiden ein.
13. Definieren Sie den Begriff „Inflation" und nennen Sie mindestens zwei mögliche Ursachen ihrer Entstehung.
14. Unterscheiden Sie „Wachstum" und „Konjunktur".
15. Setzen Sie sich mit dem Begriff „Lohnstarrheit" bezüglich der Arbeitsmarktanpassung auseinander.
16. Was verstehen Sie unter dem Begriff „Magisches Viereck der Wirtschaftspolitik"? Erläutern Sie einen möglichen Zielkonflikt.
17. Erläutern Sie, welche Vorstellungen es über eine Obergrenze der Staatsverschuldung gibt.
18. Was versteht man unter „Solidarprinzip" und unter „Generationenvertrag"?

19. Definieren Sie den Begriff „Wechselkurs“ und nennen Sie wesentliche Einflussfaktoren auf seine Entwicklung.
20. Aus welchen Organisationen ist die Europäische Union hervorgegangen?

Kapitel 4

Auswirkungen unternehmerischer Entscheidungen auf die betriebliche Rechnungslegung

4

Nachzuweisende Befähigung

Die angehenden Fachwirte/Fachwirtinnen für Versicherungen und Finanzen sollen die wesentlichen Auswirkungen unternehmerischer Entscheidungen auf die externe Rechnungslegung von Versicherungsunternehmen darstellen können (gemäß Erläuterungsbroschüre, Qualifikationsinhalte und Handlungssituationen, 1.4).

Qualifikationsinhalte des Kapitels

Die Absolventen können im Einzelnen:

- die Aufgaben der externen Rechnungslegung von Versicherungsunternehmen erläutern (1.4.1)
- den Ausweis der wesentlichen Geschäftsvorgänge im Jahresabschluss beurteilen (1.4.2)
- bei der Beurteilung von Jahresabschlüssen grundlegende Kennzahlen berücksichtigen (1.4.3).

1. Aufgaben der externen Rechnungslegung von Versicherungsunternehmen*

Handlungssituation

Sie sind Mitarbeiter der Abteilung Rechnungswesen und werden auch als Ausbilder eingesetzt. Bevor die Auszubildenden des letzten Jahrgangs in die Erstellung des Jahresabschlusses mit einbezogen werden, sollen Sie ihnen die grundsätzlichen Aufgaben der veröffentlichten Rechnungslegung begründet darlegen.

1.1 Vorbemerkung

Die Auffassungen darüber, welche Aufgaben die externe Rechnungslegung, d. h. die Erstellung von Jahresabschluss (Bilanz, Gewinn- und Verlustrechnung, Anhang) und Lagebericht, erfüllen soll, gehen weit auseinander.

IAS: kapitalmarktorientierte Rechnungslegung

Das International Accounting Standards Board (IASB), eine private Institution mit Sitz in London, die als sog. Standardsetter die internationalen Rechnungslegungsvorschriften – International Accounting Standards (IAS) bzw. International Financial Reporting Standards (IFRS) – entwickelt und herausgibt, sieht als primäre Aufgabe der Rechnungslegung die Offenlegung (full disclosure) der für aktuelle und potenzielle Anteilseigner entscheidungsrelevanten Sachverhalte an. Der IFRS-Abschluss orientiert sich an den Informationsinteressen der Kapitalmarktteilnehmer und ist inhaltlich zugeschnitten auf den im Geschäftsjahr erzielten Erfolg. Dieser wird zum großen Teil an den Veränderungen des Vermögens und der Schulden zu Marktwerten gemessen, ohne Rücksicht darauf, ob das so ermittelte Ergebnis ausschüttungsfähig ist oder nicht.

Die Konzernabschlüsse börsennotierter Konzerne und anderer sog. kapitalmarktorientierter (Mutter-)Unternehmen, also auch der deutschen (Versicherungs-)Konzerne, sind nach dieser Konzeption zu erstellen (§ 315a Abs. 1 und 2 HGB).

* Aufgrund der Neufassung des VAG sind einige Verordnungen zum 1.1.2016, andere zum 1.4. und 1.7.2016 aufgehoben worden. Sie werden auf der Grundlage des neuen Rechts 2016 entweder – inhaltlich teils unverändert, teils angepasst – erneut erlassen oder in neuen Verordnungen zusammengefasst. Der Referentenentwurf des Bundesfinanzministeriums dazu liegt seit 29.9.2015 vor. Die neuen Verordnungen waren bei Redaktionsschluss im Januar 2016 noch nicht verkündet. Die Verordnung über die Berichterstattung gegenüber der Bundesanstalt für Finanzdienstleistungsaufsicht wird erst im Laufe des Jahres 2016 neu erlassen.

Der vorliegende Text stützt sich auf die bei Redaktionsschluss verfügbaren Rechtsmaterialien. Die relevanten Verordnungsentwürfe sind insoweit berücksichtigt.

HGB: vorsichtige Erfolgsermittlung

Die deutschen Einzel-Jahresabschlüsse müssen hingegen weiterhin der dem HGB zugrunde liegenden Rechnungslegungskonzeption folgen. Danach steht inhaltlich die dem Gläubigerschutz und der Unternehmenserhaltung verpflichtete, restriktive Bemessung des ausschüttungsfähigen Erfolges an oberster Stelle. Die Aussagefähigkeit der Rechnungslegung für die Anteilseigner – d. h. deren Information über das tatsächlich erzielte Periodenergebnis – tritt demgegenüber deutlich zurück, auch wenn das Bilanzrechts-Modernisierungsgesetz von 2009 (BilMoG) einige Informationsverbesserungen bewirkt hat.

BilMoG

4

Im Folgenden wird auf die Rechnungslegungskonzeption nach deutschem Recht abgestellt, wie sie für den Einzelabschluss von Versicherungsunternehmen in Deutschland maßgebend ist. Steuerliche Vorschriften und Aspekte werden dabei nur in soweit berücksichtigt, als sie im konkreten Einzelfall entweder im Gegensatz zu handelsrechtlichen Vorgaben stehen oder auch für den handelsrechtlichen Jahresabschluss von praktischer Bedeutung sind. Auf die Konzernrechnungslegung nach deutschem Recht und nach IAS/IFRS wird aufgrund der für Fachwirte zugeschnittenen Kompetenzorientierung nicht eingegangen.

1.2 Ausschüttungsregelung

Die Bemessung des ausschüttungsfähigen Erfolges als inhaltliche Gestaltungsfunktion ist im HGB nicht ausdrücklich beschrieben. Sie kann aber gefolgert werden aus

- dem generellen Verweis auf die durch Vorsicht geprägten Grundsätze ordnungsmäßiger Buchführung (GoB): „Der Jahresabschluss ist nach den Grundsätzen ordnungsmäßiger Buchführung aufzustellen" (§ 243 Abs. 1 HGB),
- den Regelungsinhalten im Einzelnen, so aus der Legaldefinition für die Bilanz als einen „das Verhältnis (des) Vermögens und (der) Schulden darstellenden Abschluss" (§ 242 Abs. 1 HGB) und insbesondere aus den Ansatz- und Bewertungsvorschriften (§§ 252 ff. HGB).

Durch Auslegung der HGB-Vorschriften kann man mithin als Bilanzidee des HGB herausfiltern, dass das Reinvermögen als Differenz von Vermögen und Schulden ermittelt werden soll, um die Vermögensänderung, also den Gewinn oder Verlust einer Periode, festzustellen. Von der inhaltlichen Definition von Vermögen und Schulden – und damit auch von Aufwand und Ertrag – hängen folglich der Erfolg und im Prinzip die Gewinnausschüttung ab.

Vorsichtsprinzip

Sowohl die Ansatz- und Bewertungsvorschriften des HGB als auch die Grundsätze ordnungsmäßiger Buchführung (GoB) legen die Ermittlung von Vermögen und Schulden sowie von Aufwand und Ertrag nach dem Vorsichtsprinzip fest. Das bedeutet: Der nach HGB-Regeln festgestellte Überschuss stellt das in der Periode erwirtschaftete maximal ausschüttungsfähige Gewinnpotenzial dar. Ein höherer Betrag kann nur durch Minderung der Unternehmenssubstanz ausgekehrt werden. Da dies als nicht im Sinne der Aktionäre und nicht im Sinne der zu schützenden Gläubiger angesehen und daher als „nicht gewollt" unterstellt wird, begrenzt die Forderung nach Unternehmenserhaltung die Gewinnausschüttung.

Ausschüttungssperre

Die Gewinnermittlung nach Realisationsprinzip (→ nur realisierte Erträge) und Imparitätsprinzip (→ Vorwegnahme von nur wahrscheinlichen, noch nicht mit Sicherheit fälligen Auszahlungen als Aufwand) ist inhaltlich damit als Ausschüttungssperre konzipiert.

Dies erscheint im Hinblick auf die Ausschüttungsbemessungsfunktion des Jahresabschlusses plausibel. Sie entspricht sowohl dem Aktionärsschutz als auch dem gleich gerichteten Anliegen des Gläubigerschutzes und kann als Abwägung der verschiedenen Ausschüttungsinteressen verstanden werden:

- Zum einen sollen zu hohe Gewinnentnahmen verhindert werden, um sowohl die Haftungsmasse für Gläubigeransprüche als auch die Unternehmenssubstanz vor Auszehrung zu schützen.
- Zum anderen sollen die Anteilseigner davor geschützt werden, dass ihnen Gewinne vorenthalten werden.

4

1.3 Dokumentation und Rechenschaft gegenüber Rechnungslegungsadressaten

Generalklausel § 264 Abs. 2 S. 1 HGB

Für Kapitalgesellschaften ergibt sich die Informationsfunktion der Rechnungslegung aus der Generalklausel, dass der Jahresabschluss „unter Beachtung der Grundsätze ordnungsmäßiger Buchführung ein den tatsächlichen Verhältnissen entsprechendes Bild der Vermögens-, Finanz- und Ertragslage" des Unternehmens vermitteln soll (§ 264 Abs. 2 S. 1 HGB). Zugeschnitten sind die daraus abgeleiteten Informationspflichten weitgehend auf die Anteilseigner und Gläubiger, also unternehmensexterne Rechnungslegungsadressaten.

begrenzte Aussagekraft

Was im Einzelnen mit den Begriffen Vermögens-, Finanz- und Ertragslage gemeint ist, bleibt im Gesetz jedoch weitgehend ungeklärt und ist daher auslegungsbedürftig. Auch die Zielvorstellungen des Gesetzgebers im Hinblick auf den Informationsumfang der Rechnungslegung von großen Kapitalgesellschaften sind unscharf. Aus dem Gesamtzusammenhang lässt sich aber leicht ableiten, dass die derzeitige deutsche Rechnungslegung aufgrund der stark an Vergangenheitszahlen orientierten Konzeption und der inhaltlichen Prägung durch vorsichtige Gewinnermittlung nicht von ungefähr nur begrenzt aussagefähig ist.

Offenlegung wesentlicher Merkmale von Vermögensstruktur und Ertragslage

Daher spricht einiges dafür, unter Vermögens-, Finanz- und Ertragslage die jeweils wesentlichen Merkmale des Vermögensaufbaus, der Kapitalzusammensetzung nach Fristigkeit und Herkunft sowie der Erfolgsfaktoren zu verstehen: Für den Jahresabschlussadressaten kommt es demnach weniger auf den exakten historischen Zustand am Bilanzstichtag als auf die künftige Entwicklung an. Um diese abzuschätzen, könnten Veränderungen der genannten Bilanz-, Erfolgs- und Finanzstrukturen geeignete Anhaltspunkte für sog. Tendenzaussagen abgeben. Diese sehr einschränkende Auffassung vom Informationsgehalt der Rechnungslegung geht auf A. Moxter zurück.

Gut begründen lassen sich aber auch andere, weniger restriktive Vorstellungen über den qualitativen und quantitativen Umfang zweckmäßiger Informationspflichten gegenüber den Rechnungslegungsadressaten:

Bei großen Kapitalgesellschaften resultiert die besondere Bedeutung der Informationsfunktion in ökonomischer Sicht vor allem aus

Rechenschaft gegenüber Kapitalmarkt

- der Haftungsbeschränkung der Kapitalgesellschaft, die durch Kontrolle mittels Publizität – d. h. über Rechenschaft an Dritte – ausgeglichen werden soll,
- der Empfindlichkeit (bzw. Empfänglichkeit) der Kapitalmärkte für Unternehmensnachrichten und
- der Rechtssicherheit, die die Dokumentation des durch den Jahresabschluss gespiegelten wirtschaftlichen Geschehens im bilanzierenden Unternehmen gewährleisten soll.

Dokumentation

Das bedeutet: Für die Effizienz gesamtwirtschaftlicher Kapitalallokation ist ein hinreichender Informationsfluss von den Unternehmen zu den Kapitalmärkten unbedingte Voraussetzung. Und insbesondere im Hinblick auf die mit den Transfers auf Kapitalmärkten verbundenen Risiken ist eine Überprüfbarkeit der Rechnungslegung durch genaue Dokumentation – und Prüfung – unerlässlich. Das hat nicht zuletzt die sog. Finanzkrise seit 2008 gezeigt. Das BilMoG hat folgerichtig u. a. die Pflichtangaben im Anhang (§ 285 HGB) erheblich ausgeweitet.

BilMoG

kapitalmarktorientierte Kapitalgesellschaft

Für sog. kapitalmarktorientierte Kapitalgesellschaften, die keinen Konzernabschluss aufstellen müssen, sind bereits vor längerer Zeit die Publizitätspflichten im Anhang um eine Kapitalflussrechnung und einen Eigenkapitalspiegel erweitert worden (§ 264 Abs. 1 S. 2 HB). Als kapitalmarktorientiert gilt eine Kapitalgesellschaft, wenn sie einen organisierten Markt für von ihr ausgegebene Wertpapiere in Anspruch nimmt bzw. deren Zulassung beantragt hat (§ 264d HGB).

Darüber hinaus müssen kapitalmarktorientierte Unternehmen im Lagebericht die wesentlichen Merkmale des internen Kontroll- und Risikomanagements „im Hinblick auf den Rechnungslegungsprozess" beschreiben (§ 289 Abs. 5 HGB).

Diese jüngste Entwicklung zeigt, dass auch die deutsche Rechnungslegung sich langsam dem Leitbild effizienter Informations- und Offenlegungspflichten in der Rechnungslegung annähert – ohne die bisherigen Ausschüttungssperren aufzugeben.

1.4 Besonderheiten bei Versicherungsunternehmen

Auch für Versicherungsunternehmen besteht die Aufgabe der Rechnungslegung prinzipiell darin,

- den Erfolg sowie die Vermögens- und Finanzsituation festzustellen, zu dokumentieren und
- den Adressaten der Rechnungslegung diejenigen Informationen zu vermitteln, die für Entscheidungen z. B. über Anteilserwerb bzw. -verkauf oder Vertragsbeziehungen relevant sein können.

Die konkrete Ausprägung der Rechnungslegung ist jedoch durch eine Reihe von Besonderheiten gekennzeichnet. Diese ergeben sich insbesondere daraus, dass

- die versicherungsbetrieblichen Leistungsprozesse auf Risikotransfers und Finanzprodukte statt auf Sachgüter, Dienstleistungen oder Handel gerichtet sind,
- teilweise Ansprüche von Versicherungsnehmern auf Beitragsrückerstattung bzw. Überschussbeteiligung bestehen,
- als Konsequenz dieser „Andersartigkeit" eine spezielle Beaufsichtigung der Versicherungsunternehmen durch die Bundesanstalt für Finanzdienstleistungsaufsicht (BaFin) existiert, um die Versicherungsnehmer bzw. deren Ansprüche zu schützen.

Folgerichtig existieren für die Versicherungsunternehmen im HGB spezielle Vorschriften für die offenzulegende Rechnungslegung gegenüber Aktionären und Versicherungsnehmern, die sog. Externe Rechnungslegung.

Im Rahmen ihrer Beaufsichtigung unterliegen die Versicherungsunternehmen zusätzlich einer ausführlichen Berichterstattungspflicht gegenüber der BaFin. Einzureichen sind insbesondere ein interner jährlicher Bericht (§ 39 Abs. 1 S. 1 Nr. 1 VAG), vierteljährliche Zwischenberichte (§ 39 Abs. 1 S. 1 Nr. 2 VAG) sowie zum Zweck der Solvabilitätskontrolle die sog. Solvabilitätsübersicht (§ 39 Abs. 1 S. 1 Nr. 5 VAG).

Der Teil der Berichterstattung gegenüber der Aufsicht mittels des internen jährlichen Berichts wird im Sprachgebrauch der Praxis auch als Interne Rechnungslegung bezeichnet.

Externe Rechnungslegung

Die Externe Rechnungslegung umfasst den um den Anhang erweiterten Jahresabschluss und den Lagebericht. Diese sind nach den Vorschriften für die große Kapitalgesellschaft innerhalb der ersten vier Monate des Folgegeschäftsjahres aufzustellen (§ 341a Abs. 1 HGB). Jeder Versicherungsnehmer hat das Recht, ein Exemplar von Jahresabschluss und Lagebericht für das jeweils letzte bilanzierte Geschäftsjahr anzufordern (§ 37 Abs. 3 und 4 VAG). Bei Versicherungs-Aktiengesellschaften hat diese Möglichkeit grundsätzlich auch jeder Aktionär (§ 175 Abs. 2 S. 2 AktG).

Interne Rechnungslegung

Der Interne jährliche Bericht [§§ 1 ff. BerVersV (Verordnung über die Berichterstattung von Versicherungsunternehmen gegenüber der Bundesanstalt für Finanzdienstleistungsaufsicht vom 29.3.2006 – Versicherungsberichterstattungs-Verordnung)] umfasst neben einzureichenden Belegexemplaren der Externen Rechnungslegung

- einen Jahresabschluss, der nach besonderen Formblättern erheblich ausführlicher als der externe Jahresabschluss gegliedert ist,
- formblattgebundene detaillierte Nachweisungen,
- formgebundene Erläuterungen nach Muster,
- weitere Unterlagen wie Geschäftsbericht und Gewinnverwendungsvorschlag.

Die bei der BaFin für die Geschäftsjahre nach 2015 einzureichende Solvabilitätsübersicht (§§ 74–87 VAG) – der von der handelsrechtlichen Rechnungslegung abweichende Ansätze zu speziellen Zeitwerten zugrunde liegen – und der darauf fußende publizitätspflichtige Solvabilitäts- und Finanzbericht (§ 40 Abs. 1 VAG) zählen formal nicht zur Rechnungslegung.

duales System der Rechnungslegung

Die Interne Rechnungslegung ist wesentlich ausführlicher und aussagefähiger als die veröffentlichte Externe Rechnungslegung. Das ist plausibel, weil erkennbare Geschäftsinterna nicht zwangsweise der Veröffentlichung unterliegen sollten und zu viele detaillierte Informationen von den eigentlichen Adressaten kaum richtig verarbeitet werden können. Die Externe Rechnungslegung kann daher inhaltlich auch als verkürzter Auszug aus der Internen Rechnungslegung aufgefasst werden. Mit der Existenz zweier Rechenwerke herrscht für die Assekuranz – bereits ohne Steuerbilanz (!) – ein sog. Duales System der Rechnungslegung.

Stellvertreterrolle der BaFin

Infolge der Rechnungslegungsaufsicht anhand von Interner Rechnungslegung und ausführlichem Prüfungsbericht des Abschlussprüfers (nur zur externen Rechnungslegung!) nimmt die BaFin eine Stellvertreterrolle wahr für die – in Versicherungsdingen für unkundig und deshalb schützenswert gehaltenen – Versicherungsnehmer. Diese Position ist durch die neu gefasste Solvabilitätskontrolle noch gestärkt worden. Die weitreichende staatliche Rechnungslegungs- und Bonitätskontrolle passt allerdings weniger zur erwähnten Möglichkeit der Versicherungsnehmer, den Jahresabschluss anzufordern (§ 37 Abs. 3 und 4 VAG). Diese Vorschrift macht tatsächlich nur Sinn, wenn Versicherungsnehmer den Jahresabschluss auch verstehen. Das Duale System der Rechnungslegung in der Assekuranz wirkt insoweit widersprüchlich. Anreize, sich über die Qualität und Sicherheit der Versicherungsprodukte und der Anbieter selbst zu informieren, werden durch das Wissen um behördliche Kontrolle und Fürsorge eher verschüttet als gefördert.

Dessen ungeachtet nutzen einige Versicherungsunternehmen die Gelegenheit, bei der Veröffentlichung der Rechnungslegung durch zusätzliche Erläuterungen oder Glossars, in denen Begriffe und Zusammenhänge erklärt werden, das Verständnis von Aktionären und Versicherungsnehmern für versicherungsbetriebliche Gegebenheiten zu fördern.

1.5 Rechtsgrundlagen

Systematik der Rechnungslegungsvorschriften

Da die Rechnungslegung sehr stark durch Rechtsvorschriften kanalisiert wird, ist es hilfreich, die Systematik der einschlägigen handels- und versicherungsrechtlichen Bestimmungen zu erkennen.

- Von den vier Abschnitten im Dritten Buch des HGB regelt der erste die Buchführung und den Jahresabschluss für alle Kaufleute.
- Ergänzende bzw. ändernde Rechnungslegungsbestimmungen für Kapitalgesellschaften (Abweichungen und Präzisierungen in Bezug auf Jahresabschluss, Prüfung, Offenlegung, Konzernrechnungslegung) sind im Zweiten Abschnitt zusammengestellt.
- Der Zweite Unterabschnitt des Vierten Abschnitts enthält die branchenspezifischen Rechnungslegungsvorschriften für Versicherungsunternehmen.

bedingte Anwendung der allgemeinen Rechnungslegungsvorschriften des HGB

Für alle Versicherungsunternehmen gleich welcher Rechtsform und Größe sind im Wesentlichen auch die Bestimmungen aus dem Ersten Abschnitt (§§ 238–263) und die Vorschriften des Zweiten Abschnitts für große Kapitalgesellschaften (§§ 264–335) anzuwenden. Ob und inwieweit die allgemeinen Bestimmungen tatsächlich für Versicherungsunternehmen maßgebend sind, konkretisiert der genannte Zweite Unterabschnitt des Vierten Abschnitts (vor allem § 341a Abs. 1 und 2 S. 1, § 341j Abs. 1, § 341k Abs. 1 S. 1 und 2, § 341l Abs. 1 HGB).

An die Stelle der für Versicherungsunternehmen nicht geltenden allgemeinen Vorschriften treten die Regelungen dieses Zweiten Unterabschnitts, insbesondere zur Bewertung und Präzisierung von Aktiva (§§ 341b–341d HGB) und zu Ansatz und Bewertung der versicherungstechnischen Rückstellungen (§§ 341e–341h HGB). Sie gelten für alle Versicherungsunternehmen (§ 341 Abs. 1 S. 1 HGB, § 1 Abs. 1 VAG).

Die sog. kleineren VVaG müssen prinzipiell die für Versicherungsunternehmen geltenden Rechnungslegungsvorschriften des Ersten, Zweiten und Vierten Abschnitts aus dem Dritten Buch des HGB anwenden. Ausnahmen betreffen lediglich berufsständische Versorgungswerke, Versorgungseinrichtungen des öffentlichen Dienstes, kommunale Versorgungskassen und ähnliche Institutionen, soweit sie nicht in den Rechtsformen AG oder VVaG betrieben werden (§ 341 Abs. 1 S. 2 HGB).

Verordnungen

Der Konkretisierung im Einzelnen dienen diverse Verordnungen:

- Definitionen und ausweistechnische Regelungen enthält die Verordnung über die Rechnungslegung von Versicherungsunternehmen (Versicherungsunternehmens-Rechnungslegungsverordnung – RechVersV).

  Vorgeschrieben ist die Verwendung von Formblättern, die an die Stelle der allgemeinen Gliederungsvorschriften für Bilanz sowie Gewinn- und Verlustrechnung treten (§§ 2–5 RechVersV). Inhalte und Abgrenzungen einzelner versicherungsspezifischer Posten in der Bilanz und in der Gewinn- und Verlustrechnung sind genau bestimmt. Ferner werden Anleitungen zum Anhang und zum Lagebericht gegeben und zusätzliche Details der Konzernrechnungslegung geregelt.

  Die Rechnungslegungsverordnung gilt grundsätzlich für alle Versicherungsunternehmen, die nach den HGB-Normen des Zweiten Unterabschnitts im Vierten Abschnitt des Dritten Buches Rechnung legen müssen (§ 1 RechVersV, § 341 Abs. 1 HGB).

- Zur Regelung der Einzelheiten bei der Durchführung der Versicherungsaufsicht sind im aufsichtsrechtlichen Verordnungsrahmen (§§ 145, 160 S. 1 Nr. 1, 88 Abs. 3 VAG) Verordnungen erlassen, die auch für die Rechnungslegung maßgebend sind (§ 341e Abs. 1 S. 2 HGB). Inhaltlich handelt es sich insbesondere um Bestimmungen zur Berechnung der Deckungs- bzw. Alterungsrückstellung in der Lebens-, Kranken-, Unfall- und Haftpflichtversicherung (§§ 138 Abs. 1, 146 Abs. 1 Nr. 2 , 147, 150, 161, 162 VAG), zur Einsetzung und zu den Aufgaben eines Verantwortlichen Aktuars in der Lebens- und Krankenversicherung (§§ 141, 156, 161 Abs. 1, 162 VAG) sowie zur Überschussbeteiligung der Versicherten (§§ 139, 140, 151 VAG).

4

Grundsätze ordnungsmäßiger Buchführung (GoB)

Die Grundsätze ordnungsmäßiger Buchführung (GoB) werden als Ergänzung des Bilanzrechts angesehen, deren Notwendigkeit sich aus den vielen Wahlrechten und Ermessensspielräumen des HGB ergibt. Diese GoB stellen Leitlinien dar für im Gesetz nicht näher geregelte bilanzielle Sachverhalte. Sie sollen den einzelnen Rechtsanwender in die Lage versetzen, im Rahmen der kaufmännisch vernünftigen Beurteilung selbst zu entscheiden, ob z. B. ein Ansatz bestimmter Wirtschaftsgüter oder ein beabsichtigter Rückstellungsausweis mit den vom Gesetzgeber gewollten Zwecken des Jahresabschlusses vereinbar ist oder nicht. Allerdings herrscht im Einzelnen weder über die GoB selbst noch über die gesetzlich unterstellten Zwecke des Jahresabschlusses hinreichend Klarheit geschweige denn Einigkeit. Infolgedessen verbleiben auch bei der Auslegung der GoB zur Bilanzierung weite Ermessensspielräume.

Als Leitsätze sind die GoB zum großen Teil im HGB aufgeführt und damit kodifiziert. Sie sind auch von Versicherungsunternehmen zu beachten. Spezielle GoB für Versicherungen existieren im Prinzip nicht.

Die relevanten Vorschriften sind in der folgenden Übersicht zusammengestellt. Auf die üblichen formellen Hinweise „zuletzt geändert durch ..." ist verzichtet worden, da sie aufgrund der relativ häufigen Änderungen in den Gesetzen und Verordnungen in vielen Fällen bei Erscheinen des Buches überholt wären. Gleichwohl ist es wichtig, die jeweils aktuelle Fassung der Vorschriften zu verwenden und ihre Gültigkeit zu prüfen. Der Online-Zugang des Bundesministeriums der Justiz ist kostenfrei und wird zügig aktualisiert: http://www.gesetze-im-internet.de/aktuell.html.

Die hier nicht im einzelnen aufgeführten Rundschreiben, Verlautbarungen usw. der BaFin finden sich auf deren entsprechenden Seiten: http://www.bafin.de/DE/DatenDokumente/datendokumente_node.html.

Übersicht

Rechtliche Grundlagen

HGB	Handelsgesetzbuch – Drittes Buch, Erster (§§ 238–263), Zweiter (§§ 264–335), Vierter Abschnitt, Zweiter Unterabschnitt (§§ 341–341p), Fünfter und Sechster Abschnitt (§ 342–342e)
AktG	Aktiengesetz §§ 150–174
VAG	Versicherungsaufsichtsgesetz §§ 37, 39, 88, 138–141, 145–147, 150, 151, 156, 160–162
VVG	Versicherungsvertragsgesetz §§ 153, 169
RechVersV	Verordnung über die Rechnungslegung von Versicherungsunternehmen (Versicherungsunternehmens-Rechnungslegungsverordnung – RechVersV) vom 8.11.1994
BerVersV	Verordnung über die Berichterstattung von Versicherungsunternehmen gegenüber der Bundesanstalt für Finanzdienstleistungsaufsicht vom 29.3.2006 (Versicherungsberichterstattungs-Verordnung – BerVersV 2006), aufgehoben zum 1.4.2016, Ersatz vorgesehen

DeckRV	Verordnung über Rechnungsgrundlagen für die Deckungsrückstellungen (Deckungsrückstellungsverordnung – DeckRV) vom 6.5.1996, aufgehoben zum 1.7.2016, Ersatz vorgesehen
MindZV	Verordnung über die Mindestbeitragsrückerstattung in der Lebensversicherung (Mindestzuführungsverordnung – MindZV) vom 4.4.2008, aufgehoben zum 1.1.2016, Ersatz vorgesehen
RfBV	Verordnung über den kollektiven Teil der Rückstellung für Beitragsrückerstattung (RfB-Verordnung – RfBV) vom 19.3.2015
AktuarV	Verordnung über die versicherungsmathematische Bestätigung und den Erläuterungsbericht des Verantwortlichen Aktuars (Aktuarverordnung – AktuarV) vom 6.11.1996, aufgehoben zum 1.1.2016, Ersatz vorgesehen
KVAV	Verordnung betreffend die Aufsicht über die Geschäftstätigkeit in der privaten Krankenversicherung – Krankenversicherungsaufsichtsverordnung, Erlass vorgesehen zum 1.1.2016
PrüfV	Verordnung über den Inhalt der Prüfungsberichte zu den Jahresabschlüssen von Versicherungsunternehmen (Prüfungsberichteverordnung – PrüfV) vom 3.6.1998, aufgehoben zum 1.4.2016, Ersatz vorgesehen
SachvPrüfV	Verordnung über die Prüfung des Jahresabschlusses und des Lageberichts von Versicherungsunternehmen, auf die § 341k des Handelsgesetzbuches nicht anzuwenden ist, durch einen unabhängigen Sachverständigen (Sachverständigenprüfverordnung – SachvPrüfV) vom 19.4.2002, aufgehoben zum 1.1.2016, Ersatz vorgesehen
RechPensV	Verordnung über die Rechnungslegung von Pensionsfonds (Pensionsfonds-Rechnungslegungsverordnung – RechPensV) vom 23.2.2003
PFAV	Verordnung betreffend die Aufsicht über Pensionsfonds (Pensionsfonds-Aufsichtsverordnung – PFAV), Erlass in 2016 vorgesehen

4

2. Ausweis wichtiger Geschäftsvorgänge

Handlungssituation

Sie sind Mitarbeiter im Stab des für die Rechnungslegung der Proximus Versicherungsgesellschaften zuständigen Vorstandsmitgliedes. Für die Vorüberlegungen zur Erstellung des Jahresabschlusses sind die Einzeldaten aus dem Rechnungswesen aufzubereiten.

Ihre Aufgabe ist es, Entscheidungsvorlagen anzufertigen, in der die verschiedenen Regelungen für die Abbildung der Geschäftsvorgänge im Jahresabschluss erfasst und deren Konsequenzen für die Darstellung der Vermögens-, Finanz- und Ertragslage verdeutlicht werden.

2.1 Versicherungsspezifische Ausweisregelungen für Bilanz und Erfolgsrechnung

Handlungssituation

Sie arbeiten in der Arbeitsgruppe mit, die mit der Aufbereitung der Zahlen aus dem Rechnungswesen für die Erstellung der Jahresabschlüsse beschäftigt ist. Ein neuer Mitarbeiter, der aus einer anderen Branche in die Assekuranz gewechselt ist, soll von Ihnen eine Unterweisung erhalten in die besondere Aufmachung der Einzeljahresabschlüsse der Proximus Versicherungsunternehmen.

Formblätter

Aufgrund der angesprochenen Besonderheiten der Geschäftsabläufe in der Assekuranz passen die für industrielle Verhältnisse konzipierten Gliederungsvorschriften nicht für die Bilanz und die Gewinn- und Verlustrechnung (GuV-Rechnung) von Versicherungsunternehmen. Die allgemeinen Gliederungsmuster für Bilanz und GuV-Rechnung (§§ 266, 275 HGB) werden daher durch Formblätter ersetzt (§ 341a Abs. 2 S. 2, § 330 Abs. 3 und 4 HGB, § 2 RechVersV, Formblätter 1–4). Die Formblätter sind grundsätzlich ohne Abwandlungen anzuwenden (sog. Formblattstrenge). Die in den Schemata vorgesehenen Saldierungen zwischen (denkbaren) Aktiv- und Passivposten sowie zwischen Erträgen und Aufwendungen sind vom allgemeinen Saldierungsverbot (§ 246 Abs. 2 HGB) ausdrücklich ausgenommen (§ 341a Abs. 2 S. 3 HGB).

Formblattstrenge

In den Gliederungen spiegeln sich die speziellen Leistungsprozesse wider:

- Das Versicherungsgeschäft ist geprägt durch den Zufluss von im Prinzip festen Prämieneinnahmen (Beiträge) und den nachfolgenden zufälligen Ausgaben für Schäden und deren Regulierung (Aufwendungen für Versicherungsfälle).
- Der zufallsabhängige Ausgleich beider Komponenten wird durch einen Kapitalstock (Sicherheitskapital, Eigenkapital) abgesichert.
- Aus der Verschiebung zwischen Geschäftsjahr und Versicherungsperiode, der Abwicklungsdauer für zu regulierende Schäden und aus den Spar- und Entsparprozessen (vor allem in der Lebens- und Kranken- sowie in der Unfall- und Haftpflichtversicherung) resultiert eine erhebliche Kapitalansammlung, auf die Ansprüche der Versicherungsnehmer bestehen und die deshalb hauptsächlich als versicherungstechnische Rückstellungen passiviert werden.

versicherungstechnische Rückstellungen

- Dieses „versicherungstechnische Fremdkapital" (Farny) wird zur Rentabilitätserzielung in Vermögenswerten angelegt. Die erworbenen Vermögenswerte werden in der Bilanz auf der Aktivseite im Block Kapitalanlagen ausgewiesen.

Kapitalanlagen

- Versicherungsunternehmen geben zum Zweck eines besseren Risikoausgleichs im Kollektiv und/oder zur Entlastung der Sicherheitskapitalausstattung einen Teil des von ihnen akquirierten Versicherungsgeschäftes an andere Versicherungsunternehmen ab (passive Rückversicherung). Rückversicherungsunternehmen sind folglich an wesentlichen Aufwendungen und Erträgen sowie den Verpflichtungen der abgebenden Erst- bzw. Vorversicherer „beteiligt".

  Diese „Beteiligung von Rückversicherern" an Bilanzposten sowie Aufwendungen und Erträgen wird in den meisten Fällen als Rückversicherungsanteil in Vorspalten aufgeführt (in Rückdeckung gegebenes Geschäft) und mit den Ursprungszahlen (Brutto-Geschäft) saldiert. In den Hauptspalten erscheint nur noch der Selbstbehalt (für eigene Rechnung = f. e. R.). Dies gilt für die Bilanz und die GuV-Rechnung gleichermaßen.

Rückversicherungsanteile

Die Versicherungsbilanz ist damit geprägt durch einen großen Block der versicherungstechnischen Rückstellungen auf der Passivseite, dem der Bereich der Vermögensanlagen (Kapitalanlagen) auf der Aktivseite gegenübersteht. Ein Sachanlagevermögen wie bei Industrieunternehmen spielt – im Gegensatz zum Finanzanlagevermögen – bei Versicherungsunternehmen kaum eine Rolle. Die Unterscheidung in Anlage- und Umlaufvermögen taucht deshalb in der Bilanzgliederung nicht auf. Für die Bewertung der Vermögensteile ergeben sich jedoch aus der gedanklichen Zuordnung der Aktiva zum kurz- oder längerfristig gehaltenen Vermögen auch für Versicherungsunternehmen (erhebliche) Konsequenzen.

Verkürztes Formblatt 1 für die Bilanz von Versicherungsunternehmen

Aktivseite

	EUR	EUR	EUR
A. *(Aufgehoben)*			
B. Immaterielle Vermögensgegenstände			....
C. Kapitalanlagen			
I. Grundstücke, grundstücksgleiche Rechte und Bauten einschließlich der Bauten auf fremden Grundstücken		....	
II. Kapitalanlagen in verbundenen Unternehmen und Beteiligungen 1. ... 4.	....	....	
III. Sonstige Kapitalanlagen 1. ... 6.	....	....	
IV. Depotforderungen aus dem in Rückdeckung übernommenen Versicherungsgeschäft		....	....
D. Kapitalanlagen für Rechnung und Risiko von Inhabern von Lebensversicherungspolicen			....
E. Forderungen			
I. Forderungen aus dem selbst abgeschlossenen Versicherungsgeschäft an:			
1. Versicherungsnehmer	....		
2. Versicherungsvermittler	....		
3. Mitglieds- und Trägerunternehmen	....	....	
II. Abrechnungsforderungen aus dem Rückversicherungsgeschäft		....	
III. Eingefordertes, noch nicht eingezahltes Kapital		....	
IV. Sonstige Forderungen		....	....
F. Sonstige Vermögensgegenstände		....	....
G. Rechnungsabgrenzungsposten		....	....
K. Nicht durch Eigenkapital gedeckter Fehlbetrag			....
Summe der Aktiva			....

Passivseite

	EUR	EUR	EUR
A. Eingefordertes Eigenkapital			
I. Gezeichnetes Kapital	....		
abzüglich nicht eingeforderter ausstehender Einlagen	....	....	....
II. - V. ...			
B. Genussrechtskapital			....
C. Nachrangige Verbindlichkeiten			....
E. Versicherungstechnische Rückstellungen			
I. Beitragsüberträge			
1. Bruttobetrag	....		
2. davon ab: Rückversicherungsanteil	....	....	
II. Deckungsrückstellung 1. - 2.	....	....	
III. Rückstellung für noch nicht abgewickelte Versicherungsfälle 1. - 2.	....	....	
IV. Rückstellung für ... Beitragsrückerstattung 1. - 2.	....	....	
V. Schwankungsrückstellung und ähnliche Rückstellungen		....	
VI. Sonstige versicherungstechnische Rückstellungen 1. - 2.	....	....	....
F. Versicherungstechnische Rückstellungen im Bereich der Lebensversicherung, soweit das Anlagerisiko von den Versicherungsnehmern getragen wird	....	....	....
G. Andere Rückstellungen		....	....
H. Depotverbindlichkeiten aus dem in Rückdeckung gegebenen Versicherungsgeschäft			....
I. Andere Verbindlichkeiten			
I. Verbindlichkeiten aus dem selbst abgeschlossenen Versicherungsgeschäft 1. - 3.	....	....	....
II. Abrechnungsverbindlichkeiten aus dem Rückversicherungsgeschäft		....	
III. ... V.		....	....
K. Rechnungsabgrenzungsposten			....
Summe der Passiva			....

Abbildung 1: Verkürztes Formblatt 1 der RechVersV

GuV-Rechnung

Für die GuV-Rechnung schreiben alle GuV-Formblätter die Zweiteilung in eine versicherungstechnische und eine nichtversicherungstechnische Rechnung vor. Die versicherungstechnische Rechnung bildet im Kern das Risikogeschäft unter Einschluss anteiliger „Betriebskosten" ab. Die nichtversicherungstechnische Rechnung der Schaden- und Rückversicherer (Formblatt 2) erfasst – anders als die GuV-Rechnungen der Lebens- und der Krankenversicherer (Formblatt 3) – im Wesentlichen die Erträge und Aufwendungen aus Kapitalanlagen. In der GuV-Rechnung der Lebens- und der Krankenversicherer werden stattdessen die Erträge aus Kapitalanlagen und die Aufwendungen für Kapitalanlagen in der versicherungstechnischen Rechnung ausgewiesen. Die traditionelle Begründung dafür ist, dass im langfristig konzipierten Geschäft dieser Personenversicherungszweige die Vermögensanlage zwangsläufig eng mit dem Risikogeschäft verbunden ist und ihr daher ein (noch) höherer Stellenwert als in der Kompositversicherung beigemessen wird. Tatsächlich ist diese Argumentation mittlerweile nicht mehr zeitgemäß. Auch in der Kompositversicherung wird der Zinseffekt zunehmend in die technischen Überlegungen einbezogen, wie die Praxis des Cash-flow-Underwriting in einigen Komposit-Versicherungszweigen zeigt; allerdings schrumpft der Spielraum bei anhaltend niedrigem Zinsniveau.

versicherungstechnische, nichtversicherungstechnische Rechnung

Konzernerfolgsrechnung

Für die Erfolgsrechnung von Konzernen gilt Formblatt 4, das die Trennung in versicherungstechnische und nichtversicherungstechnische Rechnung grundsätzlich beibehält und auch die technischen Rechnungen für das Komposit- und das Lebensversicherungsgeschäft trennt. Infolgedessen ergibt sich tatsächlich eine Dreiteilung der Konzernerfolgsrechnung in zwei technische Bereiche und einen nichttechnischen Bereich. In der nichtversicherungstechnischen Rechnung entfällt die Aufspaltung in die Geschäftsbereiche Lebens- bzw. Kranken- oder Schaden- und Unfallversicherung.

Aufgrund der unterschiedlichen Zuordnung des Anlagenbereichs in den Einzel-Erfolgsrechnungen der Komposit- und der Lebensversicherer (Formblätter 2 und 3) besteht für den Ausweis der Erträge und Aufwendungen aus bzw. für Kapitalanlagen in der Konzernerfolgsrechnung das Wahlrecht, die auf die Kapitalanlagen aus dem Lebens- und Krankenversicherungsbereich entfallenden Erträge und Aufwendungen

- entweder in der versicherungstechnischen Teilrechnung zu belassen,

oder

- mit den Anlageerträgen und -aufwendungen aus dem Schaden- und Unfallversicherungsbereich in der integrierten nichtversicherungstechnischen Konzernerfolgsrechnung zusammenzufassen; in diesem Fall sind durch die Staffelform bedingte Umbenennungen und Ergänzungen in der technischen Rechnung für das Lebensversicherungsgeschäft vorzunehmen (§ 58 Abs. 1–3 RechVersV).

(Vgl. hierzu die Übersichten auf den Folgeseiten. Sie enthalten die wesentlichen Posten der Formblätter 2 und 3 aus der RechVersV.)

Gewinn- und Verlustrechnung von Versicherungsunternehmen

Verkürzte Gegenüberstellung der Formblätter 2 und 3

Formblatt 2 Posten	EUR	EUR	EUR	Formblatt 3 Posten
I. Versicherungstechnische Rechnung				I. Versicherungstechnische Rechnung
1. Verdiente Beiträge f. e. Rechnung				1. Verdiente Beiträge f.e.R.
a) Gebuchte Bruttobeiträge	....			a) Gebuchte Bruttobeiträge
b) Abgegebene Rückversicherungsbeiträge	....	....		b) Abgegebene Rückversicherungsbeiträge
c) Veränderung der Bruttobeitragsüberträge	....			c) Veränderung der Bruttobeitragsüberträge
d) Veränderung des Anteils der Rückversicherer an den Bruttobeitragsüberträgen	....	....	....	d) Veränderung des Anteils der Rückversicherer an den Bruttobeitragsüberträgen
				2. Beiträge aus der Brutto-Rückstellung für Beitragsrückerstattung
2. Technischer Zinsertrag für eigene Rechnung			....	3. Erträge aus Kapitalanlagen *[siehe Fb. 2 Pos. II. 1 a) - e)]*
				a) Erträge aus Beteiligungen
				b) Erträge aus anderen KA.
				aa) Erträge aus Grundstücken
				bb) Erträge aus anderen KA.
				c) Erträge aus Zuschreibungen
				d) Gewinne aus Abgang von KA.
				e) Erträge aus Gewinngemeinschaften, Gewinnabführung ...
				4. Nicht realisierte Gewinne aus Kapitalanlagen
3. Sonstige versicherungstechnische Erträge für eigene Rechnung			....	5. Sonstige versicherungstechnische Erträge für eigene Rechnung
4. Aufwendungen für Versicherungsfälle für eigene Rechnung				6. Aufwendungen für Versicherungsfälle für eigene Rechnung
a) Zahlungen für Versicherungsfälle				a) Zahlungen für Versicherungsfälle
aa) Bruttobetrag	....			aa) Bruttobetrag
bb) Anteil der Rückversicherer	....	....		bb) Anteil der Rückversicherer
b) Veränderung der Rückstellung für noch nicht abgewickelte Versicherungsfälle				b) Veränderung der Rückstellung für noch nicht abgewickelte Versicherungsfälle
aa) Bruttobetrag	....			aa) Bruttobetrag
bb) Anteil der Rückversicherer	....	....	....	bb) Anteil der Rückversicherer

noch Formblatt 2

	EUR	EUR	EUR
5. Veränderung der übrigen versicherungstechnischen Netto-Rückstellungen			
a) Netto-Deckungsrückstellung		....	
b) Sonstige versicherungstechnische Netto-Rückstellungen		....	....
6. Aufwendungen für erfolgsabhängige und erfolgsunabhängige Beitragsrückerstattungen f.e.R.			....
7. Aufwendungen für den Versicherungsbetrieb für eigene Rechnung			
a) Bruttoaufwendungen für den Versicherungsbetrieb		....	
b) davon ab: erhaltene Provisionen und Gewinnbeteiligungen aus dem in Rückdeckung gegebenen Versicherungsgeschäft		....	....
8. Sonstige versicherungstechnische Aufwendungen f. e. Rechnung			....
9. Zwischensumme			....
10. Veränderung der Schwankungsrückstellung und ähnlicher Rückstellungen			....
11. Versicherungstechnisches Ergebnis für eigene Rechnung			....

noch Formblatt 3

7. Veränderung der übrigen versicherungstechnischen Netto-Rückstellungen
   a) Netto-Deckungsrückstellung
      aa) Bruttobetrag
      bb) Anteil der Rückversicherer
   b) Sonstige versicherungstechnische Netto-Rückstellungen
8. Aufwendungen für erfolgsabhängige und erfolgsunabhängige Beitragsrückerstattungen f.e.R.
9. Aufwendungen für den Versicherungsbetrieb für eigene Rechnung
   a) Abschlussaufwendungen
   b) Verwaltungsaufwendungen
   c) davon ab:
      Erhaltene Provisionen und Gewinnbeteiligungen aus dem in Rückdeckung gegebenen Versicherungsgeschäft
10. Aufwendungen für Kapitalanlagen *[siehe Fb. 2 Pos. II. 2 a) - d)]*
    a) Aufwendungen f. Verwaltung, Zinsaufw., sonst. Aufwend.
    b) Abschreibungen auf KA.
    c) Verluste aus Abgang von KA.
    d) Aufwend. a. Verlustübernahme
11. Nicht realisierte Verluste aus Kapitalanlagen
12. Sonstige versicherungstechnische Aufwendungen f. e. Rechnung
13. Versicherungstechnisches Ergebnis für eigene Rechnung

4

noch Formblatt 2	EUR	EUR	EUR	EUR	noch Formblatt 3
II. Nichtversicherungstechnische Rechnung					II. Nichtversicherungstechnische Rechnung
1. Erträge aus Kapitalanlagen					
a) Erträge aus Beteiligungen		....			
davon: aus verbundenen Unternehmen .... EUR					
b) Erträge aus anderen Kapitalanlagen					
davon: aus verbundenen Unternehmen .... EUR					
aa) Erträge aus Grundstücken, ...	....				
bb) Erträge aus anderen Kapitalanlagen	....	....			
c) Erträge aus Zuschreibungen		....			
d) Gewinne aus dem Abgang von Kapitalanlagen		....			
e) Erträge aus Gewinngemeinschaften, Gewinnabführung ...		....	....		
2. Aufwendungen für Kapitalanlagen					
a) Aufwendungen für die Verwaltung..., Zinsaufwendungen und sonstige Aufwendungen ...		....			
b) Abschreibungen auf Kapitalanlagen		....			
c) Verluste aus dem Abgang von Kapitalanlagen		....			
d) Aufwendungen aus Verlustübernahme		....	....		
			....		
3. Technischer Zinsertrag			....	....	
4. Sonstige Erträge			....		1. Sonstige Erträge
5. Sonstige Aufwendungen			....	....	2. Sonstige Aufwendungen
6. Ergebnis der normalen Geschäftstätigkeit				....	3. Ergebnis der normalen Geschäftstätigkeit
...					...
9. Außerordentliches Ergebnis				....	6. Außerordentliches Ergebnis
...					...
14. Jahresüberschuss/-fehlbetrag				....	11. Jahresüberschuss/-fehlbetrag

Abbildung 2: Verkürzte Formblätter 2 und 3 der RechVersV

Bereichsprinzip statt Primärprinzip

Eine wichtige Besonderheit der Erfolgsrechnung ist deren weitgehende inhaltliche Abgrenzung nach sog. Funktionsbereichen. Die Aufwendungen werden nicht nach ihrer Erfassung, also nicht nach primären Aufwandsarten (Löhne und Gehälter, Materialaufwand usw.) ausgewiesen, sondern denjenigen Leistungsbereichen zugeordnet, in denen sie angefallen sind. Die Erfolgsrechnung folgt damit anstelle des Primärprinzips dem sog. Bereichsprinzip.

Ein Ausweis von Ertrags- bzw. Aufwandsarten ist nur vorgesehen innerhalb des Sektors „Kapitalanlagen" und als Aggregate der jeweils Sonstigen und Außerordentlichen Erträge bzw. Aufwendungen.

<table>
<tr><th>Funktionsbereiche</th><th>Zuordnung der Aufwandsarten zu den Posten in der GuV-Rechnung</th></tr>
<tr><td>Regulierung von Versicherungsfällen, Rückkäufen und Rückgewährbeträgen (Schaden- bzw. Leistungsregulierung)</td><td>Aufwendungen für Versicherungsfälle</td></tr>
<tr><td>Abschluss von Versicherungsverträgen (Vertrieb)</td><td rowspan="2">Aufwendungen für den Versicherungsbetrieb
▪ bei Lebens- und Krankenversicherern getrennt in
  ▪ Abschlussaufwendungen und
  ▪ Verwaltungsaufwendungen
▪ bei Schaden- und Unfallversicherern in einer Position zusammengefasst, getrennte Angabe im Anhang (§ 43 Abs. 5 RechVersV)</td></tr>
<tr><td>Verwaltung von Versicherungsverträgen (Versicherungsbetrieb bzw. Verwaltung)</td></tr>
<tr><td>Verwaltung von Kapitalanlagen</td><td>Aufwendungen für die Verwaltung von Kapitalanlagen, Zinsaufwendungen und sonstige Aufwendungen für die Kapitalanlagen</td></tr>
</table>

Diese Aufmachung scheint eine größere Aussagekraft als die Aufwandsstruktur nach Aufwandsarten zu versprechen. Das Bereichsprinzip ist jedoch tatsächlich nicht unproblematisch:

Zurechnungsproblem

Die eindeutige Zuordnung der primären Aufwandsarten auf die Funktionsbereiche ist zum Teil kaum möglich. Wegen des (echten oder auch unechten) Gemeinkostencharakters vieler Betriebsaufwendungen und der daraus resultierenden Ermessensspielräume bzw. gewillkürten Aufteilungen bleibt die Aussagefähigkeit schon von der Konzeption her begrenzt. Indirekt bestätigt dies auch die Anweisung, dass Aufwendungen, die weder direkt noch indirekt „nach der Inanspruchnahme des Betriebsbereiches für den Funktionsbereich" (§ 43 Abs. 1 S. 4 RechVersV) zurechenbar sind, außerhalb der versicherungstechnischen Rechnung in den „Sonstigen Aufwendungen" – einem typischen Sammelposten – ausgewiesen werden müssen (§ 43 Abs. 1 S. 2, § 48 S. 2 Nr. 1 RechVersV).

Als Ausgleich für den infolge des Bereichsprinzips in der Erfolgsrechnung entfallenden Ausweis der Personalaufwendungen müssen Versicherungsunternehmen im Anhang formgebundene Angaben machen zu den Personalaufwendungen insgesamt und zu den Bezügen der Versicherungsvermittler für das direkte Geschäft (§ 51 Abs. 5, Muster 2, RechVersV). Diese Angabe tritt an die Stelle der in § 285 Nr. 8 HGB verlangten Informationen zum Personalaufwand.

Periodenabgrenzung

In der deutschen Rechnungslegung gilt – solange die IAS/IFRS die HGB-Bilanzierung noch nicht ersetzt haben – der Grundsatz (§ 252 Abs. 1 Nr. 5 HGB), Ausgaben nach ihrem zeitlichen Bezug zur Leistung als Aufwand abzugrenzen. Danach wird z. B. die Dotierung von Rückstellungen für neue Vorgänge des Geschäftsjahres als Periodenaufwand ausgewiesen. Nachreservierungen und Auflösungen von Rückstellungen, die Vorperioden betreffen, werden entsprechend als aperiodische Aufwendungen oder Erträge behandelt.

Erfolgsprinzip

Diese Vorgehensweise wird auch als Erfolgsprinzip bezeichnet. Nur Auszahlungen und die Rückstellungsbildung für Vorgänge des Geschäftsjahres stellen (perioden-)erfolgswirksame Aufwendungen dar, die in der GuV-Rechnung abgebildet werden. In der Bilanz ergibt sich die Gesamtveränderung des Rückstellungsaggregats folglich aus den jeweiligen (periodengerechten) Neu-Zuführungen und der (periodenfremden) Abwicklung bereits vorhandener Rückstellungen. Eine solche Nebenrechnung gehört jedoch nach der Systematik des Erfolgsprinzips nicht in die Erfolgsrechnung.

Umsatzsaldoprinzip

In der Rechnungslegung der Versicherungsunternehmen wird jedoch von diesem Erfolgsprinzip abgewichen. Um die Bewegung der versicherungstechnischen Rückstellungen auch in der GuV-Rechnung abzubilden, werden die Salden aus Eingangs- und Endbestand der Rückstellungen als Unterposten „Veränderung der Rückstellung" in die Erfolgsrechnung übernommen. Diese Unterposten werden mit den voranstehenden Unterposten „Zahlungen für ...", die die gesamten im Geschäftsjahr angefallenen, inhaltlich zugeordneten Zahlungen enthalten, zu den jeweiligen, fälschlich als „Aufwand" und „Ertrag" bezeichneten Posten zusammengezogen. Dieses Verfahren wird als Verkürzung des international üblichen sog. Umsatzprinzips auch als Umsatzsaldoprinzip bezeichnet.

Damit findet in der GuV-Rechnung der Versicherungsunternehmen eine direkte Periodenzuordnung der Zahlungen und Bestandsveränderungen insbesondere nicht statt in den folgenden Positionen:

- „Beiträge"
- „Aufwendungen für Versicherungsfälle"
- „Veränderung der Deckungsrückstellung"
- „Veränderung der Schwankungsrückstellung"

Für die Periodenabgrenzung der Beiträge ist das Umsatzsaldoprinzip gerechtfertigt; der Informationsgehalt wird eher erhöht als verkürzt. Auch für die Veränderung von versicherungstechnischen Rückstellungen, die wie die Deckungsrückstellung oder die Schwankungsrückstellung zu jedem Bilanzstichtag aufgrund mathematischer Modellrechnungen neu zu ermitteln sind, ist die Vorgehensweise angemessen. Beim Ausweis der Aufwendungen für Versicherungsfälle hingegen führt die Vermischung der – in den Bestandsveränderungen enthaltenen – periodenfremden Abwicklung von Schadenrückstellungen mit den periodenbezogenen Schadenaufwendungen zu einer systematischen Informationsverschleierung.

Informationseinschränkung

2.2 Eigenkapitalausstattung

Handlungssituation

Sie sind Mitarbeiter im Rechnungswesen eines Versicherungskonzerns und dort u. a. mit Fragen der Rechnungslegung beschäftigt. Aufgrund von Nachfragen der Wirtschaftspresse nach der Eigenkapitalausstattung wünscht ein Abteilungsleiter aus dem Controlling von Ihnen eine strukturierte Aufstellung aller Posten in den Versicherungsbilanzen des Konzerns, die Eigenkapital und eigenkapitalähnliche Passiva enthalten.

Die Bilanzgliederung für den Ausweis des Eigenkapitals und ähnlicher Passiva sieht für Versicherungsunternehmen im Wesentlichen die für die große Kapitalgesellschaft übliche Struktur vor, wie der Auszug auf S. 210 zeigt.

Für das Gezeichnete Kapital von Versicherungsunternehmen gelten folgende Besonderheiten:

Gezeichnetes Kapital

Als privatwirtschaftliche Rechtsformen sind für Versicherungsunternehmen nur die Aktiengesellschaft und der Versicherungsverein auf Gegenseitigkeit (VVaG) zugelassen. Der Eigenkapitalausweis richtet sich in beiden Fällen nach den Vorschriften für die große Kapitalgesellschaft (§§ 266 Abs. 3, 272 Abs. 1 HGB).

Abweichungen ergeben sich für den VVaG, dessen Gezeichnetes Kapital, der von sog. Garanten zur Verfügung gestellte Gründungsstock (§ 178 VAG), nach Abschluss der Aufbauphase aus der Bilanz verschwindet. Er muss getilgt werden, soweit er nicht ohne bedingte Rückzahlungsverpflichtung überlassen worden ist und in die Kapitalrücklage umgebucht werden kann. Die Einzelheiten der Tilgung sind in der Satzung festzulegen (§ 178 Abs. 1 S. 2 VAG).

Gründungsstock beim VVaG

Mindestens im Ausmaß der Tilgung muss vom VVaG die sog. Verlustrücklage (§ 193 VAG) aufgebaut werden. Gründungsstock und Verlustrücklage dürfen zusammen die in der Satzung festgelegte ursprüngliche Höhe des Gründungsstocks nicht unterschreiten. Nach vollständiger Tilgung des Gründungsstocks weist der VVaG kein festes Nominalkapital mehr aus.

Auszug aus Formblatt 1

Aktivseite	€	Passivseite	€	€	€
.		A. Eigenkapital			
.		I. Eingefordertes Kapital			
.		Gezeichnetes Kapital[2]	......		
E. Forderungen		abzüglich nicht eingeforderter ausstehender Einlagen	......	......	
.					
.					
.					
III. Eingefordertes, noch nicht eingezahltes Kapital[1]	......	II. Kapitalrücklage		......	
IV. Sonstige Forderungen	......	III. Gewinnrücklagen			
		1. gesetzliche Rücklage	......		
		2. Rücklage für Anteile an einem herrschenden oder mehrheitlich beteiligen Unternehmen	......		
		3. satzungsmäßige Rücklagen	......		
		4. andere Gewinnrücklagen	......	......	
		IV. Gewinnvortrag/ Verlustvortrag		......	
		V. Jahresüberschuss/ Jahresfehlbetrag		......	......
		B. Genussrechtskapital			......
		C. Nachrangige Verbindlichkeiten			......

1) An die Stelle des Aktivpostens E III „Eingefordertes, noch nicht eingezahltes Kapital" tritt bei Versicherungsvereinen auf Gegenseitigkeit in der Bilanz der Aktivposten E III „Wechsel der Zeichner des Gründungsstocks" und bei anderen Versicherungsunternehmen, die kein gezeichnetes Kapital haben, der den ausstehenden Einlagen auf das gezeichnete Kapital entsprechende Posten.

2) An die Stelle des Passivpostens A I „Gezeichnetes Kapital" tritt bei Versicherungsvereinen auf Gegenseitigkeit in der Bilanz der Passivposten A I „Gründungsstock", bei Versicherungsunternehmen, die keine Kapitalgesellschaften oder Versicherungsvereine auf Gegenseitigkeit sind, der dem gezeichneten Kapital entsprechende Posten, bei Niederlassungen der Passivposten A I „Feste Kaution".

Teileinzahlung

Mehr als in anderen Branchen ist früher in der Assekuranz von der Teileinzahlung Gebrauch gemacht worden. Versicherungsaktiengesellschaften dürfen als Branchenbesonderheit sogar das Grundkapital erhöhen und neue Aktien ausgeben (emittieren), bevor alle noch ausstehenden Teile des Gezeichneten Kapitals eingefordert sind (§ 182 Abs. 4 S. 2 AktG). Für die Teileinzahlung müssen die Aktien als Namensaktien emittiert werden. Diese werden darüber hinaus

Vinkulierung

häufig vinkuliert, d. h., dass die Eintragung der Aktionäre ins Aktionärsbuch an die Zustimmung der Gesellschaft gebunden ist. Für Aktien ist eine Mindesteinzahlung von 25 % vorgeschrieben (§ 36a Abs. 1 AktG).

Die Teileinzahlung ist auch beim Gründungsstock möglich.

In der Solvabilitätsübersicht gemäß § 74 ff. VAG zählen nicht eingezahlte Teile des Gezeichneten Kapitals zu den sog. ergänzenden Eigenmitteln (§ 89 Abs. 4 S. 2 Nr. 1 VAG). Sie können jedoch nur unter bestimmten Bedingungen mit Genehmigung der Aufsichtsbehörde zur Einhaltung der Solvabilitätsanforderung angesetzt werden (§§ 90–94 VAG).

Ausstehende Einlagen auf das gezeichnete Kapital

Der noch nicht eingezahlte Teil des Gezeichneten Kapitals wird seit jeher als Ausstehende Einlagen bezeichnet, beim VVaG bis 2010 als Wechsel der Zeichner des Gründungsstocks – ein Hinweis darauf, dass diese Forderungen des VVaG an die Garanten durch Hinterlegung von Wechseln zu besichern sind.

Soweit Ausstehende Einlagen noch nicht eingefordert sind, schreibt das Formblatt 1 auf der Passivseite in der Vorspalte deren Abzug vom Gezeichneten Kapital vor. Die bereits eingeforderten Ausstehenden Einlagen sind als Forderung im Posten „Eingefordertes, noch nicht eingezahltes Kapital" zu aktivieren. Für diese Position sieht seit 2010 – anders als vorher – bei VVaG Fußnote 1) des Formblatts die Bezeichnung „Wechsel der Zeichner des Gründungsstocks" vor.

Kapitalrücklage

Die Kapitalrücklage nimmt – im Gegensatz zu den Gewinnrücklagen – nur außenfinanzierte Beträge auf, die von Aktionären bzw. Garanten über das Gezeichnete Kapital hinaus eingebracht werden. Dies betrifft insbesondere das Agio (Aufgeld) bei der Ausgabe von Aktien, Wandel- sowie Optionsanleihen (§ 272 Abs. 2 Nr. 1 und 2 HGB) und als Spezifikum für alle neu gegründeten Versicherungsunternehmen den sog. Organisationsfonds.

Organisationsfonds

Der Organisationsfonds ist bei Gründung eines Versicherungsunternehmens als Zulassungsvoraussetzung nachzuweisen (§ 9 Abs. 2 Nr. 5 VAG). Er muss von den Aktionären bzw. Garanten à fonds perdu geleistet werden, d. h. eine Rückzahlung findet nicht statt. Gedacht ist der Organisationsfonds – entsprechend der Bezeichnung – zur Finanzierung der Vertriebsorganisation und ähnlicher nicht aktivierungsfähiger Aufwendungen.

Wenn die Ertragslage im Anfangsstadium eines Versicherungsunternehmens eine „normale" Aufwandsverrechnung noch nicht ausgleichen kann, können Entnahmen aus dem Organisationsfonds zur Ergebnisstabilisierung beitragen. Sie wirken als Rücklagenauflösung ertragserhöhend, gleichen also die entsprechenden Organisationsaufwendungen aus und können so helfen, den Ausweis eines Jahresfehlbetrages zu vermeiden.

Gesetzliche Rücklage

Die Gesetzliche Rücklage zählt aufgrund der Finanzierungsquelle (Selbstfinanzierung) zu den Gewinnrücklagen. Sie wird aus Überschüssen (Jahresüberschuss bzw. Jahreseinnahmen bei VVaG) gebildet. Bei Aktiengesellschaften ist der aus dem Aktiengesetz stammende Begriff Gesetzliche Rücklage geblieben

(§ 150 AktG). Die Gesetzliche Rücklage enthält aber nicht mehr die seit 1985 in die Kapitalrücklage einzustellenden Beträge aus erzielten Agios usw.

Verlustrücklage

Bei VVaG tritt an die Stelle der Gesetzlichen Rücklage die Verlustrücklage (§ 193 VAG). Die Verlustrücklage des VVaG nimmt damit einerseits die Aufgabe der aktienrechtlichen Gesetzlichen Rücklage wahr; andererseits fällt ihr nach der Gründungsphase auch die Aufgabe des Gründungsstocks als sog. Gewährsstock zu, also die typische Garantie- bzw. Haftungsfunktion des Eigenkapitals.

Sicherheitsrücklage

Bei öffentlich-rechtlichen Versicherungsunternehmen fungiert die Sicherheitsrücklage als Gesetzliche Rücklage.

Rücklage für Anteile an einem herrschenden oder mehrheitlich beteiligten Unternehmen

Die Rücklage für Anteile an einem herrschenden oder mehrheitlich beteiligten Unternehmen stellt einen Korrekturposten dar für die im Besitz des bilanzierenden Unternehmens befindlichen Anteile an herrschenden oder mit Mehrheit beteiligten Unternehmen (§ 272 Abs. 4 HGB). Die Rücklage muss bei Erwerb solcher Finanztitel in Höhe des auf der Aktivseite angesetzten Anschaffungswertes – bzw. des niedrigeren Buchwertes am Bilanzstichtag – aus Gewinnen oder frei verfügbaren Rücklagen gebildet werden. Sie verändert sich nur bei Zu- und Abgängen und bei Änderungen der Anteilsbewertung, darf jedoch ansonsten nicht aufgelöst werden. Aufgrund ihres materiell eigenmittelverkürzenden Charakters zählt sie nicht zu den Eigenmitteln (§ 89 Abs. 3 Nr. 1 VAG).

satzungsgemäße, andere Rücklagen

Der Ausweis der satzungsgemäßen Rücklagen und der anderen Gewinnrücklagen von Versicherungsunternehmen entspricht grundsätzlich der Bilanzierung bei der großen Kapitalgesellschaft. Das gilt auch für den Ergebnisausweis in der Bilanz, der ohne oder mit Einschluss der teilweisen Ergebnisverwendung möglich ist. Im zweiten Fall tritt an die Stelle der Posten „IV. Gewinnvortrag/Verlustvortrag" und „V. Jahresüberschuss/Jahresfehlbetrag" die Position Bilanzgewinn/Bilanzverlust.

Genussrechtskapital, nachrangige Verbindlichkeiten

Genussrechtskapital und nachrangige Verbindlichkeiten stellen sog. Hybridkapital dar. Mit dieser Bezeichnung werden solche Kapitalteile belegt, die sowohl Eigen- als auch Fremdkapitaleigenschaften aufweisen und insoweit als Zwitter gelten. Die rechtliche Ausgestaltung beider Finanzkonstruktionen ist ähnlich. Nachrangige Verbindlichkeiten werden überwiegend fest verzinst, Genussrechtskapital hingegen auch gewinnabhängig. Genussrechtskapital wird i. d. R. in Form von Genussscheinen verbrieft (Genussscheinkapital) und ist ggf. auch an Wertpapiermärkten handelbar.

Für Versicherungsunternehmen besteht der Reiz darin, dass Genussrechtskapital und nachrangige Verbindlichkeiten unter bestimmten Auflagen als Basiseigenmittel anerkannt werden (§ 89 Abs. 3 Nr. 2, Abs. 4 Nr. 4, § 91 VAG).

Eigenkapitalsurrogat

Da Kreditaufnahmen zum Zweck der Kapitalanlage als nicht unmittelbar mit dem Versicherungsgeschäft verbunden gelten (§ 15 Abs. 1 S. 1 und 3 VAG) und deshalb als versicherungsfremdes, d. h. unzulässiges Geschäft eingeordnet werden, kommen Genussrechtskapital und nachrangige Verbindlichkeiten bei Versicherungsunternehmen im Regelfall nur als Eigenkapitalsurrogat zum Einsatz.

2.3 Beiträge und Beitragsüberträge

Handlungssituation

Zu den vorbereitenden Arbeiten zur Erstellung des Jahresabschlusses gehört, die eingenommenen Beiträge periodengerecht dem abgelaufenen Geschäftsjahr oder Folgegeschäftsjahren zuzuordnen. Sie sind im Rechnungswesen der Proximus Schaden- und Unfallversicherung u. a. mit Fragen der Rechnungslegung beschäftigt und sollen einen Ihrer Mitarbeiter in die notwendigen Tätigkeiten einweisen.

2.3.1 Inhalt des Postens Beiträge

Beiträge

Den größten Teil der Umsatzeinnahmen stellen für Versicherungsunternehmen die Beiträge (Beitragseinnahmen, Prämieneinnahmen) aus dem Versicherungsgeschäft dar. Aus dem Umstand, dass die Beiträge im Voraus vereinnahmt werden und das Versicherungsjahr nicht immer mit dem Geschäftsjahr übereinstimmt, ergibt sich die Notwendigkeit, diejenigen Beitragsteile als transitorische Rechnungsabgrenzung auszusondern und zu passivieren, die bereits für folgende Geschäftsjahre eingenommen wurden und im Aggregat der Beitragseinnahmen enthalten sind. Der dabei entstehende Rechnungsabgrenzungsposten wird unter der Bezeichnung „Beitragsüberträge" als eigener Posten unter den Versicherungstechnischen Rückstellungen ausgewiesen (§ 341e Abs. 2 Nr. 1 HGB, § 24 RechVersV). Diese Anordnung hebt den versicherungstechnischen Charakter dieses – nicht unerheblichen – Postens hervor.

Beitragsüberträge als versicherungstechnische Rückstellung

Realisationsprinzip

Nach dem Realisationsprinzip ist generell für den Ausweis von Umsatzerlösen als Ertrag in der GuV-Rechnung Voraussetzung, dass sie vereinnahmt worden sind, also entweder tatsächlich als Zahlungseingang oder aufgrund einer erteilten Rechnung als Forderung „eingebucht" sind. Dieses Erfordernis gilt auch für die Position Beiträge in der Erfolgsrechnung der Versicherer.

gebuchte Beiträge

Welche Einnahmenteile im Einzelnen zu den gebuchten Bruttobeiträgen zählen, bestimmt § 36 RechVersV getrennt nach selbst abgeschlossenem (direktem) und in Rückdeckung übernommenem (indirektem) Geschäft.

selbst abgeschlossenes Versicherungsgeschäft

4

Gebuchte Beiträge im selbst abgeschlossenen Versicherungsgeschäft
■ im Geschäftsjahr fällig gewordene Beiträge bzw. Beitragsraten (unabhängig von notwendigen Periodenabgrenzungen), einschließlich von Versicherungsnehmern zu entrichtender (vertraglich vereinbarter) Ratenzuschläge und Nebengebühren Einmalbeiträge (in der Lebensversicherung) und Beiträge für mehr als ein Versicherungsjahr gehören dazu, von vorausgezahlten Beiträgen (Beitragsdepots) hingegen nur die dem Geschäftsjahr zuzurechnenden (= fälligen) Teile.
■ Nachverrechnungsbeiträge in nach Zeichnungsjahren abgerechneten Versicherungszweigen (insbesondere in der Transportversicherung), soweit sie im Geschäftsjahr fällig sind
■ Nachschüsse, die von Versicherungsvereinen auf Gegenseitigkeit im Geschäftsjahr erhoben worden sind
■ Beiträge, die (für selbst abgeschlossene Versicherungen) in einen Pool (Erst- bzw. Mitversicherungspool) eingebracht werden
■ Beiträge im Führungsgeschäft und im Beteiligungsgeschäft, soweit sie den eigenen Anteil betreffen

Je nach Einzelfall ist zusätzlich zu beachten:

- Beitragsnachlässe, die von vornherein die fälligen Beiträge mindern, z. B. Rabatte bei Gruppenversicherungen und Schadenfreiheitsrabatte in der Kraftfahrtversicherung, werden vorab abgezogen.
- Beitragsrückerstattungen hingegen dürfen nicht mit den Beiträgen saldiert werden.
- Die Versicherungsteuer ist als durchlaufender Posten grundsätzlich von den Beiträgen abzuziehen, sofern sie nicht getrennt eingefordert und entsprechend verbucht wird (§ 36 Abs. 2 Ziff. 1 RechVersV).
- Die Feuerschutzsteuer wird aufgrund des anderen Steuerschuldverhältnisses nicht abgezogen.
- Abschreibungen auf uneinbringliche Beitragsforderungen und Aufwendungen für Pauschalwertberichtigungen zu Beitragsforderungen an Versicherungsnehmer (§ 36 Abs. 2 Ziff. 2 RechVersV) sind abzusetzen.
- Eingänge aus bereits abgeschriebenen Beitragsforderungen und Erträge aus der Auflösung bzw. Verminderung der Pauschalwertberichtigung sind im Gegenzug in das Aggregat „Beiträge" mit aufzunehmen (§ 36 Abs. 1 Ziff. 9 RechVersV).

in Rückdeckung übernommenes Versicherungsgeschäft

Gebuchte Beiträge im in Rückdeckung übernommenen Versicherungsgeschäft
■ Beiträge einschließlich Nebenleistungen, die von Vorversicherern gutgeschrieben werden
■ Beiträge, die von einem (Rück-)Versicherungspool übernommen werden
■ Portefeuilleeintrittsbeiträge, die bei Beginn bzw. Erweiterung von Rückversicherungsverträgen von Vorversicherern vergütet werden Bei Ende oder bei Änderung von Rückversicherungsverträgen abzuführende Portefeuilleaustrittsbeiträge sind abzusetzen.

Für das direkte und indirekte Geschäft gilt, dass die Beitragsteile, die für das zedierte Versicherungsgeschäft an andere Versicherer (= passive Rückversicherung) abzuführen sind, in der Vorspalte als „Abgegebene Rückversicherungsbeiträge" ausgewiesen (§ 37 RechVersV) und offen von den Brutto-Beiträgen abgezogen werden.

Abgegebenes Versicherungsgeschäft

2.3.2 Periodenabgrenzung – Methoden zur Ermittlung der Beitragsüberträge

Sind das Geschäftsjahr und der Zeitraum für fällige Prämien nicht identisch, werden die periodenfremden Teile der gebuchten Beiträge als Beitragsüberträge abgegrenzt und als versicherungstechnische Rückstellung passiviert. Dies gilt für den Regelfall, in dem die Versicherungszweige nach Schadenanfalljahren abgerechnet werden.

Ermittlung der Beitragsüberträge

In der GuV-Rechnung werden dem Umsatzsaldoprinzip entsprechend nur die Veränderungen der Beitragsüberträge ausgewiesen; dabei sind in der Vorspalte die Bruttobeträge und die Rückversicherungsanteile anzugeben. Die periodisierten Prämien als Saldo von Beitragseinnahmen und Veränderung der Beitragsüberträge werden als Verdiente Beiträge bezeichnet. Direkt gezeigt werden sie in der Hauptspalte der GuV-Rechnung nur für eigene Rechnung:

Ausweis der Verdienten Beiträge in der GuV-Rechnung

Auszug aus Formblatt 2: Versicherungstechnische Rechnung

1. Verdiente Beiträge für eigene Rechnung	€	€	€
a) Gebuchte Bruttobeiträge	......		
b) Abgegebene Rückversicherungsbeiträge	......	......	
c) Veränderung der Bruttobeitragsüberträge	......		
d) Veränderung des Anteils der Rückversicherer an den Bruttobeitragsüberträgen	......	......	......

Ansatz und Bewertung der Beitragsüberträge folgen dem Grundsatz der Einzelbewertung (§ 252 Abs. 1 Ziff. 3 HGB). Die Beitragsüberträge sind deshalb im Prinzip für jeden einzelnen Versicherungsvertrag nach Maßgabe der Fälligkeiten zu ermitteln. Das bedeutet eine Abgrenzung pro rata temporis:

HGB
Abgrenzung pro rata temporis

Zum Bilanzstichtag wird für jeden einzelnen Versicherungsvertrag separat der noch nicht verdiente Beitragsanteil anhand der Relation Vertragsfälligkeit – Geschäftsjahresende festgestellt. Entwickelt sich die Risikosituation während der Vertragsdauer anders als es dem Zeitablauf entsprechen würde, ist von der Zeitproportionalität der Beitragsabgrenzung abzugehen (§ 24 S. 2 RechVersV).

Näherungs- und Vereinfachungsverfahren dürfen angewandt werden, wenn sie materiell zu „annähernd gleichen Ergebnissen" führen (§ 341e Abs. 3 HGB, § 27 Abs. 1 RechVersV). Als solche Näherungsverfahren sind das Bruchteilsystem und die nur noch sehr begrenzt zulässige Pauschalmethode geläufig.

- Die Bruchteilmethode unterstellt, dass die Prämienfälligkeiten gleichmäßig verteilten Zeitpunkten im Geschäftsjahr (u. U. fiktiv) zugeordnet werden können.

  1/12-Verfahren

  Beim sog. 1/12-Verfahren wird z. B. angenommen, dass sich die Fälligkeiten innerhalb eines Monats dem jeweiligen Monatsersten zurechnen lassen. Bei getrennter Erfassung der (Jahres-)Beitragseinnahmen nach Monatsfälligkeit werden (bei Geschäftsjahr = Kalenderjahr) für die Januarfälligkeit keine Beitragsüberträge gebildet, für die Februarfälligkeit 1/12 der Jahresprämie, für die Märzfälligkeit 2/12 usw.

  1/24-Verfahren

  Das sog. 1/24-Verfahren unterscheidet sich vom 1/12-Verfahren dadurch, dass hier die Vertragsfälligkeiten über den Monat gleichverteilt angenommen und deshalb jeweils auf den 15. eines Monats zusammengezogen werden. Für die Januarfälligkeit wird folglich eine halbe Monatsprämie abgegrenzt; das entspricht 1/24 des Jahresbeitrags. Für die Februarfälligkeit müssen 3/24 zurückgestellt werden, für die Märzfälligkeit 5/24 usw.

  Das 1/360- bzw. das 1/720-Verfahren stellen Verfeinerungen des Bruchteilsystems dar, die praktisch mit (kaufmännischen) Tagesfälligkeiten bzw. Halbtagesfälligkeiten (für um 12 Uhr endende Verträge) rechnen.

- Die Pauschalmethode als das einfachste und gröbste Abgrenzungsverfahren geht von der Unterstellung aus, dass sich die Prämienfälligkeiten relativ gleichmäßig über das gesamte Geschäftsjahr verteilen. Bei jährlicher Zahlungsweise ist dann nicht nur die mittlere Beitragsfälligkeit zum 1. Juli zu 50 % in die Beitragsüberträge zu übernehmen, sondern die Hälfte des gesamten Jahresbeitragsaufkommens. Die niedrigeren Beitragsüberträge in der ersten Jahreshälfte (z. B. für die Junifälligkeit) gleichen sich mit den entsprechend höheren Beträgen in der zweiten Jahreshälfte (z. B. für die Augustfälligkeit) aus.

  Diese Annahme der Gleichverteilung ist unrealistisch. Die BaFin toleriert die Pauschalmethode daher nur noch für kurze Vertragslaufzeiten.

Abrechnung nach Zeichnungsjahren

In bestimmten Versicherungszweigen wird nicht nach Schadenanfalljahren, sondern nach Zeichnungsjahren abgerechnet. Dies betrifft insbesondere die Transportversicherung. Dort hat die Gepflogenheit kurzfristiger Verträge mit im Voraus häufig noch unbestimmtem Beginn bzw. Ende der Laufzeit zur Folge, dass die Beitragseinnahmen nicht korrekt abgegrenzt werden können. Darüber hinaus ist bei der Bildung von Schadenrückstellungen infolge der späten Schadenmeldungen oft nicht festzustellen, welchem Geschäftsjahr der Versicherungsfall zuzurechnen ist. Für Versicherungszweige, in denen die Abrechnung nach Zeichnungsjahren vorgenommen wird, ist das sog. Standard-System für die Ermittlung der Beitragsüberträge und der Rückstellungen für Versicherungsfälle als Vereinfachungsverfahren ausdrücklich zugelassen (§ 27 Abs. 2 S. 1 RechVersV).

Standard-System

Nach dem Standard-System (auch englisches System genannt) wird keine separate Beitragsabgrenzung vorgenommen. Ein Beitragsübertrag wird also nicht passiviert. Stattdessen ist im Geschäftsjahr, in dem der Vertrag zustande kommt (= Zeichnungsjahr), der noch unverbrauchte Teil der Prämie (Beiträge abzüglich gezahlter Versicherungsleistungen und zurechenbarer Betriebsaufwendungen) in die Rückstellung für noch nicht abgewickelte Versicherungsfälle (Schadenrückstellung) einzustellen. Damit wird das Ergebnis im Zeichnungsjahr erfolgsrechnerisch auf null gestellt (sog. Nullstellung). Ist der zu erwartende Erfüllungsbetrag höher als die unverbrauchte Prämie, muss die Rückstellung entsprechend dem Vorsichtsgrundsatz (erfolgswirksam) auf diesen Erfüllungsbetrag angehoben werden (§ 27 Abs. 1 S. 2 RechVersV).

Nullstellung

Im Folgegeschäftsjahr (zwingend spätestens am Ende des dritten Folgegeschäftsjahres) wird die Rückstellung für noch nicht abgewickelte Versicherungsfälle aufgrund der erfahrungsgemäß dann besseren Informationen als separater Abrechnungsblock geschätzt und fortgeführt. Dies kann entsprechend der festgestellten Schadenentwicklung geschehen oder anhand von Standardwerten (aus Vergangenheitsdaten), wenn eine gewisse Beständigkeit des Schadenverlaufs dies zulässt (§ 27 Abs. 2 S. 2–4 RechVersV).

Bei Anwendung des Standardverfahrens wird die Erfolgswirksamkeit des Geschäfts auf das Geschäftsjahr der Umstellung verlagert. Infolgedessen ist die Inanspruchnahme des Standard-Systems im Anhang anzugeben und zu begründen. Auch der Zeitraum bis zum Übergang auf die übliche Rückstellungsbewertung ist zu nennen (§ 27 Abs. 4 S. 1 u. 2 RechVersV).

Für die Anteile der Rückversicherer an den Beitragsüberträgen sind die gleichen Ermittlungsmethoden anzuwenden wie für die zugrunde liegenden Brutto-Positionen. Bei gekündigten Rückversicherungsverträgen sind die vertraglichen Vereinbarungen zum Portefeuille-Stornosatz maßgebend (§ 23 S. 2 RechVersV). Da bei nicht-proportionalen Rückversicherungsbeziehungen die Vertragsdauer von vornherein auf das Geschäftsjahr abgestellt wird, fallen Rückversicherungsanteile an den Beitragsüberträgen nur im proportionalen Rückversicherungsgeschäft an.

Rückversicherungsanteile

2.3.3 Teilweiser Abzug direkter Vertriebsaufwendungen bei der Bestimmung der Bemessungsgrundlage für die Beitragsüberträge

Bemessungsgrundlage für die Ermittlung der Beitragsüberträge ist nicht unmittelbar die in der Erfolgsrechnung ausgewiesene Beitragsgröße. Nach Ansicht der Finanzverwaltung sind bestimmte Teile der eingenommenen Beiträge als bereits in der bilanzierten Periode erfolgswirksam anzusehen. Zur Durchsetzung dieser Auffassung wurden 1974 steuerliche (Pauschal-)Regelungen durch Erlass fixiert. Diese wurden seinerzeit de facto für die handelsrechtliche Rechnungslegung übernommen und auch bei der Umsetzung der Versicherungsbilanz-Richtlinie beibehalten.

steuerlicher Abzug von Teilen der Vertriebskosten vor Ermittlung der Beitragsüberträge

Der durch den Bundesminister der Finanzen verkündete, koordinierte Ländererlass vom 30.4.1974 (VerBAV 1974, S. 118) bestimmt, dass die Ermittlung der Beitragsüberträge vom Tarifbeitrag (ohne Ratenzuschlag) bzw. vom „entsprechenden Versicherungsentgelt" ausgeht. Von diesem sind „nicht übertragungsfähige" Teile der Einnahmen abzusetzen. Als nicht übertragungsfähig werden im Erlass – pauschal – bestimmte Prozentsätze der aufgewendeten Abschluss- und Inkasso- bzw. Rückversicherungsprovisionen aufgeführt. Aus der durch die Kürzung ermittelten Bemessungsgrundlage ist der Beitragsübertrag zeitanteilig zu errechnen. Die vorab abgezogenen Beträge verbleiben in den Verdienten Beiträgen und erhöhen somit den Periodenertrag.

Im Einzelnen sieht der Erlass vor:

Abzug von 85 % der Provisionen und Bezüge der Vermittler

- Schaden- und Unfallversicherer müssen im selbst abgeschlossenen Geschäft Beitragsteile in Höhe von 85 % der Provisionen und sonstigen Bezüge der Versicherungsvertreter (bzw. entsprechender Gehaltsaufwendungen) von der Tarifprämie als nicht übertragungsfähig abziehen.
- Bei der Berechnung der Rückversicherungsanteile an den Beitragsüberträgen im abgegebenen Geschäft ist vorab der (gezahlte) Rückversicherungsbeitrag um 92,5 % der (erhaltenen) Rückversicherungsprovision zu kürzen.
- Im übernommenen Geschäft werden ebenso 92,5 % der (gezahlten) Rückversicherungsprovision von den (erhaltenen) Rückversicherungsbeiträgen abgezogen. Die Kürzung um Teile der Rückversicherungsprovision ergibt sich nur im proportionalen Rückversicherungsgeschäft, da im nicht-proportionalen Rückversicherungsgeschäft nicht nur wie erwähnt keine Rückversicherungsanteile an den Beitragsüberträgen anfallen, sondern auch keine Rückversicherungsprovisionen.
- Lebensversicherer nehmen bei der Bemessung der Beitragsüberträge einen Kostenabzug nur insoweit vor, als ein (bei den älteren Tarifen noch üblicher) Inkassozuschlag abgesetzt werden muss.

Dieser Vorabzug der Abschlusskosten ist umstritten und betriebswirtschaftlich nicht haltbar. Gegen die Regelung werden vor allem methodische Einwände erhoben, die auf die Ausweisverkürzung durch die Saldierung abstellen:

indirekte Aktivierung

- Für die Erfolgsermittlung besteht materiell kein Unterschied zwischen einer Aktivierung von Abschlusskosten und einer Verkürzung zu passivierender Beitragsüberträge (der sog. indirekten Aktivierung). Im zweiten Fall wird die beabsichtigte Anhebung des Periodenerfolgs durch den Ausweis der erhöhten Verdienten Beiträge erreicht. Ob darin ein wesentlicher Verstoß gegen das Imparitätsprinzip zu sehen ist, hängt bei einer Pauschalregelung von der Struktur der tatsächlichen Vertriebskosten ab.
- Der vorgeschriebene Kostenabzug stellt inhaltlich eine Verrechnung von Leistungsbeziehungen zwischen Versicherer und Vermittler einerseits mit Leistungsbeziehungen zwischen Versicherer und Versicherungsnehmer andererseits dar. Dies führt in betriebswirtschaftlicher Sicht zu einer Saldierung von (hier pauschalierten) aktiven Rechnungsabgrenzungsposten mit den notwendigen passiven Rechnungsabgrenzungsposten, im vorliegenden Fall mit den Beitragsüberträgen.

Ausnahme vom Saldierungsverbot

Der vorgeschriebene Ausweis verstößt folglich materiell gegen den Grundsatz des Saldierungsverbots (§ 246 Abs. 2 i. V. m. § 247 Abs. 1 HGB). Rechtlich ist das Saldierungsverbot für Versicherungsunternehmen allerdings eingeschränkt, „soweit andere Vorschriften bestehen" (§ 341a Abs. 2 S. 3 HGB). Als solche „anderen Vorschriften" kommen die auslegungsbedürftige Formel für die Beitragsüberträge als „Ertrag für eine bestimmte Zeit nach dem Abschlußstichtag" (§ 341e Abs. 2 Nr. 1 HGB, § 24 RechVersV) und ein Hinweis in den Gesetzesmaterialien auf die bestehende Praxis und den Erlass in Betracht. Die juristische Beurteilung der Saldierung hängt also letzten Endes von der Auslegung der Formulierung „andere Vorschriften" ab.

Da die Versicherer sich indessen mit der Regelung arrangiert haben und Klagen nicht bekannt geworden sind, liegt hier ein typisches Beispiel dafür vor, wie die Kraft des Faktischen die Rechnungslegung verwässern kann.

Erfolgswirkung des Kostenabzugs

Der Veranschaulichung der Erfolgswirkungen dient das nachfolgende Beispiel.

Verdiente Beiträge	
Fall A und B 0,5 · 2.000	1.000
Fall C 0,5 · (2.000 + 0,85 · 400)	1.170

Beitragsüberträge	
Fall A und B 0,5 · 2.000	1.000
Fall C 0,5 · (2.000 – 0,85 · 400)	830

Bankguthaben	
2.000	Beitrags-einnahmen
Provisionen u. ähnl. Aufw.	400

Abschlussaufwendungen	
400	Fall A und C
200	Fall B

Aktive Rechnungsabgrenzungsposten	
200	nur Fall B

Bilanz	
Bankguthaben alle Fälle 1.600	*Beitrags-überträge* Fall A + B 1.000 Fall C 830
Aktive RAP nur Fall B 200	**Erfolg** Fall A 600 Fall B 800 Fall C 770

GuV-Konto	
Abschluss-aufwendungen Fall A + C 400 Fall B 200	*Verdiente Beiträge* Fall A + B 1.000 Fall C 1.170
Erfolg Fall A 600 Fall B 800 Fall C 770	

Es werden drei Fälle unterschieden mit folgenden Annahmen:

50 % der fälligen (Jahres-)Beiträge sollen die Folgeperiode betreffen. Die gesamten Ausgaben für den Abschluss von Versicherungsverträgen fallen zu Beginn des Versicherungsjahres an.

- Fall A: Die gesamten Ausgaben für den Abschluss von Versicherungsverträgen werden zulasten des Geschäftsjahres als Aufwand verbucht; eine Periodenabgrenzung der Ausgaben findet nicht statt.
- Fall B: Die Abschlussausgaben werden aktivisch pro rata temporis abgegrenzt.
- Fall C: Entsprechend der steuerlichen Pauschalregelung für das direkte Geschäft werden 85 % der Provisionen und ähnlichen Bezüge der Vermittler (Abschlussausgaben) als sog. nicht übertragungsfähige Beitragsteile vor Ermittlung der Bemessungsgrundlage für die Beitragsüberträge abgezogen.

Die Fälle B und C unterscheiden sich demnach nur in zwei Punkten, zum einen in den Beträgen – im Fall C werden statt 100 % nur 85 % der Abschlussaufwendungen verrechnet – und zum anderen in der Methodik. Die Erfolgswirkung ist jedoch im Prinzip dieselbe.

2.4 Aufwendungen für Versicherungsfälle – Rückstellung für noch nicht abgewickelte Versicherungsfälle (Schadenrückstellung)

Handlungssituation

Zu den wichtigen und anspruchsvollen Aufgaben bei der Erstellung des Jahresabschlusses zählt die Passivierung der Rückstellung für noch nicht abgewickelte Versicherungsfälle. Künftig sollen Sie bei den Jahresabschlussarbeiten für den Schaden- und Unfallversicherer Proximus Versicherung AG mitwirken. Dazu bereiten Sie sich umfassend vor und machen sich mit den besonderen Bewertungs- und Ausweisfragen der Rückstellung und der zugrunde liegenden Ausgaben bzw. Aufwendungen vertraut.

2.4.1 Definition der Aufwendungen für Versicherungsfälle (Schadenaufwendungen)

Entsprechend der Abgrenzung des Funktionsbereiches „Regulierung von Versicherungsfällen, Rückkäufen und Rückgewährbeträgen" gehören zu den Aufwendungen für Versicherungsfälle grundsätzlich alle (periodisierten) Ausgaben, die mit der Abwicklung von Versicherungsfällen sowie der Zahlung von Rückkäufen und Rückgewährbeträgen zusammenhängen.

Der Ausweis der relevanten Geschäftsvorfälle – Versicherungsfälle, Rückkäufe und Rückgewährbeträge – wird in Erfolgsrechnung und Bilanz jeweils zu einer Position zusammengefasst, die periodenbezogenen Teile in der GuV-Rechnung als Aufwendungen für Versicherungsfälle, die abgegrenzten Teile in der Bilanz als Rückstellung für noch nicht abgewickelte Versicherungsfälle.

Inhalte der Position

Inhaltlich zählen zu den Aufwendungen für Versicherungsfälle (§ 41 Abs. 2 RechVersV)

- Versicherungsleistungen an Versicherungsnehmer als Geldleistung, Naturalersatz oder in Form von direkten Dienstleistungen,
- Versicherungsleistungen an geschädigte Dritte in den Haftpflichtversicherungszweigen,
- Rentenzahlungen,
- Zahlungen für Rückkäufe (bei vorzeitiger Kündigung) und Rückgewährbeträge (bei Vertragsablauf), z. B. in der Unfallversicherung mit Beitragsrückgewähr sowie
- dem Funktionsbereich zugeordnete (externe und interne) Personal- und Sachaufwendungen für die Regulierung der genannten Leistungsfälle („Schadenregulierungsaufwendungen" im engeren Sinn); dazu zählen

Schadenregulierungsprovisionen, Aufwendungen zur Abwehr unberechtigter Ansprüche in der Haftpflichtversicherung und entschädigungsgleiche Aufwendungen in der Rechtsschutzversicherung.

Gegenzurechnen sind Erlöse (Forderungszugänge und im Geschäftsjahr erhaltene Zahlungen) aus Regressen, Provenues (= Ansprüche auf versicherte Objekte, die sich nach geleisteter Versicherungszahlung wieder anfinden) und aus Teilungsabkommen sowie Kostenerstattungen von Prozessgegnern in der Rechtsschutzversicherung (§ 41 Abs. 2 S. 1, § 26 Abs. 2 RechVersV).

Die inhaltlichen Abgrenzungen sind auch der Ermittlung der abzusetzenden Anteile für das in Rückdeckung gegebene Geschäft zugrunde zu legen.

2.4.2 Zeitliche Abgrenzung der Ausgaben für Versicherungsfälle – Passivierung von Rückstellungen für noch nicht abgewickelte Versicherungsfälle (Schadenrückstellung)

Abrechnung nach Schadenanfalljahren

Für die Periodisierung der Ausgaben für Versicherungsfälle als Aufwand ist in der Schadenversicherung weitgehend die Zuordnung nach Schadenanfalljahren maßgebend. Danach werden alle durch einen Versicherungsfall ausgelösten Ausgaben dem Geschäftsjahr als Aufwand zugerechnet, in dem der Versicherungsfall eingetreten ist. Als Ausnahme davon wird – wie erläutert – vor allem in der Transportversicherung nach Zeichnungsjahren (Standard-System) abgerechnet, d. h. alle Ausgaben für Schäden und deren Regulierung werden demjenigen Geschäftsjahr zugeordnet, in dem der zugrunde liegende Versicherungsvertrag abgeschlossen (= gezeichnet) worden ist.

zeitversetzte Bilanzierung

Für die Abrechnung nach Schadenanfalljahren ist als Vereinfachungsverfahren ggf. auch die sog. zeitversetzte Bilanzierung zulässig, bei der in der versicherungstechnischen Rechnung die Zahlen der Vorperiode ausgewiesen werden. Voraussetzung ist, dass die Zahlen der Vorperiode annähernd ähnlich sind. Werden Anpassungen erforderlich, schlagen diese sich in der Bewertung der entsprechend zu bildenden Schadenrückstellungen nieder. Der Zeitversatz darf nicht mehr als zwölf Monate betragen (§ 27 Abs. 3 RechVersV).

Bei Inanspruchnahme sowohl der zeitversetzten Bilanzierung als auch des Standard-Systems ist im Anhang deren Anwendung anzugeben und zu begründen; auch der Zeitversatz und der Umfang des betroffenen Geschäfts sind anzugeben (§ 27 Abs. 4 RechVersV).

Aufwendungen für Versicherungsfälle des Geschäftsjahres

Nach dem allgemein für die Erfolgsrechnung maßgeblichen Erfolgsprinzip setzen sich die Aufwendungen für Versicherungsfälle <u>des</u> Geschäftsjahres (= Geschäftsjahresschäden) zusammen aus

- den im Geschäftsjahr getätigten Auszahlungen für im Geschäftsjahr eingetretene Versicherungsfälle und
- den am Ende des Geschäftsjahres vorzunehmenden Zuführungen zur Rückstellung für noch nicht abgewickelte Versicherungsfälle, soweit diese Versicherungsfälle im Geschäftsjahr eingetreten sind.

Veränderungen der in Vorjahren gebildeten Rückstellungen – Auflösung und Herabsetzung (unabhängig von Auszahlungen) sowie Nachreservierung infolge Neubewertung – berühren den Schadenaufwand der Periode nicht. Dies gilt für alle Aufwendungen bzw. Erträge, die sich im Geschäftsjahr aus der Abwicklung oder Fortschreibung der Eingangs-Schadenrückstellungen ergeben (Verluste oder Gewinne aus der Abwicklung von Schadenrückstellungen der Vorjahre). Dabei handelt es sich eindeutig um periodenfremde, d. h. aperiodische Aufwendungen und Erträge, die in einer systematisch korrekten Erfolgsrechnung folglich auch als solche erscheinen müssten.

Die Anwendung des Umsatzsaldoprinzips für den Ausweis der Schadenaufwendungen verschüttet diese in der deutschen Rechnungslegung übliche Systematik einer periodengerechten Erfolgsermittlung. Die Geschäftsjahresschäden werden in der GuV-Rechnung weder angegeben, noch sind sie systematisch aus dem Anhang erkennbar.

periodenvermischtes Aggregat von Schadenzahlungen und Veränderungen der Rückstellung

In der GuV-Rechnung werden stattdessen unter der insoweit unklaren Bezeichnung „Aufwendungen für Versicherungsfälle" für den gesamten Funktionsbereich „Regulierung von Versicherungsfällen, Rückkäufen und Rückgewährbeträgen" in der Vorspalte zwei Komponenten aufgeführt:

- alle Zahlungen für Versicherungsfälle aus dem Geschäftsjahr und aus Vorjahren
- als Saldo die Veränderung der gesamten Rückstellung für das Geschäftsjahr und für Vorjahre

In der Hauptspalte wird – nach Abzug der jeweiligen Rückversicherungs-Anteile – der Betrag für eigene Rechnung ausgewiesen. Diese in der GuV-Rechnung ausgewiesenen „Aufwendungen für Versicherungsfälle" werden auch – zwecks Abgrenzung von den korrekt abgegrenzten Geschäftsjahresschäden – als Aufwendungen für Versicherungsfälle <u>im</u> Geschäftsjahr oder auch als rechnungsmäßige Schadenaufwendungen bezeichnet.

Auszug aus Formblatt 2, Versicherungstechnische Rechnung:

4. Aufwendungen für Versicherungsfälle für eigene Rechnung	**€**	**€**	**€**
a) Zahlungen für Versicherungsfälle			
aa) Bruttobetrag	......		
bb) Anteil der Rückversicherer	......	......	
b) Veränderung der Rückstellung für noch nicht abgewickelte Versicherungsfälle			
aa) Bruttobetrag	......		
bb) Anteil der Rückversicherer	......	......	......

Die Anordnung in den GuV-Formblättern 2 bis 4 vermittelt – entgegen dem Anspruch von § 264 Abs. 2 S. 1 und 2 HGB – einen unzutreffenden (!) Eindruck von der Finanz- und Ertragslage des bilanzierenden Versicherungsunternehmens. Sowohl in den Zahlungen als auch in den Veränderungen der Rückstellung verunreinigen erfolgsneutrale Bestands- und Liquiditätsveränderungen systematisch die Erfolgswirksamkeit der Teilpositionen.

Informationsverschleierung setzt Anreize zur Bilanzpolitik

Die Verschleierung aufgrund dieser Saldierung betrifft vor allem die „Spätfolgen“ aus der Bewertung der Schadenrückstellungen für das Jahresergebnis, d. h. die periodenfremden Erfolge aus der späteren Abwicklung von Schadenrückstellungen. Diese Abwicklungsergebnisse sind zum großen Teil bedingt durch vorangehende vorsichtige Bewertungsansätze: Die Bewertung von Schadenrückstellungen ist folglich ein treffliches Instrument der erfolgssteuernden, nicht zwingend offenzulegenden Rechnungslegungspolitik (Bilanzpolitik).

Beispiel zum Ausweis der Aufwendungen für Versicherungsfälle

Geschäftsvorgänge und Periodenbezug				**Ausweis nach RechVersV**
a) Zahlungen für im Geschäftsjahr eingetretene Versicherungsfälle	90	Aufwand der Periode		a) Zahlungen für Versicherungsfälle im Geschäftsjahr 120
b) Zuführungen zur Rückstellung für im Geschäftsjahr eingetretene, noch nicht abgewickelte Versicherungsfälle	60		150	b) ± Veränderung der Rückstellung für noch nicht abgewickelte Versicherungsfälle [60 – (80 – 30 – 20 + 10)] + 20
c) Rückstellung für noch nicht abgewickelte Versicherungsfälle aus Vorjahren	80			
davon infolge Regulierung auszuzahlen	–30	erfolgsneutral		
fortzuführen für spätere Regulierung	30	erfolgsneutral		
infolge Regulierung aufzulösen (Abwicklungsgewinn)	–20	aperiodischer Ertrag	–20	
Nachdotierung infolge Neubewertung von Versicherungsfällen aus Vorjahren (Abwicklungsverlust)	10	aperiodischer Aufwand	+10	
Aufwendungen für Versicherungsfälle <u>des</u> Geschäftsjahres			150	Ausgewiesene Aufwendungen für Versicherungsfälle <u>im</u> Geschäftsjahr 140
Ergebnis aus der Abwicklung von Rückstellungen für noch nicht abgewickelte Versicherungsfälle der Vorjahre			–10	

Rückstellung für noch nicht abgewickelte Versicherungsfälle

In der Rückstellung für noch nicht abgewickelte Versicherungsfälle müssen alle Verpflichtungen aus den insgesamt bis zum Ende des Geschäftsjahres eingetretenen, aber noch nicht abgewickelten Versicherungsfällen passiviert werden (§ 341g Abs. 1 S. 1 HGB).

Dem Inhalt der Schadenaufwendungen entsprechend sind von Schaden- und Unfallversicherern im Einzelnen Rückstellungen zu bilden für

- am Bilanzstichtag bekannte, noch nicht abschließend regulierte Versicherungsfälle,

Renten-Deckungsrückstellung

- Renten-Versicherungsfälle (Renten-Deckungsrückstellung) (§ 25 Abs. 6 S. 2 RechVersV),

IBNR-Reserven

- am Bilanzstichtag noch nicht bekannte, aber bereits eingetretene oder „verursachte" Versicherungsfälle [Rückstellung für Spätschäden (IBNR-Reserven – incurred but not reported)],
- noch nicht gezahlte Rückkäufe, Rückgewährbeträge und Austrittsvergütungen aufgrund gekündigter bzw. abgelaufener Verträge sowie
- sämtliche nach dem Bilanzstichtag voraussichtlich anfallenden „Schadenregulierungsaufwendungen" (§ 341g Abs. 1 S. 2 HGB)

Aktivierungsfähige Forderungen aufgrund von Regressen, Provenues und Teilungsabkommen sind von der Rückstellung abzusetzen (§ 26 Abs. 2 RechVersV).

Besonderheit in der Krankenversicherung

In der Krankenversicherung wird als Versicherungsfall in den Allgemeinen Versicherungsbedingungen nicht der Beginn einer Krankheit definiert, sondern die Inanspruchnahme medizinischer Heilbehandlung (bzw. gleich gestellter Leistungen) durch versicherte Personen bis zum Abschluss dieser Behandlung (sog. gedehnter Versicherungsfall). Die von Krankenversicherern zu bildende Rückstellung für noch nicht abgewickelte Versicherungsfälle ist deshalb begrenzt auf diejenigen Ausgaben, die im Folgejahr noch zu tätigen sind für bis zum Bilanzstichtag erbrachte Leistungen von Ärzten, Krankenhäusern, Apotheken usw. bzw. als Tagegeld für Tage im abgelaufenen Geschäftsjahr (§ 26 Abs. 1 S. 2 RechVersV).

2.4.3 Abgrenzung der Ausgaben für Schadenregulierung im engeren Sinn

Rückstellung für Schadenregulierungsaufwendungen

Dem Gesetzeswortlaut zufolge sind im Ansatz der Rückstellung die „gesamten Schadenregulierungsaufwendungen zu berücksichtigen" (§ 341g Abs. 1 S. 2 HGB). Es bleibt jedoch ungeklärt, welche der künftigen Auszahlungen für Schadenregulierung als rückstellungsfähig bzw. -pflichtig gelten. Das verwendete Attribut „gesamt" steht eindeutig im Gegensatz zur (bisher durchgesetzten) Auffassung der Finanzverwaltung. Diese hatte 1973 die Modalitäten von steuerlich anerkannten Rückstellungen für Schadenregulierungskosten in einem Erlass festgelegt [vgl. Bundesminister der Finanzen (VerBAV 1973), S. 105 f.]. In der Folge wurde die Regelung auch für den handelsrechtlichen Jahresabschluss angewendet.

Aufteilung in Ermittlungskosten und Bearbeitungskosten

Die steuerlichen Überlegungen stützen sich auf eine alte Unterscheidung der Schadenregulierungskosten in

- direkte Ermittlungskosten, die einem bestimmten Versicherungsfall zugeordnet werden können, und
- indirekte Bearbeitungskosten (für Schadenregulierungsabteilungen und -büros, anteilig auch für Zentralabteilungen des Versicherungsunterneh-

mens), die sich nicht einzelnen Versicherungsfällen, sondern nur dem gesamten Schadenregulierungsbereich zurechnen lassen.

keine Rückstellung für Schadenbearbeitungskosten

Um eine entsprechende Zuordnung zu erreichen, müssten indirekte Aufwendungen für Schadenregulierung nach Art der Verteilungsverfahren in der Kostenrechnung aufgeschlüsselt und zugerechnet werden. Abseits aller logischen Probleme bei der Aufteilung von Gemeinkosten bestehen dabei erhebliche Ermessensspielräume. Eine „objektive" Einzelbewertung gilt daher als ausgeschlossen. Bis heute wird eine Rückstellung für gemeinkostenähnliche Schadenbearbeitungskosten deshalb steuerlich grundsätzlich nicht anerkannt. Da die Versicherungsbilanz-Richtlinie 1994 steuerneutral umgesetzt werden sollte, ist es – entgegen dem damals neu gefassten Wortlaut – durch entsprechende Hinweise in den Gesetzesmaterialien bei der Übertragung des steuerlichen Erlasses auch für den handelsrechtlichen Jahresabschluss geblieben. Ein erheblicher Teil der (voraussichtlichen) Gemeinkosten ist weiterhin nicht rückstellungsfähig.

steuerliche Pauschalregelung auch handelsrechtlich anwendbar

Die Schaden- und Unfall-Versicherungsunternehmen wenden fast ausschließlich eine zwischen dem Gesamtverband der Versicherungswirtschaft und der Finanzverwaltung seinerzeit ausgehandelte, im Erlass niedergelegte Pauschalregelung zur Ermittlung der steuerlich anerkennungsfähigen Rückstellungshöhe an. Danach soll in Analogie zur Ermittlung industrieller Herstellungskosten von folgenden Parametern ausgegangen werden:

(a) Maximal 80 % der Schadenregulierungsaufwendungen (= Bemessungsgrundlage) sind als Ermittlungsaufwendungen anzusehen.

(b) Bis zum Bilanzstichtag sind 25 % der Ermittlungstätigkeiten angefallen; rückstellungsfähig sind maximal 75 % der relevanten Ermittlungsaufwendungen.

(c) Ein aus den im Geschäftsjahr abgewickelten Versicherungsfällen abgeleiteter „Schadenermittlungs-Stückkostensatz" ist
- zu erhöhen gemäß dem Verhältnis von (in der Schadenrückstellung) bilanziertem zu (im Geschäftsjahr) reguliertem Durchschnittsschaden, um dem Schwierigkeitsgrad der Abwicklung Rechnung zu tragen,
- um 20 % zu kürzen, um die Fixkostendegression zu berücksichtigen.

(d) Für die Spätschadenrückstellung ist eine Schätzung der relevanten Schadenermittlungsaufwendungen als durchschnittlicher prozentualer Zuschlag zur Schadenrückstellung zulässig.

Eine vom Gesamtverband der Versicherungswirtschaft anschließend veröffentlichte, immer noch aktuelle Beispielrechnung mit vereinfachenden Annahmen verdeutlicht die pauschale Ermittlung der Teilrückstellung für Schadenregulierungsaufwendungen. Sie kann als ein Beleg angesehen werden für – im Sinne der Versicherungsunternehmen – erfolgreiche, „nachhaltige" Verbandsarbeit.

Beispiel zur pauschalen Ermittlung der Teilrückstellung für Schadenregulierungsaufwendungen

1. Schadenrückstellung 31.12. X (inkl. Nachmeldungsschäden)	[Tsd. €]	4.500
2. Schadenzahlungen in X	[Tsd. €]	2.200
3. In X entstandene Schadenregulierungskosten	[Tsd. €]	500
4. Hiervon berücksichtigungsfähig 80 %	[Tsd. €]	400
5. Anzahl der in der Schadenrückstellung zum 31.12. (X – 1) enthaltenen Schäden (inkl. Nachmeldungsschäden)	[Stück]	4.000
6. Anzahl der Geschäftsjahresschäden in X	[Stück]	12.000
7. Anzahl der in der Schadenrückstellung zum 31.12. X enthaltenen Schäden (inkl. Nachmeldungsschäden)	[Stück]	7.200
8. Anzahl der im Geschäftsjahr „abgewickelten“, d. h. bearbeiteten Schadenfälle (bei der Berechnung des Stückkostensatzes) 75 % von Ziffer 5 = 3.000 + 100 % von Ziffer 6 = 12.000 – 75 % von Ziffer 7 = 5.400	[Stück]	9.600
9. Anzahl der im Geschäftsjahr erledigten Schadenfälle (bei der Index-Berechnung) 100 % von Ziffer 5 = 4.000 + 100 % von Ziffer 6 = 12.000 – 100 % von Ziffer 7 = 7.200	[Stück]	8.800
10. Stückkostensatz (Ziffer 4 : Ziffer 8)	[€]	41,67
11. Durchschnittlicher bilanzierter Schaden (Ziffer 1 : Ziffer 7)	[€]	625
12. Durchschnittlicher bezahlter Schaden (Ziffer 2 : Ziffer 9)	[€]	250
13. Index (Ziffer 11 : Ziffer 12)		2,5
14. Gekürzter Index (80 % von Ziffer 13)		2,0
15. Indizierter Stückkostensatz (Ziffer 10 x Ziffer 14)	[€]	83,34
16. Schadenermittlungskosten, die insgesamt auf die in der Schadenrückstellung bilanzierten Schäden entfallen (Ziffer 7 x Ziffer 15)	[Tsd. €]	600
17. Rückstellung für Schadenermittlungskosten zum 31.12.X (75 % von Ziffer 16)	[Tsd. €]	450

Quelle: Gesamtverband der Deutschen Versicherungswirtschaft (1973), S. 394 f.

2.4.4 Bewertung der Rückstellungen für noch nicht abgewickelte Versicherungsfälle

Grundsatz der Einzelbewertung

Schadenrückstellungen sind dem Grunde und der Höhe nach für den einzelnen Versicherungsfall zu bilden. Dies verlangt der handelsrechtliche Grundsatz der Einzelbewertung (§ 252 Abs. 1 Nr. 3, § 341e Abs. 3 HGB). Für jeden Versicherungsfall ist danach grundsätzlich eine selbstständige, vorsichtige Rückstellungsbemessung vorzunehmen (§ 341e Abs. 1 S. 1 HGB). Ausgleichseffekte sind insoweit ausgeschlossen. Zur Vereinfachung ist eine Gruppenbewertung (§ 240 Abs. 4 HGB) zulässig, wenn aufgrund einer großen Zahl von gleichartigen (!) Versicherungsfällen eine Einzelbewertung wirtschaftlich unangemessen ist und das Verfahren zu annähernd gleichen Ergebnissen führt (§ 341e Abs. 3 HGB).

Bei noch unbekannten Versicherungsereignissen bleibt jedoch nur der Rückgriff auf Verfahren der Pauschalbewertung (§ 341g Abs. 2 HGB). Dazu wird die Teilrückstellung für am Bilanzstichtag noch nicht bekannte, aber bereits eingetretene oder „verursachte" Versicherungsfälle unterteilt in

- Rückstellungen für bekannte, d. h. zwischen Bilanzstichtag und Bilanzerstellung gemeldete bzw. bekannt gewordene Versicherungsfälle (Nachmeldereserve) und
- Rückstellungen für unbekannte Spätschäden (Spätschadenrückstellung im engeren Sinne).

Spätschadenrückstellung

Vor allem für solche Risikodeckungen, bei denen Schadeneintritt und auslösendes Ereignis zeitlich weit auseinander fallen können (z. B. Produkte- und Umwelthaftpflicht für Industrieunternehmen, Vermögensschaden-Haftpflicht für Freiberufler wie Ärzte und Architekten), wirft die Ermittlung der Spätschadenrückstellungen im engeren Sinne erhebliche Probleme auf. Mithilfe statistischer und mathematischer Methoden sind Aktuare bemüht, die notwendigen Schätzungen annäherungsweise zu objektivieren.

Chain-Ladder-Methode

Eines dieser Verfahren ist die seit langem bekannte Chain-Ladder-Methode. Anhand der verfügbaren Daten aus zurückliegenden Schadenabwicklungen wird deren Verteilung auf das ursprüngliche Schadenanfalljahr und die nachfolgenden Geschäftsjahre, über die sich die Regulierung der in der Rückstellung erfassten Schäden erstreckt (Schadenabwicklungsjahre), ermittelt und in Form von Beziehungszahlen (sog. Abwicklungskoeffizienten) formuliert. Diese erlauben eine Projektion (Hochrechnung) der nach dem Bilanzstichtag noch eingehenden Meldungen von Versicherungsfällen des zu bilanzierenden Geschäftsjahres und deren Regulierung in den Folgeperioden. Die Methode gilt zwar als einfach, aber auch als anfällig gegen Datenänderungen, so dass zahlreiche Verfeinerungen diskutiert werden.

zeitversetzte Bilanzierung

Als Vereinfachungsverfahren ist wie erwähnt auch die um maximal 12 Monate zeitversetzte Bilanzierung zugelassen, bei der – um eine gesicherte Datenbasis zu verwenden – ausschließlich in der versicherungstechnischen Rechnung die Zahlen der Vorperiode eingesetzt werden (§ 27 Abs. 3 RechVersV).

(Erst-)Versicherer nutzen die Möglichkeit zur zeitversetzten Bilanzierung vor allem für das indirekte Geschäft. Professionelle Rückversicherer, deren Geschäftsjahr – aufgrund der Ausnutzung des entsprechenden Wahlrechts – nicht mit dem Kalenderjahr übereinstimmt, können eine ähnliche Wirkung erzielen, indem nur für die Bilanz und die nicht-versicherungstechnische Rechnung der Geschäftsjahreswechsel auf den 30.6./1.7. gelegt wird, die versicherungstechnische Rechnung jedoch weiterhin zum vorangehenden 31.12. abschließt.

4

Beachtung des Vorsichtsgrundsatzes

Wie bei der Einzelbewertung sind auch bei Anwendung der vereinfachenden bzw. näherungsweisen Bewertungsverfahren die Rückstellungen ggf. nach dem Vorsichtsgrundsatz anzuheben (§ 27 Abs. 1 S. 2 RechVersV); dies gilt auch bei Anwendung des Standard-Systems in den nach Zeichnungsjahren abgerechneten Versicherungszweigen.

Ansatz zum Erfüllungsbetrag der Verpflichtungen

Das Vorsichtsprinzip beherrscht also – neben dem Einzelbewertungsgrundsatz – die handelsrechtliche Bewertung. Als Wertansatz kommt für die Schadenrückstellung nur der mutmaßliche, d. h. der „nach vernünftiger kaufmännischer Beurteilung notwendige Erfüllungsbetrag" der Verpflichtungen in Betracht (§ 253 Abs. 1 S. 2 HGB).

Abzinsungsverbot für Schadenrückstellungen

Eine Abzinsung der Schadenrückstellung war handelsrechtlich auch vor Inkrafttreten des BilMoG ausgeschlossen. Die damalige Formulierung des Abzinsungsverbots für Rückstellungen („soweit sie keinen Zinsanteil enthalten") ist zwar mit dem BilMoG einer – nun auch handelsrechtlichen – Abzinsungspflicht für Rückstellungen mit einer Restlaufzeit von mehr als einem Jahr gewichen (§ 253 Abs. 2 HGB). Diese Vorschrift gilt jedoch nicht für versicherungstechnische Rückstellungen, so dass es beim Abzinsungsverbot bleibt (§ 341e Abs. 1 S. 3 HGB).

abweichende steuerliche Wertansätze

Sowohl die beschriebene handelsrechtliche Einzelbewertung als auch der uneingeschränkte Wertansatz zum Erfüllungsbetrag gelten bereits aufgrund des Steuerentlastungsgesetzes 1999/2000/2002 vom März 1999 und der daran anschließenden steuerlichen Bestimmungen nicht mehr für die Steuerbilanz.

realitätsnähere Bewertung

Beim Ansatz von Rückstellungen für gleichartige Verpflichtungen ist – in Abkehr von der Einzelbewertung – seitdem „auf der Grundlage der Erfahrungen in der Vergangenheit aus der Abwicklung solcher Verpflichtungen die Wahrscheinlichkeit zu berücksichtigen, dass der Steuerpflichtige nur zu einem Teil der Summe der Verpflichtungen in Anspruch genommen wird" (§ 6 Abs. 1 Nr. 3a Buchstabe a) EStG). Für Versicherungsunternehmen bedeutet das konkret, dass diese Erfahrungen für jeden Versicherungszweig zu berücksichtigen sind, für den aufsichtsrechtlich eine gesonderte Gewinn- und Verlustrechnung aufzustellen ist: „Die Summe der einzelbewerteten Schäden des Versicherungszweiges ist um den Betrag zu mindern (Minderungsbetrag), der wahrscheinlich insgesamt nicht zur Befriedigung der Ansprüche für die Schäden benötigt wird" (§ 20 Abs. 2 KStG). Dieser Betrag wird im Wesentlichen ermittelt anhand der durchschnittlichen Abwicklungsergebnisse aus den Schadenrückstellungen mindestens der letzten 5 Jahre, bezogen auf das Abwicklungsvolumen dieser Vorjahresrückstellungen (vgl. BMF-Schreiben vom 5.5.2000, BStBl. I S. 487; zum allgemeinen Zusammenhang vgl. auch Abschnitte 2.4.5 und 3.1.2).

Diese sog. realitätsnähere Bewertung soll für die Steuerbilanz den Effekt reduzieren, dass bei vorsichtiger Einzelbewertung der Schadenrückstellungen diese – rückwirkend betrachtet – in ihrer Gesamtheit überdotiert erscheinen und systematisch zu hohen Abwicklungsgewinnen führen, weil mögliche Ausgleichseffekte von vornherein ausgeschlossen werden.

Für die Schadenrückstellungen (mit einer Laufzeit von 12 und mehr Monaten) gilt steuerlich – weiterhin im Gegensatz zum Handelsrecht – die Abzinsungspflicht mit einem Zinssatz von 5,5 % p. a. (§ 6 Abs. 1 Nr. 3a Buchstabe e) EStG).

Damit bleibt es dabei, dass die – eher durch Pragmatik gekennzeichnete – Bewertung der Schadenrückstellung nach HGB für die Steuerbilanz nicht maßgeblich ist. Die handelsrechtliche Schadenrückstellung enthält aufgrund des Vorsichtsprinzips systematisch höhere Beträge als die steuerrechtlich zulässige.

Die als Teilrückstellung der Schadenrückstellung zu bilanzierende Renten-Deckungsrückstellung ist einzeln für jeden bis zum Bilanzstichtag durch rechtskräftiges Urteil, Vergleich oder Anerkenntnis belegten Versicherungsfall in Höhe des versicherungsmathematischen Barwertes der Rentenverpflichtungen zu bilden. Sie wird demzufolge nach versicherungsmathematischen, geschäftsplanmäßig fixierten Rechnungsgrundlagen unter Berücksichtigung einer normierten Verzinsung berechnet (§§ 341e Abs. 1, 341g Abs. 5 HGB, § 162 VAG, §§ 1, 2, 5 DeckRV). Absehbare, aber noch nicht rechtsgültige Rentenverpflichtungen werden jedoch zunächst in den Rückstellungen für bekannte Versicherungsfälle oder für Spätschäden passiviert.

2.4.5 Erfolgseffekte aus der Abwicklung von Rückstellungen der Vorjahre

Die Passivierung der Schadenrückstellungen ist mit Bewertungsentscheidungen verbunden. Als Konsequenz von Schätzung und vorsichtigem Ermessen bei der Bildung der Rückstellungen fallen bei der nachfolgenden Abwicklung i. d. R. Abwicklungsgewinne an. Abwicklungsverluste als Konsequenz höherer Auszahlungen oder der Nachreservierung für bisher zu gering bemessene Einzelrückstellungen treten infolge des Vorsichtsgrundsatzes hingegen insgesamt weniger häufig auf.

Abwicklungsergebnisse als im Nachhinein feststellbare Abweichungen von Bedarfsprognosen ergeben sich also mehr oder weniger zwangsläufig und sind insoweit zwar betriebsgewöhnliche, aber eben auch aperiodische Erfolgskomponenten, die (nicht selten) die Folge früherer bilanzpolitischer Maßnahmen und Ziel aktueller Ergebnissteuerung (gewesen) sein können.

Bewertung der Schadenrückstellungen als Instrument der Bilanzpolitik

Zur Steuerung der versicherungstechnischen Ergebnisse bietet sich für das bilanzierende Versicherungsunternehmen die Nutzung der zwangsläufigen Ermessensspielräume geradezu an: Die Bewertung der Schadenrückstellungen gilt seit je als Feld versicherungsbetrieblicher Rechnungslegungs-(Bilanz-)politik. Dies trifft insbesondere auf die Schaden- und Unfallversicherungsunternehmen sowie die Rückversicherer zu.

Der grundlegende Zusammenhang sei an einem einfachen Beispiel aufgezeigt. Die ausgewiesenen Schadenaufwendungen werden den Schadenaufwendungen des Geschäftsjahres gegenübergestellt und die Geschäftsjahresschadenquote (Schadenaufwendungen des Geschäftsjahres zu Verdiente Beiträge) mit der rechnungsmäßigen Schadenquote (ausgewiesene Schadenaufwendungen zu Verdiente Beiträge) verglichen. Im Rahmen des üblichen Ermessensspielraums für die Abschätzung von Leistungsansprüchen und deren Höhe soll die Rückstellung für noch nicht abgewickelte Versicherungsfälle unterschiedlich angesetzt werden können. Dafür gelten die nachstehenden, zwecks Veranschaulichung etwas krassen Annahmen für vier Fälle bzw. Perioden:

- Fall I: Es sei eine „gewöhnliche" Reservierung entsprechend den Schadenakten vorgenommen. Das angegebene Abwicklungsergebnis resultiert aus der „üblichen" vorsichtigen Reservierungstoleranz, die im Nachhinein, d. h. bei der endgültigen Abwicklung der Versicherungsfälle, frei werdende Beträge generiert.
- Fall II: Aus „bilanzstrategischen" Gründen werde eine deutlich höhere, aber gleichwohl plausible Reservierung vorgenommen. Der Ausweis der Schadenaufwendungen signalisiert einen Anstieg der Schadenbelastung.
- Fall III: Die in der Vorperiode gelegten stillen Reserven sind mit der Abwicklung derjenigen Versicherungsfälle, an denen die Einzelreservierung aufgehängt war, wieder aufzulösen.

  Um die „Bewertungsreserven" weiterhin in der Schadenrückstellung zu halten, ist die Wiederholung der großzügigen Reservierung von – nun neuen – noch nicht abgewickelten Versicherungsfällen erforderlich. Abwicklungsergebnis und ermessensbedingte Rückstellungserhöhung können sich im Idealfall ausgleichen. In den ausgewiesenen Schadenaufwendungen und in der rechnungsmäßigen Schadenquote wird dieser Effekt durch das Umsatzsaldoprinzip verdeckt.
- Fall IV: Soll die „Bewertungsreserve" abgeschmolzen oder aufgrund schlechterer Ertragslage aufgelöst werden, wird die revolvierende Über-Reservierung der neuen Versicherungsfälle reduziert. Schadenausweis und rechnungsmäßige Schadenquote erwecken den Eindruck einer geringeren Schadenbelastung in der Periode.

Fall/Periode	**I**	**II**	**III**	**IV**
Verdiente Beiträge [€]	2.000	2.000	2.000	2.000
Aufwendungen für Versicherungsfälle [€]				
a) des Geschäftsjahres				
1) gezahlt	500	500	500	500
2) zurückgestellt	500	800	800	600
b) Abwicklungsergebnis [€]	–100	–100	–400	–400
c) ausgewiesene Aufwendungen für Versicherungsfälle [€]	900	1.200	900	700
Geschäftsjahresschadenquote	50 %	65 %	65 %	55 %
Rechnungsmäßige Schadenquote	45 %	60 %	45 %	35 %

Träger der Reservepotenziale in der Schadenrückstellung sind die jeweiligen zurückgestellten Versicherungsfälle. An die Stelle der abgewickelten Vorgänge treten i. d. R. neu eingetretene Versicherungsfälle mit Abwicklungsdauer über den Bilanzstichtag hinaus, woraus sich die Bildung neuer Rückstellungen ergibt. Die in Rückstellungen versteckten stillen Reserven können folglich – im Rahmen wirtschaftlichen Ermessens – stets auf neue Rückstellungen für noch nicht abgewickelte Versicherungsfälle „übertragen" werden – oder durch Unterlassen der Erneuerung bzw. durch Bewertungsänderung aufgelöst werden.

Glättung des ausgewiesenen Schadenverlaufs

Die Bewertung der Schadenrückstellungen stellt sich damit auch als ein Instrument dar, um den ausgewiesenen Schadenverlauf zu glätten. Solange die Abwicklungsergebnisse nicht offengelegt werden müssen, kann dies mehr oder weniger unauffällig geschehen.

Abwicklungsergebnisse im Anhang

Tatsächlich ist nur vorgeschrieben, dass Abwicklungsergebnisse „nach Art und Höhe" im Anhang zu erläutern sind, wenn sie „erheblich" sind (§ 41 Abs. 5 RechVersV). Die unbestimmten Formulierungen für die Bedingung (erheblich) und die Ausführung (nach Art und Höhe) machen die Vorschrift weitgehend ineffizient; infolge ihrer Beliebigkeit kann ihre Beachtung kaum überprüft werden. Aufgrund des bilanzpolitischen Ranges, den Abwicklungserfolge aus Schadenrückstellungen der Vorjahre als Resultat vorangegangener Bewertungen besitzen, sind anstelle gelegentlicher Einzelhinweise systematische Angaben zu den Abwicklungsergebnissen unerlässlich, um ein den „tatsächlichen Verhältnissen entsprechendes Bild" der Finanz- und Ertragslage (§ 264 Abs. 2 HGB) gewinnen zu können. Immerhin fordert die auch für VU geltende Vorschrift des § 285 Nr. 32 HGB, alle aperiodischen Erträge und Aufwendungen von nicht untergeordneter Bedeutung zu erläutern.

Raum für freiwillige Publizität

Seit einigen Jahren sind einige Kompositversicherer dazu übergegangen, im Rahmen freiwilliger Rechnungslegungspublizität auch die Geschäftsjahresschadenquoten und/oder die Abwicklungsergebnisse für die wichtigsten von ihnen betriebenen Versicherungszweige im Anhang anzugeben. Die Aussagefähigkeit des Schadenausweises wird damit erheblich verbessert. Dieser Informationsaspekt gewinnt für kapitalmarktorientierte Unternehmen, die sich mit steigender Tendenz auf ihre z. T. internationalen Anteilseigner einstellen müssen, immer mehr an Bedeutung.

2.5 Aufwendungen für den Versicherungsbetrieb

Handlungssituation

Bei den Jahresabschlussarbeiten des Schaden- und Unfallversicherers Proximus Versicherung AG sind Sie als Leiter einer Arbeitsgruppe mit der Aufgabe betraut, in einem Wiederauffrischungs-Seminar Ihren Mitarbeitern darzulegen, welche Aufwendungen im Einzelnen zu den Aufwendungen für den Versicherungsbetrieb zählen, wie sie auszuweisen sind und welche Aufwendungen anderen Positionen zugeordnet werden müssen.

4

2.5.1 Aufwendungen für den Versicherungsbetrieb als Teilmenge der Betriebsaufwendungen im traditionellen Sinn

Als Betriebsaufwendungen bzw. Betriebskosten werden in Versicherungsunternehmen – abweichend von durch Industrie und Handel geprägten Begriffsinhalten – alle Aufwendungen bzw. Kosten bezeichnet, die für die Verwaltung, den Vertrieb und die Leistungsregulierung (Schadenermittlung und -bearbeitung) anfallen. Sie werden also negativ abgegrenzt von den „Versicherungsleistungen" (ohne Schadenregulierungskosten), d. h. von den „reinen" Leistungsausgaben an Versicherte, Bezugsberechtigte und geschädigte Dritte.

Die Abgrenzung soll im Kern Tendenzaussagen ermöglichen zur Effektivität der gesamten vom Versicherungsunternehmen organisierten Leistungstransfers, also der Aktivitäten von Vertrieb, Inkasso, Verwaltung von Bestand und Kapitalanlagen, Leistungsregulierung und Unternehmensführung.

Aufwendungen für den Abschluss und die Verwaltung von Versicherungsverträgen

Die dieser Abgrenzung entsprechende Summe aller Betriebsaufwendungen ist allerdings aus der GuV-Rechnung nicht ermittelbar. In den Posten „Aufwendungen für den Versicherungsbetrieb", in dem nach dem Wortlaut der Bezeichnung alle Betriebsaufwendungen zu vermuten wären, gehen nur Vertriebs- und Verwaltungsaufwendungen ein, also die Aufwendungen für die Funktionsbereiche „Abschluss von Versicherungsverträgen" und „Verwaltung von Versicherungsverträgen" (§ 43 Abs. 1 S. 1 RechVersV). Diejenigen Teile der Betriebsaufwendungen, die – nach dem für die Erfolgsrechnung maßgebenden Bereichsprinzip – den anderen Funktionsbereichen zuzuordnen sind, sind nicht in den Aufwendungen für den Versicherungsbetrieb enthalten. Ebenfalls in die Position nicht aufgenommen werden die als Sonstige Aufwendungen ausgewiesenen allgemeinen (nicht-versicherungstechnischen) Aufwandsteile.

Die Aufwendungen für den Versicherungsbetrieb betreffen damit inhaltlich nur den in die beiden genannten Teilbereiche „Abschluss von Versicherungsverträgen" und „Verwaltung von Versicherungsverträgen" untergliederten Bereich Versicherungsbetrieb.

Konsequenz des Bereichsprinzips

Als Konsequenz des Bereichsprinzips müssen alle direkten und indirekten (Personal- und Sach-)Aufwendungen einschließlich kalkulatorischer Aufwendungen für eigengenutzte Gebäude den in Abschnitt 2.1 genannten Funktionsbereichen zugerechnet werden. Schaden- und Unfallversicherungsunternehmen haben diese Zuordnung der Funktionsbereichsaufwendungen (mit Ausnahme der Verwaltungsaufwendungen für Kapitalanlagen) im Anhang weiter aufzuspalten nach selbst abgeschlossenem und übernommenem Geschäft sowie nach Versicherungszweiggruppen, Versicherungszweigen und -arten (§ 43 Abs. 1 S. 1 u. 3 RechVersV). Die indirekten Aufwendungen sollen dabei „grundsätzlich nach der Inanspruchnahme des Betriebsbereiches" für die jeweiligen Funktionsbereiche bzw. Versicherungszweige aufgeteilt werden (§ 43 Abs. 1 S. 4 RechVersV), was aufgrund des Gemeinkostencharakters – vorsichtig formuliert – auf Schwierigkeiten stößt.

zurechenbare Abschlussaufwendungen

Als unmittelbar zurechenbare Abschlussaufwendungen sind „insbesondere" zuzuordnen (§ 43 Abs. 2 Nr. 1 RechVersV):

- Abschlussprovisionen, Zusatzprovisionen für Policenausfertigung
- gezahlte Arbeits- und Überweisungsprovisionen für Beteiligungsgeschäft
- Courtagen für Versicherungsmakler
- Aufwendungen für ärztliche Untersuchungen bei Abschluss von Lebensversicherungsverträgen
- Aufwendungen für die „Anlegung der Versicherungsakte" und die „Aufnahme ... in den Versicherungsbestand"

Als mittelbar zurechenbare Abschlussaufwendungen werden Sachaufwendungen für Policierung und Antragsbearbeitung sowie allgemeine Werbeaufwendungen aufgeführt (§ 43 Abs. 2 Nr. 2 RechVersV). Maßgebend für die Art der Zurechnung sind die organisatorischen Gegebenheiten und die primäre Kostenerfassung im Unternehmen.

Aktivierungsverbot für Abschlusskosten

Für Abschlussaufwendungen besteht in Deutschland seit langem ein generelles Aktivierungsverbot (§ 248 Abs. 1 Nr. 3 HGB). Allerdings wird mit der (vor allem in der Lebens- und Krankenversicherung angewendeten) sog. Zillmerung (Verrechnung von vertraglich fixierten Deckungsbeiträgen für Abschlusskosten mit der Deckungsrückstellung; siehe Abschnitt 2.7.2.3) dieselbe Wirkung wie mit einer Aktivierung erzielt.

Verwaltungsaufwendungen

Als Aufwendungen für die Verwaltung (§ 43 Abs. 3 RechVersV) gelten – ohne ausdrückliche Unterscheidung nach unmittelbarer oder mittelbarer Zurechnung – insbesondere Aufwendungen für:

- Beitragseinzug (einschließlich Inkassoprovisionen)
- Bestandsverwaltung und -pflege (einschließlich Bestandspflegeprovisionen)
- Schadenverhütung und -bekämpfung sowie Gesundheitsfürsorge (zugunsten der Versicherungsnehmer)
- Bearbeitung der Beitragsrückerstattung, der passiven Rückversicherung und Retrozession

Durchbrechung des Bereichsprinzips

Durchbrochen wird das Bereichsprinzip durch die Zuordnung der Abschreibungen und Wertberichtigungen auf Forderungen an Versicherungsvermittler zu den Sonstigen Aufwendungen (§ 48 S. 2 Nr. 4 RechVersV). Die Geschäftsbeziehungen zu Vermittlern zählen inhaltlich zweifelsfrei zum Bereich „Abschluss von Versicherungsverträgen." Durch diese Einordnung wird die versicherungstechnische Rechnung „entlastet".

Zinszuführungen zu Pensionsrückstellungen

Gleichfalls nicht konsequent im Sinne des Bereichsprinzips ist die Sonderbehandlung der Zinszuführungen zu Pensionsrückstellungen. Obwohl sich diese in gleicher Weise – d. h. grundsätzlich ebenso gut oder auch schlecht – den Bereichen zurechnen lassen wie alle Personalaufwendungen, zu denen die Zinszuführungen als Aufwendungen für Altersversorgung sachlich zählen, müssen sie als Zinsaufwand in das Aggregat der Sonstigen Aufwendungen einbezogen werden (§ 48 S. 2 Nr. 3 RechVersV). Damit werden sie aus dem Personalaufwand herausgehalten und können aufgrund dieser systemwidrigen Setzung nicht auf die Funktionsbereiche verteilt werden.

In der versicherungstechnischen Rechnung der Lebens- und Krankenversicherer ergibt sich dadurch eine weitere Entlastung, da die den Zinszuführungen gegenüberstehenden Anlageerträge in der versicherungstechnischen Rechnung verbleiben.

Bei den Schaden- und Unfallversicherern hingegen werden die Zinszuführungen durch (anteilige) Erträge aus Kapitalanlagen innerhalb der nichtversicherungstechnischen Rechnung ausgeglichen.

In beiden skizzierten Fällen signalisieren entsprechende Aufwandskennzahlen aus dem versicherungstechnischen Bereich somit ein angenehmeres, zu kostengünstiges Bild.

Ansonsten dürfen nur Aufwendungen, die den Funktionsbereichen nicht zugeordnet werden können, dem Posten Sonstige Aufwendungen in der nichtversicherungstechnischen Rechnung zugewiesen werden (§ 43 Abs. 1 S. 2, § 48 Abs. 1 RechVersV). Dieser Posten dient über die rechentechnisch bedingte Sammlerfunktion hinaus auch der undifferenzierten Aufnahme von u. U. erheblichen Aufwendungen für Dienstleistungen an Dritte, z. B. innerhalb eines Konzerns.

2.5.2 Ausweisregelungen

Schaden- und Unfallversicherer weisen gemäß Formblatt 2 die Abschlussaufwendungen und die Verwaltungsaufwendungen zusammengefasst unter der Bezeichnung Aufwendungen für den Versicherungsbetrieb aus. Im Anhang ist eine getrennte Angabe vorgeschrieben (§ 43 Abs. 5 RechVersV).

Lebens- und Krankenversicherer haben die Wahl zwischen der getrennten Angabe bereits in der GuV-Rechnung entsprechend Formblatt 3 oder aber im Anhang, wenn die Posten in der Erfolgsrechnung zusammengefasst werden (§ 3 Nr. 2 Buchstabe b) RechVersV).

Auszug aus Formblatt 2: I. Versicherungstechnische Rechnung

7. Aufwendungen für den Versicherungsbetrieb für eigene Rechnung		
a) Bruttoaufwendungen für den Versicherungsbetrieb	......	
b) davon ab: erhaltene Provisionen und Gewinnbeteiligungen aus dem in Rückdeckung gegebenen Versicherungsgeschäft	......	......

Auszug aus Formblatt 3: I. Versicherungstechnische Rechnung

9. Aufwendungen für den Versicherungsbetrieb für eigene Rechnung		
a) Abschlussaufwendungen	......	
b) Verwaltungsaufwendungen	......	......
c) davon ab: erhaltene Provisionen und Gewinnbeteiligungen aus dem in Rückdeckung gegebenen Versicherungsgeschäft	......	......

Von den Bruttoaufwendungen für den Versicherungsbetrieb sind die erhaltenen Rückversicherungsprovisionen und Gewinnbeteiligungen aus dem in Rückdeckung gegebenen Geschäft in der Vorspalte abzusetzen (Fb. 2 Pos. I. 7 b), Fb. 3 Pos. I. 9 c)).

Dieser traditionelle Ausweis wird seit langem kritisiert.

Als eine Erklärung für die Regelung gilt, der Rückversicherer sei am Schicksal aller Erträge und Aufwendungen des Erstversicherers beteiligt (Schicksalsteilung). Dabei handelt es sich jedoch eher um eine Forderung als eine Beschreibung der Realität; die Wirklichkeit sieht häufig anders aus. Als Erklärung taugt dieses Argument nicht.

Rückversicherungsprovision als Kostenerstattung

Eine zweite Erklärung stellt darauf ab, dass bei der linearen Aufteilung der Originalprämie auf Erst- und Rückversicherer, wie sie in der proportionalen Rückversicherung üblich ist, der Rückversicherer ohne die Korrektur durch Rückversicherungsprovisionen Deckungsbeiträge für Betriebskosten (insbesondere Abschlusskosten) erhalten würde, die bei ihm nicht (in entsprechender Höhe) anfallen. Deshalb gewähre der Rückversicherer „Betriebskostenanteile" zurück.

Die Betriebskosten gelten jedoch nicht aus versicherungstechnischen, sondern allenfalls aus finanziellen oder konzerninternen Gründen als rückversicherungs bzw. kreditierungsbedürftig. So waren beispielsweise Lebens- und in jüngerer Zeit auch Krankenversicherer bei stoßweise starkem Neugeschäft und entsprechend kräftiger Erfolgsbelastung durch Abschlusskosten an Rückversicherungsverträgen mit anfänglich hohen Provisionen interessiert.

Rückversicherungsprovision als Instrument der Preisgestaltung

In der Schaden- und Unfallversicherung hängen die zu vereinbarenden Provisionssätze und Gewinnbeteiligungen tatsächlich jedoch nicht nur von den Betriebskosten, sondern auch vom realisierten Schadenverlauf in den Vorjahren ab. Rückversicherungsprovision und Gewinnbeteiligungen werden mithin als Elemente einer risikoäquivalenten Preisgestaltung im Rückversicherungsgeschäft (im Sinne einer sekundären Prämiendifferenzierung) eingesetzt. Dieser Effekt wird durch die ausschließliche Verrechnung der erhaltenen Provisionen mit dem zusammengefassten „Betriebsaufwand" aus Vertrieb und Verwaltung verschleiert.

4

Diese Ausweisregelung in der GuV-Rechnung muss daher als irreführend angesehen werden (Farny (1975 a), S. 74 ff.). Das folgende reale Beispiel aus der GuV-Rechnung eines Kompositversicherers zeigt, dass die Regelung sogar den Eindruck „negativer Aufwendungen", also eines Ertrages aus einer Aufwandsposition, vermitteln kann.

Auszug aus der GuV-Rechnung eines Schaden- und Unfallversicherers

I. Versicherungstechnische Rechnung **7. Aufwendungen für den Versicherungsbetrieb für eigene Rechnung**	**€**	**€**
a) Bruttoaufwendungen für den Versicherungsbetrieb	99.778.908	
b) davon ab: erhaltene Provisionen und Gewinnbeteiligungen aus dem in Rückdeckung gegebenen Versicherungsgeschäft	112.320.575	–12.541.667

Rückversicherungssaldo

Um den Verzerrungseffekt bei der Verwendung von Kennzahlen auszuschließen, sind bei den Angaben, die Kompositversicherer nach Versicherungszweigen bzw. Versicherungsarten differenziert im Anhang machen müssen, von vornherein weder die Schadenaufwendungen f. e. R. noch die Aufwendungen für den Versicherungsbetrieb f. e. R. aufgeführt. Anzugeben sind stattdessen die in den Versicherungszweigen jeweils angefallenen Bruttoaufwendungen für Versicherungsfälle und für den Versicherungsbetrieb sowie die sog. Rückversicherungssalden, die im Anhang den summarischen Übergang von den Bruttozahlen auf die Netto-Rechnung – entsprechend der GuV-Rechnung – ermöglichen.

Der Rückversicherungssaldo fasst die Schadenanteile der Rückversicherer und die Rückversicherungsprovisionen sowie als Gegengröße die abgegrenzten Rückversicherungsprämien zusammen (§ 51 Abs. 4 Ziff. 1 Buchstabe f) RechVersV). Ergibt sich für den Erstversicherer ein negativer Saldo, hat dieser für die Rückversicherung mehr aufgewendet als er zurückerhalten hat; dies ist mehr oder weniger die Regel.

Personalaufwendungen

Eine weitere Besonderheit der GuV-Rechnung von Versicherungsunternehmen ist, dass die Personalaufwendungen aufgrund des Bereichsprinzips nicht in der Erfolgsrechnung zu erkennen sind. Zum Ausgleich sind deshalb im Anhang Angaben für die Personalaufwendungen vorgeschrieben. Alle Versicherungsunternehmen müssen die Struktur der insgesamt für persönliche Dienstleistungen aufgewendeten Beträge (Vermittlerprovisionen, ähnliche Vertreterbezüge und die Personalaufwendungen im üblichen Sinne) nach einem verbindlichen Schema darstellen (§ 51 Abs. 5, Muster 2 RechVersV).

Provisionen und sonstige Bezüge der Versicherungsvertreter, Personal-Aufwendungen	Vorjahr Tsd. €	Geschäftsjahr Tsd. €
1. Provisionen jeglicher Art der Versicherungsvertreter im Sinne des § 92 HGB für das selbst abgeschlossene Versicherungsgeschäft 2. Sonstige Bezüge der Versicherungsvertreter im Sinne des § 92 HGB 3. Löhne und Gehälter 4. Soziale Abgaben und Aufwendungen für Unterstützung 5. Aufwendungen für Altersversorgung		
6. Aufwendungen insgesamt		

Angaben zu den Personalaufwendungen im Anhang

2.6 Ausgleich der Schwankungen im jährlichen Schadenverlauf durch Bildung und Auflösung von Schwankungsrückstellungen und ähnlichen Rückstellungen

Handlungssituation

Bei den vorbereitenden Arbeiten für die Erstellung des nächsten Jahresabschlusses setzt Ihr Schaden- und Unfallversicherer Proximus Versicherung AG eine Arbeitsgruppe ein, die eine Stellungnahme erarbeiten soll, ob die Proximus Versicherung AG eine Schwankungsrückstellung bilden muss. Sie gehören dieser Arbeitsgruppe an und sollen in der Stellungnahme die Konzeption und die Wirkungsweise einer Schwankungsrückstellung – auch im Vergleich zu anderen Rückstellungen – darstellen.

2.6.1 Konzeption eines Schwankungsfonds

erschwerter Ausgleich im Kollektiv

Der versicherungstechnische Ausgleich im Kollektiv lässt sich in Versicherungszweigen mit stärkeren Schwankungen im Schadenverlauf häufig nicht innerhalb eines einzigen Geschäftsjahres realisieren. In solchen Fällen haben die Kompositversicherer insbesondere drei Möglichkeiten zur Verfügung, um das Durchschlagen der Schadenschwankungen auf das versicherungstechnische Ergebnis zu verhindern. Diese drei Möglichkeiten sind:

Ausgleich in der Zeit

- Erfolgsglättung über mehrere Perioden durch i. d. R. verdeckte Reservierungs- und Auflösungsstrategien für Schadenrückstellungen
- Gestaltung entsprechend abgestimmter Rückversicherungsdeckungen (Rückversicherungspolitik), mit denen der Ausgleich in größeren als einjährigen Zeiträumen gesucht wird (Ausgleich über die Zeit durch passive Rückversicherung)
- Vorhalten eines speziellen Fonds (Schwankungsfonds) mit Zuführungen und Entnahmen, mit denen die Schwankungen der Schadenhöhen über einen längeren (definierten) Zeitraum hinweg, d. h. ebenfalls im Zeitablauf, ausgeglichen werden sollen

Ausgleichsfunktion und Sicherheitsfunktion des Schwankungsfonds

Der letztgenannte Schwankungsfonds nimmt eine Funktion als Ausgleichsreserve für Abweichungen der Schadenergebnisse von einem Mittelwert der Schäden wahr (= Ausgleichsfunktion).

Ein derartiger Ausgleich kann jedoch nur funktionieren, solange aus diesem Fonds Kapitalabbuchungen möglich sind, die aufgrund ihrer Erfolgswirksamkeit (Entnahme = Ertrag, Zuführung = Aufwand) zwangsläufig das Eigenkapital entlasten. Um in künftigen Perioden mit hoher Schadenbelastung Entnahmen zu ermöglichen, muss ein funktionsgerechter (!) Schwankungsfonds also im Prinzip streng positiv sein, d. h. größer als Null. Aufgrund dieser Vorsorge erfüllt der Schwankungsfonds konzeptionell bedingt auch eine Sicherheitsfunktion [Karten (1988), S. 764].

Bilanzierung der Schwankungsrückstellung als versicherungstechnische Rückstellung

Der Schwankungsfonds ist in Deutschland als versicherungstechnische „Rückstellung zum Ausgleich der Schwankungen im Schadenverlauf künftiger Jahre" (Schwankungsrückstellung) für Schaden- und Unfallversicherungsunternehmen und für Rückversicherungsunternehmen in der derzeitigen Form seit 1978 aufsichtsbehördlich und seit 1994 gesetzlich vorgeschrieben (§ 341h Abs. 1 HGB, § 29 RechVersV, Anlage zu § 29 RechVersV).

Bei der Abfassung der Regelungen im Jahre 1978 hat man sich an den damaligen steuerlichen Anforderungen orientiert, um die steuerliche Anerkennung zu erreichen (Bundesminister der Finanzen (1979), S. 118).

Aufgrund der steuerlichen Rahmensetzungen ist die Steuerung der Schwankungsrückstellung – Voraussetzungen zur Bildung, Höhe, Veränderung und Auflösung der Rückstellung – durch vorgegebene Parameter und Einzelheiten weitgehend festgelegt. Über die nach den Bestimmungen ermittelten Beträge hinaus dürfen Schwankungsrückstellungen sowohl steuerlich als auch handelsrechtlich im Grundsatz weder gebildet noch aufgelöst werden. Abweichungen sind nur im Einzelfall mit Zustimmung der BaFin möglich; dazu müssen die „tatsächlichen Verhältnisse" oder die Sicherung des Schwankungsausgleichs die „Änderung der Berechnungsgrundlagen erfordern" (§ 29 S. 2 RechVersV).

2.6.2 Reglementierte Steuerung der Rückstellung

2.6.2.1 Voraussetzungen für die Bildung einer Schwankungsrückstellung

Die Schwankungsrückstellung betrifft grundsätzlich nur den Eigenbehalt aus dem Versicherungsgeschäft. Die Unterscheidung in Bruttozahlen und Nettozahlen (d. h. mit dem Zusatz f. e. R.) gibt es deshalb bei der Schwankungsrückstellung nicht; lediglich in den Definitionen wird auf die Posten f. e. R. verwiesen. Die Rückstellung ist für jeden in der Internen Rechnungslegung getrennt aufzuführenden Versicherungszweig des selbst abgeschlossenen und des übernommenen Geschäfts mit Ausnahme des übernommenen Lebens- und Krankenversicherungsgeschäfts zu bilden (§ 4 Abs. 1 S. 1 Nr. 1, § 5 Abs. 1, § 6 Abs. 1 Nr. 3 BerVersV), in dem die folgenden drei Bedingungen gegeben sind (Anlage zu § 29 Abschn. I, Nr. 1 RechVersV; die hier benutzte Bezeichnung als „Klauseln" ist nicht amtlich):

(1) Bagatellklausel:

Die Verdienten Beiträge für eigene Rechnung müssen 125.000 € im Durchschnitt der letzten 2 Vorjahre und des jeweiligen Geschäftsjahres übersteigen.

(2) Erheblichkeitsklausel:

Es müssen erhebliche Schwankungen im Schadenverlauf innerhalb eines Beobachtungszeitraums festzustellen sein. Dies ist der Fall, wenn im Beobachtungszeitraum die Standardabweichung der Schadenquoten als Streuungsmaß für die Schadenergebnisse mindestens 5 Prozentpunkte erreicht.

(3) Finanzierungsbedarfsklausel:

Schadenquote und Kostenquote zusammen müssen mindestens einmal im Beobachtungszeitraum 100 % übersteigen.

Definitionen

Aus Gründen der Zweckmäßigkeit und Eindeutigkeit sind die verwendeten Definitionen zum Teil auf die Posten in der Rechnungslegung abgestimmt:

(1) Als Schadenquote ist das Verhältnis bestimmt von „Leistungsaufwendungen" (= Aufwendungen für Versicherungsfälle, Rückkäufe und Rückgewährbeträge + Aufwendungen für gesetzliche und erfolgsunabhängige Beitragsrückerstattung +/– Veränderung der Beitragsdeckungsrückstellung – technischer Zinsertrag) zu Verdienten Beiträgen, jeweils für eigene Rechnung.

(2) Die Kostenquote ist definiert als Relation der „Betriebsaufwendungen" (= Aufwendungen für den Versicherungsbetrieb + Feuerschutzsteuer) zu Verdienten Beiträgen, jeweils brutto (!).

(3) Der Beobachtungszeitraum umfasst die 15 (bzw. in der Hagel-, Kredit- und Kautions- sowie Vertrauensschadenversicherung 30) Geschäftsjahre, die dem bilanzierten Geschäftsjahr vorausgegangen sind.

(4) Die Standardabweichung wird mit (n – 1) berechnet; n bezeichnet die Zahl der Geschäftsjahre im Beobachtungszeitraum.

2.6.2.2 Modell eines „reinen" Ausgleichs

Der Ausgleich der schwankenden jährlichen Schadenergebnisse ergibt sich, indem unter den genannten Voraussetzungen

- ein Unterschaden der Schwankungsrückstellung zugeführt,
- ein Überschaden aus ihr (maximal bis zur Auflösung der Rückstellung) entnommen wird.

Die Erfolgswirkung der Schäden wird auf dem Niveau des durchschnittlichen jährlichen Schadenergebnisses im Beobachtungszeitraum stabilisiert. Für die Veränderungen der Schwankungsrückstellung auf unbegrenzte Zeit und ohne jegliche quantitative Begrenzung – durch eine Obergrenze für die Rückstellung oder die Untergrenze (= Null) bei vollständiger Entnahme aus der Rückstellung – würde sich daraus ein systematisches Gleichgewicht ergeben:

reiner Ausgleich

Erwartungswert der Zuführungen = Erwartungswert der Entnahmen

4

Definitionen

Um Missverständnisse auszuschließen, sind auch hier die Definitionen festgelegt:

(5) Als Überschaden wird der Betrag bezeichnet, der sich durch Multiplikation der Verdienten Beiträge des Geschäftsjahres (f. e. R.) mit der (positiven) Differenz von Schadenquote des Geschäftsjahres und durchschnittlicher Schadenquote im Beobachtungszeitraum ergibt.

(6) Als Unterschaden wird die mit dem Beitragsaufkommen (f. e. R.) gewichtete (positive) Differenz von durchschnittlicher Schadenquote und Schadenquote des Geschäftsjahres definiert.

(7) Die durchschnittliche Schadenquote wird als arithmetisches Mittel der Schadenquoten im Beobachtungszeitraum errechnet.

2.6.2.3 Normierte Höhe der Rückstellung und sicherheitsbedingte Verschiebung des Ausgleichsniveaus

Im einzelnen Entnahmefall kann der beschriebene „reine" Ausgleich nur stattfinden, wenn die Schwankungsrückstellung „ausreichend" groß ist. In einem Ausgleichsprozess auf Dauer hängt die Funktionsfähigkeit neben der Größenordnung der Rückstellung auch von der Reihung der Unter- und Überschäden ab. Darüber jedoch herrscht Unsicherheit, sowohl im Hinblick auf die – in der Berechnungsmethode unterstellte – Zufälligkeit als auch in Bezug auf mögliche Schwankungen der angenommenen Grundwahrscheinlichkeiten und auf systematische Störgrößen wie z. B. andauernde Untertarifierung. Deshalb ist der vorgeschriebene Ausgleichsmodus so gestaltet, dass tendenziell eine Wiederauffüllung der Schwankungsrückstellung bis zur erforderlichen bzw. für ausreichend gehaltenen Höhe möglich ist.

Doppelfunktion des Sollbetrags als Mindestanforderung und Obergrenze

Die Vorstellung darüber, was „ausreichend" ist, wird in der Anordnung als Sollbetrag definiert: Der Sollbetrag stellt einerseits den erforderlichen Betrag dar, um einen gewünschten Sicherheitsgrad durch die Rückstellung zu gewährleisten. Der Sollbetrag fungiert andererseits aber auch – aus primär steuerlichen Gründen – als Obergrenze für die Höhe der Rückstellung, so dass Zuführungen zur Schwankungsrückstellung über den Sollbetrag hinaus unzulässig sind.

Konzeptionell ist in dieser Doppelfunktion des Sollbetrags ein Widerspruch zu sehen, da nach einer Entnahme im Überschadenfall der mit der Berechnung des Solls implizit geforderte Sicherheitsgrad nicht mehr gegeben sein kann.

schadenunabhängiger Sicherheitszuschlag

Der erwähnten notwendigen Wiederauffüllungstendenz der Rückstellung dient eine planmäßige Sicherheitskomponente (= Sicherheitszuschlag), die unabhängig vom Schadenverlauf so lange zuzuführen ist, bis der Sollbetrag erreicht bzw. wieder erreicht ist. Auf diese Weise werden die Schadenschwankungen auf einem Niveau ausgeglichen, das im Grundsatz um diesen Sicherheitszuschlag über der durchschnittlichen Schadenquote liegt.

In die jeweilige Veränderung der Schwankungsrückstellung fließen damit zwei Komponenten ein:

planmäßiger, schadenunabhängiger Sicherheitszuschlag

+/– schadenabhängige Zuführung oder Entnahme

Der Erwartungswert der Zuführungen übersteigt folglich den Erwartungswert der Entnahmen. Dieser Effekt ist als Element der Sicherheitsfunktion der Schwankungsrückstellung gewollt und notwendig.

Definitionen

Die notwendigen Definitionen lauten:

(8) Der Sollbetrag ergibt sich als Vielfaches der für den Beobachtungszeitraum ermittelten Standardabweichung der Schadenquoten, multipliziert mit der Basis der Schadenquoten, den Verdienten Beiträgen.

(9) Das Vielfache zur Ermittlung des Sollbetrags ist als Faktor bestimmt. Er beträgt generell 4,5, in der Hagel-, Kredit- und Kautions- sowie Vertrauensschadenversicherung hingegen 6.

(10) Der Sicherheitszuschlag beläuft sich auf 3,5 % des Sollbetrags.

2.6.2.4 Einschränkung der Sicherheitsfunktion bei gutem Geschäftsverlauf

Ein „guter" Geschäftsverlauf, angezeigt durch niedrige Schaden- und Betriebskostenquoten, reduziert aus Sicht des Fiskus die Notwendigkeit einer großzügigen Sicherheitskomponente in der Schwankungsrückstellung. Infolgedessen wird in einem solchen Fall der Sollbetrag gekürzt. Als Folge davon werden eventuelle Entnahmen im Überschadenfall reduziert, d. h. mögliche Entnahmen werden zugunsten späterer Jahre gestreckt.

Ausgleichsbegrenzung durch Grenzschadenquote

Als Kriterium für die Angemessenheit eines vollen oder eines nur begrenzten Ausgleichs, ob also die Absenkung von Sollbetrag und Entnahmen vorzunehmen ist oder nicht, wird eine aus dem Geschäftsverlauf der letzten drei Geschäftsjahre zu berechnende sog. Grenzschadenquote ermittelt. Sie kann als diejenige Schadenquote aufgefasst werden, die nach Abzug eines durchschnittlichen Betriebskostensatzes von einer sog. Belastungsquote durch das Beitragsaufkommen gedeckt werden kann. Die Belastungsquoten sind in der Anlage zur RechVersV nach Geschäftsart differenziert vorgegeben und berücksichtigen, dass in den Beiträgen auch noch Deckungsbeiträge enthalten sein müssen für im Kostensatz nicht erfasste sonstige Aufwendungen und ggf. auch Gewinnanteile.

Liegt die durchschnittliche Schadenquote aus dem (langfristigen) Beobachtungszeitraum unter der (kurzfristigen) Grenzschadenquote, sind für das jeweilige Geschäftsjahr zu kürzen:

- der Sollbetrag um das Dreifache der mit den Verdienten Beiträgen des Geschäftsjahres multiplizierten Differenz von Grenzschadenquote und durchschnittlicher Schadenquote – diese Kürzung gilt nicht für die Hagelversicherung – und
- die Entnahme im Überschadenfall um 60 % der mit den Verdienten Beiträgen des Geschäftsjahres multiplizierten Differenz von Grenzschadenquote und durchschnittlicher Schadenquote.

Definitionen

Die notwendigen Definitionen lauten:

(11) Die Grenzschadenquote ergibt sich aus der Differenz zwischen vorgegebenen Belastungsquoten und der mittleren Kostenquote; als Belastungsquoten sind festgesetzt für das

- selbst abgeschlossene Geschäft 95 %,
- selbst abgeschlossene Rechtschutzgeschäft 98 %,
- das in Rückdeckung übernommene Geschäft 99 %.

(12) Die mittlere Kostenquote ist definiert als einfaches arithmetisches Mittel aus den Kostenquoten (brutto) des bilanzierten und der zwei vorausgegangenen Geschäftsjahre.

Diese Kappung der Sicherheitskomponente, die nur noch zu einem Teilausgleich führt, ist aufgrund der (mit nur 3 Jahren) kurzfristigen Definition der Grenzschadenquote wenig plausibel; auf die ermessensbedingte Quantifizierung der Belastungsquoten kommt es dabei nicht an.

2.6.2.5 Übergangsregelungen

Sinkt der Sollbetrag aufgrund der Geschäftsentwicklung (Beitragsvolumen, Streuung, Schadenquoten, Kostenquoten), ist der nicht mehr benötigte Teil der Schwankungsrückstellung aufzulösen. Sind die Voraussetzungen für eine Schwankungsrückstellung nicht mehr gegeben, ist die Rückstellung insgesamt aufzulösen, wahlweise auf das bilanzierte und die folgenden 4 Geschäftsjahre gleichmäßig verteilt.

Nicht aufzulösen, sondern fortzuführen ist die Rückstellung, wenn aufgrund des Jahresabschlusses für das bilanzierte Geschäftsjahr die Voraussetzungen für die Bildung einer Schwankungsrückstellung im Folgejahr wieder gegeben sind und die Rückstellung erneut aufzubauen wäre. Aufgrund der Definition des Beobachtungszeitraums (Geschäftsjahre vor dem „Bilanz-Geschäftsjahr") ist dieser Effekt rechtzeitig zu erkennen.

2.6.3 Zahlenbeispiel

Ein Beispiel für einen Versicherungszweig mit einfachen Zahlen (Hesberg (1997), S. 50 f.) verdeutlicht, wie die Schwankungsrückstellung zum Bilanzstichtag und die damit verbundenen jährlichen erfolgswirksamen Veränderungen der Schwankungsrückstellung zu berechnen sind.

Die Ausgangsdaten sind:

(1)	Verdiente Beiträge f. e. R. im Geschäftsjahr i:	120 Mio. €,
(2)	Schwankungsrückstellung im Geschäftsjahr (i – 1):	50 Mio. €,

(3) Schaden- und Betriebskostenverlauf gemäß Tabelle:

Geschäftsjahr (i minus ...)	15	14	13	12	11	10	9	8	7	6	5	4	3	2	1	0
Schadenquote f. e. R. [%]	75	78	84	89	90	82	78	66	61	55	60	65	64	65	68	a) 71 b) 75
Kostenquote brutto [%]	20	19	20	21	20	22	23	24	25	26	25	25	23	22	21	20

(4) Für das Geschäftsjahr i beträgt die durchschnittliche Schadenquote im Beobachtungszeitraum 72 %. Um sowohl Entnahmen als auch Zuführungen darzustellen, wird von zwei (alternativen) Annahmen ausgegangen.

Fall a) mit einer Schadenquote von 71 % beschreibt einen Unterschaden (1 % von 120 Mio. €),

Fall b) mit einer Schadenquote von 75 % stellt einen Überschaden (3 % von 120 Mio. €) dar.

Berechnung der Schwankungsrückstellung		
Durchschnittliche Schadenquote [%]	72	
Standardabweichung σ (n – 1) [%]	11,03889228	
Mittlere Kostenquote [%]	(22 + 21 + 20) : 3	= 21
Grenzschadenquote [%]	95 – 21	= 74
Kürzungsquote [%]	74 – 72	= 2
Sollbetrag [Mio. €]	(4,5 · 0,1103889228 – 3 · 0,02) · 120	= 52,410
Veränderung der Schwankungsrückstellung [Mio. €]		
1. Sicherheitszuschlag (= schadenunabhängige Veränderung)	0,035 · 52,410	= 1,834
2. schadenabhängige Veränderung		
a. Zuführung des Unterschadens	0,01 · 120	= 1,200
b. Entnahme des gekürzten Überschadens	– (0,03 – 0,6 · 0,02) · 120	= –2,160
3. Gesamtveränderung		
a. Zuführung	min {(52,41 – 50), (1,834 + 1,200)} [2,410 < 3,034]	= 2,410
b. Entnahme	1,834 – 2,160	= –0,326
Endbestand der Schwankungsrückstellung [Mio. €]		
a. Unterschadenfall	50 + 2,410	= 52,410
b. Überschadenfall	50 – 0,326	= 49,674

Die Tabelle zeigt im ersten Kasten die Ermittlung der erforderlichen Hilfsgrößen wie Standardabweichung [σ], mittlere Kostenquote usw. Im zweiten Kasten wird der (gekürzte) Sollbetrag errechnet, wie er sich für den Jahresabschluss des Geschäftsjahres i aus den Unternehmensdaten ergibt.

Aus dem Sollbetrag wird der Sicherheitszuschlag abgeleitet als planmäßige schadenverlaufsunabhängige Zuführungskomponente in Höhe von 3,5 % (Zeile 1. des Kastens „Veränderung ...").

Da der ermittelte Sollbetrag zugleich die neue Obergrenze der Schwankungsrückstellung ist, werden die Zuführungen ggf. gekappt. Die Zuführung zur Rückstellung im Fall a) ergibt sich aus dem Vergleich der Differenz zwischen neuem Sollbetrag und der Schwankungsrückstellung am Ende des Vorjahres (= Eingangsrückstellung) mit der Summe von Sicherheitszuschlag und Unterschaden. Der kleinere Betrag (2,410 < 3,034) stellt die maximale Zuführung zur Rückstellung dar (Zeile 3a. des Kastens „Veränderung ...").

Eine weitere Begrenzung der Veränderungen ergibt sich aus dem – an der Grenzschadenquote gemessen – guten Schadenverlauf. Wie der Sollbetrag wird auch die Entnahme aus der Rückstellung gekürzt (Zeile 2b.).

Zur Ermittlung der Gesamtveränderung werden sowohl im Unterschaden- als auch im Überschadenfall die schadenabhängige und die schadenunabhängige Komponente miteinander saldiert (Zeilen 3a. und 3b. des Kastens „Veränderung ...").

Die neue Schwankungsrückstellung am Bilanzstichtag für den Unter- oder Überschadenfall ergibt sich in der Folge als Aggregat aus Eingangsrückstellung und Veränderung (Kasten „Endbestand ...").

Bilanzpolitischer Spielraum zur Steuerung der Schwankungsrückstellung besteht nur insoweit, als durch materielle Gestaltung der Steuerungsgrößen vor dem Bilanzstichtag die Größenordnung, die Veränderungen und ggf. die Voraussetzungen der Schwankungsrückstellung beeinflusst werden können (vgl. i. e. Hesberg (1998), S. 711–715):

- Aus den Einzelheiten im Beispiel ist zu ersehen, dass die Schadenquoten und deren Streuung im Beobachtungszeitraum sowie das aktuelle Beitragsvolumen des Selbstbehalts die Höhe und die Entwicklung der Rückstellung bestimmen. Alle drei Parameter können durch geeignete Rückversicherungsverträge über einen längeren Zeitraum entsprechend der unternehmensindividuellen Zielsetzung (mehr oder weniger Rückstellung) beeinflusst werden.
- Die Streuung der Schadenquoten kann darüber hinaus auch durch die Bewertung der Schadenrückstellungen und daraus resultierende Abwicklungsergebnisse gesteuert werden (siehe Abschnitt 2.4.5).
- Für die sog. Grenzschadenquote als Kriterium für die eventuelle Kürzung der Obergrenze (Sollbetrag) und die Streckung von Entnahmen aus der Rückstellung sind die Betriebskosten der jeweils letzten drei Geschäftsjahre ein Einflussfaktor. Auch sie beinhalten Gestaltungspotenzial.

2.6.4 Der Schwankungsrückstellung ähnliche Rückstellungen

Atomanlagen-rückstellung

Nicht in allen Versicherungszweigen mit volatilem Schadenverlauf sind die methodischen Voraussetzungen für eine Schwankungsrückstellung nach dem vorgestellten Verfahren gegeben. In solchen Versicherungszweigen, in denen zwar der Bedarf für einen Schwankungsfonds vorliegt, die Größenordnung der (hohen) Einzelrisiken und/oder die Schwierigkeit empirisch-statistischer Berechnungen (zu kleine Kollektive, niedrige Schadenhäufigkeiten) einen Ausgleich nicht nur in einem einzelnen Geschäftsjahr, sondern auch innerhalb abgrenzbarer Zeiträume unmöglich machen, ist eine der Schwankungsrückstellung ähnliche Rückstellung zu bilden (§ 341h Abs. 2 HGB). Vor 1994 haben Anordnungen der Aufsichtsbehörde in zwei Fällen Ansatz und Höhe entsprechender Rückstellungen bestimmt, der Atomanlagenrückstellung einerseits und der Großrisikenrückstellung für die Produkthaftpflicht-Versicherung von Pharma-Risiken andererseits (vgl. BAV (1981), S. 122; BAV (1991), S. 37 f.). Diese Bestimmungen enthält heute die Rechnungslegungsverordnung (§ 30 Abs. 1 und 2 RechVersV).

Großrisiken-rückstellung für Pharma-Risiken

Terrorrisiken-rückstellung

Seit 2002 ist für selbst abgeschlossene und für übernommene Versicherungen von Terrorrisiken „mit hohem Schadenrisiko" eine Terrorrisikenrückstellung als eine der Schwankungsrückstellung ähnliche Rückstellung zu bilden (§ 64 Abs. 8 RechVersV).

Für diese Terrorrisikenrückstellung sind Höchstbeträge festgelegt,

- im selbst abgeschlossenen Geschäft das Fünfzehnfache der Verdienten Beiträge f. e. R. (des Geschäftsjahres),
- für das indirekte Geschäft die Haftungshöchstsumme der übernommenen Risiken f. e. R. (§ 30 Abs. 2a Ziff. 1 RechVersV).

Ist der Höchstbetrag der Rückstellung noch nicht erreicht, sind ihr jährlich 90 % des Saldos aus Verdienten Beiträgen und Aufwendungen für erfolgsabhängige Beitragsrückerstattung zuzuführen, vermindert um die Aufwendungen für Versicherungsfälle und die Aufwendungen für erfolgsunabhängige Beitragsrückerstattung, jeweils f. e. R. (§ 30 Abs. 2a Nr. 2 S. 1 RechVersV).

Dem vorgegebenen Prozentsatz (90 %) liegt die Unterstellung zugrunde, dass im Normalfall sonstige Aufwendungen für das Versicherungsgeschäft von 10 % (der um die Beitragsrückerstattung modifizierten Beiträge) anfallen. Bei Nachweis niedrigerer oder höherer „Restaufwendungen" durch das Versicherungsunternehmen können der Satz von 90 % und die Zuführung zur Rückstellung entsprechend verändert werden (§ 30 Abs. 2a Ziff. 2 Satz 2 RechVersV).

Führt die skizzierte Berechnung zu einem negativen Wert, d. h. übersteigen die Aufwendungen für Versicherungsleistungen den modifizierten Beitragssaldo, ist die Terrorrisikenrückstellung insoweit zwecks Erfolgsausgleichs aufzulösen. Solange der Rückstellung etwas zugeführt oder entnommen werden kann, die Rückstellung also streng positiv ist bzw. sich noch unterhalb der Obergrenze bewegt, ergibt sich wie bei der Schwankungsrückstellung aus den Veränderungen ein Glättungseffekt der Ergebnisse in dem durch Volatilität gekennzeichneten Versicherungszweig.

keine Überschneidung mit der Schwankungsrückstellung

Der Schwankungsrückstellung ähnliche Rückstellungen dürfen nicht gebildet werden, wenn für den entsprechenden Versicherungszweig eine Schwankungsrückstellung besteht; die Atomanlagen- und Pharmarückstellungen ersetzen insoweit (nicht vorhandene) Schwankungsrückstellungen. Liegen die Voraussetzungen für ähnliche Rückstellungen nicht mehr vor, sind die betreffenden Rückstellungen in die Schwankungsrückstellung zu überführen (§ 30 Abs. 3 RechVersV).

2.6.5 Abgrenzungen

Anhand ihrer Funktionen und ihrer Konstruktion ist die Schwankungsrückstellung eindeutig von anderen Rückstellungen abzugrenzen.

Abgrenzung der Schwankungsrückstellung zur Schadenrückstellung

Zur Rückstellung für noch nicht abgewickelte Versicherungsfälle (Schadenrückstellung) basiert die Unterscheidung einerseits auf dem zeitlichen Bezug, andererseits auf unterschiedlichen Aufgaben:

- Die Schadenrückstellung enthält Reservierungen für Versicherungsfälle, die bereits eingetreten oder bilanzierten Geschäftsjahren zuzuordnen sind, und fungiert im weitesten Sinne als antizipative Rechnungsabgrenzung.

  Die Schadenrückstellung beinhaltet typische ungewisse Verbindlichkeiten und zählt daher zum Fremdkapital.

  Die Schwankungsrückstellung betrifft nur künftige, unsichere Abweichungen der jährlichen Schadenaufwendungen von deren Erwartungswert innerhalb eines zukünftigen Ausgleichszeitraumes, der in der Berechnung des Sollbetrags mit den Faktoren 4,5 bzw. 6 implizit unterstellt wird.

Eigenkapitalcharakter der Schwankungsrückstellung

- Die Schwankungsrückstellung fungiert als ein dem traditionellen Sicherheitskapital vorgeschalteter Ausgleich. Sie erfüllt damit Aufgaben, die üblicherweise als Ausgleichs- und insbesondere Sicherheitsfunktion dem Eigenkapital zugeordnet werden. Direkte Ansprüche der Versicherten auf dieses Kapital bestehen – anders als bei Schaden- und auch Deckungsrückstellungen – nicht. Ökonomisch handelt es sich bei der Schwankungsrückstellung eher um eine steuerfreie Rücklage.

  Insbesondere aus steuersystematischen Gründen und im Hinblick auf die steueroptische Wirkung ist die Bilanzierung als versicherungstechnische Rückstellung in Deutschland durchgesetzt worden. Mittlerweile gibt es sie auch in einigen Mitgliedstaaten der EU.

Schwankungsrückstellung im IAS- und GAAP-Abschluss unzulässig

  Nach den internationalen Bilanzierungsstandards IAS/IFRS und nach US-GAAP-Regeln ist eine Schwankungsrückstellung jedoch unzulässig. Im Konzernabschluss nach IAS/IFRS sind Schwankungsrückstellungen der in den Konzernabschluss einbezogenen Kompositversicherer deshalb in Rücklagen zu überführen.

Eine andere Abgrenzung von Schaden- und Schwankungsrückstellung ist zur Rückstellung für drohende Verluste aus dem Versicherungsgeschäft vorzunehmen.

Rückstellung für drohende Verluste aus dem Versicherungsgeschäft

Rückstellungen für drohende Verluste aus dem Versicherungsgeschäft als branchenspezifische Form der Rückstellung für drohende Verluste aus schwebenden Geschäften (Drohverlustrückstellung) sind zu bilden für Verluste, die in Folgejahren aus vor dem Bilanzstichtag abgeschlossenen Verträgen zu erwarten sind (§ 341e Abs. 2 Nr. 3 HGB, allgemein § 249 Abs. 1 HGB). Für die defizitäre Entwicklung müssen konkrete Anhaltspunkte vorliegen.

Die Rückstellung für drohende Verluste dient folglich der (gezielten) Reservierung von Deckungsbeiträgen, die nach dem Kenntnisstand am Abschlussstichtag bzw. bei Bilanzerstellung in den Folgejahren nicht vorhanden sein werden. Die künftige, also noch unrealisierte Verlustwirkung ist nach dem Imparitätsgrundsatz als Ausprägung des Vorsichtsprinzips bereits dem abzuschließenden Geschäftsjahr anzulasten.

Beispiele für die Notwendigkeit zur Bildung einer Drohverlustrückstellung

- zu geringe Beitragsüberträge aufgrund zu niedriger Beitragseinnahmen für im Geschäftsjahr abgeschlossene Versicherungsverträge, was z. B. auf Kalkulationsmängeln und/oder scharfem Prämienwettbewerb beruhen kann
- ein nicht ausreichender Beitragszugang aus im Geschäftsjahr abgeschlossenen Verträgen in den Folgeperioden aus den genannten Gründen
- ein sich abzeichnender Verlust aus im bilanzierten Geschäftsjahr abgeschlossenen Verträgen als Ergebnis konkreter Schadenereignisse nach dem Bilanzstichtag, für die das vertraglich vereinbarte Beitragsvolumen nicht reicht

Abgrenzung der Schwankungsrückstellung zur Rückstellung für drohende Verluste

Die Abgrenzung der Schwankungsrückstellung zur Rückstellung für drohende Verluste ist eindeutig:

- Die Rückstellung für drohende Verluste aus dem Versicherungsgeschäft nimmt erkennbare, dem Imparitätsprinzip gemäß zu berücksichtigende Verluste, die von der Verursachung her auf das bilanzierte Geschäftsjahr zurückzuführen sind, vorweg und belastet den Abschluss des abzuschließenden Geschäftsjahres.
- Die Schwankungsrückstellung fungiert als systematischer Ausgleich über die Zeit und stellt am Bilanzstichtag ein Sicherheitspolster für künftige Schadenentwicklungen dar. Dieser Effekt wird mit der Rückstellung für drohende Verluste weder angestrebt noch erreicht.

Steuerlich werden bereits seit 1997 Rückstellungen für drohende Verluste aus schwebenden Geschäften, also auch die entsprechende Rückstellung ... aus dem Versicherungsgeschäft, nicht mehr anerkannt (§ 5 Abs. 4a, § 52 Abs. 6a EStG in der Fassung der Bekanntmachung vom 29.10.1997, BGBl. I S. 2590). Handelsrechtlich ist die Rückstellung jedoch unverändert vorgeschrieben. Merkwürdig ist allerdings, dass seit der steuerrechtlichen Änderung die Rückstellung für drohende Verluste im HGB-Abschluss – soweit erkennbar – an Bedeutung verloren hat. Die ermessensbedingte bilanzielle Vorsicht scheint offenbar doch nicht ganz zeitstabil zu sein.

2.6.6 Ausweisregelungen

Schwankungsrückstellungen und „ähnliche Rückstellungen" werden in der Bilanz und deren Veränderung der Schwankungsrückstellung und ähnlicher Rückstellungen in der GuV-Rechnung jeweils zusammengefasst.

Ausweis der Veränderungen in der GuV-Rechnung

Um die Auswirkung auf das versicherungstechnische Ergebnis hervorzuheben, wird die Position Veränderung der Schwankungsrückstellung und ähnlicher Rückstellungen in der GuV-Rechnung zwischen das quasi operative versicherungstechnische Ergebnis – im Formblatt neutral als Zwischensumme bezeichnet – und das versicherungstechnische Ergebnis nach Glättung durch Veränderungen der Rückstellungen eingeordnet.

Auszug aus Formblatt 2: I. Versicherungstechnische Rechnung

9.	Zwischensumme	......
10.	Veränderung der Schwankungsrückstellung und ähnlicher Rückstellungen	......
11.	Versicherungstechnisches Ergebnis für eigene Rechnung	......

Angaben im Anhang

Die Berechnungsmethoden für die einzelnen Rückstellungen müssen im Anhang angegeben werden; wesentliche Änderungen sind zu erläutern (§ 52 Nr. 1 Buchstabe c) RechVersV). Ebenfalls anzugeben sind im Anhang die Bilanzwerte der Schwankungsrückstellung für Geschäftsjahr und Vorjahr, differenziert nach Versicherungszweiggruppen, Versicherungszweigen und -arten (§ 51 Abs. 4 Nr. 1 Buchstabe h) Unterbuchstabe bb) RechVersV). Eine entsprechende systematische Angabe der ähnlichen Rückstellungen wird nicht verlangt.

Die Rückstellung für drohende Verluste aus dem Versicherungsgeschäft wird in der Bilanz in die Sammelposition Sonstige versicherungstechnische Rückstellungen eingestellt. Nur bei größerem Umfang muss sie in der Bilanz getrennt ausgewiesen oder im Anhang angegeben werden (§ 31 Abs. 1 Nr. 2 RechVersV). In der GuV-Rechnung gehen die Zuführungen und Auflösungen in den Veränderungssaldo der übrigen sonstigen versicherungstechnischen Netto-Rückstellungen – Posten I. 5 b) – ein.

Auszug aus Formblatt 2: I. Versicherungstechnische Rechnung

5.	Veränderung der übrigen versicherungstechnischen Netto-Rückstellungen		
	a) Netto-Deckungsrückstellung	......	
	b) Sonstige versicherungstechnische Netto-Rückstellungen	......	......

2.7 Sparvorgänge in Deckungsrückstellungen

Handlungssituation

Zur Unterstützung bei der Berechnung der Deckungsrückstellungen steht dem Verantwortlichen Aktuar eine Arbeitsgruppe zur Verfügung. Als erfahrenes Mitglied dieser Arbeitsgruppe sollen Sie zwei Neulinge in die Aufgabenstellung und die Ermittlung der handelsrechtlichen Deckungsrückstellungen, vornehmlich in der Lebensversicherung, einweisen.

2.7.1 Kennzeichnung der Deckungsrückstellung

2.7.1.1 Grundprinzip

Spar- und Entsparprozesse

Lebensversicherungsverträge, insbesondere Kapitallebens- und (private) Rentenversicherungen, sind i. d. R. durch lange Laufzeiten gekennzeichnet. Mit den langfristigen Leistungsverpflichtungen sind Spar- und Entsparprozesse verbunden. Diese Sparvorgänge werden in der Deckungsrückstellung gespeichert.

In der gemischten Lebensversicherung ist die (hauptsächliche) Geldleistung in der Zahlung der Versicherungssumme zu sehen, entweder im Erlebensfall bei Vertragsablauf oder im vorzeitigen Todesfall. Diese beiden Möglichkeiten führen zu unterschiedlichen Finanzierungsbedarfen, die sich in der kalkulatorischen Aufteilung des Netto-Beitrags (d. h. ohne Betriebskostenanteile) widerspiegeln.

Sparanteil, Risikoanteil

Die Kalkulation sieht daher einerseits einen Sparanteil zur Ansammlung der zugesagten Leistungen im Erlebensfall (angesparte Teile der Versicherungssummen = Deckungskapital) vor, andererseits einen Risikoanteil. Dieser dient zur Abdeckung der im Todesfall auszuzahlenden Teil-Versicherungssummen, die noch nicht angespart sind (unter Risiko stehende Teile der Versicherungssummen = riskiertes Kapital). Die Sparanteile sind verzinslich anzulegen. Erbrachte Sparleistungen und darauf zu vergütende Zinsen stellen bedingte, d. h. hinsichtlich der Fälligkeit ungewisse Verbindlichkeiten gegenüber den Versicherten dar.

versicherungsmathematischer Barwert

Aufgrund ihrer Langfristigkeit werden diese Verpflichtungen in der Deckungsrückstellung grundsätzlich mit ihrem versicherungsmathematischen Barwert erfasst. Zu diesem Zweck werden sowohl die Spar- als auch die Entsparvorgänge unter Berücksichtigung der Parameter Sterbewahrscheinlichkeit, Rechnungszins und Kostenannahmen (für Abschluss und Verwaltung) modellmäßig berechnet.

prospektiv

Prospektiv (= in die Zukunft schauend) wird – zu einem beliebigen Zeitpunkt während der Vertragslaufzeit – die Deckungsrückstellung definiert als Differenz der versicherungsmathematischen Barwerte für die künftigen (bzw. bereits laufenden) Zahlungsverpflichtungen einerseits und für die gesamten noch zu vereinnahmenden Beiträge andererseits (§ 341f Abs. 1 S. 1 HGB).

4

retrospektiv

Retrospektiv (= zurückschauend) bildet die Deckungsrückstellung die verzinsliche Ansammlung der Sparanteile („aufgezinste Einnahmen und Ausgaben") bis zum Betrachtungszeitpunkt ab. Die retrospektive Rechnung ist – trotz im Grundsatz gleicher Ergebnisse – nur zulässig, wenn der in der Praxis übliche prospektive Ansatz nicht möglich ist (§ 341f Abs. 1 S. 2 HGB).

Die beschriebenen Vorgänge kommen nicht nur in der Lebensversicherung vor, sondern in ähnlicher Form auch in der Krankenversicherung und bei der Unfallversicherung mit Prämienrückgewähr. Deckungsrückstellungen sind deshalb auch zu bilden für die Renten- und Risikolebensversicherung, als Alterungsrückstellung in der Krankenversicherung und als Beitrags-Deckungsrückstellung in der Unfallversicherung mit Beitragsrückgewähr:

- In der Renten-Lebensversicherung nimmt die Deckungsrückstellung Spar- bzw. Entspareffekte auf, die sich nach den jeweiligen Vertragsmerkmalen richten, also sofort beginnende oder aufgeschobene Rentenzahlung, Einmalbeitrag oder laufende Beiträge.
- In der mehrjährigen reinen Risikoversicherung wird die Deckungsrückstellung benötigt, um diejenigen Teile der (über die Vertragslaufzeit konstanten) Prämie zunächst aufzunehmen und später wieder abzugeben, die (aufgrund des mit dem Alter der versicherten Person zunehmenden Risikos) anfangs den natürlichen Bedarf übersteigen und später unterschreiten.
- Dem Sachverhalt in der Risikoversicherung ähnelt die Alterungsrückstellung in der Krankenversicherung; sie soll im Zeitablauf die Differenzen zwischen natürlicher (d. h. bedarfsorientierter) und konstanter Prämie ausgleichen (§ 341f Abs. 3 HGB).
- In der Unfallversicherung mit Beitragsrückgewähr werden die bei Vertragsende zurückzuzahlenden Beiträge in der Beitrags-Deckungsrückstellung verzinslich angesammelt (§ 25 Abs. 6 S. 1 RechVersV). Der in dieses Produkt hineinkonstruierte Sparvorgang entspricht grundsätzlich demjenigen in der gemischten Lebensversicherung.

Renten-Deckungsrückstellungen

In der Haftpflicht- und Unfallversicherung müssen für Rentenverpflichtungen, die aufgrund von Haftpflicht- und Unfallversicherungsfällen entstanden sind, Renten-Deckungsrückstellungen gebildet werden. Materiell handelt es sich um per Einmalzuweisung gebildete Deckungsrückstellungen, die jedoch der Rückstellung für noch nicht abgewickelte Versicherungsfälle (Schadenrückstellung) zugeordnet werden (§ 25 Abs. 6 S. 2 RechVersV). Die Renten-Deckungsrückstellung ist grundsätzlich zum versicherungsmathematischen Barwert anzusetzen (vgl. auch Abschnitt 2.4.4).

fondsgebundene Lebensversicherung

Beim Ansatz der Deckungsrückstellung für fondsgebundene Lebensversicherungsverträge ohne Garantieleistung muss vom versicherungsmathematischen Barwert abgewichen werden. Da sich die Höhe der Leistungsverpflichtung aus solchen Verträgen nach dem Marktwert des Fondsvermögens bestimmt, ist dieser zwingend für die Deckungsrückstellung anzusetzen.

Dieser Fall ist der einzige, in dem sich die Bewertung einer versicherungstechnischen Verpflichtung gegenüber Versicherungsnehmern nach der Aktivseite richtet. In allen anderen Fällen richtet sich das Volumen des vorzuhaltenden Sicherungsvermögens nach den Verpflichtungen auf der Passivseite (§ 125 VAG; vgl. Abschnitt 2.8.1.1).

Einzelbewertungsgrundsatz

Die Deckungsrückstellungen sind anhand der Rechnungsgrundlagen für jeden Lebensversicherungsvertrag grundsätzlich einzeln zu berechnen (Einzelbewertungsgrundsatz gemäß § 252 Abs. 1 Nr. 3 HGB). Dabei sind angemessene Sicherheitszuschläge zu berücksichtigen (§ 25 Abs. 1 S. 1 RechVersV).

Aufgaben des Verantwortlichen Aktuars

Alle Versicherungsunternehmen, die Deckungsrückstellungen passivieren müssen, haben einen Verantwortlichen Aktuar zu bestellen (§§ 141 Abs. 1, 156 Abs. 1, 161, 162 VAG). Zu den Aufgaben des Verantwortlichen Aktuars gehören in Bezug auf die Deckungsrückstellungen insbesondere deren Berechnung und die spezielle Kontrolle, dass dabei die versicherungsmathematischen Grundsätze eingehalten werden (§ 138 VAG, DeckRV, KVAV, § 341 f. HGB).

In der formgebundenen sog. versicherungsmathematischen Bestätigung unter der Bilanz hat der Aktuar zudem zu bestätigen, dass die Deckungs- bzw. Alterungsrückstellung nach den genannten versicherungsmathematischen Grundsätzen bilanziert worden ist. In einem Bericht an den Vorstand müssen die der Bestätigung zugrundeliegenden Kalkulationsansätze und Annahmen erläutert werden (§ 141 Abs. 5 Nr. 2 VAG, DeckRV, § 156 Abs. 2 Nr. 2 VAG, KVAV, § 341 f. HGB, §§ 1–4 AktuarV).

2.7.1.2 Rechnungszins – Zinsgarantien

Auch im Rahmen der handelsrechtlichen Rechnungslegung sind für die Berechnung der Deckungsrückstellungen die aufsichtsrechtlichen Vorschriften anzuwenden (§ 25 Abs. 4 u. 5 RechVersV). Die der Barwertermittlung zugrunde zu legenden Zinssätze sind nach oben begrenzt.

In der Lebensversicherung werden die Deckungsrückstellungen für den bis zum 28.7. bzw. 31.12.1994 abgeschlossenen Vertragsbestand (sog. Altbestand) nach den ursprünglichen, aufsichtsamtlich genehmigten Rechnungsgrundlagen fortgeführt (§ 336 VAG). Für das später akquirierte Geschäft sind die Rechnungsgrundlagen genehmigungsfrei; sie sind der Aufsichtsbehörde anzuzeigen (§ 143 VAG). Die Vorgaben für die anzusetzenden Parameter Zins und Zillmersatz sowie die anzuwendende Tilgungsrechnung für die gezillmerten Abschlusskosten sind per Verordnung geregelt (§§ 2 und 4 DeckRV).

Der allgemeine Höchstzinssatz für Verträge mit Zinsgarantie im genehmigungsfreien Neugeschäft betrug bzw. beträgt:

- vom 1.7.1994 bis zum 30.6.2000: 4 % p. a.
- ab 1.7.2000 bis zum 31.12.2003: 3,25 % p. a.
- ab 1.1.2004: 2,75 % p. a.
- ab 1.1.2007: 2,25 % p. a.
- ab 1.1.2012: 1,75 % p. a.
- ab 1.1.2015: 1,25 % p. a. (§ 2 DeckRV in der jeweils geltenden Fassung)

Besondere Regeln gelten bei Verträgen gegen Einmalprämie mit bis zu achtjähriger Laufzeit (§ 3 Abs. 1 DeckRV) sowie bei Rentenversicherungsverträgen ohne Rückkaufswert für die Teildeckungsrückstellung, die für die laufenden Rentenzahlungen der ersten 8 Jahre ab Bezugsbeginn zu bilden ist (§ 3 Abs. 2 DeckRV).

Rechnungszins = Höchstzins

Die Höchstzinssätze begrenzen die garantierten Rechnungszinssätze (Garantiezins). Sie gelten formal nur für die Ermittlung der Deckungsrückstellung, nicht für die Beitragskalkulation. Materiell ist es jedoch kaum vorstellbar, dass ein Versicherer für die Beitragsbemessung andere Zinssätze verwendet:

- Ein niedrigerer Zins würde bei unveränderter Versicherungssumme höhere Beiträge erfordern und damit die Konkurrenzfähigkeit beeinträchtigen.
- Ein höherer Zins könnte zwar die Beiträge sinken und diese attraktiver erscheinen lassen. Es würde jedoch eine systematische Deckungslücke entstehen, wenn die erzielte Rendite aus den Kapitalanlagen den der Beitragskalkulation zugrunde gelegten Zinssatz von vornherein unterschreitet. Der damit einhergehende „Subventionsbedarf" durch andere Ertragsquellen ist aufsichtsrechtlich unzulässig (§ 138 Abs. 1 VAG).

  Der versicherungsmathematische Barwert der Verpflichtung fiele zwar bei einem höheren Zins niedriger aus. Jedoch steigt die Gefahr, bei sinkendem Marktzins (Zinsrisiko) die Deckungsrückstellung mit einer Zinszusatzreserve anheben zu müssen (vgl. Abschnitt 2.7.1.3). Auch das riskierte Kapital nähme zu. Beide Effekte würden in der Solvabilitätsübersicht (§ 74 VAG) die Solvabilitätskapitalanforderung erhöhen.

  Zudem würde sich das Potential für die Überschussbeteiligung verringern. Sofern in der Folge der freie Teil der Rückstellung für Beitragsrückerstattung (freie RfB) abnähme, würde sich auch die Solvabilitätsausstattung verschlechtern, da die freie RfB zu den Eigenmitteln zählt (§ 93 Abs. 2 VAG).

Rechnungszinssätze für jeweils abgeschlossene Bestände

Die an den Stichtagen für Zinsänderungen bereits abgeschlossenen Bestände werden jeweils entsprechend den ursprünglichen Rechnungsgrundlagen zu den bei Vertragsbeginn gültigen Rechnungszinssätzen (d. h. 4 %, 3,25 %, 2,75 %, 2,25 %, 1,75 %) fortgeführt (§ 2 Abs. 2 S. 1 DeckRV); für den sog. Altbestand, d. h. bis zum 29.7.1994 abgeschlossene Verträge, bleibt es bei 3 % bzw. 3,5 % (§ 336 VAG).

Die Bestimmung der Höchstzinssätze gilt auch für die Deckungsrückstellungen aus Unfallversicherungen mit Prämienrückgewähr und die Rentenverpflichtungen aus Haftpflicht- und allgemeinen Unfallversicherungen (§§ 161, 162 VAG).

2.7.1.3 Zinszusatzreserve

Infolge der fortlaufenden Zinsgarantien kommen Lebensversicherer in Bedrängnis, wenn sie aufgrund eines anhaltend niedrigen Zinsniveaus auf den Kapitalmärkten nur Anlagerenditen erzielen, die unter den garantierten Zinssätzen liegen. Die mit der VVG-Reform 2008 eingeführte Beteiligung der aus dem Kollektiv ausscheidenden Versicherten an den Bewertungsreserven (§ 153 VVG) hat zudem in der anhaltenden Niedrigzinsphase zu Vorweg-Ausschüttungen dieser „Renditereserven" in den festverzinslichen Wertpapieren geführt und die Situation verschärft. Die 2014 eingeführte marktzinsabhängige Einschränkung der Beteiligung an den Bewertungsreserven in festverzinslichen Wertpapieren ist insoweit konsequent (vgl. Abschnitt 2.9.2.5).

Berücksichtigung sinkender Anlagerenditen

In der beschriebenen Finanzmarktkonstellation besteht die Gefahr, dass Lebensversicherer Zinszuführungen zur Deckungsrückstellung nicht mehr voll aus den Kapitalerträgen finanzieren können. Für solche Fälle ist vorgeschrieben, dass eingegangene Zinssatzverpflichtungen bereits bei der Bildung bzw. Fortführung der Deckungsrückstellung zu berücksichtigen sind (§ 341f Abs. 2 HGB).

Seit 2011 ist deshalb die Bildung einer sog. Zinszusatzreserve erforderlich, wenn ein sog. Referenzzins als Indikator für gesunkene Marktrenditen einen oder mehrere Rechnungszinssätze unterschreitet. Zur Berechnung der zu erwartenden „Renditen-Lücke" wird dieser Referenzzins über einen Referenzzeitraum von zehn Kalenderjahren als Durchschnittswert [arithmetisches Mittel] von Euro-Zinsswapsätzen ermittelt (§ 5 Abs. 3 S. 1 DeckRV).

Dieser Referenzzins wird zu jedem Bilanzstichtag mit dem höchsten in den nächsten 15 Jahren für einen Vertrag maßgeblichen Rechnungszins verglichen. Der Vergleich führt zu folgenden Konsequenzen:

- Wird der maßgebliche Rechnungszins nicht vom jeweiligen Referenzzins unterschritten, ist bei der prospektiven Berechnung der einzelnen Deckungsrückstellung für die gesamte Restlaufzeit der jeweils maßgebliche Rechnungszins zu verwenden.
- Ist der Referenzzins hingegen kleiner als der höchste maßgebliche Rechnungszins, wird der Berechnung
  - für die nächsten 15 Jahre der niedrigere Satz – maßgeblicher Rechnungszins oder Referenzzins – und
  - für die Zeit nach den 15 Jahren der jeweils maßgebliche Rechnungszins

  zugrunde gelegt (§ 5 Abs. 4 DeckRV).

Zinszusatzreserve

Die Nachberechnung der Deckungsrückstellungen mit Zinssätzen, die unter dem Rechnungszins liegen, führt zu einem insgesamt höheren Ansatz der Deckungsrückstellungen für die betroffenen Verträge. Diese vorsorgliche Bildung zusätzlicher Deckungsrückstellungen entlastet die Ertragssituation künftiger Geschäftsjahre, geht aber zulasten des aktuellen versicherungstechnischen Ergebnisses und damit auch der aktuellen Überschussbeteiligung. Das Ausmaß wird durch die Zinssatzdifferenzen bestimmt; daher wird diese systematisch zu berechnende Nachreservierung auch als Zinszusatzreserve bezeichnet.

Die Referenzzinssätze seit 2011 zeigen, wie das aktuelle Niedrigzinsniveau auf die Durchschnittsverzinsung durchschlägt:

- 2011 3,92 %
- 2012 3,64 %
- 2013 3,41 %
- 2014 3,15 %
- 2015 2,88 %

Für die Verträge mit einem Rechnungszins von 4 % wurden daher bereits 2011 nach dem beschriebenen Verfahren Zinszusatzreserven gebildet. Für Verträge aus dem Altbestand mit garantierter Verzinsung von 3,5 % waren erstmals im Geschäftsjahr 2013 Zinszusatzreserven zu bilden.

Die Zinszusatzreserven waren bzw. sind in den Folgejahren fortzuführen und mit den jeweiligen Referenzzinssätzen auch zu aktualisieren. Von Jahr zu Jahr sinkende Referenzzinssätze führen also neben den Zinszuführungen auf die bereits gebildete Zusatzreserve zu weiteren (jährlich vorzunehmenden) Nachreservierungen der gesamten vertragsbezogenen Zinszusatzreserve.

Bei steigenden Referenzzinssätzen ist die Zinszusatzreserve analog zum beschriebenen Verfahren zugunsten des versicherungstechnischen Ergebnisses wieder aufzulösen.

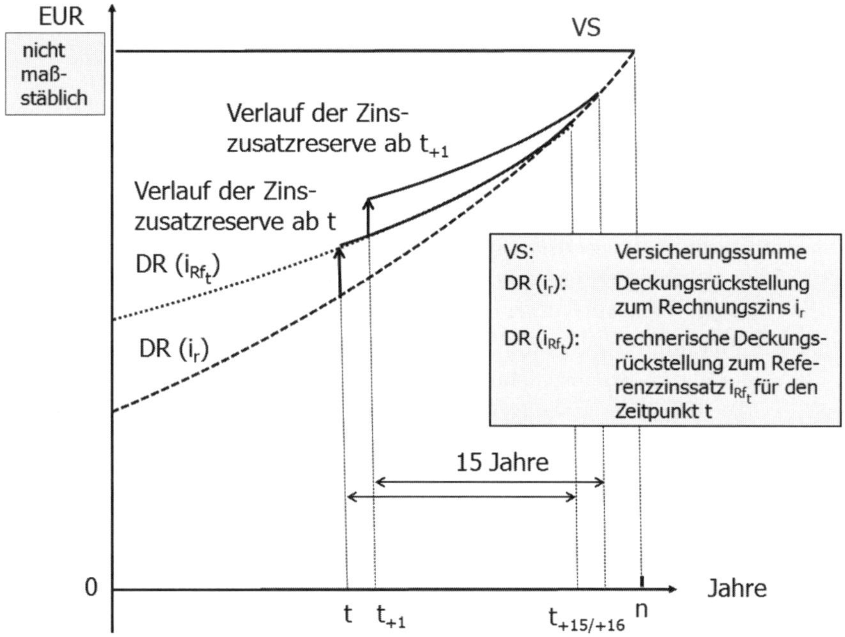

Abbildung 3: Schematische Anhebung der Deckungsrückstellung durch die Zinszusatzreserve für einen Lebensversicherungsvertrag mit Einmalbeitrag

2.7.1.4 Besonderheiten der Altersrückstellung in der Krankenversicherung

Alterungsrückstellung: abweichender Rechnungszins

Für die Alterungsrückstellung in der Krankenversicherung gelten z. T. abweichende Normierungen (§ 146 VAG). Der Rechnungszins ist (noch) mit maximal 3,5 % p. a. anzusetzen (§ 4 KVAV). Aufgrund des anhaltend niedrigen Zinsniveaus wird auch in der Krankenversicherung über eine Senkung des Rechnungszinses diskutiert. Für die Unisex-Tarife hatte die Aktuarvereinigung (DAV) bereits 2012 einen Rechnungszins von 2,75 % empfohlen.

Anders als in der Lebensversicherung kann eine Absenkung des Rechnungszinses auch den vorhandenen Bestand treffen.

Anstelle der grundsätzlichen Einzelbewertung ist als Näherungsverfahren die Verwendung des arithmetischen Mittels der Einzelalterungsrückstellungen mit Rundung der Versicherungsdauern auf ganze Jahre zulässig (§ 18 KVAV).

Zur Dämpfung von Prämienerhöhungen bei Beitragsanpassungen für ältere Versicherte besteht für Krankheitskosten- und Pflegekrankenversicherungsverträge eine Anwartschaft auf eine sog. Beitragsermäßigung im Alter als Teil der Alterungsrückstellung (§ 341 f. Abs. 3 HGB). Dafür sind zusätzliche Zuführungen zur Alterungsrückstellung vorzunehmen.

Diese werden zum einen gespeist aus den Kapitalerträgen, soweit diese den vorhandenen (positiven) Alterungsrückstellungen zugerechnet werden können und über den Rechnungszins hinausgehen (sog. „Überzins"). 90 % dieses Überzinses sind den Alterungsrückstellungen (der betroffenen Krankheitskosten- und Pflegekrankenversicherungsverträge) zuzuführen (§ 150 Abs. 1 VAG).

10 % gesetzlicher Beitragszuschlag

Zum anderen ist in der substitutiven Krankheitskostenversicherung vom vollendeten 21. bis zum 60. Lebensjahr der versicherten Person ein Aufschlag zum Beitrag (10 % der Jahres-Bruttoprämie) zu erheben, der sog. gesetzliche Beitragszuschlag (§§ 149, 150 Abs. 2 VAG).

Die verschiedenen in die Alterungsrückstellung eingebrachten Überzinsanteile sind im Wesentlichen für die über 65-jährigen Versicherten innerhalb von drei Jahren zur Begrenzung von Prämienerhöhungen bzw. zur Prämienermäßigung zu verwenden. Sie werden teilweise zu diesem Zweck zuvor in eine erfolgsunabhängige Rückstellung für Beitragsrückerstattung eingebracht (§ 150 Abs. 3 und 4 VAG).

2.7.2 Bewertung der Deckungsrückstellung unter Einschluss rechnungsmäßig gedeckter Kostenbestandteile

2.7.2.1 Abgrenzung berücksichtigungsfähiger Kostenbestandteile

Bei der Ermittlung der Deckungsrückstellung dürfen bestimmte Kostenbestandteile berücksichtigt werden, die vom Versicherungsnehmer im Beitrag zu begleichen sind und die Verbindlichkeit des VU im Prinzip mindern. Sie sind in den Rechnungsgrundlagen festgelegt. Diese enthalten neben dem technischen Zins und den zur Ermittlung des Risikoanteils verwendeten Sterbetafeln u. a. Angaben über:

- den Abschlusskostenzuschlag (sog. Zillmersatz; ggf. auch Amortisationszuschlag)
- die Zuschläge für laufende Verwaltungskosten (ggf. auch Inkassozuschlag und Stückkostenzuschlag)
- den Ratenzuschlag
- Summenrabatte

Diese gesetzten Rechengrößen normieren die Höhe der Kosten, die in die Prämienkalkulation eingerechnet werden dürfen.

rechnungsmäßige, überrechnungsmäßige Abschlusskosten

Die in der Beitragsberechnung ansatzfähigen Abschlusskosten werden als „rechnungsmäßige Abschlusskosten" bezeichnet. Sind die tatsächlichen Abschlusskosten (insbesondere Abschlussprovisionen, Arztkosten) höher, müssen die als „überrechnungsmäßige Abschlusskosten" bezeichneten Differenzbeträge aus anderen Ertragsquellen gedeckt werden. Dies gilt auch für die Verwaltungskosten.

Im (prospektiven) Ansatz der Deckungsrückstellung werden Verwaltungs- und Abschlusskosten auf unterschiedliche Weise erfasst.

2.7.2.2 Berücksichtigung laufender Verwaltungskosten

Für Versicherungen mit laufender Beitragszahlung werden die laufenden Verwaltungskosten bei der Berechnung der Barwerte sowohl bei den künftigen Versicherungsleistungen als auch bei den zufließenden Deckungsbeiträgen nicht berücksichtigt. Diese Vorgehensweise wird mit der systematisch gegebenen Betragsgleichheit auf der Ausgaben- und der Einnahmenseite begründet. Die laufenden Verwaltungskosten werden also bei laufender Beitragszahlung nur indirekt erfasst.

Verwaltungskostenrückstellung

Für Versicherungen gegen Einmalbeitrag und bei beitragsfrei gestellten Verträgen ist hingegen eine Verwaltungskostenrückstellung für beitragsfreie Jahre zu bilden; sie wird als Bestandteil der Deckungsrückstellung geführt (§ 25 Abs. 3 RechVersV).

2.7.2.3 Berücksichtigung rechnungsmäßiger Abschlusskosten (Zillmerung)

Aufgrund der in Deutschland (noch) herrschenden Präferenz für Abschlussprovisionen anstelle laufender (Folge-)Provisionen fallen die Abschlusskosten überwiegend vor oder zu Beginn der Vertragslaufzeit an. Müssten die einmaligen, hohen Abschlusskosten für Verträge mit laufender Beitragszahlung vom Lebensversicherer voll vorfinanziert werden, würde das Neugeschäft in der Erfolgsrechnung zu hohen Aufwandsbelastungen (mit entsprechendem Kapitalbedarf) führen, während in den anschließenden Perioden der Fortfall solcher Aufwendungen aus demselben Geschäft einen höheren Ertragsausweis zur Folge hätte.

Aktivierungsverbot für Abschlusskosten

In der Sache werden die Abschlussaufwendungen jedoch erbracht, um über die gesamte Vertragslaufzeit Erträge zu erzielen. Der auch im deutschen Bilanzrecht geläufige Grundsatz der sachlichen periodischen Zuordnung von Ausgaben und Einnahmen würde deshalb eine Verteilung dieser Erfolgswirkungen auf alle betroffenen Perioden nahelegen, wie es nach US-GAAP mit der Aktivierung und anschließender Aufwandsverteilung üblich ist. Die Aktivierung von Abschlusskosten ist jedoch in Deutschland seit langem untersagt (§ 248 Abs. 1 Nr. 3 HGB).

Grundidee der Zillmerung

Um gleichwohl eine ähnliche Erfolgsglättung wie bei einer Beitragsabgrenzung zu erzielen und auch den Vorfinanzierungsbedarf für den Lebensversicherer zu dämpfen, wird seit langem in großem Umfang ein mathematisches Verfahren zur Verrechnung der rechnungsmäßigen Abschlusskosten mit dem sich ansammelnden Deckungskapital angewendet. Nach dem Versicherungsmathematiker August Zillmer, der dieses Verfahren auf der Grundlage von Vorläufern entwickelt hat, wird es „Zillmerung" genannt.

rechtliche Beurteilung

Um die rechtliche Zulässigkeit zu stützen und zu dokumentieren, sind die darauf abstellenden Rechnungslegungsvorschriften und die diesbezüglichen Vertragsbedingungen 1994 entsprechend genau ausformuliert worden (§ 25 Abs. 1 S. 2 RechVersV aufgrund von Art. 18 Abs. 2 VersBiRiLi). Gleichwohl hat der BGH in mehreren Urteilen diese Praxis kritisiert und Änderungen angemahnt, die das reformierte Versicherungsvertragsgesetz in neuen Bestimmungen zum Rückkaufswert aufgenommen hat (§ 169 Abs. 3 VVG).

Änderung durch VVG-Reform

Definition in § 4 DeckRV

Bei der Zillmerung werden die rechnungsmäßigen (einmaligen) Abschlusskosten (genauer: die kalkulierten Deckungsbeiträge) von maximal 25 Promille der Beitragssumme (seit 1.1.2015; § 4 Abs. 1 S. 2 DeckRV) als Forderungen des Lebensversicherers gegen den Versicherungsnehmer vereinnahmt. Diese Forderungen werden mit Priorität – d. h. zuerst bzw. vorrangig – gedeckt „aus den höchstmöglichen Prämienteilen … , die … in dem Zeitraum, für den die Prämie gezahlt wird, weder für Leistungen im Versicherungsfall noch zur Deckung von Kosten für den Versicherungsbetrieb bestimmt sind" (§ 4 Abs. 1 S. 1 DeckRV).

höchstmögliche Prämienteile

Gemeint sind mit den als Restmenge umschriebenen „höchstmöglichen Prämienteilen"

- der Sparbeitrag, der zum Aufbau der Deckungsrückstellung dient, und
- der Abschlusskostenzuschlag, mit dem – kalkulatorisch über die gesamte Vertragslaufzeit gerechnet – der Versicherungsnehmer die Abschlusskosten zu begleichen bzw. zu tilgen hat, entweder im Einmalbeitrag oder bei laufender Beitragszahlung im Erstbeitrag und in allen Folgebeiträgen.

Die „höchstmöglichen Prämienteile", die methodisch als Gesamtzuführung zur Deckungsrückstellung behandelt werden, werden quasi in die vorgezogene Tilgung der Abschlusskosten „umgeleitet". Das führt bei laufender Beitragszahlung zu einem späteren Start für den Aufbau der gezillmerten Deckungsrückstellung. Die verzögerte Ansammlung des Deckungskapitals wird – über die Vertragslaufzeit verteilt und verzinst – ausgeglichen durch die um den Zillmerzuschlag erhöhte Gesamtzuführung pro Periode.

Die Zillmerung stellt also einen direkten Vorweg-Abzug der Forderung auf Tilgung vorfinanzierter Abschlusskosten vom Deckungskapital dar, das mit den laufenden Prämien angespart werden muss.

gezillmerte Sparprämie höher als ungezillmerte Sparprämie

Für die Beitragskalkulation ist die Folge, dass eine gezillmerte Sparprämie um den Zillmerzuschlag höher ist als eine ungezillmerte. Entsprechend ist eine gezillmerte Deckungsrückstellung niedriger als eine unter sonst gleichen Bedingungen ungezillmerte Deckungsrückstellung. Nach dem ursprünglichen Zillmerverfahren erreicht die gezillmerte Deckungsrückstellung – wie die ungezillmerte Deckungsrückstellung auch – die Versicherungssumme erst am Ende der planmäßigen Vertragslaufzeit, d. h. im Erlebensfall.

Erfolgsstabilisierung in GuV-Rechnung

In der GuV-Rechnung erzielt das skizzierte modellmäßige Verfahren die angestrebte Erfolgsstabilisierung. Die Vorfinanzierung der rechnungsmäßigen Abschlusskosten wird durch zwei – für sich allein betrachtet erfolgswirksame – Ausgleichseffekte weitgehend neutralisiert:

- Auf der Aufwandsseite wird im Geschäftsjahr des Vertragsabschlusses (und in den i. d. R. ein bis zwei Folgegeschäftsjahren) der durch den Zillmersatz definierte Teil der gesamten einmaligen Abschlussaufwendungen kompensiert durch den Fortfall bzw. die Minderung des Aufwands zur Erhöhung der Deckungsrückstellung.
- Diese verdeckte Kürzung des Postens 7a) in der versicherungstechnischen Rechnung des Formblatts 3 ist begrenzt auf die zur vorrangigen Tilgung der rechnungsmäßigen Abschlusskosten verfügbaren „höchstmöglichen Prämienteile".
- Auf der Ertragsseite sind während der gesamten Vertragslaufzeit in den eingenommenen Prämien die Deckungsbeiträge für die Abschlusssaufwendungen (Zillmerzuschläge) enthalten. Nach Tilgung der Abschlusskosten erhöht sich der Aufwand für die jährliche Erhöhung der Deckungsrückstellung zum intertemporären Ausgleich neben den rechnungsmäßigen Zuführungen (≈ Sparanteile und Zinsen) um genau diesen Zuschlag. Die Ertrags- und Aufwandsteile sind für die Restlaufzeit betragsgleich und bewirken zusammen Erfolgsneutralität.

2.7.2.4 Restforderung auf Tilgung noch nicht fälliger, rechnungsmäßig gedeckter Ansprüche

Forderungen gegen Versicherungsnehmer – noch nicht fällige Ansprüche

Übersteigen die rechnungsmäßigen Abschlusskosten die saldierfähigen höchstmöglichen Prämienteile im Geschäftsjahr des Vertragsabschlusses, können die Abschlusskosten in diesem Geschäftsjahr nicht in vollem Umfang in der dargestellten Weise erfolgsrechnerisch gedeckt werden. Die ungedeckten, d. h. noch nicht getilgten Beträge verbleiben als „Forderungen gegen Versicherungsnehmer – noch nicht fällige Ansprüche" [Fb. 1 Aktiva Pos. E. I. 1. a)] in der Bilanz (§ 15 Abs. 1 RechVersV). Auf diese Weise werden – handelsrechtlich unzulässige – negative Deckungsrückstellungen für den einzelnen Versicherungsvertrag vermieden.

Anhebung des bilanziellen Barwerts der Deckungsrückstellung

Buchungstechnisch wird diese Wirkung erzielt, indem die späteren höchstmöglichen Beitragsteile, die zum Ausgleich der Forderungen auf Tilgung der Abschlusskosten noch benötigt werden, vom Barwert der künftigen Beiträge abzuziehen sind (§ 4 Abs. 2 DeckRV). Da bei der prospektiven Ermittlung der Deckungsrückstellung der Barwert der künftigen Beiträge mit dem Barwert der Verpflichtung saldiert wird, erhöht dieser Abzug prinzipiell den Barwert der Deckungsrückstellung.

Bilanzverlängerung

Dem Ausweis des Tilgungsanspruchs als Aktivum steht also eine Anhebung der Passivseite gegenüber, so dass die Deckungsrückstellung so lange bei Null verharren kann, bis die restlichen Abschlusskosten vollständig durch Beiträge beglichen sind.

Im Hinblick auf die Erfolgswirkung kommt die Regelung einer Aktivierung von Abschlusskosten gleich. Ein Verstoß gegen das bilanzorientierte Aktivierungsverbot für Abschlussaufwendungen (§ 248 Abs. 1 Nr. 3 HGB) wird darin jedoch nicht gesehen, da es sich beim Anspruch auf Deckung der Abschlusskosten um eine rechtlich abgesicherte, insoweit also als realisiert geltende Forderung handelt.

teilweise Vorfinanzierung von Abschlusskosten

Finanzwirtschaftlich betrachtet erlaubt die Zillmerung die Verwendung von Sparbeiträgen zur teilweisen Vorfinanzierung von Abschlusskosten. Da die Deckungsrückstellung verzögert und dafür zum Ausgleich steiler ansteigt, die gezillmerte Deckungsrückstellung aber insbesondere anfangs niedriger als die ungezillmerte bleibt, verschiebt sich insoweit der Aufbau des Sicherungsvermögens. Dessen Volumen ist im Wesentlichen durch die Bilanzwerte bestimmter versicherungstechnischen Verpflichtungen (insbesondere die bilanzierte Deckungsrückstellung) definiert (§ 125 Abs. 2 VAG; vgl. Abschnitt 2.8.1.1).

Lediglich in Höhe des Aktivums „Forderungen gegen Versicherungsnehmer – noch nicht fällige Ansprüche" finanziert der Versicherer rechnungsmäßige Abschlusskosten vor. Diese Forderungen sind nicht als Bestandteile des Sicherungsvermögens zugelassen (§ 125 Abs. 1, § 124 VAG). Insoweit werden schon zu Beginn der Vertragslaufzeit Finanzmittel aus den zugeflossenen Beiträgen für den Erwerb der dem Sicherungsvermögen zuzuordnenden Kapitalanlagen benötigt. Diese Finanzmittel stehen damit für andere Zwecke nicht mehr zur Verfügung.

grafische Darstellung

Den grundsätzlichen Verlauf von ungezillmerter und gezillmerter Deckungsrückstellung bis zum Vertragsablauf (Erlebensfall) zeigt Abbildung 4. Zwecks Vereinfachung wird die für den Rückkaufswert vorgeschriebene Verteilung der Abschlusskosten auf 5 Jahre (§ 169 Abs. 3 VVG) nicht mit abgebildet (vgl. dazu Abschnitt 2.7.3). Als weitere Vereinfachung sind die Verläufe als Kurven anstelle von Stufen dargestellt. Die Differenz zwischen den Rückstellungsverläufen [DR (uz)] und [DR (z)] entspricht dem Barwert der jeweils noch zu leistenden Abschlusskostenzuschläge [Bw Akz]. Nicht gesondert hervorgehoben ist die Aktivierung der Forderung auf Tilgung der restlichen Abschlusskosten, die – an der Abszisse gespiegelt, also mit positivem Vorzeichen – dem negativen Teil der gezillmerten Deckungsrückstellung entspricht. Die bilanzielle Deckungsrückstellung folgt dem eingezeichneten gezillmerten Verlauf erst nach Tilgung der Abschlusskosten, also im positiven Bereich von [DR (z)].

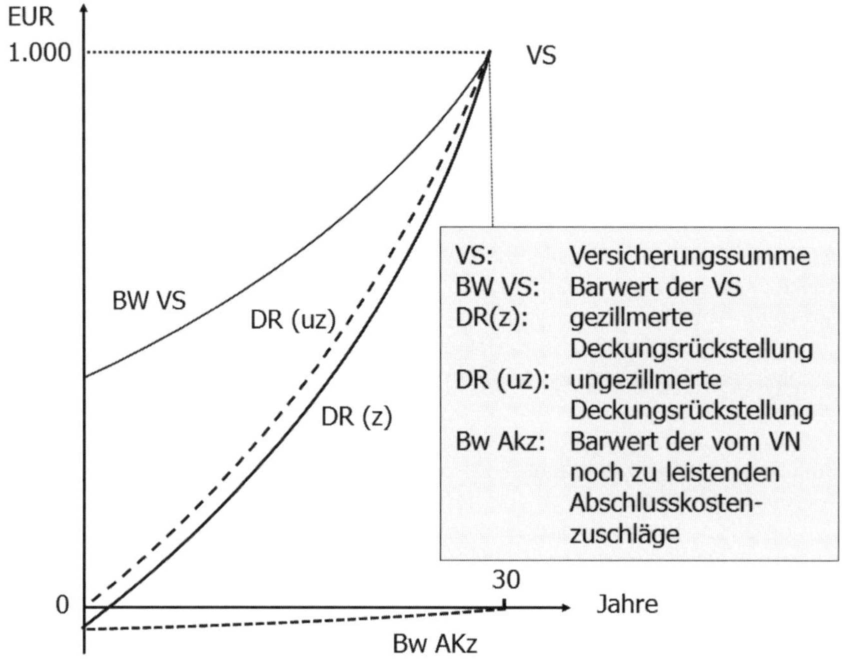

Abbildung 4: Prinzip der Verrechnung von rechnungsmäßigen Abschlusskosten mit der Deckungsrückstellung für Lebensversicherungsverträge mit laufender Beitragszahlung und unterstellter Vertragsdauer von 30 Jahren (Hesberg 1997, S. 58)

2.7.3 Modifikation durch Rückkaufswerte

Dem Versicherungsnehmer steht die Möglichkeit offen, den Versicherungsvertrag zu kündigen und damit sein ihm zustehendes Deckungskapital (§ 169 Abs. 1 VVG) zurückzufordern. Für diesen sog. Rückkaufswert sieht das VVG insbesondere folgende Regelungen vor:

- Als Rückkaufswert wird das nach anerkannten Regeln der Versicherungsmathematik mit den Rechnungsgrundlagen der Prämienkalkulation zum Schluss der laufenden Versicherungsperiode berechnete Deckungskapital definiert.
- Im Fall der Vertragskündigung wird für den Rückkaufswert als Mindestwert der Betrag des Deckungskapitals bestimmt, „das sich bei gleichmäßiger Verteilung der unter Beachtung der aufsichtsrechtlichen Höchstzillmersätze angesetzten Abschluss- und Vertriebskosten auf die ersten fünf Vertragsjahre ergibt" (§ 169 Abs. 3 VVG).
- Bei fondsgebundenen Versicherungen und ähnlichen Versicherungen tritt an die Stelle des Deckungskapitals als Rückkaufswert der Zeitwert der Versicherung (§ 169 Abs. 4 VVG).
- Die Vereinbarung eines Abzugs für noch nicht getilgte Abschluss- und Vertriebskosten ist unwirksam" (§ 169 Abs. 5 VVG).

gesetzlich garantierter Rückkaufswert

Kern der Regelung ist, dass im Regelfall mindestens das Deckungskapital zurückzugewähren ist. Bei der Berechnung des gesetzlich garantierten Rückkaufswertes müssen jedoch für den Fall, dass gezillmert wird, abweichend von der dargestellten ursprünglichen Form der Zillmerung die Abschlusskosten gleichmäßig auf einen Zeitraum von fünf Jahren verteilt werden. Dadurch soll erreicht werden, dass auch bei Vertragskündigung in den ersten Versicherungsjahren ein streng positiver Rückkaufswert (d. h. > 0) vorhanden und eine Kürzung um Abschlusskosten bis auf ein Deckungskapital von Null ausgeschlossen ist. Die bilanzielle Deckungsrückstellung weist – anders als in Abbildung 4 gezeigt – am Ende des ersten Jahres keinen „Null-Bereich" mehr auf und erreicht nach 5 Jahren annähernd einen Verlauf wie eine „strikt versicherungsmathematisch" gezillmerte Rückstellung, d. h. ohne die Tilgungsstreckung gemäß § 169 Abs. 3 VVG.

4

Garantierte Rückkaufswerte sahen auch schon die vermögensbildenden Lebensversicherungen und die seinerzeit noch vom BAV zu genehmigenden Tarife von 1986 für das erste bzw. für das erste oder zweite Jahr vor. Ähnliche Regeln galten anfänglich für die sog. – mittlerweile modifizierten – Riester-Renten. In den fraglichen – insbesondere den vermögensbildenden – Tarifen beträgt der garantierte Rückkaufswert mindestens 50 % der ab Versicherungsbeginn entrichteten Bruttobeiträge oder 65 % der ab zweitem Versicherungsjahr geleisteten Beiträge.

Bilanzansatz

In der Bilanz wird für die Deckungsrückstellung immer der jeweils größere Betrag als Verpflichtung angesetzt (§ 25 Abs. 2 RechVersV):

- Übersteigt der garantierte Rückkaufswert die gezillmerte Deckungsrückstellung, wird die Differenz zusätzlich als Verpflichtung (in der bilanziellen Deckungsrückstellung) passiviert. Allerdings wird, um Erfolgsneutralität herzustellen, dieser Unterschiedsbetrag wiederum als „Forderung gegen Versicherungsnehmer – noch nicht fällige Ansprüche" aktiviert (§ 15 Abs. 2 RechVersV).
- Überschreitet hingegen die gezillmerte Deckungsrückstellung den garantierten Betrag, entspricht der (zu gewährende) Rückkaufswert dem höheren rechnungsmäßigen (d. h. kalkulierten) Ansatz.

Die durch die garantierten Rückkaufswerte bewirkte Anhebung der Deckungsrückstellung auf Werte größer Null erhöht insoweit den Vorfinanzierungsbedarf für Abschlusskosten (vgl. Abschnitt 2.7.2.4). Mit der vorgezogenen Bildung der Deckungsrückstellung muss auch das Sicherungsvermögen entsprechend früher aufgebaut werden.

2.7.4 Ausweis in Bilanz und Erfolgsrechnung – Angaben im Anhang

In der Bilanz müssen Deckungsrückstellungen von Versicherungsunternehmen aller Versicherungszweige einheitlich in der Hauptspalte für eigene Rechnung ausgewiesen werden. Die Rückversicherungsanteile sind in der Vorspalte offen von den Brutto-Rückstellungen abzusetzen. Die Renten-Deckungsrückstellung bei Schaden- und Unfallversicherern ist als Teil der Rückstellung für noch nicht abgewickelte Versicherungsfälle zu bilanzieren.

Auszug aus Formblatt 3: I. Versicherungstechnische Rechnung

7. Veränderung der übrigen versicherungstechnischen Netto-Rückstellungen			
a) Deckungsrückstellung			
aa) Bruttobetrag	......		
bb) Anteil der Rückversicherer	......	......	
b) sonstige versicherungstechnische Netto-Rückstellungen		......	......

In der GuV-Rechnung müssen Lebens- und Krankenversicherer für die Veränderungen der Deckungsrückstellung als entsprechende Unterpositionen auch die Bruttowerte und die Rückversicherungsanteile aufführen [Fb. 3 Pos. I. 7. a) aa) und bb)]. Für die Schaden- und Unfallversicherer sieht das Formblatt nur den reinen Nettoausweis vor [Fb. 2 Pos. I. 5. a)].

Angaben im Anhang

Im Anhang müssen alle Versicherungsunternehmen Angaben machen zu den (allgemeinen) Methoden zur Ermittlung der einzelnen Deckungsrückstellungen. Dabei ist nach direktem und indirektem Geschäft sowie nach Bruttobeträgen und rückgedeckten Anteilen zu differenzieren (§ 52 Nr. 1 lit. c) RechVersV). Lebensversicherer haben zusätzlich die versicherungsmathematischen Methoden zur Berechnung der Deckungsrückstellung und die verwendeten Rechnungsgrundlagen anzugeben (§ 52 Nr. 2 lit. a) RechVersV).

2.8 Kapitalanlagen und Anlageergebnisse

Handlungssituation

Die Kapitalanlagen werden in der Proximus-Gruppe für alle Versicherungsunternehmen in einer eigenen Anlagegesellschaft zentral gesteuert. Auch die diesbezügliche Aufbereitung der Jahresabschlussdaten erfolgt zentral. Sie sind Mitarbeiter einer Arbeitsgruppe Rechnungslegung in der Konzernzentrale und weisen einzelne Mitarbeiter aus der Anlageabteilung in die Auswirkungen ein, die ihr Tun auf den HGB-Abschluss der einzelnen Gesellschaften hat.

2.8.1 Ausweis der Kapitalanlagen in der Bilanz

2.8.1.1 Umfang und Struktur der Kapitalanlagen

Die Gliederungstiefe der Kapitalanlagen auf der Aktivseite im Bilanzformblatt zeigt schon an, dass die Postengruppen C. Kapitalanlagen und D. Kapitalanlagen für Rechnung und Risiko von Inhabern von Lebensversicherungspolicen den größten Teil des Vermögens von Versicherungsunternehmen ausmachen.

Auszug aus Formblatt 1: Bilanz C. Kapitalanlagen

Aktivseite				
C. Kapitalanlagen	€	€	€	€
I. Grundstücke, grundstücksgleiche Rechte und Bauten einschließlich der Bauten auf fremden Grundstücken			......	
II. Kapitalanlagen in verbundenen Unternehmen und Beteiligungen				
1. Anteile an verbundenen Unternehmen		......		
2. Ausleihungen an verbundenen Unternehmen		......		
3. Beteiligungen		......		
4. Ausleihungen an Unternehmen, mit denen ein Beteiligungsverhältnis besteht		......	......	
III. Sonstige Kapitalanlagen				
1. Aktien, Anteile oder Aktien an Investmentvermögen und andere nicht festverzinsliche Wertpapiere		......		
2. Inhaberschuldverschreibungen und andere festverzinsliche Wertpapiere		......		
3. Hypotheken-, Grundschuld- und Rentenschuldforderungen		......		
4. Sonstige Ausleihungen				
a) Namensschuldverschreibungen	......			
b) Schuldscheinforderungen und Darlehen	......			
c) Darlehen und Vorauszahlungen auf Versicherungsscheine	......			
d) übrige Ausleihungen	......	......		
5. Einlagen bei Kreditinstituten		......		
6. Andere Kapitalanlagen		......	......	
IV. Depotforderungen aus dem in Rückdeckung übernommenen Versicherungsgeschäft			......	......
D. Kapitalanlagen für Rechnung und Risiko von Inhabern von Lebensversicherungspolicen				......

Die Vermögenswerte werden insbesondere zur Bedeckung der Verpflichtungen aus den Versicherungsverträgen gehalten. Sie müssen in einem getrennt zu verwaltenden Vermögensstock geführt werden, dem sog. Sicherungsvermögen (bis 31.12.2003 Deckungsstock genannt).

Sicherungsvermögen

Das Sicherungsvermögen muss (in Buchwerten gemessen) mindestens die Höhe folgender Brutto-Verpflichtungen aus dem selbst abgeschlossenen Geschäft erreichen (§ 125 Abs. 2 VAG):

- Deckungsrückstellung
- Beitragsüberträge
- Schadenrückstellungen (inkl. Renten-Deckungsrückstellung)
- gebundener Teil der Rückstellung für Beitragsrückerstattung (RfB)
- erfolgsunabhängige Rückstellung für Beitragsrückerstattung
- unverbrauchte Beiträge aus ruhenden Versicherungsverträgen
- Verbindlichkeiten gegen Versicherungsnehmer (= gutgeschriebene Überschussanteile)
- bereits eingenommene Beiträge, die infolge nicht zustande gekommener oder stornierter Verträge zu erstatten sind

Für das Sicherungsvermögen in den Versicherungszweigen Lebens- und Krankenversicherung (einschließlich private Pflegepflichtversicherung) sowie Unfallversicherung mit Prämienrückgewähr ist ein Treuhänder zu bestellen, der die Sicherheit dieses Vermögens zu überwachen hat. Er ist für die Verwahrung der Vermögenswerte mitverantwortlich. Nur mit Zustimmung des Treuhänders darf über die Bestandteile des Sicherungsvermögens verfügt werden (§ 128 Abs. 1, § 129 Abs. 1 und 2 VAG). Der Treuhänder hat unter der Bilanz zu bestätigen, dass das Sicherungsvermögen den Vorschriften gemäß angelegt und verwahrt wird (§ 128 Abs. 5 VAG).

Vermögensverzeichnis

Die Vermögensteile des Sicherungsvermögens sind darüber hinaus in ein sog. Vermögensverzeichnis (bis 31.12.2003 Deckungsstockverzeichnis) einzutragen (§ 126 Abs. 1 VAG). Sie müssen getrennt verwaltet und aufbewahrt werden (§ 125 Abs. 4 VAG).

Dabei gilt die Besonderheit, dass die Rückversicherungsanteile an den versicherungstechnischen Rückstellungen von Kompositversicherungsunternehmen auch ohne Eintragung in das Vermögensverzeichnis zum Sicherungsvermögen zählen (§ 126 Abs. 3 VAG). Lebens- und Krankenversicherer sowie diejenigen Kompositversicherer, die Beitrags- und/oder Renten-Deckungsrückstellungen zu bilden haben, müssen hingegen auch für die in Rückdeckung gegebenen Anteile an den Deckungsrückstellungen und den Rückstellungen für Beitragsrückerstattung die Vermögenswerte im Sicherungsvermögen selbst halten (§ 126 Abs. 4 VAG). In der Praxis haben sich dafür die Formen des Bardepots und – seltener – des Wertpapierdepots herausgebildet.

Bardepot

Beim Bardepot behält der Erstversicherer vereinbarte Teile der dem Rückversicherer zustehenden Rückversicherungsprämien zur Sicherheit ein und investiert sie in eigener Regie in Vermögenswerte. Diese sind in den ausgewiesenen

Kapitalanlagen mit enthalten. Gegenüber dem Rückversicherer entsteht damit eine Verbindlichkeit, die – als Ausgleich für die dem Rückversicherer entgehenden Kapitalerträge – verzinst wird (sog. Depotzinsen). Die Verpflichtung ist als Depotverbindlichkeit zu passivieren. Der mit dem Bardepot korrespondierende Posten Depotverbindlichkeiten aus dem in Rückdeckung gegebenen Geschäft (Fb. 1 Passiva Pos. H) bildet quasi den vereinbarten Rückversicherungsanteil an den Kapitalanlagen ab (§ 33 Abs. 1 RechVersV).

Depotverbindlichkeiten

In der Bilanz werden die Kapitalanlagen nicht nach Sicherungsvermögen und restlichem Vermögen unterschieden. Die Bilanzgliederung richtet sich vielmehr im Wesentlichen traditionell nach Anlagearten.

Bilanzgliederung nach Anlagearten

Die Struktur der Vermögensanlagen ist aufgrund der bis Ende 2015 geltenden Anlagevorschriften (§ 54 VAG a. F., AnlV a. F.) geprägt durch Grundstücke und grundstücksgleiche Rechte, Beteiligungen und Finanztitel wie Aktien und insbesondere festverzinsliche Wertpapiere. Ab 1.1.2016 sind für die Vermögensanlage der Versicherungsunternehmen (mit Ausnahme der kleineren VVaG, Pensions- und Sterbekassen) nur noch sog. prinzipienbasierte Rahmenvorschriften maßgebend (§ 124 VAG). Konkretere Vorgaben bestehen noch für das Sicherungsvermögen (§ 125 Abs. 1 VAG) und für den Einsatz derivativer Finanzinstrumente (§ 124 Abs. 5 VAG).

Derivative Finanzinstrumente dürfen danach weiterhin nur zur Risikominderung und zur Effizienzverbesserung des Portfoliomanagements eingesetzt werden, nicht hingegen zu Arbitragezwecken und Leerverkäufen. In Betracht kommen zu Erwerbsvorbereitungs- und Absicherungszwecken insbesondere:

derivative Finanzinstrumente

- Optionen, d. h. Termingeschäfte über die Ausübung von Wahlrechten, z. B. Kaufoption (call) oder Verkaufsoption (put) auf Wertpapiere oder auf einen Index [z. B. den DAX (Deutscher Aktienindex)]
- Futures, d. h. standardisierte, börsengängige Termingeschäfte mit Finanztiteln oder Währungspositionen mit im Voraus fixierten Fristen/Terminen und Verkaufs- bzw. Ankaufskursen
- Swaps, d. h. Kombinationen von Kassa- und gegenläufigem Termingeschäft, z. B.
  - Währungsswap (currency-swap), d. h. Kauf bzw. Verkauf von Fremdwährungsguthaben per Kassa und Rück-Verkauf bzw. Rück-Kauf der Positionen per Termin, so dass offene Positionen geschlossen werden
  - Zinsswap (interest rate swap), bei dem i. d. R. nur Zinsverpflichtungen aus Forderungen bzw. Verbindlichkeiten getauscht werden, insbesondere aus festverzinslichen Engagements gegen solche mit variabler Verzinsung

Soweit solche Finanzinstrumente bilanzierungsfähig sind, werden sie im Jahresabschluss nach den allgemeinen Ansatz- und Bewertungsregeln angesetzt, ggf. nach Empfehlungen der Wirtschaftsprüfer sowie nach den speziellen Weisungen der Aufsichtsbehörde. Kommt für Verpflichtungen aus Derivaten eine Passivierung als Verbindlichkeit, sonstige Rückstellung oder als (allgemeine) Rückstellung für drohende Verluste nicht in Frage, sind diese Verpflichtungen im Anhang anzugeben (§ 285 Nr. 3, 3a HGB).

Für die unterschiedenen Anlagen in den beiden Rubriken „II. Kapitalanlagen in verbundenen Unternehmen und Beteiligungen“ und „III. Sonstige Kapitalanlagen“ kann der durch das Formblatt 1 vorgegebene Einzelausweis der Posten statt in der Bilanz auch im Anhang vorgenommen werden (§ 3 Nr. 1 a) und b) RechVersV).

2.8.1.2 Inhalt einzelner Kapitalanlageposten

Die Inhalte der Bilanzposten sollten überwiegend geläufig sein. Da die Bezeichnungen zum Teil schon selbst hinreichende Erklärung bieten, werden im Folgenden nur einige Posten der Kapitalanlagen in der durch die Bilanzgliederung vorgegebenen Reihenfolge erläutert.

Kapitalanlagen in verbundenen Unternehmen und Beteiligungen (Pos. C. II.)

Alle von entsprechenden Unternehmensverflechtungen betroffenen Anlagen werden in dieser Rubrik zusammengefasst. Die Einordnung von Forderungen und Anteilen an verbundenen Unternehmen an dieser Stelle geht dem Ausweis in den sonstigen Kapitalanlagen (Pos. C. III) prinzipiell vor.

- Anteile an verbundenen Unternehmen (Pos. C. II. 1.)

  Als verbundene Unternehmen gelten für Zwecke der Rechnungslegung (§ 271 Abs. 2, § 290 Abs. 1 HGB) Unternehmen, die vom Grundsatz her als Mutter- und Tochterunternehmen in den umfassenden Konzernabschluss eines obersten Mutterunternehmens einzubeziehen sind. Mutter- und Tochterunternehmen sind im Prinzip durch einheitliche Leitung verbunden; bei Vorliegen bestimmter Voraussetzungen wird diese Verbindung grundsätzlich angenommen (§ 290 Abs. 2 HGB). Anteile an verbundenen Unternehmen sind in jedem Fall, auch wenn es sich um Beteiligungen handelt, unter dieser Position auszuweisen: Die Offenlegung von Konzernverbindungen hat Vorrang vor anderen Bilanzierungskriterien.

- Beteiligungen (Pos. C. II. 3.)

  Beteiligungen sind Anteile an anderen Unternehmen, die dem eigenen Geschäftsbetrieb durch die dauernde Verbindung zu jenen Unternehmen dienen sollen (§ 271 Abs. 1 S. 1 HGB). Für fragliche Fälle findet eine Beteiligungsvermutung Anwendung, nach der „im Zweifel“ Anteile an einer Kapitalgesellschaft von mehr als 20 % des Nominalkapitals als Beteiligung gelten.

  Als Beteiligungen sind, soweit sie nicht als Anteile an verbundenen Unternehmen in der unter (1) genannten Position ausgewiesen werden müssen, z. B. zu bilanzieren:
  - Anteile an Kapitalgesellschaften
  - Anteile an Personengesellschaften, insbesondere Partenreedereien
  - stille Beteiligungen
  - Anteile an Grundstücksgesellschaften bürgerlichen Rechts

- Ausleihungen an verbundene Unternehmen bzw. an Unternehmen, mit denen ein Beteiligungsverhältnis besteht (Pos. C. II. 2. und 4.)

  Die Zusammenfassung aller Konzern- und Beteiligungsbeziehungen schließt auch darunterfallende Forderungstitel ein. Sowohl verbriefte Titel wie Inhaber- und Namensschuldverschreibungen als auch Schuldscheinforderungen, Darlehen und übrige Ausleihungen sind aus den entsprechenden Unterposten der „Sonstigen Kapitalanlagen" (Pos. C. III.) auszugliedern und entweder in die „Ausleihungen an verbundene Unternehmen" (Pos. 2) oder in die „Ausleihungen an Unternehmen, mit denen ein Beteiligungsverhältnis besteht" (Pos. 4), einzustellen (§ 8 Abs. 1 S. 1, § 10 Abs. 1 RechVersV).

4

Sonstige Kapitalanlagen (Pos. C. III.)

- *Aktien, Anteile oder Aktien an Investmentvermögen und andere nicht festverzinsliche Wertpapiere (Pos. C. III. 1.)*

  Die Position aller nicht festverzinslichen Papiere umfasst neben den genannten Aktien und Investmentanteilen insbesondere Zwischen-, Options- und Gewinnanteilscheine. Neben diesen Finanztiteln, bei denen es auf Börsenfähigkeit oder Börsennotierung nicht ankommt, sind hier auch börsenfähige Genussscheine auszuweisen sowie andere Wertpapiere, soweit diese börsennotiert sind, z. B. Bezugsrechte (§ 7 RechVersV).

- *Inhaberschuldverschreibungen und andere festverzinsliche Wertpapiere (Pos.C. III. 2)*

  Unter diesem Posten sind – ihre Börsenfähigkeit vorausgesetzt – Finanztitel auszuweisen, die (im Gegensatz zur vorangehenden Pos. 1.) durch Zinssatzvereinbarungen gekennzeichnet sind:

  - festverzinsliche Inhaberschuldverschreibungen und andere verbriefte oder als Wertrechte (d. h. unverbriefte, z. B. als Schuldbuchforderung) ausgestaltete Inhaberpapiere
  - Orderschuldverschreibungen
  - Schatzwechsel und andere Geldmarktpapiere
  - Kassenobligationen (§ 8 Abs. 1 RechVersV)

  Als festverzinsliche Wertpapiere werden auch Finanztitel mit variablem Zinssatz angesehen, wenn dieser Zins an definierte Referenzzinssätze (Interbank-Rate, Geldmarktsätze) gekoppelt ist, sowie Nullkupon-Anleihen und verbriefte Rechte auf anteilige Erlöse aus Forderungsvermögen (§ 8 Abs. 2 RechVersV). Auch sog. Asset-Backed-Securities (Forderungstitel gegen Sondervermögen, das aus gepoolten besicherten Kreditforderungen von speziellen Zweckgesellschaften zusammengeführt und verwaltet wird) können darunter fallen, sofern sie verbrieft sind (z. B. als Zertifikat). Fehlt die Verbriefung, sind sie als Darlehen in die Rubrik Sonstige Ausleihungen (Pos. C. III. 4.) einzuordnen.

  Nicht unter den Inhaberschuldverschreibungen, sondern als eigene Unterposition der Sonstigen Ausleihungen sind Namensschuldverschreibungen zu bilanzieren [Pos. 4.a)].

- *Hypotheken-, Grundschuld- und Rentenschuldforderungen (Pos. C. III. 3.)*

  Die Position enthält Forderungen, für die Pfandrechte an Grundstücken oder Schiffen bestellt worden sind. Auch Forderungen, die zusätzlich durch einen Versicherungsvertrag gesichert sind, zählen dazu.

- *Sonstige Ausleihungen (Pos. C. III. 4.)*

  Als getrennte Unterposten werden folgende Finanztitel und Ansprüche bilanziert:

  - *Namensschuldverschreibungen*

    Namensschuldverschreibungen werden aufgrund ihrer geringeren Fungibilität wie Finanzanlagevermögen behandelt und nicht als nach dem strengen Niederstwertprinzip zu bewertende Wertpapiere angesehen.

    Um nicht in einer Position unterschiedlich bewertete Vermögenswerte zusammenzufassen, hatte man sich 1994 dazu entschieden, die Namensschuldverschreibungen – unabhängig von der Art der Dokumentation oder Verbriefung der Finanztitel – den Sonstigen Ausleihungen zuzuordnen. Mit der Bewertungserleichterung für Aktien und festverzinsliche Wertpapiere durch die Änderung von § 341b Abs. 2 HGB ist dieses „Reinheitsgebot" für die Bewertung innerhalb der Bilanzposten „Aktien ..." (Pos. C. III. 1.) und „Inhaberschuldverschreibungen ..." (Pos. C. III. 2.) allerdings wieder durchbrochen worden.

    Bei den Namensschuldverschreibungen handelt sich insbesondere um auf den Namen des Versicherungsunternehmens lautende Pfandbriefe, Kommunalobligationen und dergl. sowie im Schuldbuch eingetragene Anleihen von Bund, Ländern und Gemeinden.

  - *Schuldscheinforderungen und Darlehen*

    Als Schuldscheinforderungen gelten langfristige, durch Schuldscheine verbriefte Ausleihungen. Den Schuldscheinen fehlen jedoch aufgrund der i. d. R. großen Einzelbeträge und der fehlenden Standardisierung weitgehend die für börsengängige Wertpapiere wichtigen Eigenschaften Mobilisierbarkeit und Fungibilität. Sie sind deshalb von den Namensschuldverschreibungen getrennt auszuweisen.

  - *Darlehen und Vorauszahlungen auf Versicherungsscheine*

    Die auf der Grundlage vorhandener Deckungskapitalien an Versicherungsnehmer gewährten Kredite (Policendarlehen) sind zwingend anzugeben: Wenn der Betrag – aufgrund der zulässigen Zusammenfassung wegen Unerheblichkeit (§ 3 RechVersV) – nicht aus der Bilanz erkennbar ist, muss die Angabe im Anhang gemacht werden (§ 10 Abs. 2 S. 1 RechVersV).

  - *Übrige Ausleihungen*

    Dazu gehören insbesondere Tilgungsstreckungsdarlehen und Mitarbeiterdarlehen von mehr als sechs Monatsbezügen (§ 10 Abs. 1 Nr. 4 RechVersV). Bei größeren Ausleihungen ist eine Aufgliederung vorzunehmen (§ 10 Abs. 2 S. 2 RechVersV).

- *Einlagen bei Kreditinstituten (Pos. C. III. 5.)*

  Es handelt sich um Guthaben, deren Verfügbarkeit an Kündigungsfristen gebunden ist, z. B. Sparguthaben, Fest- und Termingelder. Jederzeit abrufbare Einlagen sind, auch wenn sie verzinst werden, unter „Sonstige Vermögensgegenstände" im Posten „Laufende Guthaben ..." (Fb. 1 Aktiva Pos. F. II.) zu bilanzieren (§ 11 RechVersV).

- *Andere Kapitalanlagen (Pos. C. III. 6.)*

  Diese Position nimmt u. a. – wenn überhaupt noch vorhanden – Ausgleichsforderungen aus der Währungsreform von 1948 auf (§ 12 S. 1 RechVersV). Bei größerem Umfang dieses Sammelpostens sind die Anlagen im Anhang zu erläutern (§ 12 S. 2 RechVersV).

Depotforderungen aus dem in Rückdeckung übernommenen Versicherungsgeschäft (Pos. C. IV.)

Hier werden Forderungen an Vorversicherer erfasst, die zur Bedeckung der von den Zedenten als sog. Bardepot einbehaltenen Sicherheiten dienen. Sie dürfen weder mit anderen Forderungen aus der Abrechnung (Fb. 1 Aktiva Pos. E. II.) noch mit Depot- bzw. Abrechnungsverbindlichkeiten gegen den Vorversicherer (Fb. 1 Passiva Pos. H. und I. II.) saldiert werden (§ 13 Abs. 1, 2 RechVersV).

Hinterlegt das bilanzierende Versicherungsunternehmen als übernehmender Rückversicherer beim Vorversicherer anstelle eines Bardepots zur Sicherheit Wertpapiere (= Wertpapierdepot), verbleiben diese im Eigentum des Rückversicherers. Der Rückversicherer hat die dem Vorversicherer überlassenen Papiere unter seinen Kapitalanlagen in den entsprechenden Posten mit auszuweisen; eine Bilanzierung von Depotforderungen aus übernommenem Versicherungsgeschäft entfällt insoweit (§ 13 Abs. 3 RechVersV).

Kapitalanlagen für Rechnung und Risiko von Inhabern von Lebensversicherungspolicen (Pos. D.)

Jene Kapitalanlagen, die für fondsgebundene Lebensversicherungsverträge und solche Verträge verwaltet werden, bei denen die Leistung an einen Index oder die Wertentwicklung eines Vermögensstocks gebunden ist, sind – getrennt von allen anderen Anlagen – unter dieser Position zusammen auszuweisen. Der Grund für die separate Führung dieser Vermögensteile und den Ausweis in einem eigenen Posten liegt in der Bewertung dieser Anlagen zum Zeitwert.

Auch Bedeckungswerte für sog. Tontinen sind hier auszuweisen (§ 14 Abs. 1 RechVersV). Die Zusammensetzung des Anlagestocks und die Zahl der Anteilseinheiten am Bilanzstichtag sind im Anhang anzugeben (§ 14 Abs. 2 RechVersV).

4

2.8.2 Bewertung der Kapitalanlagen

Ausgangspunkt: Bewertung zu Anschaffungs- oder Herstellungskosten

Die Bewertung der Kapitalanlagen richtet sich nach den einschlägigen Vorschriften des HGB für große Kapitalgesellschaften (§ 341a Abs. 1, Abs. 2 S. 1 HGB), ergänzt durch die speziellen Bewertungsanweisungen für Versicherungsunternehmen (§§ 341b–d HGB). Ausgangspunkt bleibt die Bewertung zu – ggf. fortgeführten – Anschaffungs- oder Herstellungskosten – mit zwei Ausnahmen.

Ausnahmen

Die eine Ausnahme betrifft die Vermögensanlagen für die fondsgebundene Lebensversicherung. Diese sind – unter Berücksichtigung des Vorsichtsprinzips – zwingend zum Zeitwert am Bilanzstichtag zu bilanzieren (§ 341d HGB).

Die andere Abweichung betrifft Namensschuldverschreibungen; sie dürfen anstelle der Bilanzierung zum fortgeführten Anschaffungsbetrag bzw. zum niedrigeren Zeitwert alternativ zum Nennbetrag angesetzt werden (§ 341c Abs. 1 HGB). Als Folge der Bilanzierung zum Nennwert ist ein Differenzbetrag zum evtl. niedrigeren Anschaffungswert zwingend als passiver Rechnungsabgrenzungsposten auszuweisen. Ein Unterschiedsbetrag zum höheren Anschaffungswert darf in die aktivische Rechnungsabgrenzung eingestellt werden (Wahlrecht). In beiden Fällen sind gebildete Rechnungsabgrenzungen planmäßig aufzulösen und die jeweilige Höhe der Posten in der Bilanz oder im Anhang anzugeben (§ 341c Abs. 2 HGB).

Obwohl die Unterscheidung in Anlage- und Umlaufvermögen in der Bilanzgliederung für Versicherungsunternehmen nicht getroffen wird, hat sie dennoch die gleiche materielle Bedeutung für die Bewertung der Aktiva.

Sachanlagevermögen

Gegenstände des Sachanlagevermögens sind von Kapitalgesellschaften – also auch von den wie große Kapitalgesellschaften bilanzierenden Versicherungsunternehmen – zum fortgeführten Anschaffungswert zu bilanzieren, solange nicht eine voraussichtliche Wertminderung auf Dauer vorliegt und die Bewertung mittels außerplanmäßiger Abschreibungen zum niedrigeren Zeitwert geschehen muss.

Die von Versicherungsunternehmen wie Sachanlagevermögen zu bewertenden Vermögensteile sind im Gesetz aufgeführt: Grundstücke, grundstücksgleiche Rechte und Bauten ..., technische Anlagen und Maschinen, andere Anlagen, Betriebs- und Geschäftsausstattung, Anlagen im Bau und Vorräte (§ 341b Abs. 1 S. 1 HGB).

gemildertes Niederstwertprinzip

Für Finanzanlagevermögen gilt das sog. gemilderte Niederstwertprinzip. Danach hat der Bilanzierende ein Wahlrecht, bereits bei nur vorübergehender Wertminderung die Vermögensteile zum niedrigeren Zeitwert anzusetzen oder aber den – den (Zeit-)Wert am Bilanzstichtag übersteigenden – Anschaffungs- bzw. Buchwert beizubehalten. Bei Wertverfall auf Dauer muss auf jeden Fall abgewertet werden (§ 341b Abs. 1 S. 3, § 253 Abs. 3 HGB).

Bewertung wie Finanzanlagevermögen

Die wie Finanzanlagevermögen anzusetzenden Vermögensteile des Anlagevermögens sind benannt: Beteiligungen, Anteile an verbundenen Unternehmen, Ausleihungen an verbundene Unternehmen oder an Unternehmen, mit denen ein Beteiligungsverhältnis besteht, Namensschuldverschreibungen, Hypothekendarlehen und andere Forderungen und Rechte, sonstige Ausleihungen und Depotforderungen aus dem indirekten Versicherungsgeschäft (§ 341b Abs. 1 S. 2 HGB).

Bewertung wie Umlaufvermögen

Für Gegenstände des Umlaufvermögens bestimmt demgegenüber das strenge Niederstwertprinzip, dass diese grundsätzlich zum (beizulegenden) Zeitwert am Bilanzstichtag zu bilanzieren sind, wenn dieser den Anschaffungs- oder den bisherigen Buchwert unterschreitet (§ 253 Abs. 4 HGB).

strenges Niederstwertprinzip

Für bestimmte Wertpapiere in den Kapitalanlagen, die als Finanztitel wie Umlaufvermögen eingeordnet werden, war bis 2001 grundsätzlich die Bewertung nach dem strengen Niederstwertprinzip vorgeschrieben (§ 341b Abs. 2 HGB a. F. von 1994). Dies betraf Aktien, Investmentanteile, festverzinsliche und nicht festverzinsliche Wertpapiere (ohne Namensschuldverschreibungen).

mögliche Umwidmung von Wertpapieren als Anlage von Dauer

Seit März 2002 dürfen Aktien, Investmentanteile sowie sonstige festverzinslichen und nicht festverzinsliche Wertpapiere wie Finanzanlagevermögen bewertet werden, wenn die Titel „dazu bestimmt werden, dauernd dem Geschäftsbetrieb zu dienen", d. h. auf Dauer gehalten werden sollen (§ 341b Abs. 2 HGB). Infolgedessen können auch solche Wertpapiere zum gemilderten Niederstwertprinzip angesetzt werden, die in den Positionen ausgewiesen werden, in denen konzeptionell nach wie vor die Vermögensteile wie Umlaufvermögen nach dem strengen Niederstwertprinzip zu bewerten sind.

Der Vorzug der 1994 eingeführten Bilanzgliederung, dass die Aktiva innerhalb ein- und desselben Bilanzpostens einheitlich nach gleichen Regeln bewertet werden, ist dadurch hinfällig geworden.

stille Lasten

Bei Wertminderungen von voraussichtlich nur vorübergehender Dauer ist für umgewidmete Wertpapiere eine Abwertung unter den bisherigen Buchwert nicht erforderlich. Die Inanspruchnahme des gemilderten Niederstwertprinzips hat zur Folge, dass die Bilanz sog. stille Lasten – das Gegenstück zu den stillen Reserven – verbirgt.

Da sich das erforderliche Volumen der Kapitalanlagen im Sicherungsvermögen nach der Höhe der zu bedeckenden Verpflichtungen richtet (vgl. Abschnitt 2.8.1.1), kann die Aufsicht anordnen, dass aufgrund des gesunkenen Zeitwerts der im Sicherungsvermögen befindlichen Anlagen dem Sicherungsvermögen über den durch die Buchwerte bestimmten Mindestumfang hinaus weitere Anlagewerte zuzuführen sind (§ 127 Abs. 2 VAG).

Werden Wertpapiere in das Anlagevermögen umgewidmet und Abschreibungen auf den (voraussichtlich nicht dauernd) niedrigeren Zeitwert unterlassen, ist dieser Sachverhalt im Anhang offenzulegen.

Wertaufholungsgebot

Für alle Vermögensgegenstände gilt das Wertaufholungsgebot (§ 253 Abs. 5 HGB).

Bewertungseinheiten

Seit 2009 dürfen im Rahmen von Basisgeschäften zugegangene Vermögensteile und Verbindlichkeiten mit gegenläufigen (zur Sicherung eingesetzten) Finanzinstrumenten zu sog. Bewertungseinheiten zusammengefasst werden. Einzelbewertungsgrundsatz, Imparitätsprinzip und Anschaffungskostenprinzip gelten für die Bewertungseinheiten nicht, soweit sich die Wertänderungen bzw. Zahlungsströme ausgleichen (§ 254 HGB).

Für Versicherungsunternehmen bietet dieses Wahlrecht die Möglichkeit, z. B. Kurssicherungsgeschäfte mithilfe von Finanzinstrumenten, insbesondere Derivaten, mit den abzusichernden Kapitalanlagen bei der Bewertung zu verknüpfen und auf diese Weise Wertschwankungen in der Bilanz zu neutralisieren. Ist der beabsichtigte Wertausgleich nicht „mit hoher Wahrscheinlichkeit zu erwarten", wird im Fall drohender Verluste allerdings – für die Bewertungseinheit als Ganzes – eine entsprechende (nicht-versicherungstechnische) Rückstellung für drohende Verluste aus schwebenden Geschäften gebildet werden müssen.

2.8.3 Angaben im Anhang zur Entwicklung und zum Zeitwert der Kapitalanlagen sowie zu derivativen Finanzinstrumenten

2.8.3.1 Entwicklung der Kapitalanlagen

Anlagenspiegel

Die Darstellung der Bestände und Veränderungen von Kapitalanlagen (und der Immateriellen Vermögensgegenstände) ist in der Form an das in der RechVersV festgelegte Muster 1 gebunden (§ 51 Abs. 2 RechVersV). Es handelt sich um einen Anlagenspiegel als 7-Spalten-Übersicht für alle im Formblatt 1 aufgeführten Anlageposten mit folgenden Angaben: Bilanzwerte für Geschäftsjahr und Vorjahr, Zugänge und Abgänge, Umbuchungen, Zuschreibungen und Abschreibungen.

Diese Angaben treten an die Stelle der allgemein von Kapitalgesellschaften geforderten Informationen (§ 284 Abs. 3 HGB) und dürfen von den Versicherungsunternehmen wahlweise entweder im Anhang oder in der Bilanz gemacht werden.

2.8.3.2 Angaben zum Zeitwert der Kapitalanlagen

Angabe der Zeitwerte für alle Anlagearten des Anlagenspiegels

Eine Angabe zum jeweiligen Zeitwert ist für alle Kapitalanlagen zu machen, die zum (fortgeführten) Anschaffungswert oder zum Nennwert bilanziert werden (§ 54 S. 1 RechVersV). Grundsätzlich nicht betroffen davon sind also die zum Zeitwert auszuweisenden Anlagen für Rechnung und Risiko von Inhabern von Lebensversicherungspolicen.

Definition der Zeitwerte

Als Zeitwert ist für Grundstücke, gleichzusetzende Rechte und Bauten der Marktwert zum Bilanzstichtag anzusetzen. Er ist alle fünf Jahre neu zu schätzen und zwischenzeitlich bei Wertminderungen um Wertberichtigungen ggf. zu adjustieren (§ 55 Abs. 1, 3 und 4 RechVersV). Kann ein Marktwert nicht ermittelt werden, „ist von den Anschaffungs- oder Herstellungskosten auszugehen" (§ 55 Abs. 6 RechVersV) und der Zeitwert durch Fortschreibung – wie z. B. in der gleitenden Neuwertversicherung – annäherungsweise zu ermitteln.

Für alle anderen Kapitalanlagen gilt als Zeitwert der Freiverkehrswert, bei börsennotierten Finanztiteln der Börsenkurswert am Bilanzstichtag oder am vorausgegangenen Börsentag (§ 56 Abs. 1 und 2 RechVersV).

Als – ggf. anzusetzende – Zeitwerte für Finanzinstrumente kommen deren Marktwerte in Betracht (§ 255 Abs. 4 HGB). Sofern ein Zeitwert nicht ohne weiteres zuverlässig festgestellt werden kann, ist er aus den Marktwerten der einzelnen Bestandteile des Finanzinstruments oder aus dem Marktwert eines gleichwertigen Finanzinstruments abzuleiten. Ist auch das nicht möglich, sind allgemein anerkannte Bewertungsmodelle und -methoden heranzuziehen, sofern diese eine angemessene Annäherung an den Marktwert gewährleisten.

4

Über die Offenlegung der Zeitwerte für die Kapitalanlagen hinaus sind für die Finanzinstrumente, die zu den Finanzanlagen gehören und deren Bilanzwerte die Zeitwerte übersteigen, anzugeben

- der Buchwert und der beizulegende Zeitwert der einzelnen Vermögensgegenstände oder angemessener Gruppierungen sowie
- die Gründe für unterlassene Abschreibungen (gemäß § 253 Abs. 3 S. 6 HGB) einschließlich der Anhaltspunkte dafür, dass die Wertminderung voraussichtlich nicht von Dauer ist (§ 285 Nr. 18 HGB).

  Dies schließt die Hinweise auf die nach § 341b HGB vorgenommenen Bewertungen und unterlassenen Abschreibungen ein.

Angabe der für die Überschussbeteiligung maßgebenden stillen Reserven (Bewertungsreserven)

Neben der differenzierten Angabe für alle jeweils zum Anschaffungs- und zum Nennwert bilanzierten Vermögenswerte sind – nur für die in die Überschussbeteiligung einzubeziehenden Kapitalanlagen – die Gesamtsumme der (fortgeführten) Anschaffungskosten – d. h. der Buchwerte –, die Gesamtsumme der entsprechenden Zeitwerte und der sich daraus ergebende Saldo anzugeben (§ 54 S. 3 RechVersV). Dieser Saldo soll als Indikator für die ggf. vorhandenen anteiligen stillen Reserven dienen und deren Einbeziehung in die Bemessung der Überschussbeteiligung, insbesondere in der Lebensversicherung, „transparent" machen. Es bleibt allerdings fraglich, ob eine Angabe ausgerechnet im Anhang als Teil des Jahresabschlusses für Versicherungsnehmer tatsächlich informationsfördernd ist.

Angabe der Bewertungsmethoden

Anzugeben sind im Anhang generell auch die „auf die Posten" des Jahresabschlusses „angewandten Bilanzierungs- und Bewertungsmethoden" sowie für den Fall von Abweichungen davon der Sachverhalt mit Begründung und als gesonderte Darstellung die Auswirkung auf die Vermögens-, Finanz- und Ertragslage (§ 284 Abs. 2 Nr. 1, Nr. 3 HGB).

2.8.3.3 Angaben zu derivativen Finanzinstrumenten

Besondere Informationspflichten im Anhang bestehen darüber hinaus für derivative Finanzinstrumente. Anzugeben sind von Versicherungsunternehmen (§ 51 Abs. 1 S. 1 RechVersV)

- einerseits der Gesamtbetrag der sonstigen finanziellen Verpflichtungen, die nicht bilanziert werden und nicht nach § 251 HGB anzugeben sind, sofern diese Angabe für die Beurteilung der Finanzlage von Bedeutung ist (§ 285 Nr. 3, Nr. 3a HGB);

  diese Angabe entfällt für solche finanzielle Verpflichtungen, die im Rahmen des Versicherungsgeschäfts entstehen (341a Abs. 2 S. 5 HGB),
- andererseits Einzelheiten zu den vorhandenen Finanzinstrumenten, und zwar
  - für jede Kategorie nicht zum Zeitwert bilanzierter derivativer Finanzinstrumente
    - Art und Umfang der Finanzinstrumente,
    - der Zeitwert der betreffenden Finanzinstrumente, soweit dieser zuverlässig ermittelt werden kann, unter Angabe
      - der angewandten Bewertungsmethode sowie eines ggf. vorhandenen Buchwerts und
      - des Bilanzpostens, in dem der Buchwert enthalten ist (§ 285 Nr. 19 HGB),
    - die Gründe, warum ein beizulegender Zeitwert nicht ermittelt werden kann.

Wird das Wahlrecht auf Bildung von Bewertungseinheiten (§ 254 HGB) in Anspruch genommen, ist im Anhang (oder im Lagebericht) anzugeben,

Angaben zu Bewertungseinheiten

- mit welchen Beträgen Finanzinstrumente in die Bewertungseinheiten einbezogen worden sind und welche Risiken in welcher Höhe abgesichert werden sollen,
- warum, in welchem Umfang und für welchen Zeitraum ein Ausgleich zu erwarten ist und mit welcher Methode die Einschätzung vorgenommen worden ist,
- eine Erläuterung der in Bewertungseinheiten einbezogenen „mit hoher Wahrscheinlichkeit erwarteten Transaktionen" (§ 285 Nr. 23 HGB).

2.8.4 Ausweis der Erträge aus Kapitalanlagen und der Aufwendungen für Kapitalanlagen in der GuV-Rechnung

2.8.4.1 Unterschiedliche Zuordnung zur versicherungstechnischen oder nichtversicherungstechnischen Rechnung

Die Lebens- und Krankenversicherer weisen die Erfolgskomponenten aus der Vermögensanlage anders als die Kompositversicherer in der versicherungstechnischen Rechnung aus. Die Gliederung der Erträge und Aufwendungen im Einzelnen ist jedoch im Prinzip gleich.

Auszug aus Formblatt 2: GuV-Rechnung für Schaden- und Unfallversicherungsunternehmen – Erträge aus und Aufwendungen für Kapitalanlagen –

	€	€	€	€
I. Versicherungstechnische Rechnung				
2. Technischer Zinsertrag für eigene Rechnung				......
II. Nichtversicherungstechnische Rechnung				
1. Erträge aus Kapitalanlagen				
a) Erträge aus Beteiligungen davon: aus verbundenen Unternehmen .... €		......		
b) Erträge aus anderen Kapitalanlagen davon: aus verbundenen Unternehmen .... €				
aa) Erträge aus Grundstücken, grundstücksgleichen Rechten und Bauten einschließlich der Bauten auf fremden Grundstücken	......			
bb) Erträge aus anderen Kapitalanlagen	......	......		
c) Erträge aus Zuschreibungen		......		
d) Gewinne aus dem Abgang von Kapitalanlagen		......		
e) Erträge aus Gewinngemeinschaften, Gewinnabführungs- und Teilgewinnabführungsverträgen		......	......	
2. Aufwendungen für Kapitalanlagen				
a) Aufwendungen für die Verwaltung von Kapitalanlagen, Zinsaufwendungen und sonstige Aufwendungen für die Kapitalanlagen		......		
b) Abschreibungen auf Kapitalanlagen		......		
c) Verluste aus dem Abgang von Kapitalanlagen		......		
d) Aufwendungen aus Verlustübernahme		......	......	
			......	
3. Technischer Zinsertrag			......	......

2.8.4.2 Erträge aus Kapitalanlagen

Die Gliederung der Erträge aus Kapitalanlagen weicht teilweise von der Struktur der Kapitalanlagen in der Bilanz ab:

Den Erträgen aus Beteiligungen steht unter der Bezeichnung Erträge aus anderen Kapitalanlagen eine Teilsumme an Erträgen aus verschiedenen Vermögensteilen gegenüber, die nicht mit den Bilanzpositionen der Sonstigen Kapitalanlagen korrespondiert, sondern auch die Grundstückserträge enthält.

Dieser Posten nimmt ferner die Erträge aus Anlagen in verbundenen Unternehmen auf, die als Davon-Vermerke jeweils anzugeben sind. Die Bezeichnung Erträge aus anderen Kapitalanlagen taucht in gleicher Formulierung noch einmal als Unterposition [Fb. 2 Pos. II. 1. b) bb)] zu der Ertragsposition [Fb. 2 Pos. II. 1. b): Erträge aus anderen Kapitalanlagen] auf. Der Sinn ist offensichtlich, auf der unteren Gliederungsebene den Teil der laufenden Erträge zusammenzufassen, der nicht aus Grundstücken usw. [Fb. 2 Pos. II. 1. b) aa)] stammt; von der Systematik her ist diese Doppel-Bezeichnung jedoch missglückt.

Erträge aus eigengenutzten Immobilien

Zu den Erträgen aus Grundstücken usw. zählen auch kompensatorische Erträge aus eigengenutzten Immobilien (§ 45 Abs. 2 RechVersV) zum Ausgleich kalkulatorischer Mietaufwendungen, die nach dem Bereichsprinzip auf die vier Funktionsbereiche (Abschluss und Verwaltung von Versicherungsverträgen, Schadenregulierung, Verwaltung der Kapitalanlagen) umzurechnen sind (§ 43 Abs. 1 S. 1 RechVersV). Auf diese Weise soll die Vergleichbarkeit von Betriebskosten- und Vermögensanlageergebnissen erleichtert werden.

Der nur für Schaden- und Unfall- sowie Rückversicherer relevante Ausweis des ebenfalls kompensatorischen technischen Zinsertrags als eigene versicherungstechnische Ertragsposition (Fb. 2 Pos. I. 2.) resultiert aus dem Transfer zwischen nichtversicherungstechnischer und versicherungstechnischer Erfolgsrechnung (§ 38 Abs. 1 RechVersV).

Ausgleich versicherungstechnischer Aufwendungen durch technischen Zinsertrag

Die Zinszuführungen zu den Beitrags- und Renten-Deckungsrückstellungen sowie zu den Deckungsrückstellungen für übernommenes Lebensversicherungsgeschäft basieren auf versicherungstechnischen Berechnungen. Sie gehören als Aufwandskomponenten in die versicherungstechnische Rechnung und sind dort enthalten [Pos. I. 5. a) und 4. b)]. Der ausweistechnische Übertrag der kalkulatorisch bemessenen Zins-Deckungsbeiträge als Ertrag aus der nichtversicherungstechnischen in die technische Rechnung („technischer Zinsertrag f. e. R.") dient also nur dem Ausgleich dort angesiedelter technischer Aufwendungen. Dementsprechend sind die entsprechenden Erträge in einem separaten Posten „Technischer Zinsertrag" (Fb. 2 Pos. II. 3.) von der Summe der Kapitalerträge im nichtversicherungstechnischen Geschäft abzuziehen.

Saldierung der Depotzinsen

Die Rückversicherungsanteile an diesen technischen Zinsaufwendungen aus dem abgegebenen Geschäft – sog. Depotzinsen als vereinbarte, an den Rückversicherer zu vergütende Zinserträge für einbehaltene Bardepots – werden nicht mit in die versicherungstechnische Rechnung übernommen. Sie werden stattdessen zweifach saldiert und damit auch aus der nichtversicherungstechnischen Rechnung eliminiert:

- Zum einen werden sie „vor Übertragung" von den technischen Gesamtzinserträgen (Pos. II. 3.) abgezogen;
- zum anderen werden sie zwecks erfolgsrechnerischen Ausgleichs als „Zinsaufwand für fremde Rechnung" von den sonstigen Aufwendungen (Pos. II. 5.) abgesetzt.

Nur der technische Zinsertrag für eigene Rechnung erscheint in der versicherungstechnischen Rechnung (§ 38 Abs. 1 S. 2, § 48 Nr. 3 S. 2 RechVersV). Im Anhang sind der Grund für den Vorgang und die Berechnungsgrundlage (§ 38 Abs. 2 RechVersV) zu erläutern.

2.8.4.3 Aufwendungen für Kapitalanlagen

Die Aufwendungen für Kapitalanlagen erfassen zum einen Wertminderungen der Vermögensanlagen, d. h. Abschreibungen auf Kapitalanlagen, Verluste aus Abgängen und Aufwendungen aus Verlustübernahme. Zum anderen werden die sachlichen und persönlichen Aufwendungen zusammen mit Zinsaufwendungen und sonstigen Aufwendungen entsprechend dem Funktionsbereich „Kapitalanlagen" als Aufwendungen für die Verwaltung von Kapitalanlagen ausgewiesen. Auf die unterschiedliche Zuordnung zur versicherungstechnischen Rechnung der Personen- oder Schaden- und Unfallversicherer kommt es dabei nicht an.

Die genannte Unterposition Aufwendungen für die Verwaltung von Kapitalanlagen ... [Fb. 2 Pos. II. 2. a)] enthält alle zugerechneten anteiligen Aufwandsarten (§ 46 Abs. 2 RechVersV). Einzustellen sind u. a. Aufwendungen für Grundstücke wie Betriebs- und Instandhaltungskosten, Abgaben und Versicherungsbeiträge, des Weiteren Depotgebühren und Vergütungen für den Treuhänder des Sicherungsvermögens (§ 46 Abs. 3 Nr. 1–3 RechVersV). Einzubeziehen sind auch die Zinsaufwendungen, die für eigenen Grundbesitz anfallen (§ 46 Abs. 3 Nr. 5 RechVersV). Desgleichen sind dem Bereichsprinzip folgend die (anteiligen) Aufwendungen für Altersversorgung und Unterstützung – ohne Zinszuführungen zur Pensionsrückstellung (§ 48 S. 2 Nr. 3 RechVersV) – sowie (anteilige) Abschreibungen zu berücksichtigen.

Erfolgsneutralität nicht realisierter Gewinne und Verluste aus den Kapitalanlagen der fondsgebundenen Lebensversicherung

Die Wertentwicklung des Vermögens für die fondsgebundene Lebensversicherung (gemäß § 39 RechVersV) wird von den Lebensversicherungsunternehmen bei Wertsteigerungen als eigenständiger Posten „Nicht realisierte Gewinne aus Kapitalanlagen" in der versicherungstechnischen Rechnung (Fb. 3 Pos. I. 4.) erfasst; entsprechende Verluste werden in der Gegenposition als Nicht realisierte Verluste aus Kapitalanlagen aufgeführt (Fb. 3 Pos. I. 11.).

Da sich die Deckungsrückstellung für diese Verträge nach dem Zeitwert der Aktiva richtet, wird die Erfolgsneutralität für den bilanzierenden Lebensversicherer durch die Gegenposition Aufwendungen/Erträge aus der Erhöhung/Verminderung der Deckungsrückstellung [Fb. 3 Pos. I. 7. a)] hergestellt.

4

2.9 Überschussverwendung – Überschussbeteiligung

Handlungssituation

Überschussbeteiligungen sind insbesondere in der Lebens- und Krankenversicherung auch ein Instrument der Produktgestaltung und können erhebliche Wettbewerbswirkungen erzeugen. Sie sind Mitarbeiter der Abteilung Rechnungswesen in der Proximus Lebensversicherung AG und bilden mit Mitarbeitern der Abteilung Produktentwicklung eine Arbeitsgruppe, die die Darstellung der Überschussbeteiligung überarbeiten soll. Ihre Aufgabe besteht darin, den anderen Mitgliedern der Arbeitsgruppe die Ermittlung und den Ausweis der gegenwärtigen Überschussbeteiligung zu erklären.

2.9.1 Kennzeichnung

Als Interessenten an der Verwendung von im Versicherungsunternehmen erzielten Überschüssen kommen nicht nur Aktionäre bzw. Anteilseigner als Empfänger von Gewinnausschüttungen/Dividenden in Betracht. Neben dem Unternehmen, das zwecks Unternehmenserhaltung und Wachstum Rücklagen bilden muss, sind in bestimmten Versicherungszweigen, insbesondere in der Lebens- und Krankenversicherung, auch die Versicherungsnehmer daran interessiert, an der Ausschüttung von Überschüssen beteiligt zu werden.

Die genannten Ansprüche auf Anteile am erwirtschafteten Periodenergebnis des Unternehmens konkurrieren miteinander.

In der GuV-Rechnung ist die inhaltliche Definition der Erfolgsgröße „Jahresergebnis" (Jahresüberschuss oder Jahresfehlbetrag) auf das Unternehmen und dessen Aktionäre bzw. Anteilseigner ausgerichtet. Sie ergibt sich durch die Bestimmung dessen, was in den vorgeschriebenen Positionen der Erfolgsrechnung im Einzelnen als Ertrag und Aufwand zu gelten hat. Diese Sichtweise erklärt, warum die Zuwendungen aus dem Überschuss an die Versicherungsnehmer in der GuV-Rechnung in der Position „Aufwendungen für ... Beitragsrückerstattung ..." erfasst werden und vor der Ermittlung des Jahresergebnisses stehen.

Die Verwendung und der Ausweis des Jahresüberschusses als Rücklagenzuweisung und/oder als – i. d. R. zur Dividendenausschüttung vorgesehener – Bilanzgewinn folgen den allgemeinen HGB-Vorgaben.

erfolgsunabhängige und erfolgsabhängige Beitragsrückerstattung

Die Beitragsrückerstattung an die Versicherungsnehmer tritt in zwei Formen auf. Unterschieden werden die erfolgsunabhängige und die erfolgsabhängige Beitragsrückerstattung.

Die erfolgsunabhängige Form erfasst die Beträge, die in Abhängigkeit vom Schadenverlauf, vom Ergebnis eines oder mehrerer Versicherungsverträge oder aufgrund vertraglicher oder gesetzlicher Bestimmungen nach Ablauf der Versicherungsperiode(n) an Versicherungsnehmer zurückfließen (§ 28 Abs. 3 RechVersV). Hierbei handelt es sich ökonomisch gesehen nicht um eine Beteiligung am erzielten Überschuss des Unternehmens.

Demgegenüber ist die erfolgsabhängige Beitragsrückerstattung an – unterschiedlich abgrenzbare – Überschuss- bzw. Erfolgsgrößen geknüpft. Entsprechende Rechnungen können z. B. auf das Gesamtergebnis (Jahresüberschuss), das versicherungstechnische Ergebnis eines, mehrerer oder aller Versicherungszweige gerichtet sein (§ 28 Abs. 2 RechVersV).

erfolgsabhängige Beitragsrückerstattung

In betriebswirtschaftlicher Sicht stellt die erfolgsabhängige Beitragsrückerstattung eine Überschussverwendung dar. Sie hat sich aus dem ursprünglichen, nachträglichen Prämienkorrektiv als Folge der mit der materiellen Versicherungsaufsicht verbundenen „vorsichtigen" Tarifgenehmigung in bestimmten Versicherungszweigen zu einer auch unter risikopolitischen Gesichtspunkten interessanten Erscheinungsform der variablen Prämie entwickelt. Von größerer Bedeutung als der risikopolitische Aspekt, der bisher mehr in der Kranken- als in der Lebensversicherung eine Rolle gespielt hat, ist in der Lebensversicherung die Wettbewerbswirkung der beworbenen in Aussicht gestellten Überschussbeteiligung, die sich aus der Hochrechnung der in der (vollendeten) Gegenwart erzielten Überschussgröße ergibt.

steuerliche Anerkennung „überhobener Beitragsteile"

Beim Versicherer ist die erfolgsabhängige Beitragsrückerstattung seit langem gemäß § 21 Abs. 1 Nr. 1 KStG steuerlich abzugsfähig. Sie bleibt als sog. „Rückgewähr überhobener Beitragsteile an die Versicherungsnehmer" steuerfrei (RFH-Urteil vom 20.7.1943, RStBl. S. 681). Infolge des stufenweisen Überganges auf die nachgelagerte Besteuerung gilt dies nicht mehr uneingeschränkt für die Versicherungsnehmer.

Aufgrund ihrer Bedeutung wird im Folgenden die Beitragsrückerstattung in der Lebensversicherung eingehender behandelt.

2.9.2 Beitragsrückerstattung in der Lebensversicherung

2.9.2.1 Konzeption und Hintergrund

Die Beitragsrückerstattung in der Lebensversicherung fungiert als Korrektiv zur konzeptionell vorsichtigen Prämienbemessung. Bis 1994 war sie im System der sog. materiellen Aufsicht im VAG verankert. Nach der Freigabe der Tarife hatte sich am Prinzip der Überschussbeteiligung zunächst nicht viel geändert, da das BAV bzw. die BaFin die Lebensversicherungsangebote – nun nach statt vor der Markteinführung – weiterhin kontrolliert und auch die Überschussbeteiligung überwacht. Mit den Sicherheitsmargen in den Kalkulationsgrundlagen des Geschäftsplans (niedriger Rechnungszins, durch Risikozuschläge modifizierte Sterbetafeln, insgesamt ausreichende Deckungsbeiträge für Abschluss- und Verwaltungskosten) sind die Prämien auch weiterhin mehr oder weniger überhöht angesetzt.

Abhängigkeit der Überschussbeteiligung von Politik und Kapitalmarktentwicklung

Der Wettbewerbsdruck hat jedoch seit der Deregulierung 1994 erheblich zugenommen und die Überschussbeteiligung als wettbewerbspolitisches Instrument noch mehr in den Fokus gerückt. Dafür sind mehrere Ursachen zu benennen:

- Änderungen des Steuerrechts haben je nach Anlagepolitik das Überschusspotenzial unterschiedlich beeinflusst.

4

- Die mittlerweile eingeführte Besteuerung der Leistungen aus Lebensversicherungsverträgen hat die Attraktivität der Lebensversicherungsprodukte im Vergleich zu anderen Finanzanlagen für ausschließlich renditeorientierte Anleger weiter reduziert.
- Einschneidende Wirkungen auf das Überschusspotenzial hatte die Entwicklung auf den Kapitalmärkten seit Mitte 2001 mit zunächst sinkendem Zinsniveau und deutlich fallenden Aktienkursen gezeigt: Die Realisierung stiller Reserven zur Stützung der Gesamtrendite der Anlagen und damit einer Überschussbeteiligung war in Folge des zeitweiligen Kursverfalls an den Börsen erheblich eingeschränkt.
- Seit 2009 bringen die Finanzmarktkrise und das extrem niedrige Zinsniveau die Kapitalerträge der Versicherer erneut in Bedrängnis. Die deutliche Herabsetzung des Rechnungszinses auf 1,75 % p. a. zum 1.1.2012 und weiter auf 1,25 % p. a. zum 1.1.2015 hat erhebliche Zweifel an der Marktfähigkeit der traditionellen Lebensversicherungsverträge mit Zinsgarantie und Überschussbeteiligung aufkommen lassen. Einige Lebensversicherer bieten daher neue Verträge nur noch mit eingeschränkter Zinsgarantie oder anderen begrenzten Garantien an.

  Andere Unternehmen halten hingegen trotz gesunkenen Überschusspotentials am traditionellen Konzept fest.

Rückstellung für Beitragsrückerstattung (RfB)

Um eine über die Jahre relativ gleichmäßige Überschussbeteiligung zu erreichen – aber auch aus Vorsichtsgründen –, werden die Überschüsse, sofern sie nicht unmittelbar den Versicherten als sog. Direktgutschrift gutgebracht werden, seit altersher erst nach einer gewissen Frist tatsächlich den Versicherten zugeteilt. Sie werden aber im Voraus (als Absichtserklärung) deklariert. Bis zur laufenden Zuteilung am Schluss eines jeden Versicherungsjahres (= Vertragsjahres) werden die Überschüsse in der Rückstellung für Beitragsrückerstattung (RfB) passiviert (§ 139 Abs. 1, § 140 Abs. 1 S. 1 VAG).

Neben der laufenden Überschussbeteiligung werden den Versicherten bei Beendigung des Lebensversicherungsvertrages sog. Schlussüberschussanteile gewährt. Diese werden während der Vertragslaufzeit angesammelt und bis zur Auszahlung als Schlussüberschussanteilfonds ebenfalls in der Rückstellung für Beitragsrückerstattung passiviert.

Beteiligung der Versicherungsnehmer an den Bewertungsreserven

Für die Überschussbeteiligung hat das VVG ab 2008 eine Beteiligung der ausscheidenden Versicherungsnehmer an den in den Kapitalanlagen steckenden stillen Reserven (im Gesetz Bewertungsreserven genannt) eingeführt (§ 153 Abs. 1 VVG). Bei Vertragsende ist der zu diesem Zeitpunkt zu ermittelnde Betrag der Reserven „nach einem verursachungsorientierten Verfahren" anteilig den abgehenden Versicherungsverträgen zuzuweisen und zu 50 % auszuzahlen (§ 153 Abs. 2 und 3 VVG). Für Rentenversicherungen ist der maßgebliche Zeitpunkt für die Ermittlung und Zuordnung der Bewertungsreserven das Ende der Ansparphase (§ 153 Abs. 4 VVG).

Materiell handelt es sich bei diesem Verfahren um die Einführung eines zusätzlichen Schlussüberschussanteils. Das anhaltend niedrige Marktzinsniveau führte jedoch dazu, dass nicht nur in den Aktienbeständen, sondern auch in den alten festverzinslichen Wertpapieren mit höheren Nominalzinssätzen erhebliche Bewertungsreserven entstanden. Die Beteiligung daran ging entweder zulasten der anderen Teil-Schlussüberschussanteile oder aber zulasten der laufenden Überschussbeteiligung des Bestandes. Um diesen marktzinsbedingten Effekt zu begrenzen, ist seit August 2014 die Beteiligung an den Bewertungsreserven in festverzinslichen Wertpapieren unter bestimmten definierten Bedingungen eingeschränkt (§ 139 Abs. 3 VAG).

Kollektive RfB

Aufgrund der Niedrigzinsphase und der abgesenkten Rechnungszinssätze hat sich auch die 1994 eingeführte strikte Zuordnung der zu verteilenden Überschüsse auf Alt- und Neubestand als hinderlich für das Neugeschäft erwiesen. Seit 2013 besteht deshalb die Möglichkeit, innerhalb der RfB neben den vorhandenen Rückstellungsteilen für den Alt- und den Neubestand separat eine sog. kollektive Teilrückstellung zu bilden (§ 140 Abs. 4 VAG).

2.9.2.2 Spezielle Ermittlung verteilungsfähiger Überschussgrößen

Überschussbeteiligung in den Rechnungsgrundlagen fixiert

Das Verfahren für die Rückgewähr der Überschüsse ist in den Rechnungsgrundlagen (bis 1994 Teil des genehmigungspflichtigen Geschäftsplans) der Lebensversicherungsunternehmen weitgehend festgeschrieben. Dabei sind Mindestanforderungen zu beachten, die in der Mindestzuführungsverordnung (MindZV; § 145 VAG) geregelt sind. Diese stellen ab auf die wesentlichen Erfolgskomponenten des Lebensversicherungsgeschäfts, über die im Einzelnen in der sog. Gewinnzerlegung gegenüber der BaFin gemäß BerVersV zu berichten ist.

Gewinnzerlegung gemäß Berichterstattung gegenüber der BaFin

Bei der Gewinnzerlegung handelt es sich um einen (kalkulatorischen) Abgleich von Ist- und Sollzahlen. Die relevanten, für ein Geschäftsjahr angefallenen Einnahmen und Ausgaben werden mit den korrespondierenden, im mathematischen Modell kalkulierten Werten verglichen. Voraussetzung und Bezugsbasis der Gewinnzerlegung sind deshalb die in der BerVersV definierte kalkulatorische Beitragszerlegung (Nw 216) und die Differenzierung der Deckungsrückstellungsveränderungen (Nw 217).

Gegliedert wird die Gewinnzerlegung

- einerseits nach Teilbeständen, den sog. Abrechnungsverbänden, z. B. nach
  - kapitalbildenden Lebensversicherungen auf den Todes- und Erlebensfall,
  - vermögensbildenden Versicherungen,
  - Rentenversicherungen,
- andererseits nach Ergebnisquellen, d. h. Erfolgskomponenten.

Die Zerlegung der Ergebnisquellen nach Abrechnungsverbänden geschieht teilweise mittels Schlüsselung (sog. Zinsträger- und Summenschlüssel). Die Aufspaltung ist also mit den aus der Kostenrechnung bekannten Zuordnungsproblemen verbunden, wie sie bei der Aufteilung der Funktionsaufwendungen auf die Betriebsbereiche in der Erfolgsrechnung (insbesondere der Kompositversicherer) ebenfalls auftreten.

In der Gewinnzerlegung nach Ergebnisquellen des selbst abgeschlossenen Geschäfts werden – für den Alt- und den Neubestand weitgehend einheitlich – folgende Gewinnquellen unterschieden (Nw 213–215, 216, 218 f. BerVersV):

- *Risiko und vorzeitiger Abgang* (Nw 218)

  Unter dieser Bezeichnung werden das Sterblichkeitsergebnis, das Ergebnis aus sonstigem Risiko und das Ergebnis aus vorzeitigem Abgang zusammengefasst.

  Inhaltlich sind folgende Abgrenzungen üblich:

  - Das Sterblichkeitsergebnis ist der Saldo der

    (+) eingenommenen, rechnungsmäßig verzinsten Risikobeiträge (zuzüglich der Ratenzuschläge für das Todesfallrisiko) mit den

    (–) Aufwendungen für todesfallbedingte Versicherungsleistungen (einschließlich todesfallbedingter Erhöhungen bzw. Verminderungen der Deckungsrückstellung).

  - Das Ergebnis aus vorzeitigem Abgang (Stornoergebnis) wird – vereinfacht – dargestellt als Saldo aus

    (+) dem rechnungsmäßigen Ertrag aus freiwerdenden Deckungsrückstellungen einerseits und

    (–) dem tatsächlichen Aufwand für Rückkäufe zuzüglich des Abwicklungsergebnisses aus der Rückstellung für Rückkäufe andererseits.

- *Kapitalanlagen* (Nw 219, S. 1, Nw. 201, S. 2)

  Unterschieden werden ein Zinsergebnis und ein „übriges" Ergebnis:

  - Als Zinsergebnis ist der Saldo bekannt aus

    (+) sog. „laufenden Erträgen" aus Kapitalanlagen (ohne Depotzinsen aus dem in Rückdeckung übernommenen Versicherungsgeschäft und ohne Erträge aus Umschichtungen bzw. Abgängen),

    (–) „laufenden Aufwendungen für Kapitalanlagen" (Aufwendungen für die Verwaltung von Kapitalanlagen, Zinsaufwendungen und sonstige Aufwendungen für die Kapitalanlagen) und

    (–) „rechnungsmäßigen Zinsen" (auf Deckungsrückstellung, Risikobeiträge, gutgeschriebene Überschussanteile und Pensionsrückstellungen).

    Da der Rechnungszinsfuß von der Idee her deutlich unter den auf dem Kapitalmarkt erzielbaren Renditen liegen soll (§ 65 Abs. 1 VAG a. F.), galt das Zinsergebnis neben dem Sterblichkeitsergebnis lange Zeit als eine Hauptquelle für die Überschussbeteiligung.

  - Die aus dem Zinsergebnis herausgehaltenen Erträge bzw. Verluste aus Verkäufen und Abgängen sowie außerplanmäßige Abschreibungen auf Kapitalanlagen werden im übrigen Ergebnis aus Kapitalanlagen erfasst.

- *Kosten* (Nw. 219, S. 2 u. 3)

  Der Kostennachweis ist nach Abschluss von Versicherungsverträgen und laufender Verwaltung unterteilt.
  - Das Abschlusskostenergebnis erfasst als Saldo die „tatsächlichen Abschlussaufwendungen" und die rechnungsmäßigen Deckungsbeiträge für Abschlusskosten.
  - Das Verwaltungskostenergebnis stellt die „tatsächlichen Aufwendungen für die laufende Verwaltung" den rechnungsmäßigen Deckungsbeiträgen gegenüber.

- *Unterschied aus Tarif- und Normbeitrag* (Nw 216)

  Die Kalkulationsgrundlagen für die Beitragsberechnung können seit 1994 von denjenigen Rechnungsgrundlagen abweichen, aus denen sich der vorgeschriebene Aufbau der Deckungsrückstellung sowie die daraus resultierenden sog. Normsparbeiträge und Normrisikobeiträge, also insgesamt die sog. Normbeiträge, ableiten. Ist der Normbeitrag höher als der Tarifbeitrag, ergibt sich kalkulatorisch ein Beitragsunterschuss, ein den Normbeitrag übersteigender Tarifbeitrag wird als Beitragszuschlag behandelt.

  Die Einordnung der Unterschiedsbeträge als (rechentechnische) Ergebnisquelle resultiert aus der Zweckbestimmung der Gewinnzerlegung als einer Abweichungsanalyse auf Basis der „genormten", d. h. aufsichtsrechtlich bestimmten Rechnungsgrundlagen.

- *Rückversicherung* (Nw 219, S. 4)

  Im Rückversicherungsergebnis werden die Ergebnisse aus Sterblichkeit und sonstigem Risiko sowie die übrigen Erfolgseffekte aus dem in Rückdeckung gegebenen Anteil des selbst abgeschlossenen Versicherungsgeschäftes zusammengefasst.

- *Sonstiges* (Nw 219, S. 5)

  Mit der Gegenüberstellung aller nicht in den anderen Nachweisen erfassten Erfolgsgrößen einschließlich der Dienstleistungseffekte, sonstigen Erträge und Aufwendungen sowie der Steuern wird der Resterfolg dargestellt. Er wird auch als sonstiges Ergebnis bezeichnet.

Rohüberschuss/ Rohfehlbetrag

Die Addition der Gewinnquellen mit dem Ergebnis aus dem in Rückdeckung übernommenen Versicherungsgeschäft führt zum sog. Rohüberschuss/Rohfehlbetrag. Er entspricht rechnerisch der Summe aus den Größen Jahresüberschuss, Aufwendungen für die Direktgutschrift und Zuführung zur Rückstellung für Beitragsrückerstattung (RfB).

2.9.2.3 Entwicklung und Quantifizierung der Mindest-Überschussbeteiligung

Mit der Aufhebung der aufsichtsbehördlichen Tarifgenehmigung wurde 1994 eine Trennung der Vertragsbestände in einen Altbestand (für bis zum 1.7. bzw. 29.7.1994 abgeschlossene Verträge) und einen Neubestand (für die nach dem 29.7.1994 abgeschlossenen Verträge) vorgenommen. Der Altbestand mit den ihm eigentlich zuzuordnenden (aber tatsächlich nicht getrennt geführten)

Vermögensanlagen sollte in Erwartung der neuen, freier kalkulierten Tarife vor einer Schmälerung der Überschussbeteiligung infolge Quersubventionierung des Neubestands geschützt werden. Die Mindestüberschussbeteiligung ist seitdem für Alt- und Neubestand getrennt zu berechnen (§ 4 Abs. 1 S. 3 MindZV), eine Saldierung einzelner Gewinnquellen aus den beiden Beständen scheidet damit aus (vgl. Husch/Engel/Engeländer (2011), S. 139).

anzurechnende Kapitalerträge

Die auf den Alt- und den Neubestand aufgeteilten Nettoerträge aus Kapitalanlagen werden seitdem in den „anzurechnenden Kapitalerträgen" erfasst. Für diese Aufteilung werden die Erträge anhand der Bilanzstruktur gewichtet: Das gesamte Anlageergebnis (GuV-Posten „Ergebnis aus Kapitalanlagen") wird multipliziert mit dem Quotienten aus zugeordnetem mittleren Anlagevolumen des Alt- bzw. Neubestands und dem gesamten mittleren Anlagevolumen des Lebensversicherers (§ 3 Abs. 3 MindZV). Erträge und Anlagen aus der fondsgebundenen Lebensversicherung bleiben dabei unberücksichtigt.

Die Anlagenvolumina von Alt- und Neubestand werden indirekt gemessen an im Einzelnen festgelegten, sog. mittleren zinstragenden Passiva. Die kollektive RfB-Teilrückstellung wird dabei von den zinstragenden Passiva des Alt- und Neubestands abgetrennt bzw. separat geführt. Berechnet wird das arithmetische Mittel aus den unten aufgeführten Posten an den Bilanzstichtagen der letzten beiden Geschäftsjahre (§ 3 Abs. 4–6 MindZV):

$$\text{anzurechnende Kapitalerträge} = \text{ges. Anlageergebnis} \times \frac{\text{mittlere zinstragende Passiva von Alt- und Neubestand}}{\text{mittlere zinstragende Passiva des Gesamt-LVU}}$$

zinstragende Passiva Alt-/Neubestand:
- versicherungstechn. Bruttorückstellungen dir. Vers-Geschäft abzüglich kollektiver Teil der RfB
- \+ Verbindlichkeiten gegenüber VN
- − Forderungen an VN (noch nicht fällige Ansprüche)

zinstragende Passiva des Gesamt-LVU:
- zinstragende Passiva von Alt- und Neubestand zuzüglich kollektiver Teil der RfB
- \+ Eigenkapital (ohne noch nicht eingezahlte Teile)
- \+ Eigenkapitalsurrogate, Pensionsrückstellung
- \+ zinstragende Passiva des indirekten Vers-Geschäfts
- \+ Saldo Abrechnungsforderungen und -verbindlichkeiten aus passiver Rückversicherung

Als angemessene Mindestbeteiligung an den Überschüssen ist seit 2014 – anteilig für die jeweiligen Versicherungsverträge – festgelegt (§§ 6–8 MindZV):

Mindest-überschussbeteiligung nach Einzelvorgaben

- 90 % der anzurechnenden Kapitalerträge (Zinsergebnis und übriges Ergebnis) abzüglich der rechnungsmäßigen Zinsen (diese wie zuvor gekürzt um die darin enthaltenen anteiligen Zinszuführungen zu Pensionsrückstellungen)
- 90 % des Risikoergebnisses (Sterblichkeit und sonstiges Risiko sowie Sterblichkeit und sonstiges Risiko aus dem Rückversicherungsergebnis)
- 50 % des sog. übrigen Ergebnisses (vorzeitiger Abgang, Kostenergebnis, Differenz von Tarifbeitrag und Normbeitrag, übriges Ergebnis aus Rückversicherung und sonstiges Ergebnis)

Die anteiligen Zinszuführungen zu den Pensionsrückstellungen werden in diesem Schema für die Mindestüberschussbeteiligung herausgerechnet, weil die Pensionsrückstellungen nicht dem Versicherungsbestand, sondern dem Unternehmensbereich insgesamt zugeordnet werden. In den „anzurechnenden" Anlageerträgen für Alt- und Neubestand, die auf Basis der zinstragenden Passiva pauschalisiert („geschlüsselt") ermittelt werden, sind die anteilig dem Unternehmensbereich zuzuordnenden Anlagenerträge dem Grunde nach nicht mehr enthalten. Folglich sind Aufwendungen, die dem Unternehmensbereich zuzurechnen sind, aus der den Versicherten zustehenden Überschussgröße zu eliminieren.

keine Saldierung mit negativen Ergebnisquellen

Die beschriebene Ermittlung der Mindestwerte für die Überschussbeteiligung bezieht sich jedoch nur auf positive Ergebnisquellen; eine Saldierung zwischen den genannten drei Quellen ist unzulässig (§ 6 Abs. 1 S. 5, § 7 S. 3, § 8 Abs. 3 MindZV). Von der Summe der aufgeführten Beträge werden jeweilige Direktgutschriften und, soweit in diesen enthalten, Schlusszahlungen aufgrund der 50-prozentigen Beteiligung an den stillen Reserven abgezogen (§ 4 Abs. 2 MindZV).

Sofern eine kollektive Teilrückstellung gebildet wird, ist auch dazu eine Mindestzuführung vorzunehmen. Sie beträgt 90 % der auf die kollektive RfB anzurechnenden Kapitalerträge abzüglich rechnerisch negativer Beträge, die sich ggf. aus dem Abgleich der einzelnen Sätze für die Mindestüberschussbeteiligung mit den Gewinnquellen ergeben. Ergibt sich dabei insgesamt ein negativer Saldo, entfällt eine Mindestzuweisung zur kollektiven RfB (§ 3 Abs. 6, § 6 Abs. 2 MindZV).

2.9.2.4 Konsequenz unzureichender Überschussbeteiligung

Bei Unterschreitung der geltenden Mindestzuführungssätze für die Überschussbeteiligung sowie bei nicht „angemessener Verwendung" der RfB, insbesondere bei Überschreitung der festgelegten Höchstbeträge für den ungebundenen Teil der RfB, ist „ein die Belange der Versicherten gefährdender Missstand ... anzunehmen" (§ 140 Abs. 2 VAG).

Als Konsequenz kann die Aufsichtsbehörde u. a. die Vorlage eines Plans „zur Sicherstellung angemessener Zuführungen zur Rückstellung für Beitragsrückerstattung (Zuführungsplan)" bzw. „zur angemessenen Verwendung der Mittel in der Rückstellung für Beitragsrückerstattung (Ausschüttungsplan)" fordern (§ 140 Abs. 3 VAG).

2.9.2.5 Kollektive und ungebundene Teile der Rückstellung für Beitragsrückerstattung

Für den innerhalb der RfB möglichen kollektiven Teil der Rückstellung gilt die Zuordnung zum Alt- oder Neubestand nicht; er ist vielmehr dem Kollektiv der gesamten überschussberechtigten Verträge zugeordnet (§ 140 Abs. 4 VAG). Die kollektive RfB soll als spezieller Puffer für eine zeitübergreifend gleichmäßige Überschussbeteiligung dienen und auch einen begrenzten Transfer von Überschüssen vom Alt- auf den Neubestand bewerkstelligen.

Die kollektive RfB zielt aber auch auf den zusätzlichen Bedarf der Lebensversicherer an Eigenmitteln ab, der aufgrund der höheren Anforderungen nach Solvency II abzusehen ist. Die kollektive RfB gehört als noch nicht deklarierte, von den Teilbeständen losgelöste Teilrückstellung selbstverständlich zum ungebundenen Teil der RfB. Da die ungebundenen Teile der RfB als Eigenmittel anerkannt werden (§ 93 Abs. 1 VAG), verbessert der Aufbau einer kollektiven RfB die Solvabilitätsausstattung. Es besteht insoweit ein Substitutionsverhältnis zum Eigenkapital.

Mithin ist es konsequent, mit den Einzelheiten der kollektiven RfB zugleich auch den Zuschnitt der ungebundenen Teile der RfB neu zu bestimmen.

Schon lange galt es als Missstand in der Lebensversicherung, wenn die gesamte RfB über bestimmte Größenordnungen hinauswächst. Dieser Einschätzung folgend ist die Schwelle, deren Überschreiten als definierter Missstand Eingriffsbefugnisse der Aufsichtsbehörde begründet, abgewandelt worden in Höchstgrenzen für die einzelnen Teile der RfB einerseits und eine übergeordnete Höchstgrenze für die gesamten ungebundenen Teile der RfB andererseits (§ 140 Abs. 2 S. 1 Nr. 2, S. 2 Nr. 2 VAG, § 3 Abs. 2 RfBV, § 13 MindZV).

Die aktuellen Einzel-Obergrenzen für die kollektive RfB und die ungebundenen RfB-Teile aus Alt- und Neubestand sind als Rahmenbedingungen formuliert, innerhalb derer vom VU unternehmensindividuelle Höchstwerte festgesetzt werden müssen:

- Für den kollektiven Teil der RfB beträgt die vom Lebensversicherer selbst festzulegende Obergrenze höchstens 60 % der Solvabilitätsspanne (gemäß Kapitalausstattungs-Verordnung a. F.); die Quantifizierung im Hinblick auf die Solvabilitätskapitalanforderung (§§ 96 ff. VAG) steht noch aus. Der Prozentsatz darf gegenüber dem Vorjahr nur mit Zustimmung der Aufsichtsbehörde geändert werden (§ 3 Abs. 3 S. 1 und 2 RfBV).
- Für die Teilbestände [Abrechnungsverbände des Altbestands, sog. Zwischenbestand (von 1994 bis In-Kraft-Treten der MindZV 2008), Bestandsgruppen des Neubestands] sind vom Unternehmen Obergrenzen für die jeweiligen ungebundenen Teil-Rückstellungen zu bestimmen. Die unge-

bundenen Teile müssen mindestens die Beträge abdecken, die notwendig sind für die Zuteilung der in den einzelnen Rückstellungsteilen festgelegten, bereits deklarierten Überschussanteile und für den Aufwand, der im Folgejahr für die deklarierte Direktgutschrift an die Teilbestände voraussichtlich entstehen wird.

Das bedeutet: Die Obergrenze für die ungebundenen Teile der Teilbestands-Rückstellungen beträgt mindestens 100 % der aufgeführten Aufwendungen im Folgejahr. Eine Vorausdeklaration für mehr als ein Jahr kommt nicht mehr in Betracht. Der Prozentsatz ist für alle Teilbestände identisch und darf gegenüber dem Vorjahr nur mit Zustimmung der Aufsichtsbehörde geändert werden (§ 3 Abs. 2 S. 1 und 2 RfBV).

4

Ausgleichseffekte zwischen den ungebundenen Teilrückstellungen sind begrenzt möglich:

- Übersteigt die ungebundene RfB eines Teilbestands die Obergrenze und war die Obergrenze für den kollektiven Teil der RfB am vorherigen Bilanzstichtag noch nicht überschritten, ist der übersteigende Betrag aus der betreffenden RfB des Teilbestands in den kollektiven Teil der Rückstellung für Beitragsrückerstattung zu überführen (§ 3 Abs. 2 S. 3 RfBV).
- Übersteigt der kollektive Teil der RfB die für diesen Teil bestimmte Obergrenze – z. B. infolge einer vorgeschriebenen Zuführung aus ungebundenen Teilen der Einzel-RfB –, ist am darauf folgenden Bilanzstichtag der dann die Obergrenze überschreitende Betrag in die Teilbestände zurückzuführen.

  Maßgebend dafür ist der Anteil des jeweiligen Teilbestands am Rohüberschuss (entweder mit oder ohne Direktgutschrift), soweit der betreffende Anteil positiv ist. Für alle Teilbestände muss ein- und derselbe Verteilungsschlüssel angewendet werden (§ 3 Abs. 3 S. 4 und 6 RfBV).
- Übertragungen („Rückführungen") aus der kollektiven RfB in einzelne Teilbestände, in denen Finanzierungsdefizite vorliegen, sind mit Zustimmung der Aufsichtsbehörde möglich (§ 3 Abs. 4 RfBV).

Aufgelöst werden kann die kollektive RfB nur durch Rückführungen in die einzelnen RfB der Teilbestände sowie für die gesetzlich gestatteten Verwendungszwecke der ungebundenen RfB in definierten Notfällen (§ 140 Abs. 1 S. 2 VAG).

Obergrenze für die gesamte ungebundene RfB

Um eine übermäßige Ausweitung der RfB insgesamt zu verhindern, erfasst die weitere Obergrenze für die gesamte ungebundene RfB zusätzlich auch einen etwaigen bereits über das Folgejahr hinaus festgelegten Teil der RfB. Diese Obergrenze ergibt sich aus drei additiv verknüpften Komponenten:

- 80 % der Solvabilitätsspanne für die ungebundene RfB
- 200 % der Summe aus festgelegter RfB und voraussichtlichen Direktgutschriften für das Folgejahr
- Anpassungskomponente an die erzielte durchschnittliche Netto-Verzinsung der Kapitalanlagen; sinkt diese unter 5 %, wird die Obergrenze entsprechend dem Verhältnis von Nettoverzinsung zum Schwellenwert (5 %) angehoben, also z. B. für jeden Prozentpunkt Minderverzinsung um 20 % der Solvabilitätsspanne (nach altem Recht).

Zwar wird mit diesen Regelungsverbund der unternehmensindividuelle Gestaltungsspielraum für die Bemessung der ungebundenen Teile der RfB, die bis dahin nur dem Alt- und Neubestand zugeordnet waren, etwas eingeschränkt. Als Kern der neu dimensionierten ungebundenen RfB wird nunmehr der kollektive Teil der RfB geführt und latent vor Ausschüttung geschützt: Ein Teil der vorhandenen, bis dahin ungebundenen RfB-Teile wird zunächst in die kollektive RfB überführt werden. Sie dürfen – zusammen mit den weiteren Zuweisungen – dort aber nur wieder abgezogen werden, um die Überschussbeteiligung für Alt- und Neubestand zu egalisieren oder um sie im Ausnahmefall zur Verlustprävention einzusetzen.

Die kollektive RfB dient damit entgegen dem eigentlichen Zweck der Rückstellung für Beitragsrückerstattung – der Ausschüttung von Überschüssen an die Versicherten – in erster Linie dem Vorhalten von Eigenmitteln.

2.9.2.6 Überschussverteilung und Überschussverwendung

Die Zurechnung der angefallenen Überschüsse auf die einzelnen Versicherungsverträge folgt dem Grundsatz einer zeitnahen und verursachungsgerechten Überschussbeteiligung. In Betracht kommen dafür sog. mechanische oder natürliche Überschussverteilungssysteme.

Das allgemein anerkannte natürliche System (sog. Plan D) sieht z. B. vor, dass die Überschüsse getrennt nach Gewinnquellen verteilt werden, d. h.:

- der Zinsgewinn auf Basis des Deckungskapitals (in %)
- das Risikoergebnis auf Basis des Risikobeitrags oder des riskierten Kapitals (in ‰),
- das Kostenergebnis auf Basis der Versicherungssumme (in ‰)

Im früheren Mustergeschäftsplan des BAV lag dieses Verfahren der laufenden Überschussbeteiligung in Form von Grundüberschuss-, Risikoüberschuss- und Zinsüberschussanteilen zugrunde.

Vorausdeklaration

Bis auf die Direktgutschrift werden die infolge der Vorausdeklaration in den nächsten ein bis zwei Jahren fälligen Überschussanteile in den Teil-Rückstellungen für festgelegte Überschussanteile gebunden. Nur die noch nicht festgelegten Teile der RfB können als Puffer zum weiteren Ausgleich von Ergebnisschwankungen dienen.

Schlussüberschussanteile

Nach dem System der Vorausdeklaration ist es jedoch nicht möglich, während der Deklarationsfrist erwirtschaftete Überschüsse den Versicherten noch gutzuschreiben, wenn der Leistungsfall in diese Frist fällt. Diesen – für den Fall des planmäßigen Vertragsablaufs – voraussehbaren Effekt sollen sog. Schlussüberschussanteile ausgleichen, die bei Ablauf, Tod oder Rückkauf (mit unterschiedlichen Bezugsgrößen) gewährt werden. Für sie ist ein Teil der RfB als sog. Schlussüberschussanteilfonds (SüaF, auch Schlussgewinnreserve genannt) getrennt zu reservieren (§ 28 Abs. 6 RechVersV).

Schlussüberschussanteilfonds

Die jeweils im Folgejahr zu gewährenden Schlussüberschussanteile zählen als bereits festgelegte, noch nicht zugeteilte Überschussanteile ebenfalls nicht zur ungebundenen RfB.

Obwohl der Schlussüberschussanteilfonds konzeptionell nur die Überschussentstehung während der Deklarationsfrist und den glättungsbedingten Ansammlungseffekt „unverteilter Überschussreste über Jahre hinweg" kompensieren soll, sind Schlussüberschussanteile zu einem beliebten Mittel der Produktgestaltung geworden, um insbesondere die werbewirksame Ablaufleistung zu erhöhen.

Direktgutschrift

Da die angestrebte zeitnahe laufende Beteiligung der Versicherten am Überschuss durch hohe Schlussüberschussanteile unterlaufen werden kann, hatte bereits das BAV für die Schlussüberschussanteile im Geschäftsplan eine Begrenzung vorgesehen (vgl. BAV (1988), S. 432). Zur Verstärkung der zeitnäheren Überschussbeteiligung hatte das BAV 1984 außerdem die Direktgutschrift eingeführt, mit der ein Teil des den Versicherten zustehenden Überschusses an der RfB vorbei direkt den Begünstigten gutgebracht werden sollte.

zeitnahe Überschussbeteiligung

Für Verträge des Neubestands ist die Direktgutschrift disponibel.

Von der dargestellten Verteilung der Überschüsse ist die anschließende Verwendung der den Versicherungsnehmern zugeteilten Beträge zu unterscheiden. Dafür kommen verschiedene Verfahren in Betracht, insbesondere

- die verzinsliche Ansammlung und
- die Erhöhung der versicherten Leistung (auch Bonussystem genannt).

2.9.2.7 Beteiligung ausscheidender Versicherungsnehmer an den Bewertungsreserven

Zwecks Beteiligung der Versicherungsnehmer an den stillen Reserven (§ 153 Abs. 1 VVG) muss der Versicherer die Bewertungsreserven jährlich neu ermitteln und die Anteile der ausscheidenden Verträge „verursachungsorientiert" diesen rechnerisch zuordnen (§ 153 Abs. 3 VVG). Mit rechnerischer Zuordnung ist nur die Quantifizierung der speziell für die Beteiligung an den Bewertungsreserven zu reservierenden bzw. auszukehrenden Beträge gemeint; die Reserven selbst werden weder zugeordnet (vgl. Reiff (2010), Rz. 23) noch ausgezahlt.

Viele Lebensversicherer nehmen die Abschätzung der Bewertungsreserven indessen wesentlich häufiger vor, z. B. monatlich oder sogar halbmonatlich, um diesen Teil der Überschussbeteiligung möglichst zeitnah zu quantifizieren und das Risiko weiterer Wertschwankungen zu meiden.

zusätzlicher Schlussüberschussanteil

Da als Zeitpunkt dieser Ausschüttung das jeweilige Vertragsende bestimmt ist, hat die Beteiligung an den Bewertungsreserven dieselben Wirkungen wie ein weiterer Schlussüberschussanteil („Schlusszahlungen aufgrund der Beteiligung an Bewertungsreserven", § 4 Abs. 2 S. 1 MindZV; § 28 Abs. 6 S. 1 RechVersV).

Der Umfang dieses zusätzlichen Schlussüberschussanteils ist durch das gesetzlich definierte Quorum von 50 % der stillen Reserven am jeweiligen Bewertungsstichtag bestimmt (§ 153 Abs. 3 S. 2 VVG). Über die Angemessenheit dieser 50-Prozent-Regel, die die im Bestand verbleibenden Verträge schützen soll, kann man nicht streiten; sie lässt sich nur mit subjektivem Dafürhalten begründen. De facto wird damit ein gewillkürter Vererbungseffekt innerhalb der Teilbestände im Zeitablauf festgeschrieben. Seit 2014 ist die Beteiligung an den Bewertungsreserven speziell der festverzinslichen Wertpapiere an die Marktzinsentwicklung gebunden (vgl. Abschnitt 2.9.2.8).

Solange – entsprechend der Urteilsbegründung (BVerfG, 1 BvR 80/95 vom 26.7.2005, Abs. 97) – davon auszugehen ist, dass die stillen Reserven für die Zusatz-Ausschüttung an die ausscheidenden Versicherten „eigentlich" nicht realisiert werden sollten, handelt es sich bei der vorgeschriebenen Lösung nur um eine Vorgabe für das innere Verhältnis von Abschluss- bzw. Ausgleichszahlungen bei Vertragsende einerseits zu konventionellen Schlussüberschussanteilen und der sog. „laufenden Überschussbeteiligung" andererseits. Der Gesamtumfang der für die Überschussbeteiligung verfügbaren Überschüsse im jeweiligen Geschäftsjahr ändert sich vom Grundsatz her dadurch zunächst nicht.

Wenn jedoch aufgrund sinkender Überschüsse die durch Bewertungsreserven vorbestimmten Schlussüberschussanteile dazu führen, dass die verminderte laufende Überschussbeteiligung im Bestand die Wettbewerbsfähigkeit des Versicherers für das Neugeschäft beeinträchtigt, kann eine Tendenz zur vorzeitigen Gewinnausschüttung und u. U. auch zur systematisch-vorzeitigen Gewinnrealisierung entstehen.

zusätzlicher Schlussüberschussanteilfonds

Aufgrund der Unsicherheit über die Entwicklung der Bewertungsreserven und der davon abhängigen Teil-Schlussüberschüsse ist für diese zusätzliche, durch die Bewertungsreserven gesteuerte Überschussbeteiligung entsprechende Vorsorge zu treffen; es sind spezielle Schlussüberschussanteilfonds zu bilden.

Seit 2009 sind Einzelheiten für diese zusätzliche Teilrückstellung der RfB in der Rechnungslegungsverordnung enthalten (§ 28 Abs. 7–7e RechVersV). Für den Kündigungsfall wird zudem bestimmt, dass die durch Rückkauf vorzeitig fälligen Schlussüberschussanteile durch den Schlussüberschussanteilfonds des jeweiligen Teilbestands gedeckt sein müssen (§ 28 Abs. 7f RechVersV).

Die Beteiligung des einzelnen Versicherungsnehmers an den Bewertungsreserven beschränkt sich – unabhängig davon, ob infolge vertragsgemäßen Leistungsfalls oder Kündigung – auf die bei seinem Ausscheiden feststellbaren und auf seinen Vertrag zurechenbaren Reserven. An der Wertentwicklung der in den Kapitalanlagen versteckten stillen Reserven nimmt er während der Vertragsdauer jedoch direkt nur teil, soweit diese realisiert und die so erzielten Überschüsse im Rahmen der laufenden Überschussbeteiligung deklariert werden. Eine zeitnahe Überschussbeteiligung wird mit der derzeitigen Regelung also konzeptionell nicht erreicht; die Bildung des zusätzlichen Schlussüberschussanteilfonds engt – entgegen der ursprünglichen Forderung nach Beteiligung an den stillen Reserven – den Spielraum für die laufenden Überschuss-Deklarationen vielmehr ein.

4

2.9.2.8 Bedingte Einschränkungen der Überschussbeteiligung

Schon seit langer Zeit sieht das Versicherungsaufsichtsrecht Möglichkeiten zur Einschränkung der Überschussbeteiligung vor für bestimmte Konstellationen, in denen sich eine Gefährdung der garantierten Verbindlichkeiten gegenüber den Versicherten, der Bestände und ggf. des betroffenen Lebensversicherers herausstellt. Auch die Anerkennung der ungebundenen RfB als zur Verlustdeckung geeignete Eigenmittel war bereits 1983 im Gesetz enthalten [§ 53c Abs. 3 S. 1 Nr. 6 Buchstabe a) VAG a. F. (1983)].

Im Wesentlichen sind vier Ansatzpunkte für die Kürzung der Überschussbeteiligung zu unterscheiden:

- Begrenzung der Überschussbeteiligung durch Mindestdividende an die Aktionäre von Lebensversicherungs-Aktiengesellschaften
- Reduzierung der Mindestzuführung zur RfB
- Einsatz von Teilen der ungebundenen RfB als Eigenmittel
- Einschränkung der Beteiligung an den Bewertungsreserven

Mindestdividende

Eine Einschränkung der Versicherten-Ansprüche auf Überschussbeteiligung ist darin zu sehen, dass bei Lebensversicherungs-Aktiengesellschaften „Beträge, die nicht auf Grund eines Rechtsanspruchs der Versicherten zurückzustellen sind", nur insoweit für die Überschussbeteiligung verwendet werden dürfen, als noch ein Bilanzgewinn von mindestens 4 % auf das Grundkapital ausgeschüttet werden kann (§ 139 Abs. 2 S. 2 VAG).

Relativiert wird diese Begrenzung wiederum durch die zusätzliche Bedingung, dass ein ausgewiesener Bilanzgewinn nur ausgeschüttet werden darf, soweit er einen etwaigen sog. Sicherungsbedarf für Lebensversicherungsverträge mit Zinsgarantie überschreitet (§ 139 Abs. 2 S. 3 VAG). Die Gewinnausschüttung an die Aktionäre wird damit durch eine aufsichtsrechtliche Norm an die versicherungsvertragsrechtliche Einschränkung (§ 153 Abs. 3 S. 3 VVG) der Beteiligung an den Bewertungsreserven aus festverzinslichen Wertpapieren (s. u.) gekoppelt. Nicht berücksichtigt werden dabei allerdings Gewinnausschüttungen über Gewinn- bzw. Ergebnisabführungsverträge, weil in der GuV-Rechnung Gewinnabführungen und Verlustübernahmen vor Ermittlung des Jahresergebnisses und des Bilanzgewinns erfasst werden.

Reduzierung der Mindestzuführung zur Rückstellung für Beitragsrückerstattung

Die Mindestzuführung zur RfB darf mit Zustimmung der Aufsichtsbehörde in folgenden Ausnahmefällen verringert werden um

Rückgriff auf Überschussbeteiligung bei Solvabilitätsbedarf

- den nicht gedeckten Solvabilitätsbedarf (an Eigenmitteln) für die überschussberechtigten Versicherungsverträge des Gesamtbestands,
- unvorhersehbare Verluste, die „auf eine allgemeine Änderung der Verhältnisse zurückzuführen sind", soweit sie aus dem Kapitalanlagen-, dem Risiko- oder dem übrigen Ergebnis stammen und den überschussberechtigten Versicherungsverträgen des Gesamtbestands zuzurechnen sind,

- den Erhöhungsbedarf bei der Deckungsrückstellung, wenn die „Rechnungsgrundlagen auf Grund einer unvorhersehbaren und nicht nur vorübergehenden Änderung der Verhältnisse angepasst werden müssen" (§ 9 Abs. 1 MindZV).

Die Kürzung der Mindestzuführung zur Deckung des Solvabilitätsbedarfs oder der „unvorhersehbaren" Verluste aus dem Kapitalanlageergebnis darf jedoch nur bis auf den Betrag gekürzt werden, der sich aus der additiven Verknüpfung der folgenden Teilbeträge ergibt:

4

Grenzen für Kürzung der Überschussbeteiligung

+ anzurechnende Kapitalerträge (abzüglich Rechnungszinsen, jedoch – wie bei der Mindestzuführung – ohne die anteilig auf die überschussberechtigten Versicherungsverträge entfallenden Zinsen auf Pensionsrückstellungen)
– der zur Deckung des Solvabilitätsbedarfs notwendige Betrag
+ Risikoergebnis
+ übriges Ergebnis.

Dabei sind das Risikoergebnis und das übrige Ergebnis auf null zu setzen, wenn sie negativ sind. Ergibt sich insgesamt ein negativer Wert, ist dafür ebenfalls Null einzusetzen (§ 9 Abs. 2 MindZV). Die garantierte Verzinsung bleibt insoweit unangetastet; dies gilt allerdings nicht bei einer notwendigen Erhöhung der Deckungsrückstellung.

Die Minderung der RfB-Zuweisung soll, soweit der Kürzungsbetrag den Teilbeständen und der kollektiven RfB zugeordnet werden kann, diesen entsprechend zugewiesen werden. Soweit die Zuordnung von Teilbeträgen nicht möglich ist, soll die Kürzung entsprechend dem jeweiligen Anteil der Teilbestände an der gesamten Mindestzuführung vorgenommen werden (§ 9 Abs. 3 MindZV).

Akuter Einsatz von Teilen der ungebundenen Rückstellung für Beitragsrückerstattung als Eigenmittel

Weitgehend analog zur möglichen Einschränkung der jährlich festzulegenden Überschussbeteiligung darf in Ausnahmefällen „mit Zustimmung der Aufsichtsbehörde im Interesse der Versicherten" der ungebundene Teil der RfB herangezogen werden, um

- „einen drohenden Notstand abzuwenden",
- „unvorhersehbare Verluste" aus den überschussberechtigten Versicherungsverträgen zu decken, die aus „allgemeinen Änderungen der Verhältnisse" resultieren oder
- die Deckungsrückstellung zu erhöhen, wenn die Rechnungsgrundlagen infolge einer „unvorhersehbaren und nicht nur vorübergehenden Änderung der Verhältnisse" anzupassen sind (§ 140 Abs. 1 S. 2 VAG).

Dabei sollen in den beiden letztgenannten Fällen die Versichertenbestände „verursachungsorientiert" belastet werden (§ 140 Abs. 1 S. 3 VAG); was in diesem Fall als verursachungsorientiert anzusehen ist, bleibt allerdings offen.

Die aufgeführten Möglichkeiten zur Kürzung der Überschussbeteiligung und zur Verwendung der RfB als Eigenmittel verdeutlichen, dass die Versicherten mit ihrem – insoweit nur bedingten – Anspruch auf Überschussbeteiligung durchaus einen Teil des Unternehmensrisikos mittragen.

Überschussbeteiligung unterliegt Unternehmensrisiko

Einschränkung der Beteiligung an den Bewertungsreserven

Die infolge des niedrigen Marktzinsniveaus entstandenen Bewertungsreserven in festverzinslichen Wertpapieren signalisieren, dass in den Folgeperioden eine über dem Marktzinsniveau liegende Rendite aus den vorhandenen Festverzinslichen zu erwarten ist. Eine Realisierung dieser Renditereserven würde infolge der Wiederanlage der Erlöse mit erheblich schlechterer Verzinsung anschließend zu niedrigeren Kapitalerträgen führen. Nur wenn der gesamte erzielte Verkaufserlös reinvestiert würde, ließe sich die ursprüngliche Rendite weiterhin erzielen; im Regelfall macht eine solche Transaktion keinen Sinn. Würde der realisierte Kursgewinn hingegen – in welcher Form auch immer – ausgeschüttet, ginge das eindeutig zulasten der Überschussbeteiligung in den Folgejahren.

Da die Bewertungsreserven in Festverzinslichen, die üblicherweise zum Nominalwert getilgt werden, sich zum Ende der Laufzeit wieder auflösen, passt die Regelung, in die Beteiligung an den Bewertungsreserven auch die festverzinslichen Finanztitel einzubeziehen, nicht zum Konzept einer verstetigten Überschussbeteiligung. Der skizzierten Argumentation folgend ist im August 2014 das Verfahren für die Beteiligung an Bewertungsreserven in diesen Wertpapieren an das jeweils aktuelle Marktzinsniveau angepasst worden.

Danach sind die Bewertungsreserven in direkt oder indirekt gehaltenen festverzinslichen Anlagen und Zinsabsicherungsgeschäften nur insoweit in die Schlusszahlungen einzubeziehen, als sie einen sog. Sicherungsbedarf für die Versicherungsverträge mit Zinsgarantie übersteigen (§ 139 Abs. 3 VAG). Dies betrifft die im Formblatt 1 für die Bilanz unter den Positionen Aktiva C. II. 2, C. II. 4 und C. III. 2–5 aufgeführten Aktiva sowie diejenigen in Position C. III. 1 enthaltenen Finanztitel, die entsprechend der Berichterstattung gegenüber der BaFin in die anderen aufgeführten Positionen umgruppiert werden könnten (§ 10 MindZV).

Der Sicherungsbedarf deutet einen künftigen Finanzierungsbedarf an für Versicherungsverträge mit Zinsgarantie, deren Rechnungszinssatz zu dem Zeitpunkt, an dem die Bewertungsreserven ermittelt werden, über einem sog. aktuellen Bezugszins liegt (§ 139 Abs. 4 S. 1 VAG).

Der Bezugszins ist definiert als derjenige Null-Kupon-Euro-Zinsswapsatz mit einer Laufzeit von zehn Jahren, der von der Deutschen Bundesbank gemäß § 7 der Rückstellungsabzinsungsverordnung veröffentlicht wird, und zwar für das Monatsende desjenigen Monats, der dem jeweiligen Zeitpunkt der Ermittlung der Bewertungsreserven vorangeht (§ 11 MindZV). Der Bezugszins basiert auf denselben Zinssätzen wie der Referenzzinssatz bei der Berechnung der Zinszusatzreserve für die Deckungsrückstellung. Er wird aber abweichend auf einen zeitnahen Stichtag bezogen und nicht als arithmetisches Mittel für einen Referenzzeitraum von zehn Kalenderjahren aus den Jahresmittelwerten der veröffentlichten Monatsendstände ermittelt (§ 5 Abs. 3 S. 1 und 2 DeckRV). Bei einer Zinssenkungstendenz liegt er damit unter dem Referenzzins, der als Durchschnittswert aus Vergangenheitszahlen dem aktuellen Zinsniveau hinterherhinkt. Zum Beispiel betrug der Bezugszins für Dezember 2015 1,019 %, der Referenzzins für das Geschäftsjahr 2015 2,88 %.

Sicherungsbedarf

4

Als Sicherungsbedarf eines Versicherungsvertrags ist eine Zinssatzverpflichtung aus dem einzelnen Vertrag definiert, die sich aus der Differenz zwischen der versicherungsmathematischen Bewertung des Vertrags mit dem Bezugszins und der vorhandenen Deckungsrückstellung (einschließlich einer ggf. gebildeten Zinszusatzreserve) ergibt (§ 139 Abs. 4 S. 2 VAG). Zu jedem Ermittlungszeitpunkt der Bewertungsreserven wird der Bezugszins mit dem höchsten in den nächsten 15 Jahren für einen Vertrag maßgeblichen Rechnungszins verglichen. Liegt der Bezugszins unter dem höchsten maßgeblichen Rechnungszins, ist die Zinssatzverpflichtung so zu bewerten, dass

- für den Zeitraum der nächsten 15 Jahre jeweils das Minimum aus dem für das jeweilige Jahr maßgeblichen Rechnungszins und dem Bezugszins und
- für den Zeitraum nach Ablauf von 15 Jahren der jeweils maßgebliche Rechnungszins

zugrunde gelegt wird.

Der gesamte Sicherungsbedarf des Versicherers ergibt sich als Summe der Sicherungsbedarfe für alle Versicherungsverträge mit Zinsgarantie, deren Rechnungszins den Bezugszins übersteigt (§ 139 Abs. 4 S. 1 VAG).

Aufgrund dieser Regelung entsteht ein Sicherungsbedarf nur, wenn aufgrund der Zinsentwicklung bzw. Spreizung zwischen Referenz- und Bezugszins die Deckungsrückstellungen einschließlich bereits gebildeter Zinszusatzreserve für die relevanten Versicherungsverträge als nicht ausreichend finanziert anzusehen sind. Der Sicherungsbedarf ist inhaltlich der versicherungsmathematische Barwert einer über die Zinszusatzreserve hinaus notwendigen, auf 15 Jahre zu veranschlagenden Erhöhung derjenigen Deckungsrückstellungen, die von der definierten Zinssatzdifferenz jeweils aktuell betroffen sind.

Der Sicherungsbedarf wirkt in diesen Fällen wie eine virtuelle Kontaktschwelle, deren Berühren die beschriebene Restriktion auslöst für die Beteiligung an den Bewertungsreserven der festverzinslichen Finanztitel, die im Wesentlichen von einem gegenüber ihrer Effektivverzinsung gesunkenen Marktzinsniveau abhängen.

Die Gewinnausschüttung an Aktionäre zu begrenzen und in gleicher Weise an den Sicherungsbedarf zu koppeln hat lediglich politische Gründe. Man glaubte, mit dieser bedingten Ausschüttungssperre sowohl Versicherte als auch Aktionäre in gleicher Weise zu belasten und damit einen Interessenausgleich zwischen beiden Seiten herbeizuführen. Es wäre allerdings konsequent gewesen, auch Ergebnisabführungsverträge in die Regelung mit einzubeziehen.

2.9.2.9 Ausweis im Jahresabschluss

Bilanz

In der Bilanz wird die Rückstellung für Beitragsrückerstattung unter den versicherungstechnischen Rückstellungen ausgewiesen. Generelle Voraussetzung sowohl für die Passivierung als auch für die steuerliche Abzugsfähigkeit von Zuführungen zur RfB ist eine gesetzliche, satzungs- bzw. geschäftsplanmäßige oder vertragliche Verpflichtung zur Verwendung der in die Rückstellung eingestellten Beträge für die Beitragsrückgewähr (§ 341e Abs. 2 Nr. 2 HGB, § 21 Abs. 2 KStG).

Verbindlichkeiten gegenüber Versicherungsnehmern

Die verzinslich angesammelten Überschussanteile werden unter den Verbindlichkeiten aus dem selbst abgeschlossenen Geschäft gegenüber Versicherungsnehmern ausgewiesen (§ 28 Abs. 4 RechVersV).

Beträge aus der Beitragsrückerstattung, die zur Erhöhung der Versicherungsleistung verwendet werden, stellen Einmalbeiträge dar. Deren Sparkomponenten gehen in den Bilanzansatz der Deckungsrückstellung ein.

GuV-Rechnung

In der GuV-Rechnung werden die Aufwendungen für die Überschussbeteiligung auf mehrere Posten aufgeteilt:

Zuführung zur RfB

- Die Zuführungen zur Rückstellung für Beitragsrückerstattung werden analog dem Ausweis in der Bilanz in einer Position zusammengefasst (Fb. 3 Pos. I. 8.).

Direktgutschrift

- Der Ausweis der Aufwendungen für die Direktgutschrift ist von deren Verwendung abhängig:
  - Bei Erhöhung der Versicherungssumme wird eine Zuführung zur Deckungsrückstellung notwendig; der entsprechende Betrag geht folglich in die Veränderung der Deckungsrückstellung (Fb. 3 Pos. I. 7. a)) ein.
  - Für die anderen Überschussverwendungen wird die Direktgutschrift in den sonstigen versicherungstechnischen Aufwendungen (Fb. 3 Pos. I. 12.) mit ausgewiesen.

Seit 2013 besteht eine Angabepflicht für die Direktgutschrift der im Geschäftsjahr erwirtschafteten Überschüsse (§ 51 Abs. 4 Nr. 2 Buchstabe c) RechVersV), so dass der Gesamtbetrag der in einem Geschäftsjahr vom Lebensversicherungsunternehmen gewährten Überschussbeteiligung ermittelt werden kann.

Aus der Überschussbeteiligung zugeteilte Beträge, die nach dem Bonussystem zur Erhöhung der Versicherungsleistung verwendet werden, sind als Einmalbeiträge in der dafür vorgesehenen Position „Beiträge aus der Brutto-Rückstellung für Beitragsrückerstattung" auszuweisen (Fb. 3 Pos. I 2.). Die Erhöhung der Deckungsrückstellung schlägt sich im Posten „Veränderung der übrigen versicherungstechnischen Rückstellungen" nieder [Fb. 3 Pos. I. 7 a)].

Auszug aus Formblatt 3: GuV-Rechnung für Lebens- (und Kranken-)Versicherungsunternehmen – Erfolgseffekte aus der Überschussbeteiligung –

	€	€	€
I. Versicherungstechnische Rechnung			
2. Beiträge aus der Brutto-Rückstellung für Beitragsrückerstattung			......
.			
.			
.			
7. Veränderung der übrigen versicherungstechnischen Netto-Rückstellungen			
a) Deckungsrückstellung			
aa) Bruttobetrag	......		
bb) Anteil der Rückversicherer	......	......	
b) Sonstige versicherungstechnische Netto-Rückstellungen		......	......
8. Aufwendungen für erfolgsabhängige und erfolgsunabhängige Beitragsrückerstattungen für eigene Rechnung			......
.			
.			
.			
12. Sonstige versicherungstechnische Aufwendungen für eigene Rechnung			......

4

Anhang

Im Anhang müssen Lebensversicherungsunternehmen für das selbst abgeschlossene Geschäft zur Rückstellung für Beitragsrückerstattung im Einzelnen aufführen (§ 28 Abs. 8 Nr. 1 u. 2 RechVersV):

- die Entwicklung der Rückstellung (Anfangsbestand, Zuführungen, Entnahmen, Endbestand)
- Teile der Rückstellung für Beitragsrückerstattung, die entfallen auf:
  - (a) bereits festgelegte, aber noch nicht zugeteilte laufende Überschussanteile
  - (b) bereits festgelegte, aber noch nicht zugeteilte Schlussüberschussanteile
  - (c) bereits festgelegte, aber noch nicht zugeteilte Beträge für die Mindestbeteiligung an Bewertungsreserven
  - (d) bereits festgelegte, aber noch nicht zugeteilte Beträge zur Beteiligung an Bewertungsreserven, jedoch ohne Beträge nach Buchstabe (c)
  - (e) den Teil des Schlussüberschussanteilfonds, der für die Finanzierung von Gewinnrenten zurückgestellt wird, jedoch ohne Beträge nach Buchstabe (a) *gebundene Teile der RfB*
  - (f) den Teil des Schlussüberschussanteilfonds, der für die Finanzierung von Schlussüberschussanteilen und Schlusszahlungen zurückgestellt wird, jedoch ohne Beträge nach den Buchstaben (b) und (e)
  - (g) den Teil des Schlussüberschussanteilfonds, der für die Finanzierung der Mindestbeteiligung an Bewertungsreserven zurückgestellt wird, jedoch ohne Beträge nach Buchstabe (c)
  - (h) den ungebundenen Teil, d. h. die Rückstellung für Beitragsrückerstattung ohne die Buchstaben (a) bis (g) *ungebundene RfB*
- die festgesetzten Überschussanteile und gegebenenfalls der verwendete Ansammlungszinssatz unter Angabe des Zuteilungsjahres für die einzelnen Abrechnungsverbände beziehungsweise Bestandsgruppen (§ 28 Abs. 8 Nr. 3 RechVersV)
- die Verfahren zur Berechnung des Schlussüberschussanteilfonds sowie die gewählten Rechnungsgrundlagen (§ 28 Abs. 8 Nr. 4 RechVersV)

Die unter (a) bis (g) genannten Teilrückstellungen bilden zusammen den sog. gebundenen Teil der RfB. Dabei stellen die Posten (a) und (b) die Summe der deklarierten Beträge und die Posten (c) und (d) die für die Beteiligung an den Bewertungsreserven vorgesehenen Beträge dar, d. h. die „voraussichtlich im Folgejahr auszuschüttenden" laufenden Überschussanteile und Schlussüberschussanteile.

Nur die Teilrückstellung (h), über die noch nicht für Zwecke der Überschussbeteiligung verfügt worden ist, gilt als ungebunden (= freie RfB).

Die kollektive Teil-RfB und die Differenzierung nach Alt- und Neubestand sind aus den Angaben nicht zu erkennen.

Des Weiteren sind im Anhang – neben den Direktgutschriften (§ 51 Abs. 4 Nr. 2 Buchstabe c) RechVersV) – zur RfB anzugeben (§ 52 Nr. 2 a) u. b) RechVersV):

Berechnungsmethoden

- die zur Berechnung der Rückstellungen einschließlich der darin enthaltenen Überschussanteile verwendeten versicherungsmathematischen Methoden und Berechnungsgrundlagen (diese Angaben verlangt teilweise auch schon § 28 Abs. 8 Nr. 4 RechVersV)
- die verzinslich angesammelten Überschussanteile im Bilanzposten „Verbindlichkeiten ... gegenüber Versicherungsnehmern"

Die von den Lebensversicherern geforderten Angaben spiegeln die mittlerweile sehr differenzierten Funktionen der Rückstellung für Beitragsrückerstattung und insbesondere des Schlussüberschussanteilfonds gut wider. Ob allerdings der mit Versicherungsdingen weniger vertraute Jahresabschlussleser die Informationen verarbeiten kann, scheint zweifelhaft.

Nicht zuletzt im Hinblick darauf sind einige Informationen zur Überschussbeteiligung spätestens neun Monate nach Schluss des Geschäftsjahres formgebunden elektronisch zu veröffentlichen. Die Form ist abschließend vorgeschrieben, Ergänzungen sind unzulässig. Auf diese Veröffentlichung sind die Versicherungsnehmer unter Angabe der Fundstelle in der Information gemäß § 6 Abs. 1 Nr. 3 VVG-InfoV (Informationspflichtenverordnung) hinzuweisen (§ 15 MindZV, Anlage zu § 15 MindZV).

3. Jahresabschlussanalyse

Handlungssituation

Als Mitarbeiter im Zentral-Controlling der Proximus-Versicherungsgruppe sind Sie mit der Aufgabe betraut, zur Hauptversammlung der Muttergesellschaft eine Pressemappe vorzubereiten. Dafür müssen Aussagen zur Leistungsfähigkeit der in der Gruppe arbeitenden Schaden- und Lebensversicherer anhand von Kennziffern vorbereitet werden.

Sie sollen die von den Fachabteilungen zugelieferten Einzelheiten zwecks Einordnung in die Pressemappe bearbeiten.

3.1 Versicherungstechnisches Geschäft der Schaden- und Unfallversicherung

Handlungssituation

Ihnen wird der Jahresabschluss des Proximus Schaden- und Unfallversicherers zugesandt. Sie müssen die zahlreichen Informationen über Schadenverlauf, Schadenrückstellungen, in Rückdeckung gegebenes Geschäft und die Betriebskosten auf ihre Relevanz für die auf der Hauptversammlung zu erwartenden Aktionärsfragen analysieren und zu Kernaussagen zusammenfassen.

3.1.1 Schadenverlauf

Schadenquoten

In der Schaden- und Unfallversicherung steht zunächst der Schadenverlauf im Blickpunkt der Aufmerksamkeit. Zeitreihenanalysen der Schadenaufwendungen bzw. der Schadenquoten (Schadenaufwendungen zu Verdiente Beiträge) können die Schwankungen im Zeitablauf und Trends der Schadenentwicklung in den einzelnen Versicherungszweigen verdeutlichen. Dabei ist zu unterscheiden einerseits zwischen direktem und indirektem Versicherungsgeschäft und andererseits zwischen Brutto- und Nettozahlen, d. h. vor und nach Abgaben an Rückversicherer.

rechnungsmäßige Schadenquoten

Allerdings sind Analysen, die sich nur auf externe Rechnungslegungsdaten stützen, nur begrenzt aussagefähig. Die Angaben zu den einzelnen Versicherungszweigen im Anhang erlauben beispielsweise nur den Vergleich der Brutto-Schadenquoten auf der Basis der ausgewiesenen Aufwendungen für Versicherungsfälle. Da sowohl Geschäftsjahresschäden bzw. entsprechende Geschäftsjahresschadenquoten als auch Abwicklungsergebnisse nicht systematisch angegeben werden müssen, kann ein periodengerecht abgegrenzter, nur durch Rückstellungsbewertung beeinflusster Schadenverlauf nicht herausgearbeitet werden. Die im Jahresabschluss erkennbaren sog. rechnungsmäßigen Schadenquoten lassen daher nur bedingt Rückschlüsse auf den Schadenverlauf zu.

4

Dazu trägt bei, dass die erste – unten als Formel angegebene – Kennzahl „rechnungsmäßige Schadenquote" [s_r] nicht nur im Zähler allein drei Komponenten enthält, sondern auch im Nenner mit den Verdienten Beiträgen ein Element, das von Marktgegebenheiten, Absatzpolitik und dergleichen beeinflusst wird, mit dem der Schadenverlauf unmittelbar aber nichts zu tun hat; dies betrifft auch den zweiten Formelausdruck. Der Index Gj steht für Aufwendungen und Erträge des Geschäftsjahres, Vj für das Vorjahr.

$$s_r = \frac{\text{Schadenzahlungen}_{Gj} + \text{neue Schadenrückstellungen}_{Gj} \pm \text{Abwicklungsergebnis}_{Vj}}{\text{Verdiente Beiträge}_{Gj}}$$

Aus der GuV-Rechnung lässt sich die rechnungsmäßige Schadenquote nur nach dem folgenden Ausdruck ermitteln (Δ steht für Veränderung):

$$s_r = \frac{\text{Schadenzahlungen}_{Gj+Vj} + \Delta\ \text{Schadenrückstellungen}_{Gj+Vj}}{\text{Verdiente Beiträge}_{Gj}}$$

Ob eine aus dem Zeitvergleich von rechnungsmäßigen Schadenquoten ablesbare Stabilisierung des Schadenverlaufs durch Steuerung der Schadenreservierung und Abwicklungsergebnisse, durch selektive Zeichnungspolitik oder durch Prämienpolitik erreicht wurde, ist anhand der Pflichtangaben im Jahresabschluss also kaum aufzuklären.

Analyse des Schadenverlaufs

Beispiel

Schadenentwicklung im Zeitablauf								
Periode	1	2	3	4	5	6	7	8
Schadenquote [%]	85,0	80,0	82,3	88,0	90,0	95,8	75,0	78,0
Schadenaufwendungen [Mio. €]	102,0	100,0	100,4	110,0	117,0	124,5	125,0	117,0
Verdiente Beiträge [Mio. €]	120,0	125,0	122,0	125,0	130,0	130,0	166,7	150,0

Das Beispiel – ohne Beeinflussung durch Rückversicherungsabgaben – soll den Hintergrund für die einzelnen Schadenquoten veranschaulichen; es zeigt, dass es auch auf die absoluten Zahlen ankommen kann. Die Schadenquote in Periode 3 verdeckt z. B. bei fast konstanter Schadenhöhe gegenüber der Vorperiode den Beitragsrückgang. Die Entwicklung der Schadenquoten in den Perioden 5 und 6 hingegen weist richtig auf steigende Schadenbelastung hin. In Periode 7 wiederum ist die gesunkene Schadenquote bei gegenüber der Vorperiode fast gleich hohen Schäden allein auf den kräftigen Beitragsschub zurückzuführen. In der letzten Periode steigt bei absolut rückläufigen Beiträgen und Schäden die Schadenquote wieder an. Es wird deutlich, dass die Schadenquoten allein kein zuverlässiges Bild von der Schadenentwicklung vermitteln.

Zeitreihen der Schadenquoten können gleichwohl Tendenzaussagen ermöglichen. Ein Vergleich unter Berücksichtigung der absoluten Zahlen für Schadenaufwendungen und Beiträge sowie der Vertragszahlen im Zeitablauf kann Aufschluss über die Entwicklung der Einzelgrößen geben, die wiederum zu entsprechenden Marktdaten in Relation gesetzt werden kann.

Tendenzaussagen

Ohne Hinweise des bilanzierenden Versicherers – insbesondere zur Reservierungspolitik (und Rückversicherungspolitik) – bleiben Erklärungsversuche des Schadenverlaufs jedoch tendenziell spekulativ.

3.1.2 Reservierung von Schadenrückstellungen

Die Reservierung der Schadenrückstellungen beeinflusst unmittelbar die Schadenaufwendungen des Geschäftsjahres. Soweit die Dotierung der Rückstellungen Beurteilungs- bzw. Ermessensspielräume zulässt, wird sie daher mehr oder weniger auch zur Steuerung des Schadenverlaufs eingesetzt; sie gilt zu Recht als hohe Schule versicherungsbetrieblicher Bilanzpolitik (Farny (1975 b), S. 49). Um die Schadenreservierung genauer analysieren zu können, bedarf es zusätzlicher Angaben vom bilanzierenden Unternehmen.

Notwendig ist für die systematische Analyse einerseits die Nennung der Geschäftsjahresschadenquoten oder der Abwicklungsergebnisse aus Vorjahresschadenrückstellungen, aus denen sich im Zusammenhang mit den ausgewiesenen Schadenaufwendungen die jeweils andere Größe errechnen lässt. Mittlerweile machen mehrere Versicherungsunternehmen freiwillige Angaben zu den Geschäftsjahresschadenquoten und Abwicklungsergebnissen, auch für zurückliegende Jahre.

Geschäftsjahresschadenquoten

Erforderlich ist andererseits aber auch eine Bezugsgröße für die Abwicklungsergebnisse in Gestalt zuzuordnender Schadenrückstellungen, um relative Aussagen zur Schadenreservierung treffen zu können.

Als Bezugsgröße dafür wird überwiegend die isolierte Ursprungs- bzw. Eingangsrückstellung in Betracht gezogen. In der Internen Rechnungslegung sind beispielsweise für die Bruttoschadenrückstellungen der einzelnen Versicherungszweige sowohl die nach Jahrgängen geordneten Abwicklungsergebnisse für mehrere Vorjahre (z. B. 12 in der Haftpflichtversicherung) als auch die nach Schadenanfalljahren fortgeführten, jeweils zu Periodenbeginn noch vorhandenen (Teil-)Schadenrückstellungen anzugeben (Nw 242 S. 3 BerVersV).

Bezugsbasis Eingangsrückstellung

Besser geeignet als Bezugsgröße ist jedoch das Volumen der in der Periode abgewickelten Teile aus der Schadenrückstellung für Versicherungsfälle der Vorjahre. Dieses Abwicklungsvolumen zeigt die Größenordnung derjenigen Rückstellungen an, die

- bei Vorliegen von Abwicklungsgewinnen Träger der aufgelösten stillen Reserven gewesen sind oder
- im Fall von Abwicklungsverlusten nicht ausgereicht haben, um alle regulierten Vorjahresschäden auszuzahlen bzw. für die Nachreservierungen vorgenommen worden sind; d. h., es wären insgesamt um den Betrag des Abwicklungsverlusts höhere (Teil-)Rückstellungen erforderlich gewesen.

Bezugsbasis Abwicklungsvolumen vermeidet Trägheitseffekt

Eine auf die tatsächliche Abwicklung bezogene Kennzahl als Quotient von Abwicklungsergebnis zu Abwicklungsvolumen vermeidet den Trägheitseffekt, der sich daraus ergibt, dass die Eingangsrückstellung auch den Teil der Rückstellungen enthält, die als noch nicht reguliert weiter vorgetragen werden. Dabei handelt es sich zumeist um die schwieriger abzuwickelnden Versicherungsfälle mit häufig größeren Schadensummen, die eine größere Regulierungsdauer aufweisen.

Der fortzuführende Bestand von Schadenrückstellungen für Vorjahre schränkt die Aussagekraft von Kennziffern mit Eingangsrückstellungen im Nenner deshalb ein, weil der Einfluss von Abwicklungseffekten verniedlicht wird – die Zahlen wirken optisch eher „unerheblich" – und dadurch im Zeitablauf eine größere Stabilität des Schadenverlaufs vorgetäuscht wird.

erforderliche Angaben

Um den Bezug auf das Abwicklungsvolumen herstellen zu können, reicht allerdings die im Anhang vorgeschriebene Angabe lediglich der Brutto-Schadenrückstellungen für Geschäftsjahr und Vorjahr (§ 51 Abs. 4 Ziff. 1 Buchstabe h) Unterbuchstabe aa) RechVersV) nicht aus. Notwendig ist dazu eine Differenzierung in eine Angabe der

- Schadenrückstellung für Versicherungsfälle des Geschäftsjahres und
- Schadenrückstellung für in Vorjahren gebildete und noch vorhandene Schadenrückstellungen.

Diese Informationen waren bis 1994 für den Selbstbehalt aus dem Anhang zu entnehmen. Nur eine entsprechende freiwillige Publizität würde dem externen Analysten hier weiterhelfen. Für unternehmensinterne Beurteilungen hingegen sollten die Zahlen verfügbar sein. Allerdings erlauben intern ermittelte Kennzahlen allein keinen zuverlässigen Vergleich mit anderen Versicherern oder mit der Branche, weil dafür die nicht durch Bilanzpolitik verschleierten Vergleichsdaten fehlen.

Beispiel

Schadenreservierung und Abwicklungsergebnisse

	Geschäftsjahr	Vorjahre			
(1) Verdiente Beiträge [Tsd. €]	73.273,50	69.545,70	66.597,00	37.111,80	36.102,60
(2) Geschäftsjahres-Schadenquote [in % der Verdienten Beiträge (1)]	95,04	106,56	65,40	112,40	87,28
(3) Aufwendungen für Geschäftsjahresschäden [Tsd. €] Zeilen (2) x (1)	69.639,13	74.107,90	43.554,44	41.713,66	31.510,35
(4) Ausgewiesene Aufwendungen für Versicherungsfälle [Tsd. €]	45.999,30	59.510,26	49.621,42	35.297,03	25.369,30
(5) Rechnungsmäßige Schadenquote [in % der Verdienten Beiträge] Zeilen (4) : (1)	62,78	85,57	74,51	95,11	70,27
(6) Abwicklungsgewinn (+) [Tsd. €] Abwicklungsverlust (–) [Tsd. €] Zeilen (3) – (4)	+23.639,83	+14.597,64	–6.066,98	+6.416,63	+6.141,05
(7) Abwicklungsvolumen [Tsd. €] + gesamte Schadenrückstellung in Schlussbilanz Vorjahr – Schadenrückstellung für Vorjahre in Schlussbilanz Geschäftsjahr = abgewickelte Schadenrückstellung für Vorjahre	 49.188,30 –12.162,00 37.026,30	 46.457,10 –13.830,00 32.627,10	 28.523,10 –15.612,60 12.910,50	 25.236,60 –7.753,20 17.483,40	 29.267,10 –9.147,60 20.119,50
(8) realisierter Rückstellungsbedarf [Tsd. €] Zeile (7) Unterzeile 3) – Zeile (6)	13.386,47	18.029,46	18.977,48	11.066,57	13.978,45
(9) Abwicklungsergebnisquote [in % der Eingangs-Schadenrückstellungen] Zeilen (6) : (7, Unterz. 1)	48,06	31,42	–21,27	25,43	20,98
(10) Abwicklungsergebnisquote [in % der abgewickelten Schadenrückstellungen] Zeilen (6) : (7, Unterz. 3)	63,85	44,75	–46,99	36,70	30,52

(Quelle: Hesberg (1997), S. 38)

Die vorstehende Tabelle verdeutlicht an einem aus konkreten Zahlen eines Feuerversicherers abgeleiteten Beispiel, wie Abwicklungserfolge und Rückstellungsbewertung zur Beeinflussung des ausgewiesenen Schadenverlaufs benutzt werden können. Die Erkennbarkeit für externe Jahresabschlussleser hängt derzeit jedoch von freiwilligen Angaben ab.

Zusammenhang zwischen Geschäftsjahresschäden und Abwicklungsgewinnen

Das Beispiel zeigt, dass bei hohen Geschäftsjahresschäden [Zeile (3)] deutlich höhere Abwicklungsgewinne angefallen waren. Dieser Effekt kann sich einerseits einstellen bei „besonders vorsichtiger" Bewertung der neuen Schadenrückstellungen, um angefallene Gewinne aus der Abwicklung alter Schadenrückstellungen durch Aufwand aus der Dotierung neuer Rückstellungen erfolgsneutral zu kompensieren. Andererseits ergibt sich äußerlich das gleiche Bild, wenn bei hoher Belastung mit Geschäftsjahresschäden ein Rückgang des versicherungstechnischen Ergebnisses durch Auflösen stiller Reserven (bei der Abwicklung oder der Neubewertung der alten Rückstellungen) aufgefangen werden soll.

Die tatsächlichen Gegebenheiten und die damit verbundenen Ermessensspielräume sind in den einzelnen Versicherungszweigen unterschiedlich. In der industriellen Feuerversicherung sind erhebliche Schwankungen der Geschäftsjahresschäden keine Seltenheit, was sowohl auf die Eigenart des Geschäfts als auch auf die vergleichsweise kleinere Zahl versicherter Einzelrisiken im Bestand zurückgeführt werden kann. Im Zeitablauf schwankende Abwicklungsergebnisse [Zeile (6)] lassen sich daher ggf. als Folge des Geschäftsverlaufs, z. B. als vorsorglicher, im Nachhinein nicht erforderlicher Reservierungsbedarf bei vereinzelten Großschäden darstellen. Die Tarnung bilanzpolitischer Erfolgsgestaltung hängt insoweit von ihrer Plausibilität ab.

Abwicklungsverlust

Ein Abwicklungsverlust [2. Vorjahr, Zeile (6)] passt scheinbar nicht ohne weiteres in das Verhaltensmuster einer erfolgsnivellierenden Rückstellungsbewertung. Diese Einschätzung ist jedoch zu relativieren. Wenn die Bewertung der neuen Schadenrückstellungen keine Ansammlung neuer stiller Reserven zulässt, kann es geboten sein, bei alten Rückstellungen nach Möglichkeiten einer Nachreservierung zu suchen. Nachreservierungen gehen jedoch als Abwicklungsverlust in die Rechnung ein. Umgekehrt kann eine notwendige Nachreservierung für einen alten Versicherungsfall den durch die Ertragslage vorgegebenen Spielraum für eine großzügige Reservierung neuer Geschäftsjahresschadenfälle reduzieren. Auch hier wird deutlich, dass der Ausgleich in den ausgewiesenen Aufwendungen für Versicherungsfälle mehrere Ursachen haben kann.

Beeinflussung der Schwankungsrückstellung

Statt geglätteter Schadenverläufe können aber auch Schwankungen im Schaden- oder Ergebnisausweis einzelner Versicherungszweige gewollt sein, wenn diese z. B. im Hinblick auf den Modus zur Berechnung der Schwankungsrückstellung benötigt werden oder wenn gemäß Imparitätsprinzip künftige Erfolgsbelastungen gezielt in die zu bilanzierende Geschäftsperiode vorweggenommen werden sollen. Dazu kann – immer im letztlich begrenzten Rahmen kaufmännischen Ermessens – die Reservierungspolitik ebenfalls eingesetzt werden.

Der für die GuV-Rechnung vorgeschriebene Ausweis bewirkt, dass die ausgewiesene Schadenbelastung bei Vorliegen von Abwicklungsgewinnen geringer ausfällt. Diesen Effekt zeigt der Vergleich von Geschäftsjahresschadenquote [Zeile (2)] und rechnungsmäßiger Schadenquote [Zeile (5)]. Die beiden Zeilen vermitteln auch einen Eindruck davon, inwieweit der Ausweis in der GuV-Rechnung eine Stabilisierung des Schadenverlaufs durch Abwicklungsergebnisse und Schadenreservierung vorgibt: Im Beispiel weisen die rechnungsmäßigen Schadenquoten eine geringere Schwankung der Schadenergebnisse – gemessen an der Standardabweichung der Schadenquoten – auf als die Geschäftsjahresschadenquoten.

Um die Größenordnung der Abwicklungserfolge zu relativieren, ist das Volumen der abgewickelten Vorjahresrückstellungen die geeignete Bezugsgröße. Im Vergleich zum Bezug auf die Eingangsschadenrückstellung [Zeile (9)] weist die auf das Abwicklungsvolumen bezogene Abwicklungsquote [Zeile (10)] deutlich stärkere Ausschläge auf. Dies ist auf den unmittelbaren Bezug des Abwicklungsergebnisses ausschließlich zum regulierten Teil der Rückstellungen zurückzuführen. Die Zahlen der Abwicklungsquote auf Basis der Eingangsrückstellung [Zeile (9)] bestätigen hingegen, dass diese Kennziffer nur ein träger, verharmlosender Indikator ist.

3.1.3 Rückversicherungspolitik

Für die häufig genannten Ziele der Bilanzpolitik von Kompositversicherungsunternehmen, eine Stabilisierung des Schadenverlaufs und/oder eine optische Reduktion der Schadenbelastung zu erreichen, hat neben der Steuerung der Abwicklungsergebnisse auch das in Rückdeckung gegebene Versicherungsgeschäft erhebliche Bedeutung. Für die insoweit gebotene Beurteilung der betriebenen passiven Rückversicherungspolitik ist ein Vergleich der Brutto- und Netto-Schadenbelastungen im Zeitablauf aufschlussreich. Die erforderlichen Angaben sind der Erfolgsrechnung jedoch nur noch als Aggregat für das Gesamtgeschäft zu entnehmen.

Rückversicherungssaldo

Infolge der in dieser Angabe enthaltenen Ausgleichseffekte sind aussagefähige Rückschlüsse auf die Glättung des Schadenverlaufs f. e. R. durch Rückversicherung kaum möglich. Die Angaben des Anhangs lassen eine separate Analyse des Netto-Schadenverlaufs in den einzelnen Versicherungszweigen ebenfalls nicht zu, da die anzugebenden Rückversicherungssalden die Wirkungen des abgegebenen Rückversicherungsgeschäfts auf Schaden- und Kostenverlauf des Selbstbehalts nur zusammengefasst zeigen; möglich sind daher nur Zeitreihenvergleiche anhand der sog. Combined Ratio (kombinierte Schaden- und Kostenquote) (vgl. auch Abschnitt 3.1.5).

Im Hinblick auf die tatsächlich engen Verbindungen zwischen den Schaden- und Kostenquoten (f. e. R.) macht diese Zusammenfassung Sinn. Die indessen ebenfalls sinnvolle Analyse des Schadenverlaufs f. e. R., der z. B. auch für die Steuerung der Schwankungsrückstellung von Bedeutung ist, wird für externe Jahresabschlussleser jedoch verhindert.

Einige Versicherer geben die Schadenquoten f. e. R. freiwillig an. In solchen Fällen kann die Gegenüberstellung von Brutto- und Nettoschadenquoten die Wirkung der passiven Rückversicherung aufzeigen, beispielsweise ob etwa der Schadenverlauf f. e. R. geglättet wird.

Im folgenden Beispiel wird der Sachverhalt nachgestellt, dass bei hohen Brutto-Schadenquoten die Nettoquote niedriger, bei niedrigen Bruttoquoten hingegen die Schadenquote f. e. R. höher ist.

Beispiel: Vergleich Schadenquoten brutto – netto

Periode	1	2	3	4	5	6
Brutto-Schadenquote [in % der Verdienten Beiträge]	95	93	60	75	60	80
Netto-Schadenquote [in % der Verdienten Beiträge]	82	82	75	78	82	78

nicht-proportionale Rückversicherung

Dieser Effekt wird mit nicht-proportionalen Rückversicherungsdeckungen erreicht. Die Rückversicherung wirkt wie ein ausgelagerter Ausgleich über die Zeit – auch wenn die Rückversicherungsdeckungen formal meistens nur auf ein Jahr abgeschlossen werden.

proportionale Rückversicherung

Bei den proportionalen Rückversicherungsformen hingegen sind die Brutto- und Nettoschadenquoten prinzipiell gleich; geringfügige Abweichungen können sich durch abweichende Teilung der Schadenregulierungsaufwendungen ergeben. Ausgleichseffekte für den Vorversicherer können mit proportionaler Rückversicherung erzielt werden, indem entweder direkt entsprechende Gewinnteilungsvereinbarungen getroffen werden oder die vom Rückversicherer gewährten Rückversicherungsprovisionen – zumeist zeitversetzt – an die Qualität des Schadenverlaufs angepasst werden.

Auswirkung auf die Aufwendungen für den Versicherungsbetrieb f. e. R.

Durch die Saldierung dieser (unter Rückversicherungsprovisionen erfassten) Erträge mit den Aufwendungen für den Versicherungsbetrieb wirkt sich dieser Ausgleich nur im Ausweis der Aufwendungen für den Versicherungsbetrieb f. e. R. aus, nicht im Schadenausweis. Da die Rückversicherungsprovision und die Netto-Aufwendungen für den Versicherungsbetrieb nur für das Gesamtaggregat des Versicherungsgeschäfts, nicht aber in den Angaben im Anhang zu den einzelnen Versicherungszweigen gezeigt werden, bleibt der beschriebene Steuerungseffekt durch Rückversicherungsprovisionen für den externen Analysten weitgehend nicht nachvollziehbar.

Welche Wirkungen Rückversicherungsvereinbarungen auf Kennzahlen zur Schaden- und Kostenentwicklung haben können, zeigt das folgende Beispiel, das konkret nur mit internen Daten aufgemacht werden kann.

Beispiel: Auswirkungen unterschiedlicher Rückversicherungsvereinbarungen auf Rückversicherungssaldo, Schaden- und Betriebskostenquote f. e. R.

	A: Ausgangssituation		B: günstigerer Schadenverlauf		C: günstigerer RV-Preis	
	Proportionale Rück-Vers. (1)	Nicht-proportionale Rück-Vers. (2)	Proportionale Rück-Vers. (3)	Nicht-proportionale Rück-Vers. (4)	Proportionale Rück-Vers. (5)	Nicht-proportionale Rück-Vers. (6)
1) Beiträge brutto [€]	100,0	100,0	100,0	100,0	100,0	100,0
2) Schäden brutto [€]	75,0	75,0	65,0	65,0	75,0	75,0
3) Betriebsaufwendungen brutto [€]	25,0	25,0	25,0	25,0	25,0	25,0
4) Rückversicherungsvereinbarung [% / €]	10 % Quote	Priorität 67,5	10 % Quote	Priorität 67,5	10 % Quote	Priorität 67,5
5) Rückversicherungsprämie [€]	10,0	7,5	10,0	7,5	10,0	7,0
6) Rückversicherungsprovision [€]	2,5	–	2,5	–	3,0	–
7) Schadenanteil des Rückversicherers [€]	7,5	7,5	6,5	0	7,5	7,5
8) Rückversicherungssaldo [€]	0	0	–1,0	–7,5	+0,5	+0,5
9) Schadenquote f. e. R. [%]	75,00	72,97	65,00	70,27	75,00	72,58
10) Betriebskostenquote f. e. R. [%]	25,00	27,03	25,00	27,03	24,44	26,88
11) Combined Ratio f. e. R. [%]	100,00	100,00	90,00	97,30	99,44	99,40

Quelle: Hesberg (1997), S. 46

Bei Kennziffern mit Netto-Beiträgen im Nenner ist die Folge, dass der Abzug der Rückversicherungsprämien aus proportionalen und nicht-proportionalen Rückversicherungsverträgen zu unterschiedlich gekürzten Beiträgen f. e. R. als Basis führt. Die Rückversicherungsprovisionen beeinflussen die Aufwendungen für den Versicherungsbetrieb f. e. R. hingegen nur für den proportional rückgedeckten Teil.

Kennzahlen für eigene Rechnung unter Verwendung der Beiträge und/oder der Aufwendungen für den Versicherungsbetrieb sind daher nur mit Vorbehalt für Vergleiche zu verwenden. Dies betrifft insbesondere Betriebskostenquoten und Schadenquoten, die über die Rückversicherungsvereinbarungen tatsächlich nicht nur formal miteinander verbunden sind, sondern auch gezielt gesteuert worden sein können.

4

Bei jeweils identischen Bruttozahlen haben ein Quoten- und ein Stop-Loss-Rückversicherungsvertrag sowohl bei der Betriebskostenquote f. e. R. als auch bei der Schadenquote f. e. R. unterschiedliche Folgen:

- In der Ausgangssituation A führt der nicht-proportionale Rückversicherungsvertrag [Spalte (2)] im Vergleich zu den Bruttowerten und den Nettozahlen bei proportionaler Rückdeckung [Spalte (1)] zwar zu einer kleineren Schadenquote, aber zu einer erhöhten Betriebskostenquote f. e. R.
- Im Fall B wird ein besserer Brutto-Schadenverlauf angenommen. Die Betriebskostenquoten bleiben bei beiden Rückversicherungsverträgen unverändert, während sich die Netto-Schadenquote im Vergleich zur proportionalen Vereinbarung [Spalte (3)] beim nicht-proportionalen Vertrag [Spalte (4)] aufgrund der vereinbarten Priorität weniger ermäßigt oder sogar erhöht.
- Im Fall C wird von einer Reduktion des Preises für die Rückdeckung ausgegangen. Bei beiden Verträgen sinkt die Betriebskostenquote f. e. R. Dies geschieht entweder durch Verminderung der ausgewiesenen Netto-Betriebskosten [Spalte (5)] oder durch geringere Kürzung des Prämienselbstbehalts infolge der ermäßigten Rückversicherungsprämie [Spalte (6)]. Bei der nicht-proportionalen Rückdeckung verbessert sich zugleich auch die Netto-Schadenquote [Spalte (6)].

Rückversicherungssaldo

Der Rückversicherungssaldo [Zeile (8)] bildet Preisvereinbarungs- und Schadenverlaufseffekte als absolute Größe zusammen ab; er ergibt sich als erfolgswirksame Differenz von erhaltenen Rückversicherungstransfers und gezahlter Rückversicherungsprämie. Der Unterschied der Salden im Fall B ist darauf zurückzuführen, dass die Schadenaufwendungen brutto unter der vereinbarten Priorität bleiben, der Rückversicherer also keine Schadenanteile zu übernehmen hat [Spalte (4)].

Aus dem Rückversicherungssaldo und der im Anhang erkennbaren (periodisierten) Rückversicherungsprämie kann die Summe der Rückversicherungserstattungen aus Rückversicherungsprovision und erhaltenem Schadenanteil auch für die einzelnen Versicherungszweige errechnet werden. Infolgedessen können auch die als Eigenbehalt zu tragenden Aufwendungen für Schäden, den Abschluss und die Verwaltung von Versicherungsverträgen als Aggregat ermittelt und zur Berechnung der Combined Ratio f. e. R. herangezogen werden [Zeile (11)]. Die Combined Ratio [cr] (= kombinierte Schaden- und Kostenquote) ist – sowohl brutto als auch netto – definiert als Summe der Aufwendungen für Versicherungsfälle und den Versicherungsbetrieb, dividiert durch die Verdienten Beiträge.

$$\text{cr [in\%]} := \frac{\text{Aufwendungen für Versicherungsfälle + Aufwendungen für den Versicherungsbetrieb}}{\text{Verdiente Beiträge}}$$

Combined Ratio

Die Wirkung der Rückversicherungspolitik in den einzelnen Versicherungszweigen ist von externen Rechnungslegungsinteressenten nur noch anhand von Zeitreihenanalysen der Combined Ratio zu beurteilen. In dieser Kennzahl mischen sich die Wirkungen von Schadenverlauf einschließlich Schadenreservierungspolitik, Kostenverlauf, Preispolitik und Rückversicherungspolitik. Es liegt auf der Hand, dass diese Einflüsse zutreffend nicht anhand einer Gesamtzahl, sondern nur anhand zusätzlicher Angaben differenziert bewertet werden können.

Ein Vergleich der Combined Ratios brutto und netto über die Zeit hinweg kann folglich nur die globalen Ausgleichswirkungen der Rückversicherungspolitik auf das versicherungstechnische Ergebnis anzeigen. Dabei bleiben die Effekte aus Depotstellung und Depotzinsen unberücksichtigt, da sie für Externe nur für das Gesamtgeschäft, aber nicht nach Versicherungszweigen differenziert zu erkennen sind.

3.1.4 Betriebskosteneffizienz

Die Betriebskostenquoten (Aufwendungen für den Versicherungsbetrieb zu Verdiente Beiträge) sind brutto auch für die einzelnen Versicherungszweige aus dem Anhang zu ermitteln. Sie sagen etwas aus über die von Rückversicherungseffekten unbeeinflusste Kostenbelastung des Versicherers und erlauben im Vergleich zu anderen Versicherern auch Rückschlüsse auf die Kosteneffizienz im Versicherungsunternehmen.

Differenzierung in Abschluss- und Verwaltungsaufwendungen

Auch die Differenzierung in Abschluss- und Verwaltungsaufwendungen ist im Anhang für die Versicherungszweige anzugeben, so dass Tendenzaussagen zur Effizienz des Versicherers im Vertrieb und in der Verwaltung anhand von Abschlusskosten- bzw. Verwaltungskostenquoten möglich sind.

Die Betriebskostenquoten netto sagen für sich genommen über die tatsächliche Kostensituation des Erstversicherers nicht viel aus. Sie sind für die einzelnen Versicherungszweige auch nicht aus dem Anhang erkennbar. Die Combined Ratio kann jedoch aus dem Anhang sowohl brutto als auch netto für alle anzugebenden Versicherungszweige ermittelt werden (vgl. vorigen Abschnitt 3.1.3).

3.1.5 Profitabilität des versicherungstechnischen Geschäfts

Cash-Flow-Underwriting

Die Gliederung im Formblatt 2 für die GuV-Rechnung der Kompositversicherer folgt der tradierten Vorgehensweise, den versicherungstechnischen Bereich ohne Berücksichtigung der Erträge aus Kapitalanlagen ausschließlich als Risikogeschäft zu definieren. Diese Auffassung vernachlässigt, dass tatsächlich in Form des Cash-flow-Underwriting bei vielen Vertragsabschlüssen auf den Gesamtergebnisbeitrag geachtet wird, also unter Einschluss aller Zahlungsströme. Die ausgewiesenen, des Öfteren negativen versicherungstechnischen Ergebnisse in der GuV-Rechnung senden daher im Prinzip die falschen Signale.

Unter dem Vorbehalt, dass sie tendenziell einen zu schlechten Eindruck vermitteln, lassen sich aus ihnen gleichwohl Tendenzen der Bestandsqualität und der Profitabilität herausarbeiten.

Tendenzaussagen

Tendenzaussagen lassen sich auch aus „bereinigten" Erfolgsstruktur-Rechnungen gewinnen, in denen verschiedene Umgruppierungen gegenüber den formblattgebundenen GuV-Rechnungen vorgenommen werden, z. B. im Hinblick auf Kostenverteilungen, aperiodische Aufwendungen und Erträge – soweit sich Hinweise dafür im Jahresabschluss finden oder durch Befragung des bilanzierenden Unternehmens fundieren lassen: Entsprechende Branchenanalysen sind lange Zeit beispielhaft von Farny und Mitarbeitern publiziert worden.

eingeschränkter Aussagegehalt durch Gestaltungsspielräume

Grundsätzlich sind Tendenzaussagen in ähnlicher Weise auch anhand der im Anhang angegebenen Ergebnisse f. e. R. der einzelnen Versicherungszweige möglich. Einschränkungen ergeben sich insbesondere daraus, dass sowohl in der genauen Zuordnung der gesamten Betriebskosten (im Sinne von Nicht-Schaden-Kosten) zu den „Aufwendungen für den Versicherungsbetrieb" und zu den anderen relevanten Positionen der Erfolgsrechnung als auch in der Verteilung der Betriebsaufwendungen auf die Versicherungszweige Ermessens- und Gestaltungsspielräume bestehen.

Combined Ratio

Die wichtigste globale Kennzahl des versicherungstechnischen Geschäfts bei Kompositversicherern neben dem versicherungstechnischen Ergebnis stellt – trotz der erläuterten Vorbehalte für Detailanalysen – die Combined Ratio dar. Die Combined Ratio zeigt die Grundlast des Geschäfts mit versicherungstechnischen Aufwendungen an. Im Hinblick auf die tatsächlich engen Verbindungen zwischen den Schaden- und Kostenquoten (f. e. R.) aufgrund der vielfältigen Rückversicherungsvereinbarungen macht diese Zusammenfassung auch Sinn.

externe Analyse des Schadenverlaufs f. e. R. unmöglich

Die Analyse des Schadenverlaufs f. e. R., der u. a. für die Steuerung der Schwankungsrückstellung von Bedeutung ist, wird jedoch durch die Zusammenfassung der Schäden und der Betriebsaufwendungen f. e. R. für externe Jahresabschlussleser wie erwähnt weitgehend unmöglich gemacht. Immerhin sind die Veränderungen der Schwankungsrückstellungen isoliert zu erkennen.

Erreichbar sind im Wesentlichen mit der externen Analyse eben nur Tendenzaussagen. Um diese zu präzisieren, bleibt der Rückgriff auf die einzelnen Erfolgskomponenten unentbehrlich. Insoweit ist die Rechnungslegungspublizität der Schaden- und Unfallversicherer noch verbesserungsfähig.

3.2 Erfolgserwartungen in der Lebensversicherung

Handlungssituation

Der Jahresabschluss des Proximus Lebensversicherers wird Ihnen zugestellt. Ihr Abteilungsleiter erwartet auf der Hauptversammlung kritische Fragen von Verbraucherschützern und Kleinaktionären. Deshalb sollen Sie die Informationen zur Kostensituation und zur Überschussbeteiligung zu plakativen Zusammenfassungen aufbereiten. Darüber hinaus ist es Ihre Aufgabe, für Kleinaktionäre eine Erklärung vorzubereiten, wie das Ertragspotenzial der Gesellschaft zu beurteilen ist.

3.2.1 Überschussquellen

Gewinnquellen

Die Analyse des Rohüberschusses zwecks Kontrolle der Überschussbeteiligung (Gewinnzerlegung) ist Gegenstand der Berichterstattung gegenüber der Aufsichtsbehörde. Sie prägt mit ihrer Systematik der Gewinnquellen auch den

Ansatz für externe Analysen. Da die Überschussbeteiligung als wichtiges Kriterium für die Wettbewerbsfähigkeit von Lebensversicherungsprodukten gilt, sind Aussagen über das Ertragspotenzial von Lebensversicherern, wie sie anhand der Gewinnzerlegung angestrebt werden, auch maßgeblich für die allgemeine Einschätzung der Ertragslage aus Kapitalmarktsicht, also durch Nicht-Versicherungsnehmer.

Tendenzaussagen

Für eine genaue Analyse aller Gewinnquellen reichen die zu veröffentlichenden Daten nicht aus. Es sollte allerdings auch nicht Sinn der externen Rechnungslegung sein, so weit in die Tiefe gehende Kalkulationen offenzulegen. Gefragt und zum Teil auch möglich sind wiederum Tendenzaussagen, hier zur Kostenentwicklung, insbesondere zu den Abschlusskosten, zu den „Risikogewinnen" und zu den „Zinsgewinnen" (= Ertragsüberschuss aus Kapitalanlagen über die garantierte Verzinsung hinaus). Auch die Bestandsfestigkeit sagt etwas über die Qualität des Geschäfts aus, über den Vertrieb und/oder über die Kundenzufriedenheit.

3.2.2 Kostenentwicklung

Abschlusskostenquote

In der GuV-Rechnung der Lebensversicherer werden Abschluss- und Verwaltungsaufwendungen getrennt ausgewiesen. Als Indikator für die Belastung mit Abschlusskosten, die insbesondere Verbraucherschützer kritisch beäugen, wird der Bezug der Abschlussaufwendungen auf den Neuzugang (= Abschlusskostenquote) gewählt, ausgedrückt in Promille der Beitragssummen, für ältere Verträge auch in Promille der Versicherungssummen.

$$\text{Abschlusskostenquote [in ‰]} := \frac{\text{Abschlussaufwendungen}}{\text{Beitragssumme des Neugeschäfts}}$$

Diese Kennzahl ist – unabhängig von den Pflichtangaben bei Vertragsabschluss gemäß VVG-InfoV – gerade in der Lebensversicherung von besonderem Interesse.

Abhängigkeit der Kosten von der Angebotsstruktur

Es liegt auf der Hand, dass die unterschiedlichen Vertriebsformen – Stammorganisation gebundener Vermittler, Makler und ungebundene Vermittler, Strukturvertrieb, Direktvertrieb (Sonderform: online-Vertrieb) – auch mit ganz unterschiedlichen Abschlusskosten, häufig aber auch unterschiedlichen Wachstumsraten und Stornoquoten verbunden sind. Die Abschlusskosten-Kennzahlen bedürfen im Einzelfall also genauerer Betrachtung.

Dies gilt auch für die übrige Betriebskostenbelastung. Hier ist i. d. R. eine gewisse Korrelation zwischen den Verwaltungsaufwendungen und der Produktpalette eines Lebensversicherers anzunehmen: Standardisierte Produkte, wie sie für Direktversicherer typisch sind, lassen sich häufig infolge höherer Automatisierung kostengünstiger bearbeiten.

3.2.3 Bestandsfestigkeit und Bestandsstruktur

Stornoquote

Über die Qualität des Geschäfts, insbesondere des Vertriebs, gibt auch die Festigkeit des Neugeschäfts bzw. des Bestands Aufschluss. Sie wird mit der sog. Stornoquote gemessen. Die verwendeten Definitionen variieren, z. B. als vorzeitiger Abgang in Relation zum Neuzugang im Geschäftsjahr oder auch – weniger plausibel – zum Bestand. Dabei kann sowohl auf die Vertragszahl als auch auf das jeweilige Beitragsvolumen abgestellt werden, wie die Beispiele zeigen:

$$\text{Stornoquote [in \%]} : = \frac{\text{Zahl vorzeitig abgehender Verträge und Rückkäufe}}{\text{Zahl neu abgeschlossener Verträge}}$$

$$\text{Stornoquote [in \%]} : = \frac{\text{durch vorzeitigen Abgang und Rückkauf stornierter Jahresbeitrag}}{\text{gebuchter Jahresbeitrag des Bestandes}}$$

Die erforderlichen Daten sind üblicherweise aus den Angaben gemäß Muster 3 bzw. aus dem Lagebericht ermittelbar.

Wie die Abschlusskostenquote findet auch die Stornoquote erhöhte Aufmerksamkeit bei Verbraucherschützern, Medien und Internetplattformen, insbesondere in vergleichenden Kennzahlenanalysen mit ranking-Listen, die zunehmend im Internet zu finden sind. Infolgedessen kann eine niedrige Stornoquote – im Vergleich zu anderen Anbietern oder zur Branche – durchaus als Wettbewerbsvorteil und als Indiz für eine gute Geschäftspolitik gelten.

Absatzprogramm

Für die Beurteilung der Marktposition von Lebensversicherern ist schließlich nützlich, mit welchem Absatzprogramm die Anbieter auftreten, z. B. wie groß die Anteile von Kapitallebensversicherungsverträgen, „normalen" Rentenversicherungsverträgen und Riester-Renten sind, da deren Akzeptanz und Profitabilität unterschiedlich eingeschätzt werden.

3.2.4 Erträge aus Kapitalanlagen und Überschussbeteiligung

Für die quantitative Bestimmung der Mindestüberschussbeteiligung sind neben den Sterblichkeitsgewinnen die Erträge aus Kapitalanlagen die ausschlaggebende Größe.

Struktur der Kapitalanlagen

Zur Abschätzung des künftigen Ertragspotenzials ist die Struktur sowohl der Ertragsarten als auch der Kapitalanlagen zu untersuchen. Aus der Zusammensetzung des Portfolios – Immobilien, Aktien, festverzinsliche Wertpapiere (insbesondere Namensschuldverschreibungen) – über die Zeit hinweg kann auf die verfolgte Anlagestrategie und künftige Ertragsaussichten – laufende Verzinsung, Realisierung von Kursgewinnen – sowie die damit verbundenen Risiken (Abschreibungsbedarfe) zumindest ansatzweise geschlossen werden. Da Anlagenrendite und Überschussbeteiligung für Lebensversicherer starke Wettbewerbswirkungen haben, ist auf diesem Feld die Bereitschaft zu entsprechender Publizität groß. Entsprechend kritisch sollte allerdings auch der Analyst sein.

Auch die Ausweitung der Angaben zu den stillen Reserven kann die Einschätzung des künftigen Ertragspotenzials verbessern.

Renditekennziffern

Die Definitionen für die üblichen Renditenkennziffern wie z. B. laufende Verzinsung, Nettoverzinsung, Kurssteigerungspotenzial, Kurs-Gewinn-Verhältnis werden nicht immer einheitlich verwendet. Bei der Beurteilung der angegebenen Kennziffern ist daher auf die genaue Beschreibung zu achten. Geläufig sind z. B. die folgenden Definitionen, die sich nur im Zähler unterscheiden (mit oder ohne außerordentliche Erträge und Aufwendungen aus bzw. für Kapitalanlagen):

$$\text{Nettoverzinsung [in \%]} := \frac{\text{gesamtes Ergebnis aus Kapitalanlagen}}{\text{mittlerer Anlagenbestand (zu Buchwerten)}}$$

$$\text{laufende Verzinsung [in \%]} := \frac{\text{ordentliches Ergebnis aus Kapitalanlagen}}{\text{mittlerer Anlagenbestand (zu Buchwerten)}}$$

(Quelle: E+S Rück/Assekurata (2011), S. 87 und Folgeveröffentlichungen)

Wichtig ist für den Analysten gerade vor dem Hintergrund der Kursschwankungen an den Börsen und der Finanzkrise im Besonderen, dass neben den genannten Renditenkennziffern auf die Risikoeigenschaften der Anlagen und des Gesamtportfolios geachtet wird. Ohne Einzelangaben von Seiten der berichtenden Versicherer ist der Jahresabschlussleser dabei allerdings allein gelassen. Für ihn wie für den internen Analysten kommt es ganz offensichtlich darauf an, sich umfassend um das Kapitalmarktgeschehen zu kümmern, wenn konkrete Risikoeinschätzungen vorzunehmen sind.

Angabe der festgesetzten Überschussanteile

Die aus dem bilanzierten Geschäftsjahr resultierende Überschussbeteiligung ist in den Pflichtangaben im Anhang – festgesetzte Überschussanteile für die einzelnen Abrechnungsverbände und weitere Hinweise – dokumentiert. Im Zeit- und Marktvergleich – ggf. mithilfe von Branchenreports – lassen sich Tendenzaussagen über die Entwicklung und Attraktivität der Überschussbeteiligung gewinnen.

3.3 Eigenkapitalrentabilität und Ertragspotenzial

Gesamtabschätzung wichtig

Bei Lebensversicherungsunternehmen besteht aus Sicht sowohl der Aktionäre als auch der Versicherungsnehmer nachhaltiges Interesse an attraktiven Gewinnen und Überschussbeteiligungen. Bei der Beurteilung des Überschusspotenzials eines Lebensversicherers kommt es nicht nur auf die einzelnen Überschussquellen an, sondern auch auf die Gesamtstruktur der Erfolgskomponenten. Daraus leitet sich letztlich die Vorstellung ab, wie hoch die Dividenden und die Überschussbeteiligung für die Versicherungsnehmer in Zukunft denn wohl ausfallen könnten.

Aus den Pflichtangaben im Anhang lassen sich im Zeitvergleich zwar Tendenzen in der Vergangenheit erkennen, aber nicht ohne weiteres auf die Zukunft hochrechnen.

4

Solvabilität

Für die Aktionäre ist an Ist-Daten neben dem erzielten Jahresergebnis und der Gewinnausschüttung die Rücklagendotierung von Bedeutung; alle entsprechenden Informationen sind im Jahresabschluss verfügbar. Gerade in Zeiten der Finanzkrise ist die Solvabilitätsausstattung ein Kriterium für Solidität und Vertrauen, auch für Versicherer. Ohne am Markt ausgerichtete Eigenkapitalrentabilität und entsprechende Ertragsaussichten kann eine gute Eigenkapitalausstattung weder erreicht noch bewahrt werden.

Embedded Value

Für die Zukunft ergibt sich das Ertragspotenzial insgesamt aus dem inneren Wert des gesamten Unternehmens, dem sog. Embedded Value, der für die Ertragskraft und damit für Gewinnaussichten und für die zu erwartende Überschussbeteiligung einen Informationshintergrund abgeben kann.

Grob formuliert stellt der Embedded Value den Barwert aller künftigen Erträge aus einem quasi geschlossenen (Lebens-)Versicherungsbestand dar, d. h. ohne Berücksichtigung des zukünftigen Neugeschäfts, allerdings unter der Prämisse der Unternehmensfortführung (going concern). Das erscheint zwar insoweit problematisch, als ein Lebensversicherer ohne Neugeschäft keine Überlebenschancen hat; die Kennzahl indiziert aber die Ertragsqualität des vorhandenen Bestandes.

Appraisal Value

Im Gegensatz dazu schließt der sog. Appraisal Value auch das künftige Neugeschäft mit ein.

Beide Kennziffern werden aus internen Daten und insbesondere Annahmen herausgefiltert und fungieren für Externe als – den traditionellen Verfahren überlegene – Kennzahlen zur Unternehmensbewertung. Sie sind keine Kennziffern aus der Jahresabschlussanalyse, da die notwendigen Informationen aus der externen Rechnungslegung nicht zu ermitteln sind.

wertorientierte Unternehmenssteuerung

Die Ermittlung von Embedded Value und Appraisal Value geschieht anhand mathematischer Modellrechnungen. Die Auswirkungen der einzelnen Komponenten werden anhand von Sensitivitätsanalysen abgeschätzt. Aufgrund der erheblichen Anforderungen, die diese Verfahren stellen, eignen sie sich in erster Linie zur internen Unternehmensführung, insbesondere zur sog. wertorientierten Unternehmenssteuerung.

Für Anteilseigner und Investoren werden diese Kennziffern vielfach als besonders relevant gepriesen. Auch für Versicherungsnehmer ermöglichen sie Rückschlüsse auf Profitabilität und Bonität des Versicherers. Daher wird der Embedded Value mittlerweile von vielen Konzernen publiziert.

Unternehmensvergleich erschwert

Standardisierung durch EEV

Für die unternehmensinterne Berechnung existieren allerdings verschiedene Wege, so dass ein Vergleich der von verschiedenen Unternehmen publizierten Embedded Values mit Problemen behaftet sein kann, wenn die Berechnungsmethoden und der verwendete Diskontierungszinssatz nicht mit veröffentlicht werden bzw. nicht verbindlich standardisiert sind. Die Standardisierung zu einem europäischen Embedded Value (EEV) wird von den maßgebenden europäischen Versicherungskonzernen in einem gemeinsamen Gremium erarbeitet, dem sog. CFO Forum (CFO = Chief Financial Officers).

Aufgaben zur Selbstüberprüfung

1. Erklären Sie, welche Aufgaben dem Jahresabschluss von Versicherungsunternehmen nach deutschem Handelsrecht und nach IAS/IFRS zugeordnet werden können.
2. Begründen Sie die besondere Stellung, die die BaFin als Adressat der Rechnungslegung von Versicherungsunternehmen innehat.
3. Vergleichen Sie die Auswirkungen des Brutto- oder Nettoausweises für das in Rückdeckung gegebene Versicherungsgeschäft (passive Rückversicherung) auf die Bilanzgliederung.
4. Erläutern Sie die Abgrenzung von versicherungstechnischer und nicht-versicherungstechnischer Rechnung in der GuV-Rechnung von Schaden- und Unfallversicherungsunternehmen einerseits und von Lebensversicherungsunternehmen andererseits.
5. Unterscheiden Sie (in einer kurzen Darstellung) die Gliederung der Erfolgsrechnung nach dem Bereichsprinzip und dem Primärprinzip.
6. Erklären Sie die unterschiedlichen Auswirkungen des Umsatzsaldoprinzips einerseits und des Erfolgsprinzips andererseits auf den Ausweis der Periodenabgrenzung von (z. B. Schaden-)Aufwendungen in der GuV-Rechnung von Schaden- und Unfallversicherungsunternehmen.
7. Begründen Sie, warum der Organisationsfonds in den Posten Kapitalrücklage gehört.
8. Stellen Sie fest, welche Einzelposten als gebuchte Beiträge zu erfassen sind.
9. Analysieren Sie die Posten Beitragsüberträge und Rückstellung für noch nicht abgewickelte Versicherungsfälle inhaltlich im Hinblick auf ihre Eigenschaft als Rückstellung (= ungewisse Verbindlichkeit).
10. Erläutern Sie inhaltlich, welche Teil-Aufwendungen in der Position Aufwendungen für Versicherungsfälle enthalten sind.
11. Erfassen Sie die einzelnen Teilrückstellungen, die in der Rückstellung für noch nicht abgewickelte Versicherungsfälle zusammen ausgewiesen werden.
12. Erklären Sie, wie Rückversicherungsprovisionen aus dem in Rückdeckung gegebenen Versicherungsgeschäft in der Erfolgsrechnung der Schaden- und Unfallversicherungsunternehmen ausgewiesen werden.
13. Stellen Sie dar, welche Einzelpositionen inhaltlich den Aufwendungen für den Versicherungsbetrieb zuzuordnen sind.
14. Begründen Sie, welche Aufgaben die Schwankungsrückstellung erfüllen soll.
15. Stellen Sie fest, von welchen Größen die Veränderung der Schwankungsrückstellung von einem zum nächsten Bilanzstichtag abhängt.

16. Erläutern Sie, wie sich die Aufgaben der Schwankungsrückstellung von der Funktion der Rückstellung für drohende Verluste aus dem Versicherungsgeschäft unterscheiden.
17. Erläutern Sie die prospektive und die retrospektive Definition der Deckungsrückstellung am Beispiel eines Lebensversicherungsvertrages für den Todes- und Erlebensfall mit laufender Beitragszahlung.
18. Erklären Sie das Verfahren der Zillmerung am Beispiel eines Lebensversicherungsvertrages für den Todes- und Erlebensfall mit laufender Beitragszahlung.
19. Erläutern Sie, mit welchem Wert folgende Vermögenswerte in der Bilanz eines Lebensversicherers nach geltendem Recht (HGB) anzusetzen sind:
    (a) Bebaute Grundstücke
    (b) Beteiligungen
    (c) Aktien und Inhaberschuldverschreibungen
    (d) Namensschuldverschreibungen und Darlehen
20. Begründen Sie, warum die Überschussbeteiligung in der Lebensversicherung nicht direkt gewährt, sondern im Wesentlichen über die Rückstellung für Beitragsrückerstattung (RfB) gelenkt wird.
21. Erläutern Sie, aus welchen Teilen sich die Rückstellung für Beitragsrückerstattung (RfB) in der Lebensversicherung im Einzelnen zusammensetzt.
22. Erklären Sie, welche Funktionen der kollektive Teil der Rückstellung für Beitragsrückerstattung zu erfüllen hat.
23. Stellen Sie dar, wie sich die Begrenzung der Beteiligung der Versicherungsnehmer an den Bewertungsreserven auf das Verhältnis von laufender Überschussbeteiligung zu Schlussüberschussanteilen auswirkt.
24. Erläutern Sie am Beispiel des Schaden- und Unfallversicherungsgeschäftes die Definitionen von Schadenquoten, Betriebskostenquoten und Combined Ratio.
25. Erklären Sie, warum die Reservierung der Rückstellung für noch nicht abgewickelte Versicherungsfälle auch als „hohe Schule der Bilanzpolitik" bezeichnet wird.
26. Stellen Sie dar, inwieweit der Rückversicherungssaldo und der Vergleich von Brutto- und Nettoschadenquoten Aussagen über die Zweckmäßigkeit des in Rückdeckung gegebenen Versicherungsgeschäftes zulassen.
27. Begründen Sie, warum Verbraucherverbände ein besonderes Augenmerk auf die Abschlusskostenquote von Lebensversicherungsunternehmen haben.
28. Stellen Sie dar, welche Aussagen aus der Stornoquote des Neugeschäfts von Lebensversicherungsunternehmen gewonnen werden können.
29. Erläutern Sie, welche Angaben Lebensversicherer im Anhang zum Zeitwert der Kapitalanlagen zu machen haben.
30. Stellen Sie dar, wie die Kennziffern Embedded Value und Appraisal Value definiert sind.

Kapitel 5

Auswirkungen von Veränderungen in der Aufbau- und Ablauforganisation

Nachzuweisende Befähigung

Die angehenden Fachwirte/Fachwirtinnen für Versicherungen und Finanzen sollen sich mit Organisationsfragen auseinandersetzen und organisatorische Veränderungen analysieren können. Sie sollen typische Organisationsformen und grundlegende Überlegungen in der Organisationspraxis kennen, um damit Unternehmensstrukturen und -prozesse beschreiben und bewerten zu können (gemäß Erläuterungsbroschüre, Qualifikationsinhalte und Handlungssituationen, 1.5).

Qualifikationsinhalte des Kapitels

Die Absolventen können im Einzelnen:

- Methodik von Organisationsentscheidungen erkennen (1.5.1)
- Aufbauorganisation erkennen (1.5.2)
- Entscheidungen zur Vertriebspolitik vorbereiten (1.5.3)
- Ablauforganisation und Verknüpfung mit der Aufbauorganisation erkennen (1.5.3)

1. Unternehmensstrukturen im Wandel

Handlungssituation

Die Proximus Versicherung AG ist ein historisch gewachsener Versicherungskonzern mit einer eigenen Außendienstorganisation. Auf einer Betriebsversammlung hat der Vorstandsvorsitzende darüber informiert, dass eine Tochtergesellschaft namens „Proximus-Direkt" gegründet werden soll. Außerdem hat der Personalverantwortliche zusammen mit einem Betriebsratsmitglied das Pilotprojekt „Telearbeitsplätze" vorgestellt. In Ihrer Gruppe wird über diese beiden organisatorischen Veränderungen diskutiert.

1.1 Im Fokus: Höhere Flexibilität

Handlungssituation

Ein älterer Kollege philosophiert über den Wandel und behauptet: „Ordnung ist nur das halbe Leben. Die andere Hälfte besteht darin, das vorhandene Ordnungssystem wieder zu verändern." Sie stimmen ihm zu: „Die Rahmenbedingungen verändern sich immer schneller. Ein Unternehmen wie Proximus muss flexibler werden."

Damit ein Versicherungsunternehmen wie die Proximus Versicherung AG als Ganzes und jeder einzelne Mitarbeiter seine Aufgaben zielgerichtet erfüllen kann, bedarf es einer Vielzahl von Regelungen. Wer einen solchen formalen Ordnungsrahmen schafft, organisiert. Wer bestehende Strukturen tiefgreifend verändert, reorganisiert.

Definition

Organisation im betriebswirtschaftlichen Sinn ist ein System von Regelungen, um ein Unternehmen und dessen Prozesse zu gestalten. (Farny 1988, S. 475)

Ein **Prozess** ist die zielgerichtete Erstellung einer Leistung durch eine Folge logisch zusammenhängender Aktivitäten. (Vahs 2007, S. 222)

Organigramm

In den letzten Jahrzehnten, insbesondere seit der Deregulierung der Versicherungsmärkte in den 90er Jahren, haben sich die Anforderungen an die Wandlungsfähigkeit von Unternehmen deutlich erhöht. In immer kürzeren Zeiträumen wird immer häufiger umstrukturiert. Führungskräfte jeder Ebene – vom Vorstandsmitglied bis hin zum Gruppenleiter – sind quasi permanent gefordert, an Struktur- und Prozessveränderungen mitzuarbeiten oder sie doch zumindest umzusetzen, zu kommunizieren und aktiv zu begleiten. So hat sich beispielsweise die „Haltbarkeit" von Organigrammen, die die Über- und Unterordnungsverhältnisse der einzelnen Unternehmensinstanzen veranschaulichen, oder von räumlich orientierten Stützpunktnetz-Darstellungen, die eine Übersicht über die Präsenz vor Ort durch Regionaldirektionen, spezialisierte oder Auslands-Tochtergesellschaften bis hin zu Kundenbetreuungseinheiten geben, drastisch verringert. Nicht zuletzt lässt sich an der zunehmenden Zahl von Projekten erkennen, dass ehemals eher langfristige, oft im Wesentlichen von der Abteilung Betriebsorganisation wahrzunehmende Anpassungen heute schneller und mit breiterer Beteiligung in Ergänzung der bestehenden Strukturen stattfinden (s. auch Kap. 7 Projekte planen).

1.2 Ursachen für organisatorische Veränderungen

Handlungssituation

Sie und Ihre Kollegen spekulieren darüber, warum sich der Vorstand dafür entschieden hat, Proximus-Direkt zu gründen. Ein Auszubildender behauptet: „Über die Hälfte aller Versicherungskunden informieren sich vor einer Beratung im Internet. Bei einfachen Produkten steigt auch die Zahl der Abschlüsse. Die Proximus muss sich auf diesen Trend einstellen. Neben unseren Ausschließlichkeitsvertretern brauchen wir den Vertriebsweg „Internet". Dafür eine eigene organisatorische Einheit zu gründen, finde ich sinnvoll: Produkte, Prämien, Kundenberatung usw. werden sich doch stark unterscheiden."

interne Situationsfaktoren

Mithilfe einer Organisation realisiert ein Versicherungsunternehmen sein Produktionsprogramm. Die Aufgabe besteht – abstrakt formuliert – darin, Versicherungs-, Kapitalanlage- und andere Geschäfte so zu betreiben, dass die Unternehmensziele erreicht werden (s. auch Kap. 1, Abschnitt 1.2 Sachziele). Dafür gibt es kein Patentrezept, sondern verschiedene Gestaltungsmöglichkeiten. Außerdem hängt die Zweckmäßigkeit von Regelungen von der jeweiligen Situation des betreffenden Unternehmens ab. Interne Situationsfaktoren sind z. B. (Übersicht bei Olfert/Steinbuch 2003, S. 427 ff.):

- *Betriebsgröße*

  Mit der Zahl der Beschäftigten steigt der Koordinationsbedarf, da i. d. R. mehr delegiert wird und die Spezialisierung ausgeprägter ist. Größere Versicherungsunternehmen weisen deshalb meist eine höhere Zahl an hierarchischen Ebenen auf.

- *Informationstechnologie*

  Für Unternehmen, die immaterielle Güter produzieren, gehört die Gestaltung von Informationsprozessen zu den entscheidenden Erfolgsfaktoren. Die in einem Versicherungsunternehmen eingesetzte Hard- und Software stellt damit einen zentralen Einflussfaktor auf die gesamte Organisation dar.

- *Unternehmenshistorie*

  Ob ein Versicherungsunternehmen in der Rechtsform eines Versicherungsvereins auf Gegenseitigkeit (VVaG) oder einer Aktiengesellschaft (AG) gegründet worden ist, ob es in der Vergangenheit durch Fusionen oder Umsatzsteigerungen gewachsen, ob es bereits seit Jahrzehnten etabliert ist oder als junges Unternehmen noch stärker improvisiert: Vergangenheitsbezogene Faktoren liefern oft einen Erklärungsansatz für die gegenwärtig vorhandenen Strukturen des Unternehmens und die zukünftige Organisationsgestaltung.

externe Situationsfaktoren

Neben solchen internen Faktoren wirken sich externe Faktoren auf die Organisation aus, wie z. B.:

- *Marktsituation*

  Verändern sich die Konkurrenzverhältnisse, ergeben sich daraus meist organisatorische Anpassungserfordernisse. Dies wird besonders deutlich am Beispiel des Wegfalls der Versicherungsmonopole 1994 in der Gebäudeversicherung. Sowohl für die ehemals öffentlich-rechtlichen Monopolversicherer als auch für die in diesen Regionen tätigen Wettbewerber führte dies zu teilweise revolutionären Entwicklungen in vielen Unternehmensbereichen und damit organisatorischen Anpassungserfordernissen.

- *Rechtsrahmen*

  Gesetzgeber und Aufsichtsbehörde bestimmen durch die von ihnen formulierten Anforderungen den Aufbau und die Abläufe in Versicherungsunternehmen direkt oder indirekt mit. Bereits im Jahr 2009 formulierte die BaFin beispielsweise in einem Rundschreiben: „Die Aufbauorganisation ist auf die Unterstützung der wichtigsten Strategieziele des Unternehmens auszurichten. Grundsätzlich hat eine klare Funktionstrennung bis einschließlich der Ebene der Geschäftsleitung zwischen unvereinbaren Funktionen zu erfolgen. Wer für den Aufbau von Risikopositionen verantwortlich ist, darf nicht gleichzeitig und auch nicht mittelbar mit deren Überwachung und Kontrolle betraut sein. Die Ablauforganisation ist klar zu definieren. Für jeden mit wesentlichen Risiken behafteten Geschäftsablauf einschließlich der Übergabe von Daten und Ergebnissen sind entsprechende Verantwortlichkeiten zu definieren."

Die am 1.1.2016 in Kraft getretene Neufassung des VAG geht explizit in § 64 darauf ein, was unter einer ordnungsgemäßen Geschäftsorganisation zu verstehen ist. Dazu gehören beispielsweise:

- aufbau- und ablauforganisatorische Regelungen, die die Überwachung und Kontrolle der wesentlichen Abläufe und ihre Anpassung an veränderte allgemeine Bedingungen sicherstellen müssen
- die Einrichtung eines geeigneten internen Steuerungs- und Kontrollsystems

Dies umfasst auch Elemente wie ausreichende unternehmensinterne Kommunikation über Risiken, eine interne Revision, die die gesamte Geschäftsorganisation des Unternehmens überprüft, oder generell „angemessene, auf der Risikostrategie beruhende Prozesse" und die Dokumentation aller aufbau- und ablauforganisatorischen Regelungen. Was dies im Einzelnen bedeutet, erläutert die BaFin meist in Form von Rundschreiben.

Auszüge aus einem BaFin-Rundschreiben 2015

Vorbereitung auf Solvency II: Versicherungsmathematische Funktion

Ab dem 1. Januar 2016 müssen die Unternehmen und Versicherungsgruppen die Schlüsselfunktion Versicherungsmathematische Funktion (VmF) eingerichtet haben. Neben der VmF ist nach dem neuen VAG in der Lebens- und Krankenversicherung, der Unfallversicherung mit Prämienrückgewähr sowie für Haftpflicht- und Unfallrenten weiterhin der Verantwortliche Aktuar vorgesehen.

Der Aufgabenkatalog der VmF wird in Artikel 48 Absatz 1 der Solvency-II-Richtlinie in Verbindung mit Artikel 272 der Delegierten Verordnung definiert. Zu berücksichtigen sind, soweit für das Unternehmen einschlägig, auch die Übergangsregeln in Artikel 308c und 308d der Solvency-II-Richtlinie.

Bei der Implementierung der VmF in die Aufbauorganisation sind die im Kapitel VII der Veröffentlichung zum Themenblock 1: „Allgemeine Governance-Anforderungen" genannten Grundsätze zu beachten. Die VmF ist insbesondere so einzurichten, dass sie jederzeit frei von Einflüssen ist, die eine objektive, faire und unabhängige Aufgabenerfüllung beeinträchtigen können.

Bei der Ausgestaltung der versicherungsmathematischen Funktion (VmF) im Governance-System spielt das Proportionalitätsprinzip eine erhebliche Rolle. Die Anforderungen sind auf eine Weise zu erfüllen, die der Wesensart, dem Umfang und der Komplexität der mit der Geschäftstätigkeit des Unternehmens einhergehenden Risiken gerecht wird (Artikel 29 Absatz 3 der Solvency-II-Richtlinie). In diesem Sinne haben die Unternehmen sowie die Versicherungsgruppen zu prüfen, ob und wie die vorhandenen Strukturen und Prozesse weiter entwickelt werden können und gegebenenfalls müssen.

Den Unternehmen steht es grundsätzlich frei, wie sie die VmF ausgestalten und in ihre Aufbauorganisation einbinden. Hierbei ist es in der Regel möglich, der VmF auch Aufgaben zuzuweisen, die über den vorgegebenen Aufgabenkatalog hinausgehen, wenn potenzielle Interessenkonflikte analysiert und angemessene Maßnahmen zum Umgang mit ihnen ergriffen werden.

Für die VmF gelten die allgemeinen Anforderungen für Schlüsselfunktionen, wie sie in der Veröffentlichung zum Themenblock 2: „Fachliche Qualifikation und persönliche Zuverlässigkeit" erläutert werden. Darüber hinaus gelten die in § 31 Absatz 3 neues VAG genannten besonderen Qualifikationsanforderungen.

- *Technologische Entwicklung*

  Technische Neuerungen, wie papierlose Schadenbearbeitung und Kommunikation per E-Mail, wirken sich aus sowohl direkt auf die Abläufe am einzelnen Arbeitsplatz als auch auf die Geschwindigkeit, mit der Aufgaben delegiert, verteilt und kommuniziert werden können. Darüber hinaus beeinflussen sie die Kundenerwartungen. So sorgen Anforderungen, wie beispielsweise permanente Erreichbarkeit (24-Stunden-Hotline), umgehende Bearbeitung von E-Mail-Anfragen oder stets aktualisierte Produktinformationen auf der Unternehmens-Web-Seite, dafür, dass Abläufe angepasst werden oder sogar neue Tätigkeitsprofile entstehen. Damit lösen technische Entwicklungen die Frage aus, ob die bisherige Organisation noch adäquat gestaltet ist.

- *Kundenstrukturen und -bedürfnisse*

  Versicherungsunternehmen, die ihren Innen- und Außendienst „am Markt vorbei" organisieren, werden ihre Ziele verfehlen. Deshalb ist es von zentraler Bedeutung, Kundenstrukturmerkmale zu berücksichtigen und Kundenwünsche in die Organisationsgestaltung einzubeziehen. Ob z. B. die Mehrzahl der Kunden eine intensive Rundum-Beratung und -Betreuung in allen Sicherheits- und Finanzfragen vor Ort schätzt oder anlassbezogen einzelne Produkte nachfragt, wird die Außendienstorganisation in quantitativen und qualitativen Aspekten prägen.

1.3 Was von einer „guten" Organisation erwartet wird: Ziele und Aufgaben

Handlungssituation

Auf der Betriebsversammlung hat der Vorstandsvorsitzende die Arbeit der Proximus-Organisationsabteilung gelobt. Während Ihrer Ausbildung waren Sie dort zwei Monate tätig. Ihre Kollegen fragen Sie deshalb, welche einzelnen Aufgabenbereiche Sie kennengelernt haben.

Organisationsentwicklung

In Theorie und Praxis steht die geplante Veränderung bestehender Organisationen unter dem Begriff Organisationsentwicklung heute im Fokus. Neue Konzepte aller Art, die u. a. stärker psychologische Erkenntnisse integrieren, lassen die mit der traditionellen Unterscheidung in Aufbau- und Ablauforganisation verbundenen „stabilen" Aufgaben und Grundprinzipien zunehmend in den Hintergrund treten. Dennoch basieren Organisationstheorie und -praxis auf einem Fundament, das unabhängig von aktuellen Entwicklungen weiterhin Gültigkeit hat.

Kernaufgaben

So zählen zu den Kernaufgaben eines Organisators:

- die Bildung von Stellen, Gruppen und Bereichen
- die Festlegung des gesamten Unternehmensaufbaus
- die Gestaltung der Kommunikationswege
- die Ausstattung der Aufgabenträger mit Kompetenzen und Verantwortung
- die Erarbeitung von zweckentsprechenden Prozessen
- die Einführung und Dokumentation neuer Systeme

Organisationsziele

Für die Konkretisierung dieser Aufgaben müssen Organisationsziele festgelegt werden. Diese werden aus den Unternehmenszielen abgeleitet (s. auch Kap. 1, Abschnitt 1.1 Formalziele). Im Rahmen der Planung wird dann bestimmt, welche Strukturen in welchem Zeitraum geschaffen werden sollen. Als Nächstes folgen Realisierung, Kontrolle, und – falls erforderlich – die Korrektur von Fehlern.

5

Handlungssituation

Ein Versicherungsunternehmen hat das Ziel, seinen Marktanteil zu steigern. Dazu soll der Vertriebsweg „Makler" ausgebaut werden. Es ist geplant, die Maklerbetreuung zu intensivieren und insbesondere die Bearbeitungszeiten von Anfragen und Anträgen zu verkürzen.

Organisationsziele aus Unternehmenssicht

Was durch Organisation erreicht werden soll, ist vielfältig. Im allgemeinen Sprachgebrauch gilt sie dann als „gut", wenn das Zusammenspiel zwischen allen Teilnehmern fehlerlos, reibungsfrei und generell effizient funktioniert (s. auch Kap. 1, Abschnitt 3.1 Ökonomisches Prinzip).

Wirtschaftlich formuliert lauten die Vorstellungen über den Soll-Zustand (vollständige Übersicht bei Vahs 2007, S. 485 ff.) u. a.:

- optimale Arbeitsteilung durch zielgerichtete Zerlegung von Aufgaben und der Bildung entsprechender Organisationseinheiten (Spezialisierung)
- optimale Koordination aller Teilaufgaben in zeitlicher, räumlicher und kapazitativer Hinsicht
- optimale Anpassungsfähigkeit an sich verändernde Bedingungen
- Kontrollierbarkeit der Zielerreichung
- höchstmögliche Transparenz über alle Unternehmensteile, Instanzen, Prozesse etc.

Organisationsziele aus Kundensicht

Aus Sicht des Kunden eines Versicherungsunternehmens lässt sich die Effizienz z. B. erkennen an der:

- Geschwindigkeit, mit der Schadenmeldungen und andere Vorgänge bearbeitet werden
- Fehlerfreiheit bei Druckstücken aller Art, Prämienberechnungen, Datenspeicherung etc.
- Verfügbarkeit qualifizierter Ansprechpartner bei allen Anlässen und in jeder Phase der Vertragsbeziehung
- Berücksichtigung spezieller Wünsche wie besondere Deckungskonzepte, Prämienzahlungsmodalitäten oder Kündigungsbedingungen

Organisationsziele aus Mitarbeitersicht

Mitarbeiter einer Versicherung erwarten von Organisatoren vor allem, dass sie die Faktoren berücksichtigen:

- Arbeitszufriedenheit, z. B. durch abwechslungsreiche Tätigkeiten (zum Thema Job enlargement und Job enrichment s. Kap. 6, Abschnitt 4.3 Gestaltung des Arbeitsinhalts), zeitgemäße Arbeitsmittel bis hin zur Möglichkeit, Räume und Arbeitszeiten individuell zu gestalten
- Sicherheit sowohl hinsichtlich der materiellen Gestaltung bzw. Ausstattung als auch der nicht-greifbaren Güter wie pünktliche Gehaltszahlungen oder der Einhaltung von Regeln und Vorschriften bis hin zum Erhalt des Arbeitsplatzes

- Minimierung von Konflikten, z. B. durch klare und verständliche Stellenbeschreibungen, Kompetenzregelungen und Berichtswege
- persönliche Entwicklungsmöglichkeiten, u. a. in Form eines transparenten internen Bewerbungssystems

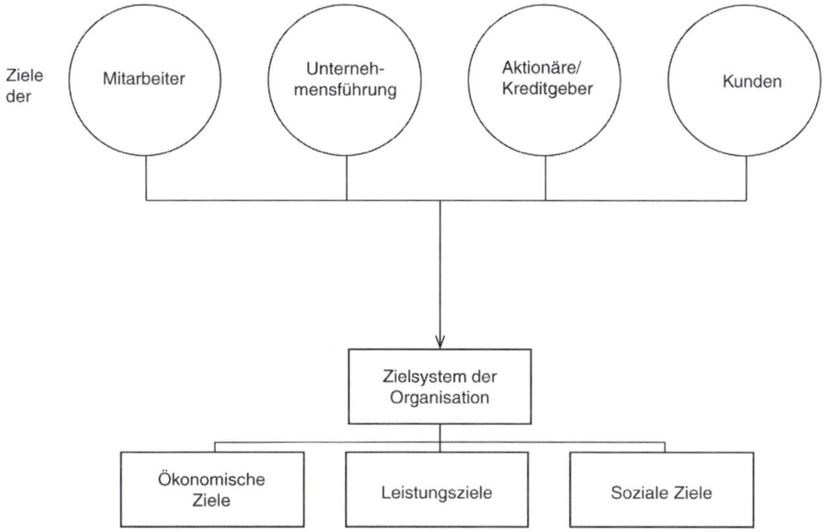

Abbildung 1: Organisationsziele

Organisationsprinzipien

Im Kern geht es also darum, das Versicherungsunternehmen dauerhaft zu strukturieren und die Zusammenarbeit so zu regeln, dass eine Ordnung entsteht, die den Prinzipien der Wirtschaftlichkeit und Zweckmäßigkeit gerecht wird. Zusätzlich ist das Prinzip der Gleichgewichtigkeit zu beachten: Es gilt, Stabilität und langfristige Orientierung zu schaffen und gleichzeitig ein hohes Maß an Flexibilität zu erhalten. Notwendig sind deshalb – neben stabilen Elementen – kurzzeitig geltende, befristete oder fallbezogene Maßnahmen, zu denen provisorische oder Übergangslösungen zählen, aber auch Projektorganisation.

Beispiel

Die Proximus Versicherung AG hat ein Callcenter eingerichtet mit der strikten Anweisung an ausnahmslos alle Innendienst-Mitarbeiter, in keinem Fall einem Kunden die eigene Durchwahl-Telefonnummer oder E-Mail-Adresse bzw. die von Kollegen mitzuteilen. Begründet wird die Maßnahme insbesondere mit Vorteilen für die Mitarbeiter – z. B. weniger Arbeitsunterbrechungen – und für die Kunden, wie beispielsweise sofortige, permanente Erreichbarkeit eines Gesprächspartners. Nach zwölf Monaten werden sowohl die Führungskräfte des Callcenters als auch die Gruppenleiter Schadenbearbeitung um Vorschläge gebeten, wie die Regelung zweckmäßigerweise flexibilisiert werden kann.

5

1.4 Vielfalt in Theorie und Praxis

Handlungssituation

Einige Mitglieder ihrer Arbeitsgruppe haben schon Erfahrungen mit unterschiedlichen Strukturen in anderen Unternehmen gesammelt. Sie erörtern Unterschiede und Gemeinsamkeiten der Grundstrukturen von Versicherungsunternehmen im Vergleich zu anderen Branchen.

produktbezogene Ausrichtung

Obwohl Versicherungsunternehmen allein schon die Grundgliederung ihrer Aufgaben unterschiedlich vornehmen, gibt es grundsätzliche Gemeinsamkeiten. Im Gegensatz zu den meisten anderen Branchen sind Versicherungsorganisationen geprägt durch eine produktbezogene Ausrichtung. Die Orientierung an Versicherungszweigen hat ihre Wurzeln nicht nur in der rechtlich gebotenen Spartentrennung (s. Kapitel 2, Abschnitt 1.2.1 Spartentrennung), sondern spiegelt darüber hinaus die Entwicklung der vielen ursprünglich als Ein-Sparten-Anbieter gegründeten Unternehmen sowie die jeweiligen Produktbesonderheiten wider.

Innen- und Außendienstorganisation

Typisch für die Branche ist weiterhin die Differenzierung in Innen- und Außendienstorganisation. Während andere Branchen ihre Produkte überwiegend über Handelsunternehmen vertreiben oder vertrieben haben, also sich für betriebsexterne Distributionsorgane entscheiden, setzen Versicherungen und Banken traditionell unternehmenseigene oder -nahe Teilsysteme für die Kundenansprache und -beratung sowie den Vertragsabschluss ein. Somit kommt dem räumlichen Organisations-Aspekt mit der Kernfrage, welche Aufgaben an welchem Ort erledigt werden sollen, eine vergleichsweise hohe Bedeutung zu. Ob Aufgaben zentralisiert oder dezentralisiert werden, wird dabei entscheidend von den Möglichkeiten der Informationstechnik beeinflusst (Farny 2006, S. 447 ff.).

In Theorie und Praxis wird die Diskussion der Versicherungsorganisation seit Jahren von einer Ausrichtung auf Kundengruppen bzw. Geschäftsfelder oder sonstige Vertriebsaspekte beherrscht. Es wird zwischen Firmenkunden- und Privatkundengeschäft differenziert, zwischen den Vertriebswegen „eigene Ausschließlichkeitsorganisation", „Makler" oder „Banken", oder zwischen Geschäftsfeldern „rund um die Immobilie", „rund um die Alterssicherung", etc. Infolge der zunehmenden Tendenz zur Konzernbildung (s. auch Kapitel 2, Abschnitt 1.2 Konzernbildung) und dem Cross-Selling ist der Aufbau vieler großer oder international tätiger Finanzdienstleister komplexer geworden.

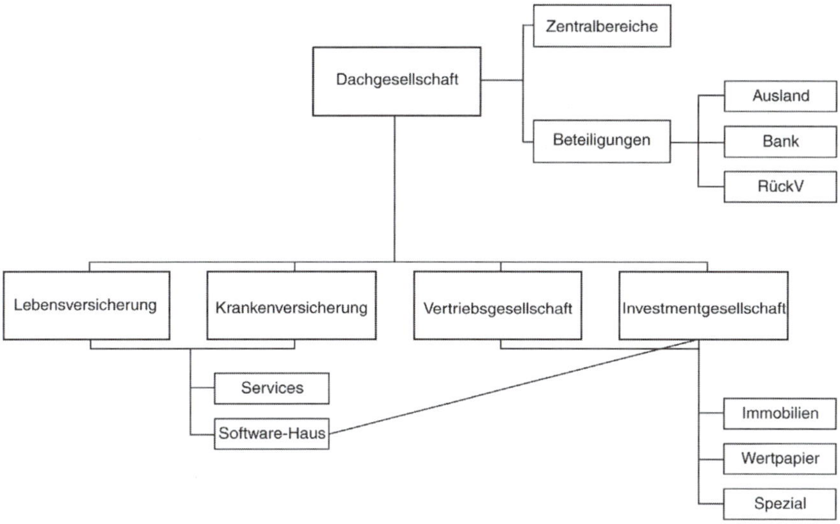

Abbildung 2: Konzernorganisation

Primär- und Sekundärorganisation

Die ursprüngliche Organisationsstruktur (Primärorganisation) wird angereichert, ausdifferenziert und von zeitlich befristeten oder auf bestimmte Aufgabenbereiche begrenzten Regelungen überlagert (Sekundärorganisation). Die Schlagworte in Geschäftsberichten, internen Informationen oder der Presse zeigen das breite Spektrum entsprechender Aktivitäten:

- Schaffung geschäftsfeldübergreifender Bereiche
- Bildung von Spezial- und Querschnittsfunktionen
- Outsourcing in (Service-)Gesellschaften
- Hebung von Kostensynergien durch konzernweite Bündelung des Schadenmanagements
- Übertragung von Geschäften auf eine Holding
- hohe Einmal-Aufwendungen für Organisation in Folge einer Fusion

wachsende Komplexität der Organisationsaufgabe

Parallel zur wachsenden Komplexität der Organisationsaufgabe bieten Theoretiker vielfältige Ansätze und Forschungsmethoden an, da die Eigenschaften und Beziehungen der Elemente sich nicht in einem Modell zusammenfassen lassen. Wie in der Praxis steht meist eine stärkere Prozess-, Kunden- und Kompetenzorientierung im Mittelpunkt. Solche Change-Management-Ansätze bieten spezielle Hilfestellung bei der Veränderung von Organisationen.

Zum Verständnis solcher relativ jungen, aber auch der älteren Ansätze ist es hilfreich, den Ursprung zu kennen. Wann wurde das Modell kreiert? War es ein Wirtschaftswissenschaftler, ein Ingenieur, ein Psychologe, ein Systemtheoretiker, ein Unternehmer selbst oder ging die Initiative von einer Unternehmensberatung aus? Welche Fragestellung bildet den Ausgangspunkt? Wurden Industrieunternehmen untersucht und sind die Erkenntnisse auf Dienstleister bzw. Versicherungen übertragbar? Eine umfassende Darstellung der verschiedenen Theorien gibt Kieser/Elbers (2006). In der Versicherungsbetriebslehre ist der Bereich Organisationslehre bis in die 80er Jahre mit den Namen Prof. Heinz Leo Müller-Lutz und danach von Prof. Dieter Farny verbunden.

Zusammenfassung

Sowohl die Gründung von Proximus-Direkt als auch die Schaffung von Telearbeitsplätzen ist wirtschaftlich sinnvoll. Die Abteilung Organisation ist dafür zuständig, dauerhafte Regelungen zu definieren und zu realisieren. Dabei muss sie die Ziele von allen Beteiligten inklusive der Kunden miteinander in Einklang bringen. „Treiber" des Wandels sind bei diesen Maßnahmen insbesondere die veränderten Kundenbedürfnisse, die neuen, kostengünstigen Datenverarbeitungstechniken und die Mitarbeiterzufriedenheit.

2. Grundformen der Aufbauorganisation

Handlungssituation

Für die in Gründung befindliche Proximus-Direkt hat die Organisationsabteilung die Aufgabe, zunächst eine geeignete Grundstruktur vorzuschlagen. Kernziel ist es, alle Teilaufgaben so zu bündeln, dass Kundenwünsche und -anfragen etc. schnellstmöglich beantwortet werden können. Außerdem soll sichergestellt werden, dass Proximus-Direkt rund um die Uhr – auch am Wochenende – erreichbar ist und über Klein-Schäden innerhalb eines Arbeitstages entschieden werden kann.

2.1 Die Grundlage: Aufgabenanalyse und -synthese

Es gilt, die Gesamtaufgabe von Proximus-Direkt, nämlich Direktvertrieb und direkte Kundenbetreuung ohne Außendienst, zu analysieren. Unter anderem stellen sich folgende Fragen: Welche Aufgaben werden von Proximus-Direkt übernommen bzw. welche verbleiben bei der Proximus Versicherung AG? Welche Einzelaufgaben sollen nach welchen Kriterien gebündelt werden? Wie viele Hierarchieebenen sind zweckmäßig?

Wenn eine Aufgabe nur von mehreren Personen erledigt werden kann, ist darüber zu entscheiden, wer an welchem Ort welche Teilaufgabe übernimmt. Das gilt nicht nur für Großunternehmen, sondern ebenso für eine Zwei-Personen-Versicherungsagentur. Das Vorgehen ist grundsätzlich in beiden Fällen gleich. Zunächst wird die Gesamtaufgabe analysiert (Aufgabenanalyse) und in zu erfüllende Teilaufgaben zerlegt (Spezialisierung). Danach werden einzelne Aufgabenarten zusammengefasst (Aufgabensynthese) oder bleiben getrennt nach sachlichen oder räumlichen Merkmalen (Zentralisation oder Dezentralisation).

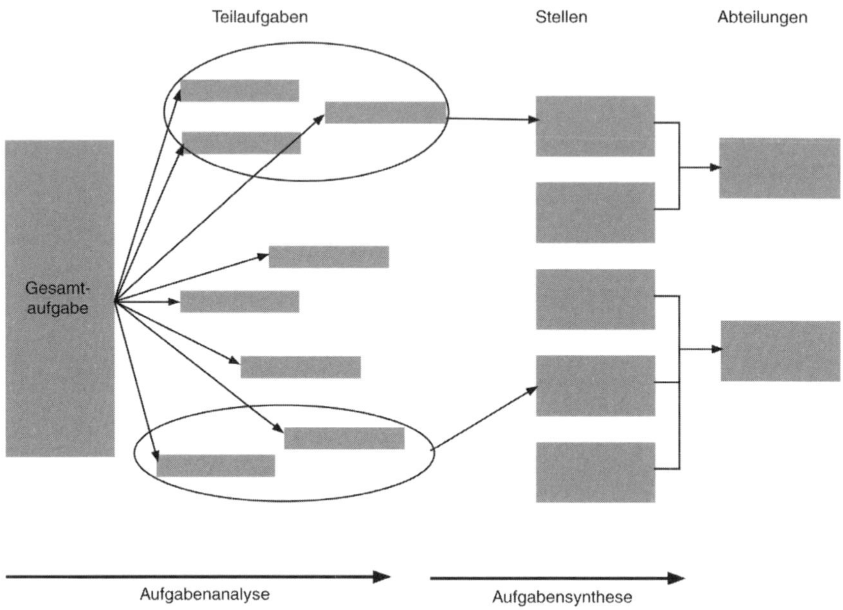

Abbildung 3: Aufgabenanalyse und -synthese

Organisationseinheiten

Dabei ist es wirtschaftlich sinnvoll, gleichartige Tätigkeiten zu bündeln. Die definierten Aufgabenkomplexe werden dann dauerhaft auf einzelne Einheiten verteilt. Die kleinste Organisationseinheit ist die Stelle. Stellen werden dann in einem weiteren Schritt nach Kriterien geordnet zu Gruppen, Abteilungen, Hauptabteilungen etc. Die Organisationseinheit „Instanz", auch als Leitungsstelle bezeichnet, hat Entscheidungsbefugnisse und kann anderen Einheiten Weisungen erteilen. Durch Überordnung bzw. Unterordnung entsteht eine Hierarchie. Die Anzahl der einer Führungskraft zugeordneten Stellen wird als Leitungsspanne bezeichnet.

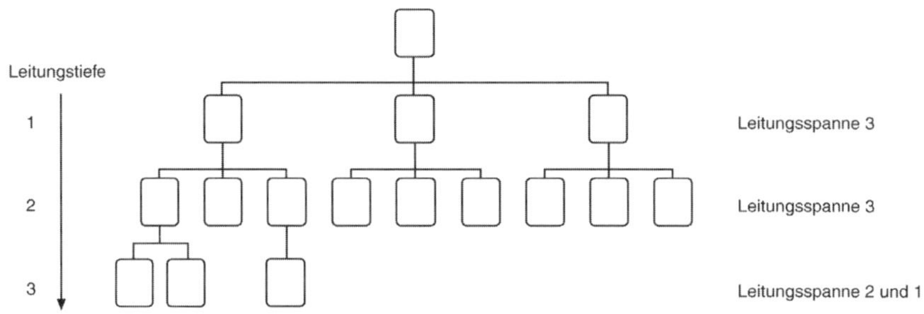

Abbildung 4: Leitungsspanne und Leitungstiefe

Definition

Die **Aufbauorganisation** gliedert ein Unternehmen in Teileinheiten (Stellenbildung), ordnet ihnen Aufgaben und Kompetenzen zu und ermöglicht die Koordination der verschiedenen Einheiten.

Die **Ablauforganisation** regelt primär die inhaltliche, zeitliche und räumliche Folge der Arbeitsprozesse (vgl. Abschnitt 3).

Stellenbeschreibung

Die Aufbauorganisation entsteht also dadurch, dass Teilaufgaben definiert werden, für deren Erledigung Organisationseinheiten zu bilden sind. Das Ergebnis sind Organigramme, Stellenbeschreibungen und Stellenpläne, die die Leitungsstrukturen aufzeigen. Zur Beschreibung einer Stelle aus Sicht eines Organisators gehören folglich Angaben (s. auch Kap. 6, Abschnitt 3.2.1 Stellenbeschreibung) über:

- die Kernaufgaben
- die Eingliederung in die Organisationsstruktur
- die Entscheidungsbefugnisse des Stelleninhabers (Kompetenzen)

Definition

- **Kompetenz**: Befugnis einer Person auf der Grundlage ihrer fachlichen Zuständigkeit (z. B. für Entscheidungen, Weisungen, Verfügungen über Sachen oder Infos)
- **Zentralisation/Dezentralisation**: Zusammenfassung/Verteilung von gleichwertigen Aufgaben im Rahmen der Ablauforganisation in Bezug auf einen Mittelpunkt
- **Delegation**: Verlagerung von Kompetenzen auf untere Hierarchieebenen
- **Koordination**: Mechanismen und Instrumente zur Abstimmung der arbeitsteiligen Stellen
- **Leitungssystem**: Über- und Unterordnungsverhältnisse von Organisationseinheiten, aus der sich die Organisationsstruktur ergibt

Durch die anhaltende Tendenz zum Zusammenschluss von Versicherungsunternehmen werden Aufbauorganisationen komplexer. Bei Konzern-, Holding- oder Netzwerkstrukturen gilt es gleichfalls, die jeweiligen Aufgabenbereiche und Kompetenzen festzulegen.

5

2.2 Idealtypische Grundstrukturen

Handlungssituation

Einer der entscheidenden Erfolgsfaktoren von Proximus-Direkt ist die Serviceorientierung im Falle telefonischer, papiergebundener oder elektronischer Kundenanfragen bzw. Schadenmeldungen. Die Organisationsstruktur muss also darauf ausgerichtet werden, Antwort-/Durchlaufzeiten zu minimieren. Dies erfordert vom einzelnen Ansprechpartner der Kunden sowohl umfassende Produktkenntnisse als auch kommunikative Fähigkeiten. Es gilt, sich für ein Grundmodell zu entscheiden: funktional oder objektorientiert.

Um sich mit dem vorhandenen Aufbau eines Versicherungsunternehmens oder einem Umbau systematisch auseinandersetzen zu können, ist ein Blick auf Grundmodelle hilfreich.

Liniensystem

Die älteste Organisationsstruktur ist das Liniensystem. Bei ihm werden die einzelnen Stellen, Abteilungen etc. einheitlich in vertikaler Richtung gegliedert. Jeder Mitarbeiter ist einem Vorgesetzten unterstellt. Die gesamte Kommunikation inklusive Abstimmungen und Kontrollprozessen verläuft von oben nach unten bzw. umgekehrt. Es ist einfach, klar und transparent für alle Beteiligten. Als besonders nachteilig dagegen haben sich die in der Praxis regelmäßig langen Wege durch die Instanzen und die Überlastung der Vorgesetzten mit Koordinationsaufgaben aller Art erwiesen, da die Zwischeninstanzen in alle Vorgänge involviert sind.

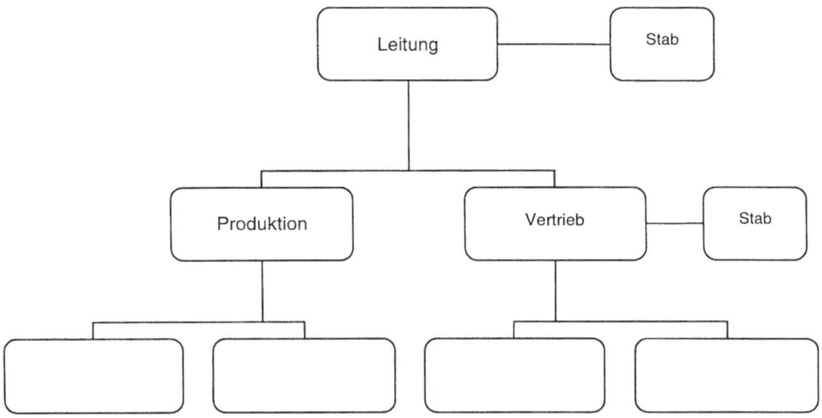

Abbildung 5: Stabliniensystem

Stablinienorganisation

Wenn Führungskräfte durch ihnen zugeordnete Stäbe entlastet werden, hat sich das Unternehmen für eine Stablinienorganisation entschieden. Stäbe unterstützen die Einheiten, denen sie zugeordnet sind. Sie fungieren als Unterstützungsstellen. Die Struktur bleibt übersichtlich und die Zuständigkeiten formal eindeutig. In der Praxis werden solche Stäbe auch als Zentralabteilungen – Unterstützung für den Vorstand – oder als Serviceabteilungen – Unterstützung für mehrere/alle Leistungsbereiche – bezeichnet. Die Delegation von Aufgaben an die Spezialisten in den Stäben verbessert die Arbeits- und Entscheidungsqualität. Andererseits fungieren Stäbe im Idealfall als reine Zulieferer und Experten ohne Entscheidungsvollmachten, was in der Praxis zu Konflikten, Demotivation oder informeller Macht durch Wissens- oder Informationsvorsprung führt.

Mehrliniensystem

Ein Mehrliniensystem, auch als Mehrlinienorganisation oder Funktionssystem bezeichnet, weist parallel mehrere Instanzenwege auf. Der einzelne Mitarbeiter ist unterschiedlichen Vorgesetzten unterstellt, um möglichst kurze Wege zu realisieren. Damit können Probleme bei der Abgrenzung von Zuständigkeiten und Verantwortlichkeiten bis hin zu persönlichen Konflikten zwischen Führungskräften einer Hierarchieebene entstehen.

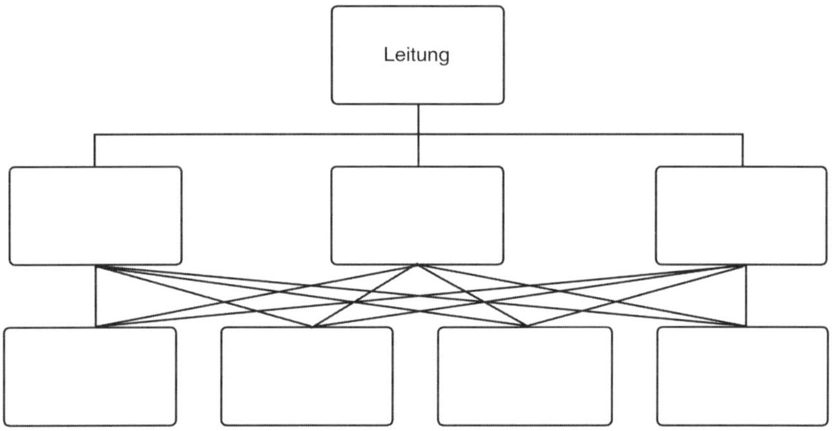

Abbildung 6: Mehrliniensystem

Es gibt vielfältige Möglichkeiten, wie die Gesamtaufgabe in Teilaufgaben zerlegt werden kann und die Teilaufgaben gebündelt werden können.

Funktionsorientierung

Steht die „Aufgabe" im Vordergrund, ist die Organisation funktionsorientiert. Aufgabenbündel und letztlich Stellen werden gebildet, indem gleichartige Tätigkeiten zusammengefasst werden. Dies gilt zunächst für die Bereiche Beschaffung, Produktion und Absatz. Das Prinzip wird darüber hinaus angewandt, wenn zwischen planerischen Aufgaben im Gegensatz zu ausführenden oder kontrollierenden Tätigkeiten differenziert wird. Die einzelne Verrichtung – vom Daten erfassen über Briefe formulieren bis hin zum Telefonieren – bestimmt nicht selten auch die Beschreibung einzelner Arbeitsplätze.

Wenn Abteilungen, Gruppen und Stäbe anhand des Kriteriums „gleichartige oder verwandte Tätigkeiten" gebildet werden, führt dies i. d. R. zu einer Konzentration von ähnlichen Personalqualifikationen, einer ähnlichen Arbeitsplatzausstattung und ähnlichen Prozessen. Wie bei der Fließbandfertigung, bei der jeder Mitarbeiter auf bestimmte Handgriffe spezialisiert ist, entstehen dadurch wirtschaftliche Vorteile. Wer ausschließlich Schäden bearbeitet, muss sich nicht in das Thema „Antragsprüfung" einarbeiten. Er entwickelt Routinen und erzielt Lerneffekte. Die Abläufe bis hin zur Soft- und Hardwareausstattung können standardisiert werden. Vertretungsregelungen, Kompetenzregelungen oder Informations- und Kommunikationsprozesse können kosten- und zeitsparend sowie dauerhaft gestaltet werden. Führung, Steuerung und Planung werden gleichfalls vereinfacht. Die Leitungsspanne wird tendenziell größer. Ein hohes Maß an Sicherheit, Stabilität und Wirtschaftlichkeit wird erreicht.

Objektorientierung

Zweites Grundprinzip ist die Orientierung an Objekten. Als Objekte kommen in Betracht:

- Produkte
- Kundengruppen
- Regionen

Produktorientierung

Hierbei wird davon ausgegangen, dass eine Grundgliederung dann am effizientesten ist, wenn sie anhand von Produkt- oder Kundengruppen-Besonderheiten bzw. räumlichen Aspekten vorgenommen wird. Die einzelne Tätigkeit spielt eine untergeordnete Rolle. Ob Planung, Vorgangsbearbeitung oder Marketingaktivitäten: Vorrangig ist die Spezialisierung zunächst auf ein Produkt oder ein Sortiment, einen Kunden bzw. eine Kundengruppe oder auf eine bestimmte Region. Wird das Prinzip ausnahmslos angewandt, gibt es zwangsläufig Doppel- und Mehrfacharbeiten. So benötigt beispielsweise jede Kundengruppe jeweils eigene „Tätigkeitsspezialisten". Statt einer Organisationsabteilung müssten konsequenterweise jeweils unterschiedliche Abteilungen nebeneinander den einzelnen Produkten, Kundengruppen oder Regionen zugeordnet werden. Dies kann dennoch wirtschaftlich sinnvoll sein, wenn genügend Vorteile, z. B. im Hinblick auf Flexibilität bei der Anpassung an Kundenwünsche, schnelle Einführung von Produktinnovationen oder Kundennähe generiert werden.

2.3 Typische Organisationsformen in der Versicherungswirtschaft

Handlungssituation

Die Proximus Versicherung AG hat traditionell eine Spartenorganisation nach Versicherungszweigen. Die Organisatoren sind aber der Auffassung, dass Proximus-Direkt anders strukturiert werden sollte, um eine höhere Flexibilität und kürzere Abstimmungswege zu erzielen. Verschiedene Alternativen werden geprüft.

Während die Organisation von Unternehmen anderer Branchen stark durch den jeweiligen Produktionsprozess und die damit verbundenen Einzeltätigkeiten geprägt ist, ist die Versicherungswirtschaft von ihren Anfängen an produktorientiert im Sinne von Versicherungszweigen. Die Gründe dafür liegen insbesondere in:

- der Entstehungsgeschichte von Zweigen und Unternehmen
- der überragenden Bedeutung der Zusammenfassung gleichartiger Risiken in Kollektiven für die Produktion von Versicherungsschutz und damit den Unternehmenserfolg

- den rechtlichen und aufsichtsrechtlichen Regelungen und Bedingungen, die beispielsweise eine gesonderte Organisationseinheit „interne Revision", die die gesamte Geschäftsorganisation des Unternehmens überprüft, oder eine „versicherungsmathematische Funktion" fordern

In der Praxis wird die Organisation sowohl auf Funktionen als auch auf Objekte ausgerichtet, wobei die „Mischungsverhältnisse" unterschiedlich sind. Kennzeichnend für die meisten größeren Unternehmen sind:

- Die Tätigkeitsbereiche Personal, Rechnungswesen, Controlling, Kommunikation und Organisation sind als Stabsabteilungen direkt dem Vorstand zugeordnet.
- Für die Tätigkeitsbereiche Verwaltung, Vertrieb, Marketing und EDV werden spezialisierte Einheiten gebildet. Zusätzlich wird meist nach Regionen/Orten und/oder Produkten untergliedert.
- Die Organisation ist grundsätzlich linienorientiert. Die strikte Struktur wird aber oft auf nachgelagerten Ebenen aufgelöst.

2.3.1 Funktionalorganisation nach dem Verrichtungsprinzip

Das Organigramm des Versicherungsunternehmens (Abbildung 7) ist auf der Hauptabteilungs-Ebene grundsätzlich gegliedert nach dem güterwirtschaftlichen Prozess Beschaffung – Produktion – Absatz. Auf den unteren Ebenen und bei den Stäben wird nach dem Prinzip „Zusammenfassung gleichartiger Tätigkeiten" strukturiert, wie das Beispiel der Marketingabteilung (forschen, kommunizieren, entwickeln) zeigt. Der Aufbau knüpft nicht an Regionen, Produkte oder Marktsegmente an.

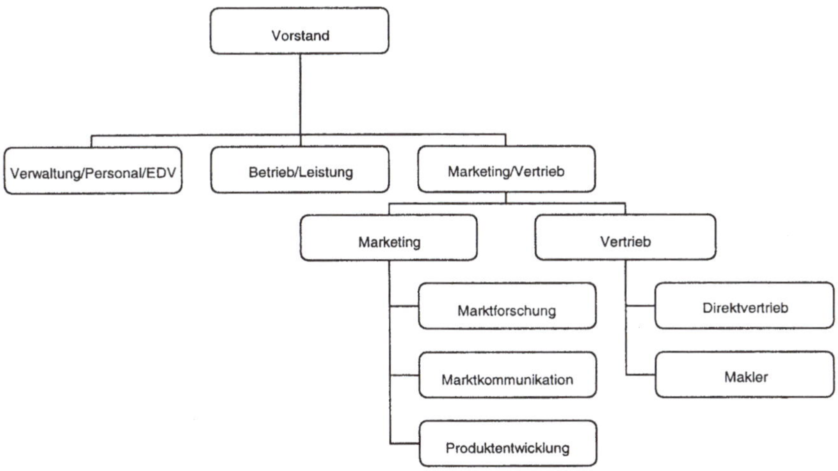

Abbildung 7: Versicherungsunternehmen mit Funktionalorganisation

Abbildung 7 stellt das Organigramm eines Krankenversicherungsunternehmens dar. Für Spezialisten, z. B. für Auslandskrankenversicherungen etc., werden entweder Stellen in den jeweiligen Einheiten geschaffen, z. B. Produktentwicklung „Zahnzusatzversicherungen", oder entsprechende Qualifikationen sind Teil von Stellenbeschreibungen (Beispiel: Der Gruppenleiter Marktforschung sollte in Ausbildung und beruflichem Werdegang Erfahrungen und Kenntnisse im Bereich Personenversicherung nachweisen).

2.3.2 Die Spartenorganisation nach Versicherungszweigen

Der Proximus-Konzern verfolgt die Strategie eines Allfinanzanbieters. Den historisch gewachsenen Kern bilden verschiedene Versicherungsunternehmen, die auf einzelne Sparten spezialisiert sind.

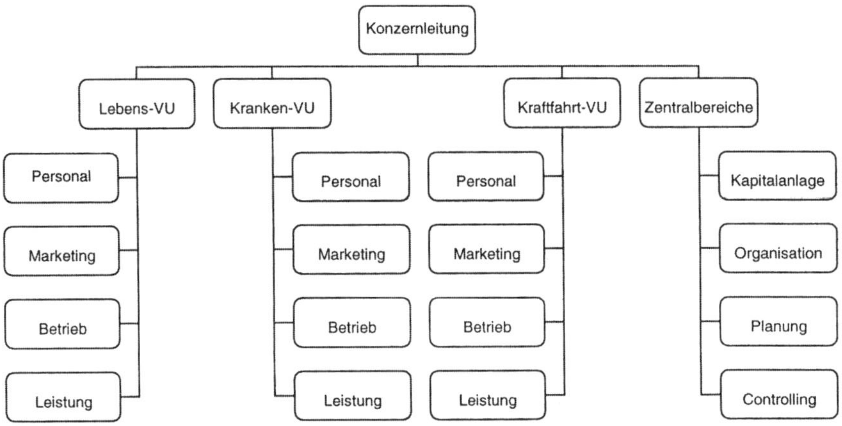

Abbildung 8: Proximus-Konzern

Auf den oberen zwei Ebenen des Proximus-Konzerns finden sich keinerlei Tätigkeiten mit Ausnahme der Zentralabteilung. Dies kennzeichnet eine Spartenorganisation, auch als Divisionalorganisation bezeichnet. Hier wird nicht nach Verrichtungen, sondern nach Objekten gegliedert.

Das Organigramm der Proximus Versicherung AG (Abbildung 8) zeigt: Es gibt in allen Sparten die gleichen Organisationseinheiten. In der Vergangenheit waren meist auch die hier in Zentralabteilungen gebündelten Tätigkeiten den einzelnen Zweigen zugeordnet und zumindest Personenversicherer hatten eine eigene Außendienstorganisation für ihre Produkte.

Produktorganisation

Eine solch strikte Produktorganisation gilt als besonders vorteilhaft bei größeren Unternehmen, bei einem inhomogenen Leistungsprogramm (Produktvielfalt) und bei sich verändernden Rahmenbedingungen (Marktsituation, Internationalisierung). Wenn alle – auch die in den Zentralabteilungen Beschäftigten, vom Sachbearbeiter bis zum Vorstandsmitglied – auf „ihr" Produkt spezialisiert sind, entsteht an allen Stellen maximales, konzentriertes Objekt-Know-how und eine gemeinsame Wissensbasis. Das kann zu enormen Zeiteinsparungen führen. Reaktionsgeschwindigkeit und Flexibilität steigen. Ist die Sparte zudem relativ autonom in ihren Entscheidungen und hat Ergebnis-Verantwortung (Profitcenter), führen Kompetenzen und Freiräume zu hoher Motivation.

2.3.3 Die Spartenorganisation nach Regionen

Der Regionalversicherer ist auf der ersten und zweiten Hierarchieebene nach räumlichen Aufgabenbereichen gegliedert. Erst danach folgt eine Funktionsorientierung. Neben Regionen, Bundesländern und Städten sind gebräuchliche Abgrenzungskriterien bei international agierenden Unternehmen:

- Kontinente oder Teil-Kontinente, wie z. B. Osteuropa oder Asien
- Staaten, wie z. B. Schweden, Dänemark oder Frankreich
- Hauptstädte, wie z. B. Moskau, Tokio oder Washington

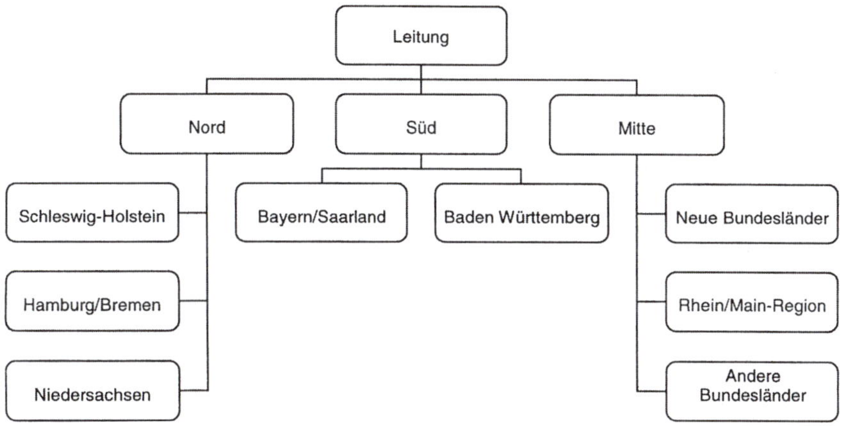

Abbildung 9: Regional-VU/Vertriebsorganisation

Regionalorganisation

Eine Regionalorganisation ist wirtschaftlich sinnvoll, wenn bei Entscheidungen ortsspezifische Gegebenheiten eine wichtige Rolle spielen. Erhalten die jeweiligen Einheiten zudem noch Kompetenzen, steigen Entscheidungsqualität und -geschwindigkeit. Die regionale Flexibilität wird optimiert. In der Versicherungswirtschaft sind Elemente einer Regionalorganisation in Form von Auslandsstützpunktnetzen und der Trennung von „Ausland"- und „Inland"-Abteilungen/ Zuständigkeiten sowie bei der Außendienstorganisation typisch.

Wie bei dezentralisierten Einzelhandelsunternehmen, bei denen die einzelnen Filialen von einer Zentrale beliefert werden, sind auf den Absatz beim Endverbraucher ausgerichtete Unternehmen oder Unternehmensteile meist durch eine Gliederung nach dem Kriterium „Gebiet" geprägt. Beim Vertrieb über unternehmenseigene Vermittler oder Mehrfach-Agenten sowie bei größeren Versicherungsmaklern, -netzwerken und Finanzberatungsunternehmen werden die Geschäftsbereiche nach regionalen Zuständigkeiten aufgeteilt. Vorgesetzte Instanzen sind i. d. R. „Regionaldirektoren". Oft werden auch die Kommunikationswege zwischen den vor Ort Tätigen und der Zentrale ebenso strukturiert wie z. B. bei Maklerbetreuungsabteilungen oder bei Callcentern.

Kundenorganisation

In der Praxis hat sich insbesondere im Versicherungsvertrieb „der Kunde" bzw. die „Kundengruppe" als weiteres Gliederungsobjekt durchgesetzt. Neben der Unterscheidung in Privatkunden, Gewerbe und Industrie existiert eine Vielzahl verschiedener weiterer Differenzierungen, z. B. nach Handwerk, Mittelstand, nach Branchen, nach Betriebsgrößen, nach dem Umfang der Kundenbeziehung etc. Wird ein Versicherungsunternehmen auf der zweiten Ebene nach Kunden gegliedert, so hat es eine Kundenorganisation.

2.3.4 Die Matrixorganisation im Versicherungsvertrieb

Wird die Spartenorganisation grundsätzlich aufgegeben und nach zwei Kriterien gleichzeitig gegliedert, handelt es sich um eine Matrixorganisation. Viele große Versicherungsunternehmen mit eigenem Außendienst haben inzwischen den Vertrieb in Form einer Kundengruppen-Regional-Matrix organisiert.

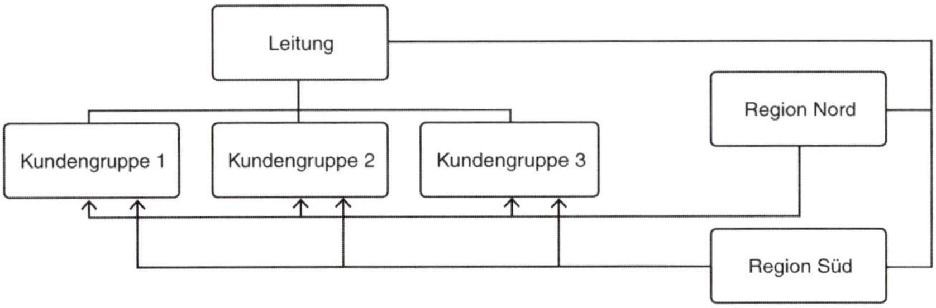

Abbildung 10: Matrixorganisation

bessere Koordination

Die Grundidee der Matrixform: bessere Koordination. Die eindimensionale Spartenorganisation ist zwar sehr übersichtlich. Die Kommunikationswege sind jedoch relativ lang und die direkte Zusammenarbeit zwischen den Mitarbeitern verschiedener Gruppen und Abteilungen ist theoretisch nicht vorgesehen. Potenzielle negative Folgen: Vorgesetzte sind überlastet, Bereichsdenken verhindert sachgerechte Entscheidungen und das gesamte System agiert träge. In der komplexen Matrix sind die klaren Strukturen aufgelöst. Das erhöht die Flexibilität, fördert die Kommunikation und entlastet Vorgesetzte.

höchste Anforderungen

Allerdings stellt das Arbeiten in einer Matrix höchste Anforderungen an alle Beteiligten. Die Doppelunterstellungen können zu Konflikten führen und unklare Kompetenzabgrenzungen können Entscheidungen verzögern. Der gesamte Koordinations- und Kommunikationsaufwand kann stark steigen. Bei der Innendienstorganisation gibt es deshalb kaum Versicherungsunternehmen mit einer reinen Matrixform.

Beispiel

Einem Versicherungsmathematiker, Spezialist für Risikoanalysen, sind gleichberechtigt übergeordnet die Gruppenleiter Vertriebsunterstützung Sachversicherung und Produktentwicklung Sachversicherung. Am nächsten Dienstag ist auf einer Vertriebstagung ein Vortrag über Risiken/Versicherungsbedarf bei Groß-Bauvorhaben geplant. Gleichzeitig ist eine Brainstorming-Sitzung „All-Risk-Deckung für Brauereien" angesetzt. Beide Vorgesetzte weisen den Spezialisten an, an den Terminen teilzunehmen und einen Foliensatz vorzubereiten.

2.3.5 Projektorganisation

sekundäre Organisationsform

Besondere befristete Aufgaben können und dürfen in der „normalen" Organisation qua Definition nicht berücksichtigt werden. Sie sind weder dauerhaft noch sind sie alltäglich, wiederholbar und damit strukturierbar. Dafür bedarf es einer Ergänzung durch eine spezielle, zeitlich begrenzte, sekundäre Organisationsform. Somit stellt die Einführung von Projekten – mit einer entsprechenden Organisation – bestehende Strukturen nicht in Frage. Das Projektmanagement (s. hierzu ausführlich Kap. 7) ermöglicht es vielmehr, alle speziellen Aufgaben systematisch und effizient zu bearbeiten. Darüber hinaus erfordern Lenkung und Steuerung allein des Planungsprozesses einer komplexen neuen Aufgabe den Einsatz anderer organisatorischer Mittel. Eine wichtige Rolle spielen beispielsweise Kreativitätstechniken.

Beispiel

+

Der Jahrtausendwechsel. Es galt sicherzustellen, dass die EDV in allen Unternehmensbereichen fehlerfrei funktioniert. Falsche Berechnungen, Verknüpfungen oder Ausfälle in Kernbereichen hätten erhebliche Folgekosten und den Verlust des Vertrauens der Kunden in die Leistungsfähigkeit nach sich gezogen. Im schlimmsten Fall wäre der gesamte Betrieb unterbrochen worden, so dass die Unternehmensziele kurz- oder gar mittelfristig nicht zu erreichen gewesen wären.

Die Bedeutung der Projektorganisation in der Versicherungswirtschaft wächst insbesondere bedingt durch die Notwendigkeit, schnell und flexibel auf Veränderungen auf den Märkten und auf neue rechtliche Anforderungen zu reagieren.

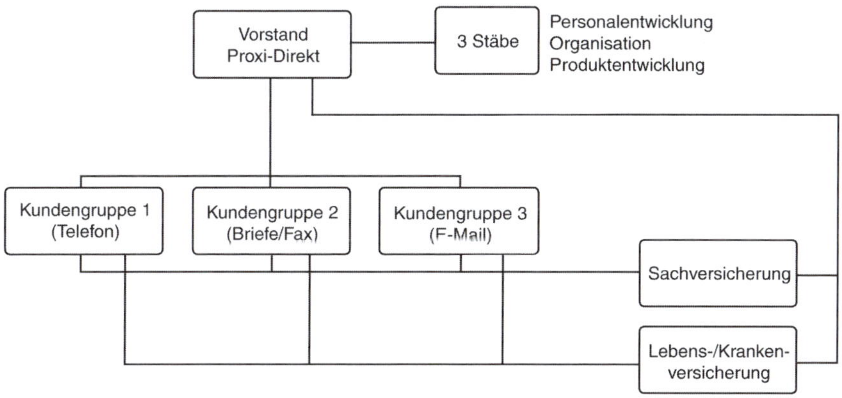

Abbildung 11: Aufbauorganisation der Proximus-Direkt

Zusammenfassung

Der Vorstand entscheidet sich dafür, Proximus-Direkt in Form einer Matrix zu organisieren (s. Abbildung 11). Dies zwingt Produktexperten aller Sparten, eng mit den Servicemitarbeitern zusammenzuarbeiten. Damit die Proximus-Direkt-Kundenbetreuer auch spezielle Kundenanfragen umgehend beantworten können, werden in jeder Gruppe jeweils eine Stelle „Sach-Spezial" und „Personen-Spezial" geschaffen. Außerdem wird der Proximus-Direkt-Vorstand unterstützt von drei Stäben: Personalentwicklung, Organisation und Produktentwicklung. Parallel werden in allen Proximus-Abteilungen und -Stäben neue Stellen für „Proximus-Betreuer" ausgeschrieben, um Konzern und Tochtergesellschaft eng miteinander zu verzahnen.

5

3. Ablauforganisation

Handlungssituation

Mit der Einführung von Telearbeitsplätzen werden zukünftig Mitarbeiter flexibel zu Hause arbeiten. Sie können Familie und Beruf besser miteinander vereinbaren, verzichten dafür aber auf die permanente räumliche Nähe zu Kollegen und Vorgesetzten. Die Organisatoren sind gefordert, die Zusammenarbeit völlig neu zu regeln und Heimarbeitsplätze einzurichten.

3.1 Die Grundlage: Sachliche, räumliche und zeitliche Aufgabenzuordnung

Zunächst gilt es, unter Effizienzgesichtspunkten zu klären, welche Aufgaben grundsätzlich ausgelagert werden könnten. Damit verbunden ist die Frage, welche Schnittstellen existieren bzw. ob neue entstehen. Interessierte Mitarbeiter, deren Vorgesetzte und die Unternehmensführung möchten von den Organisatoren wissen, welche Vor- und Nachteile sich aus dem neuen Modell ergeben könnten.

Die Ablauf- oder Prozessorganisation gestaltet die Beziehungen zwischen den Organisationseinheiten, die in der Aufbauorganisation definiert worden sind. Wie in der Medizin, wo zwischen Skelett, Organen, Gefäßen etc. einerseits und deren spezifischen Funktionen, Nervenverbindungen und dem Blutkreislauf andererseits unterschieden wird, ist diese Trennung sinnvoll, um sich mit einzelnen Fragestellungen oder Problemen besser auseinandersetzen zu können.

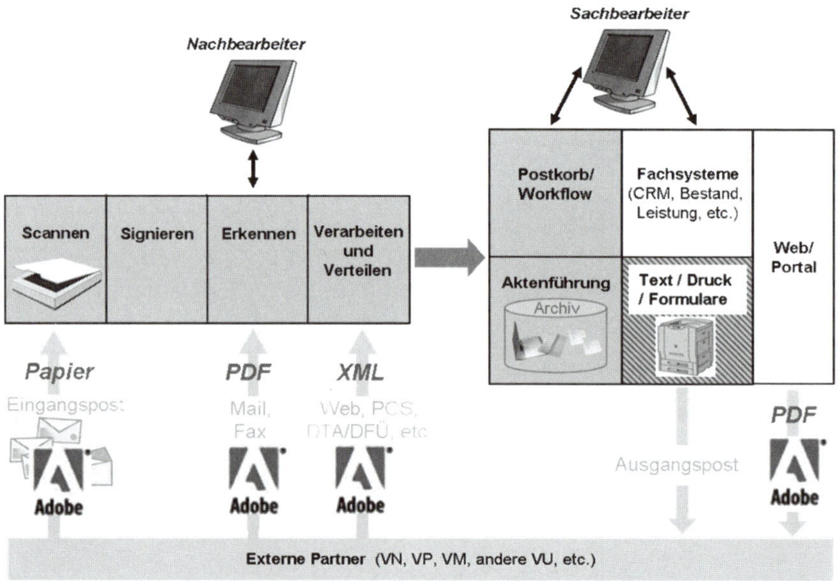

Abbildung 12: Prozesskette „Post" (VW 2007, 606)

Im Mittelpunkt steht die Frage, welche Aufgaben von welcher Organisationseinheit in welcher Reihenfolge erledigt werden sollen. Hierzu müssen zumindest die Kernprozesse abgebildet werden. Kernprozesse sind die wichtigsten Aktivitätenketten eines Unternehmens, um die Gesamtaufgabe zu bewältigen und Wettbewerbsvorteile zu generieren (Irgel 2004, S. 108). Ziele sind insbesondere:

- hohe Produktivität
- Minimierung von Prozesskosten
- kurze Durchlaufzeiten
- Termintreue
- Flexibilität und Mitarbeitermotivation

Beispiel

Ein Kunde, dessen Kapitallebensversicherung in zwölf Monaten abläuft, schreibt an die Hauptverwaltung und bittet um Informationen über Möglichkeiten, sich die Hälfte der Summe in Form einer Rente auszahlen zu lassen. Die Prozesskette vom Eingang des Schreibens, über dessen Weiterleitung bis hin zur Beantwortung und ggf. die Nachbetreuung durch einen Außendienstmitarbeiter einschließlich der damit verbundenen internen Kommunikation und Dokumentation wird nach sachlichen, räumlichen und zeitlichen Aspekten geordnet.

Um diese Ziele zu erreichen, werden Abläufe standardisiert, klar strukturiert sowie einzelnen Stellen oder Bereichen räumlich und mit Zuständigkeiten zugeordnet.

3.2 Abläufe erfassen und analysieren

Handlungssituation

Die Proximus Versicherung AG möchte Mitarbeitern der Abteilungen „Leistung" die Möglichkeit zur Telearbeit anbieten. Daraufhin untersuchen die Organisatoren detailliert, wie der Gesamtprozess bislang gestaltet worden ist.

Bedeutung der Informationsverarbeitung

In der Ablauforganisation von Versicherungsunternehmen sind Informationen und deren Verarbeitung von herausragender Bedeutung. Die Leistungsfähigkeit der Informationstechnik prägt somit alle Prozessentscheidungen – von einer einzelnen Verrichtung bis hin zur räumlichen Arbeitsteilung zwischen Innen- und Außendienst. So spielt es heute für schnelle Durchläufe keine Rolle mehr, an welchem Ort Daten eingehen, verarbeitet, gespeichert oder gebraucht werden. Die technischen Möglichkeiten optimal zu nutzen, steht in der Praxis im Fokus. Die Organisationstheorie dagegen abstrahiert weitgehend von technischen Gegebenheiten. Es wird allgemein beschrieben, wie Schnittstellen – auch zwischen Mensch und Maschine – definiert werden sollten. Den Ausgangspunkt bei bestehenden Organisationen bildet dabei die prozessorganisatorische Ist-Aufnahme.

Es werden erfasst (vgl. Olfert 2003, S. 312):

- Prozesse
- Mengen
- Zeiten
- Sachmittel
- Personal
- Kosten
- Anforderungen

Beispiel

Der Prozess „Mahnung Prämienzahlung" wird in einzelne Arbeitsschritte zerlegt, deren zeitliche Reihenfolge erfasst wird. Die Zahl der Mahnungen pro Tag – minimal, maximal, durchschnittlich – wird festgestellt. Der Zeitbedarf je Arbeitsgang und für den gesamten Prozess wird gemessen. Die verfügbaren und benötigten Materialien, EDV-Zeiten und Personalkapazitäten werden bestimmt. Die Kosten werden einzeln oder insgesamt aufgenommen. Zudem werden Probleme, mögliche Verbesserungen und Wünsche der Beteiligten registriert.

Liegen diese Daten vor, kann darüber entschieden werden, wo und wann einzelne Arbeitsschritte erledigt werden können. Es wird u. a. ersichtlich, wie viel Zeit bzw. wie viele Stellen und Mitarbeiter mindestens erforderlich sind, um den Arbeitsanfall eines „Durchschnittstages" zu erledigen, und welche Reservekapazitäten bereitgestellt werden müssen, damit sich auch bei extremem Arbeitsaufkommen keine Stapel bilden.

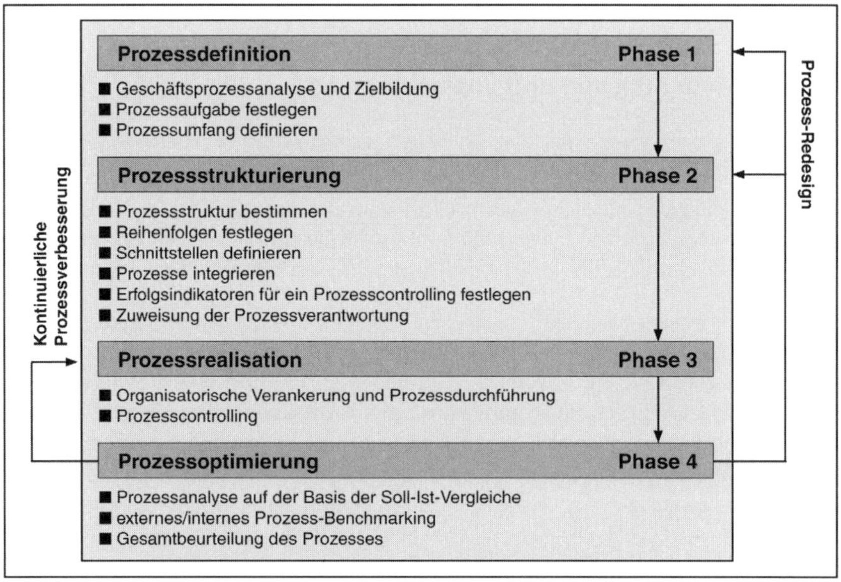

Abbildung 13: Vier-Phasen-Konzept der Prozessgestaltung (Vahs 2007, S. 240)

Arbeitsschritte können nach Effizienzkriterien räumlich gebündelt oder zeitlich parallel bzw. nacheinander geordnet werden. Welche Gestaltungsalternative vorteilhaft ist, hängt nicht zuletzt von Transport-, Informations- und Kommunikationskosten ab. Allgemein gültige Regelungen oder Gesetzmäßigkeiten gibt es nicht. Es kann durchaus vorteilhaft sein, eine Reihe von „Arbeitsschrittspezialisten" zu definieren, um die Fehlerquote zu senken, wodurch aber sehr viele Schnittstellen entstehen. Andererseits minimieren eine Zusammenfassung von Einzelvorgängen an einem Ort und/oder auf eine oder wenige Personen den Aufwand für die Koordination und die Kontrolle, was sich aber möglicherweise auf den Zeitbedarf je Vorgang wegen mangelnder Spezialisierung negativ auswirkt.

3.3 Regelungen festlegen

Handlungssituation

Nach der Analyse werden allgemein verbindliche Regeln für Telearbeiter festgelegt. Sie betreffen u. a. die Ausstattung der Arbeitsplätze, aber auch die telefonische Erreichbarkeit, die Datensicherheit und Abstimmungs-/Kontrollpflichten.

vor- und nachgelagerte Tätigkeiten

Im Ergebnis ordnen Ablauforganisatoren die einzelnen Arbeitsschritte in sachlicher, räumlicher und zeitlicher Hinsicht. Damit entstehen gleichzeitig Verbindungslinien zwischen räumlich getrennten Einheiten bzw. ein Zusammenhang von vor- und nachgelagerten Tätigkeiten. Mit der Strukturierung untrennbar verbunden sind deshalb Fragen hinsichtlich Kompetenzen, Weisungsbefugnissen, Entscheidungsbefugnissen, Entscheidungsprozessen bis hin zur Motivation. Entsprechend breit ist das Spektrum der wissenschaftlichen Untersuchungen. Es reicht von mathematischen Modellen zur Optimierung der Vorgangsbearbeitung bis hin zu beschreibenden Ansätzen, die sich mit den Folgewirkungen von Ablaufveränderungen auf die Mitarbeiterzufriedenheit beschäftigen.

Das Prozessmanagement umfasst u. a. (BMI 2007, S. 73):

- Analyse, Beschreibung und Veränderung von Arbeitsprozessen, Kommunikationsstrukturen, Sachmittelausstattung und Informationswegen
- Durchführung von Wirtschaftlichkeitsuntersuchungen
- Feststellung und Behebung von Schwachstellen
- Verbesserung des Hard- und Software-Einsatzes
- Durchführung von Erfolgskontrollen
- Einführung neuer Organisationsmodelle

Dazu kommen traditionelle Tätigkeiten wie:

- Formularwesen
- Erstellung von Anweisungen
- Arbeitsplatzbeschreibungen und -bewertungen
- Festlegung und Überprüfung von Kompetenzen

- Erstellung und Aktualisierung von Organisationsmitteln wie z. B. Organisationshandbüchern oder Ablaufdiagrammen
- Vorgaben aller Art wie zu beachtende Standards, Verhaltensregeln und Normen
- Bereitstellung von speziellen Arbeitsmitteln, z. B. Checklisten oder Projektplanungsinstrumenten

In der Versicherungswirtschaft stehen Informationsprozesse im Mittelpunkt des Interesses, während materielle Prozesse, die sich auf die Bearbeitung und den Transport physischer Objekte beziehen, von untergeordneter Bedeutung sind. Dies drückt sich praktisch in der Erstellung von Daten- oder Informationsflussplänen aus bzw. in der Reihung von Datenverarbeitungsstationen.

Beispiel

Die meisten Organisationshandbücher enthalten prozessorganisatorische Regelungen in Form von Reiseordnungen, Benutzerordnungen, Formularsammlungen, Anweisungen zur Arbeitssicherheit / Notfallbeauftragte und Kostenstellenverzeichnisse.

3.4 Geschäftsprozesse optimieren

Die Weiterentwicklung der Informationstechnik, veränderte Kundenbedürfnisse und die Beseitigung von Schwachstellen sind häufig Ursachen für die Einleitung von Prozessoptimierungsmaßnahmen.

Beispiel

Die Proximus Versicherung AG stellt fest, dass es trotz Einsatz modernster Dialogsysteme und klarer Zuständigkeiten bei der Policenerstellung zu Doppelarbeiten in Agenturen und Zentrale kommt. Bei der Optimierung wird angestrebt, den Zeitbedarf bis zum Versand einer Police um einen Tag zu reduzieren und die Fehlerquote bei der Datenübertragung von 10 auf 5 % zu senken.

Leistungs- und Servicequalität

Ziele sind dabei – neben Kostensenkung und Verringerung der Durchlaufzeiten – meist eine für den Kunden spürbar höhere Leistungs- oder Servicequalität. Oft werden standardisierte Abläufe mit eng begrenzten Zuständigkeiten zugunsten größerer „Arbeitspakete" aufgegeben, um insgesamt flexibler zu sein und die Beteiligten stärker zu motivieren. In den meisten Fällen haben solche Optimierungsprozesse Auswirkungen auf die Betriebs- und Leistungseinheiten.

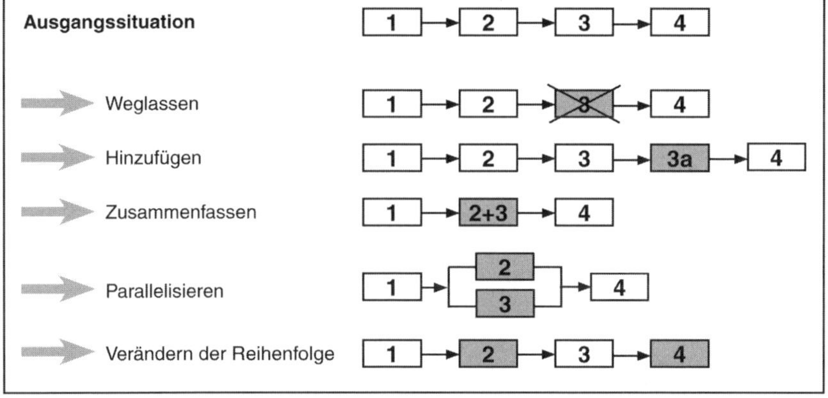

Abbildung 14: Möglichkeiten zur Prozessoptimierung (Vahs 2007, S. 254)

Ebenso waren in der Vergangenheit die Schnittstellen zwischen Innendienst, Außendienst und Kunde bzw. die regionale Bündelung von Aufgaben Gegenstand von Optimierungsbemühungen. Insgesamt sind in der Versicherungswirtschaft – ebenso wie in vielen anderen Branchen – verschiedene grundlegende Tendenzen zu beobachten:

- Zentralisierung von Aufgaben an einem Standort wie z. B. Auflösung von Regionaldirektionen
- Dezentralisierung von Datenerfassungs-, Verwaltungs- und Dokumentationsaufgaben; wie z. B. Verlagerung der Eingabe/Prüfung von Kundendaten zur Antragsausfertigung oder der Provisionsberechnung auf Außendienstmitarbeiter
- Verlagerung von bisher selbst erbrachten Leistungen auf spezialisierte und kostengünstige Fremdfirmen (Outsourcing), z. B. durch die Gründung von Tochtergesellschaften für Telefon-Services oder für das Segment „Betriebliche Altersvorsorge"

Zusammenfassung

Die sog. „Reibungsverluste" in Unternehmen entstehen meist als Folge ungenügend definierter Schnittstellen zwischen den einzelnen Prozessbeteiligten. Ablauforganisatorische Veränderungen sollen dazu beitragen, die Einzelaufgaben besser zu ordnen. Um die Abwicklungsgeschwindigkeit zu erhöhen, den Koordinationsaufwand zu verringern oder die Arbeitsqualität zu steigern, werden Kernprozesse definiert, untersucht und ggf. verändert. In Versicherungsunternehmen spielt dabei die EDV bzw. die Mensch-Maschinen-Schnittstelle eine zentrale Rolle. Da die Mitarbeiter meist selbst aus Erfahrung am besten wissen, wodurch Probleme entstehen und wie sie zu lösen sind, prämiert die Proximus Versicherung AG zukünftig Vorschläge zur Verbesserung der Organisation.

Aufgaben zur Selbstüberprüfung

1. Sie werden beauftragt, im innerbetrieblichen Unterricht für die Auszubildenden des Berufsbildes „Kaufmann für Versicherungen und Finanzen“ zum Thema „Organisation in Versicherungsunternehmen“ einen Workshop zu leiten. Aus diesem Grunde befassen Sie sich mit dem Begriff Organisation.

   Erläutern Sie je zwei interne und externe Aspekte, die Einfluss auf die Organisation eines Versicherungsunternehmens haben.

2. Der Organisationsentwicklung kommt mehr denn je eine große Bedeutung zu. Arbeiten Sie drei Anforderungen an eine optimale Organisation heraus aus Sicht
   - des Kunden,
   - des Unternehmens,
   - des Mitarbeiters.

3. Die Grundlage einer Organisation ist u. a. die Aufgabenanalyse und Aufgabensynthese. Definieren Sie zunächst die Begriffe Zentralisation und Dezentralisation und vergleichen Sie beide Organisationsmerkmale anhand von drei Kriterien.

4. Viele Versicherungsunternehmen verfolgen das Ziel eines Allfinanzanbieters. Entwerfen Sie ein Organigramm für den Allfinanzanbieter und begründen Sie Ihre Entscheidung.

5. Ziel eines jeden Versicherungsunternehmens ist die Optimierung von Geschäftsprozessen. Neben dem Ziel der Kostensenkung steht immer öfter die Verbesserung der Leistungs- und Servicequalität für den Kunden im Mittelpunkt der Diskussionen. Schlagen Sie zwei Maßnahmen vor, die diesem Anspruch gerecht werden. Begründen Sie Ihre Vorschläge.

Kapitel 6

Funktionsbereiche und Instrumente der Personalwirtschaft

Nachzuweisende Befähigung

Die angehenden Fachwirte/Fachwirtinnen für Versicherungen und Finanzen sollen Funktionsbereiche der Personalwirtschaft erläutern und Instrumente der Personalwirtschaft anwenden können (gemäß Erläuterungsbroschüre, Qualifikationsinhalte und Handlungssituationen, 1.6).

Qualifikationsinhalte des Kapitels

Die Absolventen können im Einzelnen:

- Personalplanung erläutern (1.6.1)
- Personalbeschaffung, -einsatz, -freisetzung begründen (1.6.2)
- Personalentwicklung durchführen (1.6.3)
- Personalentlohnung unterscheiden (1.6.4)
- Instrumente der Personalwirtschaft einsetzen (1.6.5)

1. Einführung

Als Fachwirt für Versicherungen und Finanzen streben Sie möglicherweise an, als Spezialist in einem Fachbereich tätig zu werden, eine Führungsaufgabe im Innen- oder Außendienst zu übernehmen oder eine eigene Versicherungsagentur selbstständig zu führen. Zudem wirken Sie ggf. in Projektgruppen mit oder Sie sind für die Aus- und Weiterbildung Ihrer Mitarbeiter und Kollegen verantwortlich. Bei allen Tätigkeiten arbeiten Sie mit Kollegen zusammen oder Sie führen Personal. Für die Bewältigung der mit diesen Positionen verbundenen Aufgaben ist es für Sie sehr hilfreich, ausgewählte Funktionsbereiche der betrieblichen Personalwirtschaft kennenzulernen und Instrumente der Personalwirtschaft anzuwenden.

elementare und dispositive Produktionsfaktoren

Unternehmen werden zum Zweck der Leistungserbringung betrieben. Dies geschieht durch die Kombination von elementaren Produktionsfaktoren Werkstoffe, Betriebsmittel und ausführende Arbeit. Um zielgerichtet zu arbeiten, bedarf es zusätzlich dispositiver Produktionsfaktoren, d. h. der Leitung, Planung, Organisation und Kontrolle.

Dispositive Arbeit ist somit der bestimmende Faktor jeder betriebswirtschaftlichen Betätigung. Dies gilt insbesondere für Dienstleistungsunternehmen und somit für die Unternehmen der Versicherungswirtschaft. Heute und in Zukunft werden nur solche Unternehmen rentabel und überlebensfähig sein, die auf eine langfristige Strategie setzen. Hierfür werden handlungskompetente Mitarbeiter benötigt, die selbstständig und eigenverantwortlich in der Lage sind, alle derzeitigen und zukünftigen Problemstellungen zu erkennen und im Sinne von Kunden und Unternehmen zu lösen. Diese Mitarbeiter müssen kreativ und innovationsfähig sein, über Fach-, Methoden- und Sozialkompetenz verfügen und die Bereitschaft mitbringen, ihre Fähigkeiten, Fertigkeiten und Kenntnisse so zu bündeln, dass die gemeinsamen Ziele erreicht werden.

Zur Erfüllung der Unternehmensziele hat die Personalwirtschaft daher eine entscheidende Rolle. Unter betriebswirtschaftlichen Aspekten müssen die Versicherungsunternehmen bestmöglich mit geeigneten Mitarbeitern ausgestattet sein. Zudem erwarten die Mitarbeiter, dass sie im Unternehmen ein soziales Umfeld erhalten, in dem sie dauerhaft zufrieden sind, sich entwickeln können und eine gerechte Entlohnung erhalten.

Die Personalwirtschaft verfolgt daher wirtschaftliche und soziale Ziele:

- *Wirtschaftliche Ziele*

Bereitstellung der jetzigen und zukünftigen personellen Kapazitäten in quantitativer und qualitativer Hinsicht zum passenden Zeitpunkt am richtigen Ort. Dabei soll entsprechend des ökonomischen Prinzips der Kostenfaktor angemessen berücksichtigt werden. Die Arbeitsleistung der Mitarbeiter soll z. B. durch Fortbildung und Motivation gesteigert werden und das Potenzial der Mitarbeiter im Rahmen eines kontinuierlichen Verbesserungsprozesses genutzt werden.

6

- *Soziale Ziele*

Die bestmögliche Gestaltung der Arbeitsbedingungen für die Mitarbeiter steht hier im Vordergrund. Der Betrieb ist ein soziales Gebilde, in dem die Mitarbeiter täglich viele Stunden miteinander verbringen. Wenn von Mitarbeitern Zuverlässigkeit, Eigenverantwortung, Kreativität und innovatives Handeln erwartet wird, dann muss ein Betrieb das Arbeitsumfeld so gestalten, dass die Mitarbeiter optimale Arbeitsbedingungen vorfinden. Neben der Arbeitsplatzgestaltung (Büro, Sozialräume) und der Arbeitszeitregelung spielen auch die Faktoren Personalführung, Personalentwicklung und Mitbestimmung eine wichtige Rolle. Die Mitarbeiter können so durch ein positives Umfeld langfristig im Unternehmen gebunden werden.

Wirtschaftliche und soziale Ziele stehen in einem Spannungsfeld zwischen der Unternehmensleitung bzw. dem Personalbereich und dem Betriebsrat.

Somit sind personalpolitische Entscheidungen im Unternehmen das Ergebnis von Verhandlungen zwischen der Unternehmensleitung und dem Betriebsrat.

Als Träger der Personalwirtschaft sind die Unternehmensleitung, die Personalabteilung, die Führungskräfte und indirekt auch der Betriebsrat zu sehen.

Träger der Personalwirtschaft - Funktionsbereiche & Instrumente

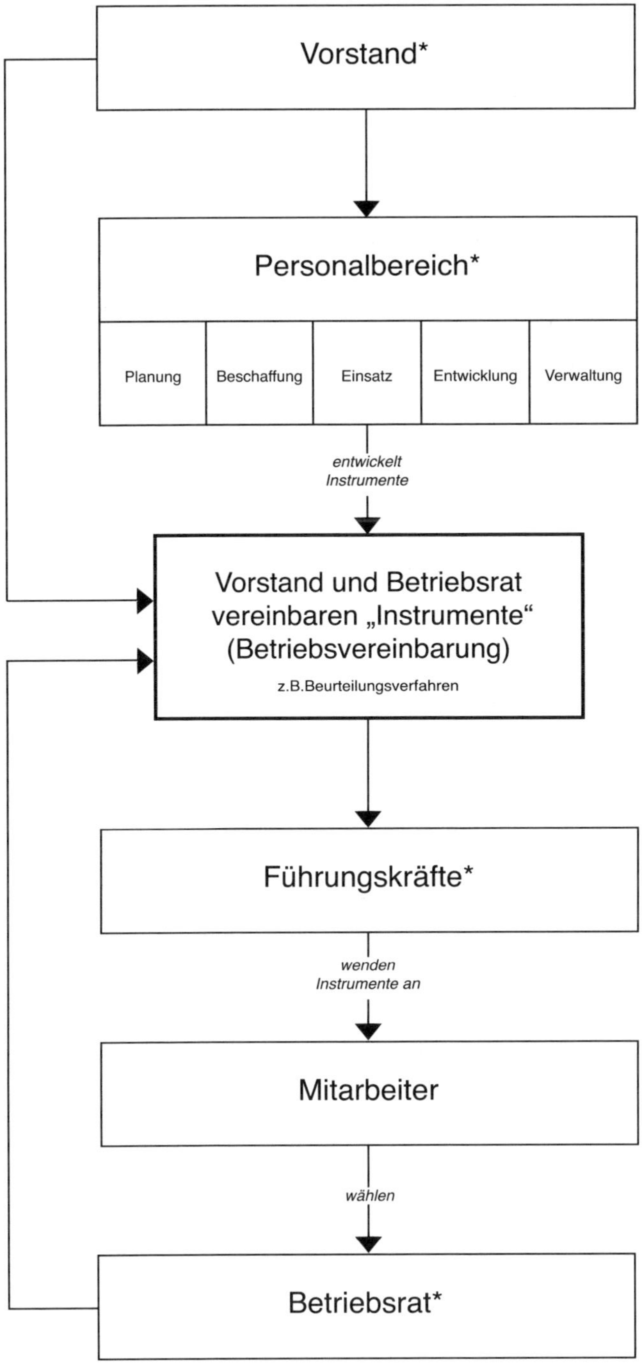

* Träger der Personalwirtschaft

Träger der Personalwirtschaft

Die Unternehmensleitung trifft grundlegende Entscheidungen zur Unternehmenspolitik, zu den Unternehmenszielen und zur Unternehmensstrategie. Diese Entscheidungen werden von der Personalabteilung durch die Bereitstellung des erforderlichen Personals und der Gestaltung der Rahmenbedingungen umgesetzt. Die Vorgesetzten sind für die unmittelbare Personalführung, die Motivation der Mitarbeiter und die Personalentwicklung verantwortlich. Der Betriebsrat besitzt bei vielen wichtigen Personalentscheidungen ein Mitsprache- oder Mitbestimmungsrecht.

Beispiel für das Zusammenwirken der Träger der Personalwirtschaft

Der Vorstand der Proximus Versicherung AG hat das Leitziel „Wir wollen Service-Versicherer Nr. 1 in Deutschland werden" festgelegt. Die Umsetzung dieses Ziels bedeutet, dass für alle Mitarbeiter im Unternehmen Service und Kundenorientierung eine sehr hohe Priorität haben. Im Rahmen der Leistungserstellung wird den Mitarbeitern ausreichend Zeit für die telefonische Beratung der Kunden eingeräumt, zudem werden Servicezeiten, also die Erreichbarkeit, ausgeweitet. Im Rahmen der Personalplanung müssen zusätzliche Mitarbeiter für die telefonische Kundenbetreuung bereitgestellt und qualifiziert werden. Der Personalbereich erarbeitet angemessene Arbeitszeitregelungen. Der Betriebsrat hat im Rahmen des Betriebsverfassungsgesetzes Mitbestimmungsrechte. Die Führungskräfte haben die Aufgabe, die veränderten Rahmenbedingungen durch konkrete Vereinbarungen mit den Mitarbeitern umzusetzen.

Zur Umsetzung der personalwirtschaftlichen Ziele lassen sich verschiedene Funktionen ableiten. Dazu gehören nach Jung (2011, S. 4) zur „personellen Leistungsbereitstellung" die Hauptaufgaben Personalplanung, Personalbeschaffung, Personaleinsatz, Personalentwicklung und Personalfreisetzung. Der Funktion „Leistungserhaltung und Leistungsförderung" sind die Aufgaben Personalführung und Personalentlohnung zugeordnet und die „Informationssysteme der Personalwirtschaft" bestehen aus Personalbeurteilung und Personalverwaltung.

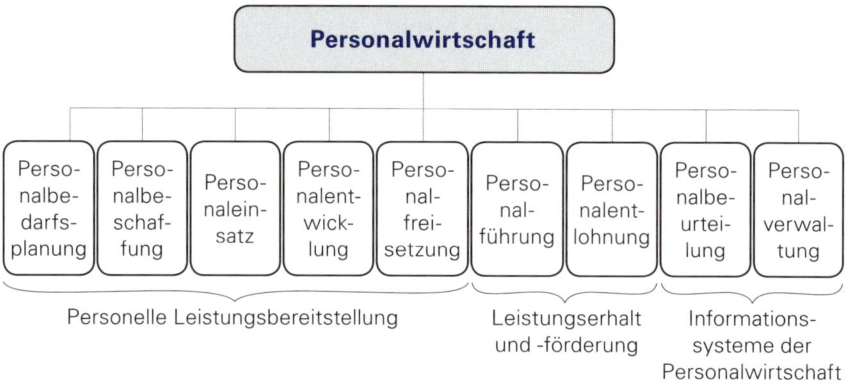

Abbildung 1: Personalwirtschaft (Jung 2011, S. 4)

Im folgenden Kapitel lernen Sie ausgewählte Funktionsbereiche der Personalwirtschaft kennen und es werden Ihnen Instrumente – also Hilfsmittel – der Personalwirtschaft wie z. B. Personalauswahl- oder Beurteilungsverfahren vorgestellt.

2. Personalplanung

Handlungssituation

Sie sind als Abteilungsleiter im Bestandskundenmanagement tätig. Vom Personalbereich erhalten Sie die Aufforderung, den voraussichtlichen Personalbedarf Ihrer Abteilung für das kommende Jahr abzugeben. Gleichzeitig werden Sie gebeten, eine Prognose zum Personalstand für die nächsten drei Jahre zu liefern.

Als Abteilungsleiter im Bestandskundenmanagement müssen Sie dem Personalbereich die anstehenden Veränderungen Ihrer Mitarbeiter melden. Als Vorgesetzter kennen Sie die persönlichen Ziele Ihrer Mitarbeiter und deren persönliche Lebensumstände bzw. können diese einschätzen. Gleichzeitig können Sie beurteilen, inwieweit sich die Bearbeitungszeiten in Ihrer Abteilung z. B. durch Prozessoptimierungen verändern und welche Projekte bzw. Entwicklungen anstehen. Diese Informationen von der Basis sind für den Personalbereich von grundlegender Bedeutung.

2.1 Bedeutung der Personalplanung

Die Personalplanung gehört zu den wichtigsten Aufgaben der Personalwirtschaft. Sie ist die gedankliche Vorwegnahme des zukünftigen Personalbedarfs im Unternehmen. Ihr Ergebnis bildet die Grundlage für vielfältige Maßnahmen des Personalbereichs (z. B. Auswahlverfahren, Einstellungen, Personalentwicklung, Karriereplanung, Gehaltsstruktur, Personalfreisetzung etc.).

Zur Erfüllung der Unternehmensziele ist es notwendig, immer die ausreichende Anzahl von Mitarbeitern mit der entsprechenden Qualifikation am richtigen Ort zur richtigen Zeit zu haben. Sind nicht genügend oder die „falschen" Mitarbeiter im Unternehmen (es nutzt nichts, wenn die Gesamtzahl der Mitarbeiter im Unternehmen angemessen ist, allerdings ein Personalüberhang von gut qualifizierten Mitarbeitern in der Sachversicherung besteht und in der Lebensversicherung zu wenig Mitarbeiter vorhanden sind), dann wird der Wirtschaftsprozess erheblich gestört und Serviceversprechen können nicht eingelöst werden.

Sind zu viele Mitarbeiter im Unternehmen, dann wirkt sich dies negativ im Bereich der Verwaltungskosten (Personalkosten) aus und das Unternehmen benötigt z. B. höhere Prämien als die Wettbewerber oder weist geringere Überschussanteile in der Lebensversicherung aus. In Ratings bzw. Rankings wird dieses Versicherungsunternehmen schlechter bewertet als andere und verliert damit Marktanteile. Weiterhin ist die Personalplanung sehr wichtig, weil aufgrund einer stetigen Komplexität von Produkten (z. B. Betriebliche Altersvorsorge, Multi-Risk-Policen) Mitarbeiter mit speziellen Qualifikationen immer häufiger eine knappe Ressource darstellen. Die Unternehmen müssen daher frühzeitig durch geeignete Personalbeschaffungs- und Personalentwicklungsmaßnahmen Vorsorge treffen.

Neben den Unternehmenszielen sind auch die Ziele der Mitarbeiter zu berücksichtigen. Mitarbeiter sind Individuen, die selbstbestimmt handeln. Sie können häufig nicht ohne Reibungsverluste auf eine andere Stelle oder an einen anderen Standort versetzt werden, denn nicht jeder Mitarbeiter ist flexibel und mobil. Dies kann sich möglicherweise negativ auf deren Motivation auswirken. Gleichzeitig erwarten Mitarbeiter die Erhaltung ihrer Arbeitsplätze und, entsprechend ihrer Qualifikationen und Neigungen, die Erweiterung von Arbeitsinhalten und Handlungsspielräumen.

Die Personalplanung ist somit ein sehr komplexer Prozess, mit dem besonders verantwortungsvoll umgegangen werden muss. Fehler können schwerwiegende Folgen für das Unternehmen und die Mitarbeiter haben:

- Engpässe bei der Leistungserstellung
- Störung des Betriebsklimas durch Frustration bzw. Demotivation der Mitarbeiter
- Entlassungen und Arbeitslosigkeit

2.2 Arten der Personalplanung

Die Personalplanung lässt sich nach verschiedenen Kriterien systematisieren. Je nach der Betrachtungsweise gibt es folgende Arten der Personalplanung, die allerdings nicht isoliert betrachtet werden:

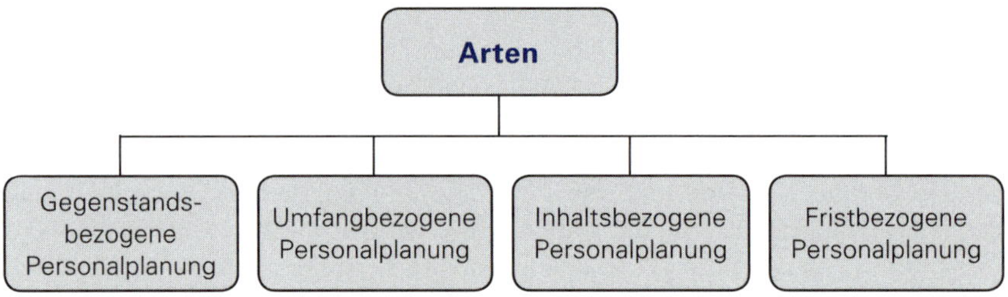

Abbildung 2: Arten der Personalplanung (Olfert 2012, S. 87)

2.2.1 Gegenstandsbezogene Personalplanung

Ausgangspunkt der Personalplanung ist immer eine gegenstandsbezogene Betrachtung – also eine Ist-Betrachtung. Zu unterscheiden sind:

- *Personalbestandsplanung*

  Ausgehend vom aktuellen Personalbestand werden qualitative und quantitative Personalveränderungen ermittelt und bis zu einem in der Zukunft liegenden Zeitpunkt prognostiziert.

- *Personalbedarfsplanung*

  Unter Berücksichtigung von Unternehmenszielen, sich verändernden gesetzlichen Rahmenbedingungen, technologischen Entwicklungen, gesellschaftlichen Veränderungen und den Rahmenbedingungen des Versicherungsmarktes werden die zukünftigen personellen Kapazitäten des

Unternehmens (quantitativer Aspekt) geschätzt und die an die Mitarbeiter zu stellenden Anforderungen (qualitativer Aspekt) definiert.

- *Personaleinsatzplanung*

  Die Mitarbeiter sind entsprechend ihrer Qualifikation und Neigung einzusetzen.

- *Personalbeschaffungsplanung*

  Freie Stellen können intern durch Beförderung, Versetzung, Qualifizierung besetzt werden oder durch externe Einstellungen. Eine weitere Möglichkeit: Der Personalbedarf kann z. B. mittelfristig (etwa für einen Zeitraum von drei bis fünf Jahren) durch vermehrte Ausbildung von Kaufleuten für Versicherungen und Finanzen gedeckt werden. Eine weitere mögliche Maßnahme: Das Unternehmen kann durch imageverbessernde Maßnahmen Hochschulabsolventen rekrutieren und durch Traineeprogramme an sich binden.

- *Personalfreistellungsplanung*

  Die Personalfreistellungsplanung beschäftigt sich damit, wie Personalüberhänge sozialverträglich und im Sinne des Unternehmens abgebaut werden können.

- *Personalentwicklungsplanung*

  Die gegenwärtigen und zukünftigen Anforderungen an die Mitarbeiter sind Gegenstand dieser Planung. Welche Aus- und Weiterbildungsmaßnahmen muss das Unternehmen durchführen? Gibt es Mitarbeiter, die besonders gefördert werden sollen?

- *Personalkostenplanung*

  Die zukünftig zu erwartenden Personalkosten sind zu planen. Nicht nur der Aufwand für Lohn und Gehalt ist zu berücksichtigen, sondern auch alle Maßnahmen, die der Personalbeschaffung, der Aus- und Weiterbildung und ggf. der Personalfreistellung dienen.

2.2.2 Umfangbezogene Personalplanung

Zur umfangbezogenen Personalplanung gehören Individual- und Kollektivplanung.

Individualplanung

Die Individualplanung bezieht sich auf einzelne bereits ausgewählte, d. h. namentlich bekannte Mitarbeiter. Im Rahmen der Karriereplanung wird festgelegt, in welchen Bereichen des Unternehmens diese Mitarbeiter tätig werden sollen und nach welchem Zeitraum welche Position erlangt werden soll. Umfangreiche Schulungsmaßnahmen, ggf. auch Coaching oder Mentoring, runden diese Personalentwicklungsmaßnahmen ab. Zur Individualplanung kann auch die Vorbereitung auf das Ausscheiden aus dem Betrieb gezählt werden.

Kollektivplanung

Die Kollektivplanung umfasst die Gesamtheit aller Mitarbeiter oder einzelne Teile der Belegschaft. So kann sich die Planung auf alle Mitarbeiter der Hauptverwaltung/Direktion beziehen, z. B. wenn hier Umstrukturierungen geplant sind und sich damit die Aufbau- und Ablauforganisation verändert. Es können auch nur Mitarbeiter einer Abteilung betroffen sein, z. B. die Mitarbeiter der gewerblichen Sach-/Haftpflichtabteilung oder die Mitarbeiter einer einzelnen Betriebsstätte, z. B. die Mitarbeiter in der Landesdirektion Hamburg.

2.2.3 Inhaltsbezogene Personalplanung

Bei der inhaltsbezogenen Personalplanung ist zwischen quantitativer und qualitativer Personalplanung zu unterscheiden.

quantitative Planung

Bei der quantitativen Personalplanung wird ausschließlich die Anzahl der Mitarbeiter berücksichtigt. Allerdings erfolgt die Rechnung nicht nach der Anzahl der Köpfe im Unternehmen (z. B. Teilzeitstellen), sondern nach den sog. „Mitarbeiterkapazitäten" bzw. „Tätigkeitsanteilen". Auf der Grundlage von Messungen wird festgestellt, wie viele Arbeitsvorgänge ein Mitarbeiter pro Tag bewältigen kann. So wird genau gemessen, wie viel Zeit z. B. ein Mitarbeiter durchschnittlich für die Regulierung eines Schadens benötigt. Auf der Grundlage der Bestandsgröße und der durchschnittlichen Schadenhäufigkeit kann nun die benötigte Anzahl an Mitarbeitern festgelegt werden.

Beispiel

Die Betriebsorganisation hat durch Beobachtungen und Messungen festgestellt, dass jeder Mitarbeiter der Abteilung „Krankenversicherung Leistung" durchschnittlich 40 Leistungsfälle pro Arbeitstag reguliert. Die Analyse des Krankenversicherungsbestands (z. B. Anzahl der vollversicherten Personen, Alter, Geschlecht) ergibt eine durchschnittliche Anzahl von Leistungsfällen pro Kalenderjahr. Auf der Grundlage u. a. dieser Ergebnisse unter Berücksichtigung von weiteren Faktoren (z. B. Bestandsveränderungen, technologischer Fortschritt) lässt sich nun berechnen, wie viele Mitarbeiter in der Abteilung „Krankenversicherung Leistung" benötigt werden.

Zusätzlich ist zu berücksichtigen, wie viele Mitarbeiter für Projektarbeiten im Unternehmen abzustellen sind. Das voraussichtliche Arbeitsvolumen an Mitarbeiterstunden, -wochen und -monaten wird geschätzt.

Je nach den Erfordernissen des Unternehmens kann eine Feinplanung sinnvoll sein. So fällt durch den Versichererwechsel zum Ende eines Jahres deutlich mehr Arbeitsvolumen in der Kraftfahrtversicherung (Antrag/Vertrag) an als in den Sommermonaten. Eine ähnliche Situation ergibt sich in der Krankenversicherung (Leistung). Durch die Möglichkeit der Beitragsrückerstattung in der privaten Krankheitskosten-Vollversicherung empfehlen viele Versicherer ihren Kunden, Rechnungen bis zum Ende des Jahres zu sammeln und erst dann zur Regulierung einzureichen. Das Arbeitsvolumen ist zum Ende eines Jahres deutlich höher als im Sommer. Durch eine entsprechende Personalplanung und angemessene Arbeitszeitmodelle können sowohl die Interessen des Unternehmens als auch die der Mitarbeiter berücksichtigt werden.

qualitative Planung

Die qualitative Personalplanung berücksichtigt die Qualifikationen der Mitarbeiter. Die Mitarbeiter unterscheiden sich in einer Vielzahl von Eigenschaften und sollten entsprechend ihrer Kompetenzen und Neigungen im Unternehmen eingesetzt werden.

Gerade die Versicherungsunternehmen werden als Häuser der hundert Berufe bezeichnet. Mitarbeiter mit einer versicherungsspezifischen Ausbildung (Versicherungsfachmann, Versicherungskaufmann bzw. Kaufmann für Versicherungen und Finanzen, Versicherungsfachwirt bzw. Fachwirt für Versicherungen und Finanzen, Versicherungsbetriebswirt (DVA) bzw. Bachelor of Insurance Management (B. A.)) sind sicherlich in der Überzahl. Der Anteil der Akademiker in der Versicherungswirtschaft, insbesondere der Juristen, Betriebswirte und Mathematiker, nimmt stetig zu. Einen großen Anteil der Belegschaften stellen inzwischen Mitarbeiter aus dem Bereich der Datenverarbeitung. Im Bereich der Kapitalanlagen arbeiten Spezialisten aus dem Bereich der Finanzwirtschaft, in der Kranken- und Lebensversicherung Mediziner, in der Personalentwicklung Pädagogen etc.

Bei der qualitativen Personalplanung ist auch zu berücksichtigen, in welchen Sparten die Mitarbeiter ihre fachlichen Qualifikationen haben. Ein Fachwirt mit dem Schwerpunkt Vermögensversicherung (Haftpflicht, Rechtsschutz, Kraftfahrt, Kreditversicherung) wird für eine Stelle in der Risikoprüfung der Krankenversicherung vermutlich nur sehr bedingt einsetzbar sein. Eine gute Qualifikationsdatenbank kann hier zielgerichtet die gewünschten Informationen liefern.

6

2.2.4 Fristbezogene Personalplanung

Bei der Personalplanung wird zwischen kurzfristiger, mittelfristiger und langfristiger Personalplanung unterschieden.

kurzfristige Personalplanung

In den großen Versicherungsunternehmen wird entsprechend der Unternehmensplanung eine jährliche (kurzfristige) Personalplanung vorgenommen. Primär werden die Veränderungen im Bestand (Anzahl der Risiken) und die Vertriebsplanung (z. B. Forcierung einer bestimmten Sparte) berücksichtigt. Hinzu kommen Auswirkungen jeweils aktueller gesetzlicher Änderungen (z. B. VVG-Reform, EU-Vermittlerrichtlinie, Gesundheitsreform, Pflege-Bahr) und der technologische Fortschritt im Unternehmen (z. B. die Einführung elektronischer Anträge und maschineller Risikoprüfung). Die jeweiligen Kostenstellenleiter (i. d. R. Abteilungsleiter) werden aufgefordert, die zu erwartenden Kapazitäten zu prognostizieren und Veränderungen bei ihren Mitarbeitern mitzuteilen (z. B. Ruhestand, geplante Elternzeit, Beförderungen, Versetzungen). Diese Informationen sind für die Stellen- bzw. Stellenbesetzungsplanung notwendig.

mittelfristige Personalplanung

Bei der mittelfristigen Personalplanung wird ein Zeitraum von drei bis fünf Jahren betrachtet. Insbesondere die Unternehmensziele (z. B. Vertriebsziele) sind hier zu berücksichtigen. Durch Einschnitte im Bereich der Gesundheitsreform sind z. B. mittelfristige Auswirkungen im Bereich der privaten Krankheitskosten-Vollversicherung und entsprechend im Bereich der privaten Pflegepflichtversicherung zu erwarten.

langfristige Personalplanung

Eine langfristige Personalplanung, die über einen Zeitraum von fünf Jahren hinausgeht, findet in der Praxis häufig nicht statt. Sie ist allerdings von Bedeutung bei Entscheidungen hinsichtlich der Anzahl der einzustellenden Auszubildenden sowie bei der Führungsnachwuchskräfteplanung. Zudem sollte mittels der langfristigen Personalplanung die Entwicklung der Altersstruktur im Unternehmen beobachtet werden. Auch bereits bekannte Veränderungen in der Gesetzgebung spielen eine Rolle. So wird die Veränderung des Renteneintrittsalters mit 67 Jahren bei der zukünftigen Personalplanung eine Rolle spielen.

Mit zunehmendem Zeithorizont werden die Planungen unsicherer, da viele Faktoren hinsichtlich ihrer Wirkung nicht vorhersehbar sind.

2.3 Ablauf der Personalplanung

Beim Ablauf der Personalplanung wird zur Vereinfachung im Folgenden lediglich auf die quantitative Personalplanung eingegangen. Aus den bisherigen Darstellungen wird deutlich, dass der qualitative Aspekt in gleicher Weise zu berücksichtigen ist.

Die Personalplanung orientiert sich an den Stellen im Unternehmen.

Stelle

Als Stelle wird die kleinste organisatorische Einheit im Unternehmen bezeichnet, die eindeutig abgegrenzte Zuständigkeiten besitzt.

Stellenplan

Alle Stellen werden in einem Stellenplan aufgelistet. In diesem Stellenplan sind auch die Über- und Unterstellungen ersichtlich.

Stellenbesetzungsplan

Die Personalabteilung ergänzt den Stellenplan durch den jeweiligen Namen des Stelleninhabers. Zudem lassen sich in diesem Stellenbesetzungsplan weitere Informationen einpflegen. Hier kann vermerkt werden, dass der Abteilungsleiter Unfallversicherung am 31.12. in den Ruhestand geht oder dass eine Gruppenleiterposition in der Lebensversicherung zurzeit vakant ist.

Proximus Versicherung AG Abteilung Unfall		Jahr	2016	2017	2018
Stellenbezeichnung	Stelleninhaber	Quartal	1 2 3 4	1 2 3 4	1 2 3 4
Abteilungsleiter	Schneider, A.		Ruhestand zum Q4 → ; Ersatz u. Einarbeitung zum Q3 →	→	→
Gruppenleiter Antrag	N.N			vorauss. Besetzung Q2 2017 →	→
Gruppenleiter Vertrag	Brallo, C.		→	→	→
SB Vertrag	Groß, F.		Neueinstellung zwecks Vertriebsausbau →	→	→
SB Vertrag	Schiller, T.		Teilzeit bis Ende 2016 →		
SB Vertrag	Tewes, W.		→	→	→

Abbildung 3: Stellenbesetzungsplan (Abteilung Unfall: Antrag/Vertrag)

Personalbestandsplanung und Personalbedarfsplanung können parallel durchgeführt werden. Die daraus resultierenden Erkenntnisse fließen in die Personaleinsatzplanung ein. Hieraus abgeleitet werden dann die Personalbeschaffungsplanung, die Personalfreistellungsplanung, die Personalentwicklungsplanung und die Personalkostenplanung.

2.3.1 Personalbestandsplanung

Zur Ermittlung des Personalbestands wird zunächst für alle Abteilungen und dann für das gesamte Unternehmen folgende Rechnung durchgeführt. Dabei wird eine Zeitperiode (z. B. ein Jahr) festgelegt:

Aktueller Personalbestand (Ist-Stand)
\+ **Zugänge**
./. **Abgänge**
= **Zukünftiger Personalbestand (Soll-Stand)**

Personalzugänge

Personalzugänge erhöhen den Personalbestand. Folgende Zugänge können bereits feststehen:

- Arbeitsantritt aufgrund bereits abgeschlossener Arbeitsverträge
- Versetzung von anderen Betriebsstätten
- Übernahme von Auszubildenden
- Arbeitswiederaufnahme nach Mutterschutz oder Elternzeit
- Arbeitswiederaufnahme durch Langzeitkranke
- Rückkehr von Mitarbeitern nach langfristigen Beurlaubungen

Die Personalzugänge können relativ genau geplant werden.

Personalabgänge

Personalabgänge verringern den Peronalbestand. Folgende Personalabgänge sind zu berücksichtigen:

- Austritte wegen Ruhestand oder Arbeitsunfähigkeit
- Kündigungen durch den Arbeitgeber
- ordentliche Kündigung durch Arbeitnehmer
- Abschluss von Aufhebungsverträgen
- Versetzung zu anderen Betriebsstätten
- Beendigung von befristeten Arbeitsverhältnissen
- Beginn von Mutterschutz und Elternzeit
- Langzeitbeurlaubungen
- Todesfälle von Arbeitnehmern

Die Personalabgänge können nur teilweise (z. B. Ruhestand) geplant werden. Personalabgänge, die von Mitarbeitern veranlasst werden (z. B. Fluktuation durch Arbeitnehmerkündigung), können nur mit statistischer Wahrscheinlichkeit geplant werden. Weitere Daten werden aus der Personalstatistik abgeleitet. So gibt es bei einer Belegschaftsgröße von X durchschnittlich Y Todesfälle im Unternehmen. Ein Versicherungsunternehmen mit einem hohen Anteil von Frauen im Alter von 25 bis 40 Jahren wird voraussichtlich mehr Personalabgänge wegen Mutterschutz und Elternzeit verzeichnen als ein Unternehmen mit einem sehr hohen Anteil an männlichen Beschäftigten.

Neben den unternehmenseigenen Statistiken sind auch die vom Arbeitgeberverband der Versicherungsunternehmen in Deutschland (agv) gelieferten Daten von großem Interesse. Die Unternehmen können so ihre eigenen Daten (z. B. Fluktuationsquote, Struktur der Beschäftigten, Krankenstand) mit den Kennzahlen der Branche vergleichen.

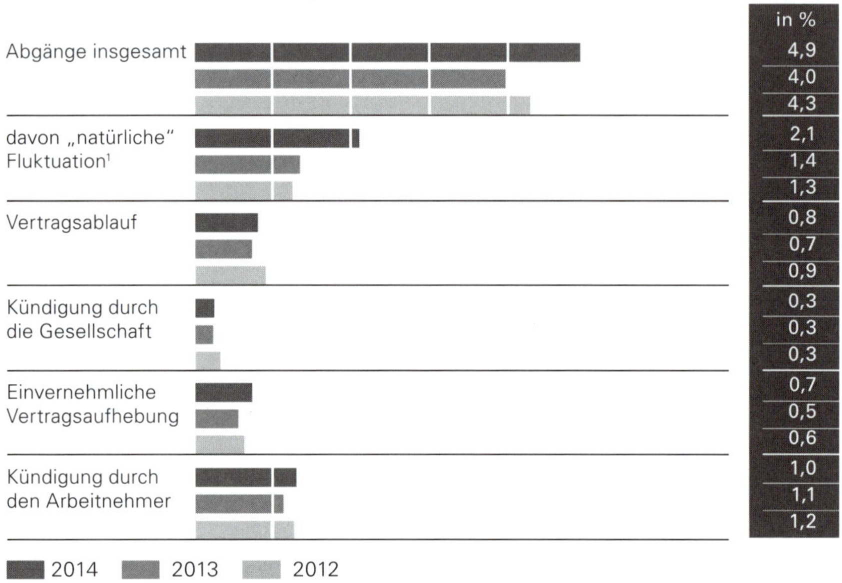

[1] Pensionierung, Vorruhestand, Tod, Ausscheiden nach passiver Altersteilzeit

Quelle: Fluktuationserhebung des AGV

Abbildung 4: Fluktuationskennziffern des Innendienstes (AGV 2014/2015, S. 39)

2.3.2 Personalbedarfsplanung

Die Personalbedarfsplanung wird von vielen unternehmensinternen und -externen Faktoren beeinflusst.

gesamtwirtschaftliche Entwicklung

Die gesamtwirtschaftliche Entwicklung hat natürlich auch Auswirkungen auf die Versicherungswirtschaft. Sehr vereinfacht dargestellt ergibt sich folgendes Bild: Beim Aufschwung investieren die Unternehmen. Es entstehen Produktionsanlagen, die z. B. gegen die Gefahr Feuer abgesichert werden müssen. Die Waren werden transportiert, wieder entsteht ein Versicherungsbedarf (Transportversicherung, Kraftfahrtversicherung). Die Unternehmen beschäftigen Mitarbeiter. Aus dem Einkommen konsumieren die Menschen, sie kaufen Möbel und Autos, sie bauen Häuser. Auch hier besteht der Bedarf, diese Sachen gegen drohende Verluste abzusichern. Um den eigenen bzw. den Lebensstandard der Familie abzusichern, werden Versicherungen aus dem Bereich der Vorsorge abgeschlossen.

Bei einem wirtschaftlichen Abschwung überlegen Firmen und Verbraucher, wo Kosten gespart werden können. Der Abschluss einer Versicherung fällt in dieser Phase vielen Menschen schwerer, bestehende Versicherungen werden aus finanziellen Gründen (z. B. Arbeitslosigkeit) gekündigt.

Der Versicherungsmarkt verändert sich stetig. Durch Fusionen entstehen größere Versicherungsgesellschaften. Diese versuchen, durch Synergien die eigene Wettbewerbsfähigkeit zu erhöhen und können dadurch günstigere Prämien anbieten. Der Kostendruck auf die Wettbewerber wächst, Unternehmen können Marktanteile gewinnen und verlieren.

Neben der Ausschließlichkeit gewinnen andere Vertriebswege (Direktversicherung, Maklervertrieb, Vertriebsgesellschaften) zunehmend an Bedeutung. Auch diese Entwicklungen können sich auf den Absatz der Produkte des eigenen Unternehmens auswirken.

Hinzu kommen immer neue Tarife und Versicherungsbedingungen, die den Markt und damit die Position des eigenen Unternehmens beeinflussen.

gesellschaftliche Entwicklungen

Kunden halten immer weniger ihrem Versicherungsunternehmen die Treue. Insbesondere der Preiskampf in der Kraftfahrtversicherung hat dazu geführt, dass das Wechseln der Kraftfahrtversicherung zum Jahresende stark zugenommen hat. Hierdurch entsteht ein sehr hoher Personalbedarf in den Unternehmen.

Demografie

Der demografische Wandel führt dazu, dass die Menschen immer stärker auf die eigene Altersvorsorge angewiesen sind. Versicherungen müssen entsprechende Produkte entwickeln und verkaufen. Insbesondere im Bereich der Personenversicherungen entsteht hier Personalbedarf.

Technologisierung

Die immer stärker fortschreitende Technologisierung der Arbeitsprozesse hat unweigerlich Auswirkungen auf die Personalplanung. Eine verbesserte Technik führt zu kürzeren Bearbeitungszeiten. Die Arbeitsmenge, die ein einzelner Mitarbeiter pro Tag erledigen kann, wird größer. Einfache Tätigkeiten, wie z. B. die Mikroverfilmung von Anträgen, fallen weg, da durch den elektronischen Antrag die Kundendaten papierlos ins System übernommen werden. In einigen Versicherungssparten, wie z. B. in der Krankenversicherung, existieren bereits maschinelle Programme zur Risikoprüfung.

Neben dem quantitativen Aspekt ist hier auch die qualitative Personalplanung gefordert. Der Bildungsgrad der Mitarbeiter erhöht sich ständig, neben den klassischen Versicherungsberufen werden immer mehr EDV-Spezialisten benötigt.

Veränderungen rechtlicher Rahmenbedingungen

Änderungen im Sozial- und Arbeitsrecht haben Auswirkungen auf die Personalplanung. Die Heraufsetzung des Rentenalters wird sich langfristig auf die Personalplanung auswirken. Seit einiger Zeit nutzen immer häufiger Väter die Möglichkeit der Elternzeit.

Veränderungen im Tarifrecht, wie z. B. eine Veränderung der wöchentlichen Arbeitszeit, würden sich unmittelbar auf die Personalplanung auswirken.

Die verschiedenen Gesundheitsreformen führten in der Vergangenheit dazu, dass der Wechsel von Arbeitnehmern in eine private Krankheitskosten-Vollversicherung erschwert wurde. Dieses wirkt sich negativ auf die Bestände der privaten Krankenversicherer aus.

Während die Reduzierung des Steuervorteils im Bereich der Kapitallebensversicherung negative Auswirkungen auf die Lebensversicherer hatte, wurde dieser Nachteil durch die Einführung der staatlich geförderten Altersvorsorge kompensiert. Allerdings macht sich die zurzeit anhaltende Niedrigzinsphase und das Lebensversicherungsreformgesetz (LVRG) beim Vertrieb von Lebensversicherungsprodukten negativ bemerkbar.

Für die Einführung des neuen VVG mussten die Versicherungsunternehmen erhebliche Personalkapazitäten zur Verfügung stellen. Alle Bedingungswerke, Tarife, EDV-Systeme mussten umgestellt werden. Ein erheblicher Schulungsbedarf war zu bewältigen. Ein ähnlicher Personalaufwand war mit der Umsetzung der EU-Vermittlerrichtlinie verbunden.

interne Faktoren

Die Unternehmensziele sind im Rahmen der Personalplanung von entscheidender Bedeutung. Wird der Vertrieb von bestimmten Versicherungssparten forciert oder sollen ertragsarme Sparten nur noch bedingt verkauft werden? Sollen neue Zielgruppen oder sogar neue Märkte (Ausland) erschlossen werden? Sind Zentralisierungen oder Dezentralisierungen geplant? Sind Investitionen oder Rationalisierungsmaßnahmen geplant?

2.3.3 Ermittlung des Personalbedarfs

Zur Ermittlung des Personalbedarfs werden die Ergebnisse der Personalbestandsplanung und der Personalbedarfsplanung verglichen. Wichtig hierbei ist, dass eine gewisse Personalreserve einzuplanen ist. Weiterhin muss immer der mittelfristige Planungszeitraum betrachtet werden, um Schwankungen z. B. in der Altersstruktur auszugleichen.

Das Ergebnis der quantitativen Personalplanung kann eine Über- oder eine Unterdeckung sein. Demzufolge ist dieses Ergebnis der Auslöser für Personalbeschaffung, Versetzung oder Personalfreisetzung. Unter qualitativen Gesichtspunkten ergeben sich darüber hinaus zusätzlich zahlreiche Aufgaben der Personalentwicklung.

2.4 Rechtliche Aspekte der Personalplanung

§ 90 BetrVG

Der Arbeitgeber muss den Betriebsrat über die Planung von Arbeitsverfahren und Arbeitsabläufen sowie über die Planung von Arbeitsplätzen unterrichten. Der Arbeitgeber hat mit dem Betriebsrat die vorgesehenen Maßnahmen und ihre Auswirkungen auf die Arbeitnehmer, insbesondere auf die Art ihrer Arbeit sowie die sich daraus ergebenden Anforderungen an die Arbeitnehmer so rechtzeitig zu beraten, dass Vorschläge und Bedenken bei der Planung berücksichtigt werden können.

§ 92 BetrVG

Der Arbeitgeber hat den Betriebsrat über die Personalplanung, insbesondere über den gegenwärtigen und künftigen Personalbedarf sowie über die sich daraus ergebenden personellen Maßnahmen und Maßnahmen der Berufsbildung, anhand von Unterlagen rechtzeitig und umfassend zu unterrichten. Über Art und Umfang der erforderlichen Maßnahmen und über die Vermeidung von Härten ist mit dem Betriebsrat zu beraten.

Ist in einem Unternehmen keine Personalplanung vorhanden, so kann der Betriebsrat Vorschläge für die Einführung und ihre Durchführung machen. *§ 92 Abs. 2 BetrVG*

Sind im Unternehmen Betriebsänderungen geplant, so besteht ein indirektes Mitwirkungsrecht. *§§ 111–112 BetrVG*

Werden im Rahmen der qualitativen Personalplanung Personalfragebögen und Beurteilungsgrundsätze zur Erfassung der Kompetenzen der Mitarbeiter eingesetzt, so bedarf es bei der Erstellung dieser Fragebögen bzw. Beurteilungsgrundsätze der Zustimmung des Betriebsrats. *§ 94 BetrVG*

Zusammenfassung

Die Personalplanung gehört zu den wichtigsten Aufgaben der Personalwirtschaft. Die Ergebnisse der Personalplanung bilden die Grundlage für vielfältige personalwirtschaftliche Maßnahmen (Personalbeschaffung, Qualifizierung, Freisetzung, Personalführung etc.). Eine sorgfältige Personalplanung ist notwendig, damit jederzeit alle Unternehmensteile mit der richtigen Anzahl von Mitarbeitern bei entsprechender Qualifikation zur Verfügung stehen. Fehlplanungen führen dazu, dass die Erreichung von Unternehmenszielen gefährdet wird oder dass zu hohe Verwaltungs-/Personalkosten entstehen. Auch die Mitarbeiter eines Unternehmens sind an einer sorgfältigen Planung interessiert. Fragen der Arbeitsplatzsicherheit, der beruflichen Perspektiven aber auch des Betriebsklimas sind eng mit der Personalplanung verbunden.

3. Personalbeschaffung

Handlungssituation

Sie sind Abteilungsleiterin in der Kraftfahrtversicherung. Da der wirtschaftliche Schaden durch Versicherungsbetrug immer mehr zunimmt, soll eine neue Stelle für Betrugsbekämpfung eingerichtet werden. Sie werden gebeten, für die Personalabteilung ein Anforderungsprofil für diese neue Stelle anzufertigen und bei der anstehenden Personalauswahl mitzuwirken.

Der Personalbereich hat den Auftrag, für die Kraftfahrtversicherung einen Mitarbeiter zu finden, der erfolgreich Versicherungsbetrug bekämpfen kann. Hierzu ist ein Anforderungsprofil auf der Grundlage einer Stellenbeschreibung notwendig. Dieses Instrument kann nur von fachlich versierten Personen erstellt werden. Daher müssen Sie – als die zukünftige Vorgesetzte – die mit der Stelle verbundenen Hauptaufgaben zusammenstellen und die Anforderungen an einen Stelleninhaber definieren. Gemeinsam ist zu überlegen, welche Auswahlinstrumente für die Ermittlung eines passenden Kandidaten geeignet sind. Da der Betrugsbekämpfer Ihnen direkt oder einem Ihrer Gruppenleiter im Schadenbereich unterstellt wird, ist es notwendig, dass Sie bei der Personalauswahl mitwirken. Nur Sie können die Fachkompetenz der Bewerber angemessen feststellen. Zudem können Sie beurteilen, ob der neue Mitarbeiter in das vorhandene Team passt.

3.1 Bedeutung der Personalbeschaffung

Der Erfolg eines Versicherungsunternehmens ist in hohem Maß vom Qualifikationsniveau der Mitarbeiter abhängig. Bereits bei der Auswahl der Mitarbeiter muss durch geeignete Verfahren sichergestellt werden, dass die zukünftigen Mitarbeiter über die erforderlichen Kompetenzen zur Bewältigung der Aufgaben verfügen oder das Potenzial besitzen, in einem angemessenen Zeitraum fehlende Kompetenzen zu erwerben. Damit es nicht zu Engpässen im Unternehmen kommt, sind bei der Personalbeschaffung die zeitlichen und örtlichen Aspekte von großer Bedeutung. Zusätzlich ist zu beachten, dass das Gehaltsgefüge des Unternehmens eingehalten wird.

Die Personalbeschaffung setzt dann ein, wenn sich aus der Personalplanung eine Unterdeckung ergibt. Mit den Beschaffungsmaßnahmen ist dann ein Ersatzbedarf für ausscheidende Mitarbeiter (z. B. Ruhestand) oder ein Neubedarf für erstmalig einzurichtende Stellen (siehe Handlungssituation: Betrugsbekämpfung) zu decken. Außerdem können bestehende Stellen aufgrund von Bestandzuwachs erweitert werden oder es können außerplanmäßige Personalbeschaffungsmaßnahmen erforderlich sein, wenn unerwartete Engpässe auftreten. So können z. B. Krankheit, Tod oder außerordentliche Kündigung eines Mitarbeiters zu kurzfristigem Personalbedarf führen.

3.2 Instrumente der Personalbeschaffung

Um geeignete Bewerber zu finden und eine optimale Stellenbesetzung durchzuführen, ist es notwendig, über genaue Informationen über die zu besetzende Stelle zu verfügen. Zusätzlich ist es notwendig zu wissen, über welche Qualifikationen und Kompetenzen ein Stelleninhaber verfügen muss, um die mit der Stelle verbundenen Aufgaben zu erfüllen. Stellen werden i. d. R. zunächst intern über eine Stellenausschreibung und ggf. extern über eine Stellenanzeige ausgeschrieben.

3.2.1 Stellenbeschreibung

Eine Stellenbeschreibung gibt über die organisatorische Einbindung der Stelle Auskunft und beschreibt die mit der Stelle verbundenen Hauptaufgaben und Kompetenzen.

In einer Stellenbeschreibung werden i. d. R. folgende Positionen aufgeführt:

- Stellenbezeichnung und Stellennummer (Organisationsnummer, Kostenstelle)
- hierarchische Einordnung der Stelle (vorgesetzte Stelle, zugeordnete Stellen)
- Stellvertretung (wer vertritt den Stelleninhaber, wen hat der Stelleninhaber zu vertreten)
- Stellenbefugnisse (mit der Stelle verbundene Vollmachten, Berechtigungen, Kompetenzrahmen)
- konkrete Beschreibung der Hauptaufgaben

Eine gute Stellenbeschreibung ist nicht nur ein Organisationsinstrument, sondern auch ein Führungsinstrument. Auf der Grundlage der Stellenbeschreibung finden Zielvereinbarungs-, Beurteilungs- und Personalentwicklungsgespräche statt. Die Gehaltsfestsetzung orientiert sich an ihr.

Damit der Mitarbeiter die notwendige Sicherheit bei der Ausführung seiner Tätigkeit hat und nicht bei jedem Vorgang Rücksprache mit seinem Vorgesetzten halten muss, wird der Kompetenzrahmen häufig nach Basis-, Informations- und Vorschlagskompetenz differenziert.

Beispiel

Basiskompetenz:
Der Stelleninhaber darf alle Schäden im Bereich der Sachversicherung bis zu einer Höhe von 3.000 € regulieren.

Informationskompetenz:
Der Stelleninhaber darf Schäden im Bereich der Sachversicherung in Höhe von 3.000 bis unter 5.000 € regulieren, hat aber seinen Vorgesetzten zu informieren.

Vorschlagskompetenz:
Der Stelleninhaber bereitet die Regulierung von Schäden im Bereich der Sachversicherung vor, deren Summe 5.000 € übersteigt. Der Vorgesetzte entscheidet über die Regulierung.

Mit steigender Berufserfahrung sollte der Kompetenzrahmen des Mitarbeiters steigen.

3.2.2 Anforderungsprofil

Im Anforderungsprofil werden die Soll-Vorstellungen aufgeführt, d. h. die Voraussetzungen/Qualifikationen, die von einer Person zur Bewältigung der in der Stellenbeschreibung ausgewiesenen Aufgaben erfüllt werden müssen.

In einigen Unternehmen gibt es kein separates Anforderungsprofil, sondern es wird in die Stellenbeschreibung integriert (siehe Abb. 6).

Häufig wird bei einem Anforderungsprofil nach

- formalen Qualifikationen,
- fachlichen Qualifikationen und
- persönlichen Qualifikationen

unterschieden.

formale Qualifikationen

Hier werden die gewünschte Berufsausbildung, der Studienabschluss und Weiterbildungen definiert. So könnten z. B. für den Leiter des Innendienstes einer Bezirksdirektion der Proximus Versicherung AG der Abschluss „Fachwirt für Versicherungen und Finanzen“ (bzw. Versicherungsfachwirt) und der Nachweis der Ausbildereignungsprüfung festgelegt sein.

fachliche Qualifikationen

Hier wird auf die speziellen Fachkenntnisse abgezielt. In der Versicherungswirtschaft sind besonders die Spartenkenntnisse von Bedeutung. Zusätzliche Fachkenntnisse wie z. B. besondere EDV-Kenntnisse oder Projektmanagement werden hier konkretisiert. Bei einem „Betrugsbekämpfer“ in der Kraftfahrtversicherung sollten vertiefte Kenntnisse in der Schadenregulierung im Bereich der Haftpflicht und Fahrzeugversicherung vorhanden sein und der Stelleninhaber sollte über eine mehrjährige Berufserfahrung verfügen.

persönliche Qualifikationen

Hier werden die gewünschten persönlichen Eigenschaften aufgeführt. Beispiele hierfür sind: Serviceorientierung, Belastbarkeit, Flexibilität, Mobilität, Vertriebsorientierung etc. Ein Mitarbeiter in einer Agentur sollte service- und vertriebsorientiert, kommunikativ und belastbar sein.

Anforderungen Teamleiter Sachversicherungen/Schaden

	Erforderliche Ausprägung		
	hoch	mittel	niedrig
1. Formale Qualifikation			
• Lehre zum/r Versicherungskaufmann/-frau möglichst im Kompositbereich			
• Fortbildung zum/r Versicherungsfachwirt/in wünschenswert			
2. Fachkenntnisse			
• Vertiefte Kenntnisse der Schadenbearbeitung			
• Kenntnisse der Schadenregulierung			
• Einschlägige Rechtsprechung kennen und anwenden können			
• Genaue Kenntnis der Vertrags- und Schadenprogramme			
• Kenntnisse der üblichen WINDOWS-Software (Word, Excel)			
• Kenntnisse des Arbeits- und Betriebsverfassungsrechts			
3. Persönliche Qualifikation			
• Gute Auffassungsgabe/Analytisches Denken			
• Konzeptionelle, zielgerichtete, zügige Arbeitsweise			
• Ausgeprägte Entscheidungsfreude			
• Sicherheit/Kompetenz in Gesprächs- und Verhandlungsführung			
• Durchsetzungsvermögen/Standfestigkeit			
• Hohes Maß an Belastbarkeit			
• Selbstständigkeit und Eigeninitiative			
• Serviceorientierung			
• Kommunikationsbereitschaft			
• Einfühlungsvermögen			
• Zuverlässigkeit und Fairness			
• Fähigkeit, u. a. durch persönliche Ansprache, Ermutigung und individuelle Herauforderung zu motivieren			
• Fähigkeit, Mitarbeiter/innen zur Eigenständigkeit zu führen und sie in ihrer fachlichen und persönlichen Weiterent wicklung zu fördern			
• Hohes Maß an Weiterentwicklungsbereitschaft im fachlichen und im Verhaltensbereich			

Abbildung 5: Anforderungen Teamleiter Sachversicherung/Schaden (Böck 2006, S. 125)

Eine kombinierte Stellenbeschreibung mit ergänzendem Anforderungsprofil für den Abteilungsleiter der Abteilung „Sachversicherung-Schaden" könnte wie folgt aussehen:

Stellenbeschreibung

1. Stellenbezeichnung
Abteilungsleiter/in*)
Sach-Schaden

2. Führungsebene
Führungsebene II

3. Stellen-Nr.
S 001

4. Einordnung der Stelle ins Unternehmen
a) Vorgeordnete Stelle: Kaufmännischer Geschäftsführer (Vorgesetzter – Führungsebene I)
b) Nachgeordnete Stelle: Gruppenleiter Sach-Schaden (Vertreter des AL's – Führungsebene III)
Gruppenleiter regionales Schadenbüro

5. Spezielle Vollmachten
Schäden bis 25 000 € in Gemeinschaftsvollmacht/
Schäden bis 5 000 € in Einzelvollmacht

6. Mitarbeiterzahl:
20

7. Ziel/Zweck der Stelle
Bedingungsgemäße und serviceorientierte (schnelle, unbürokratische) Regulierung von Sachschäden im Rahmen der Vollmachten sowie die Abwendung von unberechtigten Forderungen. Der Abteilungsleiter stellt die fachliche, organisatorische und personelle Funktionsfähigkeit der Abteilung sicher und setzt die Geschäftspolitik des Unternehmens in seiner Abteilung um.

8. Beschreibung der Tätigkeiten
a) Fachliche Verantwortung und Führung der Abteilung (z. B. Sicherstellen, dass die Bearbeitung der Schadenfälle nach den gesetzlichen, rechtlichen und vertragsgemäßen Bedingungen einheitlich erfolgt)
b) Fachliche Führung der Schadenregulierungsbeauftragten (z. B. Sicherstellung einer ausgewogenen Arbeitsauslastung)
c) Informationsweitergabe (z. B. Abteilungsbesprechungen anlassbezogen durchführen)
d) Qualifizierung und Förderung der Mitarbeiter (z. B. fachliche Qualifizierung der Mitarbeiter der Abteilung sicherstellen; Beurteilungs- bzw. Zielvereinbarungsgespräche mit den Gruppenleitern führen)
e) Disziplinarische Führung der Mitarbeiter (z. B. Einstellung neuer Mitarbeiter; Urlaubsplanung; Abfassen von Beurteilungen, z. B. anl. Probezeitbeendigung)
f) Kontakte (z. B. Kontakte mit VN, Anspruchstellern, Rechtsanwälten, Vertrieb, Vermittlern, Verbänden; Kontaktpflege mit der Außendienstorganisation; Referententätigkeit)
g) Organisatorische Aufgaben (z. B. Budgetplanung; Organisation der Arbeitsabläufe)

9. Anforderungen
Fachkenntnisse:
- vertiefte Kenntnisse im Versicherungsrecht
- vertiefte Kenntnisse der Versicherungsbedingungen zur Sachversicherung
- vertiefte Kenntnis der Rechtsprechung zum Sach-Versicherungsrecht
- Kenntnis einschlägiger und aktueller Rechtsprechung in Deckungsfragen
- Kenntnis der Arbeitsrichtlinien (formelles, materielles Schadenrecht)
- allgemeine betriebswirtschaftliche Kenntnisse
- EDV-Grundkenntnisse, Kenntnis der EDV-Anwendungen
- vertiefte Kenntnisse des Arbeits- und Betriebsverfassungsrechts, des Tarifvertrags und der Betriebsvereinbarungen

Formale Qualifikation:
- Versicherungskaufmann mit langjähriger Erfahrung als Schadensachbearbeiter
- idealerweise Zusatzqualifikation zum Betriebswirt bzw. Versicherungsfachwirt.

*) im Folgenden wird nur die maskuline Form verwendet, gleichwohl werden Mitarbeiterinnen und Mitarbeiter angesprochen.

Datum: ________________ Unterschrift des Stelleninhabers: ________________

Datum: ________________ Unterschrift des Vorgesetzten: ________________

Abbildung 6: Kombinierte Stellenbeschreibung mit Anforderungsprofil (Böck 2006, S. 124)

3.2.3 Stellenausschreibung

§ 93 BetrVG

Das Unternehmen, das eine Stelle zu besetzen hat, ist in der Wahl seines Beschaffungsweges grundsätzlich frei. Allerdings kann der Betriebsrat eine innerbetriebliche Stellenausschreibung verlangen. Hierdurch wird gewährleistet, dass alle Mitarbeiter im Unternehmen von einer freien Stelle Kenntnis erlangen und die Chance haben, sich auf diese Stelle zu bewerben.

innerbetriebliche Stellenausschreibung

Während früher die innerbetriebliche Stellenausschreibung lediglich an besonderen Stellen im Unternehmen („schwarzes Brett", „die Personalabteilung informiert …") ausgehängt oder per Rundschreiben kommuniziert wurde, ist heute zusätzlich die Veröffentlichung im firmeneigenen Intranet üblich.

In der innerbetrieblichen Stellenausschreibung sollten alle wichtigen Informationen wie

- Nennung der offenen Stelle,
- Angaben über die Aufgabenstellung,
- hierarchische Einordnung,
- Anforderungen an den Bewerber,
- Besetzungstermin und ggf. die tarifliche Einstufung

enthalten sein.

3.2.4 Stellenanzeige

Mit einer Stellenanzeige werden Bewerber außerhalb des Unternehmens angesprochen. Daher reichen die Informationen der Stellenausschreibung nicht aus. Mögliche Bewerber müssen zunächst auf das Unternehmen aufmerksam gemacht werden und wollen etwas zu den Leistungen des Unternehmens erfahren. Stellenanzeigen werden in der regionalen Presse, in der Fachpresse oder im Internet veröffentlicht.

Folgende Gliederung ist bei Stellenanzeigen üblich:

- Angaben zum Unternehmen („Wir sind …"): Das Unternehmen stellt sich kurz vor. Aussagen über die eigene Stellung in der Branche (z. B. „Wir sind Marktführer in der Betrieblichen Altersvorsorge") oder Angaben zum Prämienvolumen, zur Mitarbeiterzahl, zum Standort und zu den Zukunftsaussichten sind üblich. Das Firmenlogo wird abgebildet.
- Angaben zur freien Position („Wir haben …"): Hier werden aus der Stellenbeschreibung wesentliche Angaben übernommen. Die Bezeichnung der zu besetzenden Stelle, die hierarchische Einordnung, Kompetenzen, Anzahl der zu führenden Mitarbeiter werden genannt. Häufig werden auch Gründe für die Ausschreibung angegeben (z. B. Ausweitung des Geschäftsgebiets).
- Aussagen über das Anforderungsprofil des Bewerbers („Wir suchen …"): Formale Qualifikationen, fachliche Qualifikationen, persönliche Qualifikationen.

- Leistungen des Unternehmens („Wir bieten ..."): Hinweise auf Zulagen und Prämien, sonstige Sozialleistungen wie z. B. Firmenwagen, Aufstiegs- und Karrierechancen.
- Angaben zur Art und zum Umfang der Bewerbung („Wir bitten ..."): Bewerbungsunterlagen, Ansprechpartner, Termin, Gehaltsvorstellung des Bewerbers etc.

3.3 Personalbeschaffungswege

Jedes Unternehmen besitzt eine Vielzahl von Möglichkeiten, Personal zu beschaffen. Es kann zwischen internen und externen Personalbeschaffungswegen unterschieden werden.

3.3.1 Interne Personalbeschaffung

Zu der internen Personalbeschaffung gehören die innerbetriebliche Stellenausschreibung, die Versetzung, die Personalentwicklung, die Ausbildung, die Verlängerung der betrieblichen Arbeitszeiten und die Mehrarbeit.

Stellenausschreibung

Der am häufigsten genutzte Weg der Beschaffung ist die innerbetriebliche Stellenausschreibung. Das Unternehmen kann über diesen Weg sehr schnell die ausgeschriebenen Stellen besetzen, allerdings entsteht i. d. R. dadurch an einer anderen Stelle im Unternehmen ein neuer Personalbedarf. Für die Mitarbeiter entsteht so die Chance, im Unternehmen aufzusteigen oder eine Tätigkeit zu übernehmen, die den eigenen Neigungen und Bedürfnissen mehr entspricht als die bisherige Tätigkeit.

Versetzung

Eine Versetzung ist dann gegeben, wenn einem Mitarbeiter ein anderer Tätigkeitsbereich örtlich und funktional zugewiesen wird. Bei einer Versetzung wird die Dauer von einem Monat überschritten. Die Arbeit wird im Vergleich zu vorher unter erheblich veränderten Umständen geleistet. Dies ist auch dann der Fall, wenn der Mitarbeiter einer anderen Arbeitsgruppe oder einem anderen Vorgesetzten zugeordnet wird. Häufig wird dem Arbeitgeber bereits durch den geschlossenen Arbeitsvertrag das Recht eingeräumt, dem „Mitarbeiter auch andere zumutbare Arbeiten zu übertragen". Alle Versetzungen unterliegen dem Mitbestimmungsrecht des Betriebsrats.

Personalentwicklung

Bei einer guten mittelfristigen Personalplanung kann durch gezielte Personalentwicklung bzw. Aus- und Weiterbildung der Personalbedarf intern gedeckt werden. Im Rahmen der betrieblichen Erstausbildung können junge und entwicklungsfähige Menschen eingestellt und entsprechend der betrieblichen Erfordernisse (z. B. Schwerpunktausbildung im Risiko- oder im Schaden-/Leistungsmanagement einer bestimmten Sparte) ausgebildet werden. Durch individuelle Laufbahn- bzw. Karriereplanung oder durch besondere Nachwuchsförderungsprogramme sorgt die Personalentwicklung dafür, dass der Bedarf an Spezialisten und Führungsnachwuchskräften gedeckt wird.

Mehrarbeit

Wenn kurzfristig zusätzliche personelle Kapazitäten benötigt werden und keine Mitarbeiter versetzt oder eingestellt werden können, bietet sich die Möglichkeit der Mehrarbeit an. Die von den Mitarbeitern geleistete Mehrarbeit wird dann mit Zuschlägen finanziell abgegolten oder die Mitarbeiter erhalten zu einem späteren Zeitpunkt die Gelegenheit, die Mehrarbeit durch Freizeit auszugleichen. Wenn zu wiederkehrenden Zeiten regelmäßig Mehrarbeiten anstehen (z. B. beim Jahresendgeschäft in der Kraftfahrtversicherung), bietet sich eine flexible Arbeitszeitgestaltung als Lösung an, bei der z. B. eine Jahresarbeitszeit vereinbart werden kann.

Arbeitszeitgestaltung

3.3.2 Externe Personalbeschaffungswege

Als externe Personalbeschaffungswege sind neben den Stellenanzeigen in Zeitungen, Fachzeitschriften oder im Internet die Beschaffung über die Agenturen für Arbeit, die Einschaltung von Personalberatern und die Unterstützung von Personalleasingunternehmen zu nennen. Auszubildende oder Hochschulabsolventen können durch die Teilnahme des Unternehmens an Berufsmessen oder die Kontaktpflege zu Bildungseinrichtungen (Schulen, Dualen Hochschulen, Fachhochschulen, Universitäten) gewonnen werden.

Stellenanzeige

Über Stellenanzeigen in der lokalen Presse oder in Fachzeitschriften werden die meisten externen Bewerber rekrutiert. Bei der Suche nach Sachbearbeitern oder Gruppenleitern reicht es i. d. R. aus, in der lokalen Presse zu inserieren. Werden Spezialisten oder Abteilungsleiter gesucht, dann ist es sinnvoll, eine Anzeige in der überregionalen Presse oder in einer Fachzeitschrift (z. B. Versicherungswirtschaft, Versicherungsmagazin) zu schalten.

Agentur für Arbeit

Die Beschaffung von Personal über die Agenturen für Arbeit ist ein weiterer externer Beschaffungsweg. Zur Aufgabe der Agenturen für Arbeit gehören die Berufsberatung, die Vermittlung in berufliche Ausbildungsstellen und die Arbeitsvermittlung. Von der Bundesagentur für Arbeit wird eine bundesweite Datenbank aller Stellenangebote geführt.

Personalberater

Insbesondere bei der Suche nach Spezialisten oder Führungskräften höherer Hierarchien bietet sich die Einschaltung von Personalberatern an. Manchmal möchte das Unternehmen (z. B. aus unternehmensstrategischen Gründen oder wenn ein Nachfolger für eine zurzeit noch besetzte Stelle gesucht wird) anonym bleiben.

Personalleasing
Zeitarbeit

Im Rahmen des Personalleasings bzw. der Zeitarbeit leiht sich das Unternehmen bei einem Personalleasing- bzw. Zeitarbeitsunternehmen vorübergehend Mitarbeiter aus. In der Praxis bietet sich die Zeitarbeit bei einfachen Tätigkeiten oder im Bereich der Datenverarbeitung an. Mitarbeiter, die über Fachkompetenz in den betrieblichen Kernprozessen der Versicherungswirtschaft (Vertriebsmanagement, Risikomanagement, Schaden-/Leistungsmanagement, Produktmanagement) verfügen, sind nur sehr selten bei Personalleasing- bzw. Zeitarbeitsunternehmen beschäftigt.

Jobbörsen

duales Studium, ausbildungsintegriertes Studium

Durch Informationsveranstaltungen in Schulen zum Ausbildungsberuf „Kaufmann/Kauffrau für Versicherungen und Finanzen“ oder Patenschaften können Auszubildende angeworben werden. Ebenso bietet es sich an, Schülern und Studenten Praktikantenplätze anzubieten. Durch sog. duale Studiengänge bzw. ausbildungsintegrierte Studiengänge (AIS) gibt es an einigen Orten bereits die Möglichkeit, gleichzeitig eine Ausbildung zu absolvieren und nach insgesamt 3,5 Jahren einen Hochschulabschluss im Bereich Betriebswirtschaftslehre zu erlangen. Inzwischen organisieren Hochschulen für ihre Absolventen sog. „Jobbörsen". Unternehmen können dort sich selbst, offene Stellen und ihre Ausbildungs- bzw. Traineeprogramme präsentieren.

3.3.3 Vor- und Nachteile interner und externer Personalbeschaffung

Sowohl die interne als auch die externe Personalbeschaffung hat Vor- und Nachteile für Mitarbeiter und Unternehmen.

Vorteil der internen Stellenbesetzung

Die Vorteile der internen Personalbschaffung liegen darin, dass die Mitarbeiter die Möglichkeit erhalten, sich weiterzuentwickeln, einen ihren Neigungen entsprechenden Arbeitsplatz zu finden und in der Hierarchie aufzusteigen. Diese Entwicklungs- und Aufstiegschancen wirken sich positiv auf die Motivation der Mitarbeiter und damit auch auf das Betriebsklima aus. Die Unternehmen haben den Vorteil, dass Leistungsvermögen, Entwicklungspotenziale und Sozialverhalten der Bewerber hinreichend bekannt sind. Die Gefahr der Fehlbesetzung ist deutlich geringer als bei einer externen Stellenbesetzung. Die Einarbeitungszeit eines internen Bewerbers ist i. d. R. deutlich weniger aufwändig und damit kostengünstiger, da Strukturen des Unternehmens, Kommunikationswege, Produkte und Technik bekannt sind. Ein interner Mitarbeiter passt in das vorhandene Lohn- und Gehaltsgefüge.

Nachteil der internen Stellenbesetzung

Wird bei der Besetzung einer Stelle aus den eigenen Reihen rekrutiert, dann entsteht sofort ein weiterer Personalbedarf. Wird immer nur eine interne Besetzung vorgenommen, so läuft das Unternehmen Gefahr, dass positive Impulse von außen ausbleiben und die „Betriebsblindheit" gefördert wird. Zusätzlicher Nachteil der internen Stellenbeschaffung ist die Gefahr, dass sich im Unternehmen „Seilschaften" herausbilden, welche die eigentliche Aufbau- und Ablauforganisation untergraben könnten. Nicht unbedeutend ist zudem die Tatsache, dass auch gute Mitarbeiter „verbrannt" werden, wenn sie sich mehrfach auf ausgeschriebene Stellen beworben haben, aber aufgrund einer besseren Passung oder Eignung eines Kollegen nicht ausgewählt wurden. Spannungen und Rivalitäten können dadurch entstehen, wenn der vermeintlich schlechter qualifizierte Kollege befördert wird und der Bewerber diesem nun unterstellt ist (eine Situation, die z. B. entstehen kann, wenn sich auf die vakante Stelle eines Abteilungsleiters alle derzeitigen Gruppenleiter bewerben).

Vorteil externer Stellenbesetzung

Häufig sind im eigenen Unternehmen keine Bewerber mit dem geforderten Anforderungsprofil vorhanden oder die Qualifizierung der vorhandenen Mitarbeiter dauert zu lange bzw. ist vom Unternehmen selbst nicht zu leisten. Auf dem externen Stellenmarkt können verhältnismäßig kurzfristig Mitarbeiter mit den gewünschten Qualifikationen „eingekauft" werden. Mitarbeiter, die von außen in ein Unternehmen kommen, bringen neue Impulse mit und steigern so die Wettbewerbsfähigkeit. Gerade bei anstehenden Umstrukturierungen von Unternehmensteilen können neue Mitarbeiter „unvorbelastet" die Vorgaben der Betriebsorganisation umsetzen.

Nachteil externer Stellenbesetzung

Zu beachten ist, dass die Einarbeitungs- und Eingliederungsphase von unternehmensfremden Mitarbeitern deutlich länger dauert als bei internen Besetzungen. Werden überwiegend externe Mitarbeiter auf Spezialisten- oder Führungspositionen gesetzt, erzeugt dies bei den eigenen Mitarbeitern Unzufriedenheit, weil sie ihre eigenen Entwicklungschancen beschnitten sehen („hier kann man ja nichts werden").

Welcher dieser Beschaffungswege der bessere ist, lässt sich nicht festlegen. In der Praxis wird häufig von einem idealen Mischungsverhältnis 80 % interne Besetzung zu 20 % externe Besetzung gesprochen. Die Mitarbeiter erhalten so angemessene Perspektiven und Aufstiegschancen, gleichzeitig kommt „frischer Wind" bzw. „Know-how" von außen in das Unternehmen hinein. Je höher eine Stelle in der Hierarchie angesiedelt ist und je mehr Spezialkenntnisse von einem Bewerber verlangt werden, desto stärker verschiebt sich naturgemäß das Verhältnis von interner zu externer Besetzung.

3.4 Personalauswahl

In einem Personalauswahlprozess ist zu klären, ob die Voraussetzungen, die ein Bewerber mitbringt, mit den Anforderungen einer Stelle übereinstimmen. Das Qualifikationsprofil des Bewerbers wird mit dem Anforderungsprofil der Stelle verglichen. Zudem ist zu klären, ob der Bewerber in das Arbeitsumfeld, das Team, passt.

Um die Leistungsvoraussetzungen bzw. das Qualifikationsprofil zu klären, werden verschiedene diagnostische Instrumente eingesetzt. Sie sollen den Erfolg der Auswahlentscheidung so gut wie möglich absichern.

Folgende Instrumente werden in der Personalauswahl am häufigsten verwendet:

- Analyse und Bewertung der Bewerbungsunterlagen
- Bewerbergespräch bzw. -interview
- Testverfahren
- Assessment-Center

Häufig werden die verschiedenen Instrumente kombiniert.

3.4.1 Bewerbungsunterlagen

Die schriftliche Bewerbung besteht üblicherweise aus:

- Bewerbungsschreiben
- Bewerberfoto
- Lebenslauf
- Schul-/Hochschulzeugnissen
- Berufsausbildungszeugnis, Weiterbildungszeugnissen
- Arbeitszeugnissen

Nach einer ersten Durchsicht der Bewerbungsunterlagen erfolgt eine Auswertung, die eine Vorauswahl der Bewerber darstellt. Unabhängig vom Inhalt der einzelnen Unterlagen ist der Gesamteindruck von erheblicher Bedeutung. Die Mitarbeiter des Personalbereichs achten darauf, ob die Unterlagen „sauber und ordentlich" sind und wie die Unterlagen zusammengefügt wurden. Sind bereits hier Nachlässigkeiten zu erkennen, so ist davon auszugehen, dass der Bewerber am Arbeitsplatz ähnlich nachlässig bzw. verantwortungslos handelt. Da immer mehr Bewerbungen über firmenspezifische Bewerberportale im Internet erfolgen, wird sich die Bewertung des Gesamteindrucks relativieren.

Anschreiben

Das Bewerbungsschreiben soll dem Unternehmen einen ersten Aufschluss über die Persönlichkeit des Bewerbers geben. Die Art und Weise der Gliederung, der Sprachstil und die Rechtschreibung werden bewertet. Ist zu erkennen, ob sich der Bewerber ernsthaft mit dem Unternehmen und der zu besetzenden Stelle beschäftigt hat? Lassen sich bereits aus dem Anschreiben besondere Fähigkeiten des Bewerbers erkennen?

Foto

AGG

Das Bewerberfoto soll einen unmittelbaren Eindruck vom Bewerber vermitteln. Insbesondere wenn die zu besetzende Stelle direkten Kundenkontakt beinhaltet, ist dieser Eindruck wichtig. Unter dem Blickwinkel des Allgemeinen Gleichbehandlungsgesetzes relativiert sich die Bedeutung des Bewerberfotos, da viele Unternehmen auf die Vorlage eines Fotos verzichten.

Lebenslauf

Der Lebenslauf soll Aufschluss über die persönliche und berufliche Entwicklung des Bewerbers geben. Von einem Bewerber wird heute ein tabellarischer Lebenslauf erwartet. Ein Lebenslauf wird mithilfe von Zeitfolgen-, Positions- und Branchenanalyse ausgewertet.

Zeitfolgenanalyse

- Im Rahmen der Zeitfolgenanalyse wird untersucht, ob es sog. Lücken im Lebenslauf gibt. Gibt es längere Zeiten, in denen der Bewerber nicht berufstätig war? Der Mitarbeiter des Personalbereichs erwartet hierzu im Bewerbungsgespräch eine Begründung. So können z. B. Probleme im privaten Bereich (Pflege eines Angehörigen, Krankheiten, Unfälle) oder im beruflichen Umfeld (z. B. Insolvenz des Arbeitgebers, Fusionen) plausible Erklärungen geben. Zu welchen Terminen und wie häufig fanden Arbeitgeberwechsel statt? Ein Bewerber, der häufig seinen Arbeitsplatz wechselt, wird sich möglicherweise auch schnell wieder umorientieren. Weitere Fragen sind: Fanden Arbeitsplatzwechsel zum Quartalsende statt oder ist der Bewerber bei einem früheren Arbeitgeber mitten im Quartal oder sogar mitten in einem Monat ausgeschieden?

Positionsanalyse

- In der Positionsanalyse wird untersucht, welche Positionen der Bewerber in der Vergangenheit bekleidet hat. Gibt es einen kontinuierlichen Aufstieg oder lassen sich auch Abstiege erkennen? Gibt es Wechsel zwischen Innen- und Außendienst?

Branchenanalyse

- Hat der Bewerber kontinuierlich in einer Sparte gearbeitet oder war er in verschiedenen Sparten tätig? Wechselt der Bewerber zwischen unterschiedlichen Branchen (Branchenanalyse) oder war er nur in der Versicherungsbranche tätig? Je nach Zielposition sind diese Informationen für die Stellenbesetzung sehr wichtig.

Schul-/ Hochschulzeugnisse

Lediglich bei der Einstellung von Auszubildenden sind die Schulzeugnisse wichtig, da aufgrund des Alters der Bewerber nur wenige Informationen vorliegen. Interessant für den Ausbildungsberuf „Kaufmann für Versicherungen und Finanzen" sind die Leistungen in den Fächern Deutsch und Mathematik. Ansonsten ermöglichen Schulzeugnisse Rückschlüsse über Interessensgebiete. Je älter ein Bewerber ist, desto weniger sind Schulzeugnisse bei der Bewerberauswahl von Bedeutung. Hochschulzeugnisse geben Auskunft über Studienschwerpunkte. Immer häufiger wird auch die Wahl der Hochschule („gute" oder „schlechte" Hochschule bzw. Fakultät) bewertet.

Entsprechen Aus- bzw. Weiterbildung den, gemäß Anforderungsprofil, erwarteten formalen Qualifikationen? Gegebenenfalls können auch Bewerber mit anderen Berufen für eine Stelle in Frage kommen. So werden Arzthelferinnen oder Krankenschwestern aufgrund ihrer medizinischen Kenntnisse häufig in der Kranken- und Lebensversicherung (Risikoprüfung, Leistung) eingesetzt; gelernte Rechtsanwalts- und Notargehilfen sind oft in der Haftpflicht- oder Rechtsschutzversicherung tätig.

Arbeitszeugnis

Neben dem Lebenslauf ergeben sich aus den Arbeitszeugnissen die meisten Informationen über den Bewerber. Das Arbeitszeugnis soll über die Beschäftigung des Arbeitnehmers in anderen Unternehmen informieren. Der Arbeitnehmer hat einen Anspruch auf die Ausstellung eines Zeugnisses. Inhaltlich lassen sich zwei Arten von Zeugnissen unterscheiden:

einfaches Zeugnis

Das einfache Zeugnis, das Angaben über die Person des Arbeitnehmers (Name, ggf. Geburtsname, Vorname, Geburtsdatum) sowie die Art (Aufgaben, Verantwortungsbereich) und Dauer (Eintritts- und Austrittsdatum) der Beschäftigung enthält.

qualifiziertes Zeugnis

Das qualifizierte Zeugnis, das auf Verlangen des Arbeitnehmers auszustellen ist, enthält zusätzliche Angaben über Leistung und Verhalten/Führung.

Zeugnisgrundsätze

Das vom Arbeitgeber ausgestellte Zeugnis muss den Grundsätzen von Wahrheit und Klarheit genügen. Gleichzeitig soll der Arbeitgeber aufgrund seiner Fürsorgepflicht einen wohlwollenden Standpunkt einnehmen, um den Arbeitnehmer in seinem zukünftigen beruflichen Weiterkommen nicht zu behindern.

Zeugniscode

Daher hat sich in der Praxis ein sog. Zeugniscode herausgebildet. Bestimmte Spezialformulierungen (siehe Abbildung) werden im Zeugnis verwendet. Durch Verschweigen wichtiger und dem Pointieren bzw. Hervorheben unwichtiger Aufgaben oder Eigenschaften des Mitarbeiters werden Informationen verschlüsselt weitergegeben. Dabei ist zu beachten, dass Inhaber kleinerer Firmen, wie z. B. Versicherungsagenturen, diesen Zeugniscode nicht zwingend kennen.

Formulierung	Bedeutung
Er hat alle Arbeiten ordnungsgemäß erledigt.	Er ist ein Bürokrat ohne Eigeninitiative.
Er erledigte alle Arbeiten mit großem Fleiß und Interesse.	Er war zwar eifrig, aber nicht besonders tüchtig.
Wegen seiner Pünktlichkeit war er stets ein gutes Vorbild.	Seine Leistung war unterdurchschnittlich; er war in jeder Hinsicht unbrauchbar.
Er ist ein zuverlässiger/gewissenhafter Mitarbeiter.	Er ist zur Stelle, wenn man ihn braucht, aber er ist nicht immer brauchbar.
Er hat sich im Rahmen seiner Fähigkeiten eingesetzt.	Er hat getan, was er konnte, aber das war nicht viel.
Er war immer mit Interesse bei der Sache.	Er hat sich angestrengt, aber nichts geleistet.
Er zeigte für seine Arbeit Verständnis.	Er war faul und hat nichts geleistet.
Er verfügt über Fachwissen und zeigt ein gesundes Selbstvertrauen.	Geringes Fachwissen, das mit „großer Klappe" übertüncht werden soll.
Er hat sich bemüht, seinen Aufgaben gerecht zu werden.	Guter Wille, mehr aber nicht. Ungenügende Leistung.
Er erledigte die ihm übertragenen Aufgaben mit Fleiß und war stets willens, sie termingerecht zu beenden.	Absolut unzureichende Leistung.
Mit seinen Vorgesetzten ist er gut zurechtgekommen.	Er ist ein Mitläufer und Jasager, der sich gut anpasst.
Er war tüchtig und wusste sich gut zu verkaufen.	Er ist ein unangenehmer Mitarbeiter.
Wir lernten ihn als umgänglichen Kollegen kennen.	Er ging vielen Mitarbeitern auf die Nerven; er war schlecht gelitten.
Er galt im Kollegenkreis als toleranter Mitarbeiter.	Den Vorgesetzten gegenüber war sein Verhalten mangelhaft.
Durch seine Geselligkeit trug er zur Verbesserung des Betriebsklimas bei.	Er neigt zu übertriebenem Alkoholgenuss.
Er/sie bewies für die Belange der Kolleginnen/Kollegen stets Einfühlungsvermögen.	Er/sie sucht sexuelle Kontakte bei Betriebsangehörigen.
Wir haben ihn als einsatzwilligen und sehr beweglichen Mitarbeiter kennengelernt, der stets bemüht war, die ihm übertragenen Aufgaben zur vollsten Zufriedenheit in seinem und im Interesse der Firma zu lösen.	Umschreibung dafür, dass der Mitarbeiter sehr geschickt den Arbeitgeber bestohlen hat.
Wir bestätigen gerne, dass Herr XY mit Fleiß, Ehrlichkeit und Pünktlichkeit an seine Aufgaben herangegangen ist.	Aber leider ohne jegliche fachliche Qualifikation.
Wir schätzten ihn als einen eifrigen Mitarbeiter, der die ihm gemäßen Aufgaben schnell und sicher bewältigte.	„Ihm gemäß" waren jedoch nur die anspruchslosen Aufgaben.

Abbildung 7: Redewendungen der Zeugnissprache (Jung 2011, S. 795)

3.4.2 Bewerbergespräch bzw. -interview

Das zentrale Instrument der Personalauswahl ist das Bewerbergespräch. In der Regel führen der spätere Fachvorgesetzte und ein Mitarbeiter des Personalbereichs gemeinsam das Gespräch. Nach der Auswertung der Bewerbungsunterlagen werden diejenigen Bewerber zum Gespräch eingeladen, bei denen man in der Vorauswahl davon ausgeht, dass sie den Anforderungen entsprechen und persönlich in das Unternehmen passen.

Mit dem Vorstellungsgespräch werden folgende Ziele verfolgt:

- Information des Bewerbers über das Unternehmen sowie den Arbeitsplatz
- Vermittlung eines positiven Unternehmensbildes
- Gewinn eines persönlichen Eindruckes über den Bewerber
- Klärung der aus dem Lebenslauf und den eingereichten Unterlagen offenen Fragen
- Feststellen des Eignungspotenzials
- Erkennen von Interessen und Wünschen des Bewerbers

Besonders ist darauf zu achten, dass eine subjektive Beeinflussung des Gesprächsführenden (Vorurteile, erster Eindruck) weitestgehend ausgeschaltet wird. Zudem sollten die Gesprächsanteile gleichwertig sein und nicht zu einer Selbstdarstellung des Interviewers führen.

freies Vorstellungsgespräch

Das Vorstellungsgespräch kann als „freies" Vorstellungsgespräch durchgeführt werden. Weder Gesprächsinhalt, noch der Ablauf sind hierbei vorgegeben. Der Vorteil liegt darin, dass flexibel auf verschiedene Situationen bzw. Fragestellungen eingegangen werden kann. Die Auswertung bzw. die Vergleichbarkeit mit anderen Bewerbern ist schwerer als bei einem strukturierten oder halbstrukturierten Interview. Die Gefahr der subjektiven Beeinflussung (s. o.) ist beim freien Gespräch sehr hoch.

strukturiertes Interview

Beim strukturierten Interview werden allen Bewerbern die Fragen mit gleichem Wortlaut und in der gleichen Reihenfolge gestellt. Hierdurch ist eine hohe Vergleichbarkeit der Antworten gegeben. Sehr häufig leidet allerdings die Gesprächsatmosphäre. Bewerber empfinden das Gespräch als ein Verhör. Gerade gute bzw. hochqualifizierte Bewerber wird diese Art von Einstellungsgespräch eher abschrecken.

halbstrukturiertes Interview

Günstig erscheint daher, das Vorstellungsgespräch in Form eines halbstrukturierten Interviews zu führen. Im Vorfeld wird festgelegt, welche Fragen am Ende des Gesprächs zwingend beantwortet sein müssen. Der Interviewer ist somit bei der Gesprächsführung frei und kann je nach Gesprächsverlauf flexibel auf einzelne Gesprächsinhalte reagieren und Fragen bzw. Themen in einer individuellen Reihenfolge klären.

3.4.3 Testverfahren

psychologische Testverfahren

Psychologische Testverfahren werden vor allem dann eingesetzt, wenn hohe Bewerberzahlen zu untersuchen sind, die für gleiche Zielpositionen benötigt werden. So bietet es sich an, Auszubildende oder Vertriebsmitarbeiter über Testverfahren auszuwählen. Der Vorteil von Testverfahren liegt darin, dass man innerhalb kurzer Zeit viele Informationen über mehrere Bewerber erhält und die Ergebnisse leicht vergleichbar sind. Als Nachteil ist das schlechte Image von psychologischen Testverfahren zu nennen. Zudem versuchen einige Bewerber, Testergebnisse zu manipulieren, da sie sich im Vorfeld durch vermeidliche „Testknacker" über die Ausrichtung von Aufgabenstellungen informiert haben. Dadurch kann es natürlich zu einer Verfälschung der Ergebnisse kommen. In der Öffentlichkeit sind solche Messverfahren – zu Unrecht – als „Idiotentests" verrufen. Zudem befürchten viele Personen, dass Erkenntnisse über ihre Persönlichkeitsstruktur gewonnen werden sollen, die sie nicht offenlegen wollen.

Um einen angemessenen Umgang mit psychologischen Testverfahren zu gewährleisten, ist sicherzustellen, dass die Tests nur von speziell für die Anwendung der Tests ausgebildeten Personen durchgeführt werden. Ein seriöses Testverfahren erfüllt die folgenden Gütekriterien:

Gütekriterien

- Der Test ist objektiv, d. h., die Testergebnisse und deren Interpretation sind vom Testleiter unabhängig.
- Der Test ist reliabel, d. h., bei einer wiederholten Anwendung kommt es zu einem sehr ähnlichen Ergebnis.
- Der Test ist valide, d. h., der Test misst tatsächlich die Merkmale, die er vorgibt zu messen (so wird die Körperlänge mit einem Maßband, das Gewicht mit einer Waage gemessen).
- Der Test ist standardisiert, d. h., die Testaufgaben sind gleich und die Testdurchführung findet immer unter gleichen Rahmenbedingungen statt (immer gleiche Startzeit, die vorgegebene Zeit zur Lösung der Aufgaben und ggf. Hilfsmittel sind identisch).
- Der Test ist normiert, d. h. es gibt eine Vergleichsgruppe mit deren Ergebnissen die Ergebnisse der Probanden verglichen werden.

Für den Ausbildungsberuf „Kaufmann für Versicherungen und Finanzen" könnten durch einen Test intellektuelle Leistungsvoraussetzungen und Verhaltensdispositionen abgeklärt werden.

Da es für den Ausbildungsberuf wichtig ist, dass der Auszubildende gut mit der deutschen Sprache umgehen und mathematische Problemstellungen lösen kann, sollten diese intellektuellen Leistungsfähigkeiten gemessen werden. Zudem ist es wichtig, dass der Bewerber logisch denken kann, da er häufig mit abstrakt formulierten juristischen Texten (z. B. Versicherungsbedingungen) konfrontiert wird.

Verhaltensdispositionen, wie z. B. Umstellungsbereitschaft, können gemessen werden. Wird ein Bewerber für Tätigkeiten mit direktem Kundenkontakt gesucht (Vertrieb, Service-Center), dann sollte er eher flexibel disponiert sein; ein

Mitarbeiter in der Risikoprüfung hat dagegen viele gleichartige Vorgänge zu bearbeiten und sollte bei seinen Entscheidungen nicht zu flexibel agieren. Weitere Verhaltensdispositionen, wie z. B. die Kontaktfähigkeit für die Wahrnehmung von Vertriebsaufgaben, können erfasst werden.

3.4.4 Assessment-Center (AC)

Der Begriff „Assessment-Center" kommt aus dem Amerikanischen und heißt wörtlich übersetzt „Beurteilungs- oder Einschätzungs-Zentrum". Charakteristisch für ein AC ist, dass mehrere Bewerber über einen Zeitraum von einem Tag bis zu drei Tagen von mehreren Beobachtern auf ihre Eignung für eine bestimmte Position hin getestet werden. In Ausnahmefällen werden auch Einzel-Assessment-Center durchgeführt. Dabei steht die Feststellung von Verhaltensleistungen oder Verhaltensdefiziten im Vordergrund. Die Beobachter verfolgen das Verhalten der Teilnehmer bei verschiedenen Übungen in unterschiedlichen Situationen. Die Auswahl der Aufgaben bzw. Übungen bezieht sich direkt auf das Anforderungsprofil der zu besetzenden Stelle. Dadurch, dass immer mehrere Beobachter einen Kandidaten bewerten (Mehrfachbeurteilung), werden die oben beschriebenen subjektiven Fehlbeurteilungen verringert. Durch das Nachstellen von typischen Arbeitssituationen kann das Arbeitsverhalten (Verhaltensorientierung) eines Bewerbers beobachtet werden, wobei durch verschiedene Übungen (Methodenvielfalt) Fehler reduziert werden.

Da die Durchführung eines ACs relativ teuer ist, werden AC vor allem bei der Besetzung von Spezialistenpositionen, Führungspositionen oder im Vertrieb eingesetzt. Im Gegensatz zu Testverfahren genießen AC eine hohe Akzeptanz, da sich die Aufgaben an realistischen Alltagssituationen orientieren.

Typische Übungen, die in einem Assessment-Center eingesetzt werden, sind:

- **Präsentation**

  Zielposition: Vertriebsleiter

  Aufgabe: Der Teilnehmer bearbeitet ein fachliches Thema und präsentiert die Ergebnisse vor einer Gruppe. Der Teilnehmer soll z. B. eine Verkaufsaktion für eine ausgewählte Zielgruppe vor Außendienstpartnern präsentieren.

  Kompetenzbereiche: Neben der Fachkompetenz werden auch Methodenkompetenz (Präsentationstechnik) und das persönliche Auftreten bewertet.

- **Rollenspiel**

  Zielposition: Führungskraft Kraftfahrt Schaden

  Aufgabe: Verhandlungsgespräch mit einem Geschädigten oder Konfliktgespräch mit einem Mitarbeiter.

  Kompetenzbereiche: Die Sozialkompetenz (das Gesprächsverhalten), die Methodenkompetenz (Gesprächssystematik), die Fachkompetenz (Bedingungswissen im Verhandlungsgespräch mit einem Geschädigten/Anspruchsteller) oder die Führungskompetenz im Rahmen des Konfliktgesprächs mit einem Mitarbeiter werden beobachtet.

6

- **Postkorb**

  Zielposition: Führungskraft im Vertragsdienst einer Sparte

  Aufgabe: Der Bewerber muss unter Zeitdruck die typische Eingangspost (Briefe, Anfragen zu Vertragsänderungen oder Beitragsrückstand/Zahlungsschwierigkeiten, Aktennotizen, Rundschreiben) für die vakante Position bearbeiten.

  Kompetenzbereiche: Insbesondere die Methodenkompetenz wird hier beurteilt. Der Bewerber muss nach Wichtigkeit und Dringlichkeit ordnen, Aufgaben delegieren und Zusammenhänge erkennen. Zusätzlich wird die Fachkompetenz überprüft.

- **Gruppenarbeit**

  Zielposition: Spezialist für betriebliche Altersvorsorge

  Aufgabe: Die Teilnehmer sollen im Rahmen eines Teilprojekts (z. B. Verkaufsförderung oder Tarifentwicklung) gemeinsam eine Verkaufsaktion für eine ausgewählte Zielgruppe vorbereiten.

  Kompetenzbereiche: Insbesondere die Teamfähigkeit wird hier beobachtet. Zudem können Rückschlüsse auf das Konfliktverhalten, die Durchsetzungsfähigkeit, aber auch auf Kreativität und Flexibilität gezogen werden. Gleichzeitig wird die Fachkompetenz (z. B. in der Darstellung der Vorteile des beworbenen Tarifs) bewertet.

Weitere Übungen wie Gruppendiskussionen, Konstruktionsübungen, Fallstudien, Interviews etc. können in ein AC eingebaut werden.

Assessment-Center werden nicht nur bei der Auswahl von neuen Mitarbeitern eingesetzt, sondern sind auch ein wichtiges Instrument im Bereich des Personaleinsatzes und der Personalentwicklung.

3.5 Rechtliche Aspekte der Personalbeschaffung

§ 93 BetrVG Der Betriebsrat kann verlangen, dass Arbeitsplätze, die in einem Unternehmen besetzt werden sollen, allgemein oder für bestimmte Arbeiten vor ihrer Besetzung innerhalb des Betriebs ausgeschrieben werden.

§ 94 BetrVG Beim Einsatz von Personalfragebögen, mit denen Mitarbeiter oder Bewerber konfrontiert werden, bedarf es der Zustimmung des Betriebsrats.

§ 95 BetrVG Ebenso bedürfen Auswahlrichtlinien über die personelle Auswahl bei Einstellungen, Versetzungen, Umgruppierungen und Kündigungen der Zustimmung des Betriebsrats. Bei Betrieben von mehr als 500 Mitarbeitern kann der Betriebsrat unter Beachtung von fachlichen und persönlichen Voraussetzungen und sozialen Gesichtspunkten die Aufstellung von Auswahlrichtlinien verlangen.

§ 99 BetrVG Der Arbeitgeber hat in Unternehmen mit i. d. R. mehr als zwanzig wahlberechtigten Arbeitnehmern vor jeder Einstellung, Eingruppierung, Umgruppierung und Versetzung den Betriebsrat zu unterrichten, ihm die erforderlichen Bewerbungsunterlagen vorzulegen und Auskunft über die Person zu geben. Der *§ 99 BetrVG Abs. 2* Arbeitgeber hat die Zustimmung des Betriebsrats einzuholen. Der Betriebsrat kann nur unter bestimmten Voraussetzungen die Zustimmung verweigern.

Der Arbeitgeber ist verpflichtet, dem Arbeitnehmer bei Beendigung eines dauernden Dienstverhältnisses ein schriftliches Zeugnis über das Dienstverhältnis und dessen Dauer zu erstellen. Das Zeugnis ist auf Verlangen auf die Leistung und die Führung im Dienst zu erstrecken. *§ 630 BGB*

Nach Bundesdatenschutzgesetz darf ein Unternehmen die persönlichen Daten eines Bewerbers weder speichern noch kopieren. *BDSG*

Nach Stopp (2006, S. 122) hat das Unternehmen im Hinblick auf die eingereichten Bewerbungsunterlagen mehrere Pflichten, bei deren Verletzung es dem Bewerber gegenüber schadenersatzpflichtig wird:

- sorgfältige und sichere Aufbewahrung der Unterlagen
- Verbot, Unterlagen beliebigen Mitarbeitern auszuhändigen
- Verbot, Unterlagen betriebsfremden Personen gegenüber zugänglich zu machen
- Verbot, die Unterlagen an ein anderes Unternehmen weiterzuleiten
- unverzügliche Rücksendung der Unterlagen in ordnungsgemäßem Zustand

Das Ziel des Allgemeinen Gleichbehandlungsgesetzes ist, Benachteiligungen aus Gründen der Rasse oder wegen der ethnischen Herkunft, des Geschlechts, der Religion oder Weltanschauung, einer Behinderung, des Alters oder der sexuellen Identität zu verhindern oder zu beseitigen. *§ 1 AGG*

Benachteiligungen für den Zugang zu unselbstständiger und selbstständiger Erwerbstätigkeit, einschließlich Auswahlkriterien und Auswahlbedingungen, sind unzulässig. *§ 2 AGG*

Beschäftigte in einem Unternehmen dürfen wegen eines im § 1 AGG genannten Grundes nicht benachteiligt werden. Bewerberinnen und Bewerber gelten als Beschäftigte. *§ 7 AGG* *§ 6 AGG*

Zusammenfassung

Die Personalbeschaffung hat die Aufgabe, eine kurzfristige oder mittelfristige Personalunterdeckung unter quantitativen, qualitativen und zeitlichen Gesichtspunkten auszugleichen. Der Personalbedarf kann durch Ersatz- oder Neubedarf entstehen. Grundlage für die Stellenbesetzung ist die Stellenbeschreibung, verbunden mit einem Anforderungsprofil. Vergleicht man das Anforderungsprofil mit dem Qualifikationsprofil eines Bewerbers, lässt sich die Eignung dieses Bewerbers für die Stelle beurteilen. Zur Feststellung des Qualifikationsprofils lassen sich verschiedene Instrumente der Personalauswahl einsetzen. Zunächst werden aus einer Analyse der Bewerbungsunterlagen geeignete Kandidaten selektiert. Im Rahmen von Vorstellungsgesprächen werden Persönlichkeitseigenschaften, Fähigkeiten und Einstellungen der Bewerber erfasst. Bei Positionen, die besondere Anforderungen an die soziale Kompetenz stellen (Führungs- und Vertriebsaufgaben, Personalentwickler), ist der Einsatz von Assessment-Centern angebracht. Für große Gruppen von Bewerbern, z. B. Auszubildende, bietet sich auch der Einsatz von psychologischen Messverfahren (Tests) an. Stellen können intern oder auch extern besetzt werden. Da das Unternehmen interne Bewerber bereits kennt, ist die Gefahr der Fehlbesetzung relativ gering. Zudem fördert die Möglichkeit des internen Aufstiegs die Motivation der Mitarbeiter. Dagegen bringen externe Bewerber neue Impulse in das Unternehmen. Spezialisten sind häufig nur auf dem externen Stellenmarkt zu bekommen.

4. Personaleinsatz

Handlungssituation

Sie sind Teamleiter im Kunden-Service-Center Hannover. Die von Ihrem Team zu leistende telefonische Erreichbarkeit soll ausgedehnt werden. Daher wird Ihr Team durch drei zusätzliche Kollegen verstärkt. Zur Sicherstellung der erweiterten Servicezeiten müssen Sie die Arbeitszeiten für das gesamte Team planen und mit den Kollegen vereinbaren.

Als Teamleiter sind Sie dafür zuständig, die neuen Mitarbeiter einzuarbeiten und im Team zu integrieren. Gerade die positive Gestaltung des Arbeitsumfeldes ist ein wichtiger Aspekt, dass sich neue Mitarbeiter im Unternehmen wohlfühlen und eine Verbundenheit aufbauen. Um die Servicebereitschaft des Unternehmens zu gewährleisten, bietet sich im Service-Center die Schichtarbeit an. Hierbei ist zu beachten, dass nur zufriedene Mitarbeiter dauerhaft den Leistungserwartungen entsprechen werden. Als Teamleiter ist es daher Ihre Aufgabe, individuelle Bedürfnisse der Kollegen bei der Einteilung von Arbeitszeiten weitestgehend zu berücksichtigen.

4.1 Bedeutung des Personaleinsatzes

Der Personaleinsatz ist die Zuordnung der Mitarbeiter zu den verfügbaren Stellen im Unternehmen. Im Vordergrund steht dabei die optimale Besetzung der Stelle (jederzeit den richtigen Mitarbeiter am richtigen Ort) und die Anpassung der Mitarbeiter an sich verändernde Arbeitsbedingungen – also deren Qualifizierung. Darüber hinaus zwingen veränderte Marktbedingungen die Versicherungsunternehmen dazu, Arbeitszeiten anzupassen bzw. zu flexibilisieren. Da die Leistungsbereitschaft der Mitarbeiter von vielen Einflüssen abhängig ist, ist es notwendig, ein angemessenes Arbeitsumfeld zu schaffen.

Der Personaleinsatz beginnt nach der Personalbeschaffung mit der Probezeit und endet mit dem letzten Tag der Anwesenheit des Mitarbeiters im Unternehmen. Demnach durchläuft der Mitarbeiter die Phasen der Einarbeitung, der zentralen Leistungserstellung und des Personalabgangs, z. B. durch Ruhestand, Vertragsablauf oder Kündigung.

Die im Arbeitsvertrag mit dem Mitarbeiter getroffenen Vereinbarungen sind die Grundlage für den Arbeitseinsatz.

4.2 Arbeitsvertrag

Der Arbeitsvertrag ist die rechtliche Grundlage für die Beziehung von Arbeitgeber und Arbeitnehmer. In ihm werden die Rechte und Pflichten der beiden Vertragsparteien niedergelegt.

Der Arbeitsvertrag kann grundsätzlich formlos geschlossen werden, allerdings können Tarifverträge oder Betriebsvereinbarungen vorsehen, dass ein Arbeitsvertrag der Schriftform bedarf. Für die Begründung eines Berufsausbildungsverhältnisses ist die Schriftform vorgeschrieben. Ebenso müssen bei befristeten Arbeitsverhältnissen schriftliche Arbeitsverträge geschlossen werden.

§ 11 BBiG

§ 14 Abs. 4 TzBfG

§ 2 NachwG

Falls ein Arbeitsvertrag lediglich mündlich geschlossen wurde, so hat der Arbeitgeber spätestens einen Monat nach dem vereinbarten Beginn des Arbeitsverhältnisses die wesentlichen Vertragsbestimmungen schriftlich niederzulegen und dem Arbeitnehmer auszuhändigen. Versicherungsunternehmen, die an den Tarifvertrag für das Private Versicherungsgewerbe gebunden sind, haben neuen Mitarbeitern vor Dienstantritt eine Anstellungsbestätigung auszustellen.

§ 2 MTV

Die wichtigsten Punkte eines Arbeitsvertrags sind:

- Name und Anschrift der Vertragspartner
- Vertragsbeginn
- Arbeitsort
- Tätigkeitsbezeichnung
- Tätigkeitsbeschreibung mit Vollmachten
- Vergütung und Sozialleistungen
- Arbeitszeit
- Urlaubsdauer
- Probezeit
- Kündigungsfristen

Verweisungen auf gesetzliche oder tarifvertragliche Bestimmungen sowie betriebliche Regelungen (Betriebsvereinbarungen) sind zulässig und kommen in der Praxis häufig vor.

Anstellungsvertrag

Anstellungsvertrag zwischen der Proximus Versicherung AG
(nachstehend „Arbeitgeber")

Proximus-Platz 1, 80333 München

Herrn Gernot Zufall
(nachstehend „Arbeitnehmer")
geb. am 17.5.1985
Beispielstraße 9, 82111 Germering

Der Arbeitgeber und der Arbeitnehmer treffen folgende Vereinbarungen:

1. **Tätigkeit**
   Das Arbeitsverhältnis beginnt am 1.10.2016. Der Arbeitnehmer wird als Sachbearbeiter eingestellt. Er ist im Bereich Rechnungswesen tätig und versieht u. a. folgende Tätigkeiten: ... .
   Arbeitsort ist zunächst München. Der Arbeitnehmer kann vom Arbeitgeber nach billigem Ermessen, insbesondere aus betrieblichen Gründen, auch an einem anderen Arbeitsort in Deutschland eingesetzt werden, soweit ihm dies zumutbar ist.

2. **Anwendbarkeit von kollektivrechtlichen Bestimmungen**
   Für das Dienstverhältnis gelten die Betriebsvereinbarungen der Proximus Versicherung AG und die Tarifverträge für das private Versicherungsgewerbe in der jeweils gültigen Fassung.

3. **Vergütung**
   Die monatliche Gesamtvergütung bei tariflicher Arbeitszeit bemisst sich nach der Art der ausgeübten Tätigkeit. Zu Beginn des Arbeitsverhältnisses wird der Arbeitnehmer aufgrund seiner Tätigkeit in die Tarif-Gehaltsgruppe IV, 9. Berufsjahr eingruppiert. Das entspricht derzeit einem monatlichen Bruttogehalt von 3.097 €. Der Zuschuss zu den vermögenswirksamen Leistungen beträgt 40 € monatlich.

4. **Probezeit**
   Es wird eine Probezeit von sechs Monaten vereinbart. Innerhalb der Probezeit kann das Vertragsverhältnis beiderseits mit einer Frist von zwei Wochen gekündigt werden.

5. **Vertragsdauer**
   Das Arbeitsverhältnis endet, ohne dass es einer Kündigung bedarf, mit Ablauf des Monats in dem der Arbeitnehmer erstmals Anspruch auf eine ungekürzte gesetzliche Rente erwirbt. Das gilt auch dann, wenn er nicht in der gesetzlichen Rentenversicherung versichert ist.

6. **Arbeitszeit**
   Die regelmäßige Arbeitszeit richtet sich nach § 11 des Manteltarifvertrages für das private Versicherungsgewerbe. Derzeit beträgt sie 38 Stunden pro Woche. Der Arbeitnehmer erklärt sich bereit, auf Anordnung des Arbeitgebers Mehrarbeit zu leisten, sofern dies nach den Grenzen des Arbeitszeitgesetzes zulässig ist. Etwaige Mehrarbeit ist durch das Gehalt mit abgegolten.

7. **Urlaub**
   Der Urlaubsanspruch beträgt 30 Tage pro Kalenderjahr. Im Übrigen gelten die Bestimmungen des § 13 des Manteltarifvertrages für das private Versicherungsgewerbe sowie des Bundesurlaubsgesetzes.

8. **Geheimhaltungspflicht**
   Der Arbeitnehmer verpflichtet sich, alle Geschäfts- und Betriebsgeheimnisse des Arbeitsgebers und mit ihm wirtschaftlich oder organisatorisch verbundener Unternehmen geheim zu halten. Diese Verpflichtung erstreckt sich auch auf die Zeit nach Beendigung des Arbeitsverhältnisses. Die Nutzung von Arbeitsergebnissen (z. B. Muster, Computerprogramme, Schriftstücke) zu Zwecken außerhalb dieses Arbeitsvertrages ist untersagt. Ein Verstoß gegen die Geheimhaltungspflicht berechtigt den Arbeitgeber zur fristlosen Kündigung des Arbeitsverhältnisses. Darüber hinaus verpflichtet sich der Arbeitnehmer, bei einem Verstoß gegen die Geheimhaltungspflicht eine Vertragsstrafe in Höhe von zwei Brutto-Monatsgehältern zu bezahlen. Ein darüber hinausgehender Schadensersatzanspruch des Arbeitgebers bleibt unberührt. Der Arbeitnehmer verpflichtet sich zur Abgabe einer Verpflichtungserklärung nach § 5 BDSG und erklärt sich mit der automatischen Speicherung und Verarbeitung seiner personenbezogenen Daten einverstanden.
9. **Nebenbeschäftigung**
   Der Arbeitnehmer verpflichtet sich, Arbeitskraft und Fähigkeiten uneingeschränkt für das Unternehmen einzusetzen. Nebentätigkeiten sind untersagt, soweit sie den berechtigten Interessen des Unternehmens – insbesondere wegen einer Beeinträchtigung der geschuldeten Arbeitsleistung, wegen einer Tätigkeit während einer Arbeitsunfähigkeit oder aus Wettbewerbsgründen – zuwiderlaufen. Die Aufnahme einer Nebentätigkeit ist dem Arbeitgeber anzuzeigen, damit in Ansehung der Verpflichtung des Arbeitnehmers, innerhalb des gesetzlichen Rahmens Mehrarbeit zu leisten, sichergestellt werden kann, dass die Grenzen des Arbeitszeitgesetzes eingehalten werden.
10. **Gerichtsstand**
    Gerichtsstand ist der Sitz des Arbeitgebers.
11. **Schriftformerfordernis**
    Vertragsänderungen bedürfen zu ihrer Wirksamkeit der Schriftform. Dieses Formerfordernis kann nicht durch eine mündliche Vereinbarung abbedungen werden.

Arbeitgeber

Arbeitnehmer

Abbildung 8: Anstellungsvertrag für einen Arbeitnehmer eines Versicherungsunternehmens (nach Böck 2006, S. 27 f.)

4.3 Gestaltung des Arbeitsinhalts

Die Versicherungsunternehmen benötigen leistungsfähige Mitarbeiter, die über berufliche Handlungskompetenz verfügen, um im starken Wettbewerb zu bestehen. Das heißt, dass sie selbstständig und eigenverantwortlich denken, planen, organisieren und entscheiden können. Dementsprechend steigt der Bildungsgrad der in der Versicherungswirtschaft beschäftigten Mitarbeiter stetig an.

So ist der Anteil der Beschäftigten mit einem Hochschulabschluss im Zeitraum 2004–2014 von 15,2 auf 19,7 % angestiegen. Der Anteil der Auszubildenden mit Abitur beträgt inzwischen 75 %.

Akademiker
Innen- und Außendienst (inkl. Auszubildende)
Stichtag: 31.12.2014

	2014	2004
Wirtschaftswissenschaftler	14.700	11.700
Juristen	6.300	7.600
Mathematiker	5.200	4.000
Ingenieure	2.400	2.800
Informatiker	2.500	700
Sonstige Hochschulabsolventen	10.500	9.800
Akademiker gesamt (Uni und HS)	**41.600**	**36.600**
Akademikerquote	**19,7 %**	**15,2 %**

Abbildung 9: Akademiker im Innen- und Außendienst (AGV, Flexible Personalstatistik)

Gerade Mitarbeiter, die über ein hohes Bildungsniveau verfügen, erwarten von ihrem Arbeitgeber, dass sie mitgestalten können, dass ihnen Verantwortung übertragen wird und dass sie in Teilbereichen autonom arbeiten können. Zur Förderung bzw. zur Erhaltung der Mitarbeitermotivation und Arbeitszufriedenheit sind Aufgabenerweiterungen (Job rotation, Job enlargement) bzw. Aufgabenanreicherungen (Job enrichment) möglich.

Job rotation

Bei Job rotation erfolgt ein planmäßiger Arbeitsplatzwechsel. Die Mitarbeiter wechseln auf gleichwertige oder ähnliche Arbeitsplätze und führen die dort anfallenden Tätigkeiten über einen begrenzten Zeitraum aus. Beispielsweise wechseln die Mitarbeiter von der Risikoprüfung in den Vertragsdienst, vom Vertragsdienst in den Spartenkundendienst und vom Spartenkundendienst wieder in die Risikoprüfung. Die Vorteile liegen darin, dass die Mitarbeiter Arbeitszusammenhänge erkennen können und dadurch in die Lage versetzt werden, Prozesse zu verbessern und neue Ideen einzubringen. Gleichzeitig werden sie mit neuen Herausforderungen konfrontiert. Einseitige oder eintönige Tätigkeiten werden auf eine Vielzahl von Mitarbeitern verteilt. Allerdings ist es notwendig, dass mehrere Mitarbeiter an diesem Rotationsverfahren teilnehmen. Durch den erhöhten Planungsaufwand wird Job rotation in der Praxis nur begrenzt eingesetzt.

Job enlargement

Als Job enlargement wird eine Aufgabenerweiterung bezeichnet, bei der die Mitarbeiter zusätzliche Aufgaben erhalten, die sich allerdings auf dem gleichen qualitativen Niveau bewegen. So bekommt ein Schadenregulierer in der Sachversicherung zusätzlich zur Hausratversicherung nun auch noch Schäden aus der Gebäudeversicherung hinzu. Die Arbeit des Mitarbeiters wird abwechslungsreicher und für ihn interessanter, wodurch die Arbeitsplatzzufriedenheit steigt. Durch die unterschiedlichen Problemstellungen steigt der Aufmerksamkeitsgrad des Mitarbeiters. Eine steigende Arbeitsqualität kann erreicht werden, da sog. „Flüchtigkeitsfehler – wie sie bei eintönigen Arbeiten vermehrt vorkommen – reduziert werden. Beim Job enlargement sinkt allerdings der Spezialisierungsgrad der Mitarbeiter.

Job enrichment

Beim Job enrichment erfolgt eine qualitative Erhöhung der Aufgaben. Zu den bestehenden Aufgaben werden solche hinzugefügt, die schwieriger und anspruchsvoller und vermutlich dadurch auch interessanter sind. So bekommt der Schadenregulierer in der Sachversicherung zusätzlich Schäden aus dem gewerblichen Bereich dazu oder soll zusätzlich Vorstandsbeschwerden oder Betrugsfälle bearbeiten. Gerade durch diese Ausweitung der Aufgaben qualifiziert sich der Mitarbeiter häufig für einen hierarchischen Aufstieg im Unternehmen. In einem ersten Schritt könnte er stellvertretender Gruppenleiter, anschließend Gruppenleiter werden.

6

4.4 Gestaltung des Arbeitsorts

Der Arbeitsort ist der Ort, an dem der Mitarbeiter vertragsgemäß seine Arbeitsleistung erbringt.

Der Arbeitsplatz sollte mit allen erforderlichen Einrichtungen versehen sein, die ein Mitarbeiter für die Ausübung seiner Tätigkeit benötigt. Neben Schreibtisch und Stuhl benötigt ein Mitarbeiter in der Versicherungswirtschaft insbesondere einen Computer und Telekommunikationseinrichtungen. Durch die sicherheitstechnische Gestaltung des Arbeitsplatzes sollen Unfälle verhütet werden. Zudem sollte der Arbeitsplatz unter medizinischen Gesichtspunkten so gestaltet werden, dass es zu keinen körperlichen Beeinträchtigungen kommt (Schreibtische und Stühle sollten in der Höhe verstellbar sein, es sollte auf den richtigen Abstand des Betrachters zum Bildschirm geachtet werden etc.). Günstige Umwelteinflüsse werden durch das Schaffen einer angemessenen Lufttemperatur, das Vermeiden von Lärm und eine ausreichende Beleuchtung geschaffen. Unter psychologischen Gesichtspunkten sollte durch farbliche Akzentuierung und durch Pflanzen der Arbeitsplatz angenehm gestaltet werden. Stimmungstiefs können hierdurch aufgefangen und kreative Prozesse gefördert werden.

Telearbeit

In vielen Versicherungsunternehmen ist es inzwischen üblich, dass Mitarbeitern die Möglichkeit eingeräumt wird, von zuhause aus zu arbeiten. Auf der Basis der heutigen technologischen Standards ist dieses problemlos möglich. Die Mitarbeiter müssen hierbei sicherstellen, dass die oben beschriebenen sicherheitstechnischen und arbeitsmedizinischen Voraussetzungen erfüllt sind. Die Vorteile für den Mitarbeiter liegen oftmals darin, dass Wegezeiten reduziert werden und sie ihre Arbeit persönlichen Bedürfnissen (z. B. in Bezug auf Arbeits- und Biorhythmus oder Kleidung) anpassen können. Für die Unternehmen besteht der Vorteil u. a. darin, dass weniger Fläche (Büroräume, Sozialräume, Kantinen, Parkplätze etc.) zur Verfügung gestellt werden muss. Auch steigt die Attraktivität des Unternehmens, so dass qualifizierte Mitarbeiter gehalten werden, die sich u. U. sonst einen anderen Arbeitgeber suchen würden oder aufgrund individueller Lebensumstände (z. B. Betreuungssituationen in der Familie) ihre Berufstätigkeit ganz oder teilweise aufgeben würden.

Damit die sozialen Kontakte gehalten werden, hat es sich bewährt, die Telearbeit so zu gestalten, dass die Mitarbeiter abwechselnd zu Hause und im Betrieb (z. B. Montag, Mittwoch, Freitag im Betrieb; Dienstag, Donnerstag im Homeoffice) arbeiten.

4.5 Gestaltung der Arbeitszeit

Die Arbeitszeit ist die Zeit vom Beginn bis zum Ende der Arbeit ohne die Ruhepausen. Die Gestaltung der Arbeitszeit ist für die Unternehmen der Versicherungswirtschaft von großer Bedeutung. Die Unternehmen sind vom Markt und von ihren Kunden abhängig. Die Kunden erwarten immer längere Servicezeiten. Durch den stetig steigenden Wettbewerb müssen die Unternehmen ihre Arbeitszeiten flexibilisieren, um ihre Wettbewerbsposition zu sichern. Im Gegenzug erwarten die Mitarbeiter, dass ihnen flexible und individuelle Arbeitszeiten eingeräumt werden. Im Folgenden werden verschiedene Gestaltungsformen der Arbeitszeit vorgestellt: *§ 2 (1) ArbZG*

- *Feste Arbeitszeit*

  Feste Arbeitszeiten liegen dann vor, wenn genau definiert ist, wann die tägliche Beginn- bzw. Endzeit ist. In Versicherungsagenturen ist diese Arbeitszeitregelung noch sehr gängig. So ist das Büro z. B. täglich von 9:00 bis 13:00 Uhr und von 14:30 bis 18:30 Uhr durch einen oder durch mehrere Mitarbeiter besetzt. Der Vorteil liegt darin, dass zu diesen Zeiten die Mitarbeiter grundsätzlich zur Verfügung stehen. Nachteilig ist jedoch, dass in Zeiten mit deutlich höherem Personalbedarf (z. B. im Jahresendgeschäft) durch Mehrarbeit sog. Überstunden anfallen, die i. d. R. mit einem Zuschlag von 25 % abzugelten sind. In Zeiten mit geringerem Arbeitsaufkommen haben die Mitarbeiter möglicherweise „Leerlauf".

- *Gleitende Arbeitszeit*

  Bei der gleitenden Arbeitszeit kann der Mitarbeiter den Beginn und das Ende seiner täglichen Arbeit im Rahmen eines vorgegebenen Zeitrahmens individuell bestimmen. In einer vorgegebenen Kernzeit muss er zwingend am Arbeitsplatz sein. So ist es möglich, dass der Mitarbeiter morgens zwischen 06:30 und 09:00 Uhr seine Arbeit aufnimmt. Von 09:00 bis 15:00 Uhr (Kernzeit) besteht Anwesenheitspflicht. Im Zeitrahmen zwischen 15:00 und 19:00 Uhr kann der Mitarbeiter die Arbeit beenden. Da innerhalb der Kernarbeitszeit alle Mitarbeiter anwesend sind, können Besprechungen, Schulungen und andere betriebliche Veranstaltungen problemlos in diese Zeit gelegt werden. Die sog. Gleitzeitkorridore ermöglichen den Mitarbeitern einen relativ hohen Grad der Flexibilität. Viele Gleitzeitmodelle sehen vor, dass die Mitarbeiter sowohl Zeitguthaben als auch Negativsalden (z. B. Spanne zwischen plus 30 und minus 20 Stunden) ansammeln können. So ist es möglich, dass z. B. zwei Arbeitstage pro Monat als zusätzliche freie Tage zum Ausgleich von Plusstunden genommen werden können. Die Arbeitgeber profitieren in gleicher Weise, da in Zeiten erhöhten Arbeitsanfalls Mehrarbeit von den Mitarbeitern geleistet wird, ohne dass diese mit einem Überstundenzuschlag abzugelten ist.

6

- *Variable Arbeitszeit*

  Bei der variablen oder auch flexiblen Arbeitszeit kann der Mitarbeiter individuell über seine tägliche Arbeitszeit entscheiden, die sog. Kernzeit, wie beim gleitenden Arbeitszeitmodell entfällt. Um die Servicebereitschaft in den Arbeitsbereichen zu gewährleisten, legen Vorgesetzte und Mitarbeiter gemeinsam fest, wer an welchem Tag Servicebereitschaft hat (z. B. Mitarbeiter A muss am Montag bereits um 07:00 Uhr anwesend sein; Mitarbeiter B am gleichen Tag bis 19:00 Uhr bleiben). Besonders wirkungsvoll ist die variable Arbeitszeit dann, wenn sie mit einer sog. Jahresarbeitszeit kombiniert wird. Der Mitarbeiter kann im Rahmen der beschriebenen Servicebereitschaften über das ganze Jahr hinweg seine Arbeitszeit frei gestalten, allerdings muss zu einem bestimmten festgelegten Termin (z. B. 30.09.) das Zeitkonto ausgeglichen sein. Mitarbeiter können sich so das Guthaben für mehrere freie Arbeitstage, sogar mehrere Wochen aufbauen. Als Ausgleich dafür stehen die Mitarbeiter zur Verfügung, wenn saisonale oder konjunkturelle Schwankungen dies erforderlich machen. So besteht im Antrags-/Vertragsbereich der Kraftfahrtversicherung in den Wintermonaten ein sehr hohes Arbeitsaufkommen (Versichererwechsel), dagegen fällt häufig in den Sommermonaten weniger Arbeit an. Von den Mitarbeitern wird erwartet, dass sie im Winter Überstunden ansammeln, die sie dann in den Sommermonaten durch zusätzliche freie Tage abbauen. Ähnliche saisonale Schwankungen gibt es auch in anderen Sparten.

Jahresarbeitszeit

Lebensarbeitszeit

Häufig wird auch das Modell der sog. Lebensarbeitszeit diskutiert. Hier kann ein Mitarbeiter Mehrarbeitszeiten ansammeln, die später durch einen früheren Ruhestand ausgeglichen werden. Probleme entstehen dann, wenn beispielsweise das Unternehmen insolvent wird oder wenn der Mitarbeiter das Unternehmen verlässt bzw. versterben sollte. In der Praxis kommt dieses Arbeitszeitmodell nur selten vor.

- *Schichtarbeit*

  Ursprünglich ist die Schichtarbeit im gewerblich-technischen Bereich angesiedelt, um eine bessere Auslastung kostenintensiver Produktionsanlagen zu ermöglichen.

  In der jüngeren Vergangenheit richteten viele Versicherungsunternehmen Kundenservice-Center ein, um die telefonische Erreichbarkeit zu erhöhen und so dem Wettbewerbsdruck zu begegnen. Dabei sind Servicezeiten von 6:30 bis 21:00 Uhr keine Seltenheit. Hier bietet sich die Schichtarbeit an. Nach vorher festgelegten Schichtplänen lösen sich die Mitarbeiter bei der Arbeit ab. So arbeitet ein Teil der Mitarbeiter in einer ersten Schicht (6:30 bis 14:30 Uhr), ein Teil der Mitarbeiter arbeitet von 09:00 bis 17:00 Uhr und wieder andere Mitarbeiter von 13:00 bis 21:00 Uhr. Nach einem festgelegten Rotationsplan wechseln die Arbeitszeiten der Mitarbeiter. Durch statistische Erhebungen kann eingeschätzt werden, an welchen Wochentagen und zu welchen Uhrzeiten der höchste Arbeitsanfall ist und dementsprechend das meiste Personal benötigt wird. Diese sog. „Peaks" werden bei der Erstellung der Schichtpläne berücksichtigt.

- *Vertrauensarbeitszeit*

  Gerade bei Führungskräften und Spezialisten gewinnt die Vertrauensarbeitszeit zunehmend an Bedeutung. Hierbei wird von beiden Parteien auf die Zeiterfassung und deren Auswertung verzichtet. Das Leistungsergebnis des Mitarbeiters – häufig gekoppelt mit Zielvereinbarungen – steht im Mittelpunkt der Betrachtung. Gerade unter dem oben beschriebenen Aspekt des eigenverantwortlich denkenden und handelnden Mitarbeiters ist dieses Modell für die beschriebene Zielgruppe angemessen. Eine vertrauensvolle Unternehmenskultur ist hierfür Voraussetzung.

Teilzeitarbeit

Zur Individualisierung der Arbeitszeit gehört auch das Angebot von Teilzeitarbeit. Teilzeitarbeit leistet ein Arbeitnehmer dann, wenn seine regelmäßige wöchentliche Arbeitszeit kürzer ist als die eines vergleichbaren vollzeitbeschäftigten Arbeitnehmers. In der Versicherungswirtschaft ist derzeit eine Wochenarbeitszeit von 38 Stunden vorgesehen. Alle Mitarbeiter, mit denen eine geringere wöchentliche Arbeitszeit als 38 Stunden vereinbart ist, gelten somit als Teilzeitkräfte. Für Inhaber kleinerer Versicherungsagenturen ist die Beschäftigung eines Mitarbeiters auf Teilzeitbasis häufig der erste Schritt, den Ausbau der Agentur voran zu treiben. Wertvolle Beratungszeiten beim Kunden können vom Agenturinhaber durch die Einstellung einer Teilzeitkraft, die dann für die Erledigung von Verwaltungsaufgaben zuständig ist, gewonnen werden. Bei weiterem Erfolg der Agentur kann die Arbeitszeit immer weiter ausgebaut werden. In vielen versicherungstechnischen Abteilungen (in denen z. B. Anträge, Verträge und Leistungsfälle bearbeitet werden) richtet sich die Anzahl des Personals nach der Bestandsgröße und den durchschnittlich von einem Mitarbeiter pro Tag zu leistenden Arbeitsvorgängen (vgl. Kap. 2 zur Personalplanung). Für Mitarbeiter ergibt sich in unterschiedlichen Lebensphasen die Situation, dass sie aufgrund persönlicher Umstände (Betreuung von Kindern, Pflege von Angehörigen, Wunsch nach mehr Freizeit) ihre Berufstätigkeit ganz oder teilweise aufgeben möchten. Gerade für diese Mitarbeiter bietet sich Teilzeitarbeit an: Beruf und Familie werden dadurch vereinbar, der Arbeitsplatz bleibt erhalten, der Mitarbeiter bleibt in seinem Beruf und verliert dadurch nicht seine Handlungskompetenz. Für die Unternehmen besteht der Vorteil darin, dass gut ausgebildete Mitarbeiter im Unternehmen gehalten werden.

Sabbatical

Eine weitere Individualisierung sind die sog. „Sabbaticals". Der Begriff „Sabbatical" stammt aus den USA und bedeutet „Langzeiturlaub". Bei diesem Modell wird dem Mitarbeiter die Möglichkeit eingeräumt, über einen längeren Zeitraum, häufig zwischen drei und zwölf Monaten, Urlaub zu nehmen.

Oft genannte Gründe sind:

- die Ermöglichung eines Sprachkurses im Ausland
- die Begleitung des Lebenspartners, der befristet beruflich ins Ausland versetzt wird
- der Wunsch nach einer längeren Auszeit aus gesundheitlichen Gründen
- ein lang gehegter Wunsch nach einem Abenteuerurlaub

In der Praxis verzichtet der Mitarbeiter im Vorfeld (z. B. über einen Zeitraum von drei Jahren) auf einen Teil seines Gehaltes (z. B. Verzicht von Weihnachts- und Urlaubsgeld, Sonderzahlungen) und kann dann als Gegenwert Urlaub nehmen. Während dieser Zeit wird das Gehalt weiter bezahlt.

4.6 Rechtliche Aspekte des Personaleinsatzes

Im Arbeitsvertrag werden die rechtlichen Beziehungen und damit auch der Arbeitseinsatz des Mitarbeiters festgelegt. Der Arbeitsvertrag kann grundsätzlich formlos geschlossen werden. Allerdings muss der Arbeitgeber die Vertragsbestimmungen schriftlich niederlegen und dem neuen Mitarbeiter vor Dienstantritt eine Anstellungsbestätigung aushändigen.

Der Berufsausbildungsvertrag bedarf der Schriftform. Gleiches gilt auch für befristete Arbeitsverhältnisse.

ArbStättVO

In der Arbeitsstättenverordnung sind Anforderungen an einen Arbeitsplatz in einem Büro genannt. Der Arbeitsplatz muss den aktuellen sicherheitstechnischen, arbeitsmedizinischen, hygienischen und ergonomischen Erkenntnissen entsprechen.

ArbZG

Das Arbeitszeitgesetz dient dazu, die Sicherheit und den Gesundheitsschutz der Arbeitnehmer bei der Arbeitszeitgestaltung zu gewährleisten. Die werktägliche Arbeitszeit der Arbeitnehmer darf 8 Stunden nicht überschreiten. Sie kann auf 10 Stunden verlängert werden, wenn innerhalb von 6 Kalendermonaten oder innerhalb von 24 Wochen im Durchschnitt 8 Stunden werktäglich nicht überschritten werden. Darüber hinaus sind im Arbeitszeitgesetz Regelungen zu Ruhepausen, Ruhezeiten, Nachtarbeiten und Sonn- und Feiertagsarbeiten getroffen.

§ 3 ArbZG

§ 87 BetrVG

Der Betriebsrat hat über Beginn und Ende der täglichen Arbeitszeit einschließlich der Pausen sowie über die Verteilung der Arbeitszeit auf einzelne Wochentage mitzubestimmen.

§ 91 BetrVG

Werden die Arbeitnehmer durch Änderungen der Arbeitsplätze, des Arbeitsablaufs oder der Arbeitsumgebung, die den gesicherten arbeitswissenschaftlichen Erkenntnissen über die menschengerechte Gestaltung der Arbeit offensichtlich widersprechen, in besonderer Weise belastet, so kann der Betriebsrat angemessene Maßnahmen zur Abwendung, Milderung oder zum Ausgleich der Belastung verlangen.

Zusammenfassung

Um die Leistungsbereitstellung im Unternehmen sicherzustellen, ist es notwendig, dass die Personalabteilung einen optimalen Personaleinsatz gewährleistet. Der Personaleinsatz beginnt mit der Probezeit bzw. der Einarbeitung des Mitarbeiters und endet mit seinem Ausscheiden aus dem Betrieb.

Um die Wettbewerbsfähigkeit der Unternehmen am Markt zu erhöhen, müssen Arbeitszeiten flexibilisiert werden. Verschiedene Modelle zur Gestaltung der Arbeitszeit bieten sich je nach Aufgabe und Unternehmensgröße an. Für die Erfüllung dieser Aufgaben bedarf es gut qualifizierter Mitarbeiter, die selbstständig und eigenverantwortlich Entscheidungen treffen können und über berufliche Handlungskompetenz verfügen. Unternehmen können nur dann gute Mitarbeiter an sich binden, wenn das Arbeitsumfeld den Bedürfnissen der Mitarbeiter entspricht. Arbeitszeitmodelle müssen demnach auch den individuellen Bedürfnissen der Mitarbeiter Rechnung tragen. Der Arbeitsplatz sollte nicht nur den Bestimmungen der Arbeitsstättenverordnung genügen, sondern auch attraktiv gestaltet sein. In solchen Betrieben fühlen sich Mitarbeiter wohl; sie werden zu innovativen und kreativen Prozessen angeregt. Für viele gute Mitarbeiter sind heute Mitgestaltung, Mitbestimmung und Selbstentfaltung wichtige Aspekte bei der Arbeit. Zudem möchten sie über Entscheidungsbefugnisse verfügen. Job rotation, Job enrichment und Job enlargement sind Möglichkeiten, den Arbeitsinhalt für die Mitarbeiter anzureichern und die Tätigkeit abwechslungsreich zu gestalten.

6

5. Personalentwicklung

Handlungssituation

Sie sind als Teamleiterin im Leistungsbereich der Krankenversicherung tätig. Seit 14 Tagen sind zwei neue Mitarbeiter in Ihrem Team. Diese müssen fachlich eingearbeitet und ins Team integriert werden. Zudem hat die Proximus Versicherung AG eine neue Tarifgeneration eingeführt, welche erhebliche Änderungen gegenüber bisherigen Tarifen vorsieht. Als Teamleiterin haben Sie die Aufgabe, den Qualifizierungsbedarf ihrer Mitarbeiter festzustellen. Darüber hinaus hatten Sie im Rahmen der regelmäßig stattfindenden Personalbeurteilungen mit einigen Mitarbeitern individuelle Personalentwicklungsmaßnahmen vereinbart.

Als Teamleiterin sind Sie für den Erfolg Ihres Teams verantwortlich. Dazu gehört die gründliche Aus- und Weiterbildung aller Mitarbeiter. Damit diese dauerhaft die erwartete Arbeitsleistung erbringen und gleichzeitig zufrieden sind, müssen Sie die berufliche Handlungskompetenz fördern. Nicht nur fachliche Aspekte sind hierbei zu berücksichtigen, sondern auch die Methoden- und Sozialkompetenz gilt es zu fördern. Ein Team funktioniert immer nur so gut wie sein schwächstes Teammitglied. Motivieren Sie bei der Einarbeitung von neuen Kollegen die starken Mitarbeiter, dass diese dabei helfen. Dauerhaft profitiert dann das gesamte Team davon. Zu den individuellen Personalentwicklungsmaßnahmen gehört auch die Anreicherung der bisherigen Tätigkeit mit zusätzlichen Aufgaben (vgl. Job enrichment, Job enlargement). Die Übertragung von Teilen der Einarbeitung auf „gestandene" Mitarbeiter trägt bei diesen zur Motivation bei. Da die meisten Menschen an Rückmeldungen über ihr eigenes Können, ihr Verhalten und ihre Arbeitsleistungen interessiert sind, führen Sie in regelmäßigen Abständen Mitarbeitergespräche und durchschnittlich alle zwei Jahre Personalbeurteilungen durch. Gemeinsam mit den Mitarbeitern wird der vergangene Beurteilungszeitraum analysiert, Perspektiven für die Zukunft werden erörtert. Zusätzlich werden Personalentwicklungsmaßnahmen besprochen. Hier ist auch die Gelegenheit, mit den Mitarbeitern Ziele zu vereinbaren.

5.1 Bedeutung und Ziele der Personalentwicklung

Die Personalentwicklung umfasst alle Maßnahmen zur Erhaltung und Verbesserung der Qualifikation von Mitarbeitern. Gerade die unsichtbare Ware „Versicherung" ist ein höchst komplexes, erklärungsbedürftiges Gut. Um den Sinn bzw. den Nutzen einer Versicherung zu erklären, genügt es nicht, lediglich über hohes Fachwissen zu verfügen. Der Mitarbeiter muss gegenüber den Kunden ein hohes Maß an Einfühlungsvermögen besitzen. Gleichzeitig sind sehr gute kommunikative Fähigkeiten sowie Methodenkompetenz notwendig, damit Gespräche systematisch und planvoll geführt werden können. Der Wettbewerb um Kunden führt dazu, dass ständig neue Tarife entwickelt werden. In sog. „Komfort"- oder „Exklusiv-Linien" entstehen Produkte, die zahlreiche zusätzliche Einschlüsse in ihren Bedingungen haben. Für preissensible Kunden entstehen Produkte mit hohen Selbstbehalten oder bestimmten Ausschlüssen. Neben Spezialpolicen werden Allrisk-Deckungen auf dem Markt angeboten.

Solche Produkte müssen entwickelt und kalkuliert werden. Entsprechende Marketingmaßnahmen sind zu entwerfen und durchzuführen. Die Mitarbeiter im Risikomanagement, im Bestandskundenmanagement und im Schaden-/Leistungsmanagement müssen mit den neuen Produkten bzw. Tarifen vertraut gemacht werden. Zudem werden ständig neue Datenverarbeitungsprogramme entwickelt, die Mitarbeiter anwenden sollen. Gerade für Versicherungsunternehmen gilt, dass gut ausgebildetes Personal für den Unternehmenserfolg entscheidend ist.

Die Personalentwicklung bildet Mitarbeiter zur Erfüllung der Aufgaben im Betrieb aus, passt Mitarbeiter an sich verändernde Rahmenbedingungen (neue Tarife, neue Technologien) an und bereitet Mitarbeiter auf zukünftige, oft anspruchsvollere und höher positionierte Aufgaben vor. Die Personalentwicklung gewährleistet die langfristige Sicherung von Fach- und Führungskräften für das Unternehmen.

Aus der Sicht der Mitarbeiter sichert bzw. optimiert eine gute Aus- und Weiterbildung den Arbeitsplatz und ermöglicht Aufstiegschancen im eigenen Unternehmen. Sie verhilft dazu, Aufgaben mit höherer Verantwortung zu übernehmen. Positionen, die den eigenen Neigungen und Interessen entsprechen bzw. bei denen eine gewisse Selbstentfaltung möglich ist, können erreicht werden. Zudem erhöht eine hohe Qualifikation die individuelle Mobilität am Arbeitsmarkt.

berufliche Handlungskompetenz

Heutzutage kommt neues Wissen immer schneller hinzu, in immer kürzeren Abständen veraltet vorhandenes Wissen. Damit steigen die an die Beschäftigten gestellten Anforderungen ständig. Die Versicherungsunternehmen benötigen handlungskompetente Mitarbeiter, die in der Lage sind, sich Wissen und Fertigkeiten selbstständig anzueignen und in konkreten Situationen (z. B. im Kundenberatungsgespräch) anzuwenden. Die berufliche Handlungskompetenz wird in Fach-, Methoden- und Sozialkompetenz sowie die persönliche Wertekompetenz gegliedert. Die folgende Abbildung gibt einen Überblick über die Teilbereiche der Handlungskompetenz:

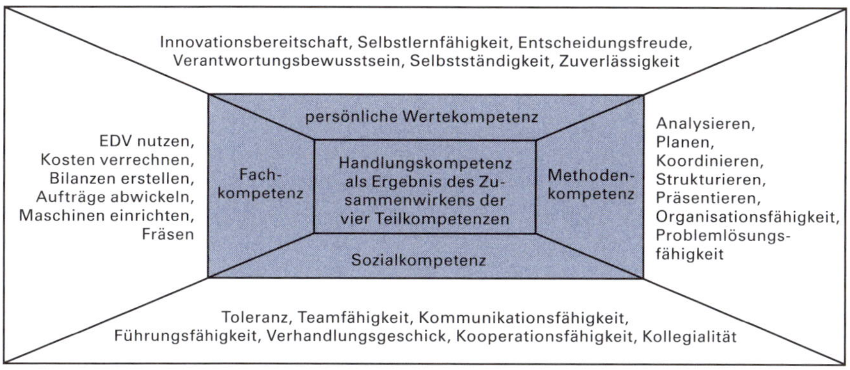

Abbildung 10: Aufbau der Handlungskompetenz (Erdmann 2006, S. 159)

Beispiel

Ein Mitarbeiter im Kundenservice-Center der Proximus Versicherung AG erhält einen Anruf von einem Kunden. Der Kunde schildert ihm, dass er arbeitslos geworden sei und er die Prämien für seine Lebensversicherung derzeit nicht zahlen könne. Um diesen Kunden erfolgreich beraten zu können, sollte der Mitarbeiter u. a. über folgende Kompetenzen verfügen:

Sozialkompetenz: Der Mitarbeiter muss die persönliche Situation des Kunden (z. B. Arbeitslosigkeit) erkennen und dem Kunden gegenüber ggf. Verständnis äußern. Er muss kommunikativ sein und einen verständlichen Sprachstil wählen.

Methodenkompetenz: Der Mitarbeiter muss die Situation analysieren (z. B. zwischen kurz- und langfristigen Zahlungsschwierigkeiten unterscheiden können) und Lösungsvorschläge präsentieren.

Fachkompetenz: Der Mitarbeiter muss die Fachkenntnisse besitzen, um eine Lösung erarbeiten zu können (wenn z. B. mittelfristige Zahlungsschwierigkeiten bei einem Lebensversicherungsvertrag vorliegen, kann der Mitarbeiter eine Stundung anbieten, wenn ein ausreichendes Deckungskapital vorhanden ist).

Persönliche Wertekompetenz: Der Mitarbeiter muss sich seiner Verantwortung gegenüber dem Kunden bewusst sein und den Fall zuverlässig bearbeiten bzw. die im Telefonat getroffenen Vereinbarungen entsprechend dokumentieren.

Schlüsselqualifikationen

Neben der Förderung der beruflichen Handlungskompetenz ist es zunehmend wichtig, sog. Schlüsselqualifikationen bei den Mitarbeitern zu entwickeln. Unter Schlüsselqualifikationen werden berufsübergreifende Qualifikationen verstanden, die es einem Mitarbeiter ermöglichen, flexibel in vielen unterschiedlichen Arbeitsbereichen tätig zu werden. Qualifikationen wie Präsentations- und Moderationstechniken, Verhandlungs- und Gesprächsführung, Projektmanagement, EDV-Kenntnisse und Fremdsprachen werden den Schlüsselqualifikationen zugeordnet.

5.2 Bereiche der Personalentwicklung

§ 1 BBiG

Das Berufsbildungsgesetz unterscheidet neben der Berufsvorbereitung die Berufsausbildung, die berufliche Fortbildung und die berufliche Umschulung. Dabei soll die Berufsausbildung für die Ausübung einer qualifizierten beruflichen Tätigkeit in einem anerkannten Ausbildungsberuf alle notwendigen Fertigkeiten, Kenntnisse und Fähigkeiten (berufliche Handlungsfähigkeit) vermitteln. Zusätzlich soll der Erwerb von Berufserfahrung ermöglicht werden. Die berufliche Fortbildung soll es dem Arbeitnehmer ermöglichen, die berufliche Handlungsfähigkeit zu erhalten und anzupassen (Anpassungsfortbildung) oder zu erweitern und beruflich aufzusteigen (Aufstiegsfortbildung). Die Umschulung soll zu einer anderen beruflichen Tätigkeit befähigen. Häufig sind gesundheitliche Probleme (wenn z. B. ein Bäcker aufgrund einer Mehlstauballergie seinen Beruf nicht mehr ausüben kann) oder strukturelle Veränderungen (z. B. Niedergang der Bergbau-Branche) Gründe für Umschulungen.

Anpassungsfortbildung, Aufstiegsfortbildung

§ 34 d GewO

Viele Versicherungsunternehmen gliedern ihre Personalentwicklung nach Ausbildung, Weiterbildung und Führungskräfteentwicklung. Oft wird im Bereich der Ausbildung eine weitere Differenzierung vorgenommen, indem die Vorbereitung auf die Sachkundeprüfung gemäß – § 34 d Gewerbeordnung für den

Vertrieb (Ausbildung zum/zur Versicherungsfachmann/-fachfrau IHK) von der Ausbildung zum Kaufmann/-frau für Versicherungen und Finanzen getrennt gestaltet wird. In den letzten Jahren gewinnt die Unterstützung der Versicherungsagenturen unter vertriebs- und betriebswirtschaftlichen Aspekten (Agenturmanagement) eine zunehmende Bedeutung.

5.3 Bedarfsermittlung der Personalentwicklung

Um Personalentwicklung im Unternehmen in geeigneter Weise und zielgerichtet durchführen zu können, muss zunächst der Qualifizierungsbedarf genau ermittelt werden. Geschieht dies nicht, besteht die Gefahr, dass unnötig Kosten verursacht oder Mitarbeiter im Rahmen von Schulungsveranstaltungen über- bzw. unterfordert werden.

Die Bedarfsermittlung erfolgt in folgenden Schritten:

- Ermittlung der Anforderungen
- Ermittlung der Mitarbeiterqualifikation
- Ermittlung der Mitarbeiterinteressen
- Feststellen des Fortbildungsbedarfs

5.3.1 Ermittlung der Anforderungen

Zunächst sind die Anforderungen zu ermitteln. Dabei kann es sein, dass sich die Rahmenbedingungen und damit die Anforderungen für einen großen Teil der Belegschaft verändern. Durch die Einführung des neuen Versicherungsvertragsgesetzes zum 1.1.2008 entstand ein erheblicher Qualifizierungsbedarf für fast alle Mitarbeiter in allen Versicherungsunternehmen. Die Einführung eines neuen EDV-Betriebssystems oder veränderte Anwendungssoftware haben zur Folge, dass regelmäßig viele Mitarbeiter geschult werden müssen. Jeder neue Tarif in einer Versicherungssparte muss großen Personengruppen (Risikoprüfung, Vertragsdienst, Leistungsabteilung, Vertrieb, Kundenservice-Center etc.) nahe gebracht werden.

Neben diesen, für eine Vielzahl von Personen sich ändernden Anforderungen gibt es viele weitere Gründe, warum einzelne Mitarbeiter zu qualifizieren sind. Mitarbeiter bekommen zusätzliche Aufgaben zu bisherigen Tätigkeiten hinzu, sie verändern sich im Unternehmen (Versetzung, Beförderung) oder es werden Defizite festgestellt, die es zu beheben gilt. Bei allen Qualifizierungsmaßnahmen geht es jedoch nicht allein um die Verbesserung der Fachkompetenz. Für einen handlungskompetenten Mitarbeiter in einem Dienstleistungsunternehmen hat die Förderung der Sozial- und Methodenkompetenz einen gleich hohen Stellenwert. Schließlich sind Kunden- bzw. Serviceorientierung die Grundvoraussetzungen für einen langfristigen Unternehmenserfolg.

5.3.2 Ermittlung der Mitarbeiterqualifikation

Zur Ermittlung der Fähigkeiten eines einzelnen Mitarbeiters gibt es verschiedene Möglichkeiten. Neben der Leistungsbeurteilung können auch Potenzialbeurteilungen und Vorgesetztenbefragungen durchgeführt werden. Zudem geben Qualifikationsdatenbanken Auskunft über formale Qualifikationen von Mitarbeitern.

Leistungsbeurteilung

Die Mitarbeiterbeurteilung gibt Aufschluss über die mit der Erfüllung der bisherigen Arbeitsaufgaben gezeigten Leistungen und über das Verhalten eines Mitarbeiters.

freie Beurteilung

Zu unterscheiden sind freie und gebundene Beurteilungssysteme. Bei der freien Beurteilung ist der Beurteiler in der Wahl der Beurteilungskriterien und des Beurteilungsmaßstabs frei. In der Regel schreibt der Beurteiler einen Bericht über seinen Mitarbeiter und geht dabei auf Stärken und Schwächen ein. Der Vorteil dieser Beurteilung liegt darin, dass ganz individuell auf die Anforderungen der jeweiligen Stelle und auf die Person des zu Beurteilenden eingegangen werden kann. Die Erstellung dieser Berichte ist allerdings sehr zeitintensiv und die verschiedenen Beurteilungen sind schwer vergleichbar. Die Gefahr, dass subjektive Kriterien die Beurteilung beeinflussen, ist relativ hoch. In der Praxis wird die freie Beurteilung dann durchgeführt, wenn einzelne Mitarbeiter für individuelle Fördermaßnahmen (Potenzialentwicklung) ausgewählt werden sollen oder wenn andere individuelle Anlässe wie Versetzungen, Beförderungen, Ausscheiden aus dem Unternehmen (Grundlage für das Arbeitszeugnis) anstehen.

gebundene Beurteilungssysteme

Werden regelmäßige Beurteilungen für große Gruppen der Belegschaft durchgeführt, z. B. eine Regelbeurteilung alle zwei Jahre, werden gebundene Beurteilungssysteme verwendet. Bei den gebundenen Beurteilungssystemen sind Verfahren, Beurteilungskriterien und Beurteilungsmaßstab festgelegt. Dadurch werden die Beurteilungen insgesamt vergleichbarer, der Zeitaufwand ist geringer als bei der freien Beurteilung und subjektive Einflüsse (Beurteilungsfehler) werden minimiert.

Beurteilungskriterien

In der Praxis gibt es eine Vielzahl von Beurteilungskriterien. Arbeitsergebnis (Qualität, Quantität), Arbeitsverhalten (Selbstständigkeit, Zeitaufwand, Termineinhaltung), Initiative (aus eigenem Antrieb tätig werden), Verhalten gegenüber Kollegen, Vorgesetzten und Kunden (Zusammenarbeit, Kunden-/Serviceorientierung) sind typische Beurteilungskriterien. Bei Führungskräften wird zusätzlich das Führungsverhalten (Arbeitsplanung, Delegation, Motivationsfähigkeit, Durchsetzungsvermögen) beurteilt. Viele Unternehmen verwenden standardisierte Beurteilungsbögen, bei denen für alle Mitarbeiter bzw. Arbeitsplätze die gleichen Kriterien verwendet werden. Besser, aber wesentlich aufwändiger wäre es, aus einem vorgegebenen Katalog von Kriterien für jeden Arbeitsplatz, entsprechend der Anforderungen, Kriterien zu definieren und nur diese zu beurteilen.

Bei der Beurteilung werden verschiedene Beurteilungsverfahren eingesetzt.

Rangordnungsverfahren

Beim Rangordnungsverfahren stuft der Vorgesetzte seine Mitarbeiter entsprechend einer Rangordnung ein. Der beste Mitarbeiter ist in der Rangordnung ganz oben, der schlechteste Mitarbeiter unten. Dieses Verfahren hat den Vorteil, dass der Vorgesetzte gezwungen wird, zwischen den Mitarbeitern zu differenzieren und nicht alle gleich gut oder durchschnittlich bewertet. Für das Zusammenarbeitsverhalten in einem Team oder einer Abteilung ist dieses Verfahren eher ungünstig. Zwischen den Mitarbeitern entsteht ein Konkurrenzkampf, da ein Mitarbeiter seine Beurteilung nur auf Kosten eines anderen verbessern kann.

Zudem können beim Rangordnungsverfahren häufig keine Aussagen zu den genauen Leistungsunterschieden zwischen den Mitarbeitern getroffen werden. Ein Mitarbeiter in einem starken Team wird als schlecht beurteilt, während er in einem eher schwachen Team als überdurchschnittlich eingestuft würde.

Kennzeichnungsverfahren

Bei den Kennzeichnungsverfahren werden für die Aufgabenerfüllung bedeutsame Eigenschaftswörter in einer Liste zusammengestellt. Der Beurteiler kreuzt in einer Liste diejenigen Aussagen an, die für den beurteilenden Mitarbeiter zutreffend sind. So werden für das Kriterium Zusammenarbeitsverhalten Begriffspaare wie „informiert – ahnungslos", „hilfsbereit – egoistisch" oder „aktiv – passiv" aufgestellt. Der Beurteiler wählt den zutreffenden Begriff aus.

Einstufungsverfahren

Überwiegend werden in Versicherungsunternehmen Einstufungsverfahren verwendet. Für die Beurteilungskriterien mögliche Leistungsausprägungen werden hier vorgegeben. Die Dokumentation erfolgt dann in einem Beurteilungsbogen. Häufig wird eine Skala mit 5 oder 7 Stufen verwendet. Diese Stufen orientieren sich an der Gaußschen Normalverteilung.

Zunächst wird anhand der durchschnittlich von allen Mitarbeitern einer Abteilung erreichten Leistungen eine sog. Normalleistung definiert. So könnten z. B. Messungen der Arbeitsquantität ergeben, dass 70 % aller Mitarbeiter täglich durchschnittlich 40 Leistungsfälle in der Krankenversicherung regulieren. Diese 40 Leistungsfälle werden als Maßstab, als Normalleistung, beim Kriterium Quantität angesetzt. Alle Mitarbeiter, deren durchschnittliches Arbeitspensum zwischen 38 und 42 Leistungsfällen liegt, erbringen die Normalleistung und erfüllen damit die an sie gesetzten Erwartungen. Das Kreuz auf der Beurteilungsskala wird im mittleren Feld gesetzt. Wenige Mitarbeiter bleiben unter den Erwartungen und müssen durch Schulungen an die Normalleistung herangeführt werden. Wenige Mitarbeiter übertreffen die Erwartungen und sollten mit höherwertigen Aufgaben betraut und/oder anderweitig gefördert werden.

Kriterien	hierzu zählen	Beurteilungsstufen *
Arbeitsergebnis	• Qualität	☐ ☐ ☐ ☐ ☐
	• Quantität	☐ ☐ ☐ ☐ ☐
	• Zeitaufwand	☐ ☐ ☐ ☐ ☐
	• Termineinhaltung	☐ ☐ ☐ ☐ ☐
	zusammenfassende Einschätzung (Immer auszufüllen):	

* Hinweis zur Einstufung: Leistung und Verhalten sind

☐	☐	☐	☐	☐
deutlich über den Erwartungen	über den Erwartungen	erwartungsgemäß	unter den Erwartungen	deutlich unter den Erwartungen

Abbildung 11: Arbeitsergebnis

Beurteilungsfehler

Eine angemessene Mitarbeiterbeurteilung wird durch eine Reihe von Beurteilungsfehlern gefährdet. Beurteilungsfehler können auf die Persönlichkeit des Beurteilers, die Beziehung zwischen Beurteiler und Beurteiltem oder auf mangelnde Kenntnis des Beurteilungsverfahrens zurückgeführt werden. Je mehr Beurteilungsfehler ein Beurteiler kennt, desto eher wird er in die Lage versetzt, diese zu vermeiden. Folgende Beurteilungsfehler kommen häufig vor:

- *Selektive Wahrnehmung*

  Jeder Beurteiler nimmt aufgrund seiner eigenen Interessen, Gefühlsstimmungen und persönlichen Disposition Informationen selektiv wahr. So ist es möglich, dass ein Beurteiler von einem Mitarbeiter überwiegend positive Eindrücke gewinnt, weil dieser nach gleichem Muster handelt wie er selbst. Organisiert oder strukturiert ein Mitarbeiter seine Arbeit in gleicher Weise wie der Vorgesetzte, so kann dies dazu führen, dass der Vorgesetzte diesen besser beurteilt als einen Mitarbeiter, der sich anders organisiert. Gleiches gilt für negative Einflüsse.

- *Sympathie, Antipathie, Vorurteile*

  Menschen sind einander sympathisch oder unsympathisch und werden durch Stimmungen und Vorurteile beeinflusst. Der Beurteiler sollte sein Urteil daraufhin überprüfen, ob es solchen Einflüssen unterliegt.

- *Klebeeffekt*

  Eine Beurteilung ist unabhängig von den vorausgegangenen Beurteilungen zu erstellen. Ein Mitarbeiter kann nicht aufgrund eines einmal gemachten Fehlers auch Jahre danach für den gleichen Fehler immer noch schlecht beurteilt werden. Gleichzeitig sollte ein positives Ereignis auch nur einmal in eine Beurteilung einfließen. Jede Beurteilungsperiode muss unabhängig von vorangegangenen Zeiträumen und nicht nach dem Schema „einmal gut – immer gut; einmal schlecht – immer schlecht" bewertet werden.

- *Halo-Effekt*

  Beim Halo-Effekt oder Überstrahlungseffekt dominiert ein einzelnes Kriterium alle anderen Kriterien. So könnte es sein, dass einem Mitarbeiter mit einer geringen Fehlerquote (Arbeitsqualität) gleichzeitig auch eine hohe Auffassungsgabe und eine exakte Termineinhaltung bescheinigt werden, obwohl diese Kriterien deutlich schlechter beurteilt werden müssten.

- *Nikolauseffekt*

  Da Beurteilungen in bestimmten Zeitabständen (z. B. alle zwei Jahre) durchgeführt werden, kann es sein, dass kurz vor der Durchführung der Beurteilung die Leistung des Mitarbeiters ansteigt. Der Mitarbeiter weiß, dass er beobachtet wird und verändert bewusst oder unbewusst sein Verhalten. Der Ausdruck Nikolauseffekt ist dem Verhalten zwischen Eltern und Kindern kurz vor dem Nikolaustag entlehnt. Eltern und Großeltern sagen ihren Kindern: „Wenn du lieb bist, dann bringt der Nikolaus Geschenke". Das Kind ändert nun sein Verhalten bis zum Nikolaustag. Anschließend verhält sich das Kind wieder „normal". Jeder Beurteiler sollte wissen, dass eine Beurteilung zeitraum- und nicht zeitpunktbezogen sein sollte. Der gesamte Zeitraum – also zwei Jahre – und nicht nur die letzten vier Wochen vor dem Beurteilungstermin sind zu beurteilen.

- *Konstanzfehler*

  Beurteiler neigen dazu, besonders strenge (Tendenz zur Härte) oder besonders wohlwollende (Tendenz zur Milde) Beurteilungen abzugeben. Strenge Beurteiler sehen oft ihre eigene Leistung als vermeintlich bester Mitarbeiter der Abteilung als Maßstab für die Beurteilung. Die Normalleistung, also die durchschnittliche Leistung aller Mitarbeiter, wird nicht beachtet. Wohlwollende Beurteiler wollen dem Mitarbeiter nicht wehtun oder negative Sanktionen gegenüber dem Mitarbeiter vermeiden. Aussagen wie „eigentlich kann der Mitarbeiter es ja, er konnte es nur nicht zeigen" stehen dann im Raum.

Die Durchführung von Beurteilungsgesprächen wird im Qualifikationsbereich „Personalführung, Qualifizierung und Kommunikation" behandelt.

Potenzialbeurteilung:

Bei der Potenzialbeurteilung wird eingeschätzt, über welches Leistungsvermögen ein Mitarbeiter verfügt. Oftmals „schlummern" ungenutzte Talente in den eigenen Reihen. So gibt es sehr kreative Mitarbeiter, die täglich mit Standardaufgaben betraut sind. Dieses kreative Potenzial könnte im Marketing, in der Produktentwicklung oder bei Projektaufgaben eingesetzt werden. Andere Mitarbeiter telefonieren sehr gerne mit Kunden, sind also höchst kommunikativ, haben aber eine Tätigkeit, bei der es überwiegend um die schriftliche Korrespondenz geht. Viele Mitarbeiter verfügen über Fähigkeiten, die bei der Besetzung von Führungspositionen Voraussetzung sind (Planungs- und Organisationstalent, Kommunikationsfähigkeit, Konfliktlösungsfähigkeit, Mitarbeiter motivieren etc.).

Mithilfe von Vorgesetztenbefragungen oder Potenzialbeurteilungen wird versucht, vorhandene, aber noch nicht genutzte Fähigkeiten von Mitarbeitern zu „entdecken". Häufig werden auch Assessment-Center (siehe 3.4.4) im Rahmen der Potenzialbeurteilung eingesetzt.

Qualifikationsdatenbank:

In vielen Unternehmen sind Personalinformationssysteme installiert. Diese dienen der Speicherung und Auswertung von Personaldaten. Im Rahmen dieser Personalinformationssysteme sind oftmals Qualifikationsdatenbanken enthalten. Schul-, Berufs- und Studienabschlüsse, Weiterbildungen sowie intern bzw. extern besuchte Seminare werden hier dokumentiert. Darüber hinaus können Fremdsprachen, EDV-Kenntnisse und besondere Fähigkeiten des Mitarbeiters gespeichert sein.

Vorgesetztenbefragung:

Auf der Grundlage von Vorgesetztenbefragungen können veränderte Anforderungen an ganze Bereiche oder Abteilungen (s. o. kollektiver Weiterbildungsbedarf) festgestellt werden. Im Rahmen der auf den einzelnen Mitarbeiter bezogenen Potenzialbeurteilung finden Vorgesetztenbefragungen in Form von Interviews statt. Vorgesetzte können aber auch aufgefordert werden, Fragebögen auszufüllen oder eine freie Beurteilung (s. o.) abzugeben. Sowohl das Leistungsvermögen aus der Vergangenheit als auch das Potenzial des Mitarbeiters werden in diesem Bericht schriftlich fixiert.

5.3.3 Ermittlung der Interessen der Mitarbeiter

Bei der Betrachtung der Mitarbeiterinteressen sind verschiedene Dimensionen von Bedeutung. Schon aus Gründen der Erhaltung und Sicherung des eigenen Arbeitsplatzes haben die Mitarbeiter ein persönliches Interesse an Weiterbildung. Wie bereits oben beschrieben, ringen die Unternehmen durch den steigenden Wettbewerb immer stärker um geeignete Arbeitskräfte. Viele vorhandene Mitarbeiter verfügen über ein hohes Bildungsniveau und wollen, wie bereits beschrieben, eigenverantwortlich arbeiten. Gerade gute Sozialleistungen – und hierzu gehört auch ein breit aufgestelltes betriebliches Bildungsangebot – führen dazu, dass das Image des Unternehmens steigt. Mitarbeiter fühlen sich gut aufgehoben, für Bewerber gilt das Unternehmen als attraktiver Arbeitgeber.

Als weitere Dimension ist von Bedeutung, dass die Bereitschaft der Mitarbeiter für Fortbildungsmaßnahmen sichergestellt wird. Eine erfolgreiche Weiterentwicklung des Mitarbeiters ist immer dann gefährdet, wenn eine Qualifizierung gegen dessen Willen erfolgen soll. Einsatzbereitschaft und Motivation gehen dadurch verloren.

5.3.4 Feststellen des Fortbildungsbedarfs

Der Fortbildungsbedarf wird festgestellt, indem die Anforderungen der Arbeitsplätze den Mitarbeiterqualifikationen gegenübergestellt werden. Häufig werden sog. Fähigkeitslücken aufgedeckt, d. h., dass die Mitarbeiter qualifiziert werden müssen, damit sie die Anforderungen an ihrem derzeitigen oder zukünftigen Arbeitsplatz erfüllen. Es kann aber auch passieren, dass Mitarbeiter, z. B. durch eigene Weiterbildung (erfolgreiches Studium zum Fachwirt für Versicherungen und Finanzen, Bachelor of Insurance Management (B.A.), etc.) über höhere Qualifikationen verfügen, als für den derzeitigen Arbeitsplatz notwendig sind. Auch hier ist zu empfehlen, dass personelle Fördermaßnahmen eingeleitet werden. Die Gefahr, einen Mitarbeiter zu unterfordern und dauerhaft zu demotivieren oder durch Fluktuation zu verlieren, ist sonst zu hoch.

Zielformulierung

Bevor Personalentwicklungsmaßnahmen durchgeführt werden, ist es üblich, mit dem Mitarbeiter konkrete Vereinbarungen zu treffen und Ziele zu vereinbaren. Die Zielformulierung orientiert sich oft an der sog. SMART-Formel.

SMART

Ziele sollten

S = spezifisch

M = messbar

A = attraktiv

R = realistisch

T = terminiert

sein.

spezifisch

Unter spezifisch versteht man, dass sich das Ziel auf einen konkreten Bereich, z. B. eine Versicherungssparte oder auf eine bestimmte Verhaltensweise, bezieht.

messbar

Ein Ziel sollte messbar sein. Zum Beispiel soll sich die Fehlerquote nach Abschluss der Qualifizierung um X % verringern, oder die durchschnittliche Bearbeitungszeit soll pro Vorgang um Y Minuten/Stunden gesenkt werden.

attraktiv

Dem Mitarbeiter sollte ein Nutzen nach der Zielerfüllung in Aussicht gestellt werden. Dieses kann die Übertragung von höherwertigen, attraktiveren Aufgaben sein.

realistisch

Die Anforderungen, die an einen Mitarbeiter gestellt werden, sollten auch erfüllbar, also realistisch sein. Sind Ziele so hoch gesteckt, dass ein Erreichen von vornherein nicht möglich ist, so wird sich der Mitarbeiter auch nicht bemühen, das Ziel zu erreichen.

terminiert

Wichtig ist auch, dass ein fester Zeitraum zur Erreichung des Ziels terminiert wird. Die Zeitvorgabe sollte nicht zu kurz (also unerreichbar) aber auch nicht zu lang (kein Anreiz, kein Druck) gewählt sein.

Das Thema „Zielvereinbarung" wird im zweiten Studienjahr, im Handlungsbereich „Personalführung, Qualifikation und Kommunikation" behandelt.

5.4 Methoden der Personalentwicklung

Nachdem der Fortbildungsbedarf festgestellt wurde, werden geeignete Entwicklungsmaßnahmen (z. B. Seminare) sowie Aus- und Weiterbildungsmethoden festgelegt.

Neben den klassischen Ausbildungsmethoden – wie dem fragend-entwickelnden Lehrgespräch, dem Vor- und Nachmachen (Vier-Stufen-Methode), dem Vortrag oder Referat – werden zur Erlangung der beruflichen Handlungskompetenz immer häufiger handlungsorientierte Methoden in der Aus- und Weiterbildung eingesetzt. Bei diesen Methoden steht das selbstständige und eigenverantwortliche Lernen im Vordergrund. Der Ausbilder übernimmt hier die Rolle des Lernberaters. Neben dem Rollenspiel, bei dem sehr stark die Sozial- und Methodenkompetenz gefördert wird, sind Projektarbeit, Erkundung, Fallstudien, Postkorbübungen und die Leittextmethode zu nennen. Im zweiten Studienjahr der Fortbildung zum „Geprüften Fachwirt für Versicherungen und Finanzen" werden die didaktischen und methodischen Grundlagen der Personalentwicklung im Qualifikationsbereich „Personalführung, Qualifizierung und Kommunikation" ausführlich behandelt.

5.5 Rechtliche Aspekte der Personalentwicklung

§ 92 BetrVG

Der Arbeitgeber hat den Betriebsrat über Maßnahmen der Berufsbildung anhand von Unterlagen rechtzeitig und umfassend zu unterrichten und mit ihm über Art und Umfang der Maßnahmen zu beraten. Arbeitgeber und Betriebsrat haben die Berufsbildung der Arbeitnehmer zu fördern und dabei Fragen der Berufsbildung zu erörtern. Weiterhin ist die Errichtung und Ausstattung betrieb-

§ 96 BetrVG

§ 97 Abs. 1 BetrVG
§ 97 Abs. 2 BetrVG

licher Einrichtungen zur Berufsbildung, die Einführung betrieblicher Bildungsmaßnahmen und die Teilnahme an außerbetrieblichen Bildungsmaßnahmen zu überlegen. Wenn sich im Unternehmen Arbeitsbereiche verändern und betroffene Mitarbeiter ihre Aufgaben aufgrund ihrer beruflichen Kenntnisse und Fähigkeiten nicht mehr ausüben können, so hat der Betriebsrat bei der Einführung von Maßnahmen der betrieblichen Berufsbildung mitzubestimmen.

§ 94 BetrVG

Die Aufstellung von Beurteilungsgrundsätzen bedarf der Zustimmung des Betriebsrats.

§ 2 BBiG
AO
§ 5 AO

Bildet der Betrieb aus, so sind für die Ausbildung die Bestimmungen des Berufsbildungsgesetzes zugrunde zu legen. In einem anerkannten Ausbildungsberuf darf nur nach der Ausbildungsordnung ausgebildet werden. In der Versicherungswirtschaft gilt derzeit die Verordnung über die Berufsausbildung „Kaufmann für Versicherungen und Finanzen/Kauffrau für Versicherungen und Finanzen" vom 17.5.2006. In der Ausbildungsordnung (AO) ist ein Ausbildungsrahmenplan (ARP) definiert in der Fassung vom 27.5.2014, in dem die mindestens zu vermittelnden Fertigkeiten, Kenntnisse und Fähigkeiten (sachliche und zeitliche Gliederung) beschrieben sind.

JArbSchG

Bei Ausbildung eines jugendlichen Auszubildenden sind zwingend die Vorschriften des Jugendarbeitsschutzgesetzes zu beachten.

§ 27 BBiG

Auszubildende dürfen nur eingestellt werden, wenn die Ausbildungsstätte nach Art und Einrichtung für die Berufsausbildung geeignet ist und die Zahl der Auszubildenden in einem angemessenen Verhältnis zur Zahl der Ausbildungsplätze und zur Zahl der beschäftigten Fachkräfte steht.

§ 28 ff. BBiG
Ausbildereignung

Auszubildende darf nur einstellen, wer persönlich geeignet ist. Auszubildende darf nur ausbilden, wer persönlich und fachlich geeignet ist. Zur fachlichen Eignung gehört auch der Nachweis der berufs- und arbeitspädagogischen Fertigkeiten, Fähigkeiten und Kenntnisse – die sog. Ausbildereignung. Die persönlichen und fachlichen Eignungen sind dem Berufsbildungsgesetz zu entnehmen.

Zusammenfassung

Personalentwicklung umfasst alle Maßnahmen zur Erhaltung und Verbesserung der Qualifikation der Mitarbeiter. Mitarbeiter haben ein hohes Interesse an einer guten Aus- und Weiterbildung, da hiermit ein gewisses Maß an Arbeitsplatzsicherung verbunden wird. Erweiterte Qualifikationen eröffnen die Möglichkeit des beruflichen Aufstiegs. Interessante Aufgabengebiete mit einem erweiterten Kompetenzrahmen können vom Mitarbeiter besetzt werden. Durch den steigenden Wettbewerb sind die Unternehmen daran interessiert, möglichst gute Mitarbeiter zu beschäftigen. Die Personalentwicklung hat somit die Aufgabe, beruflich handlungskompetente Mitarbeiter zu qualifizieren. Die berufliche Handlungskompetenz ist die Verbindung von Fach-, Methoden- und Sozialkompetenz. Zudem muss die persönliche Wertekompetenz des Mitarbeiters berücksichtigt werden. In den Unternehmen ist die Personalentwicklung häufig in die Teilbereiche Ausbildung, Weiterbildung und Führungskräfteentwicklung gegliedert. Um eine zielgerichtete Personalentwicklung durchzuführen, muss im Rahmen einer Bedarfsermittlung zunächst festgestellt werden, in welchen Bereichen Qualifizierungen notwendig sind. Diese können sich aus veränderten Gesetzgebungen, neuen Tarifen oder der Einführung neuer Technologien ergeben. Anschließend wird das vorhandene Mitarbeiterpotenzial analysiert. Leistungsbeurteilungen und Potenzialbeurteilungen geben hierüber Auskunft. Dabei ist zu beachten, dass Beurteilungsfehler vermieden werden, um Beurteilungen weitestgehend objektiv zu verfassen. Zudem sollten bei der Auswahl von Personalentwicklungsmaßnahmen Interessen und Ziele der Mitarbeiter berücksichtigt werden. Bei der Festlegung von individuellen Personalentwicklungsmaßnahmen werden häufig zwischen Vorgesetzten und Mitarbeitern Ziele vereinbart. Ziele sollten spezifisch, messbar, attraktiv, realistisch und terminiert sein. Die Umsetzung von Personalentwicklungsmaßnahmen erfolgt durch verschiedene Lehrmethoden. Besonders durch den Einsatz von handlungsorientierten Methoden wird die Selbstständigkeit und Eigenverantwortlichkeit der Mitarbeiter gefördert. Der Ausbilder nimmt immer stärker die Rolle eines Lernberaters ein.

6. Personalentlohnung

Handlungssituation

Sie sind als Teamleiter in der Abteilung „Haftpflicht-Schaden" tätig. Im Rahmen eines Beurteilungsgesprächs hat Sie ein Mitarbeiter (zurzeit Tarifgruppe V) um eine Gehaltserhöhung gebeten. Dieser begründete seine Forderung damit, dass er bereits seit zwei Jahren zusätzlich zu den normalen Aufgaben auch besonders schwierige Schäden bearbeitet, die besonders vielseitige Fachkenntnisse voraussetzen. Jetzt möchten Sie zudem, dass er Sie bei der Einarbeitung von neuen Mitarbeitern unterstützt.

In Ihrem Team ist zurzeit ein Auszubildender eingesetzt, den Sie gerne nach Beendigung der Ausbildung in Ihr Team übernehmen möchten. Der Auszubildende überlegt allerdings, ob er nicht nach der Ausbildung in den Vertrieb wechseln sollte, da er meint, dass er dort ein höheres Gehalt erzielen könne. In einem Gespräch wollen Sie die verschiedenen Vergütungselemente des Innen- und Außendienstes mit dem Auszubildenden besprechen.

Die Forderung nach einer Gehaltserhöhung werden Sie bei einer nächsten Rücksprache mit Ihrem Abteilungsleiter aufgreifen und diesen bitten, bei der Personalabteilung eine Überprüfung der Eingruppierung zu veranlassen. Nach § 4 MTV erscheint die Forderung des Mitarbeiters gerechtfertigt, da dieser seit mehr als sechs Monaten Tätigkeiten ausübt, die besonders gründliche oder besonders vielseitige Fachkenntnisse voraussetzen (TG VI). Zu klären ist, wie hoch der tatsächliche Anteil der besonders schwierigen Schadenfälle ist. Da Sie den Mitarbeiter nicht demotivieren wollen, könnte alternativ eine Leistungszulage oder eine Einmalzahlung in Erwägung gezogen werden.

In dem Gespräch mit dem Auszubildenden machen Sie diesem deutlich, dass er im Innendienst ein monatliches Festgehalt bekommt. Wenn er seine Abschlussprüfung mit guten Leistungen bestehen sollte, kann er nach § 4 MTV erwarten, dass er in die Gehaltsgruppe IV eingestuft wird. Im Vertrieb würde ein Mindesteinkommen gezahlt, welches leistungsabhängig durch Provisionszahlungen aufgestockt wird. Die Chancen auf ein hohes Einkommen sind im Vertrieb größer als im Innendienst. Falls er allerdings eher sicherheitsorientiert denkt, sollte er sich zunächst für eine Tätigkeit im Innendienst entscheiden. Sie machen den Auszubildenden zusätzlich darauf aufmerksam, dass es laut § 17 a Manteltarifvertrag für einen Angestellten im Innendienst möglich ist, in den Außendienst zu wechseln und er bis zum Ablauf von sechs Monaten wieder in den Innendienst zurückkehren kann.

6.1 Bedeutung der Personalentlohnung

Mitarbeiter erhalten für ihre erbrachte Arbeitsleistung ein Gehalt. Dieses ist die Grundlage für die Bewältigung des persönlichen Bedarfs wie Miete, Kleidung, Ernährung, Urlaub etc. Die Höhe des Gehalts drückt aber auch eine Anerkennung für die geleistete Arbeit und eine Wertschätzung des Betriebes gegenüber den Mitarbeitern aus. Geld ist zudem ein Mittel, mit dem es möglich ist, eine Vielzahl von Menschen zu motivieren. Näheres hierzu wird im Qualifikationsbereich „Personalführung, Qualifikation und Kommunikation" unter den Stichworten Motivation und Motivationstheorien vermittelt.

Das Thema Gehalt ist ein sehr sensibles Thema. Oft kommt es vor, dass sich Mitarbeiter ungerecht behandelt fühlen, weil sie vermeintlich viel zu wenig Gehalt für die von ihnen erbrachte Leistung erhalten oder sie meinen, dass ein Kollege für die gleiche oder sogar für eine geringere Leistung mehr Gehalt bekommt. Aus diesem Grund ist es sehr wichtig, dass der Prozess der Entgeltfindung möglichst transparent und für alle im Unternehmen nachvollziehbar verläuft.

gerechte Entgeltfindung

Für eine gerechte Entgeltfindung sind die Anforderungen, die ein Mitarbeiter an seinem Arbeitsplatz zu erfüllen hat und die von ihm erbrachten Leistungen von Bedeutung. Zudem ist das betriebliche Umfeld, also der Arbeitsmarkt, zu berücksichtigen. Bei einer gerechten Entgeltfindung werden die Kriterien „Anforderungsgerechtigkeit", „Leistungsgerechtigkeit" und „Marktgerechtigkeit" berücksichtigt.

- *Anforderungsgerechtigkeit*

  In jedem Unternehmen werden unterschiedliche Tätigkeiten mit unterschiedlicher Bedeutung für den Unternehmenserfolg ausgeübt. Einfache Tätigkeiten, wie z. B. die Verfilmung von Rechnungen zur Regulierung eingereichter Schäden, sind anders zu bewerten als die Tätigkeiten von Spezialisten, die mit hohen Regulierungsvollmachten ausgestattet sind und sehr komplexe Schadenfälle zu bearbeiten haben. Auch innerhalb einzelner Versicherungssparten werden Unterschiede deutlich. Die Prüfung eines komplexen Risikos in der gewerblichen Sachversicherung ist i. d. R. deutlich anspruchsvoller als die Prüfung eines Antrages auf Hausratversicherung für einen Privathaushalt. Die Anforderungen, die an einen Arbeitsplatz gestellt werden, ergeben sich aus dem Anforderungsprofil in Verbindung mit der Stellenbeschreibung. Der Manteltarifvertrag für das private Versicherungsgewerbe unterscheidet acht Gehaltsgruppen, die entsprechend der zu erfüllenden Anforderungen definiert wurden.

  Qualifikationsgerechtigkeit

  Die formale Qualifikation des Mitarbeiters (Ausbildung zum/zur Kaufmann/-frau für Versicherungen und Finanzen, Weiterbildung zum Fachwirt für Versicherungen und Finanzen oder Bachelor of Insurance Management (BA), Hochschulstudium) wird bei der Besetzung eines Arbeitsplatzes berücksichtigt (vgl. Personaleinsatz). Dies ist die sog. Qualifikationsgerechtigkeit.

- *Leistungsgerechtigkeit*

  Das Gehalt sollte sich auch an den individuellen Leistungen der Mitarbeiter orientieren, da sonst das oben beschriebene Empfinden der Ungerechtigkeit bzw. Frustration entsteht. Mitarbeiter, die mehr leisten als vergleichbare Kollegen (vgl. Personalbeurteilung, Normalleistung), sollten davon profitieren. Ein Mitarbeiter, der fünf Schäden pro Tag mehr reguliert als die übrigen Kollegen (hohe Qualität vorausgesetzt), wird nur dann dieses Pensum dauerhaft leisten, wenn er eine angemessene Gegenleistung erhält.

- *Marktgerechtigkeit*

  Angebot und Nachfrage wirken sich auch regulierend auf die Gehaltsfindung aus. Die Lebenshaltungskosten sind in Deutschland unterschiedlich hoch. Dementsprechend differenzieren sich die Gehälter von Region zu Region. Die Unternehmen müssen vergleichbare Gehälter – also ähnlich hohe wie andere Versicherungsunternehmen vor Ort – bezahlen, da sie sonst einerseits kein qualifiziertes Personal gewinnen könnten oder andererseits Gefahr laufen, dass gute Mitarbeiter das Unternehmen verlassen, um zu einem Wettbewerber zu wechseln, der ein höheres Gehalt zahlt.

Bei der Gehaltsfindung ist es daher wichtig, alle genannten Komponenten zu berücksichtigen.

Bei der gesamten Betrachtung ist es zwingend erforderlich, die gesamten Personalkosten des Unternehmens zu beobachten. Die Verwaltungskosten eines Versicherungsunternehmens bestehen zum größten Teil aus Personalkosten. Der intensive Wettbewerb in der Versicherungswirtschaft führt dazu, dass alle Unternehmen bestrebt sind, ihre Verwaltungskosten so gering wie möglich zu halten, um zu marktfähigen Prämien ihre Versicherungsprodukte anzubieten. In vielen Rankings wird besonders die Verwaltungskostenquote eines Unternehmens bewertet.

6.2 Vergütungssysteme im Innen- und Außendienst

Die Vergütungssysteme im Innen- und Außendienst sind in der Versicherungswirtschaft im Tarifvertrag geregelt.

6.2.1 Vergütungselemente im Innendienst

Die meisten Versicherungsunternehmen in Deutschland sind Mitglied im Arbeitgeberverband der Versicherungsunternehmen in Deutschland e. V. (AGV). Der AGV schließt mit den folgenden Gewerkschaften Tarifverträge:

- Vereinte Dienstleistungsgewerkschaft (ver.di)
- Deutscher Bankangestellten Verband (DBV)
- DHV – Die Berufsgewerkschaft e. V. (DHV)

Die Rahmenbedingungen für die Bezahlung der Versicherungsangestellten des Innendienstes setzt Teil II des Manteltarifvertrags. Im Gehaltstarifvertrag werden den im Manteltarifvertrag definierten Gehaltsgruppen genaue Beträge zugeordnet.

§ 3 MTV Die Mitarbeiter erhalten ein monatliches, tätigkeitsbezogenes Grundgehalt. Dabei handelt es sich um einen fixen Zeitlohn, der nachträglich, spätestens am letzten Arbeitstag im Monat, ausgezahlt wird. Die Höhe des Gehalts richtet sich nach der Eingruppierung der ausgeübten Tätigkeit (Anforderungsgerechtigkeit). Im Manteltarifvertrag werden acht Gehaltsgruppen (ab 1.1.2008 ergänzend zur Gehaltsgruppe I die Gehaltsgruppen A und B für Neueinstellungen) definiert, welche durch Tätigkeitsbeispiele im Anhang zum Manteltarifvertrag spezifiziert werden. So wird z. B. die Sachbearbeitung im Kundendienst/ *MTV-Anhang*

Service-Center mit erhöhten Anforderungen der Gehaltsgruppe V zugeordnet. Weitere Regelungen zur Eingruppierung sind im Manteltarifvertrag beschrieben. Die nachfolgende Tabelle verdeutlicht die Gehaltsgruppenmerkmale: *§ 4 MTV*

Gehaltsgruppensystem im privaten Versicherungsgewerbe (Teil II MTV)

Gehaltsgruppe	Charakterisierung
I	Tätigkeiten, die nur eine kurze Einweisung erfordern.
II	Tätigkeiten, die Kenntnisse oder Fertigkeiten voraussetzen, wie sie im Allgemeinen durch eine planmäßige Einarbeitung erworben werden.
III	Tätigkeiten, die Fachkenntnisse voraussetzen, wie sie im Allgemeinen durch eine abgeschlossene Berufsausbildung oder durch einschlägige Erfahrung erworben werden.
IV	Tätigkeiten, die vertiefte Fachkenntnisse voraussetzen, wie sie im Allgemeinen durch zusätzliche Berufserfahrung nach einer abgeschlossenen Berufsausbildung zum Versicherungskaufmann oder einer ihrer Art entsprechenden Berufsausbildung oder durch die Aneignung entsprechender Kenntnisse für den jeweiligen Tätigkeitsbereich erworben werden.
V	Tätigkeiten, die gründliche oder vielseitige Fachkenntnisse voraussetzen, wie sie durch mehrjährige einschlägige Erfahrungen erworben werden, oder Tätigkeiten, die umfassende theoretische Kenntnisse erfordern.
VI	Tätigkeiten, die besonders gründliche oder besonders vielseitige Fachkenntnisse erfordern, oder Tätigkeiten, die den Anforderungen der Gehaltsgruppe V entsprechen und mit besonderer Entscheidungsbefugnis verbunden sind. Dem gleichzusetzen sind Tätigkeiten, die gründliche und vielseitige Fachkenntnisse erfordern.
VII	Tätigkeiten, die hohe Anforderungen an das fachliche Können stellen und mit erweiterter Fach- oder Führungsverantwortung verbunden sind.
VIII	Tätigkeiten, die in den Anforderungen an das fachliche Können und in der Fach- oder Führungsverantwortung über diejenigen der Gehaltsgruppe VII hinausgehen.

Abbildung 12: Gehaltsgruppenmerkmale im privaten Versicherungsgewerbe (Teil II MTV § 4)

Zusätzlich werden acht Berufsjahrklassen bei der Festlegung des Gehalts berücksichtigt. Je nach Gehaltsgruppe kann somit das Gehalt bis zum 14. Berufsjahr ansteigen. Mit dieser Regelung wird dem Sachverhalt Rechnung getragen, dass ein langjährig tätiger Mitarbeiter aufgrund seiner Erfahrung und Routine mehr für ein Unternehmen leistet, als ein „unerfahrener" Berufsanfänger. Die genauen Regelungen zur Festlegung der Berufsjahre sind im Manteltarifvertrag enthalten. Zur Veranschaulichung ist die ab dem 1.10.2016 gültige Gehaltstabelle für Angestellte nach Teil II des Manteltarifvertrages abgebildet. *AGV § 5 MTV* gültig ab 1. Oktober 2016

Berufsjahr	Gehaltsgruppe							
	I €	II €	III €	IV €	V €	VI €	VII €	VIII €
im 1.	2.502	2.526	2.604	2.666	–	–	–	–
im 2. u. 3.	–	2.667	2.676	2.777	–	–	–	–
im 4. u. 5.	–	–	2.824	2.885	3.057	–	–	–
im 6. u. 7.	–	–	2.974	2.992	3.167	3.339	3.517	–
im 8. u. 9.	–	–	–	3.097	3.300	3.513	3.722	4.052
im 10. u. 11.	–	–	–	3.204	3.445	3.691	3.938	4.330
im 12. u. 13.	–	–	–	3.310	3.591	3.871	4.153	4.606
vom 14. an	–	–	–	–	3.740	4.052	4.365	4.885

Abbildung 13: Gehaltsgruppen gemäß § 1 GTV (Stand 23.5.2015)

§ 6 MTV Zu den als Grundgehalt vereinbarten Bezügen kann der Mitarbeiter eine Tätigkeitszulage erhalten, wenn er neben der Tätigkeit, nach der ein Mitarbeiter eingruppiert ist, dauernd Arbeiten einer höher bewerteten Gehaltsgruppe verrichtet. *§ 7 MTV* Ist der Mitarbeiter für die Arbeitsleistung oder Ausbildung von mehreren Mitarbeitern verantwortlich, so ist eine Verantwortungszulage zu zahlen.

§§ 3 und 13 MTV Der Manteltarifvertrag sieht Sonderzahlungen (Weihnachtsgeld, Urlaubsgeld) vor.

Neben den tarifvertraglichen Regelungen gewähren viele Versicherungsunternehmen ihren Mitarbeitern sonstige Bezüge. Diese werden unten dem Gliederungspunkt „freiwillige Sozialleistungen" behandelt.

6.2.2 Vergütungselemente im Außendienst

In der Versicherungswirtschaft wird zwischen dem angestellten Werbeaußendienst, dem angestellten organisierenden Außendienst und dem selbstständigen Außendienst unterschieden.

§ 19 MTV Die Bestimmungen des Angestellten im Werbeaußendienst und damit auch die Vergütung sind im Teil III des Manteltarifvertrags geregelt. Angestellte im Außendienst sind mit der Akquisition von Kunden oder mit der Betreuung des selbstständigen Außendienstes betraut. Da Außendienstmitarbeiter eine überwiegend vertriebs- und umsatzbezogene Tätigkeit ausüben, sind die Bezüge weitestgehend erfolgsabhängig. Angestellte des Außendienstes erhalten ein *§ 3 GTV* Mindesteinkommen. Bei diesem Mindesteinkommen wird unterschieden, ob der Angestellte dem Werbeaußendienst zugeordnet wird (d. h., er vermittelt *§ 19 MTV* Versicherungen) oder ob er dem organisierenden Außendienst zugeordnet wird (d. h., laut Arbeitsvertrag ist der Angestellte ausschließlich für die Anwerbung, *§ 20 MTV* Einarbeitung und Betreuung von Mitarbeitern zuständig). Zusätzlich wird unter bestimmten Voraussetzungen eine Sozialzulage und eine Sonderzahlung (Weihnachtsgeld) gewährt. Angestellte im Außendienst erhalten Fahrtauslagen und Spesen.

Zu dem festgelegten Mindesteinkommen erhalten die Vermittler eine erfolgsabhängige Bezahlung in Form von Provisionen. Damit wird die geleistete Arbeit, die mit dem Zustandekommen von Verträgen bzw. mit der Betreuung der laufenden Geschäftsbeziehung zu Kunden verbunden ist, vergütet. *§ 3 GTV*

Provisionen kommen in unterschiedlichster Gestaltung vor. Für die Vermittlung von Versicherungsverträgen wird i. d. R. eine Vermittlungsprovision gezahlt. Die Vermittlungsprovision kann in Prozent des Jahresbeitrages (häufig im Kompositbereich), in Promille der erwarteten Gesamtbeitragssumme (häufig in der Lebensversicherung) oder in einer bestimmten Anzahl von Monatsbeiträgen (häufig in der Krankenversicherung) bemessen sein. Neben dieser Vermittlungsprovision sind sog. Betreuungs-, Bestands-, Verwaltungs- oder Inkassoprovisionen üblich. Jede Versicherungsgesellschaft hat hier ihr eigenes System bzw. eigene Bezeichnungen. Mit zunehmendem Erfolg des Mitarbeiters bzw. wachsendem Bestand entsteht i. d. R. ein Anspruch auf eine höhere Provisionsstufe. Führungskräfte im Außendienst (organisierender Außendienst) erhalten sog. Superprovisionen. An jedem Vertrag, für den ein ihm zugeordneter Vermittler Provision erhält, ist die Führungskraft prozentual beteiligt.

Um den Vertrieb für bestimmte Sparten oder einzelne Produkte besonders zu fördern, werden z. B. Wettbewerbe initiiert. Die erfolgreichsten Vermittler erhalten Geld- oder Sachpreise. Gleiches gilt für die erfolgreichsten Führungskräfte. Darüber hinaus ist es üblich, Ziele zu vereinbaren. Beim Erreichen bestimmter Umsatzziele werden dann Bonifikationen (Quartals-, Jahreserfolgsvergütung) gezahlt.

Der selbstständige Versicherungsvertreter ist, entsprechend den Bestimmungen des HGB, selbstständiger Kaufmann. Er trägt das unternehmerische Risiko allein, ist nicht weisungsgebunden und kann seine Arbeitszeit / seinen Urlaub frei bestimmen. Als selbstständiger Kaufmann erhält er daher kein Mindesteinkommen durch die jeweilige Versicherungsgesellschaft. Er muss für seine soziale Absicherung alleine sorgen und hat seine Einnahmen selbst zu versteuern. *§§ 84–92 HGB*

Das Einkommen eines selbstständigen Vermittlers ist ausschließlich erfolgsabhängig. Für die Vermittlung von Versicherungen erhält er Provisionen, die allerdings höher bemessen sind als bei einem angestellten Außendienstmitarbeiter. Zudem werden neben den Vermittlungsprovisionen auch die o. g. unterschiedlichen Arten von Betreuungsprovisionen und Bonifikationen gezahlt.

6.3 Betriebliche Sozialleistungen

Als betriebliche Sozialleistungen bzw. Personalzusatzleistungen werden die Leistungen bezeichnet, die das Unternehmen zusätzlich zum Arbeitsentgelt für seine Mitarbeiter aufwendet. Der Arbeitgeberverband der Versicherungsunternehmen in Deutschland e. V. (AGV) unterscheidet in seinen Statistiken zwischen Entgelt für geleistete Arbeit (Bruttomonatsgehälter abzüglich Sonderzahlungen und Entgelt für Ausfallzeiten wie Urlaub und Krankheit) und Personalzusatzleistungen.

Die verschiedenen Sozialleistungen werden nach gesetzlichen, tarifvertraglichen und freiwilligen Sozialleistungen unterschieden. Gerade durch die Gestaltung der freiwilligen Sozialleistungen kann ein Unternehmen seine Attraktivität für bereits Beschäftigte erhalten. Die Unternehmen erhoffen sich durch gute Sozialleistungen eine Erhöhung der Arbeitszufriedenheit und Motivation der Mitarbeiter. Zu erwarten sind eine Verbesserung des Betriebsklimas und eine steigende Identifikation der Mitarbeiter zum Unternehmen. Durch gute Sozialleistungen kann somit auch die Fluktuationsquote des Unternehmens gering gehalten werden. Im Kampf um gute Arbeitnehmer steigt die Attraktivität des Unternehmens auf dem Arbeitsmarkt.

Die von den Versicherungsunternehmen zu tragenden Kosten für Personalzusatzleistungen sind erheblich. So lag der Aufwand im Jahr 2012 bei den Versicherungsunternehmen mit 108 % höher als der Aufwand des Entgelts für geleistete Arbeit.

	€	in %
1. Entgelt für geleistete Arbeit	39.443	100,0
2. Personalzusatzleistungen	42.583	
Prozent des Entgelts für geleistete Arbeit		108,0
davon		
2.1 Sozialversicherungsbeiträge der Arbeitgeber		24,3
2.2 Entgelt für bezahlte Feiertage		7,0
2.3 Entgeltfortzahlung bei Krankheit		6,1
2.4 Sonstige gesetzliche Personalzusatzleistungen[1]		1,1
2.5 Entgelt für bezahlten Urlaub		16,6
2.6 Sonderzahlungen (Weihnachts-/Urlaubsgeld, Gratifikationen u.Ä.)		22,6
2.7 Aufwendungen für die betriebliche Altersversorgung und sonstige Vorsorgeeinrichtungen		16,9
2.8 Vermögenswirksame Arbeitgeberleistungen		1,3
2.9 Sonstige Personalzusatzleistungen[2]		10,2
2.10 Aufwendungen im Zusammenhang mit Vorruhestands- und Altersteilzeitregelungen		1,8
Personalkosten gesamt (1. + 2.)	82.026	208,0

[1] Z. B. Beiträge zur gesetzlichen Unfallversicherung, Ausgleichsabgabe nach dem Schwerbehindertengesetz, Zuschuss zum Mutterschaftsgeld

[2] Z. B. Ausbildungsvergütungen, zusätzliche Lohn- und Gehaltsfortzahlung im krankheitsfall, Beihilfen im Krankheitsfall, Wohnungsfürsorge, Familienunterstützung, Sach- und Fremdkosten für die berufliche Aus- und Weiterbildung, Verpflegungszuschüsse

Abbildung 14: Personalkosten in der Versicherungswirtschaft (AGV Geschäftsbericht 2014/2015, S. 43)

6.3.1 Gesetzliche Sozialleistungen

Die gesetzlichen Sozialleistungen leiten sich aus verschiedenen gesetzlichen Vorschriften ab. Der Arbeitnehmer hat gemäß Sozialgesetzbuch einen Anspruch darauf, dass das Unternehmen anteilig Beiträge zur Kranken-, Pflegepflicht-, Renten- und Arbeitslosenversicherung zahlt. Die Beiträge zur gesetzlichen Unfallversicherung trägt der Arbeitgeber zu 100 %.

Nach dem Entgeltfortzahlungsgesetz ist der Arbeitgeber verpflichtet, bei Arbeitsunfähigkeit bis zu einer Dauer von sechs Wochen das Gehalt weiter zu zahlen. Das gleiche Gesetz regelt die Entgeltfortzahlung für gesetzliche Feiertage.

Laut Bundesurlaubsgesetz hat ein Arbeitnehmer Anspruch auf jährlich 24 Werktage. Behinderte Arbeitnehmer haben Anspruch auf fünf weitere bezahlte Urlaubstage pro Kalenderjahr.

Behinderte § 125 SGB IX

Jugendliche Arbeitnehmer haben entsprechend ihrem Alter zu Beginn eines Kalenderjahres bis zu 30 Werktage im Jahr Urlaub.

§ 19 JArbSchG

Als weitere gesetzliche Sozialleistungen sind u. a. die Freistellung nach dem Mutterschutzgesetz und Elternzeiten nach dem Bundeserziehungsgeldgesetz zu erwähnen.

MuSchG BErzGG

6.3.2 Tarifvertragliche Sozialleistungen

Im Arbeitgeberverband der Versicherungsunternehmen in Deutschland e. V. (AGV) waren Anfang 2015 insgesamt 243 Versicherungsunternehmen als Voll- und weitere 75 Gastmitglieder mit rund 208.900 Mitarbeitern organisiert. Diese Unternehmen beschäftigen 99 % aller beschäftigten Arbeitnehmer in Unternehmen der Individualversicherung (vgl. AGV 2014/2015, S. 94). Arbeitgeberverband und Gewerkschaften (ver.di, DBV, DHV) handeln für die Beschäftigten Tarifverträge aus. An diese sind alle Vollmitglieder des AGV gebunden.

Im Manteltarifvertrag für das private Versicherungsgewerbe sind zahlreiche Sozialleistungen geregelt. So erhalten die Mitarbeiter im Mai (Urlaubsgeld) und im November (Weihnachtsgeld) Sonderzahlungen. Anstatt 24 Tage Mindesturlaub stehen den Mitarbeitern 30 Tage Erholungsurlaub pro Kalenderjahr zu. Heiligabend und Silvester sind arbeitsfreie Tage. Für Mehrarbeit, Sonn- und Feiertagsarbeit, Nachtarbeit und Schichtarbeit werden Zuschläge bezahlt. Bei durch Krankheit oder Unfall verursachter Arbeitsunfähigkeit erhalten die Mitarbeiter vom Beginn der siebten Woche an einen Zuschuss zum Krankengeld (krankenversicherungspflichtige Angestellte) bzw. eine Krankenzulage (freiwillige Weiterversicherung in der gesetzlichen Krankenversicherung oder privat Versicherte), die je nach Betriebszugehörigkeit bis zum Ablauf der 78. Woche gezahlt wird. Weitere Leistungen sind im Manteltarifvertrag aufgeführt.

Im Vermögensbildungstarif ist geregelt, dass Mitarbeiter jeden Monat einen Anspruch von 40 € auf vermögenswirksame Leistungen gemäß des Fünften Vermögensbildungsgesetzes haben.

§ 2 des Fünften VermBG

Im Altersteilzeitabkommen ist geregelt, dass Arbeitnehmer zu günstigeren Konditionen in die Phase des Ruhestands treten können.

6.3.3 Freiwillige Sozialleistungen

Über die o. g. Sozialleistungen hinaus gewähren viele Unternehmen zusätzliche Vergünstigungen. Diese Leistungen können durch Betriebsvereinbarungen festgeschrieben sein und werden dann als betriebliche Sozialleistungen im ei-

Betriebsvereinbarungen

gentlichen Sinne bezeichnet. Im Arbeitsvertrag können durch individuelle Vereinbarungen mit Mitarbeitern Leistungen vereinbart sein.

In der Versicherungswirtschaft ist es üblich, dass die Mitarbeiter Haustarife bzw. besondere Rabatte beim Abschluss eigener Versicherungen erhalten. Dazu zählen auch besonders günstige Hypothekendarlehen.

Nach dem Gesetz zur Verbesserung der betrieblichen Altersversorgung muss der Arbeitgeber eine betriebliche Altersvorsorge anbieten. Viele Versicherungsunternehmen übernehmen Teile der Beiträge zur betrieblichen Altersvorsorge.

Typische Zuwendungen sind Jubiläumsgelder oder Heirats- und Geburtshilfen. Häufig wird bei besonderen Anlässen (Umzug, Heirat, Geburt, Todesfälle in der Familie) Sonderurlaub gewährt. An einigen Standorten wird an den sog. Brauchtumstagen (z. B. Karneval im Rheinland) nicht gearbeitet.

In vielen Unternehmen werden Mitarbeitern Dienstwagen und Diensthandys zur Verfügung gestellt. Dürfen diese auch zu privaten Zwecken genutzt werden, so sind diese auch den freiwilligen Sozialleistungen zuzuordnen.

Auch die anteilige Kostenerstattung bei Weiterbildungsmaßnahmen und die Freistellung im Rahmen von Weiterbildungsprüfungen (z. B. Fachwirt für Versicherungen und Finanzen) sind in vielen Betriebsvereinbarungen geregelt.

In jüngster Zeit ist immer häufiger zu beobachten, dass Unternehmen Programme zur Gesundheitsprophylaxe ihrer Mitarbeiter fördern. Neben den seit Jahren geförderten Betriebssportgruppen werden Rückenschulungen und Rückenmassagen, Nichtraucherprogramme oder Ernährungsprogramme angeboten.

Inwieweit die freiwilligen Sozialleistungen tatsächlichen Einfluss auf die Motivation der Mitarbeiter haben, ist nicht eindeutig zu sagen. Je nach individueller Situation bewerten Mitarbeiter die gleiche Leistung ganz unterschiedlich. Der stark kostenbewusste Mitarbeiter wird durch die Bereitstellung eines Dienstwagens motiviert. Ein anderer Kollege vielleicht nicht, denn das von ihm bevorzugte Automobil steht im Fahrzeugpool des Unternehmens nicht zur Auswahl.

Cafeteria-Systeme

Um den Wirkungsgrad von Sozialleistungen zu erhöhen, haben verschiedene Unternehmen sog. Cafeteria-Systeme eingeführt. Entsprechend der hierarchischen Stellung im Unternehmen oder der Betriebszugehörigkeit erhalten die Mitarbeiter ein individuelles Budget zur Verfügung gestellt und können sich die von ihnen gewünschten Leistungen, wie in einer Cafeteria, wählen. So könnte ein verheirateter Mitarbeiter mit unterhaltspflichtigen Kindern eine Berufsunfähigkeits- und eine Lebensversicherung abschließen, dessen Versicherungsprämien aus seinem zur Verfügung gestellten Budget bezahlt werden. Ein lediger Kollege wählt dagegen für sein Budget einen Dienstwagen aus. Aufgrund des hohen Verwaltungsaufwands werden Cafeteria-Systeme häufig nur für einen ausgewählten Mitarbeiterkreis angeboten (z. B. leitende Mitarbeiter).

6.3.4 Erfolgs- und Kapitalbeteiligungen

Durch Erfolgs- und Kapitalbeteiligungen gewähren einige Unternehmen ihren Mitarbeitern zusätzliche finanzielle Leistungen. Diese üben einen sehr starken Anreiz auf die Motivation der Mitarbeiter aus. Mitarbeiter profitieren von ihrem persönlichen Einsatz, ihrer Arbeitsleistung und ihrem kostenbewussten Verhalten. Damit steigen das Interesse am „eigenen" Unternehmen, die Identifikation und das Verantwortungsbewusstsein. Der Mitarbeiter wird quasi zum „Mitunternehmer".

6.3.4.1 Erfolgsbeteiligung

Bei der Erfolgsbeteiligung werden die Mitarbeiter zusätzlich zu ihrem Gehalt am Erfolg des Unternehmens beteiligt. Unterschiedliche Konzepte, die sich an verschiedenen Bemessungsgrundlagen orientieren, werden unterschieden.

Leistungsbeteiligung

Bei der Leistungsbeteiligung werden die Mitarbeiter an der Leistung beteiligt, die im Unternehmen insgesamt erbracht wird. Wenn ein vereinbartes Ziel (eine Leistung) erreicht oder überschritten wird, erhalten die Mitarbeiter eine Sonderzahlung.

Ertragsbeteiligung

Bei der Ertragsbeteiligung wird z. B der erzielte Umsatz als Bemessungsgrundlage genommen. Hierbei besteht jedoch die Gefahr, dass ein reines Umsatzdenken entstehen kann, welches zulasten von Kosten und Gewinnen erfolgt.

Gewinnbeteiligung

Daher wird in den Unternehmen häufig der Bilanzgewinn als Bemessungsgrundlage genommen. Bei der Gewinnbeteiligung erhalten die Mitarbeiter nur dann eine Erfolgsbeteiligung, wenn das Unternehmen tatsächlich einen Gewinn erwirtschaftet hat.

Insbesondere bei Führungskräften von Aktiengesellschaften wird die Beteiligung an der Wertentwicklung des Unternehmens gemessen. Hierdurch soll ein langfristig-strategisch ausgerichtetes Handeln gefördert werden. Die Kursentwicklung des Unternehmens gilt als Bemessungsgrundlage.

Nachdem die Gesamtquote der auszuzahlenden Erfolgsbeteiligung festgestellt wurde, erfolgt die Verteilung auf die Belegschaft. Diese kann nach folgenden Grundsätzen erfolgen:

Gleichheitsprinzip, Sozialprinzip Leistungsprinzip

Nach dem Gleichheitsprinzip erhalten alle Mitarbeiter die gleiche Summe. Dies führt allerdings dazu, dass gerade für die Leistungsträger des Unternehmens nur ein geringer Anreiz entsteht. Beim Sozialprinzip werden bei der Verteilung Beschäftigungsdauer, Alter oder Familienstand der Mitarbeiter berücksichtigt. Das Leistungsprinzip orientiert sich am jeweiligen Einkommen des Mitarbeiters. Wurden bei der Gehaltsfindung die Prinzipien der Anforderungs- und Leistungsgerechtigkeit (s. o.) berücksichtigt, ist bei dieser Form der höchste Wirkungsgrad dieses Anreizsystems zu vermuten.

Die Verwendung der Erfolgsbeteiligung kann in der Form erfolgen, dass die Mitarbeiter das Geld ausgezahlt bekommen oder Anteile am Unternehmen erhalten.

6

6.3.4.2 Kapitalbeteiligung

Bei der *Kapitalbeteiligung* beteiligen sich die Mitarbeiter am Fremd- oder Eigenkapital des Unternehmens.

Fremdkapitalbeteiligung

Bei der *Fremdkapitalbeteiligung* stellt der Mitarbeiter dem Unternehmen für einen vereinbarten Zeitraum finanzielle Mittel in Form von Mitarbeiterdarlehen oder Mitarbeiterschuldverschreibungen zur Verfügung. Nach Fristablauf wird das Geld zuzüglich der vereinbarten Zinsen an die Mitarbeiter zurückgezahlt. Das Unternehmen hat den Vorteil, dass relativ kurzfristig finanzielle Mittel zur Verfügung gestellt werden. Zudem wirken keine „fremden" Gläubiger auf das Unternehmensgeschehen ein. Die Mitarbeiter erhalten einen höheren Zinssatz als bei anderweitigen Geldanlagen und sichern den Bestand ihres Unternehmens. In der Versicherungswirtschaft ist diese Form der Kapitalbeteiligung eher unüblich.

Eigenkapitalbeteiligung

§ 7 VAG

Bei der *Eigenkapitalbeteiligung* erwerben die Mitarbeiter Anteile am Eigenkapital des Unternehmens und werden dadurch je nach Gesellschaftsform Gesellschafter oder Aktionäre. Aufgrund der Vorschriften des Versicherungsaufsichtsgesetzes sind in Deutschland für den Versicherungsbetrieb lediglich Versicherungsvereine auf Gegenseitigkeit, öffentlich-rechtliche Versicherer und Versicherungs-Aktiengesellschaften für den Geschäftsbetrieb zugelassen. Bei den Versicherungs-Aktiengesellschaften ist eine Beteiligung über Belegschaftsaktien möglich. Mitarbeiter erwerben zu vergünstigten Preisen Belegschaftsaktien oder die oben beschriebenen Erfolgsbeteiligungen werden nicht bar, sondern in Form von Belegschaftsaktien ausgeschüttet. Von dieser Form der Beteiligung geht eine erhebliche Motivation für die Mitarbeiter aus, da sich eine positive Geschäftsentwicklung des Unternehmens durch Ausschüttung von Dividenden finanziell positiv für die Mitarbeiter (Aktionäre) auswirkt.

6.4 Rechtliche Aspekte der Personalentlohnung

Arbeitsvertrag

Im Arbeitsvertrag wird die Gestaltung des Arbeitsverhältnisses geregelt. Hierzu gehören auch Regelungen zur Entlohnung. Im Arbeitsvertrag kann auch auf bestehende Tarifverträge und Betriebsvereinbarungen verwiesen werden.

Tarifvertrag

§ 1 TVG

§ 2 TVG

§ 3 TVG

Nach Tarifvertragsgesetz regelt der Tarifvertrag die Rechte und Pflichten der Tarifvertragsparteien. Tarifvertragsparteien sind Gewerkschaften, einzelne Arbeitgeber sowie Vereinigungen von Arbeitgebern. Tarifgebunden sind die Mitglieder der Tarifvertragsparteien und der Arbeitgeber, der selbst Partei des Tarifvertrages ist. Das Bundesministerium für Arbeit und Soziales kann einen Tarifvertrag im Einvernehmen mit einem aus je drei Vertretern der Spitzenorganisationen der Arbeitgeber und Arbeitnehmer bestehenden Ausschuss auf Antrag einer Tarifvertragspartei für allgemeinverbindlich erklären, wenn

- die tarifgebundenen Arbeitgeber nicht weniger als 50 vom Hundert der unter den Geltungsbereich des Tarifvertrages fallenden Arbeitnehmer beschäftigen und

§ 5 TVG

- die Allgemeinverbindlichkeitserklärung im öffentlichen Interesse geboten erscheint.

In der privaten Versicherungswirtschaft schließen der Arbeitgeberverband der Versicherungsunternehmen in Deutschland e. V. (AGV) und die Gewerkschaften ver.di, DBV und DHV die Tarifverträge ab. Die Voll- und Gastmitglieder des AGV beschäftigten im Jahr 2015 99 % aller in der privaten Versicherungswirtschaft beschäftigten Arbeitnehmer.

Im Rahmen der Personalentlohnung sind somit für die Vollmitglieder des AGV die Bestimmungen der o. g. Tarifverträge (s. 6.3.2) bindend.

Betriebs-vereinbarungen
§ 77 BetrVG

Den tarifvertraglichen Regelungen nachgeordnet sind Regelungen, die auf betrieblicher Ebene zwischen dem Arbeitgeber und dem Betriebsrat durch Betriebsvereinbarungen getroffen werden. Oft werden in Betriebsvereinbarungen betriebliche Sozialleistungen vereinbart.

Regelungen bezüglich gesetzlicher Sozialleistungen wurden bereits unter Punkt 6.3.1 angesprochen.

Zusammenfassung

Auf der Grundlage des Arbeitsvertrags schließen Arbeitgeber und Arbeitnehmer quasi ein Tauschgeschäft ab. Der Arbeitnehmer schuldet dem Arbeitgeber seine Arbeitsleistung, dieser schuldet dem Arbeitnehmer eine angemessene Entlohnung. Das Gehalt ist zum einen die Grundlage für die Befriedigung der wirtschaftlichen Bedürfnisse der Mitarbeiter, zum anderen ist es ein Mittel des Arbeitgebers, Anerkennung bzw. Wertschätzung für die geleistete Arbeit zu vermitteln. In den Unternehmen ist das Gehalt ein sehr sensibles Thema. Schnell fühlen sich Mitarbeiter ungerecht gegenüber Kollegen behandelt oder bewerten das eigene Gehalt im Vergleich zur geleisteten Arbeit als zu niedrig. Daher sollten die Gehaltsgrundsätze transparent gestaltet werden. Für eine gerechte Entgeltfindung sind die Aspekte Anforderungs-, Leistungs- und Marktgerechtigkeit zu berücksichtigen.

Die Unternehmen stehen beim Thema Vergütung immer in einem Spannungsfeld. Am Arbeitsmarkt müssen sie attraktiv sein, um möglichst qualifizierte Mitarbeiter für das Unternehmen zu gewinnen bzw. diese zu halten. Gleichzeitig sind die Personalkosten langfristig in einem angemessenen Rahmen zu halten, da diese den größten Teil der Verwaltungskosten eines Versicherungsunternehmens ausmachen und zu hohe Verwaltungskosten die Wettbewerbsfähigkeit insgesamt gefährden könnten.

In der Versicherungswirtschaft wird zwischen Vergütungssystemen im Innen- und Außendienst unterschieden. Der Mitarbeiter im Innendienst erhält ein tätigkeitsbezogenes monatliches Gehalt in Form eines Zeitlohns. Der angestellte Mitarbeiter im Außendienst erhält ein monatliches Mindesteinkommen und darüber hinaus eine erfolgsabhängige Vergütung. Näheres ist in den Tarifverträgen für die private Versicherungswirtschaft geregelt. Das Einkommen eines selbstständigen Handelsvertreters im Außendienst ist ausschließlich erfolgsabhängig. Für die Vermittlung von Versicherungs- und Finanzprodukten werden Provisionen bzw. Courtagen (bei Maklern) gezahlt.

Neben dem Entgelt für geleistete Arbeit werden für die angestellten Mitarbeiter noch Personalzusatzleistungen fällig. Die Personalzusatzleistungen betrugen in der Versicherungswirtschaft im Jahr 2012 108 % des Entgelts für geleistete Arbeit. Es werden gesetzliche, tarifvertragliche und freiwillige Sozialleistungen unterschieden. Gerade bei den freiwilligen Sozialleistungen haben Unternehmen Möglichkeiten, sich im Rahmen der Personalbeschaffung als attraktive Arbeitgeber zu positionieren. Um einen höheren Wirkungsgrad hinsichtlich der Motivation der Mitarbeiter zu erhalten, gibt es sog. Cafeteria-Systeme. Durch Individualisierung der freiwilligen Sozialleistungen sollen speziell Leistungsträger Anreize erhalten. Erfolgs- und Kapitalbeteiligungen sind weitere Möglichkeiten, die Leistungsbereitschaft der Mitarbeiter und die Identifikation mit dem Unternehmen zu erhöhen.

7. Personalfreisetzung

Handlungssituation

Sie sind als Abteilungsleiter im Bereich der gewerblichen Sach-/Haftpflichtversicherung tätig. In den vergangenen Geschäftsjahren wurden in der gewerblichen Sach- und Haftpflichtversicherung negative Ergebnisse erzielt. Analysen verschiedener Kennzahlen haben ergeben, dass sich dieser Trend weiter fortsetzen wird. Der Vorstand der Proximus Versicherung AG hat nun entschieden, dass die Annahmepolitik deutlich verschärft wird und der Versicherungsbestand mittelfristig um 30 % zu reduzieren ist. In den nächsten Tagen sollen Sie mit dem zuständigen Vorstandsmitglied ein Gespräch führen, um Möglichkeiten der Personalreduzierung in Ihrer Abteilung zu erörtern.

Aufgrund der anstehenden Bestandsreduzierung gehen Sie davon aus, dass mittelfristig weniger Mitarbeiter in Ihrer Abteilung benötigt werden. Sie überlegen, ob es in Ihrer Abteilung Mitarbeiter gibt, die ggf. früher in den Ruhestand treten möchten oder in der Vergangenheit den Wunsch auf eine Teilzeitbeschäftigung geäußert haben. Zudem wäre darüber zu diskutieren, ob bei einem Ausscheiden von Mitarbeitern die dann freien Stellen nicht wieder neu besetzt werden. Vielleicht können allgemeine verwaltende Tätigkeiten ausgelagert werden, so dass die dann verbleibenden Mitarbeiter entlastet werden und nur noch versicherungsspezifische Aufgaben erledigen müssen.

7.1 Bedeutung der Personalfreisetzung

Die Personalfreisetzung bzw. der Personalabbau umfasst die Maßnahmen im Unternehmen, die notwendig sind, um eine personelle Überdeckung zu beheben. Dabei sind sowohl quantitative, qualitative, örtliche und zeitliche Aspekte zu beachten. Selbst bei einer guten Personalplanung und einer strategischen Personalentwicklung kann es verschiedene Gründe geben, die einen Personalabbau notwendig machen. Der Rückgang der Konjunktur und ein verändertes Kundenverhalten können dazu führen, dass der Absatz von Versicherungsprodukten insgesamt oder in einzelnen Sparten rückläufig ist. Veränderte Gesetzgebungen können zur Gefährdung einzelner Versicherungssparten führen. So wird beispielsweise durch die verschiedenen Gesundheitsreformen der Wechsel von einer gesetzlichen Krankenkasse zu einer privaten Krankenversicherung für einen Arbeitnehmer immer weiter erschwert. Der zunehmende Wettbewerb der Unternehmen führt dazu, dass der Konzentrationsprozess in der Branche zunimmt und einzelne Unternehmen vom Markt verschwinden. Durch Übernahmen bzw. Fusionen bei Aktiengesellschaften oder die Bildung von Gleichordnungskonzernen bei Versicherungsvereinen auf Gegenseitigkeit sollen Synergien geschaffen werden. Oft ist damit eine mittelfristige Personalreduzierung verbunden. Zudem nimmt der Technologisierungsgrad in den Unternehmen immer rasanter zu. Schneller arbeitende Prozessoren, elektronische Anträge, Scannen und Erkennen von Belegen, maschinelle Risikoprüfungsprogramme oder elektronische Plausibilitätsprüfungen bei der Leistungsbearbeitung sind nur einige Stichworte hierzu. Die Einführung neuer Technologien stellt veränderte Anforderungen an die Mitarbeiter. Einfache Tätigkeiten fallen weg, qualitativ hochwertige Aufgaben kommen hinzu. Gegebenenfalls können einzelne Mitarbeiter trotz Qualifizierungsmaßnahmen die an sie gestellten Anforderungen nicht mehr erfüllen. Auch individuelle Gründe führen dazu, dass sich Unternehmen von Mitarbeitern trennen.

Die Reduzierung des Personalbestands kann aus ökonomischer Sicht für den Fortbestand des gesamten Unternehmens notwendig sein, gleichzeitig sind unter sozialen Gesichtspunkten die Interessen der Mitarbeiter angemessen zu berücksichtigen. Die Unternehmen, die unter kurzfristigen ökonomischen Gesichtspunkten Personal reduzieren, werden es in „Boomzeiten" schwerer haben, qualifizierte Mitarbeiter für ihr Unternehmen zu gewinnen.

7.2 Möglichkeiten der internen Personalfreisetzung

Um Entlassungen, z. B. aufgrund von Rationalisierungsmaßnahmen oder anderen o. g. Gründen, zu vermeiden, bietet es sich zunächst an, arbeitszeitverkürzende Maßnahmen einzuleiten.

Arbeitszeitguthaben

Kurzfristig können bestehende Arbeitszeitguthaben (siehe Arbeitszeitmodelle) der Mitarbeiter abgebaut werden. Gegebenfalls kann auch durch Verschiebung von Urlaubszeiten kurzfristige Überkapazität abgebaut werden. Darüber hinaus kann die Mehrarbeit (Arbeit, die über 38 Stunden pro Wochen hinaus geht und angeordnet ist, vgl. MTV) gestoppt bzw. reduziert werden. Da für Mehrarbeit ein Gehaltszuschlag gezahlt wird, wirkt sich dies positiv auf die Personalkosten aus.

Mehrarbeit

Teilzeitarbeit § 11 MTV

Der Arbeitgeber kann den Mitarbeitern auf freiwilliger Basis Teilzeitarbeit anbieten. Bei Teilzeitarbeit wird die regelmäßige Arbeitszeit eines Mitarbeiters gekürzt. Ein Mitarbeiter arbeitet weniger als 38 Stunden pro Woche, gleichzeitig wird das Gehalt anteilig reduziert. Gerade Arbeitnehmer, die Angehörige (Kinder, Eltern) zu betreuen haben, nutzen gerne dieses Angebot, ebenso ältere Mitarbeiter, um den Übergang in den Ruhestand langsam zu gestalten. Zur Vermeidung von Entlassungen und zur Sicherung der Beschäftigung ist es möglich, durch freiwillige Betriebsvereinbarungen mit dem Betriebsrat zu vereinbaren, dass für alle Beschäftigten oder für Teile der Belegschaft die regelmäßige wöchentliche Arbeitszeit um bis zu 8 Stunden reduziert wird.

Versetzung

Ein wirkungsvolles Instrument der internen Personalfreisetzung ist die Versetzung. Mitarbeiter werden auf eine andere Stelle im Unternehmen versetzt, ohne dass anschließend die Stelle des zu versetzenden Mitarbeiters wieder besetzt wird. Zu beachten ist hier zusätzlich der qualitative Aspekt (vgl. Kap. 5, Personalentwicklung). Möglicherweise muss der Mitarbeiter erst qualifiziert werden. Bei der Versetzung eines Mitarbeiters ist der Betriebsrat zu beteiligen. Ebenso bedürfen Richtlinien zur Versetzung von Mitarbeitern in einem Unternehmen der Zustimmung des Betriebsrats.

§ 99 BetrVG

§ 95 BetrVG

7.3 Möglichkeiten der externen Personalfreisetzung

Im Zuge der externen Personalfreisetzung wird die Anzahl der Mitarbeiter im Unternehmen reduziert.

7.3.1 Ausnutzung der natürlichen Fluktuation

Die sozial verträglichste Maßnahme des Personalabbaus ist die Ausnutzung der sog. natürlichen Fluktuation. Aus verschiedenen Gründen scheiden Mitarbeiter aus den Unternehmen aus. Mitarbeiter kündigen selbst, weil sie z. B. zu einem anderen Arbeitgeber wechseln, an einen anderen Ort ziehen oder aus privaten Gründen nicht mehr arbeiten wollen oder können. Mitarbeiter scheiden aus, weil sie in den Ruhestand treten oder weil sie aufgrund von Krankheit oder Unfall erwerbs- bzw. berufsunfähig geworden sind. Auslernende Auszubildende werden nicht übernommen oder wollen ein Studium aufnehmen. Mitarbeiter können versterben. Befristete Arbeitsverträge mit Mitarbeitern werden nicht verlängert. Beim Ausnutzen der natürlichen Fluktuation werden die freiwerdenden Stellen nicht mehr durch die Einstellung neuer Mitarbeiter besetzt.

6

7.3.2 Aufhebungsvertrag

Eine Möglichkeit des Personalabbaus ist der Abschluss von einvernehmlichen Aufhebungsverträgen mit einzelnen Arbeitnehmern. Hierbei einigen sich Arbeitgeber und Arbeitnehmer darauf, den bestehenden Arbeitsvertrag aufzulösen. Damit der Arbeitgeber sein Angebot durchsetzen kann, ist dieses oft mit dem Angebot einer Abfindung verbunden. Die Höhe der Abfindung wird häufig unter Ansatz eines halben Monatsgehalts pro Beschäftigungsjahr berechnet. Der Aufhebungsvertrag bedarf der Schriftform. In der inhaltlichen Gestaltung sind die Vertragsparteien frei. Es bietet sich an, die folgenden Sachverhalte zu regeln:

§ 623 BGB

- Beendigungszeitpunkt
- Beendigungsgrund
- Freistellung/Urlaubsansprüche
- Betriebliche Altersversorgung
- Abfindung

Für den Arbeitgeber bietet der Aufhebungsvertrag den Vorteil, dass die Aufhebung an keinerlei Kündigungsfristen gebunden ist und der Betriebsrat nicht beteiligt werden muss. Bei Streitigkeiten mit einzelnen Arbeitnehmern bietet sich ein Aufhebungsvertrag an, um einen langwierigen Kündigungsrechtsstreit zu vermeiden.

Auch Arbeitnehmer können einen Aufhebungsvertrag anstreben, wenn sie ohne Einhaltung von Kündigungsfristen aus dem Arbeitsverhältnis ausscheiden wollen oder wenn beispielsweise in ihrem Arbeitsvertrag eine Wettbewerbsklausel vereinbart ist. Bei Verfehlungen des Arbeitnehmers kommt es vor, dass sich Arbeitgeber und Arbeitnehmer auf einen Aufhebungsvertrag einigen, um eine offizielle Kündigung zu vermeiden. Bei von Arbeitnehmern initiierten Vertragsauflösungen werden keine Abfindungen gezahlt.

6

7.3.3 Kündigung

Die schwerwiegendste Maßnahme des Personalabbaus ist die Kündigung. Eine Kündigung ist eine einseitige empfangsbedürftige Willenserklärung, die auf die Beendigung des Arbeitsverhältnisses abzielt. Die Kündigung hat schriftlich zu erfolgen.

§ 623 BGB
§ 622 BGB

Die Kündigung kann vom Arbeitnehmer ausgesprochen werden, dann hat dieser die gesetzlichen, tarifvertraglichen oder einzelvertraglich vereinbarten Kündigungsfristen einzuhalten.

Kündigung vom Arbeitgeber

Wird die Kündigung vom Arbeitgeber ausgesprochen, so muss die Kündigung vom Arbeitgeber selbst oder einem von ihm bevollmächtigten Vertreter (Personalleiter, Prokurist) erfolgen. Die Kündigung ist erst dann wirksam, wenn sie dem Arbeitnehmer zugegangen ist. Zugegangen ist die Kündigung, wenn sie dem Arbeitnehmer unter Anwesenheit einer weiteren Person persönlich ausgehändigt wird. Ist keine weitere Person anwesend, so sollte bei der persönlichen Übergabe eine Empfangsbestätigung angefertigt werden. Die Kündigung kann auch in den Briefkasten des zu Kündigenden eingeworfen werden, allerdings sollte auch hier ein Zeuge zugegen sein. Hier gilt als Zeitpunkt des Zugangs der Zeitpunkt, in dem normalerweise mit dem Leeren des Briefkastens gerechnet werden kann.

ordentliche Kündigung

Für die Arbeitgeberkündigung gelten strengere Voraussetzungen als für die Arbeitnehmerkündigung, da der Mitarbeiter durch die anstehende Arbeitslosigkeit sehr stark beeinträchtigt wird. Der Arbeitgeber hat bei der ordentlichen Kündigung die gesetzlichen Kündigungsfristen bzw. die tarifvertraglichen Fristen zu beachten. Der Betriebsrat ist vor jeder Kündigung anzuhören. Dabei hat der Arbeitgeber dem Betriebsrat die Gründe für die Kündigung mitzuteilen. Eine ohne Anhörung des Betriebsrats ausgesprochene Kündigung ist unwirksam. Der Betriebsrat hat innerhalb von einer Woche Stellung zu beziehen und kann Bedenken äußern bzw. Widerspruch einlegen. Gibt der Betriebsrat nicht innerhalb von einer Woche eine Stellungnahme ab, so gilt die Zustimmung als erteilt.

§ 622 BGB
§ 15 MTV
§ 102 BetrVG

allgemeiner Kündigungsschutz

Zu unterscheiden sind der allgemeine und der besondere Kündigungsschutz. Der allgemeine Kündigungsschutz ist im Kündigungsschutzgesetz geregelt. Er gilt unter der Voraussetzung, dass das Arbeitsverhältnis zwischen Arbeitgeber und Arbeitnehmer länger als sechs Monate bestanden hat und der Arbeitgeber mindestens zehn vollzeitig beschäftigte Arbeitnehmer (Teilzeitkräfte werden anteilig gewertet; für Arbeitsverhältnisse, die vor 2004 bestanden haben, gilt die Besitzstandsregelung von fünf Arbeitnehmern) beschäftigt. Eine Kündigung ist nur dann wirksam, wenn eine soziale Rechtfertigung vorliegt. Gründe können personenbezogen, verhaltensbezogen oder betriebsbezogen sein.

§ 1 KSchG
§ 23 KSchG
soziale Rechtfertigung

personenbezogene Kündigung

- Bei der personenbezogenen Kündigung kommt der Arbeitnehmer seinen arbeitsvertraglichen Pflichten nicht mehr nach, weil er nicht mehr dazu in der Lage ist. Dies können krankheitsbedingte Gründe sein. Es kann aber auch sein, dass ein Arbeitnehmer aufgrund veränderter körperlicher oder geistiger Fähigkeiten nicht mehr in der Lage ist, seine Arbeit auszuführen. Weitere Gründe können dadurch entstehen, dass einem Mitarbeiter persönliche Eignungsvoraussetzungen fehlen bzw. verloren gegangen sind (z. B. Entzug der Fahrerlaubnis bei einem Berufskraftfahrer, fehlendes Gesundheitszeugnis bei einem Koch). Bei allen personenbezogenen Kündigungen muss auch eine Beeinträchtigung der Interessen des Arbeitgebers gegeben sein. Hierbei ist unter sozialen Gesichtspunkten eine sorgfältige Abwägung aller Interessenlagen vorzunehmen. Jeder Einzelfall ist sehr sorgfältig zu prüfen.

- Verhaltensbedingte Kündigungen werden dann ausgesprochen, wenn der Arbeitnehmer durch bewusstes Tun seine arbeitsvertraglichen Pflichten verletzt. Gründe hierfür sind Tätlichkeiten, Beleidigungen, Arbeitsverweigerung, unentschuldigtes Fehlen, Unpünktlichkeit, Unterschlagungen, Verstöße gegen Treuepflichten etc. Bei allen Gründen, die den Leistungsbereich (z. B. Arbeitsverweigerung) betreffen, ist der Mitarbeiter vor dem Ausspruch einer Kündigung i. d. R. abzumahnen. Eine Abmahnung hat schriftlich und zeitnah zu erfolgen. In ihr ist das pflichtwidrige Verhalten des Mitarbeiters darzustellen, es ist darauf hinzuweisen, dass dieses Verhalten eine Pflichtverletzung ist und der Mitarbeiter dieses in der Zukunft zu unterlassen hat. Zudem sind die Sanktionen (z. B. Versetzung, Kündigung) konkret zu benennen, die der Mitarbeiter bei einem weiteren Verstoß zu erwarten hat.

verhaltensbedingte Kündigung

Abmahnung

- Bei der betriebsbedingten Kündigung stehen dringende betriebliche Erfordernisse einer Weiterbeschäftigung des Arbeitnehmers entgegen. Solche betriebsbedingten Gründe können durch einen Umsatzrückgang ausgelöst werden. Es können aber auch durch Rationalisierungsmaßnahmen (z. B. durch die Einführung neuer EDV-Technik, elektronischer Antragsannahme etc.) ganze Arbeitsbereiche wegfallen. Die betriebsbedingte Kündigung muss unvermeidbar sein, d. h., der Betrieb muss vorher alle Maßnahmen zur Weiterbeschäftigung der Mitarbeiter ausgeschöpft haben.

betriebsbedingte Kündigung

Neben diesen sog. positiven Gründen, die bei der Erklärung einer Kündigung vorliegen müssen, gibt es auch negative Gründe, die bei der Kündigung nicht vorliegen dürfen. Hier sind die sozialwidrige Auswahl, der Verstoß gegen Auswahlrichtlinien und die Weiterbeschäftigungsmöglichkeit zu nennen.

- Bei der sozialwidrigen Auswahl ist darauf zu achten, dass bei der Auswahl der zu kündigenden Mitarbeiter, Kriterien wie das Lebensalter, die Betriebszugehörigkeit, Unterhaltspflichten oder Schwerbehinderung ausreichend berücksichtigt werden. Arbeitnehmer, deren Weiterbeschäftigung eine betriebliche Notwendigkeit darstellt (z. B. Spezialisten), sind nicht in die Sozialauswahl einzubeziehen.

sozialwidrige Auswahl

§ 3 KSchG

- Sind in einem Betrieb Auswahlrichtlinien im Rahmen von Betriebsvereinbarungen festgelegt worden, so darf der Arbeitgeber gegen diese Auswahlrichtlinien nicht verstoßen.

Auswahlrichtlinien § 95 BetrVG

- Eine Weiterbeschäftigung des Mitarbeiters auf einem anderen freien Arbeitsplatz nach einer zumutbaren Umschulung oder Fortbildung ist möglich.

Weiterbeschäftigung

Neben dem allgemeinen Kündigungsschutz gibt es für besonders schutzwürdige Arbeitnehmergruppen einen besonderen Kündigungsschutz. Dieser bezieht sich u. a. auf Mitglieder der Betriebsverfassungsorgane sowie Vertrauensleute der Schwerbehinderten, Auszubildende, Schwerbehinderte, Wehr- und Zivil-

besonderer Kündigungsschutz

dienstleistende, Personen im Erziehungsurlaub, schwangere Frauen und Frauen bis vier Monate nach der Entbindung.

außerordentliche Kündigung

Neben der ordentlichen Kündigung kann auch eine außerordentliche Kündigung ausgesprochen werden. Die außerordentliche Kündigung erfolgt mit sofortiger Wirkung. Hier kann die Fortsetzung des Arbeitsverhältnisses bis zum Ablauf der Kündigungsfrist nicht zugemutet werden. Wichtige Gründe können z. B. Straftaten gegen den Arbeitgeber oder schwerwiegende Störungen des Betriebsfriedens sein. Die außerordentliche Kündigung muss innerhalb von zwei Wochen nach Bekanntwerden der maßgeblichen Tatsachen erfolgen. Auch bei der außerordentlichen Kündigung ist der Betriebsrat vor der Kündigung zu hören. Der Betriebsrat kann schweigen. Der Arbeitgeber darf erst drei Tage nach Information des Betriebsrats die Kündigung aussprechen. Das Schweigen des Betriebsrats bei einer außerordentlichen Kündigung ist nicht als Zustimmung zu werten.

§ 626 BGB

7.4 Outsourcing

Beim Outsourcing werden Aufgaben und Funktionen ausgelagert und auf andere Arbeitgeber übertragen. Bereits in den Achtzigerjahren des letzten Jahrhunderts begannen die Versicherungsunternehmen Aufgabenfelder zu identifizieren, die nicht zu den Kernfunktionen einer Versicherung gehören. Anstatt eigener Reinigungskräfte wurden externe Reinigungsfirmen mit der Pflege der Betriebsstätten beauftragt. Das Betriebsrestaurant wurde durch einen externen Caterer geführt. Handwerker, Empfangs- und Sicherheitsdienst, Gärtner oder Fuhrpark sind weitere Beispiele für Outsourcing. Die Verlagerung dieser Aufgaben kann sich positiv auf die Personalkosten auswirken. Wie bereits beschrieben, ist der Personalaufwand (direktes Entgelt und Personalzusatzleistungen) in der Versicherungswirtschaft gegenüber anderen Branchen überdurchschnittlich hoch. Es ist häufig kostengünstiger, einen fixen Betrag an ein Dienstleistungsunternehmen zu bezahlen, bei dem die dort angestellten Mitarbeiter einem anderen Tarifvertrag unterliegen, als eigene Mitarbeiter nach dem „teuren" Tarifvertrag der Versicherungswirtschaft zu entlohnen. Zudem übernimmt der Auftraggeber das Risiko, wenn Mitarbeiter aus verschiedenen Gründen ausfallen (Krankheit, Schwangerschaft etc.). Außerdem ist der Auftragnehmer für die Qualitätssicherung verantwortlich.

Mit zunehmendem Kostendruck werden in jüngster Vergangenheit auch immer mehr versicherungsnahe Funktionen ausgegliedert. So wird die telefonische Erreichbarkeit für eine Schadenaufnahme, z. B. nach 20:00 Uhr, auf ein externes Service-Center ausgelagert. Gerade kleinere Unternehmen lagern Risikoprüfung für einzelne Sparten, Gutachtertätigkeiten oder sogar die gesamte Schadenregulierung aus.

Bei allen Vorteilen müssen aber auch die Grenzen des Outsourcings kritisch betrachtet werden. Der Abstimmungs- und Koordinierungsbedarf mit Fremdfirmen ist oftmals mit einem höheren Zeitaufwand verbunden als die Umsetzung von Veränderungen in den eigenen Linien. Das Unternehmen muss zudem aufpassen, dass Kernkompetenzen nicht verloren gehen bzw. dass keine Abhängigkeiten gegenüber Fremdfirmen entstehen. Nur eigene Mitarbeiter identifizieren sich mit dem Unternehmen und sind bereit, Ideen und Innovationen voranzutreiben. Know-how fließt aus den Unternehmen ab und geht möglicherweise an Wettbewerber über. So sind die Kostenvorteile gegenüber entstehenden Abhängigkeiten abzuwägen.

7.5 Rechtliche Aspekte der Personalfreisetzung

Bei der Personalfreisetzung sind verschiedene rechtliche Bestimmungen zu beachten.

Das Kündigungsschutzgesetz ist auf alle Arbeitsverhältnisse in Betrieben mit mehr als fünf Arbeitnehmern anzuwenden. Die Arbeitsverhältnisse müssen mindestens sechs Monate bestanden haben. Weiterhin muss eine Kündigung sozial gerechtfertigt sein. Eine Kündigung darf nicht gegen vereinbarte Auswahlrichtlinien verstoßen. Eine Kündigung ist auch dann sozial ungerechtfertigt, wenn dem Mitarbeiter eine Weiterbeschäftigung an einem anderen Arbeitsplatz, ggf. nach einer zumutbaren Weiterbildung, im Unternehmen möglich ist. Bei betriebsbedingten Kündigungen muss der Arbeitgeber eine Sozialauswahl berücksichtigen.

KSchG
§ 95 BetrVG
§ 1 Abs. 3 KSchG

Bei der Beendigung eines Arbeitsverhältnisses durch Kündigung oder Auflösungsvertrag ist die Schriftform erforderlich. Kündigungsfristen sind im BGB bzw. MTV geregelt. Aus wichtigem Grund (außerordentliche Kündigung) kann das Arbeitsverhältnis ohne Einhaltung von Kündigungsfristen gekündigt werden.

§ 623 BGB
§ 622 BGB
§ 15 MTV
§ 626 BGB

Für besonders schutzbedürftige Personengruppen im Unternehmen gibt es besondere Kündigungsschutzrechte. Die Kündigung eines Betriebsrats oder eines Jugend- und Auszubildendenvertreters während seiner Amtszeit und innerhalb eines Jahres nach Beendigung der Amtszeit ist unzulässig. Eine Kündigung ist hier nur aus wichtigem Grund möglich.

§ 15 KSchG

Die Kündigung eines Schwerbehinderten bedarf der Zustimmung des Integrationsamts.

§ 85 SGB IX

Während der Schwangerschaft und bis zum Ablauf von vier Monaten nach der Entbindung darf Arbeitnehmerinnen nicht gekündigt werden. Arbeitnehmerinnen und Arbeitnehmer, die Elternzeit verlangt haben oder sich in Elternzeit befinden, darf ebenfalls nicht gekündigt werden.

§ 9 MuSchG
§ 18 BErzGG

Auszubildende dürfen nach Ablauf der Probezeit (mindestens ein, höchstens vier Monate) nur noch aus wichtigem Grund gekündigt werden.

§ 20 BBiG
§ 22 BBiG

Bei allen Maßnahmen zur Personalfreistellung sind die Bestimmungen des Betriebsverfassungsgesetzes zu beachten. Auswahlrichtlinien bei Versetzungen oder Kündigungen bedürfen der Zustimmung des Betriebsrats. Vor jeder Versetzung hat der Arbeitgeber den Betriebsrat zu unterrichten, ihm die erforderlichen Unterlagen vorzulegen und die Zustimmung des Betriebsrats einzuholen. Bei Kündigungen sind die Bestimmungen des Betriebsverfassungsgesetzes zu berücksichtigen.

§ 95 BetrVG
§ 99 BetrVG
§§ 102f BetrVG

Zusammenfassung

Die Personalfreisetzung umfasst alle Maßnahmen im Unternehmen, die notwendig sind, um eine personelle Überdeckung zu beheben. Trotz guter Personalplanung kann es aufgrund von Rationalisierungsmaßnahmen, konjunkturellen Einbrüchen, gesetzlichen Bestimmungen, Fusionen oder anderen Gründen dazu kommen, dass Personal abgebaut werden muss. Der Fortbestand des gesamten Unternehmens kann davon abhängen. Andererseits sind die Interessen der Mitarbeiter angemessen zu berücksichtigen. Personalabbau ist ein hoch sensibles Thema, bei dem soziale Gesichtspunkte gewahrt werden müssen.

Um Entlassungen zu vermeiden, bietet es sich zunächst an, arbeitszeitverkürzende Maßnahmen einzuleiten. Bestehende Arbeitszeitguthaben sind abzubauen, Mehrarbeit kann gestoppt und Mitarbeitern können Teilzeitbeschäftigungsverhältnisse angeboten werden. Zudem kann versucht werden, Mitarbeiter auf andere Arbeitsplätze im Unternehmen zu versetzen. Natürliche Fluktuationen sind auszunutzen, indem Arbeitsplätze von ausscheidenden Arbeitnehmern nur noch mit internen Bewerbern besetzt werden. Es besteht die Möglichkeit, zwischen Arbeitgebern und Arbeitnehmern einvernehmliche Aufhebungsverträge zu schließen. In der Regel bietet der Arbeitgeber dem Mitarbeiter eine Abfindung an. Bei Kündigungen wird zwischen ordentlicher und außerordentlicher Kündigung unterschieden. Hierbei sind der allgemeine und der besondere Kündigungsschutz für bestimmte Personengruppen im Unternehmen zu berücksichtigen. In allen Fällen ist der Betriebsrat zu beteiligen. Insbesondere um Personalkosten zu reduzieren, bietet sich das Outsourcing an. Hier verlagern die Unternehmen Tätigkeiten, die nicht zu ihren Kernkompetenzen gehören, auf externe Dienstleistungsunternehmen (z. B. für ein Service-Center, ein Betriebsrestaurant oder eine Hausmeistertätigkeit). Zu beachten ist hierbei, dass keine Abhängigkeiten entstehen.

Aufgaben zur Selbstüberprüfung

1. Erläutern Sie die Bedeutung der Personalplanung im Zusammenhang mit der betrieblichen Leistungserstellung.
2. Beschreiben Sie den Prozess der Personalbestandsplanung.
3. Erklären Sie drei Faktoren, die Sie bei der Personalbedarfsplanung berücksichtigen.
4. Erörtern Sie die rechtlichen Aspekte der Personalplanung.
5. Beschreiben Sie die Bedeutung der Personalbeschaffung für die Proximus Versicherung AG.
6. Nennen Sie drei Bestandteile einer Stellenbeschreibung.
7. Erläutern Sie die Qualifikationsbereiche eines Anforderungsprofils.
8. Stellen Sie die Gliederung einer Stellenanzeige vor.
9. Diskutieren Sie Vor- und Nachteile der internen Stellenbesetzung.
10. Nennen Sie die Instrumente der Personalauswahl.
11. Beschreiben Sie drei mögliche Verfahren, die Sie bei der Analyse eines Lebenslaufes anwenden.
12. Erklären Sie die rechtlichen Anforderungen, die Sie bei der Erstellung eines Arbeitszeugnisses beachten müssen.
13. Begründen Sie, welche Form sich bei der Durchführung eines Vorstellungsgesprächs anbietet.
14. Entwickeln Sie drei typische Übungen, die Sie bei der Besetzung der Stelle eines hauptamtlichen Ausbilders im Rahmen eines Assessment-Centers einsetzen würden.
15. Erörtern Sie die rechtlichen Aspekte der Personalbeschaffung.
16. Stellen Sie die Bedeutung des Personaleinsatzes für die Proximus Versicherung AG vor.
17. Erläutern Sie, mit welchen Maßnahmen Sie die berufliche Handlungskompetenz der Mitarbeiter erhalten bzw. fördern können.
18. Diskutieren Sie die Vor- und Nachteile von „fester Arbeitszeit" und „variabler Arbeitszeit" für den Einsatz von Mitarbeitern in einer Versicherungsagentur.
19. Erläutern Sie vier rechtliche Aspekte, die Sie bei der Gestaltung des Personaleinsatzes zu berücksichtigen haben.
20. Erläutern Sie die Bedeutung der Personalentwicklung aus Sicht der Mitarbeiter und der Proximus Versicherung AG.
21. Erklären Sie anhand eines Beispiels aus Ihrem persönlichen Tätigkeitsbereich die Teilbereiche der beruflichen Handlungskompetenz.

22. Erläutern Sie geeignete Möglichkeiten, um den Qualifizierungsbedarf der Mitarbeiter Ihrer Abteilung, Gruppe oder Serviceeinheit festzustellen.
23. Stellen Sie drei verschiedene Beurteilungsverfahren vor.
24. Beschreiben Sie vier Beurteilungsfehler und begründen Sie, warum es für einen Beurteiler notwendig ist, möglichst viele Beurteilungsfehler zu kennen.
25. Erläutern Sie die rechtlichen Aspekte der Personalentwicklung.
26. Stellen Sie die Bedeutung der Personalentlohnung im Rahmen der betrieblichen Leistungserstellung dar.
27. Beschreiben Sie die Kriterien, die Sie bei einer gerechten Entgeltfindung berücksichtigen.
28. Stellen Sie die unterschiedlichen Vergütungssysteme von Innen- und Außendienst gegenüber.
29. Gliedern Sie die betrieblichen Sozialleistungen und nennen Sie jeweils drei Beispiele.
30. Diskutieren Sie den Nutzen von Erfolgs- und Kapitalbeteiligung für die Proximus Versicherung AG.
31. Erläutern Sie die rechtlichen Aspekte, die bei der Personalentlohnung zu berücksichtigen sind.
32. Erklären Sie verschiedene Gründe, die bei der Proximus Versicherung AG zu Personalfreisetzung führen könnten.
33. Stellen Sie verschiedene Möglichkeiten der internen Personalfreisetzung vor.
34. Beschreiben Sie die Maßnahmen der externen Personalfreisetzung.
35. Erläutern Sie die rechtlichen Aspekte der Personalfreisetzung.

Kapitel 7

Projekte organisieren, planen, steuern und kontrollieren

Nachzuweisende Befähigung

Die angehenden Fachwirte/Fachwirtinnen werden an das Thema Projektmanagement herangeführt und mit den Grundlagen der wichtigsten Begriffe und Instrumente vertraut gemacht. Aufbauend auf diesen Grundlagen sind sie in der Lage kleinere Projektaufträge selbstständig zu bearbeiten (gemäß Erläuterungsbroschüre, Qualifikationsinhalte und Handlungssituationen, 1.7).

Qualifikationsinhalte des Kapitels

Die Absolventen können im Einzelnen:

- Grundbegriffe des Projektmanagements erläutern (1.7.1)
- Formen der Projektorganisation unterscheiden (1.7.2)
- das Gelernte zu Aufgaben der Projektleitung anwenden (1.7.3)
- den Informationsbedarf in Projekten darstellen (1.7.4)
- die dargestellten Projektplanungsinstrumente anwenden (1.7.5)
- bei der Durchführung von Projekten mitwirken (1.7.6)
- Instrumente zum Projektcontrolling anwenden (1.7.7)
- eine Projektdokumentation erstellen (1.7.8)

Handlungssituation

Die Proximus Versicherung AG, eines der bedeutendsten Versicherungsunternehmen in Deutschland mit Hauptsitz in München, ist seit Jahren erfolgreich im Versicherungsgeschäft tätig. Das liegt auch daran, dass die Proximus Versicherung AG sich immer wieder mit den aktuellen Anforderungen des Marktes und der Gesellschaft beschäftigt und so stets „auf dem Laufenden" ist, was Kundennähe angeht. Zu einem großen Teil erreicht sie dies auch dadurch, dass ihre Mitarbeiter hoch motiviert und engagiert sind und sich diese Motivation positiv auf den Umsatz auswirkt. Hierzu werden in der Proximus Versicherung AG auch immer wieder Projekte durchgeführt, da große Veränderungen innerhalb des Unternehmens auch in besonderer Weise vorbereitet und durchgeführt werden müssen.

Und nun steht das nächste Projekt an: Der Vorstand hat beschlossen, Telearbeitsplätze einzuführen. Damit wird zugleich der Wunsch einiger Mitarbeiter nach flexibleren Arbeitszeiten erfüllt. Diese Mitarbeiter werden künftig einen Teil der Arbeit von zu Hause aus erledigen können.

1. Grundbegriffe des Projektmanagements

Handlungssituation

Die Auszubildenden in einer der Landesdirektionen der Proximus Versicherung AG haben gehört, dass es bei der Proximus Versicherung AG das große Projekt zum Thema „Telearbeitsplätze" gibt. Auch sie haben gerade einen Projektauftrag erhalten, sie sollen die Auftaktwoche für die neuen Auszubildenden gestalten. Zwar haben sie schon in mehreren Projekten mitgearbeitet, sich aber noch nicht intensiv mit dem Thema Projektmanagement auseinandergesetzt. In ihrem neuen Projekt möchten sie systematischer vorgehen. Sie beschließen, sich genauer zu informieren, was ein „Projekt" genau ist und was „Projektmanagement" bedeutet, ebenso wie andere Ausdrücke, die sie schon öfter im Zusammenhang mit dem Thema Projekt gehört haben, wie z. B. „Projektziel", „Magisches Dreieck", „Stakeholder". Sie überlegen, ob sie mit ihren Kollegen hier ihr erstes gemeinsames Projekt durchführen können.

Projektarbeit liegt im Trend. Auch die Proximus Versicherung AG verschafft sich mit verstärkter Projektarbeit die Möglichkeit, flexibel auf die sich ändernden Anforderungen des Marktes zu reagieren. Anstatt starr an Konzepten festzuhalten, die sich überlebt haben, sichert sie ihre Wettbewerbsfähigkeit, indem sie auf neue Herausforderungen reagiert. So hat sie aktuelle Entwicklungen stets im Blick und arbeitet an Lösungen, bevor es akut zu Problemen kommt – eine Strategie, die viele Unternehmen verfolgen. Laut einer Studie bei Siemens (Grußwort aus Schelle 2008) werden in diesem Unternehmen ca. 50 % der Vorhaben als Projekte abgewickelt. Auch in Versicherungsunternehmen nimmt der Anteil von Projektmanagement ständig zu. In sich wandelnden Märkten müssen immer schneller Innovationen erfolgen bzw. auf sich ändernde Situationen prompt reagiert werden. Daher ist es enorm wichtig, die Methoden des Projektmanagements sowohl zu kennen als auch anwenden zu können, um ein Instrumentarium zur Verfügung zu haben, mit dem man zügig und kompetent auf diese Herausforderungen reagieren kann.

Gründe für Projekte

Viele Aufgaben werden im Unternehmen von einzelnen Sparten und/oder Abteilungen wahrgenommen, z. B. die Bearbeitung von Anträgen zur Lebensversicherung, die Bearbeitung von Kfz-Schadenfällen etc. Alle diese Aufgaben sind in den meisten Unternehmen von „oben", von der Unternehmensleitung, nach „unten", zu den Sachbearbeitern, also in der „Linie" geregelt. Doch immer wieder gibt es Situationen, in denen mehrere Abteilungen zusammenarbeiten müssen, um Lösungen für neue Anforderungen oder Änderungen zu erarbeiten.

Anlässe und Gründe für Projekte können sein:

- Zusammenlegung von Unternehmensbereichen
- neue Anlageprodukte in der Lebensversicherung
- Erschließung neuer Märkte, auch im Ausland
- neue Vertriebskanäle, z. B. im Internet
- Kooperationen, z. B. der Vertrieb von Versicherungen über einen Partner
- Vertriebsstandorte

In diesem Kapitel „Projekte organisieren, planen, steuern und kontrollieren" werden die wichtigsten Instrumente des Projektmanagements vorgestellt und erklärt sowie an einem praktischen Beispiel angewendet. Dieses Beispiel dient zur Veranschaulichung der verschiedenen Methoden im Projektmanagement. Da sich Beispiele aber immer auf eine ganz bestimmte Situation beziehen, ist es gut möglich, dass die Projekte, die Sie in Ihrer Praxis bisher erlebt und/oder durchgeführt haben, anderen als den hier vorgestellten Schritten folgen.

Denn das ist es, was allen Projekten zugrunde liegt: Meist wird spannendes Neuland betreten, neue Aufgaben, neue Herausforderungen sind zu bewältigen – und gerade, weil diese Aufgaben so neu sind, passen sie in kein Schema. Hier helfen die vorgestellten Methoden des Projektmanagements, diese neuen Herausforderungen zu strukturieren, damit sie besser handhabbar werden. Und im Gegensatz z. B. zu einer Stellenbeschreibung, in der die zu erledigenden Aufgaben genau beschrieben sind, ist dies im Projektmanagement so nicht möglich, es gibt verschiedene Methoden, um ans (Projekt-)Ziel zu gelangen, und ein wenig Improvisation ist immer dabei.

Beispiel-Projekt

Als Beispiel stellen wir uns vor, dass die in München ansässige Proximus Versicherung AG plant, dass sie ihren Landesdirektionen in Hamburg, Berlin, Köln und Stuttgart die Möglichkeit gibt, Telearbeitsplätze einzurichten. Immer mehr Mitarbeiter haben den Wunsch nach flexibleren Arbeitszeiten geäußert, und da die Proximus Versicherung AG weiß, dass zufriedene Mitarbeiter ein entscheidender Wettbewerbsfaktor sind, hat die Unternehmensleitung grünes Licht gegeben, dieses Vorhaben zu prüfen und dort umzusetzen, wo es sinnvoll ist. Das Ganze wird als Projekt vom Vorstand in Auftrag gegeben. Anhand dieses Beispiels werden die grundlegenden Methoden erklärt, die im Projektmanagement Anwendung finden.

!

Hinweis

Definitionen und Begriffsklärungen für den Bereich Projektmanagement finden sich:

- in den Deutschen Industrie-Normen (DIN)
- bei der Deutschen Gesellschaft für Projektmanagement (GPM) bzw. der
- Internationalen Projektmanagement Organisation ICB (IPMA Competence Baseline)

In diesen allgemeinen Werken liegt der Fokus darauf, Begriffe und Modelle so zu fassen, dass sie von möglichst vielen Unternehmen und Organisationen verstanden werden. So kann ein Projektmanager aus der Versicherungsbranche bei einem Arbeitsplatzwechsel sein Wissen auch in versicherungsfremden Unternehmen und Organisationen nutzen. Dies ist ein wichtiger Grund, warum hier diese manchmal etwas allgemein erscheinenden Begrifflichkeiten verwendet werden.

Auf diese Definitionen bzw. Erläuterungen wird im nachfolgenden Text immer wieder zurückgegriffen. Viele der Zitate stammen daher aus einem der Standardwerke der Deutschen Gesellschaft für Projektmanagement, dem „Projektmanager" (Schelle 2008).

Bevor wir uns jedoch den Grundlagen und dem Beispiel im Einzelnen zuwenden, werden zwei in diesem Zusammenhang häufig benutzte Ausdrücke genauer erklärt: Zum einen der Begriff „Projekt"; er wird im folgenden Abschnitt 1.1, Projektmerkmale, ausführlich dargestellt. Zum anderen der Begriff „Projektmanagement". Für viele Produkte und Anwendungsfelder gibt es in Deutschland einheitliche Normen.

Das Ziel des Deutschen Instituts für Normung e. V. (DIN) ist es, weltweit einheitliche Normen zu erarbeiten. Diese sorgen für einen Abbau von technischen Handelshemmnissen und fördern die Exportfähigkeit der deutschen Wirtschaft. Das DIN vertritt die nationalen Interessen in Europa und weltweit. Durch die Arbeit im DIN bekommen die deutschen Experten Zugang zu Entscheidungsprozessen in den übernationalen Normungsgremien.

Definition Projektmanagement

Für das Projektmanagement gibt es die DIN-Norm 69901. Hier sind wichtige Begriffe und Abläufe, die das Projektmanagement betreffen, niedergeschrieben und geregelt. Laut DIN 69901 ist Projektmanagement „die Gesamtheit von Führungsaufgaben, -organisation, -techniken, -mitteln für die Abwicklung eines Projekts". Gelegentlich gibt es gerade im deutschsprachigen Raum Schwierigkeiten mit dem Begriff Führung, hier schlägt Schelle (2008) vor, dies zu definieren als „Steuerung der verschiedenen Einzelaktivitäten in einem Projekt im Hinblick auf die Projektziele".

Und noch deutlicher wird es, wenn wir uns die Herkunft der beiden Wörter vor Augen führen: Der Begriff „Projekt" leitet sich vom lateinischen Wort „projectum" ab. Es bedeutet „das nach vorne Geworfene", der Begriff „Management" erklärt sich vom lateinischen „manum agere", also „an der Hand führen". Man könnte es fast als Widerspruch ansehen, dass „das nach vorne Geworfene" an der „Hand geführt" werden muss. Mit den beiden Begriffserklärungen werden jedoch recht gut die komplexen Herausforderungen in der Projektarbeit beschrieben.

1.1 Projektmerkmale

!

Definition

Der Begriff **Projekt** ist ebenfalls in der DIN 69901 erklärt, verstanden wird unter einem Projekt „ein Vorhaben, das im Wesentlichen durch Einmaligkeit der Bedingungen in ihrer Gesamtheit gekennzeichnet ist:

- Zielvorgabe
- zeitliche, finanzielle, personelle und andere Begrenzungen
- Abgrenzung gegenüber anderen Vorhaben
- projektspezifische Organisation"

An unserem Beispielprojekt wird dies noch deutlicher. Die Einrichtung von Telearbeitsplätzen in den vier Landesdirektionen ist keine Aufgabe, die jeden Tag ausgeführt wird, wie z. B. die Bearbeitung von Schadenmeldungen oder Anträgen. Im Unterschied zur „normalen" Arbeit innerhalb der hierarchischen Linie (siehe Kapitel 5, Abschnitt 2.2) sind an einem solchen Vorhaben/Projekt Personen der unterschiedlichsten Arbeitsbereiche an den unterschiedlichen Standorten beteiligt, z. B.:

- die Personalverantwortlichen überlegen welche Stellenbeschreibungen diesen Arbeitsplätzen zugrunde liegen müssen
- die Finanzabteilung, um die erforderlichen finanziellen Mittel zur Verfügung zu stellen
- die Rechtsabteilung, um juristische Fragen zu klären
- die DV-Verantwortlichen beraten die Landesdirektion, um an den Telearbeitsplätzen den reibungslosen DV-technischen Ablauf zu gewährleisten
- die Abteilung Einkauf, die bei der Bereitstellung der Ausstattung Unterstützung liefert
- der Betriebsrat
- auch die Zentrale in München, da in den einzelnen Landesdirektionen die gleichen Standards gelten müssen

Projektmerkmale

Doch sehen wir uns die Projektmerkmale im Einzelnen an:

- *Zielvorgabe*

  Die Einrichtung von Telearbeitsplätzen in den vier Landesdirektionen

- *Zeitliche, finanzielle, personelle und andere Begrenzungen*

  Da Mitarbeiter zu einem bestimmten Zeitpunkt von zu Hause aus arbeiten sollen, muss dieses Projekt auch nach einem gewissen Zeitraum abgeschlossen sein; dies stellt eine Begrenzung des Projekts in zeitlicher Hinsicht dar. Die finanzielle Begrenzung liegt in den für dieses Projekt zur Verfügung gestellten Mitteln. Die personelle Begrenzung ist diejenige, dass die Mitarbeitenden am Projekt, d. h. die Personen, die dieses Vorhaben planen und realisieren, spätestens nach Ende auch wieder ihrer „normalen" Tätigkeit nachgehen sollen.

- *Abgrenzung gegenüber anderen Vorhaben*
  Die Einrichtung von Telearbeitsplätzen ist keine alltägliche Aufgabe, darin besteht die Abgrenzung zu anderen Vorhaben.
- *Projektspezifische Organisation*
  Durch die Zusammenarbeit von Mitarbeitern aus den unterschiedlichsten Abteilungen und Landesdirektionen entsteht hier eine Teamstruktur, die es sonst so nicht in der Proximus Versicherung AG gibt.

Magisches Dreieck

Eine weitere Grundlage im Projektmanagement ist die Kenntnis des „Magischen Dreiecks", eines Kernbegriffs des Projektmanagements. Die drei in der unteren Grafik an den Spitzen aufgeführten Begriffe sollen verdeutlichen, dass diesen drei Aspekten in Projekten eine besondere Bedeutung zukommt. Es gibt aber auch Autoren, die diese Aspekte mit einem weiteren Begriff, z. B. Kundenzufriedenheit, Mitarbeiterzufriedenheit oder Stakeholder-Zufriedenheit, ergänzen, was dann zur Pyramidenform führt.

Das Magische Dreieck ist das Symbol für die aus traditioneller Sicht zentralen Inhalte des Projektmanagements:

- die **Leistung**, die erreicht werden soll
- der **Zeit**raum bzw. der Termin, in dem bzw. bis zu dem das Projekt abgeschlossen werden muss
- der Aufwand (d. h. **Kosten**, Finanzmittel, Arbeitskraft und andere Ressourcen), der maximal dafür eingesetzt werden darf

Diese drei Inhalte stellen sowohl die Erfolgskriterien („in time, in budget, in scope") als auch die Steuerungsparameter und die Betrachtungsgrößen für die Risikoanalyse dar. Das Projektziel wird oft auch als Leistungsumfang oder Ergebnis bezeichnet (vgl.: www.projektmagazin.de/glossarterm/magisches-dreieck).

Der Begriff „Stakeholder" wird unter 1.3 ausführlicher erläutert. In der Praxis hat man festgestellt, dass diese drei Begriffe oft nicht genügen, um den Projekterfolg ausreichend zu beschreiben. Was nützt es, wenn das Projekt zwar in Bezug auf Leistung, Kosten und Zeit erfüllt ist, die Anwender jedoch Schwierigkeiten bei der praktischen Arbeit mit dem Ergebnis aus dem Projekt haben?

Hier hilft das weitere Ziel „Stakeholderzufriedenheit". Das Projekt war dann erfolgreich, wenn auch die betroffenen Mitarbeiter mit und an ihren Telearbeitsplätzen zufrieden sind.

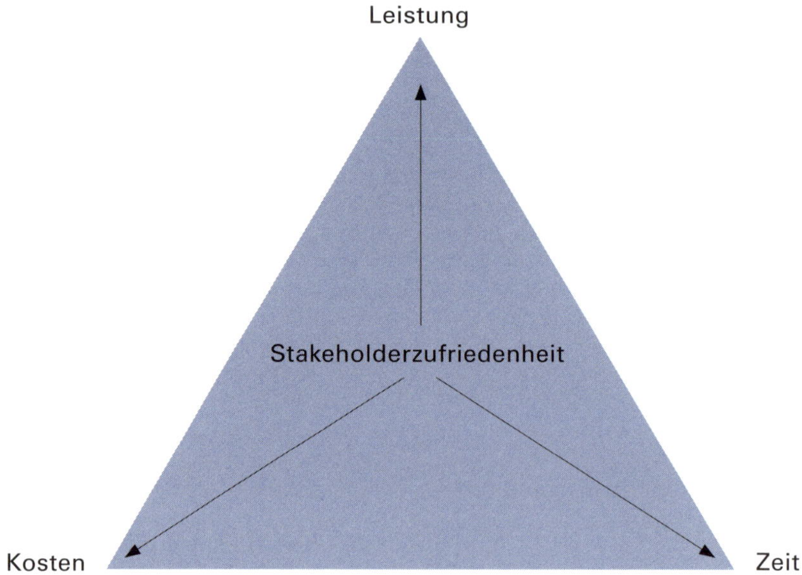

Abbildung 1: Magisches Dreieck

1.2 Projektziele – Projektauftrag

Besondere Bedeutung kommt der genauen Formulierung des Projektzieles und des Projektauftrags zu. Ein Beispiel für die misslungene Formulierung eines Projektauftrags ist die Geschichte über den Bau des neuen pompösen Rathauses der Bürger von Schilda. Dieser war nicht genau formuliert und als das Rathaus fertig gestellt war, stellten die Bürger fest, dass vergessen worden war, Fenster einzubauen. Sie versuchten dann, mit Eimern Sonnenlicht einzufangen und nach drinnen zu tragen ... Dieses Beispiel mag banal erscheinen, doch in der Praxis gibt es zahllose Beispiele, bei denen wichtige Aspekte bei der Formulierung des Projektauftrags außer Acht gelassen wurden, was im Endeffekt zum Scheitern des ganzen Projekts führte. Zu unterschiedlichen Fehlern, die bei der Durchführung von Projekten passieren können, und was zu ihrer Vermeidung getan werden kann – im Gegensatz zur Maßnahme der Bürger von Schilda – mehr unter Abschnitt 7, Projektcontrolling. Ein aktuelles Beispiel ist das mehrmalige Verschieben der Eröffnung des neuen Flughafens in Berlin.

„Sage mir, wie dein Projekt beginnt, und ich sage dir, wie es endet." (Hansel 2003, S. 25). Dieser Satz von G. Lomnitz wird in diesem Zusammenhang häufig genannt und will sowohl Auftraggeber als auch Projektleiter dazu veranlassen, direkt zu Beginn sorgfältig die Ziele zu beschreiben. Wir wenden uns deshalb zunächst der Formulierung von Projektzielen zu. Sie sind ein zentraler Bestandteil des Projektauftrags.

Einen ausgefüllten Projektauftrag finden Sie in Abschnitt 6, Durchführung des Projekts, da dieser vorliegen muss, um die Projektdurchführung zu starten. Im frühen Stadium der Planung geht es zunächst um die vorbereitenden Arbeiten, die dann in einen Projektauftrag münden.

In unserem Beispiel hatte der Vorstand in seinen ersten Überlegungen darum gebeten, verschiedene Möglichkeiten zu prüfen, neue Mitarbeiter in den vier Landesdirektionen unterzubringen, und gleichzeitig zu ermitteln, welche innovativen Konzepte es für Arbeitsplätze der Zukunft gibt. Aus den verschiedenen Optionen, die sich aus den Vorarbeiten ergeben, wird später diejenige ausgewählt, die der Vorstand als Projekt tatsächlich in Auftrag geben wird.

Projektziele

Bei der Formulierung der Projektziele ist es sinnvoll, Kriterien, wie sie für die Formulierung anderer Ziele angewendet werden, auch hier zugrunde zu legen, z. B. die SMART-Methode:

SMART-Methode

S = spezifisch
M = messbar
A = attraktiv
R = realistisch
T = terminiert

Das „A" kann hierbei verschiedene Bedeutungen haben, z. B. angemessen, anspruchsvoll oder aktionsorientiert.

So wird das Ziel, das der Vorstand für diese Anfangsphase formuliert hat, lauten: Es soll geprüft werden, wo neue Mitarbeiter ihre Arbeitsplätze einnehmen können, und es soll dabei die Möglichkeit von Telearbeitsplätzen in den Fokus genommen werden. Im Lauf der Vorarbeiten wird dieses Ziel immer weiter präzisiert und sollte dann lauten:

In der Zeit vom 1.10.2016 bis zum 31.12.2017 sind je Landesdirektion X Telearbeitsplätze mit einem Budget von X € einzurichten, um sowohl mehr Arbeitsplätze zu schaffen als auch die Attraktivität der Proximus Versicherung AG als Arbeitgeber zu steigern.

Zu Beginn eines Projektes kann es sein, dass nicht immer alle Arbeiten geradlinig verlaufen. So ist es z. B. für das Ausfüllen des Projektauftrages wichtig, einige Schritte aus dem Projektplanungsprozess bereits durchgeführt zu haben (siehe Abschnitt 5). Grundsätzlich beginnt das ganze Projektmanagement mit einer Idee, was verbessert werden könnte, oder einem Problem, das behoben werden sollte.

Gerade am Anfang hat man oft noch nicht die genaue Idee, wohin die (Projekt-) Reise gehen soll. Hier ein kleines Beispiel aus dem privaten Bereich: Wenn Sie z. B. feststellen, dass Sie mit Ihrer bisherigen Wohnsituation nicht mehr zufrieden sind, werden Sie am Anfang noch nicht so genau wissen, ob Sie eine größere Wohnung anmieten oder ein Haus kaufen wollen. Der Projektauftrag kann erst ausgefüllt werden, nachdem schon einige Vorarbeiten erfolgt sind. Sie wissen danach z. B., dass Sie ein Haus mit fünf Zimmern suchen, möglichst nah an einer Straßenbahnhaltestelle gelegen, das einen bestimmten Kaufpreis nicht übersteigt. Die einzelnen Projektphasen werden im Abschnitt 5 genauer beschrieben, für die Erteilung des Projektauftrags ist jedoch wichtig zu wissen, dass einige Vorarbeiten hier bereits stattgefunden haben.

So könnte in unserem Beispiel die Ausgangssituation gewesen sein, dass die Proximus Versicherung AG sich überlegt hat, wo sie die Mitarbeiter, die aufgrund der positiven Umsatzentwicklung eingestellt werden sollen, unterbringt. Oft gehen diesem Prozess lange Überlegungen voraus, es kann auch vorkommen, dass für die einzelnen Möglichkeiten bereits verschiedene Projektpläne erstellt wurden, von denen der Auftraggeber (in unserem Fall der Vorstand) dann denjenigen auswählt, den er favorisiert. Hier wird klar, dass es sich im Projekt um eine sog. rollierende Planung handelt, man greift immer auch mal wieder auf vorangegangene Schritte zurück. In unserem Fall wurde zunächst auch noch über Neubauten bei den verschiedenen Landesdirektionen nachgedacht. Aus diesen Überlegungen entschied sich der Vorstand dann aber dafür, Telearbeitsplätze einzurichten, evtl. zunächst für Mitarbeiter, die schon längere Zeit im Unternehmen arbeiten, da diese auch die unternehmensinternen Abläufe kennen und es für sie nicht unbedingt erforderlich ist, jeden Tag dort auch anwesend zu sein.

Da man bei einem Projekt Neuland betritt, ist es wichtig, sich am Anfang auch mit den Risiken zu beschäftigen, die auftreten können. Immer wieder scheitern Projekte daran, dass man diesem Aspekt zu wenig Rechnung getragen hat, wie das Beispiel der Hamburger Elbphilharmonie zeigt, bei dem die Kosten ziemlich aus dem Ruder gelaufen sind und der Eröffnungstermin immer wieder verschoben werden musste. Gezieltes Risikomanagement trägt dazu bei, solche Probleme frühzeitig zu erkennen.

Projektrisiken sind laut ICB „unsichere Ereignisse oder mögliche Situationen mit negativen Auswirkungen (Schäden) auf den Projekterfolg insgesamt, auf einzelne Projektziele, Ergebnisse oder Ereignisse. Sie werden bestimmt durch die Wahrscheinlichkeit des Risikoeintritts und des möglichen Schadens bei Eintreten des Risikos (...)".

Risikomanagement

Risikomanagement bedeutet:

- systematische Identifikation der Risiken
- Bewertung der Risiken
- Planung von Maßnahmen zum Umgang mit den identifizierten Risiken
- umfassendes Risikocontrolling
- Auswertung und Weiterverwendung der Erfahrungen aus dem Risikomanagement

Projektrisiken

Mögliche Risiken im Beispielprojekt können sein:

- Es finden sich nicht ausreichend Mitarbeitende, die an Heimarbeitsplätzen arbeiten wollen.
- zu geringe Übermittlungsgeschwindigkeit der Daten an den Wohnort des Mitarbeitenden
- andere technische Probleme
- ein zu gering veranschlagtes Budget
- während des Projekts neue gesetzliche Regelungen für Telearbeitsplätze

- Missverständnisse zwischen Geschäftsleitung und Betriebsrat, was z. B. die Arbeitsplatzsicherheit am Telearbeitsplatz zu Hause angeht
- negativer Einfluss von bisher nicht berücksichtigten Stakeholdergruppen
- ein zu enger Zeitplan

1.3 Projektbeteiligte und Projektumfeld

Definition

Laut DIN 66901-5 ist ein **Projektbeteiligter** eine „Person oder Personengruppe, die am Projekt beteiligt, am Projektverlauf interessiert oder von den Auswirkungen des Projekts betroffen ist." Laut Projektmagazin erscheint es überzeugender, „die Projektbeteiligung über den Projektablauf zu definieren als Person oder Organisationseinheit, die Einfluss auf den Projektablauf wahrnimmt oder wahrnehmen kann. So ist bei einem Bauprojekt der künftige Mieter auf jeden Fall betroffen von den Auswirkungen des Projekts, zum Projektbeteiligten wird er aber nur dann, wenn die Projektleitung (Bauherr oder Architekt) ihn explizit einbezieht."

Projektbeteiligte: Auftraggeber

Hier ist zunächst der Auftraggeber für das Projekt zu nennen, in vielen Fällen ist dies der Vorstand, wie auch in unserem Beispiel. Auch Fachbereiche oder externe Unternehmen können Projekte in Auftrag geben. Der Auftraggeber gibt gewissermaßen den Startschuss für das Projekt und ist an verschiedenen Stellen eingebunden, z. B., wenn es um die Berichterstattung über den Fortgang des Projekts geht. In unserem Beispiel hat der Vorstand beschlossen, Telearbeitsplätze einzurichten. Der Auftraggeber ist auch derjenige, der nach einer vorausgehenden Planungsphase die Mittel für das Projekt zur Verfügung stellt, es bezahlt. Und ganz am Ende sind das auch die Personen, die beurteilen, ob sie mit dem Ergebnis des Projekts zufrieden sind oder nicht. Und aus diesem Grund ist es auch so wichtig, dass der Auftraggeber in Zusammenarbeit mit dem Projektleiter den Projektauftrag so eindeutig wie möglich formuliert, denn je genauer die Ziele beschrieben sind, desto besser kann beurteilt werden, ob diese Ziele erreicht wurden oder nicht, wie aus obigem Beispiel mit dem Rathaus in Schilda klar wird.

Projektbeteiligte: Projektleiter und Projektteam

Die zentrale Figur im Projekt ist der Projektleiter, er ist Dreh- und Angelpunkt (siehe Abschnitt 3, Aufgaben der Projektleitung). Unterstützt wird er von seinem Projektteam, das die im Projekt anfallenden Arbeiten ausführt. In unserem Beispiel stellen wir uns Herrn Stefan Neumann vor: Er ist der Projektleiter, sein Team wird in Abschnitt 3.1 vorgestellt.

weitere Projektbeteiligte

Weitere Projektbeteiligte sind z. B. andere Organisationseinheiten, die entweder Informationen zum Projekt beisteuern oder von den Auswirkungen des Projekts betroffen sein werden. In unserem Beispiel wird die DV-Abteilung überlegen müssen, welche Hard- und Software den Mitarbeitern an ihren Telearbeitsplätzen zur Verfügung gestellt werden muss. Dies geht über das Engagement des Projekt-Teammitglieds aus der DV hinaus, da dieser das ganze Wissen der DV-Abteilung für die Einrichtung der Telearbeitsplätze nutzen wird. Betroffene Organisationseinheiten sind die Mitarbeiter, die demnächst von zu Hause arbeiten werden, aber auch die anderen, die sich daran gewöhnen müssen, dass künftig z. B. Fragen bezüglich eines Schadenfalls nicht persönlich, sondern per

Telefon oder E-Mail geklärt werden müssen. Die DV-Abteilung wird dafür sorgen müssen, dass die von zu Hause geschickten Daten mit denen im Unternehmen kompatibel sind und wie bisher an die benötigten Stellen weitergeleitet werden. Der Unterschied ist, dass die Daten nicht mehr intern verschickt werden, sondern von außerhalb kommen, womit auch z. B. Probleme mit der Sicherheit der geschickten Daten einhergehen können, weil Hacker evtl. leichteren Zugriff auf Daten haben, die über die allgemeinen Telekommunikationswege geschickt werden.

Stakeholder

In der neueren Literatur findet sich im Zusammenhang mit den vom Projekt betroffenen und am Projekt beteiligten Personen immer öfter der Begriff „Stakeholder". Nach ICB (IPMA Compentence Baseline) sind „Stakeholder Personen oder Personengruppen, die am Projekt beteiligt, am Projektablauf interessiert oder von den Auswirkungen betroffen sind. Sie haben ein begründetes Interesse am Projekterfolg und am Nutzen für das Projektumfeld. Beispiele für Projekt-Stakeholder sind Auftraggeber, Auftragnehmer, Projektleiter, Projektmitarbeiter, Nutzer der Projektergebnisse, Promotoren, Anwohner, Interessengemeinschaften, Presse, Stadtverwaltung, Bank."

In dieser weit gefassten Beschreibung sind Projektbeteiligte im vorliegenden Beispiel auch die Familien, die davon profitieren werden, dass ein Elternteil zeitweise zu Hause arbeiten wird.

Oft wird die Bedeutung der Stakeholder unterschätzt, in anderen Fällen werden Stakeholder-(Gruppen) erst gar nicht erkannt. Hier ist es hilfreich, ausgehend von obiger Beschreibung zu überlegen, welche Personengruppen mittelbar und unmittelbar betroffen sind oder es vom Projektergebnis sein werden. So kann unterschieden werden in interne und externe Stakeholder. In unserem Beispiel mit den Telearbeitsplätzen sind interne Betroffene auch die Kollegen, die sich künftig darauf einstellen müssen, dass die Telearbeitsplatzkollegen nicht mehr physisch im Unternehmensgebäude anwesend sein, sondern ihre Arbeit von zu Hause verrichten werden. Das kann dazu führen, dass notwendige Abstimmungen dann aufwändiger sind als vorher, als man „mal eben" ins Nachbarbüro gehen konnte.

Die Familien, deren Vater/Mutter künftig zu Hause arbeiten wird, sind externe Stakeholder.

Welche Auswirkungen mangelhaftes Stakeholdermanagement haben kann, zeigen bekannte Beispiele. So können beispielsweise Umweltschutzorganisationen beim Bau einer neuen Straße oder Bahnstrecke immer viel Macht in die Waagschale werfen. Zu welchen Konsequenzen dies führen kann, zeigt „Stuttgart 21".

Die durch eine Stakeholder-Analyse ermittelten Gruppen sollten frühzeitig eingebunden, also von Betroffenen zu Beteiligten gemacht werden. Sie können Projekte zum Scheitern bringen oder ihnen zum Erfolg verhelfen.

Es ist deshalb interessant, diese Gruppen genauer zu betrachten, nach ihrer Betroffenheit, ihren Interessen und der Macht, die sie ggf. ausüben können:

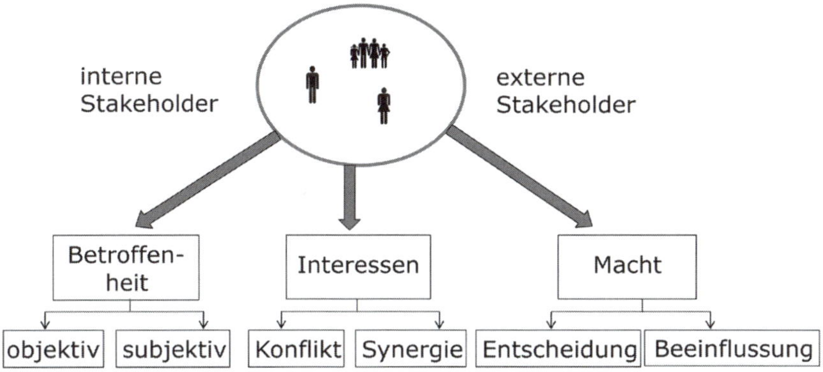

Abbildung 2: Interne und externe Stakeholder (eigene Darstellung analog zu: GPM 2011 Projektmanagement-Fachmann, S. 66)

Aufgrund der o. a. Grafik sollten folgende Fragen geklärt werden:

- Welche Personen bzw. Personengruppen und Institutionen müssen als potenzielle Stakeholder betrachtet werden?
- Welchen Einfluss haben die potenziellen Stakeholder, d. h., welche Macht in Bezug auf die Projektziele steht den Stakeholdern zur Verfügung?
- Wie werden sich die relevanten Stakeholder in Bezug auf das Projekt verhalten?
- Welche Stakeholder-Beeinflussungsstrategie wird gewählt und welche konkreten Aktionen sollen durchgeführt werden?

Hieran anschließend sollte eine Strategie zum konstruktiven Umgang mit den Stakeholdern formuliert werden.

Zusammenfassung

Projekte sind in Bezug auf Zeit und Ressourcen befristete Vorhaben mit dem Ziel, ein vorhandenes Problem zu lösen bzw. organisationsübergreifende Neuerungen vorzubereiten, ein- und durchzuführen. Ein entscheidendes Erfolgskriterium von Projekten ist die genaue Zielformulierung. Zentrale Größen im Projekt sind: Leistung, Zeit und Kosten, oft als eher „harte" Faktoren bezeichnet. Hinzu kommen „weiche" Faktoren wie z. B. Stakeholderzufriedenheit. Stakeholder sind alle an einem Projekt beteiligten oder davon im weitesten Sinn betroffene Personen, die auch mit dem Projektergebnis bzw. mit den Auswirkungen daraus einverstanden sein müssen.

2. Formen der Projektorganisation

Handlungssituation

Die Proximus Versicherung AG steht ganz am Anfang ihres Projektes zur Einführung von Telearbeitsplätzen. Die Unternehmensleitung hat bereits überlegt, aus welchen Abteilungen die Teammitglieder für die verschiedenen Projektteams kommen sollen. Nun stellt sich die Frage, inwieweit die Mitarbeiter ausschließlich im Projekt arbeiten sollen oder ob sie weiterhin an ihren ursprünglichen Arbeitsplätzen arbeiten werden – und wenn ja, in welchem Umfang. Dies ist die Frage der Projektorganisation.

Eingliederung in bestehende Unternehmensorganisation

Für die meisten Projekte werden Mitarbeiter aus den verschiedensten Abteilungen eines Unternehmens benötigt (siehe Projektmerkmal „organisationsübergreifend" unter 1.1, Projektmerkmale). Es kommt allerdings auch vor, dass Projekte nur in einer Linie durchgeführt werden, sie sind dann nicht organisationsübergreifend. Grundsätzlich ist es wichtig, vorab zu klären, inwieweit die Personen, die im Projekt mitarbeiten, ihre ursprünglichen Aufgaben weiter wahrnehmen, und ob und wo sie nach Beendigung des Projekts wieder in die Linie eingegliedert werden (siehe Kap. 5, 2.2 zu idealtypischen Strukturen der Aufbauorganisation und zum Liniensystem).

Vollzeit und Teilzeit

Grundsätzlich können der Projektleiter und seine Teammitglieder ihre ganze Arbeitszeit (Vollzeit) oder einen Teil (Teilzeit) in das Projekt einbringen und in der anderen Zeit noch ihren üblichen Aufgaben nachgehen. Auch aus Kostengründen ist es in vielen Firmen so, dass die Personen, die an dem Projekt arbeiten, dies neben ihrer üblichen Aufgabe tun.

Formen der Projektorganisation

Hier gibt es verschiedene Möglichkeiten der Projektorganisation, die auch von der Komplexität des Projekts abhängen. Insgesamt werden meist drei verschiedene Möglichkeiten unterschieden:

- reine Projektorganisation
- Matrix-Projektorganisation
- Einfluss-Projektorganisation

Diese drei verschiedenen Möglichkeiten, ein Projekt in die bestehende Unternehmensorganisation einzugliedern, werden in den folgenden Abschnitten dargestellt.

Für kleinere Projekte wird es evtl. ausreichend sein, diese als Einfluss-Projektorganisation innerhalb des Unternehmens einzurichten. Bei großen Projekten kann es sinnvoll sein, die Struktur entsprechend als Reine Projektorganisation zu schaffen. So auch in unserem Beispiel. Doch hierzu mehr in den folgenden drei Abschnitten. Um den Unterschied besser erkennen zu können, hilft es, sich zunächst alle Personen in einer Linienfunktion vorzustellen. Das heißt, sie haben alle ihren Aufgabenbereich laut Stellenbeschreibung, einen Vorgesetzten,

Kollegen und evtl. Mitarbeiter. Aus ihrer Stellenbeschreibung wissen sie, welche Tätigkeiten sie ausüben sollen und mit wem sie sich ggf. darüber abstimmen und/oder austauschen sollten.

Wird nun ein Projekt initiiert, so stellt sich die Frage, welche Personen hier zur Mitarbeit geeignet sind. Diese Frage wird ausführlich weiter unten im Abschnitt 3.1 erläutert. Im jetzt folgenden Abschnitt 2.1 geht es darum zu erklären, in welcher Art und Weise die im Projekt arbeitenden Personen entweder dem Projektleiter oder ihrem bisherigen Vorgesetzten unterstellt sind.

2.1 Reine Projektorganisation

Eigene Organisationseinheit

Hier steht der Projektleiter an der Spitze einer Organisationseinheit, zu der alle Projektmitarbeiter zusammengefasst werden. Sie können aus unterschiedlichen Unternehmensbereichen kommen, evtl. aber auch – z. B. bei Experten – von außerhalb des Unternehmens. Der Projektleiter ist der disziplinarische Vorgesetzte, was auch bedeutet, dass diese Personen für die Projektdauer nur im Projekt arbeiten und nicht mehr an ihrem ursprünglichen Arbeitsplatz.

Dies hat den Vorteil, dass der Projektleiter alle Absprachen, wie z. B. für Sitzungen, Termine etc., direkt mit seinen Teammitgliedern treffen kann. Eine Abstimmung mit den Abteilungsleitern, aus deren Abteilungen die jeweiligen Teammitglieder ursprünglich kommen, ist nicht notwendig.

Der größte Nachteil besteht zum einen darin, dass es bei Projekten oft schwer ist, die Arbeit zu planen, so dass sich hier Leerlauf für die einzelnen Teammitglieder ergeben kann. Darüber hinaus ist es in der Praxis meist nicht möglich, den angestammten Platz in der Linienorganisation für diese Mitarbeitenden bis zur Beendigung des Projekts frei zu halten, so dass dies auch schon mal ein Grund ist, warum jemand keine große Lust hat, in einem Projekt mitzuarbeiten, weil es passieren kann, dass man nach Projektende an eine ganz andere Position versetzt wird. Die einen sehen dies als Problem, die anderen als Chance, denn gerade eine erfolgreiche Mitarbeit im Projekt hat schon oft die „Karrieretür" zu neuen Möglichkeiten geöffnet.

In unserem Beispiel ist die Form der Reinen Projektorganisation empfehlenswert, da es sich um ein großes komplexes Projekt handelt, das von der zeitlichen Vorgabe her recht ehrgeizig ist. Für alle Sparten in den vier Landesdirektionen soll geprüft werden, wo und für wen ein Telearbeitsplatz Sinn machen kann, was für ca. 1.000 Arbeitnehmer zutrifft.

Aus der nachfolgenden Abbildung wird ersichtlich, dass Herr Neumann als Projektleiter in seinem Team den Mitarbeiter 1 aus der Abteilung A (z. B. Sachversicherung), den Mitarbeiter 2 aus der Abteilung B (z. B. DV) und den Mitarbeiter 3 aus der Abteilung C (z. B. Personal) in seinem Team hat. An dieser Darstellung wird auch deutlich, welche „Lücke" in einer Abteilung dadurch entsteht, dass diese Mitarbeiter nun dem Projektteam angehören und nicht mehr ihrer ursprünglichen Abteilung.

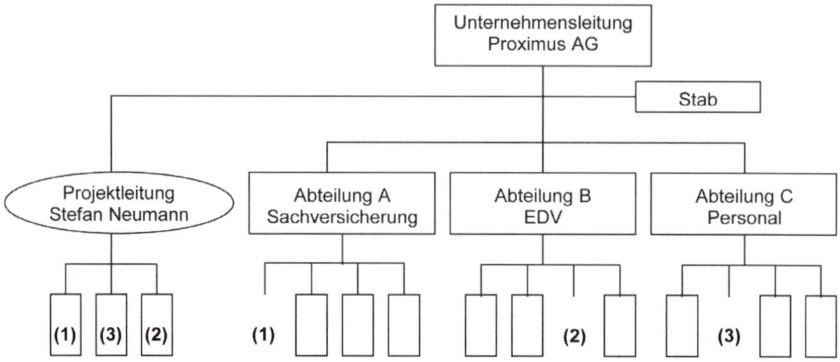

Abbildung 3: Reine Projektorganisation

7

2.2 Matrix-Projektorganisation

Querschnittsfunktionen

Bei der Matrix-Projektorganisation werden die Verantwortung und die Befugnis zwischen den Fachabteilungen der Linie und denen des Projekts aufgeteilt, d. h., ein Projektmitarbeiter kann von zwei verschiedenen Vorgesetzten Anweisungen bekommen. Dies bringt auch mit sich, dass die Mitglieder des Projektteams weiter an ihrem angestammten Arbeitsplatz arbeiten. Hier kommt es darauf an, inwieweit der entsprechende Vorgesetzte die Aktivitäten im Projekt unterstützt, und ob diese Personen beide Tätigkeiten gut „unter einen Hut" bekommen. Einige Autoren schreiben, dass die Konflikte, die hierbei entstehen können, durchaus gewollt sind (z. B. Schelle 2008), da sie angeblich zu produktiven Konflikten zwischen Fachabteilung und Projektmanagement führen. Sie können aber auch Gefahren für ein Projekt darstellen, was zum Teil auch von der Konfliktlösefähigkeit der Fachabteilungs- und Projektleiter abhängt.

Hierbei bleiben die Mitarbeitenden disziplinarisch ihrem Vorgesetzten unterstellt. Die Weisungsbefugnis der Projektleiter ist unterschiedlich geregelt. Meist kann er entscheiden, was ein Mitarbeiter im Projekt tun soll, nicht aber immer wann.

Wenn wir diese Organisationsform auf unser Beispiel übertragen würden, dann gäbe es nach wie vor den Projektleiter Herrn Neumann. Seine Teammitglieder würden aber weiterhin in ihren Abteilungen (Sachversicherung, DV etc.) arbeiten. Alle Aktivitäten im Projekt müssten demnach zwischen Herrn Neumann und den entsprechenden Abteilungsleitern abgeklärt werden. Hier ist ein besonders hoher (Kommunikations-)Aufwand notwendig, z. B. auch wenn es um Urlaubsplanung geht, weil die Urlaubspläne dann nicht mehr nur mit der eigenen Abteilung, sondern auch mit der Projektleitung abgestimmt werden müssen.

Manchmal kommt es auch vor, dass es bereits bei der Auswahl der Teammitglieder direkt Konflikte zwischen Projekt- und Abteilungsleiter gibt, da beide evtl. die fähigsten Mitarbeiter für die Erfüllung ihrer Aufgaben beanspruchen.

Nachfolgende Abbildung zeigt, dass die Mitarbeiter 1, 2 und 3 Diener zweier Herren sind. Zum einen sind sie nach wir vor an ihrem Platz in der Abteilung, zum anderen überträgt ihnen aber auch der Projektleiter Aufgaben. Konflikte können z. B. dadurch entstehen, dass Abteilungsleiter und Projektleiter sich nicht darüber abstimmen, wann welche Aufgaben zu erledigen sind, so dass dies zulasten der Mitarbeiter geht. In der Praxis bedeutet dies oft, dass Überstunden geleistet werden müssen, um die Aufgaben und Anforderungen von Abteilungsleiter und Projektleiter erfüllen zu können.

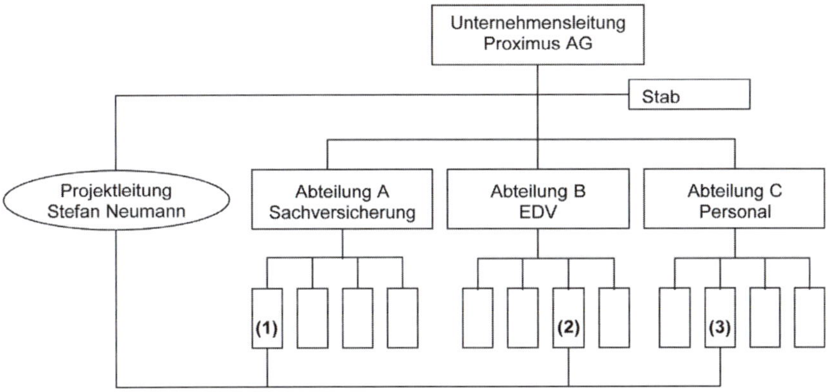

Abbildung 4: Matrix-Projektorganisation

Der größte Vorteil dieser Organisationsform liegt darin, dass die Mitarbeiter an ihrem Arbeitsplatz bleiben und nach Projektende an ihren Arbeitsplätzen sofort wieder voll einsatzfähig sind. Während des Projektes standen sie weniger Stunden für ihren eigentlichen Arbeitsplatz zur Verfügung, haben aber die ganze Zeit dort gearbeitet und können nach Projektende dann wieder ihre ursprünglich vereinbarte Stundenzahl arbeiten. Dahingegen müssen Projektmitglieder, die in der reinen Projektorganisation gearbeitet haben, später erst wieder in ihre frühere Abteilung eingegliedert werden – sofern es ihren damaligen Arbeitsplatz noch gibt und dieser auch frei ist. Eine Übersicht zu den Vor- und Nachteilen findet sich in Abb. 6.

2.3 Einfluss-Projektorganisation

Aufrechterhaltung der Organisationsstruktur

Diese Form der Einbindung des Projekts in die Unternehmensorganisation bietet sich hauptsächlich für kleinere Projekte an. Hier sitzt die Projektleitung an einer ähnlichen Stelle wie die Stabsabteilung, manchmal wird dies auch direkt von der Stabsabteilung der Unternehmensleitung wahrgenommen. Hier ist die „Macht" bzw. Weisungsbefugnis des Projektleiters am geringsten, da er die Teammitglieder nur „per Einfluss", den er aufgrund seiner Position, manchmal auch aufgrund der Kompetenz und/oder Autorität hat, zur Mitarbeit im Projekt motivieren kann. Manchmal trägt es zur Motivation bei, den Teammitgliedern klar zu machen, wie wichtig der Unternehmensleitung dieses Projekt ist. Die Unternehmensleitung kann von sich aus zum Gelingen beitragen, wenn sie sowohl mit den entsprechenden Abteilungsleitern als auch deren Mitarbeitern offen darüber spricht, welche Form der Mitarbeit im Projekt angedacht und gewünscht ist.

Für unser Beispiel würde dies bedeuten, dass Herr Neumann auf der Position der Projektleitung säße, er für jede Tätigkeit aber zunächst mit den Abteilungsleitern sprechen müsste, ob diese ihre Mitarbeiter für diesen Teil des Projekts zur Verfügung stellen, was einen noch höheren Planungs-, Koordinierungs- und Kommunikationsaufwand darstellt als in der Matrix-Projektorganisation.

Ein weiteres Beispiel für ein Projekt, für das sich diese Organisationsform anbietet, ist die Organisation eines Firmenjubiläums. Wenn z. B. das 100-jährige Bestehen einer Versicherungsgesellschaft gefeiert werden soll, so ist das meist „Chefsache". Hier bietet es sich an, dies von einer Stelle organisieren zu lassen, die nah am Auftraggeber sitzt, um schnelle und kurzfristige Absprachen zu ermöglichen.

Vorteilhaft hieran ist der recht geringe organisatorische Aufwand, da die bestehende Organisationsstruktur nicht verändert werden muss. Für die Teammitglieder kann dies aber auch bedeuten, dass sie die Arbeit im Projekt komplett zusätzlich zu ihren normalen Aufgaben erfüllen müssen, was für die Motivation hinderlich sein kann. Eine weitere Schwierigkeit kann dadurch entstehen, dass der Projektleiter sich z. B. nach der Urlaubsplanung der einzelnen Abteilungen richten muss.

Die nachfolgende Abbildung zeigt, dass die Projektleitung keinen direkten Einfluss auf die Mitarbeiter hat, sondern einen extrem hohen Abstimmungsbedarf mit den einzelnen Abteilungsleitern. Würde das Projekt in der Stabsabteilung organisiert werden, so gingen die gepunkteten Linien von der Stabsabteilung aus, die auch die Projektleitung hätte.

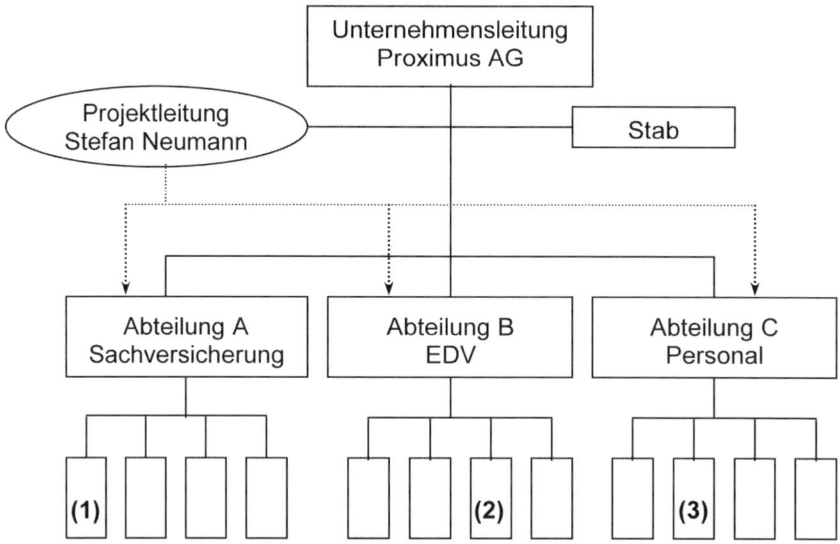

Abbildung 5: Einfluss-Projektorganisation

In nachfolgender Übersicht sind die einzelnen Kennzeichen sowie Vor- und Nachteile der verschiedenen Organisationsformen noch einmal dargestellt (nach Mayrshofer 2006, S. 107):

	Reine Projektorganisation	**Matrix-Projektorganisation**	**Einfluss-Projektorganisation**
Kennzeichen	• Projektleiter ist allein verantwortlich und weisungsbefugt • Mitarbeiter arbeiten ausschließlich im Projekt • wie Linienarbeit, aber zeitlich befristet, volle ausschließliche Konzentration auf Projektziele	• jede Organisationseinheit ist einer Abteilung und einem Projektleiter unterstellt • Projektleiter hat projektbezogenes Weisungsrecht • Projektteam ist planungs- und überwachungs-orientiert • Abteilung ist durchführungs-orientiert	• Projektleiter hat nur Informations- und Beratungsbefugnis, keine Weisungs- und Entscheidungs-befugnis • Projektverantwortung bezüglich Zeit, Kosten und Ziel bei Fachabteilung • Projektleiter verantwortlich für Information und Güte der vorgeschlagenen Maßnahmen
Vorteile	• hohe Identifikation mit dem Projekt • straffe Führung möglich • kurze Entscheidungswege	• Projektleitung und Linienvorgesetzte fühlen sich verantwortlich • flexibler Personaleinsatz • Abteilungswissen wird erhalten und weiterentwickelt	• flexibler Personaleinsatz • Sammlung und Austausch von Projekterfahrung ist einfach • keine eigene Organisation notwendig
Nachteile	• Bereitstellung der erforderlichen Ressourcen muss erkämpft werden • Wiedereingliederung in Linie oft schwierig • Gefahr, die Linie zu wenig einzubinden; Inseldasein	• hohes Konfliktpotenzial • Loyalitätsprobleme • Kompetenzgerangel • hohe Anforderungen an Kommunikations- und Informations-bereitschaft	• Gefahr, dass sich niemand wirklich verantwortlich fühlt • Konflikte haben keine Eskalationsebene • Projektleiter hat keine Machtbefugnis und muss ausschließlich mit Überzeugung arbeiten • viel Politik erforderlich

Abbildung 6: Übersicht über die verschiedenen Organisationsformen (Mayrshofer 2006, S. 107/108)

Zusammenfassung

Bei Projekten handelt es sich um einmalige oder erstmalige Vorhaben, so dass hier oft ein Zusammenspiel des Know-hows aus verschiedenen Abteilungen erforderlich ist. In vielen Projekten sind somit unterschiedliche Organisationseinheiten eingebunden. Aus diesem Grund ist es wichtig, zu Beginn eines Projektes zu entscheiden, auf welche Weise diese Projektmitglieder organisatorisch der Projektleitung zugeordnet werden. Je nach Größe und Bedeutung von Projekten und der Entscheidung der Unternehmensleitung gibt es verschiedene Möglichkeiten mit unterschiedlichen Vor- und Nachteilen, die zu Beginn des Projektes sorgsam abgewogen werden sollten.

3. Aufgaben der Projektleitung

Handlungssituation

Maike Deern von der Proximus Landesdirektion in Hamburg hat vor kurzem erfahren, dass sie Teil-Projektleiterin in dem neuen Projekt zur Einrichtung von Telearbeitsplätzen werden soll. Bisher hat sie schon oft als Teammitglied in Projekten mitgearbeitet und auch schon verschiedene Projektleiter erlebt. Nun hat sie den Wunsch, genauer zu erfahren, was die Aufgaben einer Projektleiterin sind, welche Eigenschaften man dafür mitbringen sollte und welche Befugnisse wichtig sind.

Das ICB betont: „Die Fähigkeiten des Projektmanagers und anderer verantwortlicher Personen sind entscheidend dafür, dass alle Projektbeteiligten – wirksam zu einer Projektorganisation zusammengeführt – die Projektziele erreichen."

Nachfolgend sind die Hauptaufgaben eines Projektleiters aufgeführt (nach Schelle 2008):

Aufgaben des Projektleiters

Aufgaben des Projektleiters

- Projektorganisation einrichten
- an der Projektdefinition mitarbeiten
- Prozess der Zieldefinition leiten
- Projektablauf koordinieren
- Projektfortschritt (Termine, Kosten, Leistung) verfolgen (evtl. mithilfe des Projektcontrollers)
- drohende Planabweichungen frühzeitig erkennen und ihnen gegensteuern
- Änderungen prüfen, abstimmen und in Projektpläne einarbeiten
- Kommunikationsfluss regeln
- Konfliktmanagement betreiben
- Berichterstattung koordinieren
- Projekt nach innen und außen vertreten
- Teamentwicklung
- Vertragsmanagement und Verhandlungen
- Einkauf und Logistik inklusive Lieferantenmanagement
- Finanzmanagement
- Mitarbeiterführung (fachlich und ggf. – in Teilbereichen oder vollständig – disziplinarisch)
- Risiko- und Chancenmanagement
- Kunden- und Partnermanagement
- Geschäftsentwicklung im laufenden Projekt
- Beziehungen pflegen und Netzwerke knüpfen (Corporate Networking)

Einige Eigenschaften, die ein Projektleiter mitbringen sollte, sind dieselben, die eine Führungskraft in der Linie – also in seiner Linienfunktion – haben sollte (zu Linienfunktionen s. Kapitel „Auswirkungen von Veränderungen in der Aufbau- und Ablauforganisation" unter dem Stichwort „Liniensystem"). Da die Aufgaben im Projekt oft recht komplex sind, werden auch an Projektleiter höhere Anforderungen gestellt. Er/Sie sollte folgende Eigenschaften mitbringen (Schelle 2008):

Eigenschaften des Projektleiters

Eigenschaften eines Projektleiters

- Fähigkeit, Visionen zu entwickeln und verfolgen
- Berufs- und Lebenserfahrung
- Zielstrebigkeit
- Einsatzbereitschaft
- selbstständiges, unternehmerisches Denken
- Mut zum kalkulierbaren Risiko
- strategisches, vorausschauendes Denken und Handeln
- Lernfähigkeit (Lernen aus Fehlern und Erfolgen, Lernen von anderen)
- Analysefähigkeit (z. B. komplexe Zusammenhänge im Kosten-/Finanzmittelbereich)
- (Selbst-)Kritikfähigkeit
- Fähigkeiten, Prioritäten zu setzen und zu verfolgen
- Teamfähigkeit
- Führungsqualitäten (z. B. Fähigkeit, zu delegieren und Entscheidungen zu treffen)
- Machtbewusstsein
- übergreifendes Denken (projekt- und unternehmensübergreifend)
- Kundenorientierung

Diese Anforderungen sind sicherlich sehr hoch und nicht in jedem Unternehmen wird es Personen geben, die alle diese Eigenschaften mitbringen. Hier ist es wichtig, im Einzelfall am konkreten Projekt zu entscheiden, welche Eigenschaften für das aktuelle Projekt im Vordergrund stehen.

Doch nicht nur die Eigenschaften und Anforderungen spielen eine große Rolle. Wichtig ist, dass der Auftraggeber die Projektleitung auch mit den notwendigen Befugnissen ausstattet. Nachfolgend eine Übersicht:

Befugnisse des Projektleiters

Ausreichende Befugnisse zur Beeinflussung von:

- Informationsprozess
- Kommunikationsprozess
- Planungsaktivitäten
- Steuerungsaktivitäten
- Konflikten
- Zieländerungen

Zudem die Befugnis, über die notwendigen Ressourcen zu verfügen.

Die Befugnisse, die ein Projektleiter hat, hängen auch mit der Organisation des Projekts zusammen. Sie sind am höchsten in der Organisationsform der Reinen Projektorganisation und am geringsten in der Organisationsform der Einfluss-Projektorganisation.

Bei der Auswahl des Projektleiters / der Projektleiterin kommt der Unternehmensleitung eine hohe Verantwortung zu. Zum einen sollte es sich um eine Person ihres Vertrauens handeln, die aber auch die für dieses Projekt erforderlichen Eigenschaften mitbringt.

In unserem Fall hat sich die Unternehmensleitung für Herrn Neumann entschieden, da er bereits erfolgreich andere Projekte geleitet und dort bewiesen hat, dass er das Instrumentarium des Projektmanagements beherrscht. Er ist schon lange im Unternehmen und kennt daher sowohl die Versicherungsprodukte als auch viele Abteilungen, einige von ihnen hat er während seiner Zeit der Ausbildung und des dualen Studiums durchlaufen.

3.1 Auswahl von Mitarbeitern für das Projekt

Von daher wurde Herr Neumann schon frühzeitig von der Unternehmensleitung in den ganzen Prozess der Überlegungen und Planungen einbezogen. Durch die Organisationsform als Reine Projektorganisation ist er auch disziplinarischer Vorgesetzter der Mitglieder seines Projektteams. Durch seine lange Unternehmenszugehörigkeit kennt er viele Mitarbeiter im Unternehmen und kann von daher recht gut einschätzen, wer ihn in diesem Projekt unterstützen kann. Trotzdem hilft es auch ihm, sich vorab noch einmal Gedanken zu machen, welche Anforderungen an die Zusammensetzung des Projektteams gestellt werden und welche Eigenschaften seine künftigen Teammitglieder mitbringen sollen.

Zum einen ist es wichtig, gute Mitarbeiter für das Projektteam zu finden, zum anderen sollten auch diese gewisse Eigenschaften mitbringen, die für die Arbeit im Projektteam wichtig sind:

Anforderungen an die Mitglieder des Projektteams

Anforderungen an die Mitglieder des Projektteams

- sehr gute fachliche Qualifikation
- ausgeprägte Teamfähigkeit
- hohe Einsatzbereitschaft
- Belastbarkeit
- Flexibilität
- Lernbereitschaft

Dabei sollte Herr Neumann auch darauf achten, dass er möglichst ein Team von optimaler Teamgröße zusammenstellt – drei bis sieben Personen – da die Arbeitsfähigkeit eines Teams in dieser Größe optimal ist. Bei größeren Teams besteht die Gefahr, dass das Team in Teile auseinanderfällt. In unserem Beispiel wird Herr Neumann von Mitarbeitern in jeder Landesdirektion unterstützt. Darüber hinaus gibt es auch eine Beratung in der Proximus-Zentrale in München, da es bei der Einrichtung der Telearbeitsplätze wichtig ist, dass das Team in der Zentrale auf einheitliche Standards achtet.

In unserem Beispiel sollte in jedem Landesdirektions-Team noch eine Person sein, die sich mit der praktischen Arbeit auskennt, die demnächst am Telearbeitsplatz zu Hause gemacht werden soll, z. B. zunächst aus der Sachversicherung. Dann sollte eine Person vertreten sein, die sich von Personalseite mit den Anforderungen an einen Telearbeitsplatz auskennt, weiter eine Person aus der Abteilung Recht, die auf Regelungen und Bestimmungen achtet, die für Telearbeitsplätze gelten, eine Person aus der DV-Abteilung, um den reibungslosen arbeitstechnischen Ablauf zu gewährleisten, und evtl. eine Person aus der Abteilung Einkauf, die bei der Bereitstellung der Ausstattung Unterstützung liefert. Es ist dabei auch denkbar, dass die eine oder andere Person (z. B. die aus der Rechtsabteilung) nicht ständig im Team ist, sondern zu bestimmten Fragestellungen mit ihrem Rat zu Teamsitzungen gebeten wird.

3.2 Festlegung von Kompetenzen

Als der Vorstand der Proximus Versicherung AG die ersten Überlegungen zu unserem Beispielprojekt der Telearbeitsplätze diskutierte, wurde auch darüber gesprochen, welche Kompetenzen der künftige Projektleiter haben sollte. Schließlich war klar, dass dieses Projekt die Mitarbeit an vielen Stellen des Unternehmens fordern und die Umsetzung dieses Prozesses gravierende Veränderungen der ganzen Unternehmenskultur mit sich bringen würde. So ging der Vorstand auch hier bei seinen Überlegungen zu den erforderlichen Kompetenzen des künftigen Projektleiters sehr systematisch vor.

Grundsätzlich wird zwischen folgenden Kompetenzen unterschieden (Schelle 2008):

- Fachkompetenz
- Methodenkompetenz
- Organisationskompetenz
- Sozialkompetenz

Je nachdem, um was für ein Projekt es sich handelt, wird der Schwerpunkt ein anderer sein, so dass es am Anfang eines Projekts wünschenswert ist, wenn der Projektleiter danach ausgewählt wird, ob er die für das Projekt erforderlichen Kompetenzen mitbringt. In der Praxis wird aber leider oft nach ganz anderen Gesichtspunkten ausgewählt, z. B. ob jemand durchsetzungsstark ist oder besonders gut die Interessen der Führungsebene vertritt.

Fachkompetenz

Eine gewisse Fachkompetenz ist insoweit wichtig, als der Projektleiter schon einen Überblick über das Thema des Projekts haben sollte. Zu viel Fachkompetenz verstellt manchmal den Blick auf den Gesamtzusammenhang, es kann die Gefahr bestehen, sich zu „verzetteln". Von daher ist es grundsätzlich eher zu empfehlen, dass die Projektleiter mehr Führungsfähigkeiten und die Teammitglieder eine hohe Fachkompetenz mitbringen.

Methodenkompetenz

Methodenkompetenz bezieht sich „... auf die Fähigkeit, Fachwissen zu beschaffen und zu verwerten und allgemein mit Problemen umzugehen. Methodenkompetenz ist mitverantwortlich dafür, Fachkompetenz aufzubauen und erfolgreich zu nutzen. Im Einzelnen wird darunter verstanden z. B.:

- Fähigkeit, Informationen zu beschaffen, zu strukturieren, zu bearbeiten, aufzubewahren und wieder zu verwenden, darzustellen, Ergebnisse von Verarbeitungsprozessen richtig zu interpretieren und in geeigneter Form zu präsentieren,
- Fähigkeit zur Anwendung von Problemlösungstechniken,
- Fähigkeit zur Gestaltung von Problemlösungsprozessen, u. a. Projektmanagement." (siehe „Methodenkompetenz", www.olev.de)

Auch hier gibt es Unterschiede in den Kompetenzen, die entweder der Projektleiter oder die Teammitglieder mitbringen sollten. Einige Beispiele für Methodenkompetenz finden sich nachfolgend:

- Präsentationstechniken
- Moderation
- Gesprächsführung
- Verhandlungsführung
- Kreativitätstechniken
- Führung im Sinne von Führungs- bzw. Managementtechniken

Hier wird ersichtlich, dass der Projektleiter auf jeden Fall wissen muss, wie man ein Team führt (siehe Teil Führung), oder eine Besprechung moderiert (siehe Teil Moderation). Kenntnisse, wie man Gespräche führt, Feedback gibt und präsentiert, sollten alle Teammitglieder haben. Hier ist es hilfreich, gewisse Grundlagen am Anfang der Tätigkeit im Projekt zu vermitteln, um eine gemeinsame Basis zu schaffen.

Organisationskompetenz

Unter Organisationskompetenz versteht das ICB (S. 89 bzw. 83–86) Kenntnisse in den Bereichen:

- Projektorganisation
- Beschaffung, Verträge
- Normen und Richtlinien
- Problemlösung
- Verhandlungen, Besprechungen
- Stammorganisation
- Geschäftsprozesse
- Personalentwicklung
- organisationales Lernen

soziale Kompetenz

Der letzte Bereich, die soziale Kompetenz, wird leider allzu oft vernachlässigt. Das ICB nennt hier:

- Teamarbeit
- Führung (im Sinne von Mitarbeiterführung)
- Kommunikation
- Konflikte und Krisen

Gerade in schwierigen Situationen ist es wichtig, auch Konfliktlösungsstrategien zu kennen bzw. Konflikte so frühzeitig zu erkennen, dass diese sich erst gar nicht zu schwerwiegenden Störungen entwickeln. Dies sollte nach Möglichkeit ergänzt werden von einer guten Portion Einfühlungsvermögen. Jeder Projektleiter sollte die Phasen der Teamentwicklung kennen (siehe 5.2.2) und sich für den Teamentwicklungsprozess Zeit nehmen. Je besser die Schwierigkeiten in der Anfangsphase ausgeräumt wurden, umso besser und produktiver arbeitet das Team im Projekt – besonders dann, wenn es „hoch hergeht".

7

Soziale Kompetenz ist auch für die Teammitglieder eine wichtige Kompetenz, die sie mitbringen sollten, im Einzelnen sind dies (Schelle 2008):

- Einfühlungsvermögen
- Bereitschaft zum Rollenwechsel (z. B. auch Aufgaben mit geringem Status übernehmen)
- Fähigkeit zur Konsensfindung
- Konfliktfähigkeit
- Unterstützung nichtkonformer Mitglieder einer Gruppe
- Sorge um die kollektive Qualifikation (gemeinsamer Lernprozess und Bereitschaft, Wissen zu teilen)

(Spiel-)Regeln zur Zusammenarbeit in Teams

Grundsätzlich ist es wichtig, diesem Aspekt im Sinne der themenzentrierten Interaktion (siehe Dernick et al.: „Personalführung, Qualifizierung und Kommunikation", Kap. 1.3.5) folgender drei Bereiche Rechnung zu tragen und zu versuchen, das

- ES (die Sache, das Projekt, um das es geht, die Einrichtung von Telearbeitsplätzen in jeder Landesdirektion) mit dem
- WIR (die Gruppe bzw. das Projektteam) und dem
- ICH (jedes einzelne Teammitglied) auszubalancieren.

In der Praxis hat es sich als sehr hilfreich erwiesen, ganz zu Anfang, z. B. bei der Kick-Off-Veranstaltung „Spielregeln" für die Teamarbeit festzulegen, an die sich jeder hält und an die im Zweifelsfall auch wieder erinnert werden kann und soll.

Nachdem der Vorstand sich dies erneut vor Augen geführt hat, wird ihm schnell klar, dass er einen kompetenten Projektleiter benötigt, der bereits andere Projekte erfolgreich realisiert hat, zudem über sehr gute Unternehmenskenntnisse verfügt und schließlich auch noch die Fähigkeit hat, mit unterschiedlichen Mentalitäten gleichermaßen gut zusammenarbeiten zu können. Die Wahl fällt auf Stefan Neumann.

So weiß Herr Neumann aus Erfahrung, wie wichtig es ist, ganz am Anfang Zeit für eine (Kick-off-)Veranstaltung einzuplanen. Am besten ist es, wenn er mit seinem Team einen Tag an einem Ort verbringt, an dem sich das Team kennenlernen und in Ruhe über das Projekt sprechen kann. Und auch wenn Herr Neumann die meisten Teammitglieder kennt, so ist nicht gesagt, dass diese sich auch untereinander kennen. So ein Treffen sollte zum einen dem Kennenlernen dienen, zum anderen aber auch dazu, die Kompetenzen der einzelnen Teammitglieder und ihren Fortbildungsbedarf frühzeitig zu erkennen.

3.3 Koordination des Projekts

Wie oben gezeigt wurde, gibt es verschiedene Personen(-gruppen), die direkt oder indirekt am Projekt beteiligt sind. Hier ist es wichtig, sich Gedanken darüber zu machen, wie auch die unterschiedlichen Interessen, die diese Personen und/oder Gruppen haben, koordiniert werden können.

Teil-Projektteam und -Leiter

In unserem Beispiel ist Herr Neumann der Gesamtprojektleiter, dem in der Proximus-Zentrale ein Team für allgemeine Fragen (z. B. DV, Personal, Recht) zur Verfügung steht. Unterstützt wird er von vier Teilprojektleitern in den einzelnen Landesdirektionen. Es sind dies:

- Frau Maike Deern in Hamburg
- Herr Juri Alexander in Berlin
- Herr Peter Schmitz in Köln und
- Frau Sabine Hägele in Stuttgart

Auch bei der Auswahl dieser Teil-Projektleiter wurde zunächst überlegt, welche Kompetenzen sie mitbringen sollten. Für diese Positionen war es wichtig, dass es sich dabei um Personen handelt, die schon in mehreren Abteilungen der einzelnen Landesdirektionen gearbeitet hatten und Organisationskompetenz mitbringen ebenso wie eine hohe Sozialkompetenz.

Die Teil-Projektleiter haben jeweils auch noch ein Projektteam für die Arbeit in den Landesdirektionen. Herr Neumann koordiniert die Arbeiten in der Zentrale und den Landesdirektionen und wird in regelmäßigen Abständen die Landesdirektionen bereisen, um sich dort mit den Teilprojektleitern zu besprechen und auch darauf zu achten, dass die Standards in jeder Landesdirektion identisch sind.

Im Abschnitt 4 wird näher erläutert,

- an wen
- wann
- welche

Informationen weitergegeben werden müssen, dies ist ein ganz wichtiger Bestandteil der Koordination des Projekts. Genauso wichtig ist es, die bei den Treffen vereinbarten Tätigkeiten und Maßnahmen nicht nur durchzuführen, sondern sich auch immer wieder zu überlegen, wo es hier Koordinationsbedarf mit welchen Projektbeteiligten gibt.

Dies ist teilweise Aufgabe des Projektleiters, oft benötigt er hier aber die Unterstützung z. B. der Unternehmensführung. So ist hierfür ein Beispiel die künftige DV-Anbindung der neuen Telearbeitsplätze an die einzelnen Landesdirektionen der Proximus Versicherung AG. Die Projektteams werden erarbeiten können, wie ihrer Meinung nach die Anbindung aussehen soll, die erforderlichen Arbeiten können aber meist nicht nur vom Projektleiter in Auftrag gegeben werden. Der Mittelbedarf für die komplette Umsetzung des Projekts ergibt sich meist erst aus der praktischen Arbeit des Projektteams und benötigt dann nochmals die Beauftragung durch die Unternehmensleitung.

So ist der Projektleiter an mehreren Stellen eingebunden, was die Koordination angeht. Zum einen erwartet der Auftraggeber regelmäßigen Bericht, zum anderen muss er immer wieder schauen, welche weiteren notwendigen Abstimmungen mit allen anderen Projektbeteiligten vorzunehmen sind. Dabei sollte sich der Projektleiter immer wieder sämtliche Stakeholder vor Augen führen, um so den Koordinationsbedarf besser erkennen zu können.

3.4 Integration des Projekts im Unternehmen

Ganz am Anfang ist es mit den meisten Projekten so, dass es eine Idee gibt oder ein Problem, das es zu lösen gilt. Manchmal fängt das Projektteam mit der Arbeit an, ohne auf unternehmensspezifische Gegebenheiten Rücksicht zu nehmen. Das kann von Vorteil sein, weil dies den Weg frei macht für innovative Lösungen. Die Gefahr, die darin steckt, ist jedoch, dass es schwierig werden kann, die im Durchführungsprozess des Projekts gefundenen Lösungen später tatsächlich in die Abläufe des Unternehmens zu integrieren.

So sollte Herr Neumann darauf achten, dass er sich bei der Planung der neuen Telearbeitsplätze an Abläufen orientiert, wie sie schon im Unternehmen üblich sind. Ansonsten besteht die Gefahr, dass es immer wieder zu Missverständnissen und Reibereien kommt, wenn die Schnittstellen nicht sauber aufeinander abgestimmt sind.

„Projekte sind große Veränderungen“, auch darüber sollte sich die Unternehmensleitung im Klaren sein, wenn sie Projekte initiiert.

Integration an oberster Stelle

In unserem Beispielprojekt ergibt sich durch die Anzahl der ca. 1.000 betroffenen Mitarbeiter und der Koordination der einzelnen Landesdirektionen ein besonders hoher Integrationsbedarf, denn wenn künftig ca. 1.000 der über 8.000 Mitarbeiter einen Telearbeitsplatz haben, wird dies die ganze Unternehmenskultur entscheidend verändern. Hier ist auch der Vorstand als Auftraggeber gefordert, zum einen den Projektleiter zu unterstützen, zum anderen dafür Sorge zu tragen, dass sich niemand „hinauskomplimentiert“ fühlt, sondern dass von der Mitarbeiterschaft die Chancen gesehen werden, die in dieser neuen Arbeitsform stecken.

Zusammenfassung

Zentraler Dreh- und Angelpunkt im Projekt ist der Projektleiter. Er ist für die Erreichung des Projektziels verantwortlich. Seine Aufgaben sind ähnlich denen einer Führungskraft. Da Projekte meist unter einem sehr hohen Zeit- und Kostendruck stehen, muss der Projektleiter zur Erfüllung dieser weitreichenden Aufgaben meist noch besondere Eigenschaften mitbringen. Während die Projektleitung vor allen Dingen Führungskompetenz mitbringen sollte, ist bei den Teammitgliedern ihre jeweilige Fachkompetenz von hoher Bedeutung. Der Projektleitung kommt für die Projektkoordination eine zentrale Rolle zu. Inwieweit ein Projekt in das ganze Unternehmen integriert ist und wird, hängt in entscheidendem Maße von der Unternehmensführung ab.

7

4. Informationsbedarf und Informationsverarbeitung im konkreten Projektmanagement

Handlungssituation

Die Gruppe der Auszubildenden, die die Einführungswoche für die neuen Auszubildenden organisieren sollen, stehen vor verschiedenen Fragen. Zunächst einmal möchten sie wissen, ob es solche Einführungswochen früher schon einmal im Unternehmen gegeben hat und welche Informationen unternehmensintern hier vorliegen. Andererseits möchten sie gerne eine moderne und abwechslungsreiche Woche gestalten und so möchten sie wissen, was andere Firmen für ihre neuen Auszubildenden organisieren. Sie fragen sich, was sie mit erhaltenen Informationen machen werden. Auch überlegen sie, wer alles am Projekt beteiligt ist und wann worüber informiert werden soll.

Gerade weil es in Projekten oft um neue Problemstellungen geht, die gelöst werden müssen, ist der Informationsbedarf besonders hoch. Bei komplexen Entscheidungen kann eine gute Informationsbasis das Risiko reduzieren.

Doch betrachten wir zunächst genauer, an welchen Stellen Informationen benötigt werden, bevor wir uns der Frage zuwenden, woher die benötigten Informationen kommen. Zum Abschluss dieses Abschnitts werden wir dann der Frage genauer nachgehen, wer wann welche Informationen bekommen sollte.

Wie wir oben gesehen haben, steht am Anfang jeden Projekts eine Idee oder ein Problem. Bereits an dieser Stelle fängt die Frage an, woher man denn die Informationen bekommt, um zu wissen,

- ob man ein Projekt initiiert und
- in welche Richtung die Projektarbeit gehen soll etc.

Das heißt, bevor Herr Neumann überhaupt anfängt, mit seinen Teams zu arbeiten, und lange bevor der Projektauftrag ausgefüllt werden konnte, mussten vielfältige Informationen beschafft werden. Und auch während des Projekts müssen immer wieder neue Informationen eingeholt werden, um weitere Entscheidungen zum erfolgreichen Fortschreiten des Projekts treffen zu können.

4.1 Informationsbedarf

Was den Informationsbedarf angeht, so können wir grundsätzlich unterscheiden zwischen Informationsbedarf vor und während des Projekts, evtl. auch noch nach Beendigung des Projekts, wenn es um die Frage geht, wer alles über den Abschluss bzw. die Auswirkungen, die sich aus dem Projekt ergeben, informiert werden muss.

Neue Situationen erfordern neue Informationen

In der Anfangsphase eines Projekts ist es oft gar nicht so einfach zu sehen, welche Informationen benötigt werden und an welcher Stelle man anfangen soll. Im obigen Beispiel stand am Anfang die Frage, wo die Proximus Versicherung AG die neuen Mitarbeiter, die sie aufgrund der guten Umsatzentwicklung einstellen möchte, unterbringen soll. Im Kapitel 1.2 war schon skizziert worden, dass sie über einen Neubau nachdachte. Noch während der Anfangsphase ergab sich aus der ganzen Diskussion um Attraktivität von Arbeitsplätzen auch der Gedanke, dass die Proximus Versicherung AG durch die Einrichtung eines Betriebskindergartens ein noch attraktiverer Arbeitgeber werden könnte. Diese Überlegungen flossen in diejenigen zur Planung des Neubaus mit ein. Noch während dieser Planungsphase sollten aber andere Lösungsvorschläge erarbeitet werden und so kam die Idee mit den Telearbeitsplätzen auf. Hier kann zum einen Platz an den jetzigen Standorten eingespart werden, zum anderen wird Müttern und Vätern mit der Einrichtung von Telearbeitsplätzen auch die Kinderbetreuung in der Familie ermöglicht. Die Kinder können zudem im Heimatort in den Kindergarten gehen und in ihrem sozialen Umfeld bleiben.

7

In dieser Projektphase werden verschiedene Informationen benötigt und zusammengetragen, einige Fragen seien hier beispielhaft aufgeführt:

- Wie viele neue Mitarbeiter sollen eingestellt werden?
- Wie viel Platz wird für diese Personen benötigt?
- Wo kann die Proximus Versicherung AG sie in ihren Landesdirektionen unterbringen?
- Wo gibt es Möglichkeiten für Neubauten?
- Welche Räumlichkeiten sollten in diesen Neubauten noch vorhanden sein?
- Wie kann die Proximus Versicherung AG und die einzelnen Landesdirektionen ihre Attraktivität als Arbeitgeber steigern?

Gerade an der letzten Frage wird klar, dass hier intern Primärdaten erhoben werden mussten (siehe Punkt 4.2): eine Befragung der Mitarbeiter, was die Proximus Versicherung AG noch zur Zufriedenheit ihrer Belegschaft tun kann. Diese Umfrage brachte den entscheidenden Hinweis: Es wird eine bessere Vereinbarkeit von Beruf und Familie gewünscht. Und genau dies war es, was später dazu führte, über die Einrichtung von Telearbeitsplätzen nachzudenken und dieses Projekt in Auftrag zu geben. An dieser Stelle ist das sehr verkürzt dargestellt, im Abschnitt 5 „Projektplanung" wird noch deutlicher, wie lange solche Vorarbeiten dauern können, bis das eigentliche Projekt in Auftrag gegeben werden kann.

Welche Strategie ein Unternehmen bevorzugt, kann ermittelt werden durch Analyse von Zahlen, Statistiken etc., die schon im Unternehmen vorliegen und durch Informationen, die von außerhalb des Unternehmens gesucht, gesammelt und zusammengetragen werden.

4.2 Datenerhebung

Bei der Suche nach erforderlichen Informationen kann man grundsätzlich auf Daten zurückgreifen, die schon existieren (sekundäre Informationsquellen) oder diese selbst erheben (Primärerhebungen, z. B. durch Befragung etc.). Diese Daten können entweder bereits in der Firma vorhanden sein (unternehmensinterne Informationsquellen) oder von außerhalb bezogen werden (unternehmensexterne Informationsquellen).

Im Folgenden wird zunächst unterschieden zwischen Primär- und Sekundär-Marktforschung, im nächsten Schritt wird untersucht, inwieweit die erhobenen Daten aus unternehmensinternen oder -externen Informationsquellen stammen.

Sekundär-Marktforschung

Sekundärquellen sind solche Informationsquellen, aus denen schon vorhandene Informationen zu Rate gezogen werden. Darunter fallen z. B. firmeninterne Statistiken, aber auch viele Informationen, die z. B. von Ämtern und/oder Wirtschaftsdatendiensten zur Verfügung gestellt werden. So vom Bundesamt für Statistik oder vom Gesamtverband der Deutschen Versicherungswirtschaft e.V. etc. Hier spielt das Internet eine große Rolle, da es hierüber möglich ist, zum einen verschiedenste Informationen zu suchen, zu erhalten und zusammenzutragen, aber auch zu recherchieren, welche weiteren Stellen über Informationen verfügen könnten.

Primär-Marktforschung

Dahingegen werden in der Primär-Marktforschung diese Informationen neu erhoben, das kann auch wieder entweder in der Firma selbst oder außerhalb des Unternehmens erfolgen.

Bei Primär-Marktforschung unterscheidet man grundsätzlich in:

- Befragung
- Beobachtung
- Experiment

Und bei Befragung kann wieder unterschieden werden in:

- persönliche Befragung
- schriftliche Befragung

Die persönliche Befragung kann erfolgen durch Interviewer auf der Straße oder per Telefon, die schriftliche per Fragebogen oder in letzter Zeit immer häufiger durch Online-Fragebögen.

Die Vor- und Nachteile der einzelnen Befragungsformen werden ausführlich im Kapitel 2.1 „Marketing und Vertrieb" erläutert; an dieser Stelle ist wichtig zu erwähnen, dass die unterschiedlichen Erhebungsformen zum einen mit unterschiedlichen Kosten, zum anderen aber auch mit einer unterschiedlichen Qualität der Ergebnisse zusammenhängen, so dass hier eine sorgfältige Abwägung zwischen Kosten und gewünschter Güte der Zahlen erforderlich ist.

4.2.1 Unternehmensinterne Informationsquellen

Die günstigste Art, sich Daten zu beschaffen, ist zu schauen, welche Informationen bereits im Unternehmen vorhanden sind, bspw. Vertriebsstatistiken etc. Hier liefert z. B. die DV-Abteilung wichtige Informationen, aber auch die Controlling-Abteilung kann oft benötigte Zahlen beisteuern. Ebenso können Erkenntnisse aus anderen Projekten herangezogen werden. Eine der wichtigsten internen Informationsquellen ist das Wissen der Mitarbeiter. Sie wissen am besten, welche Wünsche ihre Kunden haben. Meist besteht das Problem darin, dass diese Informationen in den Köpfen der Mitarbeitenden existieren, aber nicht systematisch aufbereitet sind. Hier gibt es aber auch Möglichkeiten, solche Informationen zu sammeln, zusammenzutragen und auszuwerten. Verkaufsstatistiken liefern die Zahlen, viel wichtiger und entscheidender ist aber oft, über das Zahlenmaterial hinaus Erkenntnisse zu haben, z. B. welche Serviceleistungen die Kunden sich wünschen.

Doch auch im Unternehmen kann man nicht nur auf Sekundärquellen zurückgreifen, sondern auch hier Primärinformationen erheben (durch Befragung etc.). Dies wurde bereits bei den Überlegungen eingangs erläutert, dass die Proximus Versicherung AG einen Fragebogen entwickelt hat, den sie der ganzen Belegschaft zukommen ließ, damit diese zum einen angeben konnte, womit sie schon zufrieden ist und in welchen Bereichen es noch Optimierungsbedarf gibt. Grundsätzlich ist zu empfehlen, in regelmäßigen Abständen Mitarbeiterbefragungen durchzuführen, um ein aktuelles Stimmungsbild aus der Belegschaft zu haben.

7

4.2.2 Unternehmensexterne Informationsquellen

Auch hier kann man auf vorhandene Informationen zugreifen aus den unterschiedlichsten Sekundärquellen (z. B. Internet, Statistiken von Verbänden, Kammern etc.) oder diese Informationen selbst erheben. Wenn es darum geht, selbst Informationen zu erheben, sind in diesem Zusammenhang die Aktivitäten von Marktforschungsinstituten am bekanntesten. Gemeinsam mit dem Auftraggeber werden Fragebögen (s. o.) ausgearbeitet, in denen die verschiedensten Personengruppen nach ihrem Konsum- und Kaufverhalten gefragt werden. Hier geht es um die Abfrage von Produkten, die gewünscht werden, oder um Fragen, z. B. wo Versicherungen zu welchem Preis gekauft werden, was sich Kunden und solche, die es werden wollen, von einer „guten“ Abwicklung im Schadenfall wünschen, wo sie weitere (Service-)Leistungen erwarten (z. B. Beratung zur Altersvorsorge etc.). Diese Informationen können sehr detailliert sein, doch ist ihre Erhebung auch meist recht kostspielig.

4.3 Informationsfluss in der Projektarbeit

Weitergabe von Informationen im Team

Grundsätzlich sollten im Team alle Information vorbehaltlos weitergegeben werden. Am besten ist es, am Anfang festzulegen, welche Informationen darüber hinaus an welche anderen Projektbeteiligten gegeben werden. Hierbei ist zu beachten, dass das Team Informationen nur abgestimmt weitergeben sollte und es wichtig ist zu bedenken, dass eine verfrühte Weitergabe zu großen Irritationen führen kann, z. B. dann, wenn der Auftraggeber später doch eine andere Entscheidung trifft. Insofern ist das Thema Informationsfluss eines, das mit besonderer Vorsicht behandelt werden sollte, damit heikle Situationen vermieden werden.

Das Team kann so gut zum Projekterfolg beitragen, wie alle gleichermaßen involviert sind, die zum direkten Projektteam gehören. Hier mit Informationen „hinter dem Berg" zu halten, kann den Erfolg des ganzen Projekts gefährden. Gerade am Anfang ist es wichtig, Regeln für diesen Informationsfluss festzulegen, wer wann welche Informationen erhält, damit direkt von Anfang an alles reibungslos funktioniert. Auf der anderen Seite sollte man aber auch aufpassen, dass nicht einfach alle Mails unreflektiert an alle Teammitglieder geschickt werden, hier kann schnell ein „information overflow" entstehen und man weiß vor lauter Informationen gar nicht, was man zuerst lesen sollte.

Und auch wenn in der heutigen Zeit viel über elektronische Medien übermittelt wird, sollte man regelmäßige Meetings einberufen und abhalten. Den persönlichen Kontakt kann nichts ersetzen und umso besser dieser ist, desto reibungsloser funktioniert die Teamarbeit.

Grundsätzlich sollte ein effizientes Informationskonzept während des Projekts die beiden Fragen beantworten: „Welche Informationen brauchen wir von wem?" und „Welche Informationen sollen wir wem liefern?" (siehe Mayrshofer, 2006, S. 63). Die wichtigsten Themenbereiche sind demnach:

- Allgemeine Informationen zur laufenden Projektarbeit: Sie enthalten beispielsweise Details zu Auftrag, Projektorganisation, Ablagesystem, Zeitplänen, Ansprechpartnern und evtl. auch Details aus Ergebnisprotokollen von Projektsitzungen, soweit sie von öffentlichem Interesse sind.
- Informationen von und für den Kunden und Auftraggeber:
  - technische Dokumente (technische Pläne, Gebrauchsanweisungen, technische Dokumentation und Änderungsmeldungen, Abnahmen)
  - Projektstatusberichte (Monatsbericht, Zwischenbericht etc.)
- Informationen zur Zusammenarbeit im Projektteam: Nahtstellen, Teilergebnisse, Gespräche mit Kunden oder anderen Projektpartnern, Sitzungsergebnisse
- Informationen von und für sonstige Betroffene oder Interessierte, hierzu zählen:
  - positive oder negative Einflüsse aus dem Umfeld des Projektes und deren Einschätzung
  - Öffentlichkeitsarbeit und Projektpolitik
  - rechtzeitige Unterrichtung und Einbeziehung von später Betroffenen, um eine hohe Akzeptanz zur Umsetzung zu gewährleisten

Bezüglich der Installation von Informationssystemen kann auch auf unterstützende Programme (siehe auch 6.2.2 „Projektsoftware") zurückgegriffen werden.

4.4 Weitergabe von Informationen an Projektexterne

Hier ist grundsätzlich zu unterscheiden, welche Position die Projektexternen haben, da es sich bei einem Projekt ja gerade um etwas handelt, das noch nicht fertig und meist auch noch nicht in Gänze beschlossen ist. Hier ist es am besten, wenn Projektleiter und Auftraggeber gemeinsam entscheiden, wann wer von welchen Vorhaben erfährt. Die Verschwiegenheit gilt hier sowohl für Projektleitung als auch für Auftraggeber gleichermaßen, eine verfrühte Weitergabe von Informationen kann schwerwiegende Folgen haben.

Stellen wir uns in unserem Beispiel vor, relativ am Projektanfang würde die Information weitergegeben, dass für die neu einzurichtenden Telearbeitsplätze Arbeitsplätze in den Landesdirektionen wegfallen würden. Dies ist aber noch gar nicht beschlossen, weil das Projektteam zu der Auffassung kommt, dass es viel besser ist, wenn die Mitarbeiter an Telearbeitsplätzen auch noch eine feste Anlaufstelle im Unternehmen haben. Mit so einer unüberlegten Mitteilung würde sowohl bei der Belegschaft als auch beim Betriebsrat für eine Unruhe gesorgt werden, die Reaktionen in Gang setzen kann, die dem Gelingen des Projekts diametral entgegenstehen.

Zusammenfassung

Informationen und Informationsquellen gibt es viele. In Projekten stellt sich zunächst die Frage, welche Informationen benötigt werden. Danach sollte in Erfahrung gebracht werden, welche dieser Informationen schon vorhanden sind (Sekundärquellen), sowohl im Unternehmen als auch bei Verbänden etc., und welche selbst erhoben werden müssen (Primärquellen), entweder im Unternehmen, z. B. als Mitarbeiterbefragung, oder von einem Marktforschungsinstitut. Für die Projektarbeit von entscheidender Bedeutung ist, die wichtigen Informationen an die „richtigen" Personen weiterzugeben und zu entscheiden, wer wann welche Informationen erhalten soll. Eine gezielte Informationsweitergabe ist zu bevorzugen gegenüber einer Weiterleitung von allen vorhandenen Informationen an das ganze Team. Besondere Bedeutung kommt hierbei der Information von Projektexternen zu. Zum einen sollen sie frühzeitig eingebunden werden, soweit sie bedeutsame Stakeholder sind, zum anderen sollte dabei bedacht werden, dass die ungefilterte Informationsweitergabe dazu führen kann, dass bestimmte Stakeholdergruppen dann eine so große Macht erlangen können, dass das ganze Projekt scheitern kann.

7

5. Projektplanung

Handlungssituation

Die junge Teilprojektleiterin aus Hamburg hat mit ihrem Team überlegt, welche Tätigkeiten im Laufe des Projekts ausgeführt werden müssen. Ihr erscheint das bisher Zusammengetragene recht unübersichtlich. So bittet sie den Leiter des Gesamtprojekts Herrn Neumann, ihr einen Überblick über die wichtigsten Instrumente zur Projektplanung zu geben und ihr zu erläutern, wie und wann diese im konkreten Projekt eingesetzt werden können. Auch zu den Ressourcen Zeit, Personal und Kosten hat sie sich bereits Gedanken gemacht. Hier möchte sie wissen, wie sie auch diese konkret in ihrer Projektplanung berücksichtigen soll.

Gerade weil Projekte meist erst- oder einmalig durchgeführt werden, liegt hier wenig Erfahrung vor, so dass es hilfreich ist, auf bestehende Instrumente zurückzugreifen, die sich im Einsatz bei Projekten bewährt haben. Außer unserem Beispiel der Einrichtung von Telearbeitsplätzen ist ein Hausbau immer ein Projekt, an dem man sich klarmachen kann, wie wichtig die gründliche Planung ist.

Zunächst werden hier die wichtigsten Instrumente der Projektplanung vorgestellt. Jedes dieser Planungsinstrumente legt den Schwerpunkt auf einen anderen Blickwinkel. So geht es im Netzplan eher um Abhängigkeiten verschiedener Tätigkeiten voneinander, während in der Meilensteinmethode wichtige Zwischenziele hervorgehoben werden.

Nachfolgende Abbildung gibt eine Übersicht über das Zusammenspiel verschiedener im Projektmanagement eingesetzter Methoden:

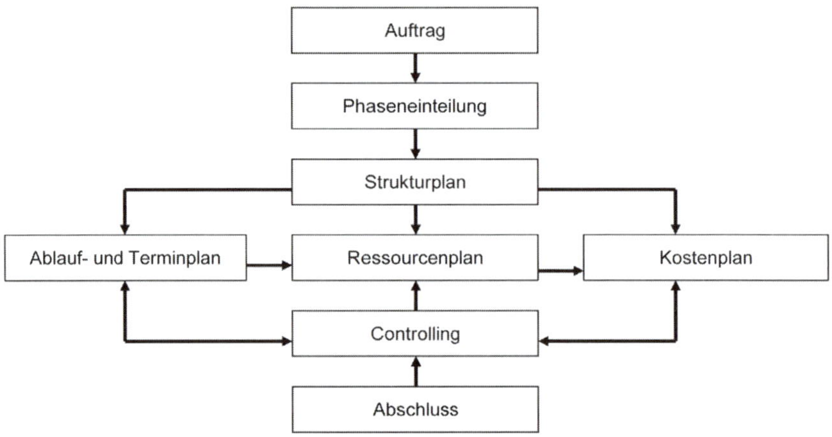

Abbildung 7: Interdependenzen verschiedener Instrumente im Projekt oder: Einordnung der verschiedenen Planungsinstrumente in den Gesamtzusammenhang (Kiesel 2004, S. 64)

Ausgangspunkt für die Planung ist der – meist vorläufige – Projektauftrag. Wie unter 5.1.1 erläutert wird, gibt es in den ersten beiden Projektphasen meist nur eine grobe Idee vom Projekt. In unserem Beispiel des Projekts der Telearbeitsplätze stellt sich zunächst die Frage, wo die neuen Mitarbeiter untergebracht werden sollen. Erst im Laufe von Phase 1 und 2 ergibt sich dann die konkrete Projektidee, aus der dann der Projektauftrag resultiert, Telearbeitsplätze einzuführen. In der dann folgenden Planungsphase ist es wichtig, einen Strukturplan zu erstellen (siehe weiter unten Projektstrukturplan oder Netzplan). Aus diesem ergibt sich die Planung der Ressourcen, besonders die der Kosten und der Zeit (Ablauf- und Terminplan). Wie in Abschnitt 7 gezeigt werden wird, ist ein regelmäßiges Controlling von entscheidender Bedeutung für das Gelingen von Projekten. Schließlich fließen aus dem Abschluss bzw. der Projektevaluation auch noch Informationen ein, die für den Ablauf weiterer Projekte von Wichtigkeit sein können.

In der Praxis werden manchmal verschiedene Instrumente nebeneinander eingesetzt, gerade bei kleineren Projekten dürfte es aber ausreichen, eines davon zur Planung heranzuziehen. Das Durchspielen des Projekts anhand eines Planungsinstrumentes hilft, das Projekt zu strukturieren und die wichtigsten Aspekte in die Planung einzubeziehen.

Im Anschluss daran wird noch genauer beleuchtet, wie wichtig es ist, die hauptsächlichen Ressourcen – Zeit, Personal und Kosten – auch genau zu planen. Dies ist zum einen bedeutend für die Erstellung des Projektauftrages, muss man doch wissen, wie lange das Projekt dauern kann und soll, wer daran mitarbeitet und mit welchen Kosten das ganze Projekt verbunden sein wird. Diese genaue Planung ist wichtig, um zu ergründen, ob es der Firma möglich ist, diese Investitionen in das Projekt vorzunehmen, denn viele Vorhaben werden bereits an dieser Stelle auf Eis gelegt. Zum anderen sorgt eine sorgfältige Planung dafür, dass es am Ende nicht doch noch eine böse Überraschung gibt, indem das Projekt z. B. viel teurer wird als erwartet.

Doch sehen wir uns die Instrumente, die hauptsächlich von Projektmanagern eingesetzt werden, genauer an.

5.1 Instrumente

Die folgenden Instrumente zur Projektplanung haben sich in der Praxis bewährt, weil sie auf die verschiedensten Arten von Projekten anwendbar sind. Sie helfen, ein am Anfang wenig überschaubares Vorhaben in Schritte zu unterteilen, die besser zu überblicken sind.

Als erstes wird erklärt, wie ein zunächst noch nicht so genau umrissenes Vorhaben, aus dem sich später ein Projekt entwickelt, in verschiedene Phasen eingeteilt wird, die es leichter machen, zu erkennen, welche Vorarbeiten notwendig sind, bevor ein Projekt starten kann, und in welche Phasen ein Projekt von der ersten Idee bis zum Abschluss überhaupt untergliedert werden kann und soll. Die dann vorgestellten Instrumente zur Projektplanung, der Projektstrukturplan, die Netzplantechnik und die Meilensteinmethode sind eher Instrumente, die den genaueren Projektablauf abbilden, so dass er besser planbar wird.

5.1.1 Projektphasenmodelle

wichtige Phasen im Projekt

In der Literatur gibt es verschiedene Phasenmodelle. Alle haben sie gemeinsam, dass sie nach Planung bzw. Vorbereitung, Durchführung und Abschluss unterscheiden, damit klar wird, welche Aktivitäten in welcher Phase durchgeführt werden sollten. Auch in unserem Beispiel wurde schon erläutert, dass Herr Neumann zunächst vom Vorstand gebeten wurde, verschiedene Alternativen zu eruieren (Vorbereitung), bevor der Vorstand ihn mit der Durchführung beauftragt hat. Der Abschluss kennzeichnet das Ende des Projektes und den Übergang in das normale Tagesgeschäft. In unserem Beispiel wäre das der Punkt, an dem die ersten Telearbeitsplätze probeweise eingerichtet sind. Auch am Beispiel eines Hausbaus wird das klarer: Zunächst wird das Haus geplant, dann gebaut und zum Schluss wird geschaut, wo es z. B. noch Nachbesserungsbedarf gibt. DIN 69901-2:2009-01 nimmt folgende Einteilung in Projektmanagementphasen vor:

- Initialisierung
- Definition
- Planung
- Steuerung
- Abschluss

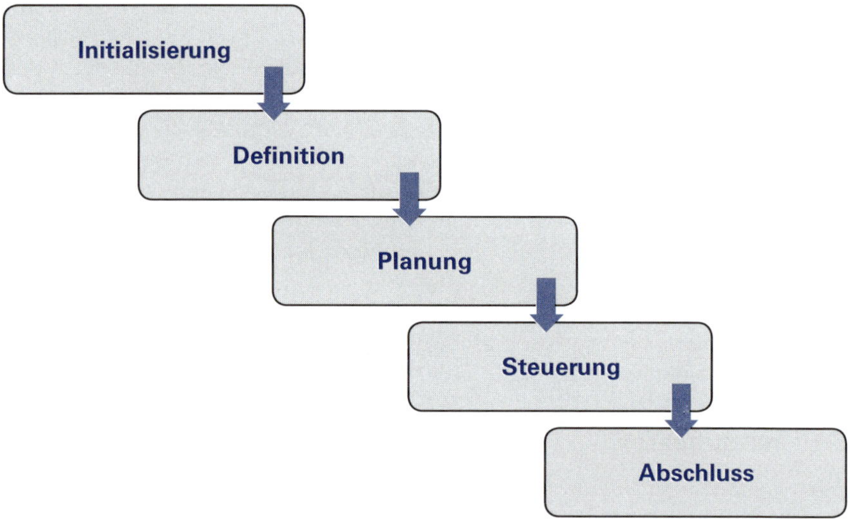

Abbildung 8: Projektphasen nach DIN – eigene Darstellung

Grundsätzlich dienen die Phasenmodelle dazu, ein Projekt in verschiedene Abschnitte (Phasen) zu unterteilen. Dabei kann es durchaus vorkommen, dass sich die Phasen „überlappen". Das bedeutet, dass man in der Planungsphase ggf. feststellt, dass Punkte, die man in der Definitionsphase festgelegt hat, aufgrund von aktuellen Entwicklungen anders definiert werden müssen.

Als erstes wird hier das Phasenmodell nach den DIN-Normen erläutert und anschließend ein zweites Phasenmodell vorgestellt. Danach werden diese beiden Modelle zueinander in Beziehung gesetzt.

Dieses Projektphasenmodell bietet sich immer an, um von der ersten Idee bis zum Projektende eine grundlegende Struktur zu schaffen und einen Überblick zu erhalten, wann welche Aktionen aus- und durchgeführt werden sollen.

Gessler (GPM 2011 Projektmanagement, S. 352) nennt folgende Stichworte zu den einzelnen Projektmanagementphasen:

- „*Initialisierungsphase:* Gesamtheit der Tätigkeiten und Prozesse zur formalen Initialisierung eines Projekts (u. a. Zuständigkeiten klären, Projektziele skizzieren)
- *Definitionsphase:* Gesamtheit der Tätigkeiten und Prozesse zur Definition eines Projekts (u. a. Zieldefinition, Aufwandsschätzung und Machbarkeitsbewertung)
- *Planungsphase:* Gesamtheit der Tätigkeiten und Prozesse zur formalen Planung eines Projekts (u. a. Vorgänge und Arbeitspakete planen, Kosten- und Finanzmittelplan erstellen, Risiken analysieren, Ressourcenplan erstellen)
- *Steuerungsphase:* Gesamtheit der Tätigkeiten und Prozesse zur formalen Steuerung eines Projekts (u. a. das Steuern von Terminen, Ressourcen, Kosten und Finanzmitteln, Risiken, Qualität, Ziele)
- *Abschlussphase:* Gesamtheit der Tätigkeiten und Prozesse zur formalen Beendigung eines Projekts (u. a. Erstellung des Projektabschlussberichtes, Nachkalkulation, Erfahrungssicherung, Vertragsbeendigung)"

(in Anlehnung an: http://www.gpm-infocenter.de/PMMethoden/Einfuehrung-Projektphasen)

Auf das Beispielprojekt bezogen bedeutet dies:

Initialisierungsphase: In dieser Phase stellt die Unternehmensleitung fest, dass sie noch weitere Mitarbeiterinnen und Mitarbeiter benötigt. Gleichzeitig kommt die Frage auf, wo diese neuen Mitarbeitenden ihre Plätze haben sollen. In dieser Phase kann auch schon die Idee aufkommen, Heim bzw. Telearbeitsplätze einzuführen, um damit sowohl das Platzproblem zu lösen als auch ein Zeichen in Richtung „familienfreundliches Unternehmen" zu geben. Zum Ende dieser Phase skizziert die Unternehmensleitung die Ziele, in diesem Fall eine Lösung zu finden, um die neuen Mitarbeitenden unterzubringen.

Definitionsphase: Nun wird der Projektauftrag konkretisiert. In diesem Fall legt die Unternehmensleitung fest, wie viele Telearbeitsplätze je Landesdirektion mit dem Budget von X € eingerichtet werden sollen. In dieser Phase wird das Kernteam gebildet und ein grundsätzlicher Umgang mit Risiken im Projekt beschlossen. Auch sollte die Projektorganisation (siehe 2.) festgelegt werden.

Planung: Die Vorgaben der Projektdefinition werden in konkrete Pläne umgesetzt. Dies kann z. B. ein Projektstrukturplan (siehe 5.1.2) sein. Aus diesem werden Kosten-, Ablauf- und Terminpläne entwickelt. Ebenso wird in dieser Phase festgelegt, wie die Kommunikation und der Umgang mit Stakeholdern und Risiken aussehen soll. Diese Pläne finden sich an den verschiedensten Stellen in diesem Kapitel zur Projektplanung. Besonders wichtig ist an dieser

Stelle die konkrete Planung des Berichtswesens, wer wem wann welche Informationen zur Verfügung stellt bzw. liefert.

Steuerung: In dieser Phase geht es darum, das Projekt gemäß der erstellten Pläne zu managen. Bei der Planung des Berichtswesens wurden auch Zeiträume und Abstände festgelegt, in denen wichtige Informationen, z. B. zur Zeit, zu den Kosten, Risiken und Stakeholdern erhoben und an die zuständigen Personen weiter geleitet werden. Dies ist ausführlich in Kapitel 7 Projektcontrolling dargestellt.

Abschluss: Diese Phase dient dazu, die anfangs gesetzten Ziele zu überprüfen, die gelieferten Leistungen abzunehmen, das Projekt zu evaluieren und auch die Projektleitung und ihr Team zu „entlasten". Mit der offiziellen Abnahme und Übergabe geht auch die Verantwortung auf die Personen über, die das Projekt in Auftrag gegeben haben. Im vorliegenden Fall muss Herr Neumann in seinem Abschlussbericht auch Rechenschaft über die Kosten abgeben. Nach Projektende ist der Auftraggeber, hier die Unternehmensleitung, für weitere Ausgaben verantwortlich.

Das zweite hier vorgestellte Phasenmodell ist eines von vielen, die es im Projektmanagement gibt. Es unterscheidet insgesamt 6 Phasen:

Abbildung 9: Projektphasenmodell (Schelle 2008, ICB S. 28)

Wenn wir dies auf unser Beispiel anwenden, so geht es in den *ersten Studien*, die die Proximus Versicherung AG durchführt, um verschiedene Möglichkeiten, die Mitarbeiter, die neu eingestellt werden sollen, in weiteren Räumlichkeiten unterzubringen. Im zweiten Schritt werden dann einige der gefundenen Lösungen – diejenigen, die am vielversprechendsten sind – auf *Machbarkeit und Tauglichkeit* überprüft, bis dann die Idee entsteht, Telearbeitsplätze einzurichten. Hierfür wird der *detaillierte Lösungsentwurf* erstellt, in einem Projekt zu prüfen, für welche Arbeitsplätze aus welchen Abteilungen Telearbeitsplätze in Frage kommen, und erste Telearbeitsplätze einzurichten. Am Übergang zwischen dieser Phase und derjenigen der *Vergabe* stehen die Formulierung und das Ausfüllen des Projektauftrags. Zur Vergabe muss der Projektauftrag bereits ausgefüllt sein. In unserem Beispiel überlegt sich die Geschäftsleitung auch, wen sie mit der Durchführung beauftragen soll. Bezüglich der weiteren Mitarbeiter im Projekt wird es unterschiedlich gehandhabt, ob der Auftraggeber schon Vorschläge macht, welche Personen aus seiner Sicht im Projekt benötigt werden, oder ob er dies dem Projektleiter überlässt. Sinnvoll ist es, wenn der Auftraggeber seine Vorstellungen einfließen lässt, aus welchen Bereichen die Teammitglieder kommen sollen, und dies dann in enger Absprache mit dem Projektleiter festlegt. Die konkrete Auswahl von Projektmitarbeitern obliegt dann oft dem Projektleiter selbst. Doch auch hier gibt es Vor- und Nachteile der einen und der anderen Lösung: Es kann immer wieder passieren, dass Personen aus persönlichen Gründen in ein Projektteam geholt oder beordert werden und nicht unbedingt aufgrund ihrer fachlichen Qualifikation. Aus diesem Grund ist eine Lösung zu bevorzugen, in der sowohl Auftraggeber als auch Projektleiter sich möglichst gut absprechen.

erste Studien

Untersuchung von Machbarkeit und Tauglichkeit

Erstellung detaillierter Lösungsentwürfe

Die *Vergabe* des Projektauftrags bedeutet den Startschuss für die eigentliche Projektarbeit. Herr Neumann und seine Teams erstellen Übersichten über die Abteilungen, in denen Telearbeitsplätze eingerichtet werden können und überlegen in einem zweiten Schritt, welche Mitarbeiter für diese neue Arbeitsform in Frage kommen. Daneben müssen sie genau ergründen, welchen Anforderungen diese neuen Arbeitsplätze in vielerlei Hinsicht entsprechen müssen. Dieser Punkt wird unter C „Durchführung des Projekts" ausführlich behandelt. Diese Phase ist in unserem Beispiel beendet, wenn klar ist, in welcher Abteilung wie viele Telearbeitsplätze für wen eingerichtet werden können, wenn das erforderliche Equipment (Hard- und Software) zur Verfügung steht und alle Fragen (rechtlich, organisatorisch etc.) dazu beantwortet sind. Dabei wird klar, dass auch hier immer wieder Abstimmungsbedarf mit dem Auftraggeber besteht. Am Anfang wird noch nicht genau feststehen, wie viele Personen aus welchen Bereichen an den neuen Arbeitsplätzen zu Hause arbeiten werden. Es ist Teil der Projektarbeit, hierfür einen Vorschlag zu machen und diesen dann mit dem Auftraggeber abzusprechen, bevor in der *Ausführung* weiter fortgeschritten werden kann. In der Praxis ist es oft so, dass die Projektteams bereits erste „Prototypen" organisieren, d. h. erste Telearbeitsplätze einrichten, um zu prüfen, inwieweit die angestellten Überlegungen realisiert werden können. Dies wird manchmal auch als Pilotprojekt innerhalb eines Projektes bezeichnet.

Vergabe

Ausführung

Inbetriebnahme

Die letzte Phase stellt die *„Inbetriebnahme"* dar, das ist die Einrichtung der vorgesehenen Arbeitsplätze zu Hause. In der Realität stellt sich in dieser Phase oft noch ein gewisser Nachbesserungsbedarf heraus, wenn z. B. der Datentransfer noch nicht reibungslos funktioniert. Sind auch diese Nachbesserungen ausgeführt, so wird das Projekt offiziell beendet, alle weiteren Veränderungen, die evtl. noch vorgenommen werden müssen, stehen dann im Verantwortungsbereich der Personen, die die Vorgesetzten dieser Mitarbeiter sind. Ähnlich wie beim Hausbau erfolgt auch in diesem Projekt eine Abnahme durch den Auftraggeber.

Im Vergleich der beiden vorgestellten Modelle zeigt sich, dass die Initialisierungsphase zu großen Teilen die Phase „Erste Studien" umfasst. In der Definitionsphase wird ebenso wie in der zweiten Phase „Kozeptionierung und Untersuchung von Machbarkeit und Tauglichkeit" auf das Thema Machbarkeitsbewertung eingegangen. Am Ende dieser Definitionsphase steht der vorläufig geklärte Projektauftrag, der Beginn der eigentlichen Planung oder, wie im oberen Modell genannt, „Detaillierte Lösungsentwürfe". Die Steuerungsphase umfasst sowohl die Vergabe- als auch Ausführungsphase im eingangs erklärten Phasenmodell und einen Teil der letzten Phase von „Inbetriebnahme, Übergabe und Übernahme/Abnahme und Projektabschluss". Tätigkeiten der Abschlussphase sind dieselben wie im ersten Phasenmodell des Projektabschlusses.

Zur genauen Planung von Projekten dienen die im Folgenden dargestellten verschiedenen Planungstechniken. Der nachfolgende Projektstrukturplan dient dazu, ein „Gerüst" zu erstellen für die im Projekt notwendigen Arbeiten, und es in kleinere und überschaubarere Schritte zu unterteilen.

5.1.2 Projektstrukturplan

Untergliederung des Projekts in Teilschritte

Mithilfe eines Projektstrukturplans wird ein Projekt in einzelne Schritte aufgeteilt. In unserem Beispiel würde auch Herr Neumann einen Projektstrukturplan erstellen. Er könnte bspw. im Rahmen des Plans zunächst vorbereitende Tätigkeiten definieren und in diesem Zusammenhang Überlegungen anstellen, in welchen Abteilungen Telearbeitsplätze überhaupt Sinn machen. Ein weiterer Punkt wäre die konkrete Frage, welche Hard- und Software an den künftigen Telearbeitsplätzen zur Verfügung stehen muss, wie die technische Anbindung ans Unternehmen aussehen soll etc. Ein weiterer Teil könnte darin bestehen, Fragen zu klären, wie die Arbeitszeit berechnet werden soll, welche gesetzlichen Bestimmungen zu beachten sind und welche Restriktionen es für die Mitarbeiter an diesen Arbeitsplätzen geben soll, die getane Arbeit an die Landesdirektionen zu übermitteln, damit dort fristgerecht mit den erarbeiteten Daten weitergearbeitet werden kann.

Konkret könnte das so aussehen:

- vorbereitende Tätigkeiten
- Treffen der vier Teilprojektleiter
- Erarbeiten des Zeitplans
- Beginn der Projektarbeit in München in der Zentrale der Proximus Versicherung AG
- regelmäßige Treffen mit den Teilprojektleitern in den Landesdirektionen

Wieder kann man sich am Beispiel des Hausbaus diese unterschiedlichen Schritte gut verdeutlichen und das Projekt unterteilen in:

- vorbereitende Tätigkeiten
- Ausheben der Baugrube
- Rohbau
- Innenausbau etc.

Untergliederung der Teilaufgaben in Arbeitspakete

Auch dieses Instrument dient dazu, das ganze Vorhaben überschaubarer zu machen, wobei jede der oben aufgeführten Teilaufgaben noch weiter in sog. Arbeitspakete untergliedert wird, siehe Abbildung 10. Teilaufgaben können noch weiter untergliedert werden (z. B. Innenausbau), Arbeitspakete jedoch nicht mehr. Arbeitspakete sind laut DIN 69901 definiert als "Teil des Projekts, der im Projektstrukturplan nicht weiter aufgegliedert ist und auf einer beliebigen Gliederungsebene liegen kann". Wichtig ist, dass es je Arbeitspaket einen Verantwortlichen gibt. Am Beispiel des Haubaus kann man sich klarmachen, wie wichtig es ist, dass z. B. nur ein Installateur die Installationsarbeiten durchführt.

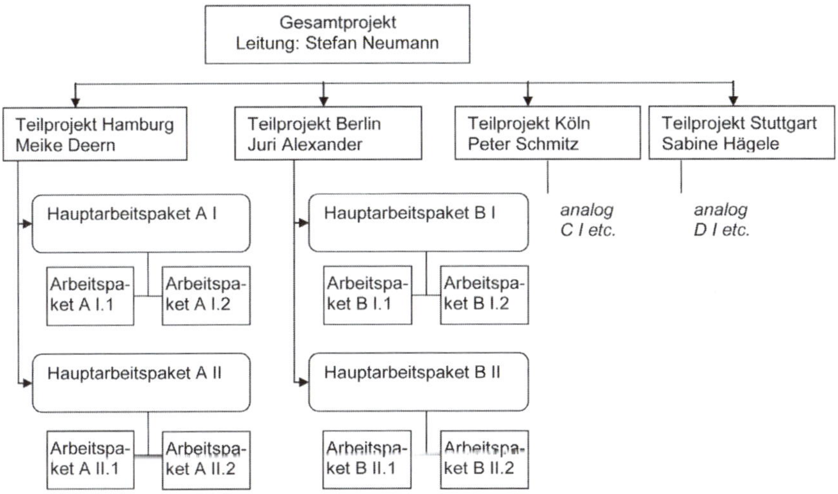

Abbildung 10: Projektstrukturplan

Aus obigem Plan ist gut zu ersehen, dass das ganze Projekt zunächst in Teilprojekte unterteilt wird. In diesem Projektstrukturplan sind die Teilprojektleiter namentlich aufgeführt, die alle weiteren Arbeiten dann wiederum an Teammitglieder delegieren, wobei sie die Hauptverantwortung behalten. Die komplette Verantwortung hat Herr Neumann. Die Teilprojekte bestehen aus Hauptarbeitspaketen in jeder Landesdirektion, die in einzelne Arbeitspakete aufgeteilt werden. Hier müssen die Teilprojektleiter darauf achten, die Verantwortung je Arbeitspaket festzulegen und die Verantwortlichen namentlich zu benennen. Dabei werden alle Arbeitspakete durchnummeriert. Dies dient der besseren Orientierung gerade in großen Projekten.

Während der Projektstrukturplan die erforderlichen Arbeiten überhaupt auflistet, geht der Netzplan noch einen Schritt weiter, wie wir im folgenden Abschnitt sehen werden.

5.1.3 Netzplantechnik

Der Netzplan bringt eine Struktur in die durchzuführenden Aufgaben in der Form, indem überlegt wird, welche Arbeitsschritte parallel erfolgen können und welche hintereinander erfolgen müssen. In unserem Beispiel müssen bspw. zunächst klärende Vorgespräche in der Zentrale der Proximus Versicherung AG in München erfolgen, in denen die Aufgaben genauer umrissen werden. Erst dann ist es sinnvoll, dass Herr Neumann in die einzelnen Landesdirektionen fährt. Und beim Haus muss zunächst der Rohbau fertig sein, bevor mit dem Innenausbau begonnen werden kann. Während der Errichtung des Rohbaus können aber z. B. schon die Dachziegel ausgesucht werden. Ein Beispiel für einen Netzplan findet sich weiter unten. Auf der linken Seite sind zunächst alle Vorgänge aufgelistet, die berücksichtigt werden müssen. Im ersten Schritt kann dies bedeuten, dass zunächst alle Tätigkeiten aufgelistet werden, die im Projekt notwendig sind. Im nächsten Schritt werden diese dann in dem Netzplan, der rechts daneben zu sehen ist, in eine zeitliche Reihenfolge und Struktur gebracht. Vorgänge, die untereinander stehen, können parallel durchgeführt werden. Solche, die nebeneinander stehen, müssen nacheinander ausgeführt werden bzw. die Pfeile zeigen an, welcher Vorgang welcher Arbeit folgt:

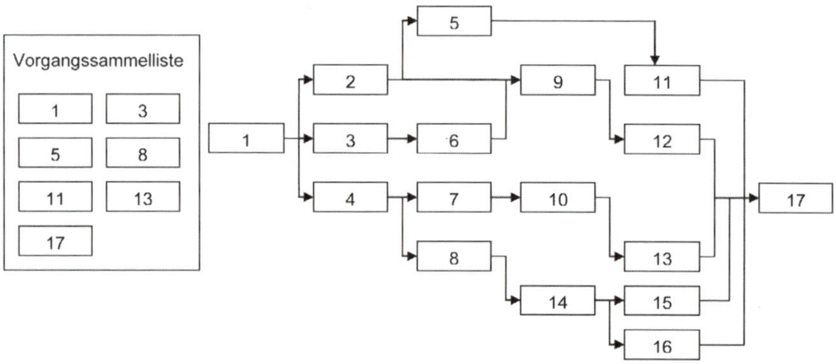

Abbildung 11: Netzplan

Auch in der Netzplantechnik werden zusätzlich zu den in den Kästchen aufgeführten Tätigkeiten noch Daten und meist auch Zuständigkeiten aufgeführt.

Und so ist in Abb. 12 ein Kästchen aus dem Netzplan vergrößert dargestellt:

Gespräche mit Betriebsrat, Herr/Frau XY		
FAZ 20.01.16	Dauer: 1/2 Tag	FEZ 20.01.16
SAZ 27.01.16	Puffer	SEZ 31.01.16

Abbildung 12: Detail eines Netzplans

In der Praxis steht oben der Name des Vorgangs und der Person, die dafür verantwortlich ist. Grundstätzlich wird zunächst je Vorgang abgeschätzt, wie lange dieser dauern könnte. Zum Erstellen des Netzplanes geht man grundsätzlich wie folgt vor: Zunächst wird die zeitliche Dauer eines jeden Vorgangs geschätzt. Beginnend im ersten Kästchen – dem ersten Vorgang – werden so die frühesten Anfangszeitpunkte (FAZ) und die frühesten Endzeitpunkte (FEZ) in der sog. Vorwärtsrechnung abgeschätzt. In der dann durchgeführten Rückwärtsrechnung wird beginnend mit dem letzten errechneten Endtermin von dort aus zurückgerechnet. Auf diese Weise werden die Spätesten Endzeitpunkte (SEZ) und späteste Anfangszeitpunkte (SAZ) festgelegt. Die sich zwischen diesen Zeiträumen ergebende Differenz ist eine mögliche Pufferzeit im Projekt. Diejenigen Vorgänge, bei denen es keinen Puffer gibt, also die Pufferzeit „0" beträgt, können bei einer zeitlichen Verzögerung zur Verzögerung des gesamten Projekts führen. Insofern gibt der Netzplan einen hervorragenden Überblick über die geplanten Tätigkeiten und Schritte und ermöglicht es, den sog. „kritischen Weg" auszurechnen. „Auf dem Kritischen Weg liegen alle Vorgänge, bei denen die früheste und späteste zeitliche Lage übereinstimmen. Sie können nicht verschoben werden, ohne den Projekttermin zu ändern." (GPM 2011 Projektmanagement, Beitrag Rackelmann: Ablauf und Termine, S. 387)

In unserem Beispiel bedeutet dies, dass sämtliche Tätigkeiten aufgelistet werden – von den ersten Überlegungen, welche Arbeitsplätze in Frage kommen, bis hin zur Bereitstellung sämtlicher erforderlicher Arbeitsmittel. Hier können auch Lieferzeiten etc. eine Rolle spielen. Dabei sind Schritte, die hintereinander erfolgen sollen: die Auswahl der Mitarbeiter, die Telearbeitsplätze erhalten sollen, danach wird über die Abteilung Einkauf das erforderliche Equipment bestellt, bevor die Telearbeitsplätze tatsächlich eingerichtet werden. Hier können einige Schritte parallel erfolgen. Bereits während der Auswahl der Abteilungen und Mitarbeiter kann überlegt werden, welche arbeitsrechtlichen Bestimmungen bei der Einrichtung von Telearbeitsplätzen zu berücksichtigen sind, und die DV-Abteilung kann zur gleichen Zeit schon prüfen, inwieweit die Daten, die von den Telearbeitsplätzen gesendet werden, aus Gründen des Datenschutzes verschlüsselt werden müssen etc. Auch hier bietet es sich an, dass Herr Neumann für all diese Tätigkeiten einen Netzplan erstellt und sich überlegt, wie viel Zeit an den einzelnen Stellen benötigt wird. Eine Überlegung könnte sein, auch einzuplanen, dass für diese Telearbeitsplätze evtl. eine neue Software benötigt wird bzw. Änderungen an der bestehenden vorgenommen werden müssen, oder dass die Abstimmung mit dem Betriebsrat Zeit erfordert etc. All diese Überlegungen sollten in den Netzplan einfließen, um auch hier zu sehen, welche Arbeiten hintereinander ausgeführt die längste Zeit benötigen, um den „kritischen Weg" zu erkennen: Alle Verzögerungen, die in dieser Kette bzw. Abfolge auftreten, bedeuten direkt eine Verzögerung des gesamten Projektes. Hier ist zu erwägen, Zeitpuffer einzubauen, die aber auch nicht zu groß sein dürfen, um das gesamte Projekt nicht unnötig in die Länge zu ziehen.

7

5.1.4 Meilensteinmethode

Das Wort Meilensteinmethode erinnert an die alten römischen Straßen, auf denen an der Seite Meilensteine standen, so dass man immer wieder sehen konnte, wie weit man schon gekommen war. In der Projektplanung bezeichnen Meilensteine Ereignisse von besonderer Bedeutung, z. B. das Richtfest im Hausbau. Hierbei bleibt es den Planenden weitgehend selbst überlassen, welche Schritte sie als Meilensteine ansehen. Wichtig ist, dass sie den Abschluss eines bestimmten Teils der Arbeit markieren.

Meilenstein	Beschreibung	Datum
1	Projektteam in München ist eingerichtet	01.10.16
2	Projektteams in HH, B, K, S sind eingerichtet	07.01.17
3	Potenziale je Standort sind festgestellt	31.05.17
4	DV-technische Voraussetzungen je Standort sind geschaffen	31.10.17
5	erste Telearbeitsplätze sind eingerichtet	01.12.17
6	Projekt ist abgeschlossen	31.12.17

Abbildung 13: Meilensteinmethode

Da sie das Ende einer bestimmten Tätigkeit bezeichnen, sollten sie immer im Präsenz formuliert eingerichtet sein, z. B. „Das Projektteam ist eingerichtet" anstatt „Projektteam wird eingerichtet".

5.2 Ressourcenplanung

Gerade am Anfang eines Projekts ist es wichtig, sich nicht nur über das Ziel im Klaren zu sein, sondern auch darüber, mit welchen Mitteln (Ressourcen) man es erreichen will bzw. welche Ressourcen überhaupt zur Verfügung stehen.

Die drei Schlüsselgrößen im Projektmanagement sind: Zeit, Personal und Kosten, wobei es hier auch Interdependenzen gibt.

5.2.1 Zeit

Da ein Projekt einen definierten Start- und Endtermin hat, ist der Faktor Zeit von besonderer Wichtigkeit, z. B. wenn wir uns vorstellen, dass die verschiedenen Landesdirektionen der Proximus Versicherung so bald wie möglich die neuen Mitarbeiter einstellen möchten. Zwar erfordert auch dies eine gewisse Zeit vom Schalten der ersten Anzeige bis zum Arbeitsbeginn, doch ist es ebenso wichtig, dass bis dahin bereits die ersten Telearbeitsplätze eingerichtet sind, um Irritationen bei denen, die neu anfangen, möglichst zu vermeiden. Dieser zeitliche Ablauf kann in einem sog. Balkendiagramm dargestellt werden. In der linken Spalte werden die ganzen Tätigkeiten aufgeführt, rechts daneben die Zeiträume oder Zeitpunkte, zu denen diese Tätigkeiten erledigt werden.

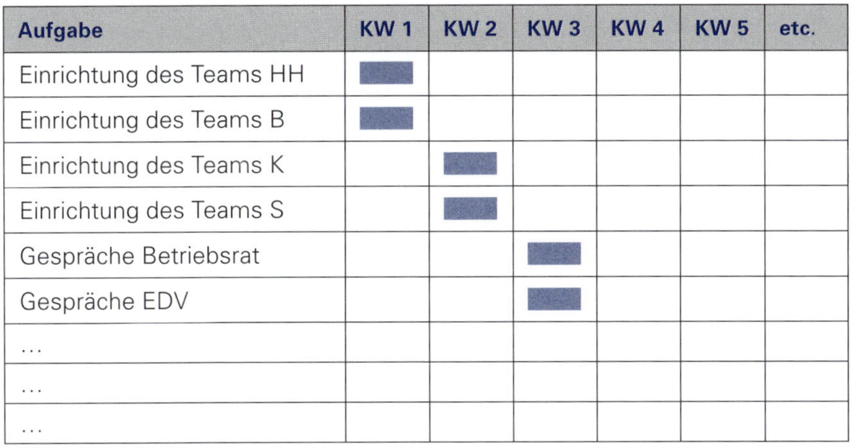

Abbildung 14: Auszug aus einem Balkendiagramm zur Ablauf- und Terminplanung

Insgesamt sollte die Ablauf- und Terminplanung diesen Schritten folgen (Schelle 2008):

- „1. Schritt: Arbeitspakete detaillieren. Um den Projektablauf planen, überwachen und steuern zu können, ist es in der Regel notwendig, die einzelnen Arbeitspakete in weitere Arbeitsschritte (= Vorgänge) aufzugliedern".

  Bei der Vorstellung des Projektstrukturplans haben wir bereits gesehen, wie ein Projekt in einzelne Arbeitspakete untergliedert werden kann (z. B. Installationsarbeiten). Diese können dann noch in einzelne Vorgänge untergliedert werden (z. B. Installationen im Bad, in der Küche etc.).

- „2. Schritt: Abläufe festlegen und Ablaufplan erstellen. Im zweiten Schritt sind die Arbeitspakete und/oder Vorgänge sachlogisch miteinander zu verknüpfen. ... Damit entsteht ein Ablaufplan (= Netzplan), in dem eindeutig festgelegt wird,
  - welche Abhängigkeiten zwischen den Vorgängen bestehen,
  - welche Vorgänge nacheinander, parallel oder unabhängig voneinander ablaufen können und
  - welche Zeitabstände zwischen den einzelnen Vorgängen notwendig sind."

  Hier geht es darum, die identifizierten Arbeitspakete in eine sachlogische Reihenfolge zu stellen, woraus sich der Netzplan ergibt.

- „3. Schritt: Ablaufplan in den Terminplan überführen. Im dritten Schritt schätzen die Projektbeteiligten die realistischen Durchführungsdauern für die Vorgänge. Der Projektmanager muss hier unbedingt darauf achten, dass die einzelnen Schätzer nicht zu ihrer eigenen Sicherheit (versteckte) Puffer einbauen. Er allein darf ein Zeitkontingent als Gesamtpuffer für das Gesamtprojekt festlegen. Haben die Projektbeteiligten realistische Durchführungsdauern für die Arbeitspakete und Vorgänge geschätzt und dabei die vorhandenen Ressourcen berücksichtigt, können die Frühest- und Spätesttermine für jeden Vorgang berechnet und terminkritische Abläufe sowie die zeitlichen Spielräume (= Puffer) aufgezeigt werden. Damit ist der Schritt vom Ablauf- zum Terminplan (vorläufig) vollzogen."

Jeder für ein Arbeitspaket Verantwortliche schätzt die Dauer, die für die Durchführung seines Arbeitspaketes benötigt wird, und trägt sowohl Start- als auch Endtermin ein. Sobald der Zeitbedarf für alle Arbeitspakete vorliegt, kann der Terminplan fertiggestellt werden.

- „4. Schritt: Ablauf- und Terminplan optimieren. Selbst bei sorgfältiger Definition der Abläufe und gewissenhafter Schätzung der Durchführungsdauern zeigt eine erste Terminberechnung häufig, dass das Projektteam einen gewünschten oder geforderten Projektendtermin voraussichtlich nicht erreichen kann. In diesem Fall beginnt der iterative Prozess der Ablauf- und Terminoptimierung in Zusammenarbeit mit allen verantwortlichen Projektbeteiligten. Die Planer können versuchen, die Projektlaufzeit zu reduzieren, indem sie z. B. die Ablaufstruktur ändern (z. B. durch Überlappung von Vorgängen) oder die Ausführungszeiten verkürzen (z. B. durch Kapazitätserhöhung). In diesem Stadium der Ablauf- und Terminplanung kann der Projektmanager auch alternative Handlungsabläufe und deren Auswirkungen auf den Projektendtermin oder auf andere Zielfaktoren (z. B. Kosten oder Einsatzmittelbedarf) durchspielen."

  Die im 3. Schritt ermittelten Zeiten müssen nun mit dem geplanten Endtermin des Projektes abgeglichen werden. Bei einigen Projekten (z. B. einer Messebeteiligung) gibt es einen festen Endtermin (den Beginn der Messe), der eingehalten werden muss. Hier muss der Projektleiter direkt am Anfang den errechneten Endtermin mit dem im Projekt vorgegebenen Termin vergleichen, um ggf. direkt Anpassungen vornehmen zu können (zu Möglichkeiten der Anpassung siehe 7.1 „Abweichungsanalysen").

- „5. Schritt: Ausführungsplan verabschieden. Die für das Projekt verantwortlichen Stellen (z. B. Auftraggeber, Unternehmensleitung, Projektleitung, Lieferanten) müssen den Ablauf- und Terminplan, der nach der Optimierung vorliegt, verabschieden. Die Termine in diesem Ausführungsplan werden damit zu Soll-Terminen, die die Basis für das Termincontrolling bilden und für alle Beteiligten verbindlich sind. Häufig wird er wichtiger Bestandteil des Vertrags mit dem Projektauftraggeber. So werden bei späterer Nichteinhaltung von Vertragsterminen Vertragsstrafen fällig."

  Gemeinsam mit den für das Projekt verantwortlichen Stellen (z. B. Auftraggeber) wird der so erarbeitete Terminplan verabschiedet. Diese Termine sind verbindlich und im Beispiel des Hausbaus kann die Nichteinhaltung eines Termins Konventionalstrafen nach sich ziehen.

- „6. Schritt: Termincontrolling. Das Termincontrolling ist Teil der Terminplanung. Es beginnt mit der Erfassung der Ist-Termine und der Überwachung des termingerechten Ablaufs. Durch Soll-Ist-Vergleiche können Abweichungen vom geplanten Ablauf – vor allem bei Terminverzögerungen oder Änderungen in der Ablaufstruktur – aufgezeigt und analysiert werden. Auf Basis der Analyseergebnisse lassen sich beim konsequenten Einsatz der Netzplantechnik die Auswirkungen von Abweichungen auf Teilbereiche des Projekts oder auf das Projektende vorhersagen. Der

Projektmanager kann – wie in der Phase der Planoptimierung – Alternativen durchspielen, um geeignete Maßnahmen zur Gegensteuerung herauszufinden. In jedem Fall liefert das Termincontrolling rechtzeitig ein Warnsignal für die Projektleitung, das deutlich macht, wann korrektive Maßnahmen zu treffen sind."

In regelmäßigen Abständen müssen die Ist- den Soll-Terminen gegenüber gestellt werden (siehe 7.1), um bei Planabweichungen so früh wie möglich Alternativen planen zu können.

5.2.2 Personal

Teamgröße

Für jedes Projekt steht ein bestimmtes Kontingent an Personen zur Realisierung zur Verfügung. Zum einen hängt es von den im Projekt zu erbringenden Aufgaben ab, zum anderen natürlich von den für dieses Personal zur Verfügung stehenden finanziellen Mitteln. Insgesamt ist aber auch darauf zu achten, dass die Teams eine gewisse Größe nicht überschreiten; nicht nur aus Kostengründen, sondern auch, weil ein Team mit mehr als sieben Personen nicht mehr effizient arbeitet. Die optimale Teamgröße liegt bei drei bis sieben Personen.

Gerade bei der Planung des Personals ist es wichtig, an dieser Stelle nicht nur über die Personen nachzudenken, die im Projektteam mitarbeiten werden, sondern auch über die Besonderheiten der „Ressource Mensch", dass nämlich Menschen eben keine Ressource sind, über die verfügt werden kann, sondern Individuen mit unterschiedlichen Bedürfnissen.

Teamentwicklungsphasen

So sollte der Projektleiter in der Planungsphase auch schon die Phasen der Teamentwicklung berücksichtigen. Jedes Team durchläuft folgende vier Phasen:

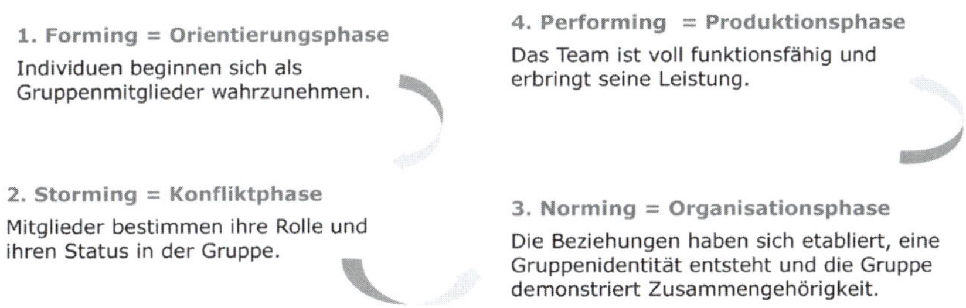

Abbildung 15: Teamentwicklungsphasen

Orientierungsphase

Die erste Phase ist gekennzeichnet von einem vorsichtigen Aufeinanderzugehen. Jeder gibt sich von seiner besten Seite, man stellt sich vor und hat einen ersten Eindruck voneinander.

Konfliktphase

Nach diesem ersten Kennenlernen geht es in der zweiten Phase darum, sein „Terrain" abzustecken, man will herausfinden, wer welche Fähigkeiten ins Team mitbringt, und den eigenen Platz finden. Man wittert dort Konkurrenz, wo jemand über ähnliche Fähigkeiten verfügt, denn jeder will auf seinem Gebiet der Beste sein. Hier geht es nicht um Spezialistenwissen, sondern auch um die Rolle innerhalb des Teams. In jedem Team gibt es eher kreative Köpfe (Kreative) und solche, die sich mehr darum kümmern, dass Zeiten, Termine und Strukturen eingehalten werden (Strukturierer). Es gibt welche, die das Erarbeitete kritisch hinterfragen (Controller) und solche, die z. B. Informationen von außerhalb beschaffen (Berater). Diese Teamrollen bilden sich unabhängig von dem Fachwissen, das jedes Teammitglied mitbringt, es ist eher eine Ausprägung der Persönlichkeit. So wird der Projektleiter gut daran tun, einem Kreativen nicht eine Aufgabe zu übertragen, in der es um detaillierte Zahlen geht etc. Jedes Teammitglied versucht, seine Fähigkeiten optimal einzubringen, weil dies jedem auch die Chance eröffnet, sich zu profilieren. Diese Konfliktphase im Team ist außerordentlich wichtig und sollte vom Teamleiter entsprechend ernstgenommen werden, da sich ungelöste Konflikte meist durch die ganze Arbeit hindurchziehen.

Organisationsphase

Nach dieser Phase, in der es schon mal hoch hergehen kann, erfolgt dann die genauere Beschäftigung mit der Aufgabe, Teilaufgaben werden zur Erledigung an die Teammitglieder verteilt, erste Arbeitserfolge werden sichtbar.

Eine Kick-off-Veranstaltung, die mit einer Teamentwicklungsmaßnahme kombiniert ist, kann dazu beitragen, dass bei einem solchen Treffen bereits wichtige Teile der ersten drei Phasen durchlaufen werden.

Produktionsphase

Zu seiner vollen „Blüte" kommt das Team in der vierten Phase, hier sind die Rollen und Aufgaben verteilt, das Team kann sich voll der Erledigung des Projektauftrags widmen und arbeitet in dieser Phase am konstruktivsten.

Beachten sollte der Projektleiter auch, dass mit jedem Wechsel eines Teammitgliedes die Phasen noch einmal durchlaufen werden. Je nach Teamfähigkeit des neuen Mitgliedes und nach Sympathie, die die vorhandenen Teammitglieder dem Neuling entgegenbringen, wird die Produktivitätsphase schneller oder langsamer erreicht. Je höher die Teamfähigkeit und die Sympathie und Akzeptanz der anderen, desto schneller wird das neue Mitglied integriert sein.

5.2.3 Kosten

begrenzte Budgets

Die Kosten sind meist neben der Zeit die zweite enge Begrenzung in Projekten. Während der Planungsphase kommt der Planung der Kosten eine besondere Bedeutung zu, da es kaum Projekte gibt, in denen unbegrenzte finanzielle Mittel zur Verfügung stehen. Entweder geben die Auftraggeber eine bestimmte Summe vor, die zur Verfügung steht, oder in der Planung wird überlegt, welche Kosten in welcher Höhe anfallen werden (siehe Abb. 16 Projektauftrag).

In unserem Beispiel wird Herr Neumann einen Plan aufstellen und überlegen, mit welchem Schritt er anfangen soll. Er wird sich z. B. überlegen, für welche Abteilungen Telearbeitsplätze in Frage kommen. Denkbar ist auch, von einer anderen Seite anzufangen und sich zu überlegen, wie viele Telearbeitsplätze überhaupt geschaffen werden sollen.

Herr Neumann wird überlegen, wen er für diese Aufgaben braucht und dementsprechend die Personentage, d. h. die Kosten, die diese Person durchschnittlich pro Tag verursacht (Gehalt, Lohnnebenkosten etc.) schätzen. Diese geschätzten Kosten werden im Projektauftrag eingetragen und für jede Überschreitung wird der Projektleiter zur Rechenschaft gezogen. Er wird auch überlegen, welche Sachmittel er benötigt (z. B. Software) und auch diese und alle weiteren Kosten (z. B. für Reisen) in den Projektantrag eintragen.

Ein Beispiel für einen Kostenplan findet sich in Abschnitt 7.1.2, aus dem direkt auch ersichtlich wird, wie das Controlling für die Kosten dargestellt werden kann.

Zusammenfassung

Projekte erscheinen am Anfang oft recht unübersichtlich, da für die konkrete Arbeit meist keine Erfahrungswerte vorliegen. Hier ist es sinnvoll, bewährte Projektplanungsinstrumente hinzuzuziehen. Ein Projektphasenmodell gibt eine erste Übersicht über die im Projekt durchzuführenden Schritte und Phasen. Eine detailliertere Planung wird mit einem Projektstrukturplan oder einem Netzplan erreicht. In jedem Fall ist es wichtig, die drei Ressourcen Zeit, Personal und Kosten genauer einzuschätzen und zu planen.

7

6. Durchführung des Projekts

Handlungssituation

Die Planungen bezüglich der neuen Telearbeitsplätze bei der Proximus Versicherung AG sind zum größten Teil abgeschlossen. Der Projektauftrag ist ausgefüllt, nun soll der Projektleiter Herr Neumann das Geplante auch umsetzen und erste Telearbeitsplätze mit Unterstützung der Teilprojektleiter konkret an den verschiedenen Standorten einrichten, bis sie von den dafür ausgewählten Mitarbeitern in Betrieb genommen werden können.

Im vorliegenden Fall lautet das Ziel des Projekts: In der Zeit vom 1.10.2016 bis zum 31.12.2017 sind je Landesdirektion X Telearbeitsplätze mit einem Budget von X € einzurichten, um sowohl mehr Arbeitsplätze zu schaffen als auch die Attraktivität der Proximus Versicherung AG als Arbeitgeber zu steigern.

Sind die Planungen soweit abgeschlossen und ist der Projektauftrag formal erteilt (siehe Projektphase Ausführung), kann das Projekt durchgeführt werden.

Projektauftrag

Projektbezeichnung Einrichtung von Telearbeitsplätzen					Nr.
Auftraggeber/in	Vorstand	Ressort	Vorstand	Abteilung	
Projektleiter/in	Herr Neumann	Ressort		Abteilung	
Ausgangssituation (Warum besteht Handlungsbedarf?)					

Der Trend auch bei der Proximus Versicherung AG geht zu flexibleren Arbeitszeiten und durch die heutigen technischen Möglichkeiten können bestimmte Tätigkeiten auch gut von zu Hause aus ausgeführt werden. Die kommt den MitarbeiterInnen bezüglich ihrer Arbeitszeitflexibilität und der Vereinbarkeit von Beruf und Familie aber auch dem Unternehmen entgegen, weil in den neuen Landesdirektionen für die aufgrund der guten Umsatzentwicklung neu einzustellenden MitarbeiterInnen keine neuen Büros eingerichtet werden müssen.

Grobziele lt. Auftraggeber (Was soll erreicht werden?)

Das Projektteam soll prüfen,

- welche Tätigkeiten an Telearbeitsplätzen zu Hause ausgeführt werden (können),
- ob es hier regionale Unterschiede in den einzelnen Landesdirektionen gibt,
- welche Voraussetzungen dafür geschaffen werden müssen,
- wie viel Mitarbeiterinnen dafür in Frage kommen,
- wie die Kosten-/Nutzen-Relation für diese Maßnahme aussehen wird.

Am Projektende sollen nach Möglichkeit in jeder Landesdirektion erste Telearbeitsplätze eingerichtet worden sein.

Priorität	Mittel – hoch	Werte geschätzt		Werte festgelegt	
Start-Datum	01.10.2016		End-Datum	31.12.2017	
Beteiligte Abteilung, Anzahl der Mitarbeiter/innen					
Abt. Personal	MA 1	Abt. Finanzen	MA 1	Abt. Recht	MA 1
Abt. EDV	MA 1	Abt. Betriebsrat			
Kostenübersicht					
Personalkosten	€	Personentage			
Fachbereich	€				
Beteiligte Abt.	€				
EDV	€				
Fremdleistungen	€				
Sachkosten	€				
Nutzen: Welcher konkrete Nutzen entsteht durch das Projektergebnis?					

Höhere Mitarbeiterzufriedenheit, da diese flexiblere Arbeitszeiten haben. Der zunächst geplante Neubau für die neuen MitarbeiterInnen wird nicht realisiert, da nicht immer alle MitarbeiterInnen einen festen Arbeitsplatz in der Landesdirektion benötigen.

Chancen: Welche Perspektiven sind über den vereinbarten Rahmen hinaus möglich?

Weitere Telearbeitsplätze auch in anderen Unternehmensbereichen, z. B. Buchhaltung, immer dort, wo die tägliche Anwesenheit der MitarbeiterInnen nicht unbedingt erforderlich ist.

Risiken: Welche Risiken bestehen während des Projekts und durch das Ergebnis?

- Zunächst erhöhter Kapitalbedarf für das Projekt
- höherer Verwaltungsaufwand durch mehr Koordinationsbedarf zwischen Landesdirektion und Telearbeitsplatz
- anfängliche Irritationen bei den MitarbeiterInnen durch dieses neue Arbeitszeitmodell

Auswirkungen auf andere Unternehmensbereiche

- Veränderung von Arbeitsabläufen, da Absprachen dann z. B. nicht mehr persönlich sondern per Telefon, Mail etc. erfolgen
- Größere Herausforderungen an die DV-Abteilung

Gesetzliche Rahmenbedingungen

Die gesetzlichen Bestimmungen, z. B. Mitbestimmungsgesetze, Arbeitsschutzbestimmungen etc. müssen eingehalten werden. Berücksichtigung von evtl. anderen gesetzlichen Bestimmungen.

Mitbestimmungsrechte

Unterschrift Auftraggeber/in	Unterschrift Projektleiter/in

Abbildung 16: Projektauftrag (nach Conrads 2003, S. 288)

Dem Projektauftrag kommt eine große Bedeutung zu, weil der Auftraggeber hierin die Ziele klar und verbindlich formulieren muss. Dies macht noch einmal die Bedeutung gerade dieses Projektes für das gesamte Unternehmen klar. Um diese Wichtigkeit hervorzuheben und zu kommunizieren, dass dieses Projekt ein Erfolg werden muss, ist es für den Vorstandsvorsitzenden eine Selbstverständlichkeit, den Startschuss für diese Veränderung zu geben.

In Abbildung 16 ist das Beispiel für einen Projektauftrag zu sehen. Einige Positionen sind in grauer Schrift eingetragen. Damit das Projekt genehmigt und auch gestartet werden kann, ist es erforderlich, dass alle Positionen ausgefüllt sind – insbesondere auch die der Kosten, die im o. a. Beispiel bewusst offen gelassen wurden.

Wie aus unten stehender Grafik ersichtlich, sollten zum erfolgreichen Projektstart all die genannten Bereiche bekannt und berücksichtigt sein:

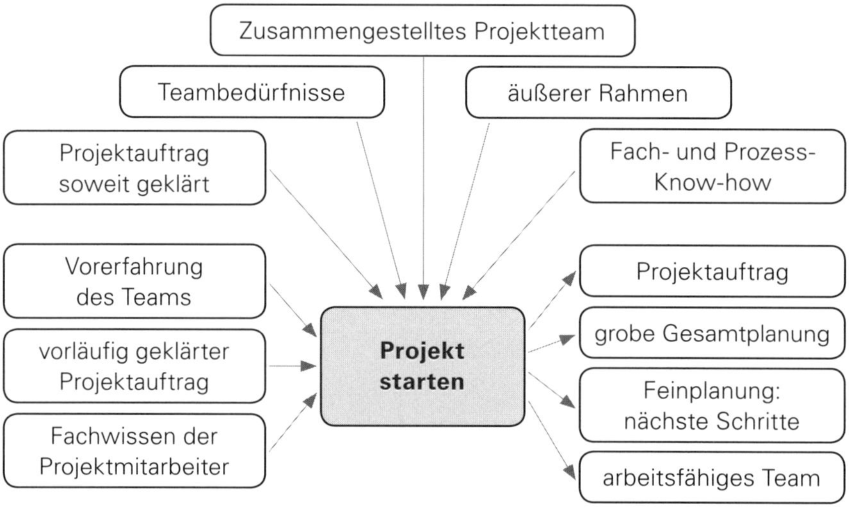

Abbildung 17: Kontext-Modell zum Projektstart (Mayrshofer 2006, S. 133)

Projektstart

In obiger Grafik ist auf der linken Seite der „Input" dieser Startveranstaltung aufgeführt, auf der rechten Seite der „Output" und oben ist genannt, was in den Projektstart einfließt. So bringen zum Projektstartzeitpunkt die Teammitglieder ihre Erfahrungen und ihr Fachwissen ein, der Projektauftrag ist so weit ausgefüllt, wie es zum konkreten Zeitpunkt möglich ist. Folgende Vorgehensweise hat sich beim Projektstart als sinnvoll erwiesen (Mayrshofer 2006, S. 135 f.):

- „Vorstellen des bisher vereinbarten vorläufigen Projektauftrages
- Klären der Erwartungen und Interessen der Projektmitarbeiter
- Klären der Rollen und Verantwortlichkeiten im Projekt
- Vorstellen und Vereinbaren des Gesamtprojektplans
- Erarbeiten der Kommunikationsregeln für das Projekt
- Teambildung

Ergebnisse des Projektstarts sind:

1. Der Projektauftrag ist geklärt und hat die zu diesem Zeitpunkt notwendige Kontur und Klarheit: Alle Beteiligten wissen, was erreicht werden soll, das heißt die zu erreichenden Ziele, die erwarteten Ergebnisse, der zu erzielende Nutzen, die Zeiten und die Kosten. Der Projektauftrag benennt die Ziele und Ergebnisse, weshalb das Projekt seinen Sinn und seine Notwendigkeit erhält.

2. Es liegt ein Projektentwurf vor, der als Gesamtplan eine Vorstellung vermittelt, welche Teilaufgaben von wem bis zu welchem Zeitpunkt zu erarbeiten, zu klären, zu entwickeln sind. Der Gesamtplan ist ein Entwurf über das gesamte Projekt. Er will Orientierung und Sicherheit geben. Eine verbindliche Feinplanung gilt für die nächsten unmittelbaren Aufgaben.

Ein arbeitsfähiges Projektteam dient diesem Ziel. Geklärt ist, welche Fähigkeiten und Kompetenzen notwendig sind, um die Projektziele und ihre Ergebnisse zu verwirklichen."

Der „Startschuss" zu einem Projekt wird in einer Kick-off-Veranstaltung gegeben: In unserem Beispiel eröffnet der Vorstandsvorsitzende Herr Geber diese Veranstaltung. Er weiß, wie wichtig es ist, am Anfang Sinn und Zweck des Projekts zu erläutern und durch sein persönliches Auftreten die Bedeutung des Projekts zu unterstreichen. Er erteilt an dieser Stelle Herrn Neumann offiziell den Auftrag für das Projekt, wobei er auch schon Termine nennt: Am 1.10.2016 sollen die grundsätzlichen Vorüberlegungen in der Zentrale in München beendet sein, dann soll der ausgefüllte Projektantrag vorliegen, damit dann das Projekt durchgeführt werden kann. Im weiteren Verlauf der Veranstaltung sollte der Projektleiter dann genügend Zeit einplanen für das gegenseitige Kennenlernen. Wie aus den Phasen der Teamentwicklung ersichtlich, ist es gerade am Anfang wichtig, sich Zeit zu nehmen, sowohl die Fähigkeiten der anderen Teammitglieder kennenzulernen, als auch ihre Persönlichkeit.

Wegen der Bedeutung unseres Beispiel-Projektes ist es sinnvoll, die Eröffnungsveranstaltung sowohl für das Team in der Zentrale als auch für die vier Teams der Landesdirektionen in der Zentrale in München durchzuführen, zumal der Projektleier Herr Neumann direkt dem Auftraggeber, dem Vorstand in München, unterstellt ist. Danach sollten zunächst die Aktivitäten für das Team in München geplant werden, weil dort die vorbereitenden grundsätzlichen Arbeiten erfolgen müssen, damit die in den einzelnen Landesdirektionen erarbeiteten Lösungen auch in die gesamte Unternehmensstrategie passen. Sobald dann die Teams in den einzelnen Landesdirektionen ihre Arbeit aufnehmen, sollten auch dort noch einmal Kick-off-Veranstaltungen erfolgen, in denen Herr Neumann dann die Teilprojektleiter in den Landesdirektionen mit den dort durchzuführenden Arbeiten beauftragt.

Sinn und Zweck einer Kick-off-Veranstaltung ist, dass möglichst alle Projektbeteiligten an einem Tisch sitzen. In jedem Fall sollte der Auftraggeber anwesend sein, möglichst auch noch Vertreter der Personengruppe, die von der Projektarbeit betroffen sein werden, in unserem Fall einige Mitarbeiter, die voraussichtlich später an einem Telearbeitsplatz arbeiten werden. Im weiteren Verlauf ist es wichtig, ein gemeinsames Verständnis des im Projektauftrag formulierten Ziels zu erreichen, ebenso wie eine gemeinsame Motivation. Hierfür ist es meist sinnvoll, in einem zweiten Teil einer Kick-off-Veranstaltung Zeit einzuplanen, damit die Teammitglieder sich kennenlernen und erste Ideen über die Aufgabenverteilung ausgetauscht werden. Eine gute Gestaltung der Zusammenarbeit im Team am Anfang wird sich positiv auf die weitere Projektarbeit und somit auch auf das Erreichen des Projektziels auswirken. Hier an Zeit und Geld für die Teamentwicklung zu sparen, hieße am falschen Ende zu sparen. Die hier eingesparte Zeit wird oft später für viele Diskussionen benötigt, die weniger mit der Sache und mehr mit dem Zusammenwirken aller zu tun haben.

Die wichtigsten **Aufgaben des Projektstarts** sind laut Internationaler Projektmanagement-Organisation (IPMA, S. 32):

- Projektmitarbeiter zusammenbringen
- Ausrüstung und Einrichtungen sicherstellen
- Projektziele und den Projektinhalt festlegen
- Randbedingungen klären und gestalten
- Projektorganisation festlegen und aufbauen
- Zusammenarbeit regeln
- Projektplanungen anstellen
- „Startschuss" für das Projekt geben

Im Wesentlichen entspricht diese Aufzählung den in diesem Abschnitt gemachten Aussagen zum Projektstart.

In unserem Beispiel wurde der Projektantrag genehmigt. Somit wurde aus dem Projektantrag der Projektauftrag. Die Projektmittel wurden vom Vorstand freigegeben, der Kostenplan genehmigt, der Projektleiter Herr Neumann eingesetzt. Die Personen im Team sind benannt und wissen, dass sie künftig im Projekt mitarbeiten werden, die eigentliche Arbeit beginnt.

Die Ziele bei der Zusammenstellung des Projektteams am Projektstart sind (IPMA, S. 32):

- durch die Identifikation des Projektumfeldes, -zwecks und -ziels eine gemeinsame Projektvision zu kreieren
- durch Festlegung der Arbeitsinhalte, der Projektorganisation und der Anforderungen an Qualität, Kosten und Termine eine Akzeptanz der Planung zu gewinnen
- durch Vereinbarungen über Arbeitsweisen und Kommunikationswege das Projektteam arbeitsfähig zu machen
- das Projektteam auf den Zweck des Projekts und die damit verbundene Vorgehensweise auszurichten

Gerade die gemeinsame Projektvision stellt eine wichtige Grundlage für die gemeinsame Projektarbeit klar. Ein kurzes Beispiel mag dies verdeutlichen: Wenn man das Wort „Baum" hört, an welchen Baum denken dann unterschiedliche Personen, eventuell auch noch aus unterschiedlichen Kulturen? Je nachdem, wo eine Person aufgewachsen ist, wird sie unterschiedliche Bilder von einem Baum haben. Hier ist wichtig, sich darüber zu verständigen, welches *gemeinsame* Bild alle haben. Hier gibt es wunderschöne Cartoons im Internet, die diese unterschiedlichen Sichtweisen verdeutlichen (z. B. http://www.projectcartoon.com/cartoon/434).

In dieser Phase müssen immer wieder Stellen eingeplant werden, an denen der Projektfortschritt kontrolliert wird, um eventuelle Abweichungen möglichst zeitnah festzustellen. Dieser Punkt wird ausführlich unter 7. „Projektcontrolling" erläutert.

6.1 Rahmenbedingungen der Unternehmensorganisation

Projektleiter braucht Unternehmenskenntnisse

Während der Durchführung eines Projektes ist es enorm wichtig, sich an die Rahmenbedingungen zu halten, die durch die Unternehmensorganisation vorgegeben sind. Dazu gehören bestimmte organisatorische Abläufe, die eingehalten werden müssen, aber auch andere Richtlinien und Werte, die z. B. im Unternehmensleitbild verankert sind. Von daher sollte der Projektleiter gute Unternehmenskenntnisse mitbringen, um nicht Lösungsmöglichkeiten zu entwickeln, die den Rahmen des Unternehmens sprengen.

Das Wissen und die Erfahrung, wie das Unternehmen (die Stammorganisation) funktioniert (IPMA S. 33),

- Aufgaben, Zuständigkeiten, Verantwortungen,
- Organisationsstruktur,
- interne Abläufe und Entscheidungsfindung,

sind für den Projektmanager wichtig, weil Projekte die Grundsätze und grundsätzlichen Strukturen des Betriebes beeinflussen können.

Projektauswahl

Zum anderen ist es entscheidend, dass das Unternehmen die Projekte zur Durchführung auswählt, die das Unternehmen voranbringen, ihm möglichst hohen Nutzen bringen. Von daher muss die Unternehmensleitung vor der Freigabe des Projekts prüfen, ob das Projekt auch in die vorhandene Unternehmensstrategie passt. Hierzu gehört auch, dass darauf geachtet werden muss, dass jedes Unternehmen nur ein bestimmtes Maß an Projekten „verträgt", d. h., dass zu jeder Zeit sichergestellt sein muss, dass nicht zu viele Personen in Projekten arbeiten – und nicht nur die besten jeder Abteilung –, denn schließlich soll der originäre Unternehmenszweck nicht durch zu viel Projektarbeit gefährdet werden. So ist es für die Proximus Versicherung AG wichtig, darauf zu achten, dass zu jeder Zeit die optimale Kundenbetreuung im Versicherungsgeschäft gewährleistet ist.

6.2 Verfügbarkeit technischer Hilfsmittel

Projektmanagement-Software

Gerade weil es im Projekt so viel Neues gibt, besteht der Wunsch nach Unterstützung durch bewährte Arbeitsmittel. Im Projektmanagement gibt es sowohl spezielle Software für Projekte, die gute Unterstützung liefert. Aber auch die in den meisten Unternehmen allgemein üblichen Programme wie Excel, Word, Outlook etc. sind gut geeignet.

In den beiden folgenden Abschnitten werden einige dieser technischen Hilfsmittel für die Projektarbeit vorgestellt. Zunächst wird aufgezeigt, wie und wo sich die vorhandenen Informations- und Kommunikationssysteme im Projektmanagement einsetzen lassen, im nächsten Abschnitt steht dann spezielle Projektmanagement-Software im Vordergrund.

6.2.1 Nutzung von Informations- und Kommunikationssystemen

moderne Kommunikationssysteme

Im Projekt gibt es viele Informationen, die entsprechend an die einzelnen Teammitglieder, Auftraggeber, Stakeholder etc. verteilt werden müssen (siehe Abschnitt 4). Hier ist es vorteilhaft, die heutigen Informations- und Kommunikationssysteme sinnvoll zu nutzen. Ein Beispiel hierfür könnte ein gemeinsamer Kalender in Outlook sein, in dem die einzelnen Teammitglieder ihre Termine eintragen, so dass z. B. Termine für Meetings leichter gefunden werden können. Ebenso kann über diese Systeme bereits ein Verteiler für verschiedene Informationen, die per Mail weitergegeben werden sollen, festgelegt werden.

Für grundlegende Informationen können auch bereits Standard-Formulare in Word oder Excel festgelegt werden, in die dann nur noch die aktuellen Daten eingegeben werden müssen (siehe auch Abschnitt 8 „Berichtswesen und Projektdokumentation").

Kommunikation innerhalb des Teams

Immer wichtiger wird auch die Möglichkeit, gerade mit räumlich getrennten Teams per Internet zu kommunizieren, z. B. durch Videokonferenzen. Hier ist der Kommunikation mit Bild und Ton der Vorzug zu geben, denn beim reinen Telefonkontakt ist es gerade bei Teams, die größer als drei Personen sind, schwierig, das Interesse aller gleichermaßen wach zu halten. Bei einer Kommunikation, bei der sich die Teilnehmenden auch sehen, wird schneller ersichtlich, wer nebenbei noch seine E-Mails bearbeitet. Und auch für internationale Teams ist dies von Vorteil, da durch Mimik und Gestik gelegentlich auch Verständigungsprobleme ausgeräumt werden können. Das große A und O auch dieser Kommunikationssysteme ist, dass die Telefon- und Videokonferenzen mindestens genau so gut vorbereitet sein müssen wie alle anderen Meetings auch, um diese Besprechungen möglichst kurz zu halten, damit sie sich nicht zu Zeitfressern entwickeln. Das kann sich auch negativ auf die Motivation auswirken, wenn jeder Videokonferenz mit Schrecken entgegengesehen wird.

Der große Vorteil dieser allgemein im Unternehmen eingeführten Informations- und Kommunikationssysteme besteht darin, dass sich die Beteiligten damit auskennen und es hier kaum Schulungsbedarf zu Beginn eines Projektes geben sollte.

persönlicher Austausch

Trotz allen Fortschritts in Bezug auf Kommunikation kann nichts den persönlichen Austausch ersetzen, und auch wenn die finanziellen Mittel, z. B. für Reisen, begrenzt sind. Jedem Projektleiter ist anzuraten, gerade am Anfang in die Teambildung und das persönliche Kennenlernen zu investieren, um später effektiv arbeiten zu können. Genauso sinnvoll ist es, nach einer bestimmten Anzahl von Sitzungen per Videokonferenz auch wieder eine Besprechung einzuberufen, in der alle Teammitglieder persönlich anwesend sind.

6.2.2 Projektsoftware

Anforderungen an Projektsoftware prüfen

An spezieller Projektsoftware gibt es ein umfangreiches, aber auch immer unübersichtlicher werdendes Angebot. Bevor hier ein spezielles Programm angeschafft wird, sollte überlegt werden, ob die anfallenden Tätigkeiten auch mit den vorhandenen Programmen (s. o.) sinnvoll abgewickelt werden können. Am verbreitetsten ist hier Software zum Erstellen von Netzplänen (Schelle 2008), es gibt aber ebenso Programme zum Erstellen von Termin- und Einsatzmittelplanung.

So gut die Unterstützung durch diese speziellen Programme sein mag, so sollte doch nicht übersehen werden, dass diese meist kostspielig sind und Einarbeitungsaufwand erfordern. Und sie nehmen der Projektleitung nicht das „Denken" ab, die Überlegungen müssen nach wie vor von den handelnden Personen angestellt werden, da die Projektsoftware nur dazu dient, komplizierte Berechnungen zu übernehmen. Eine der Gefahren, die im Einsatz von Projektsoftware liegt, ist, dass man annehmen könnte, ein Programm zu haben, das einem (fast) alle Arbeit abnimmt. Zudem sind die Aufgaben, für die die verschiedenen Programmpakete angeboten werden, sehr unterschiedlich. Anfangs ist es oft schwer abzuschätzen, in welchen Punkten genau programmtechnische Unterstützung benötigt wird, so dass davon abgeraten wird, einfach eine Software zu kaufen, ohne vorher genau abzuklären, was genau mit dieser Software erreicht werden soll.

Und so lautet das Fazit eines Fachmannes auf diesem Gebiet:

„Software vermag nur dann unterstützend zu wirken, wenn etwas vorhanden ist, das unterstützt werden kann" (GPM 2011 Projektmanagement, Beitrag Meyer: IT im Projektmanagement, S. 1885).

Zusammenfassung

Bei der Durchführung von Projekten kommt sowohl dem Projektauftrag als auch den handelnden Personen eine große Bedeutung zu. Bereits am Anfang ist es wichtig, dass alle eine gemeinsame Vision und ein gemeinsames Verständnis des mit dem Projekt zu erreichenden Ziels haben. In einer Kick-off-Veranstaltung können wichtige Punkte miteinander besprochen und vereinbart werden. An dieser Veranstaltung sollte auch die Unternehmensleitung teilnehmen, da auch die Rahmenbedingungen der Unternehmensorganisation für das Gelingen von Projekten eine wichtige Rolle spielen. Durch eine gemeinsame Auftaktveranstaltung können hier entscheidende Punkte geklärt werden. Um auch während der Projektarbeit die Kommunikation untereinander gut zu organisieren, empfiehlt es sich, gängige Informationssysteme der internen Kommunikation auch für den Austausch von Informationen im Projekt zu nutzen. Darüber hinaus kann überlegt werden, spezielle Projektmanagementsoftware anzuschaffen.

7. Projektcontrolling

Handlungssituation

Der Projektleiter hat gerade erfahren, dass die für die 4. KW angesetzten Gespräche mit dem Betriebsrat bezüglich der Einführung von Telearbeitsplätzen nicht stattfinden können. Er fragt sich, welche Gründe das haben kann, welche Lösungsmöglichkeiten es gibt und was jeweils die Auswirkungen auf den Projektplan sein werden.

Wenn ein Projekt Hausbau nicht so enden soll wie in Schilda, wo der Einbau der Fenster vergessen wurde, empfiehlt es sich, regelmäßig den Projektfortschritt zu überprüfen, um bei Planabweichungen rechtzeitig Maßnahmen einzuleiten. Controlling bedeutet aber nicht Kontrolle, Controlling umfasst den kompletten Planungs-, Entscheidungs- und Korrekturprozess. Mit Controlling ist gemeint, dass zunächst Ziele geplant werden und diese dann in bestimmten Abständen überprüft werden. Wesentliche Aufgabe des Controllings ist es, Zahlen zur Verfügung zu stellen, die eine Basis bilden, um bei Planabweichungen Entscheidungen zur Kurskorrektur und zur Steuerung zu geben.

Grundsätzlich sollte zur Projektsteuerung und zum Projektcontrolling nach folgendem Schema vorgegangen werden:

Schritte der Projektsteuerung

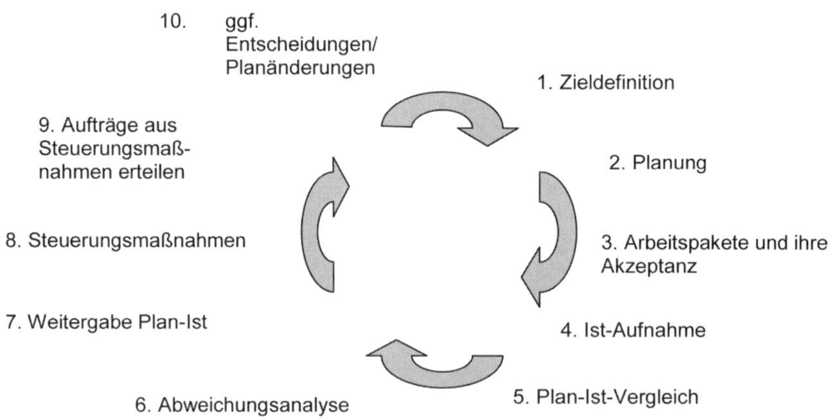

Abbildung 18: Schritte der Projektsteuerung (Hoffmann 2004, S. 233)

Aus dieser Abbildung wird ersichtlich, dass es sich hier um einen stets wiederkehrenden Prozess handelt, der in regelmäßigen Abständen durchgeführt werden sollte. Die Abstände zwischen den Controllings bzw. Meetings, in denen über den Status gesprochen wird, sollten direkt am Anfang des Projektes festgelegt werden, oft erwartet aber auch der Auftraggeber in regelmäßigen Abständen einen Bericht zum aktuellen Status.

In diesem Zusammenhang spielt auch das Qualitätsmanagement im Projekt eine wichtige Rolle.

Qualität

Nachfolgend sind einige häufige Fehler, die z. B. in IT-Projekten gemacht werden, aufgeführt. Aus dem Artikel „Wie IT-Abteilungen erfolgreicher arbeiten" (siehe die Rubrik „Strategien" unter www.cio.de) wurden die Punkte aufgeführt, die aus Sicht der Autorin in vielen Projekten problematisch sind:

häufige Fehler in der Projektarbeit

- Personal, das nicht über die notwendigen Fertigkeiten verfügt
- keine erfahrenen Projektmanager
- keine Methode
- keine Berücksichtigung von Änderungen beim Projektumfang
- keine Ahnung über den Status quo
- keine klare Definition des Umfangs
- unvollständige Ablaufpläne
- unrealistische Deadlines
- ungenaue/unklare Zieldefinition

Wie aus der Grafik ersichtlich wird, sind Abweichungsanalysen Teil des Steuerungs- und *Controllingprozesses*. Die Feststellung der Abweichung ist ein erster wichtiger Schritt, im nächsten geht es darum, die Ursachen dafür zu ergründen. Je nach Ursache für die Abweichung wird es unterschiedliche Lösungsmöglichkeiten geben.

Hier eine Übersicht über „mögliche Ursachen für Abweichungen" (GPM 2011 Projektmanagement, Beitrag Motzel/Felske: Projektcontrolling, S. 577). Diese müssen jeweils auf die Situation angewandt werden und können u. a. sein:

- Unzulänglichkeiten oder Fehler in der Planung
- Änderungen der Vorgaben
- ungenaue, unvollständige oder fehlerhafte Leistungsbeschreibungen
- Unkenntnis der Verhältnisse am Ort der Projektausführung
- zusätzliche Auflagen durch Genehmigungs- oder Prüfbehörden
- verspätet erteilte Genehmigungen
- Nutzungsänderungen oder Änderungswünsche des Auftraggebers
- verzögerte, mangelhafte oder fehlende Vorleistungen Dritter
- Fehler in der Arbeitsvorbereitung
- unzureichende Ausstattung des Projektteams
- nicht oder nicht ausreichend qualifiziertes Pesonal
- unplanmäßiger Personaleinsatz
- unvollständige oder Falschbuchungen
- vorgezogene oder verzögerte Bestellungen
- Beschleunigungsmaßnahmen
- Falscheinschätzung der Aufgabenstellung

- niedrige Produktivität
- schlechtes Projektklima

Abweichungsanalysen können sich auf verschiedene Plangrößen beziehen, daher wird zunächst noch eine Übersicht zur Statusfeststellung vorgestellt und danach Abweichungsanalysen für die Größen „Zeit", „Kosten" und „Personal".

7.1 Abweichungsanalysen

Nachfolgend ein Schema, mit dem zunächst der Projektstatus festgestellt werden kann. Durch Vergleich zwischen diesem Ist- und dem geplanten Soll-Zustand können generell Abweichungen erkannt werden.

Abbildung 19: Kontext-Modell zum Festhalten des Projektstatus (Mayrshofer 2006, S. 140)

Analog zur Abbildung zum Projektstart steht auf der linken Seite der „Input" zum Statusmeeting, auf der rechten Seite ist der „Output" aus dem Statusmeeting aufgeführt und die Punkte, die oben stehen, bezeichnen die in diesem Meeting zu betrachtenden Einflussgrößen. Mayrshofer schreibt dazu:

„Das Führen eines Projekts ist vergleichbar mit dem Navigieren eines Schiffes durch unbekannte und bewegte See. Man weiß zwar ungefähr, wohin man will, aber der am Anfang gewählte Kurs muss immer wieder überprüft werden. Dieser Kursüberprüfung und -korrektur dient das Statusmeeting, in dem der Projektstatus festgestellt wird. Erst dann können die weiteren Schritte verbindlich festgelegt werden. Wenn gemeinsam innerhalb des Projektteams der Projektstatus analysiert wird, wird der Stand des Projekts in Bezug auf Qualität der

Arbeit, Mitteleinsatz und Widersprüchlichkeit überprüft. Dadurch werden die Fortschritte sichtbar und die Risiken transparent."

Die im Abschnitt 5.1.2 ff. vorgestellten Planungsinstrumente sind gut geeignet, um Abweichungen auch optisch darzustellen.

7.1.1 Zeit

Überprüfung der geplanten Zeit

Hier ist ein Balkendiagramm gut geeignet. In der Planungsphase zeigt es, wie viel Zeit für die einzelnen Schritte eingeplant werden sollte. Eine einfache Gegenüberstellung des Ist-Zustandes zum Plan kann Erkenntnisse liefern, an welcher Stelle der Plan zeitlich nicht eingehalten werden konnte. Ebenso ist im Balkendiagramm die aufgrund einer Abweichung benötigte Verschiebung der einzelnen Schritte recht einfach zu zeigen. Doch gerade bei einem festen Endtermin wird eine zeitliche Verschiebung keine Möglichkeit sein, die in Betracht gezogen werden kann, vielmehr muss hier überlegt werden, ob durch zusätzliches Personal, was meist auch mit zusätzlichen Kosten gleichbedeutend ist, der Endtermin doch noch gehalten werden kann.

Aufgabe		**KW 1**	**KW 2**	**KW 3**	**KW 4**	**KW 5**	**etc.**
Einrichtung des Teams HH	Plan	■					
	Ist	■					
Einrichtung des Teams B	Plan	■					
	Ist		■				
Einrichtung des Teams K	Plan		■				
	Ist		■				
Einrichtung des Teams S	Plan		■				
	Ist		■				
Gespräche Betriebsrat	Plan			■			
	Ist				■		
Gespräche EDV	Plan			■			
	Ist			■			
...							
...							

Abbildung 20: Abweichungsanalyse im Balkendiagramm

Aus diesem Balkendiagramm wird ersichtlich, dass sich bezüglich der Gespräche mit dem Betriebsrat eine Zeitverzögerung ergeben hat und diese eine Woche später stattfinden werden. Was diese Verzögerung bedeutet und wie diese bewertet werden sollte, wird weiter unten im Text unter 7.2. erläutert.

7.1.2 Kosten

Einhaltung des Budgets

Hier können Instrumente Anwendung finden, mit denen man auch im laufenden Kalenderjahr „Plan" und „Ist" von Budgets miteinander vergleicht.

Viele Soll-Ist-Vergleiche stellen nur die geplanten den tatsächlichen Kosten gegenüber, was aus Sicht der Autorin recht kurz gedacht ist, denn nicht nur in Projekten gibt das keinen realistischen Überblick über die noch verfügbaren Mittel. Genauer ist da der sog. „plankorrigierte Soll-Ist-Vergleich", der auch noch die schon bereits bestellten bzw. erwarteten Mittel und Leistungen berücksichtigt. Nachfolgend ein solcher plankorrigierter Soll-Ist-Vergleich als Beispiel:

Projekt-bezeichnung	Kosten					
Kostenart	Soll-Kosten	Gebucht	Disponiert	Erwartet	Ist-Kosten 2 + 3 +4	Abweichung 1 – 5
	1	2	3	4	5	6
Sach-kosten	500	200	100	100	400	100
Personal-kosten	400	200	100	100	400	0
Sonstige Kosten	100	50	30	50	130	– 30
Summe	1000	450	230	250	930	70

Abbildung 21: Plankorrigierter Soll-Ist-Vergleich (Conrads 2003, S. 368)

Den geplanten Kosten (Soll) werden zunächst die schon gebuchten Kosten zugeordnet. Anschließend wird überlegt, welche Waren und Dienstleistungen schon disponiert wurden und welche noch erwartet werden. In unserem Beispiel kann es sein, dass bereits verschiedene Computer-Modelle zur Auswahl bestellt (disponiert) wurden, aber noch nicht eingetroffen sind. Unter die erwarteten Kosten fallen dann die Kosten, die allgemein für alle Computer veranschlagt werden. Aus dieser Übersicht erhält man eine viel genauere Übersicht, ob das Projekt kostenmäßig noch „auf Kurs" ist oder ob es zu finanziellen Überschreitungen kommt. In diesem Fall muss dann überlegt werden, wo gespart werden kann oder ob es die Möglichkeit gibt, die finanziellen Mittel aufzustocken.

7.1.3 Personal

Im Bereich des Personals gibt es verschiedene Möglichkeiten der Planabweichung. Grundsätzlich kann es passieren, dass Mitglieder aus dem Team ausscheiden oder dass die Zusammenarbeit im Team nicht so klappt wie vorgesehen.

Wenn Projektmitglieder ausscheiden, so ist zu beachten, dass man Personen nicht so einfach „auswechseln" kann. Allen, die Mannschaftssportarten kennen, ist bekannt, dass jedes Auswechseln eines Spielers Umstrukturierungen zur Folge hat. Dies gilt ganz besonders für Projektteams, da hier – im Gegensatz zu Sportmannschaften – keine „Auswechselspieler" bereitstehen, sondern erst neue Personen gesucht und gefunden werden müssen, die das ausscheidende Teammitglied ersetzen. Und hier beginnen die oben erläuterten Teamphasen von neuem: Das neue Teammitglied bringt andere Fähigkeiten und Kenntnisse mit, so dass dies auch Änderungen für die anderen Teammitglieder bedeutet.

Die andere Möglichkeit ist, dass es im Team nicht so reibungslos funktioniert, wie der Projektleiter es sich erhofft hat. Hier ist es wichtig, Konflikte rechtzeitig zu erkennen und auch Konfliktlösungsstrategien zu kennen, um diese Konflikte konstruktiv zu lösen. Konflikte deuten immer auf etwas hin, das nicht in Ordnung ist, und können, wenn sie gut gelöst werden, viel zur erfolgreichen Teamarbeit beisteuern.

Im Abschnitt 3.2 wurde erläutert, wie wichtig es ist, dass der Projektleiter gute Sozialkompetenz mitbringt. So wird er durch sein Feingefühl Konfliktherde im Team möglichst in der Entstehungsphase lokalisieren und diese Konflikte mithilfe der kooperativen Konfliktlösungsstrategie im Sinne aller lösen.

Hierbei sollte immer beachtet werden, dass Konflikte sich auf der Beziehungsebene abspielen (siehe hierzu auch den Band „Personalführung, Qualifizierung und Kommunikation" mit den Ausführungen zum „Eisbergmodell", der zwischenmenschlichen Kommunikation auf der Sach- und Beziehungsebene), die oft vermeintlich auf der Sachebene ausgetragen werden (z. B. hitzige Kontroversen über ein bestimmtes Vorgehen). Diese Meinungsverschiedenheiten werden aber zu Konflikten, wenn sich die Diskutierenden als Gegner fühlen. Hier ist es für den Projektleiter besonders wichtig, wachsam zu sein, und erste Anzeichen für Konflikte rechtzeitig zu erkennen.

Auch kennt ein erfahrener Projektleiter die positive Funktion von Konflikten und wird die Lösung daher im Interesse aller anstreben.

7.1.4 Veränderte Rahmenbedingungen

Beispiele für veränderte Rahmenbedingungen

Eine große Herausforderung für Projekte ist die Veränderung von Rahmenbedingungen, was z. B. Gesetze, aber auch andere Bedingungen wie steigende Rohstoffkosten etc. sein können. Diese Herausforderungen liegen nicht im Einflussbereich des Projektteams, können aber in ihren Auswirkungen so groß sein, dass sie eine ganze bisherige Projektarbeit durcheinanderwerfen, im schlimmsten Fall sogar zum Scheitern bringen. Ein Beispiel für veränderte Rahmenbedingungen im Projekt der Proximus Versicherung AG könnte sein, dass es neue gesetzliche Bestimmungen für Telearbeitsplätze gäbe, die mit erhöhten Kosten und Investitionen verbunden sind, oder dass es neue arbeitsrechtliche Bestimmungen gibt, die es werdenden Müttern untersagen, mehr als vier Stunden an einem Telearbeitsplatz zu arbeiten. Somit wäre die Einrichtung von Telearbeitsplätzen für Frauen, die ihr zweites Kind erwarten, ad absurdum geführt.

7.2 Inhaltliche Beurteilung von Abweichungen

Sobald eine Abweichung festgestellt wird, ist es wichtig, diese genauer zu untersuchen und die Ursachen dafür festzustellen. Die Zahlen, z. B. einer Terminverschiebung, liefern die Erkenntnis, dass etwas geändert werden muss, die inhaltliche Interpretation obliegt aber dem Projektleiter.

Wenn in unserem Beispielprojekt Herr Neumann feststellt, dass es z. B. in Hamburg Verzögerungen gibt, so wird er Frau Deern kontaktieren, um nach den Ursachen zu fragen. Frau Deern könnte Herrn Neumann mitteilen, dass die Genehmigung des Betriebsrates noch aussteht und in der nächsten Woche mit seiner Zustimmung gerechnet werden kann. Problematischer wäre es, wenn der Betriebsrat allgemein Bedenken hätte.

7.2.1 Bewertung der Ursachen

Je nach Ursache für eine Planabweichung im Projekt kann darüber entschieden werden, welche Maßnahme ergriffen werden soll, um den Projektplan insgesamt doch noch einhalten zu können.

Wenn Herr Neumann in einem Telefonat mit Frau Deern die Ursache für die Verzögerung der Zustimmung des Betriebsrats besprochen hat, wird er mit ihr gemeinsam überlegen, wie nun weiter vorgegangen werden soll.

Grundsätzlich können die Ursachen interner Art sein, also im Projektteam liegen, oder externer Art und somit außerhalb des Projektteams ihren Ursprung haben. Eine interne Ursache kann z. B. die Krankheit oder das Ausscheiden eines Projektmitglieds sein. Beispiele für externe Ursachen gibt es viele, angefangen von geänderten gesetzlichen Rahmenbedingungen bis hin zu Änderungen im Arbeitsauftrag. Es gibt Ursachen, die sich leicht beheben lassen, wie z. B. ein Missverständnis, und andere, die schwerwiegendere Auswirkungen auf das Projekt haben, z. B. beim Ausheben einer Baugrube der Fund von Altlasten.

Bei der Ursachenanalyse ist wichtig zu erkennen, welche Auswirkungen sich hieraus für das ganze Projekt ergeben werden.

7.2.2 Korrekturmaßnahmen

Nach der Ursachenanalyse gibt es meist mehrere Möglichkeiten zur Korrektur. Abhängig von den Auswirkungen dieser Maßnahmen kann entweder der Projektleiter alleine als Verantwortlicher darüber entscheiden, es kann aber auch Situationen geben, in denen es besser ist, dies mit dem Auftraggeber abzustimmen.

Lag die Verzögerung der Zustimmung des Betriebsrats in dessen Krankheit, so wird Herr Neumann mit Frau Deern überlegen, ob es einen Stellvertreter gibt, der diese Zustimmung geben kann, oder ob bis zur Genesung abgewartet werden soll. Sollte die Ursache in generellen Bedenken des Betriebsrats liegen, werden wahrscheinlich noch ausführlichere Gespräche notwendig sein. Je nachdem, wie lange diese Verhandlungen dauern werden und welches Ergebnis sie erbringen, wird sich eine u. U. große Verzögerung des Projekts ergeben. Je nachdem, wofür man sich entscheidet, wird es andere Auswirkungen auf den weiteren Projektverlauf haben.

Hier ist wichtig zu unterscheiden, ob die Korrekturmaßnahmen Auswirkungen haben auf:

- die Planfortschreibung
- das Projektziel
- das Projektergebnis

Im Falle einer Planänderung wird das Projektziel voraussichtlich nach wie vor erreicht. Dies ist jedoch nur möglich, wenn sehr schnell auf die Veränderung eingegangen wird. Oft kommt es vor, dass zeitliche Verzögerungen mit einem höheren Personaleinsatz aufgefangen werden, was dann auch eine Beeinflussung der Kosten bedeutet. Hier ist es wichtig, frühzeitig mit dem Auftraggeber abzuklären, ob er eine zeitliche Verzögerung oder eine Erhöhung der Kosten vorzieht. Im Beispiel mit den Telearbeitsplätzen könnte es z. B. bei den technischen Anforderungen und Voraussetzungen unerwartete Herausforderungen geben, die zu zeitlichen Verzögerungen führen. Hier könnte u. U. durch den Einsatz eines zweiten Programmierers der Endzeitpunkt gehalten werden, doch müssten dann die Personalkosten für diesen zweiten Programmierer in die Kalkulation einbezogen werden.

Eine Änderung des Projektziels stellt schon einen größeren Eingriff in das Projekt dar, da in einem solchen Falle vom ursprünglich vereinbarten Projektziel abgerückt werden muss. So könnte im Beispiel der Telearbeitsplätze eine Änderung des Projektziels bedeuten, dass die Telearbeitsplätze zunächst nur für eine bestimmte Anzahl von Personen eingeführt werden.

Den schwerwiegendsten Eingriff in ein Projekt stellt die Änderung des Projektergebnisses dar. In einem solchen Fall geht es meist um Änderungen der Qualität und/oder des Realisierungsumfanges. Im vorliegenden Beispiel sollte mit den Telearbeitsplätzen auch eine höhere Zufriedenheit der Mitarbeitenden erreicht werden. Durch unvorhergesehene Schwierigkeiten im Projekt ist es möglich, dass die Telearbeitsplätze so nicht eingerichtet werden können, wie ursprünglich gedacht, wodurch sich ergeben kann, dass die Mitarbeiter mit dieser Lösung unzufrieden sind gegenüber ihren früheren Arbeitsplätzen.

7.3 Planfortschreibung (Prognosen)

Prognosen sind immer sehr schwer zu treffen. Wir kennen sie aus den Wettervorhersagen und den Hochrechnungen an Wahlabenden. Größtes Problem bei Prognosen ist, dass das Ergebnis der Prognose veraltet ist, sobald neuere Informationen vorliegen.

Dieses Problem hat auch Herr Neumann. Er wird immer wieder aufgrund der ihm vorliegenden Zahlen neue Schätzungen abgeben müssen über den erwarteten Endtermin, die Kosten etc., die in dem Moment veraltet sind, in dem neue Zahlen vorliegen.

Sobald man sich aufgrund einer Planabweichung entschieden hat, Änderungen vorzunehmen, ist es wichtig, dies auch in die entsprechenden Pläne einzuarbeiten, das Balkendiagramm zu aktualisieren etc. Dieses neue Balkendiagramm wird dann so lange aktuell sein, bis es neuere Informationen zum Projektfortschritt gibt.

Dabei ist es wichtig, alle Pläne im Blick zu haben und die neuen Informationen entsprechend einzutragen und zu aktualisieren. Diese aktualisierten Pläne und Informationen sollten dann auch an alle kommuniziert werden, für die diese Informationen wichtig sind.

7.4 Evaluation eines Projekts

Nach Abschluss eines Projekts ist es immer wichtig, eine Evaluation durchzuführen, um nach Projektabschluss sagen zu können, was im Projekt gut geklappt hat und wo Schwierigkeiten aufgetreten sind. Diese Erkenntnisse sind für die Durchführung weiterer Projekte von großer Wichtigkeit.

So wird Herr Neumann zum Abschluss des Projektes noch einmal mit allen (Teil-)Projektteams sprechen und die Projektarbeit Revue passieren lassen, beispielsweise anhand folgender Fragen:

- Was ist gut gelaufen?
- Was hätte besser/anders sein können?
- Was würden wir ändern, wenn wir dieses Projekt noch einmal durchführen?

Hilfreich für diese Evaluation ist es, wenn nicht nur auf die Erinnerung der Teams zurückgegriffen werden kann, sondern auch auf die Fakten, z. B. aus dem Projektabschlussbericht. Daraus können wichtige Erkenntnisse besonders für nächste Projekte gewonnen werden. Auch die Ergebnisse dieser Evaluation sollten unbedingt schriftlich festgehalten werden, um sie weiteren Projektteams zur Verfügung stellen zu können.

Daten aus dem Controlling sind für die Projektevaluation von großer Bedeutung. Klaus Birker (2003, S. 147) schreibt hierzu: „Schließlich besteht ein wesentlicher Teil des Controllings nach Abschluss eines Projektes darin, Erfahrungen auszuwerten, um hieraus Rückschlüsse für künftige Projekte zu ziehen. Besonders positiv verlaufene Durchführungen oder erfolgreiche Interventionen bei Störungen sollten so weit analysiert werden, dass Erfolge auch für die Zukunft multiplizierbar bleiben. Andererseits sind Schwachstellen und Fehler zu erkennen und Wege zu finden, was man hätte besser machen können, um diese Erkenntnisse gleichfalls als Lernschritte für die Zukunft zu nutzen (...) Diese Überprüfung sollte auch mit einschließen, inwieweit die Verteilung zwischen selbst erledigten Tätigkeiten und Vergabe an Dritte sinnvoll gewesen ist oder verbesserungsfähig bleibt (...) Projektcontrolling im Nachhinein ist auch die Analyse im Vorhinein für künftige Projekte, das Lernen aus Erfahrung für die Zukunft."

Oft ist es in der Praxis so, dass alle froh sind, dass „es" vorbei ist, dabei ist ein offizieller Abschluss auch für das Team ein wichtiges Signal.

„Wenn keine Erfahrungssicherung durchgeführt wird, sind die Folgen vielschichtig:

- Risiken für die Umsetzungs- und Gewährleistungsphase eines Projektes werden nicht rechtzeitig erkannt. Dadurch steigen die Kosten, die Unzufriedenheit der Kunden, oder es sinkt der Nutzen der Projektergebnisse.
- Lernen im Projekt findet, wenn es überhaupt bewusst wahrgenommen wird, lediglich auf der individuellen Ebene der einzelnen Mitarbeiter statt. Im Projekt gewonnene Erfahrungen sind in der Regel nur wenigen Mitarbeitern zugänglich.

- Fehler der inhaltlichen Arbeit, der Vorgehensweise und in der Gestaltung des Gruppenprozesses wiederholen sich bei jedem neuen Projekt.
- Die einzelnen Mitarbeiter und das gesamte Projektteam erhalten kein Feedback über ihre Arbeit. Damit entfällt auch die für jeden Menschen notwendige Anerkennung und Würdigung." (Mayrshofer S. 167 f.)

An dieser Erfahrungssicherung sollten möglichst teilnehmen:

- Beteiligte (Projektteam und Leitungs- bzw. Lenkungskreis)
- Auftraggeber
- Betroffene (Anwender, Endnutzer)

Durch das Einbeziehen dieser verschiedenen Personengruppen in die Projektevaluation wird der Blickwinkel erweitert von der Sicherung der vom Projektteam im Projekt gemachten Erfahrungen hin zu Erkenntnissen, was auch in Bezug auf die Anwender gut oder weniger gut geklappt hat.

Zusammenfassung

Während der Projektdurchführung spielt das Projektcontrolling eine entscheidende Rolle. In regelmäßigen Abständen muss der Plan mit dem bisher Erreichten verglichen und Abweichungen festgestellt werden. Die so erworbenen Kenntnisse zu den Abweichungen müssen genauer in Bezug auf die zugrunde liegenden Ursachen untersucht werden. Im nächsten Schritt werden dann entsprechende Korrekturmaßnahmen überlegt und eine Entscheidung für die am besten geeignete getroffen. Schließlich werden die Maßnahmen bzw. die Konsequenzen daraus in die Planung eingearbeitet und der neue Plan kommuniziert. Die in der Abweichungsanalyse betrachteten Größen sind Zeit, Kosten, Personal und veränderte Rahmenbedingungen.

Zum Abschluss dienen dann diese Erkenntnisse aus der Controllingtätigkeit zusammen mit anderen Informationen als Grundlage der Projektevaluation. Das Projekt wird aus- und bewertet, wichtige Erfahrungen und Erkenntnisse werden festgehalten und somit für weitere Projekte nutzbar gemacht.

8. Berichtswesen und Projektdokumentation

Handlungssituation

Bei ihren Vorbereitungen zur Einführungswoche für die neuen Auszubildenden haben die jetzigen Auszubildenden viel über vorherige Aktivitäten gehört. An vielen Stellen konnte ihnen niemand Genaueres sagen, weil einige der damals verantwortlichen Auszubildenden in der Zwischenzeit an anderen Orten arbeiten. Als sie fragten, wo denn die Aufzeichnungen von damals seien, erhielten sie zur Antwort, dass sich um diesen Schreibkram niemand gekümmert habe. Die Auszubildenden merken, wie sehr ihnen zur Vorbereitung Aufzeichnungen weiterhelfen würden und beschäftigen sich bereits im Stadium der Projektplanung mit dem Thema, wer wann welche Aufzeichnungen anfertigen und wohin er sie schicken bzw. wo er sie ablegen soll, damit auch andere von diesen Informationen profitieren können.

Die Dokumentation von Projekten ist aus mehreren Gründen von besonderer Wichtigkeit. Zum einen dient sie dazu, den Projektfortschritt zu verfolgen, zum anderen kann später gesehen werden, an welcher Stelle es Schwierigkeiten gegeben hat, und zum dritten können die Erkenntnisse aus diesem Projekt auch für weitere Projekte von Wichtigkeit sein.

Projektdokumentation ist nach DIN 69901 die „Zusammenstellung ausgewählter, wesentlicher Daten über Konfiguration, Organisation, Mitteleinsatz, Lösungswege, Ablauf und erreichte Ziele des Projektes."

Da sich diese Aufgabe meist nicht allzu großer Beliebtheit erfreut, ist es wichtig, direkt am Anfang festzulegen, wer dafür zuständig ist, wobei die letzte Verantwortung auch hier beim (Teil-)Projektleiter liegt.

In der Praxis hat es sich als vorteilhaft erwiesen, eine solche Form der Projektdokumentation zu wählen, die mit möglichst geringem Aufwand auskommt. Zur Vereinfachung können hier Word- und Excel-Formulare erstellt werden, in die dann die entsprechenden Informationen eingetragen werden.

Grundsätzlich ist auch hier zu überlegen, wer welche Berichte und Protokolle erhält und wo alle Dokumente etc. gesammelt werden, damit es immer einen Ort gibt, an dem die vollständige Dokumentation aufbewahrt wird. Termine und Fristen für die abgesprochenen Berichte etc. sorgen auch hier für zeitnahe Verfügbarkeit dieser Informationen. Diese sind für Statusmeetings zum Feststellen des Projektstatus von großer Bedeutung ebenso wie die Protokolle aus den Statusmeetings, aus denen die entsprechenden Beschlüsse in die entsprechenden Pläne eingearbeitet werden müssen.

8.1 Formale Anforderungen

Direkt am Projektanfang muss festgelegt werden, was wann von wem dokumentiert und an wen weitergeleitet werden muss. „Eine qualitativ hochwertige Projektarbeit ist nur möglich, wenn

- die entsprechenden Projektmitarbeiter für sie relevante Dokumente jederzeit einsehen können,
- die Dokumente den aktuell gültigen Stand wiedergeben,
- die Dokumente leicht auffindbar und
- durch die Dokumente die Projektschritte und -ergebnisse nachvollziehbar sind." (Schelle 2008)

Grundsätzlich sollte eine Projektdokumentation folgende wichtige Grundanforderungen erfüllen:

- Verständlichkeit (auch für Dritte)
- Übersichtlichkeit
- Aktualität, um Informationsverluste zu vermeiden
- Einheitlichkeit
- Lückenlosigkeit

Darüber hinaus empfiehlt es sich, sowohl den Dokumentationsverantwortlichen als auch die Berichtshäufigkeit festzulegen.

8.1.1 Aufbau der Dokumentation

Bevor die Dokumentation eingerichtet wird, sollte überprüft werden, wer wann welche Informationen benötigt (siehe Abschnitt 4). Grundsätzlich sollte bei folgenden Schriftstücken geprüft werden, ob sie Bestandteil der Projektdokumentation sein werden:

1. Projektdefinition

- Projektdesign
- Aufwandsschätzung
- Nutzen- und Wirtschaftlichkeitsnachweis
- Änderungsaufträge (Change Requests)
- Entscheidungsvorlagen

2. Projektpläne

- Projektstrukturplan (PSP)
- Projektablaufplan (PAP)
- Arbeitspaketbeschreibungen
- Kosten- und Terminplan
- Personaleinsatzplan
- Betriebsmitteleinsatzplan
- Qualitätsplanung
- Krisenplanung

3. Projektberichte

- Projektstatusberichte
- Projekttagebuch
- Aufwandserfassungsbelege
- Rechnungen
- Präsentationsunterlagen
- Projektreview
- Prüfungsberichte der Revision

4. Projektprotokolle

- Sitzungsprotokolle der Entscheidungsgremien
- Protokolle über Einzelgespräche mit Entscheidern
- Sitzungsprotokolle des Projektteams
- Gesprächsnotizen

5. Schriftwechsel

- interner Schriftverkehr
- externer Schriftverkehr
- Einladungen
- Aktennotizen

6. Projektabschluss

- Abnahme/Freigabemitteilung
- Abweichungsanalyse
- Erfahrungswerte
- Projektabschlussbericht

Diese oder eine ähnliche Checkliste sollte zu Beginn von Projekten durchgegangen werden, um festzulegen, wer wann welches dieser Schriftstücke erhalten soll. Auch ist mit dem Auftraggeber abzusprechen, welches er in welchen zeitlichen Abständen erhalten möchte. Alle diese Informationen bilden eine wichtige Grundlage sowohl für die laufenden Controlling-Tätigkeiten als auch für den Projektabschluss.

8.1.2 Datenschutz und Datensicherung

Bei allen Berichten, die angelegt werden, müssen die allgemeinen Datenschutzbestimmungen und die speziellen jeder Firma beachtet werden. In den meisten Firmen gibt es unterdessen vorgeschriebene Intervalle, in denen die Daten gesichert werden müssen. Da es sich bei Projektdaten auch um sensible Daten handelt, die nicht jedermann in der Firma zugänglich sein sollten, muss überlegt werden, inwieweit es hier noch darüber hinausgehende Erfordernisse gibt. So sollte es eine Selbstverständlichkeit sein, dass alle Ergebnisse des Projektes so geschützt sind, dass nur der vorab bestimmte Personenkreis Zugang zu diesen Daten hat.

Zusammenfassung

Berichtswesen und Projektdokumentation sind wichtiger Bestandteil jeder Projektarbeit. Bereits am Anfang sollten diese Aufgaben gut geplant und in zuverlässige Hände gelegt werden. Durch die regelmäßigen Berichte und die Dokumentation ist sichergestellt, dass Projektschritte lückenlos nachverfolgt werden können, im Controlling wichtige Informationen geliefert werden und während des Abschlusses das Projekt noch einmal im Rückblick ausgewertet werden kann.

Aufgaben zur Selbstüberprüfung

1. Aus welchen Gründen werden Projekte durchgeführt? Nennen Sie mindestens drei Anlässe für Projekte.
2. Definieren Sie den Begriff „Projekt".
3. Sie werden in Ihrer Abteilung und den Nachbarabteilungen damit beauftragt, Vorschläge für eine geänderte Zeiterfassung zu machen. Handelt es sich dabei um ein Projekt? Bitte erläutern Sie Ihre Antwort.
4. Definieren Sie den Begriff „Projektmanagement".
5. Ihr Unternehmen plant ein Projekt: „Erschließung neuer Märkte". Erstellen Sie hierzu die Kriterien, die später zur Überprüfung der Ziele verwendet werden sollen.
6. Nennen Sie die Personen, die bei dem Projekt „Erschließung neuer Märkte" mitwirken sollen und erläutern Sie deren Rollen im Projekt.
7. Nennen Sie drei verschiedene Stakeholder(gruppen) im Projekt „Erschließung neuer Märkte". Erläutern Sie deren Bedeutung für das Projekt und dessen Zielerreichung.
8. Es gibt verschiedene Projektorganisationen. Stellen Sie Vor- und Nachteile dieser Organisationsformen gegenüber.
9. Schlagen Sie eine Organisationsform für das Projekt „Erschließung neuer Märkte" vor. Begründen Sie Ihre Antwort.
10. Erläutern Sie acht Aufgaben des Projektleiters.
11. Unterscheiden Sie je fünf persönliche und fachliche Eigenschaften, die ein Projektleiter für eine erfolgreiche Projektdurchführung mitbringen sollte.
12. Zur Durchführung eines Projektes muss der Projektleiter mit Befugnissen ausgestattet sein. Stellen Sie drei Befugnisse anhand von Beispielen dar.
13. In Ihrer Firma soll ein junger DV-Mitarbeiter, der ein ausgezeichneter Fachmann auf seinem Gebiet ist, das Projekt zur Einführung einer neuen Unternehmenssoftware durchführen. Würden Sie diese Entscheidung befürworten oder ablehnen? Begründen Sie Ihre Entscheidung.
14. Zu einem erfolgreichen Projekt braucht der Leiter ausgewählte Teammitglieder. Wählen Sie fünf Kriterien aus, nach denen Sie Teammitglieder für Ihr Projekt gewinnen möchten.
15. Damit ein Team arbeitsfähig ist, sollte es nicht zu groß sein. Skizzieren Sie die „optimale" Größe eines Teams.
16. Auch Teammitglieder müssen zur Erfüllung des Projektes Kompetenzen mitbringen. Schlagen Sie fünf Kompetenzen vor, die Teammitglieder mitbringen sollten, um Sie beim Projekt zu unterstützen. Begründen Sie Ihre Antwort.
17. Begründen Sie, warum jedes Projekt von Anfang an in das Unternehmen integriert werden muss.

18. Erläutern Sie an zwei Kriterien, warum der Informationsbedarf bei Projekten hoch ist.
19. Bei der Datenerhebung unterscheidet man primäre und sekundäre Informationsquellen. Vergleichen Sie beide Informationsquellen anhand eines Beispiels.
20. Bei der Projektarbeit fließen Informationen vor, während und nach dem Projekt, die stets Auswirkungen auf den Arbeitsprozess haben. Begründen Sie, warum neben den externen Informationsquellen die internen Informationsflüsse nicht vernachlässigt werden dürfen.
21. Bei der Projektplanung wird stets auf bewährte Instrumente zurückgegriffen. Stellen Sie drei Planungsinstrumente dar und begründen Sie, warum gerade dieser Blickwinkel so wichtig ist.
22. Entwickeln Sie das Projektphasenmodell und erläutern Sie die einzelnen Phasen zum Projekt „Erschließung neuer Märkte".
23. Unterscheiden Sie anhand von drei Kriterien die Instrumente Projektstrukturplan und Netzplan.
24. Der Faktor Zeit spielt eine herausragende Rolle im Projekt. Erarbeiten Sie anhand von zwei Beispielen die Auswirkungen für Ihr Projekt.
25. Stellen Sie anhand von zwei Beispielen die Bedeutung der Meilensteinmethode dar.
26. Der Ressourcenplanung kommt in der Projektarbeit eine besondere Bedeutung zu. Führen Sie je ein Beispiel für die Schlüsselgrößen Zeit, Personal und Kosten an.
27. Der Startschuss des Projektes „Erschließung neuer Märkte" soll durch eine Kick-off-Veranstaltung gegeben werden. Führen Sie fünf Aspekte an, die unbedingt Berücksichtigung finden müssen und begründen Sie Ihre Antwort.
28. Ein Projekt kann nur durch die Unterstützung technischer Hilfsmittel erfolgreich abgeschlossen werden. Wählen Sie drei technische Hilfsmittel aus und begründen Sie, warum gerade diese zur Durchführung des Projekts hilfreich sind.
29. Zu jedem Projekt gehört auch ein Projektcontrolling. Erläutern Sie, warum das Controlling in jeder einzelnen Projektphase wichtig ist.
30. Durch Soll-Ist-Vergleiche wird zunächst der Projektstatus festgestellt. Stellen Sie anhand von vier Beispielen dar, welche Auswirkungen auf ein Projekt starke Abweichungen zum geplanten Projektstatus haben.
31. Zu jedem Projekt gehören auch ein Berichtswesen und eine Dokumentation. Stellen Sie anhand von drei Kriterien dar, welche formalen Anforderungen an die Berichterstattung gestellt sein müssen und erläutern Sie die Bedeutung für zukünftige Projekte.

Literaturverzeichnis

Kapitel 1 – Grundzüge der Unternehmenssteuerung und Auswirkungen strategischer Entscheidungen

Broszat, Bernd: Planung und Kontrolle von Betriebskosten in Versicherungsunternehmen, Frankfurt am Main / New York 2000

Farny, Dieter: Versicherungsbetriebslehre, 4. Auflage, Karlsruhe 2006

Gritzmann, Norbert: Kapitalanlage-Controlling in Versicherungsunternehmungen,

Karlsruhe 1998

Kraft, Mirko: Kostentransparenz in Versicherungsunternehmen durch Deckungsbeitragsrechnungen: Controlling als informatorische Basis der Steuerung von Komposit-Versicherungsunternehmen, Karlsruhe 2008

Neugebauer, Harald: Kostentheorie und Kostenrechnung für Versicherungsunternehmen, Karlsruhe 1995

Rockel, Werner; Helten, Elmar; Loy, Herbert; Ott, Peter; Sauer, Roman: Versicherungsbilanzen, (2005), 2. Auflage, Stuttgart 2007

Schwebler Robert et al.: Das Realkreditgeschäft der Versicherungsunternehmen, Karlsruhe1997

Treuberg, Hubert Graf von et al.: Der Jahresabschluß von Versicherungsunternehmen, Stuttgart 1995

Internetquellen

Gesetze im Internet www.bundesrecht.juris.de

Kapitel 2 – Auswirkungen rechtlicher Vorschriften auf Finanzdienstleistungsunternehmen

Farny, Dieter: Versicherungsbetriebslehre, 4. Auflage, Karlsruhe 2006

Gesamtverband der Versicherungswirtschaft e.V. (GDV) (Hrsg.): Statistisches Taschenbuch der Versicherungswirtschaft 2008, Karlsruhe 2008

Graf, Christian: Solvency II; Wie die neuen Aufsichtsregeln die Versicherungswelt verändern, Marburg 2008

Wagner, Fred: Solvabilitätspolitik als Unternehmenspolitik von Kompositversicherungsunternehmen, Berlin 1992

Winter, Gerrit: Versicherungsaufsichtsrecht: kritische Betrachtungen, Karlsruhe 2007

Internetquellen

Gesamtverband der Deutschen Versicherungswirtschaft (GDV) e.V. www.gdv.de

Bundesanstalt für Finanzdienstleistungsaufsicht www.bafin.de

Bundesanzeiger-Verlag www.bundesanzeiger.de

Kapitel 3 – Auswirkungen volkswirtschaftlicher Zusammenhänge und Entwicklungen auf Finanzdienstleistungsunternehmen

Altmann, Jörn: Wirtschaftspolitik, 7. Auflage, Stuttgart 2000

Blanchard, Olivier, Illing, Gerhard: Makroökonomie. 4. Auflage, München 2006

Bochud, Francois: Zahlungsbilanz und Währungsreserven, Tübingen 1970

Borchert, Manfred: Außenwirtschaftslehre. Theorie und Politik, 3. Auflage, Wiesbaden 1990

Brunn, Gerhard: Die Europäische Einigung von 1945 bis heute, Stuttgart 2002

Brusis, Martin: Zwischen europäischer und nationaler Identität. Zum Diskurs über die Osterweiterung der EU, in: Klein, Ansgar et al. (Hrsg.): Europäische Öffentlichkeit, Bürgergesellschaft, Demokratie, Opladen 2003, S.255–272

Cagan, Philip: Monetarism, in: The New Palgrave Dictionary of Economics, 2. Auflage, Basingstoke 2008

Dauses, Manfred A. (Hrsg.): Handbuch des EU-Wirtschaftsrechts, 17. Auflage, München 2006

Eichengreen, Barry: Vom Goldstandard zum EURO – Die Geschichte des internationalen Währungssystems, Berlin 1996

Europäische Zentralbank: Die Geldpolitik der EZB, Frankfurt 2004

Görgens, Egon; Ruckriegel, Karlheinz; Seitz, Franz: Europäische Geldpolitik. Theorie, Empirie, Praxis, 4. Auflage, Stuttgart 2004

Herdzina, Klaus: Einführung in die Mikroökonomik, 10. Auflage, München 2005

Jachtenfuchs, Martin; Kohler-Koch, Beate: Europäische Integration, 2. Auflage, Opladen 2003

Jarchow, Hans Joachim; Rühmann, Peter: Monetäre Außenwirtschaft II – Internationale Wirtschaftspolitik, 5. Auflage, Göttingen 2002

Klump, Rainer et al.: Wirtschaftspolitik – Instrumente, Ziele und Institutionen, München 2006

Koch, Eckart: Internationale Wirtschaftsbeziehungen, 3. Auflage, München 2006

Kohler-Koch, Beate, Woyke, Wichard (Hrsg.): Die Europäische Union. Lexikon der Politik, Bd. 5, München 1996

Kreuter, Dirk: Verkaufs- und Arbeitstechniken im Außendienst, Berlin 2006

Krugman, Paul, Obstfeld, Maurice: Internationale Wirtschaft. 7. Auflage, München 2006

Lambach, Philipp; Schieble, Christoph: EU Consours. Leitfaden zur Europäischen Union, 2. Auflage, Berlin 2007

Limbeck, Martin: Das neue Hardselling – Verkaufen heißt verkaufen, 2. Auflage, Wiesbaden 2007

Luhmann, Niklas: Der Markt als innere Umwelt des Wirtschaftssystems, in: ders.: Die Wirtschaft der Gesellschaft, 1988, S.91-130

Maußner, Alfred: Konjunkturtheorie, Berlin 1994

Niess, Frank: Die europäische Idee – aus dem Geist des Widerstands, Frankfurt am Main 2001

Oppermann, Thomas: Europarecht, 3. Auflage, München 2005

Pies, Eike: Löhne und Preise von 1300 bis 2000 – Abhängigkeit und Entwicklung über sieben Jahrhunderte, Wuppertal 2003

Pfähler, Wilhelm; Wiese, Harald: Unternehmensstrategien im Wettbewerb – Eine spieltheoretische Analyse, 2. Auflage, Heidelberg 2006

Pindyck, Robert S.; Rubinfeld Daniel L.: Mikroökonomie, 5. Auflage, München 2003

Samuelson, Paul A., Nordhaus, William D.: Volkswirtschaftslehre (Übersetzung der 15. Auflage), Frankfurt am Main / Wien 1998

Schenk, Otto: Der Preisvergleich, Stuttgart 1981

Steckelbach, Ludger: Wirkungen wettbewerbspolitischer Regulierungen auf oligopolistischen Märkten, Hamburg 2002

Thiele, Alexander: Grundriss Europarecht. 5. Auflage, Altenberge 2006

Varian, Hal R.: Grundzüge der Mikroökonomie, München 2003

Wagner, Helmut: Europäische Wirtschaftspolitik. Perspektiven einer Europäischen Wirtschafts- und Währungsunion (EWWU). 2., Auflage, Berlin / Heidelberg / New York 1998

Weidenfeld, Werner (Hrsg.): Die Europäische Union. Politisches System und Politikbereiche. Schriftenreihe der Bundeszentrale für politische Bildung, Bd. 442, Bonn 2004

Internetquellen

Die Europäische Zentralbank	www.ecb.int
Deutsche Bank AG: Internationale Reservewährung Euro im Aufwind, EU Monitor 46, 24. April 2007	www.dbresearch.de/PROD/DBR_INTERNET_DE-PROD/PROD0000000000209721.pdf (Zugriff 22.4.2016)
Gabler Wirtschaftslexikon	http://wirtschaftslexikon.gabler.de (Zugriff 22.4.2016)
Definition „Makroökonomik"	http://wirtschaftslexikon.gabler.de/Definition/makrooekonomik.html?referenceKeywordName=Makroökonomie (Zugriff 22.4.2016)
Definition „Mikroökonomik"	http://wirtschaftslexikon.gabler.de/Definition/mikrooekonomik.html?referenceKeywordName=Mikroökonomie (Zugriff 22.4.2016)
Definition „Lag"	http://wirtschaftslexikon.gabler.de/Definition/lag.html?referenceKeyworName=Time+Lag (Zugriff 22.4.2016)

Kapitel 4 – Auswirkungen rechtlicher Vorschriften auf Finanzdienstleistungsunternehmen

Bundesverfassungsgericht: Urteil zur Ermittlung der Schlußüberschußanteile in der kapitalbildenden Lebensversicherung (Az 1 BvR 80/95 vom 26.7.2005) [http://www.bverfg.de/entscheidungen/rs20050726_1bvr008095.html]

Bundesminister der Finanzen: Schreiben vom 2.2.1973, Betr. Ertragsteuerliche Behandlung der Schadenermittlungs- und Schadenbearbeitungskosten bei Versicherungsunternehmen (IV B/5 - S 2750 - 7/73), VerBAV 1973, S. 105

Bundesminister der Finanzen: Koordinierter Ländererlass vom 30. 4. 1974, VerBAV 1974, S.118

Bundesminister der Finanzen: Schreiben vom 2.1.1979, Betr. Körperschaftsteuerliche Behandlung der Schwankungsrückstellung der Versicherungsunternehmen (IV B 7 - S 2775 - 34/78), abgedruckt in: VerBAV 1979, S. 118–120

Bundesminister der Finanzen: Schreiben vom 5.5.2000, Steuerliche Behandlung der Schadenrückstellungen (§ 20 KStG), BStBl. I S. 487 ff.

Ellenbürger, Frank; Kölschbach, Joachim; Hammers, Bettina: Erläuterungen zu den für Versicherungsunternehmen geltenden ergänzenden Vorschriften zur Rechnungslegung und Prüfung, in: Institut der Wirtschaftsprüfer in Deutschland (IdW) (Hrsg.), WP-Handbuch 2012 Bd. 1, 14. Auflage Düsseldorf 2012, Abschnitt K, S. 1195–1380

Ellenbürger, Frank; Rohlfs, Torsten: Die versicherungstechnischen Posten des Jahresabschlusses der Schaden- und Unfallversicherungsunternehmen (Kapitel B IV), in: Institut der Wirtschaftsprüfer in Deutschland (IdW) (Hrsg.), Rechnungslegung und Prüfung der Versicherungsunternehmen, 5. Auflage Düsseldorf 2011

E+S Rück/Assekurata: Assekuranz-Kennzahlen 2011, 4. Auflage 2011, 8. Auflage 2015

Farny, Dieter: Die Darstellung der Erfolgsstruktur eines Schaden- und Unfallversicherers, insbesondere der Wirkungen der Rückversicherung, in: Kalwar, Hans (Hrsg.), Sorgen – Vorsorgen – Versichern, Festschrift für Heinz Gehrhardt, Karlsruhe 1975, S. 69–91 (1975 a)

Farny, Dieter: Versicherungsbilanzen, Frankfurt am Main1975 (1975 b)

Gesamtverband der Versicherungswirtschaft (1973): Rundschreiben GV-Nr.5/73 vom 20.3.1973, abgedruckt in VW, 28. Jg., S. 394 f.

Hesberg, Dieter: Das Rechnungswesen im Versicherungsbetrieb II, in: Asmus, Werner / Gaßmann, Jürgen (Hrsg.), Versicherungswirtschaftliches Studienwerk, 4. Auflage, Studientext 19, 2. Auflage Wiesbaden 1997

Hesberg, Dieter: Rechnungslegungspolitik von Versicherungsunternehmen, in: Freidank, Carl-Christian (Hrsg.), Rechnungslegungspolitik – Eine Bestandsaufnahme aus handels- und steuerrechtlicher Sicht, Berlin, Heidelberg, New York 1998, S. 687–761

Hölzl, Werner; Hofmann, Ines; Kovčo, Kristina: Die nichtversicherungstechnischen Posten des Jahresabschlusses (Kapitel C), in: Rechnungslegung und Prüfung der Versicherungsunternehmen, hrsg. vom Institut der Wirtschaftsprüfer in Deut-schland (IdW), 5. Auflage Düsseldorf 2011

Husch, Rainer; Engel, Wolfgang; Engeländer, Stefan: Die versicherungstechnischen Posten des Jahresabschlusses der Lebensversicherungsunternehmen, (Kapitel B I.), in: Rechnungslegung und Prüfung der Versicherungsunternehmen, hrsg. vom Institut der Wirtschaftsprüfer in Deutschland (IdW), 5. Auflage Düsseldorf 2011

Karten, Walter: Schwankungsrückstellung, in: Farny, Dieter/Helten, Elmar/Koch, Peter/ Schmidt, Reimer (Hrsg.), Handwörterbuch der Versicherung HdV, Karlsruhe 1988, S. 763–765

Kollhosser, Helmut (Hrsg.): Prölss Versicherungsaufsichtsgesetz, Kommentar, bearbeitet von Joachim Kölschbach, Helmut Kollhosser, Ursula Lipowsky, Peter Präve, Reimer Schmidt, Hanns-Jürgen Weigel, 12. Auflage München 2005, mit Ergänzungsband München 2005

Reiff, Peter: Kommentierung zu § 153, in: Armbrüster, Christian / Dörner, Heinrich / et al., Prölss/Martin – Versicherungsvertragsgesetz, Kommentar, 28. Auflage München 2010, S. 860–868

Rockel, Werner; Helten, Elmar; Ott, Peter; Sauer, Roman: Versicherungsbilanzen, 3. Auflage Stuttgart 2012

Internetquellen

Gesetze und Verordnungen im Portal des Bundesministeriums der Justiz	http://www.gesetze-im-internet.de/aktuell.html (Zugriff 22.4.2016)
Rundschreiben und Verlautbarungen auf den Seiten der Bundesanstalt für Finanzdienstleistungsaufsicht	http://www.bafin.de/DE/DatenDokumente/Dokumentlisten/ListeRundschreiben/liste_rundschreiben_node.html (Zugriff 22.4.2016)

Kapitel 5 – Auswirkungen von Veränderungen in der Aufbau- und Ablauforganisation

Aalst, Will van der et al.: Business Process Management, Heidelberg 2003

Lämmermeier, Helmut; Eversz, Frank: Bei der Industrialisierung den Kunden einbeziehen, VW 2007, S. 605 ff.

Best, Eva; Weth, Martin: Geschäftsprozesse optimieren, 2. Auflage, Wiesbaden 2005

Bundesministerium des Innern (BMI) (Hrsg): Handbuch für Organisationsuntersuchungen und Personalbedarfsermittlung, Berlin 2007

Bürkle, Jürgen: VAG-Novelle: Organisationspflichten zwischen Anspruch und Wirklichkeit, VW 2008, S. 212 ff.

Farny, Dieter et al. (Hrsg): Handwörterbuch der Versicherung (HdV), Karlsruhe 1988

Farny, Dieter: Versicherungsbetriebslehre, 4. Auflage, Karlsruhe 2006

Irgel, Lutz (Hrsg.): Gablers Wirtschaftswissen für Praktiker. 5. Auflage, Wiesbaden 2004

Jeßnitzer, Alexander: Produktivitätsminderungen bei der Reorganisation operativer Bereiche?, VW 2008, S. 1885 ff.

Kieser, Alfred; Elbers, Mark (Hrsg.): Organisationstheorien, 6. Auflage, Stuttgart 2006

Kieser, Alfred; Walgenbach, Peter: Organisation, 5. Auflage, Stuttgart 2007

Laux, Helmut; Liermann, Felix: Grundlagen der Organisation, 6. Auflage, Berlin 2005

Olfert, Klaus; Steinbuch, Pitter A. (Hrsg.): Organisation. 13. Auflage, Ludwigshafen 2003

Servicegesellschaften liegen voll im Trend, VW 2008, S. 506 ff.

Vahs, Dietmar: Organisation, 6. Auflage, Stuttgart 2007

Kapitel 6 – Funktionsbereiche und Instrumente der Personalwirtschaft

Arbeitgeberverband der Versicherungsunternehmen in Deutschland, agv (Hrsg.): Tarifverträge für die private Versicherungswirtschaft, Karlsruhe 2015

Arbeitgeberverband der Versicherungsunternehmen in Deutschland, agv (Hrsg.): Geschäftsbericht 2007/2008, Karlsruhe 2015

Arbeitsgesetze (Beck-Texte im dtv), 72. Auflage, München 2008

Beitz, Holger, Loch, Andrea: Assessment Center, Niederhausen 1997

Berthel, Jürgen; Becker, Fred G.: Personalmanagement, 8. Auflage, Stuttgart 2007

Böck, Ruth et al.: Studienliteratur Personalwirtschaft, 3. Auflage, Karlsruhe 2006

Erdmann, Georg et al.: Studienliteratur Betriebswirtschaft / Volkswirtschaft, 4. Auflage, Karlsruhe 2006

Jung, Hans: Personalwirtschaft, 2. Auflage, München 1997

Olfert, Klaus: Personalwirtschaft, 13. Auflage, Ludwigshafen 2008

Stopp, Udo: Betriebliche Personalwirtschaft, 27. Auflage, Renningen 2006

Kapitel 7 – Projekte organisieren, planen, steuern und kontrollieren

Conrads, Sonja et al.: Studienliteratur Kommunikation und Management, 2. Auflage, Karlsruhe 2003

Birker, Klaus: Erfolgreich im Beruf: Projektmanagement. Lehr- und Arbeitsbuch für die Aus- und Weiterbildung, Berlin 2003

GPM Deutsche Gesellschaft für Projektmanagement et al. (Hrsg.): Kompetenzbasiertes Projektmanagement PM3, 4. Auflage, Nürnberg 2011

GPM Deutsche Gesellschaft für Projektmanagement: Projektmanagement-Fachmann. Band 1, 10. Auflage 2011

Hoffmann, Hans-Erland et. al: Internationales Projektmanagement, München 2004

Hansel, J., Lomnitz, G.: Projektleiter-Praxis, Springer Verlag, 3. Auflage, Berlin – Heidelberg – N.Y. 2003

Kiesel, Manfred: Internationales Projektmanagement, Troisdorf 2004

Mayrshofer, Daniela; Krüger, Hubertus A.: Prozesskompetenz in der Projektarbeit, Hamburg 2006 (Nachdruck 2008)

Schelle, Heinz et al.: Projektmanager, 3. Auflage, Nürnberg 2005 (Nachdruck 2008)

Internetquellen

DIN-Norm	www.din.de
Deutsche Gesellschaft für Projektmanagement (GPM)	www.gpm-ipma.de
Fehler im Projekt	www.cio.de/strategien/methoden/857705/ (Zugriff 22.4.2016)
ICB, IPMA	www.ipma.ch
Methodenkompetenz	www.olev.de/m/methodenkompetenz.htm (Zugriff 22.4.2016)
Projektbeteiligte	www.projektmagazin.de/glossar (Zugriff 22.4.2016)
Stakeholder	http://www.gpm-infocenter.de/uploads/ PM-Methoden/Stakeholderanalyse-Beschreibung.pdf (Zugriff 22.4.2016)

Stichworte